KB250069

Globalization

변화하는 라틴아메리카
: 세계화와 근대성

Modernity

변화하는 라틴아메리카
: 세계화와 근대성

로버트 N. 그윈 · 끄리스또발 까이 엮음

박구병 옮김

창비
Changbi Publishers

책머리에

『변화하는 라틴아메리카』 개정판의 출간을 환영한다. 모두 네 장(5, 9, 11, 13장)이 완전히 새로 집필되었고 다른 아홉 장은 최근 상황에 맞게 갱신되었다. 대부분의 내용이 많이 바뀌었다. 또한 모든 장 말미에는 독자들이 참고할 수 있는 '더 읽을거리'를 제안하고 권장할 만한 웹사이트를 소개했다. 버밍엄 대학교의 케빈 버크힐과 앤 앵콘이 제작한 지도들과 도표들도 수록했다.

편자로서 우리는 초판에 대한 수많은 호평에 매우 큰 고마움을 느꼈다. 이 책의 출간 목적은 20세기의 마지막 25년 동안 라틴아메리카의 정치·경제·사회·문화 영역에서 발생한 여러가지 급격한 변화를 더 포괄적으로 이해하는 데 있었다. 우리는 세계화, 신자유주의, 근대성 같은 개념을 해명하고 그 개념들이 라틴아메리카가 겪은 변화와 어떤 관련이 있는지 검토하기 위해 정치경제학적 접근을 채택했다.

개정판의 제1~2부에서도 우리는 정치경제학적 관점이 지닌 중요성을 옹호했다. 모든 장이 갱신·수정되었으며 그중에는 완전히 새로운 부분(앨런 길버트가 집필한「도시 혁명」)도 있다.

우리는 더욱 체계적으로 다른 차원, 즉 사람들의 생계활동의 역동성을 이해하려는 차원을 도입함으로써 초판을 바탕으로 한 개정판이 적잖게 향상되었다고 생각한다. 개정판 제3부는 도시·농촌·국가 또는 세계경제의 수준에서 어떻게 사람들이 현재 벌어지는 구조적인 변화 속을 누비고 다니며 변화를 이해하고 견뎌내는지에 주목한다. 이러한 좀더 넓은 정치적·경제적 구조들 속에 틀지어져 있지만 어떻게 사람들이 아래로부터 생계를 영위하는지에 중점을 둔다. 제3부에는 완전히 새롭게 쓴 두 장 앤서니 베빙턴의「생계활동의 전환, 공간의 변화」와 씰비아 챈트의「도시의 생계활동, 고용, 젠더」가 수록되었고 다른 장들도 눈에 띄게 바뀌었다.

초판에 대한 비판 중 하나는 결론이 없다는 점이었다. 이번 개정판의 편자들은 자진해서 이런 어려움에 맞섰고, 그리하여 제4부에서는 미래 라틴아메리카의 정치와 경제에 관해 논의한다. 선견지명을 발휘해, 우리가 나중에 제3판의 작업을 부탁받을 수 있기를 기대해본다.

2003년 9월

로버트 N. 그윈

끄리스또발 까이

차례

Globalization and Modernity

제1부 세계화와 근대성

제1장

변화하는 라틴아메리카: 세계화와 신자유주의

_로버트 N. 그윈, 크리스또발 까이

라틴아메리카에서 세계화는 일련의 정치·경제·사회·문화적 변화를 가져왔다. 이 책은 이런 다양한 변화의 구성요소를 설명하고 이론적 논쟁을 탐색하며 그 변화가 라틴아메리카인들에게 어떤 영향을 미치고 있는지 한층 더 잘 이해하는 데 기여하고자 한다(그림 1.1 참조).

현대 라틴아메리카 사회의 변화를 다룬 연구는 분과학문별로 뚜렷하게 구분되어왔다고 할 수 있다. 1980년대초 이래 정치학자들은 여러 나라에서 발생한 민주주의로의 이행과 민주주의의 공고화 과정에 주목했다(7, 8장 참조). 같은 시기에 경제학자들은 대륙 곳곳에서 경제성장 부흥을 목표로 시행된 거시경제적 조정과 무역자유화 정책을 분석하는 데 초점을 맞췄다(3, 4장 참조). 또 사회학자들과 사회인류학자들은 최근 들어 라틴아메리카 사회에서 세계화의 확산과 근대화로 발생된 사회·문화적 변동의 본질이 무엇인지 검토하기 시작했다(2, 10, 12장 참조). 지리학자들은 다른 차원의 분석, 특히 무엇보다 공간과 생활에 대한 분석을 통해 그간의 변화를 살펴보고자 했다(9장 참조).

지난 몇십년 동안 라틴아메리카와 카리브해 지역에서 어떤 변화가 일어났는지 검토하는 데는 여러 방법이 있다. 우선 정치경제학이 한가지 수단을 제공한다. 이 책의 제1부는 세계화와 근대성의 개념을 해명하고 어떻게 그 개념이 지역의 정치·경제·사회·문화적 변화와 관련을 맺는지 검토하고자 정치경제학적 접근법을 활용한다. 현재 벌어지고 있는 몇가지 변화의 틀을 만들어내는 넓은 구조를 해석하는 데 주목하는 것이다. 이 접근방식은 거시적 수준에서 분석을 시도하고 국제적·국가적·지역적 과정과 관련해 라틴아메리카의 변화를 설명하고자 한다.

첫 두 장에서 필자들은 서로 다른 학문 분야의 초점을 광범한 정치경제학적 접근의 맥락 속에 자리매김하고자 한다. 정치경제학적 접근은 정치·경제·사회·지리적 현상을 의식적으로 통합하려는 것이다. 몇개의 장에서 중요한 이론적 관점과 논쟁이 존재하는 한 비판적으로 이런 변화를 분석하기 위해 이론적 관점과 논쟁을 활용할 것이다. 다른 장에서는 이론적 쟁점을 논의하기는 하지만 라틴아메리카의 다양한 변화를 검토하고 현행 이론의 적합성을 살펴보기 위해 더욱 경험적인 증거를 제시할 것이다.

다른 차원에서는 어떻게 사람들이 구조적인 변화 속을 누비고 다니며 변화를 이해하고 재가공하며 견뎌내는지에 주목할 것이다. 제3부는 사람들의 생계활동의 역동성을 이해하고자 한다. 제3부의 강조점은 사람들이 아래로부터, 그리고 세계화의 현 단계에 존재하는 구조적 제약 속에서 어떻게 자신의 생활을 영위하는지 살펴보는 데 있다. 이 두가지 차원에 바탕을 둔 일부 장을 포함함으로써 우리는 이 책이 라틴아메리카의 변화에 대해 좀더 포괄적인 그림을 제공하기를 기대한다. 그 도전은 전지구적 네트워크와 지역 차원의 네트워크를 함께 엮고, 특정한 공

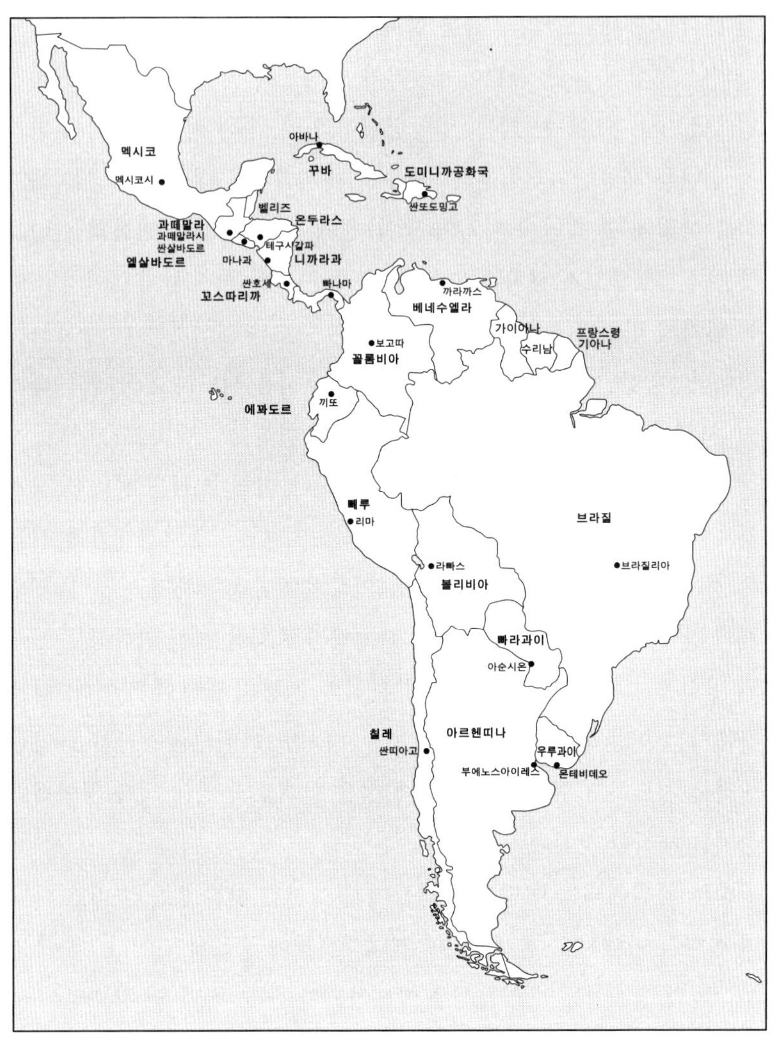

그림 1.1 라틴아메리카의 여러 국가와 수도

간과 생활유형의 연대기를 만들어온 일종의 직조(織造)활동에 초점을 맞추는 것이다.

라틴아메리카에서 세계화 개념 해명하기

세계화 개념은 경제적인 요소와 밀접하게 연계되어왔다(아래 참조). 그러나 여기서 우리는 세계화의 정치·사회·환경·문화적 구성요소 또한 강조하고자 한다. 정치의 세계화는 민주적 통치체제로의 이행, 인권에 대한 더 많은 관심같이 다양한 형태로 라틴아메리카에 영향을 미쳐왔다(8장 참조). 그동안 지구온난화 문제를 포함해 전지구적 환경에 대한 관심은 여러 나라에서 정부와 대중의 태도에 영향을 미쳤고, 중심부 경제, 특히 주로 미국에서 비롯한 미디어의 성장은 대다수 라틴아메리카 도시의 사회적 관습과 문화적 관행을 변모시키고 있다(2, 5장 참조). 지역의 환경문제를 대변하는 풀뿌리 대중운동(6장)과 원주민운동(10장)의 확산에서 확인할 수 있듯이 세계화에 대한 지역 차원의 반발 역시 존재한다는 점을 덧붙여야만 한다.

경제적 세계화의 측면에서 볼 때 자본주의란 항상 국제적 체제였다는 점이 강조되어야 한다. 그렇지만 오늘날 세계시장경제의 국제적 통합은 매우 빠른 속도로 진행되고 있다. 이 과정은 생산, 소비, 기술, 사고 영역의 경제적 변혁을 포괄한다. 여러 사회과학자들은 현재의 실정을 전례 없는 세계화의 하나로 규정하고 새로운 전지구적 통치형태를 요구한다(Soros 2002). 우리가 세계화시대에 접어들었다는 것은 뉴스매체와 학계에서 너무나 자주 되풀이되어 판에 박은 듯 진부해 보이기에 이르렀고, 세계화시대에 접어들었음이 너무나 분명하기에 반박이나 경험적 입증이 필요 없는 것처럼 보인다. 많은 연구자들은 한걸음 더 나아가 세계화를 현대자본주의의 의심할 바 없는 경험적 현시(顯示)로 묘사한다. 이런 경향에 맞서 이제 적잖이 대중매체의 주목을 끄는 강력한 반(反)세계화운동도 존재한다(박스 1.1 참조).

■ 박스 1.1 반세계화운동

세계화과정은 주로 북반구국가(선진국)들에서 출현한 반세계화운동을 낳았다. 지난 10여년 동안 반세계화운동은 세계은행(World Bank) 같은 국제기구가 중요한 회의를 개최하는 씨애틀과 워싱턴 D.C., 제노바를 비롯해 여러 도시에서 두드러진 저항활동을 전개했다. 세계화가 환경, 노동권, 노동조건 그리고 여러 집단과 국가의 문화정체성에 미치는 부정적인 영향을 우려하는 목소리를 표출하려는 매우 다양한 단체들의 광범한 연합이 반세계화운동이다. 그러나 반세계화투쟁은 아직까지 지속적이고 응집력 있는 사회운동으로 결집되지 못했다. 그것은 전지구적 자본주의체제를 근본적으로 변화시키거나 그에 저항하진 못한다 하더라도, 세계화과정의 부정적 결과에 대한 우려를 확산시키는 데 상대적으로 성과를 거두었다. 남반구(개발도상국)에서 벌어진 주요 반세계화운동은 사회포럼(Social Forum)에 의해 구체화되었다. 2004년 현재까지 사회포럼은 브라질의 뽀르뚜알레그리에서 세차례 회합을 가진 바 있다. 북반구와 남반구 가릴 것 없이 비정부기구, 노동조합과 여타 단체들의 대표자 수천명은 일주일 동안 주로 남반구 사람들에게 미치는 세계화와 신자유주의의 경제·사회·정치적 영향을 둘러싸고 다양한 쟁점을 논의한다. 이 운동은 신자유주의적 세계화를 이룩하려는 초국적기업의 권력과 북반구와 남반구 여러 국가의 정책에 반대하는 국제운동을 조직하고자 노력한다. 반세계화 집회와 저항운동 들은 세계화를 현재의 다양한 변화를 포함하는 포괄적인 용어로 받아들인다. 현재의 변화들은 자본주의의 확산과 강화에 기여하는 것이며 반세계화운동가들은 이를 전세계에 걸쳐 인간, 문화와 환경에 유해한 결과를 빚는 것으로 간주한다.

세계화의 논제

그러므로 사회과학 문헌에서 세계화에 관련된 몇가지 핵심 담론을 언급하는 게 유용할지 모른다(라틴아메리카와 관련해선 Harris 2002 참조). 이를 통해 세계화는 관련 주장과 해석의 범위가 매우 다양한 논쟁적인 개념임을 보여줄 것이다. 헬드(D. Held)를 비롯한 여러 필자가 1999년에 출간한 『전지구적 변환』(한국어판 조효제 옮김, 창작과비평사 2002)은 세계화에 대한 해석을 분류하려는 한가지 시도다. 여기서 저자들은 과대세계화론('과대지구화론'은 『전지구적 변환』에 등장하는 역어이다. 『전지구적 변환』에서 언급된 특정한 의미를 제외한다면, 이 책에서는 'globalization'을 대개 '세계화'로, 'global'을 문맥에 따라 '전지구적' '전세계적'으로 혼용해서 옮겼다—옮긴이), 회의론, 변혁론이라고 부를 수 있는, 적어도 세가지 담론이 그동안 존재해 왔다고 주장한다.

과대세계화론

이 논제는 세계화를 전통적인 국민국가가 부자연스러워지고 전지구적 경제 속에서 심지어 존재하기 어려운 단위가 되는 인류역사의 새로운 시대로 규정한다(Luard 1990; Ohmae 1995). 이 논제의 핵심 가정은 전지구적 시장과 가격을 지향하는 변동과 관련되어 있다. 이 모델에서 국민국가 단위의 경제는 "국제적인 거래와 과정에 의해 국제적 체제에 포섭되고 다시 유기적으로 연결된다"(Michalak 1994, 53면). 국가 단위의 정책결정이 여전히 작동하지만 그것은 더 넓은 국제적 결정요소에 종속된다. 핵심주체는 초국적기업(TNC)이 되는데, 이들은 정부의 규제라는 속박에서 벗어나 있고 특정 국가의 기반에 묶여 있지 않다. 초국적기업은 그리하여 국민국가 내에서뿐 아니라 그 사이에서 경제적 재조정을 하는 데 가장 중요한 세력으로 인식된다.

이러한 논제는 세계화에 대한 경제적 논리에 특권을 부여하고 경제적 세계화가 생산·교역·금융의 초국가적 네트워크를 수립함으로써 경제의 '탈국가화'를 가져오고 있다고 주장한다(Strange 1996; Deardorff and Stern 2000). 앞서 언급한 『전지구적 변환』의 저자들은 이 틀 속에서 최소한 두가지 담론이 유력하다고 주장한다. 한편으로는 신자유주의적 견해가 있다. 이 견해는 개인적 자율의 승리를 환영하고 그런 세계화 논제가 함축하는 국가권력에 대한 시장원리의 우세를 찬양한다(Ohmae 1995). 다른 한편으로 이 논제는 네오맑스주의자의 지지를 받고 있는데 그들에게 현재의 세계화는 억압적인 전지구적 자본주의의 승리를 표상한다(Peet and Watts 1993; Petras 1999). 페트라스와 벨트마이어(Petras and Veltmeyer 2001a)는 실상 세계화는 21세기를 위한 새로운 형태의 제국주의를 만들어낸다고 주장할 것이다.

이 논제에선 이전의 위계서열이 지속적으로 침식되며, 새로운 유형의 지역적 승자와 패자가 등장하는 것이 강조된다. 새로운 전지구적 분업은 전통적인 중심-주변 구조를 대체하고 훨씬 더 복잡한 경제권력 구조를 발전시킨다. 새로운 세계지리의 탄생 속에서 신자유주의자들은 전지구적 경쟁이 발생시키는 이익을 강조한다. 한 국가 내에서 어떤 공간들은 그런 경쟁의 결과로 좀더 나빠질지도 모르지만 다른 공간들은 전세계시장을 위해 특정 상품을 생산하는 데 비교우위를 확보하게 될 것이다. 신자유주의자들은 각 국가 내에서 중대한 구조조정이 발생할 것이지만, 부유한 국가든 아니든 간에 세계화를 통해 모든 나라가 혜택을 받으리라 보는 경향이 강하다. 반면 네오맑스주의자들은 전지구적 자본주의는 국가 사이에서뿐 아니라 국가 내에서도 구조적인 불평등을 창출하고 강화할 것이라고 믿는다.

회의론

세계화담론의 조류에 맞서 소수의 회의론자들은 오늘날 전지구적 자본주의의 근본적인 특징과 경험적인 표현은 대부분 19세기에 이미 발생한 것과 크게 다를 바 없다고 반박해왔다(Hirst and Thompson 1999; Wallerstein 2000). 허스트와 톰슨은 어떤 측면에서 현재의 세계경제는 1870년에서 1914년까지 지배적이던 체제보다 개방적이지도 통합적이지도 않다고 주장한다(1999, 2면). 19세기 세계적 차원의 무역·투자·노동력의 흐름에 관한 통계상의 증거를 활용하면서 허스트와 톰슨은 현재의 경제적 상호의존도와 그 수준은 역사적으로 볼 때 결코 전례가 없는 것이 아니라고 주장한다. 회의론자들은 '진정한' 세계화는 완전히 통합된 세계경제를 의미해야 하며 그것은 아직 요원하고 생각한다. 세계경제에서 한가지 중요한 경제적 요인인 노동력은 특히 자본과 비교할 때 상대적으로 이동이 거의 없는 상태다.

좀더 일반적으로 보면, 이 논제는 세계경제 내의 가장 중요한 경제적 실체가 여전히 국가이며 전지구적 규모로 증대하는 경제적 상호작용의 과정을 촉진하는 데 각국 정부가 관여하고 있다고 본다. 국제적 현상은 각 국민경제의 구분되고 차별적인 실행을 통해 비롯되는 결과이다(Michalak 1994). 이것은 현대세계에서 무역블록의 중요성이 커지는 것을 설명해줄 수 있다. 개별국가들은 세계경제 내에서 경제적 안정성을 이루기 위해 지역적 블록화를 강화하는 데 주요한 노력을 기울이고 있다고 주장할 수 있다. 세계경제는 시장(그리하여 가격)이 특성상 더욱 '지구적'이 됨에 따라 점점 불확실해지는 경향이 있기 때문이다.

회의론자들은 국제적 경제활동을 규제하는 국민국가 정부의 권력이 지속적임을 강조한다. 그리하여 그들은 21세기초를 단지 국제화 수준이 강화된 시기로 인식한다. '단일가격'(one price)의 법칙이 실현가능한 일부 선진경제(전지구적 영역이 아니라)가 무역블록으로 한데 묶이기도 하지만, 경제적 상호작용은 대개 압도적으로 지배적인 일부 국가의 경제 간에 발생한다. '단일가격' 법칙은 이제까지 다른 지역의 사례와 달리 무역블록 내에서 완전한 노동력의 이동이 이뤄지는 유럽연합에서만 성취되었다고 주장할 수 있다. 회의론자들은 세계화를 주변부 국가들이 더욱더 주변부로 고착되는 것으로 인식한다. 세계화는 핵심국가와 일부 반(半) 주변국가들에 경제성장을 제공하지만, 전반적인 정치경제적 요인에 따라 세계의 빈국, 특히 대다수 아프리카 국가들의 경제성장을 지체시킨다.

변혁론

이 논제는 세계화를 대대적인 사회·경제·통치제도·세계질서의 '격동'을 가져오는 강력한 변화의 추동력으로 이해한다. 세계화는 모순으로 가득 차 있으며 본질적으로 우연에 따른 역사적 과정으로 여겨지기 때문에 이 '격동'의 방향은 불확실하다. "문제는 세계화가 주도적인 곳의 역동적이고 개방적인 개념과 아울러 세계화가 미리 그릴 수 있는 세계질서는 어떤 종류인가라는 점이다"(Held et al. 1999, 7면). 현재 세계화의 과정은 역사적으로 유례가 없는 것이고, 전지구에 걸쳐 여러 정부와 사회는 하나의 세계에 적응할 필요가 있다. 그 세계 속에는 국제적·국내적 사건 또는 외부적·내부적 사건 사이에 더이상 분명한 구분이 존재하지 않는다(Rosenau 1997). 이 논제는 세계적 차원에서 차이의 지속, 즉 국가 사이와 국가 내에서 불평등이 지속적으로 증대하는 것에 주목한다. 북반구와 남반구 또는 제3세계와 제1세계 사이의 구별은 “세계화가 세계의 모든 사회와 지역을 관통하는 새로운 위계서열을 형성시킴으로써 국가 간에 포섭과 배제의 전통적인 유형을 재편해온 방식을 간과한다”(Held et al. 1999, 8면).

이 책에서 의미하는 세계화

라틴아메리카의 관점에서 흥미로운 것은 (과대세계화론을 제외하고) 다른 시각들이 세계화에서 비롯되는 전지구의 합일(달리 말해 국가 간 그리고 국가 내에서 불평등이 점점 줄어드는 것)을 예견하지 않는다는 점이다. 불평등의 증대는 점점 더 초국가적이 되는 생산·교환·금융 차원의 결과처럼 보인다. 우리는 변혁론을 선호하는 경향이 있다. 그 속에서 더욱 다양한 결과가 가능할 것이기 때문이다. 일부 국가, 지역, 공동체, 가구는 세계경제의 운명에 더욱더 긴밀히 연결됨으로써 경제적으로 이익을 얻을 것이다. 그러나 다른 이들(아마도 라틴아메리카의 대부분)은 그렇지 못할 것이다. 결과적으로 세계화는 새로운 유형의 전지구적 계층화와 관련이 있다. 그중 어떤 국가·사회·공동체는 세계질서에 더 깊이 연루되는 반면 다른 것들은 점점 더 주변화된다(Held et al. 1999, 8면). 변혁론의 접근에 대한 우리의 한가지 주요한 비판은 그 논제가 지역공동체와 개인들이 세계경제 과정의 압도적인 영향력이라고 간주하는 것에 대해 어떤 반응을 보이는지 잘 드러내지 못한다는 점이다. 제3부에서 우리는 이런 한계에 도전할 것이다.

세계화와 라틴아메리카 내의 분화

국가 간 차이와 세계 여러 지역 간의 불균등 현상은 세계화와 뒤얽혔다. 어떤 이들은 그 결과 ‘세계화’(수렴이나 합일을 함축하는 단어)

는 그런 과정의 전개를 오도하는 용어가 될 수 있다고 주장한다. 표 1.1은 전세계의 핵심(원어는 중심-주변core-periphery과 같지만 문맥에 따라 구체적인 경제 분석에서는 '핵심-주변'을 혼용한다—옮긴이) 경제대국과 라틴아메리카의 반 주변국, 주변국 사이에 증대하는 비대칭성을 보여준다(세계체제론에서 비롯된 이 개념들에 대한 자세한 논의는 Gwynne et al. 2003, 2장을 참조). 표 1.1에서 라틴아메리카의 반 주변국가들은 2001년 당시 1인당 국민총생산(GNP)이 높은 6개국으로, 여기에는 아르헨띠나, 우루과이, 칠레, 브라질, 멕시코, 베네수엘라가 속한다. 반면 주변국은 라틴아메리카와 카리브해에서 가장 빈곤한 6개국으로 구성되는데, 조사기간 동안의 세계은행 자료에 따르면 이 범주에는 아이띠, 온두라스, 볼리비아, 과떼말라, 에꽈도르, 엘살바도르가 속한다.

표 1.1 세계경제에서 비대칭성의 증대, 1978~2001

연도	1978	1990	2001
A—핵심국가 6개국의 1인당 소득	7,899달러	20,945달러	30,406달러
B—국민총생산이 가장 높은 라틴아메리카 6개국의 1인당 소득	1,602달러	2,721달러	4,373달러
C—국민총생산이 가장 낮게 기록된 라틴아메리카 6개국의 1인당 소득	676달러	770달러	1,227달러
A/B 비율	4.9	7.7	7.0
B/C 비율	2.4	3.5	4.2
A/C 비율	11.7	27.2	29.0

A—핵심국가 6개국: 미국, 일본, 독일, 영국, 프랑스, 이딸리아.
B—2001년 기준 국민총생산이 가장 높은 라틴아메리카 6개국: 아르헨띠나, 우루과이, 칠레, 브라질, 멕시코, 베네수엘라.
C—2001년 기준 국민총생산이 가장 낮게 기록된 라틴아메리카 6개국: 아이띠, 온두라스, 볼리비아, 과떼말라, 에꽈도르, 엘살바도르(니까라과와 꾸바의 자료는 입수할 수 없음).
출처: World Bank 1980; 1992; 2003a.

라틴아메리카 국가들과 핵심 또는 선진 경제 간의 차이가 더욱 늘어난다는 점에 관한 증거는 논란의 여지가 없다. 이미 1978년에 핵심국가 주민의 1인당 소득은 라틴아메리카의 반 주변국에 비해 5배, 최저소득 국가에 비해 12배 정도 많았다. 잃어버린 10년(3장 참조) 뒤인 1990년에 그 비율은 각각 8배와 27배로 늘었다. 1990년 이래 그 비율은 어느정도 안정되었다. 실제 1990년과 2001년 사이 세계경제의 핵심국가와 라틴아메리카 반 주변국 간의 비율 변화는 얼마간 수렴하는 경향을 보여주었다(표 1.1 A/B 비율).

그렇지만 이 시기 직후 라틴아메리카의 반 주변국가 두 곳, 즉 아르헨띠나와 베네수엘라에서 심각한 경제위기가 발생했다는 점을 명심할 필요가 있다. 2001년 이후 곧 차이는 더 벌어지는 경향을 보였다. 핵심국가와 반 주변국가 간의 경제관계가 유동적이라는 사실은 불완전한 수렴이란 개념을 도입하게 만든다(ECLAC, 2002a). 이 개념은, 수렴이 발생할 시기가 존재하지만 그 시기는 상대적으로 짧고 일시적일 것이라는 점을 환기시킨다. 그럼에도 핵심국가와 라틴아메리카의 6개 빈국의 차이는 지속적으로 증가해서 극단적인 수준에 도달했다는 점을 강조해야만 한다. 2001년에 핵심국가에 거주하는 가공(架空)의 평균 주민은 카리브해, 중앙아메리카, 안데스의 빈국에 사는 이들보다 거의 30배 정도 부유했다.

세계경제 내에서 지역 간 비대칭성뿐 아니라 라틴아메리카와 카리브해 내의 비대칭성도 증대하고 있다. 표 1.1의 자료는 라틴아메리카에서 반 주변국과 주변국의 실적이 얼마나 차이가 나는지를 보여준다(B/C 비율). 라틴아메리카 내에서 상대적으로 부유한 나라와 빈국 간의 차이는 빠르게 늘었다. 그 차이는 23년 만에 2배 정도 벌어져서 2001년에는 4.2배에 달했다. 이 책에서 우리는 남아메리카의 큰 국가들과 멕시코(3장), 그리고 중앙아메리카와 카리브해의 소국(4장)을 구분할 것이다. 상대적으로 큰 나라들은 산업화를 이루고 한층 더 복잡한 경제구조를 발전시키는 데 성공을 거두었다. 그들은 소국에 비해 전세계적으로 전략을 활용할 수 있는 여지를 더 지니고 있다. 반면 톰 클락이 4장에서 주장하듯이 소국들은 농업과 같은 전통적인 부문뿐 아니라 의류 제조, 해외금융 같은 새로운 부문에서도 취약한 편이다.

사실 라틴아메리카의 주변과 반 주변은 점점 더 차별화되었다. 그것이 국민국가, 지역 규모이든 도시 규모이든 간에 더욱 완전하게 세계경제로 진입하고 국제경쟁력에서 지속적인 향상을 이룰 수 있게 된 영역들은 라틴아메리카에서 자본, 기술력, 노동력(만일 자유롭게 이동할 수 있다면)을 끌어들이면서 새로운 성장의 중심으로 기능하는 것처럼 보인다. 이 새로운 중심은 어느 정도까지 제조업과 써비스 활동에서 성장과 연계되었는가? 라틴아메리카 내의 수출 성장의 성격에 대한 분석은 다음과 같은 사정을 여전히 드러낸다.

- 라틴아메리카의 거의 모든 소국들의 수출품목은 1950년대와 마찬가지로 1차산물이 지배적이다.
- 라틴아메리카에서 좀더 대규모로, 더 많이 산업화를 이룬 국가의 수출품목은 노동집약적 소비재나 부품이다. 확실히 멕시코의 경우, 특히 북부도시들이 겪은 산업화의 유형은 이런 측면을 잘 입증해준다(Sklair 1989).

그럼에도 라틴아메리카의 크고 작은 모든 국가들은 전지구적으로 규정된 한계와 구조 속에서 점점 더 국가적 목표를 추구해야만 한다

(Watson 1996). 세계경제에 더 완전하게 편입된 결과는 정책활용의 여지가 좀더 줄어든다는 것을 의미한다. 부분적으로 이는 개발도상국 정부가 세계경제를 '감독'하는 세계적 기구(예컨대 IMF, WTO, 세계은행)의 정책승인과 그 기구들의 판단에 크게 좌우될 수 있는 초국적기업의 투자결정에 더욱 의존하기 때문이다.

전지구적 맥락 속의 라틴아메리카

1980년대말 베를린장벽의 붕괴와 쏘비에뜨세계의 위기는 세계자본주의체제의 우위를 다시금 단언하게 만들었고 기존 권력 내에서 경제적 성공의 중요성을 부각시켰다. 냉전의 정치 이데올로기에 바탕을 둔 양극체제의 쇠퇴는 자본주의 세계체제 내에서 정치경제학의 다양성으로 강조점을 옮겼다. 일부 연구자들은 세계가 다음과 같은 3극 중심으로 재편되었다고 주장하기도 했다.

1. 미국을 포함한 북아메리카 지역. 특히 이 지역은 정치적·경제적 문제에서 전세계에 걸친 헤게모니를 다시 강조하고 있다.

2. 일본과 동아시아의 제1세대 신흥공업국(NICs), 즉 타이완과 한국. 이들은 양극체제 속에서 정치적으로 미국과 밀접한 관계를 유지했다. 이 지역은 제조업 전반과 특히 지식(기반)집약적 산업에서 성공을 거둠으로써 세계경제의 한 축으로 부상했다.

3. 유럽연합. 이 지역블록은 동유럽과 구소련의 영역과 점점 더 깊이 연계하며 확대·심화되는 과정에 있다.

라틴아메리카와 관련해선 적어도 이런 3극체제의 두가지 중요한 특징을 언급할 필요가 있다. 첫째, 이 3극의 초국적기업들은 노동집약적 활동을 위해 도급계약을 맺고 생산물 판매를 위해 지역시장을 확대할 수 있는 배후지나 영향권을 검토해왔다. 유럽의 기업들은 동유럽을 중요시했고, 동아시아의 핵심 신흥공업국의 기업들은 중국과 제2세대 동아시아 신흥공업국, 즉 말레이시아와 타이를 목표로 삼아왔다. 북아메리카의 기업들은 그럼 점에서 라틴아메리카 국가들을 중요시했다.

둘째, 1980년대와 1990년대 3극의 대형 초국적기업들의 직접투자(DFI) 가운데 대부분이 다른 두 극의 국가들을 대상으로 이루어졌다(Hirst and Thompson 1999). 이런 교차투자는 특히 동아시아 지역의 기업(즉 북아메리카와 유럽에 투자하는 일본과 한국 기업)의 경우에 두드러졌다. 북아메리카 기업들은 유럽에 해외직접투자를 집중하는 경향이 있으며 유럽 기업들은 북아메리카에서 그런 경향을 드러냈다. 라틴아메리카가 유의할 사항은 북아메리카와 다른 두 지역의 주요 기업들이 라틴아메리카에 투자하기보다는 흔히 교차투자를 선호한다는 점이다. 전세계적 차원의 투자가 최고조에 달한 두 해, 즉 1999년과 2000년에 전체 직접투자액 2조 5800억 달러 중 단 7.8퍼센트만 라틴아메리카에 투여되었다. 반면 북아메리카와 서유럽은 이 투자액의 80퍼센트를 흡수했다(ECLAC 2003a, 23면).

라틴아메리카에서 직접투자에 많은 액수를 유지하는 세 곳은 브라질, 멕시코 그리고 카리브해의 금융거점이다. (2002년 현재 인구 1억 7500만명인) 브라질의 큰 시장은 많은 투자를 끌어들였다. 2000~2년 사이 브라질은 라틴아메리카에 유입된 직접투자액 2350억 달러의 30.6퍼센트를 끌어들였다(ECLAC 2003a, 32면). 대부분이 브라질 동남부의 대도시 지역과 도시에 집중되었다. 이곳에는 전국 차원의 제조업 활동과 높은 수준의 써비스산업이 집중되어 있다. 반면 멕시코는 1990년대초 북아메리카자유무역협정(NAFTA)의 회원국이 되기 위해 협상했기 때문에 유럽·일본·북아메리카 기업들이 멕시코 북부에 대한 투자를 특히 늘려왔다. 이는 상대적으로 적은 노동비용으로 가까운 지역에서 핵심적인 미국시장에 접근하기 유리한 상황을 만들려는 초국적기업의 시도를 보여준다. 21세기 첫 3년 동안 멕시코는 라틴아메리카에 대한 직접투자의 22.4퍼센트를 끌어들였다(ECLAC 2003a, 28면) 또 케이맨제도 같은 카리브해의 거점은 지속적으로 금융 관련 직접투자의 많은 부분을 받아들이고 있다. 2000~2년 사이 이 지역의 금융거점들은 라틴아메리카 직접투자의 거의 20퍼센트를 흡수했다(ECLAC 2003a, 13면). 전체적으로 볼 때 라틴아메리카에 대한 직접투자의 거의 75퍼센트가 브라질 동남부, 멕시코 북부, 카리브해의 일부 금융거점에 집중되고 있다.

그렇다면 전세계적 차원의 3극체제 속에서 라틴아메리카의 지리적 위치를 어떻게 해석할 수 있을까? 그 구성요소들은 어떻게 전세계적인 경제와 정치 체제로 통합될 수 있을까? 가장 중요한 정치적·경제적 고려사항은 역시 21세기초 전세계적 경제와 정치 체제의 헤게모니 국가인 미국과의 관계이다. 이는 중요한 정치적·이데올로기적 쟁점과 관련되어 있다. 하지만 라틴아메리카 국가들은 다른 어느 때보다 2차대전의 종료 시점과 1980년대 군부독재가 쇠퇴한 뒤 미국의 정책에 더 큰 영향을 받아온 듯 보인다. 물론 라틴아메리카 내에서 약간의 편차가 있긴 하다. (앞서 보았듯이) 멕시코와 (자유무역협정을 조인한) 칠레는 부분적으로는 더욱 밀접한 경제적 연계 때문에 미국과 가까워졌다. 아르헨띠나와 베네수엘라는 정치적·이데올로기적 차이 때문에 미국과의 관계가 더 흔들리게 되었다. 브라질은 미국과 다소 멀지만 꾸준한 관계를 맺고자 시도해왔다.

그럼에도 북아메리카와 라틴아메리카의 경제관계는 비대칭적이다. 라틴아메리카의 대미 수출은, 특히 멕시코와 브라질을 제외하면 주로

1차산물의 형태를 띤다. 그리고 대부분 미국으로부터 제조업 제품을 수입한다. 대미 수출은 미국의 대라틴아메리카 수출에 비해 낮은 수준이다. 미국은 일본과 동아시아와의 무역수지에서 오랫동안 적자를 면치 못했으나 이와 대조적으로 라틴아메리카에서 많은 이익을 거두고 있다. 그럼에도 라틴아메리카로의 수출이 미국경제에서 차지하는 중요도는 낮은 편이다. 멕시코를 제외하면 라틴아메리카와 카리브해 지역으로의 수출은 미국 수출의 8퍼센트만을 차지하고 있다. 반면 북아메리카자유무역협정 국가(미국, 캐나다, 멕시코)는 중앙아메리카와 안데스 지역 국가들의 주요 수출국이다. 이 지역 수출의 거의 50퍼센트가 이 세 나라에 쏠려 있다. 단지 남아메리카공동시장(Mercosur) 국가(브라질, 아르헨띠나, 빠라과이, 우루과이)의 수출 교역만이 북아메리카자유무역협정에 크게 좌우되지 않는다.

라틴아메리카와 미국 간 재화와 써비스의 교역과 자본의 이동은 매우 활발하다. 그렇지만 노동력의 경우에는 전혀 그렇지 않다. 정말로 전세계를 무대로 한 시장지향적 세계에서는 생산의 핵심적 요소 중 하나인 노동력 역시 자유롭게 이동해야 한다. 사실 신자유주의 경제 모델은 생산요소들의 국가 간 자유로운 이동에 근거를 둔다. 실제 국제적 차원의 사업은 어떤 지역에서 다른 지역으로 이동하는 경영자, 전문인력, 노동자에 의존하는 것처럼 보인다. 그렇지만 노동력의 이동은 핵심경제 내부에서만 또는 핵심경제에서 개발도상국 쪽으로 움직이는 경우에만 국한되어 있다. 라틴아메리카 노동자들은 전문직이거나 기술수준이 높거나 넉넉한 자본을 갖고 있지 않다면 핵심경제권으로 합법적으로 이주할 기회를 거의 얻을 수 없다. 미국으로 넘어오는 멕시코인들과 중앙아메리카인들처럼 미숙련노동자에겐 불법이주가 하나의 방법이지만 그것은 또다른 문제와 위험을 야기한다(10장 참조).

세계화 그리고 구조주의와 종속이론의 현재적 타당성

우리는 라틴아메리카에서 출현한 발전이론의 지속적인 타당성을 탐색하는 데 관심을 지녀왔다(Kay and Gwynne 2000). 우리는 라틴아메리카의 구조주의와 종속이론이, 애당초 정식화되었을 때보다 세계자본주의의 배후에 존재하는 힘이 덜 제약받는 시기에 더 타당한 듯 보일 것이라고 주장해왔다. 그렇지만 이 이론들로 돌아가거나 이것을 세계화가 제기한 발전의 쟁점과 연결하려는 논자들은 거의 없다(일부 잘 알려진 예외는 Munck 1999; Frank 1991; dos Santos 2002a 참조). 이 이론들이 전세계적인 맥락에서 저발전과 발전의 문제점들을 파악했던 것을 감안할 때 이는 심각한 누락이 아닐 수 없다. 다음에서는 이 이론들이 여전히 타당성을 지니는 것처럼 보이는 몇가지 주제에 중점을 두겠다.

비대칭성의 증대와 국가의 역할

구조주의의 핵심적 시각은 세계체제를 비대칭적인 중심-주변 관계로 구성되는 것으로 개념화하는 것이었다. 마찬가지로 종속이론은 불평등한 관계 속에 저발전의 뿌리를 두고 있는 세계체제를 출발점으로 삼았다. 핵심국가 또는 선진국과 주변국가 또는 저발전국가 사이의 경제적 분리와 소득격차는 끊임없이 커졌다. 1980년대 외채와 구조조정의 시대에 특히 그러했다. 이런 현상은 수렴과 합일을 예고한 신고전주의나 신자유주의와는 반대로 구조주의와 종속이론의 예측이 가진 정당성을 입증한 셈이었다.

그럼에도 주변국 또는 종속국가 내에서 지난 30~40년 동안 형평성의 향상은 말할 것도 없고 꾸준하고 두드러진 경제성장률을 성취하는 데 성공한 사례가 없진 않다. 예컨대 한국, 타이완, 홍콩, 싱가포르 같은 동아시아의 제1세대 신흥공업국이 그러하다. 특히 한국이나 타이완처럼 좀더 큰 국가들은 수출지향 산업화의 극적인 성공을 통해 반 주변국의 지위를 획득했고 간혹 핵심경제로 인식되기까지 한다(Gwynne et al. 2003). 이런 점에서 구조주의는 프랑크의 종속이론, 즉 '저발전의 발전'(Frank 1967)에 비해 까르도주의 '연관된 종속적 발전론'(Cardoso 1973)과 훨씬 더 연관성이 높다. '저발전의 발전'은 한국과 타이완이 이룩한 발전과는 맞지 않는다(이 이론들에 대한 자세한 설명은 Kay 1989 참조).

동아시아에서 극적인 변화가 가능했던 까닭은 국제경쟁력과 경제성장을 추진하려는 개발주의 국가의 (전면적인 토지개혁 뒤에 강제된) 강력한 산업정책이 큰 역할을 감당한 데 있다(Gwynne 1990; Kay 2002a). 이는 발전을 추진하는 국가의 중요성을 지적한 구조주의자와 종속이론가의 입지를 확인시켜주었다. 그러나 동아시아 모델은 이런 국가의 개입이 특정 시기에 기업들이 국제경쟁력을 높이도록 보장하는, 선별적이고 일시적인 것이어야만 한다는 점을 보여주었다.

신자유주의자들의 초기 주장과는 달리 동아시아 신흥공업국의 성공은 시장주도적이 아니라 국가주도적이었다. 이는 웨이드(R. Wade)가 1990년에 사용한 '시장을 통치'한다는 구절에 아주 잘 표현되어 있다. 세계은행은 국가의 영향력을 인식함으로써 '동아시아의 기적'에 관련된 연구(World Bank 1993)와 더불어 신흥공업국에 관한 자신들의 초창기 해석에 대한 많은 비판 가운데 일부를 수용하고자 했다. 그러나 이런 수용적 태도는 세계은행이 국가의 개입이 적을수록 더 좋다고 줄곧 주장하면서 기본적인 견해를 바꾸지 않았기 때문에 더 많은 비판을 낳기도 했다. 우리는 주변부경제에서 국가의 역할이 세계경제 속에서 각국이 점점 더 취약해지는 것을 막아주고 경쟁력을 보장하기 위해 매우 중요하다고 생각한다.

재정적 취약성과 종속

1980년대 라틴아메리카의 외채위기와 그 여파는 종속이론의 현재적 타당성을 강화해주는 좀더 분명한 실례로 이해될 수 있다. 1970년대 이래 자본유동성의 뚜렷한 증가와 세계경제 내에서 자본의 입수 가능성 때문에(Gwynne et al. 2003, 120면), 개발도상국의 경제는 점점 더 외국자본에 의존적이게 되었다. 이는 세계 자본시장에 개발도상국을 노출하여 자본시장의 변화에 대한 그들의 취약성을 증대시킨 반면 정책 활용의 여지는 크게 축소시켰다. 외채위기 이후 국제 금융기관들은 대체로 채무국, 특히 더 약하고 작은 규모의 경제를 지닌 국가에 구조조정 프로그램을 통해 사회·경제정책을 지시할 수 있었다. 브라질과 멕시코가 세계은행이나 외국의 채권자들과 더 나은 조건을 협상할 수 있었던 반면 볼리비아와 다른 소국들은 그럴 수 없었다.

외채위기 이래 라틴아메리카로 향하는 자본의 흐름은 두드러진 변화를 보였다. 간단히 말해 라틴아메리카는 잔치와 기근을 모두 경험했다. 대다수 국가가 국제자본을 끌어들이기 위해 워싱턴합의(Washington Consensus, 워싱턴합의는 국제통화기금, 세계은행, 미국의 정책결정자들의 의견을 반영한 경제위기의 극복방안으로서 개발도상국 관점에서 보면, 무역자유화, 국가기간산업의 민영화 등 미국 식 시장경제체제를 각국의 모델로 채택하도록 종용한 셈이었다—옮긴이)를 따르고 금융시장을 자유화했다는 점을 감안할 때, 이는 매우 독특한 것이다. 라틴아메리카로 유입된 민간자본의 순증가(유출과 유입의 차이)는 외채위기 이후 1982~89년까지 매해 평균 82억 달러에 지나지 않았다. 문서로 충분히 입증된 이런 자본유입의 기근에 뒤이어 1990년대 내내 민간자본의 유입이 꾸준히 증가했다.

1990년대말 자본유입은 연평균 거의 1100억 달러에 달했고(World Bank 2001a), 1998,99년에 유입된 자본의 75퍼센트는 외국인 직접투자의 결과였다. 따라서 전체적인 자본유입이라는 면에서 외국인 직접투자의 중요성은 여전했지만(ECLAC 2003a, 13면), 순유입은 두드러지게 줄어들었다.

자본 흐름이 급격하게 변한 까닭은 무엇인가? 일부 주요 라틴아메리카 국가에서 금융위기가 국제투자자들의 행동에 미친 충격이 한가지 이유를 제공한다. 1999년 1월 브라질의 평가절하, 2000년 10월 아르헨띠나의 제1차 위기와 2001년말 시작된 두번째 위기 또는 위기의 연장이 그 사례들로 꼽힌다. 또 국제투자자들이 1990년대 위험을 감수하는 전략에서 21세기초에는 위험을 회피하는 전략으로 선회했다고 주장할 수 있다. 아울러 위기의 전염이라는 문제도 있다. 어떤 라틴아메리카 국가에서 금융위기가 발생하면 국제투자자들은 해당 국가뿐 아니라 (뚜렷한 금융위기가 없다고 할지라도) 이웃국가에서도 자금을 회수하는 경향이 있다. 은행가들은 이런 '전염'이 부분적으로는 유동성 압박과 관련이 있다고 주장한다. 즉 특정도구의 가격이 떨어질 때 그들은 유동성을 회복하기 위해 다른 형태의 소유물을 판매하지 않으면 안 된다. 더욱이 은행가들은 유사한 위험산정제도를 사용할 뿐 아니라 단기간의 투자실적을 평가한다. 이런 요인들은 라틴아메리카 금융시장 내부와 그 금융시장들 사이에 전염의 악영향을 미친다.

외채위기와 그 여파는 특히 단기신용에서 비롯한 자본 흐름의 변동이 어떤 충격을 미치는지 보여주었다. 그러는 동안 1990년대에 포트폴리오 투자(증권투자, 간접투자—옮긴이)의 상승과 하락은 훨씬 더 변동성 강한 구성요소를 덧붙였다. 그런 변동성은 환율에 미치는 영향을 통해 국가경제에 심각한 함의를 지닐 수 있다. 예컨대 자본의 순유입이 증가하면 라틴아메리카의 통화가치도 아울러 상승하고 환율은 지나치게 고평가된다(이에 따라 수출에 부정적인 영향을 미친다). 그렇지만 자본의 순유입이 줄어들면(때때로 자본의 순유출을 가져오며), 국제투자자들이 라틴아메리카의 국내통화를 매각함에 따라 그 가치는 급격하게 하락할 수 있다. 그런 롤러코스터식 변동은 경기후퇴를 심화하고 고통스러운 경제적 조정을 요구하는 경향이 있다(Griffith-Jones 1998).

어떤 이들은 라틴아메리카 국가들이 변동성의 충격을 줄이기 위해 고정환율제를 채택해야만 한다고 주장해왔다. 그렇지만 1981년 6월 칠레와 2001년 11월 아르헨띠나의 (거의 10년 동안 시행한) 고정환율제 폐지에 뒤이어 발생한 극도의 금융위기는 이것이 문제가 있는 결론이라는 것을 증명한다. 브라질은 변동환율정책 덕분에 지난 10년 동안 몇 차례의 금융위기를 견뎌냈다고 주장하는 이들도 있다. 자본 흐름과 환율의 변동이 매우 심했지만 2001년 이후 아르헨띠나 사태 같은 재정파탄을 피할 수 있었다.

그럼에도 이는 라틴아메리카 국가들이 자본 흐름의 극심한 진폭에 매우 취약하고 얼마나 깊게 종속되어 있는지를 보여준다. 1990년대부터 21세기초에 이르기까지 국민저축을 늘리는 데 실패한 탓에 이런 취약성은 증대되었다. 유일한 낙관론의 근거는 1990년대말 이래 해외직접투자가 자본순유입의 주요 요인이 되었다는 점이다(ECLAC 2002a, 62면). 이 흐름은 유형투자(physical investment)와 연계되어 있기 때문에 그 변동성은 포트폴리오 투자와 단기자본의 흐름보다는 덜하다. 전반적으로 라틴아메리카의 대다수 국가들은 국제 금융시장 의존도가 높으며 국제 금융시장은 라틴아메리카의 여러 정부들에 압박과 강제를 부과한다. 브라질의 포퓰리스트 대통령 루이스 이나시우 '룰라' 다 씨우바는 2002년 대통령선거전 기간뿐 아니라 재임 초기에도 이 점을 기민하게 간파했다.

불평등교환

최근 연구는 핵심경제권의 교역조건과 비교할 때 주변부의 교역조건이 악화되었음을 확인해주었다(ECLAC 2002a, 38면). 이 사실은 구조주의에 의해 처음 강조된 것으로 종속의 불평등교환 이론으로 통합되었다. 이는 반드시 외환소득이 줄어들었다는 것을 의미하진 않는다. 주변부로부터 상품 수출이 지속적으로 증가한 덕택에 오히려 상황은 반대인 경우가 많았다. 그러나 이것은 주변부의 경제적 잉여 가운데 많은 부분이 핵심경제권으로 이전되고 나아가 핵심경제권에 있는 자본가계급의 권한을 강화해준다는 것을 의미한다.

이 교훈은 라틴아메리카 국가들이 자원 고갈과 환경재앙을 가져올 수 있는 1차산품 수출을 지속하기보다는 수출구조를 한층 더 부가가치가 높은 상품이나 써비스 분야로 바꾸어야 한다는 점을 일깨워준다. 구조주의이론가들은 라틴아메리카의 여러 정부들이 공산품 수출을 장려해야만 한다고 처음으로 주장한 이들 가운데 한 부류였다는 사실을 잊어서는 안 된다(Kay 1989, 40면). 그렇지만 (브라질과 멕시코를 제외하고) 여러 국가의 정부들은 그렇게 하는 데 실패했거나 너무 소심하게 일을 추진했다. 제조업 수출로 산업정책을 다각화하려는 일부 국가들의 시도는 미국 정부의 보호주의적 조치 탓에 타격을 입었다.

기술 종속

종속이론가들은 기술 종속을 특별히 강조했다. 구조주의자들은 소비재산업에서 자본재산업, 즉 새로운 기술의 원천으로 이동하는 과정에서 겪은 어려움 때문에 1960,70년대 라틴아메리카 수입대체 산업화

과정의 약점에 대해 지적해왔다(Jenkin 1977; Gwynne 1985). 브라질을 포함해 큰 국가들은 예컨대 강철과 화학 공업 같은 중간재상품 산업부문을 얼마간 발전시켰다(Baer 1969). 라틴아메리카에서 초국적기업의 존재는 늘었지만 기술전파는 거의 없었고 이는 초국적기업에 대한 종속이론의 비판을 확인해주었다. 정부정책은 라틴아메리카 각국의 기술력을 향상시키는 데 실패했고 초국적기업들이 이런 과정에 영향을 미쳤음을 보증하려 했다면 더욱 과단성있게 실행했어야 한다.

그럼에도 브라질뿐 아니라 어느정도는 멕시코도 주로 신중한 산업정책의 결과로 몇가지 경쟁력 있는 기술력을 획득했다(Gereffi 1994). 새로운 생명공학 기술, 전자공학과 통신혁명 덕택에 선진경제는 라틴아메리카 국가들에 비해 새로운 세대의 기술력에서 한층 더 경쟁적 우위를 차지했다. 이는 라틴아메리카 국가들의 기술 종속을 더욱 심화했다(Castells and Laserna 1995). 저작권 사용료의 송금, 이윤, 이자지불을 통해 라틴아메리카 국가들은 중요한 최종 경제잉여를 핵심경제권 전반, 특히 미국에 지속적으로 이전한다. 기술 관련 지불액, 해외투자 그리고 대외무역의 불평등교환에서 비롯되는 잉여의 이전은 라틴아메리카에서 국내투자로 활용 가능한 자금의 엄청난 감소를 의미한다.

세계화: 압박과 기회

구조주의와 종속이론은 모두 전후세계의 급속한 무역성장을 예견하지 못했다. 세계무역은 시공간의 압축과 함께 현재의 세계화 국면에서 새로운 차원을 획득했으며 최근에는 국경을 넘나드는 재화, 써비스, 자본 이동에 대한 장벽의 축소로 세계경제의 자유화에 대한 동력까지 얻음으로써 국제무역과 대외투자에 새로운 기회를 마련했다.

세계화의 추진력은 수입대체 산업화 시기와 비교할 때 국가발전정책의 활용 여지를 훨씬 더 뚜렷하게 축소했고, 따라서 종속이론의 주요 교의 가운데 하나를 확증했다. 오늘날 국제시장의 주요 세력들은 과거보다 한층 더 막강한 권력을 지닌 채 지배하고 있으며, 국민국가들은 예전보다 더 세계시장의 주도세력을 의식해야만 한다. 그러지 않으면 1994~95년 멕시코나 2001~3년 아르헨띠나의 재정위기같이 외국자본의 대대적인 철수, 국제 금융기관의 복수 그리고 국제적 기업이나 투자자와의 갈등에 직면하게 될 것이다.

반면 세계화와 자유화를 강화하는 과정은 라틴아메리카에 새로운 수출 기회를 열었고 많은 해외투자를 유치할 수 있게 했다. 일부 라틴아메리카 국가에서 수출부문은 국가경제에 새로운 역동성을 부여할 수 있었다. 세계무역체제의 역동성은 구조주의자들에게 과소평가되어 왔고 일부 종속이론가에게는 부정적인 결과로 인식되었다. 이런 의심 가운데 일부가 정당화되는 동안, 세계무역체제의 역동성은 주변부의 국내시장 세력뿐 아니라 정책을 만드는 국가, 계급, 다른 사회세력이 추진하는 국내정책의 핵심쟁점에 더욱 확고하게 집중되던 관심을 돌리도록 만들었다.

신자유주의 시대의 세계화

이 책의 초판 출간 후 몇년 동안 신자유주의적 세계화과정의 한계는 한층 더 분명해졌다. 라틴아메리카의 여러 국가에서 표출된 신자유주의 정책의 부정적 결과와 이에 대한 반대는 더욱 분명해지고 강력해졌다. 가장 극적인 상황은 아르헨띠나에서 펼쳐졌다. 아르헨띠나는 2001년말 채무불이행을 선언하고 경제의 취약성을 드러낸 뒤 커다란 사회적·정치적 위기를 맞이했다(Tedesco and Dinerstein 2003). 수십만의 시위자들이 부에노스아이레스뿐 아니라 다른 주요 도시들의 거리로 쏟아져나와 정치지도자들의 쇄신과 경제정책의 변화를 요구했다(Burbach 2002). 몇주 동안 무려 다섯명의 대통령이 연달아 등장했다. 이들은 모두 전통적인 정치체제 밖에서 발생한 중간계급과 노동계급의 자발적인 정치적 동원에 대처할 능력이 없었다. 국민총생산은 20퍼센트나 추락했으며 실업률은 20퍼센트가 넘는 수준까지 뛰어오른 경제상황에서 전체 인구의 약 절반이 빈곤에 시달리게 되었다. 라틴아메리카에서 최고 수준을 유지하던 아르헨띠나의 추락은 더욱 고통스럽고 혼란스러웠다. 이런 위기에 전적인 책임은 없을지라도 신자유주의 정책은 아르헨띠나의 추락에 확실히 중요한 요인으로 작용했다. 국제통화기금(IMF)의 넉넉한 대출금이 몇년 동안 아르헨띠나의 경제를 버텼으나 오히려 병세를 악화시키면서 필요한 교정조치의 실행을 미룬 꼴이었다. 2003년 현재에도 국제통화기금과 신자유주의자들이 모델 국가 중 하나로 지목한 바 있는 아르헨띠나는, 비록 최악의 순간은 벗어난 듯 보이지만 여전히 위기의 탈출구를 찾지 못하고 있다.

정의(定義), 경제적 특성과 변이

신자유주의라는 용어의 사용은 이데올로기적 함의와 관련해서 볼 때 여러가지 문제점을 드러낸다. 예컨대 국제적 정책집단 내에서 '워싱턴합의'라는 용어(Williamson 1990)가 실상 똑같은 종합적 개혁정책을 가리키면서 사용되는 경향이 있다. 원래 신자유주의 개혁은 보통 사회정책이나 정치개혁과 대립하는 것으로서 경제개혁을 강조했다(Kay 1993). 그리하여, 아마도, 일부 논자들은 '새로운 경제 모델'에 대해 언급해왔다(Bulmer-Thomas 1996b). 종합적인 경제개혁은 적어도 재정관리,

거시경제의 안정성, 국영기업의 사유화, 노동시장, 무역의 자유화 등 다섯가지 주요 분야에 초점을 맞추었다.

1990년대 여러 정부가 신자유주의 정책에 몰두하면서 국가경제의 운영을 개선하기 위해 거시경제 관리에서 더 기술적이고 엄격하며 투명한 접근이 지니는 정치적·경제적 이익을 강조하는 경향이 있었다. 그리하여 재정개혁은 예산적자의 감소, 안정적인 예산과 세무부서 창설, 심지어 (1989년 칠레처럼) 독립적인 중앙은행의 설립이 필요함을 강조했다. 아르헨띠나와 뻬루에서 재무부장관은 특히 경제와 사회 분야의 공공지출 삭감을 정당화하기 위해 이런 정책을 활용했다. 그렇지만 1990년대에 신자유주의 정책이 전개되자, 예컨대 칠레의 꼰세르따시온(Concertación, '민주주의를 위한 정당 연합'의 약칭—옮긴이) 정부에서 그랬듯, 교육·의료·복지 같은 사회 분야에서 공공지출을 늘려야 할 필요성이 더욱 높아지면서 우선순위를 차지하게 되었다.

라틴아메리카에 관한 국제통화기금의 주요 관심사 가운데 하나는 높은 인플레이션 문제였다. 국제통화기금은 인플레이션을 낮춰 가격 안정성을 유지할 수 있는 정책을 역설했다. 또한 화폐공급의 증가와 인플레이션 간의 관계에 주의를 기울였다. 높은 인플레이션은 투자를 위축시켜 성장에 부정적인 영향을 미친다. 그리하여 화폐공급은 정부가 평가하고 규제할 수 있는 중요한 변수가 되었다. 이는 화폐공급 팽창의 주요 원인 중 하나인 정부의 재정적자를 줄이는 것을 의미했다. 화폐공급의 엄격한 통제는 대체로 개혁 초기에 이자율 상승을 낳았고 이는 다시금 투자를 위축시켰다.

신자유주의 모델에 따른 국가권력의 축소는 사유화를 통해 더욱 정당화되었다. 일부 국가, 특히 아르헨띠나에서 사유화정책은 재정개혁과 밀접하게 연관되었다. 사유화는 흔히 비효율적이고 채산성이 낮은 국영기업을 제거함으로써 정부지출을 줄이는 것을 목표로 삼았다. 더욱이 이런 기업들을 민간부문에 매각하는 것은 정부재정이 가장 취약할 때인 경제의 구조조정 당시 정부의 수입을 늘리는 것이었다. 사유화로 조성된 기금은 나중에 사용하기 위해 안정화기금에 쌓아두기보다 아르헨띠나 정부의 수입으로 분류되는 경향을 보였다. 매각할 국영기업이 더이상 남지 않자, 아르헨띠나 재무부는 즉각 연간수입의 뚜렷한 감소와 안정화기금에 의존할 수 있는 저축액 부족이라는 두가지 문제에 봉착했다. 또한 사유화는 (예컨대 전력 생산과 분배 같은) 잠재적인 독점 분야에서 경쟁을 보장하고 사기업들이 예전 공기업보다 더욱 효율적으로 운영되도록 감독할 강력한 규제기구를 설립할 필요성을 제기했다.

신자유주의 개혁의 또다른 주요 내용은 노동시장의 개편이었다. 임금과 고용을 위해 도입된 새로운 교섭제도는 고용주에게 더 많은 권한을 제공한 반면 노조의 힘은 약화되었다. 노동시장을 더욱 유연하게 만들고 사회보장 분담금과 고용주의 책임을 줄이기 위해 새로운 고용 관련법이 통과되었다. 이 개혁은 고용주에게 유리하도록 전반적으로 노동시장의 구조를 바꾸었고 좀더 신축적인 고용과 해고 체제를 갖추게 되었으며 고용주들은 더 낮은 임금과 비(非)임금 비용(근로, 고용보험 등—옮긴이)을 얻게 되었다(11, 12장 참조).

민간부문의 고용주들은 무역개혁의 주요 대상으로 인식되었다. 무역개혁은 라틴아메리카 경제를 한층 더 외부지향적으로 바꾸고 국제시장에서 민간기업의 경쟁력을 더 끌어올리는 것과 연관되어 있었다. 무역자유화는 (부분적으로는 좀더 효과적으로 환율을 활용해) 수출을 진흥하고 수입관세를 낮출 필요성을 강조했다. 그런 개혁은 기업들의 국제경쟁력을 향상시키려는 목표를 지닌 것으로, 이로써 기업들은 단지 국내시장을 위한 생산에서 세계시장에 상품을 공급하는 방향으로 선회할 수 있었다. 동시에 정부는 (예컨대 산업정책을 통해) 경제에 직접적인 개입을 피하고 초국적기업들의 직접투자를 독려하고자 했다.

이것이 라틴아메리카에서 다양하게 실행된 신자유주의 개혁의 핵심 내용이었다(Edwards 1995; Thorp 1998). 이런 정치경제의 변화가 모든 국가에서 동일한 방식으로 나타나지는 않았다. 1990년대 라틴아메리카에서 신자유주의 개혁에 대한 관심과 실행 정도는 뚜렷한 차이를 보였다. (이미 20여년 이상 신자유주의 정책을 전개하고 권위주의에서 민주주의로의 이행을 경험한) 칠레와 (늦었지만 신자유주의로 전환한) 아르헨띠나와 뻬루, 그리고 (1989~92년까지 신자유주의 개혁으로의 전환이 짧았을뿐더러 부패와 밀접하게 얽힌) 베네수엘라 사이에는 분명한 차이가 존재했다(Stallings and Peres 2000). 마지막으로 1990년대 브라질의 까르도주 정부가 일종의 신자유주의로 전환한 사례는 라틴아메리카 지역에서 신자유주의 패러다임이 얼마나 강력했는지를 보여주었다(Cammack 1997). 그리하여 전체적으로 정책의 변화는 뚜렷했다. 왜 이런 개혁조치들이 그렇게 광범하게 전개됐을까?

전지구적 요인

왜 신자유주의는 라틴아메리카에서 지배적인 패러다임이 되었는가? 이와 관련한 두가지 차원의 대답으로, 전지구와 라틴아메리카 대륙이라는 지리적 척도를 떠올릴 수 있다. 전지구적 차원의 종합적인 경제개혁은 세계은행과 국제통화기금 같은 국제기관들의 강한 지지를 받았다. 이름에서 관련성을 알 수 있듯이 '합의'는 워싱턴 D.C.에서 이루어졌다(Williamson 1990; 1993). 국제기관들은 신자유주의적 개혁안 채택을 확고하게 지원하는 외부세력을 이루었다. 이 기관들의 기술관료제는 라틴아메리카 곳곳에서 정치·경제 자문집단 네트워크와 결합되어 특히 외채위기 직후 개혁이 활발히 추진되도록 이끌었다.

신자유주의 모델은 세계 다른 지역에서 놀랄 만한 전환을 촉발했다. 1980년대말과 1990년대초 쏘비에뜨체제의 붕괴와 아울러 국가주도와 계획경제라는 대척적인 경제 모델의 몰락이 이어졌다. 동유럽과 구소련 국가들에 시장개혁이 도입되고 정부와 대중이 함께 계획경제에서 시장경제로의 전환을 열망하던 모습은 라틴아메리카에서 신자유주의 개혁에 상당한 추진력을 제공했다(Stiglitz 2002). 라틴아메리카는 1960년대 이래 (비록 강력한 국가 개입으로 가능했지만) 일부 동아시아 국가들이 외부지향적 정책을 추진해 경제적 성공을 거둔 사례를 참고할 수 있었다. 그리하여 한층 더 수출지향적 전략이 정당화되었다(Gereffi and Wyman 1990; Jenkins 1991).

대륙적 특성

라틴아메리카 대륙 차원에서는 역사적이고 상대적인 몇가지 관련 요인이 존재했다. 1980년대에 외부의 재정 지원을 받을 수 있는 통로가 갑자기 축소되어버렸을 때, 신자유주의 정책은 라틴아메리카 경제를 심각한 외채위기에서 구해내는 틀을 제공했다(3장 참조). 또한 예전의 내부지향적 정치경제 패러다임에서 경제적 실패라고 인식된 것에 대한 더 광범한 대응의 일환으로 여러 나라에서 새로운 패러다임이 채택되었다(Kay 1989; Dietz 1995). 내부지향적 전략의 지적 정당화는 구조주의와 종속이론에서 비롯되었다(Kay and Gwynne 2000).

1990년대에는 자본의 흐름, 무역, 투자가 두드러지게 증가하면서 라틴아메리카 경제의 세계화에 큰 진전이 있었다(ECLAC 2002a). 그동안의 내부지향적 모델은 세계경제에 좀더 충분히 편입되어 얻을 수 있는 혜택과 문제로부터 라틴아메리카 경제를 효과적으로 단절시켜왔다. 신자유주의 정책은 라틴아메리카 경제에 세계 다른 지역과의 교역을 증대할 뿐 아니라 다른 지역의 기업과 은행의 투자와 자본 흐름을 증대할 틀을 제공했다.

또한 신자유주의 개혁과 국가 통치 사이의 연계라는 문제가 있다. 1980년대말과 1990년대에 신자유주의 정책과 민주적 통치 사이의 연계는 라틴아메리카에서, 특히 옛 권위주의 정부로부터 민주주의로 이행하면서 더욱 단단해졌다(Haggard and Kaufman 1995; 7장 참조). 1980년대와 90년대에 남아메리카 남단, 이른바 '원뿔' 지역과 브라질에서 권위주의에서 민주주의로의 뚜렷한 변화가 있었다. 모든 사례에서 민주주의 이행 이후 신자유주의 경제정책으로 전환했거나 그 정책이 유지되었다(8장 참조). 신자유주의 개혁으로의 변화가 항상 즉각적으로 이루어지지는 않았다. 1980년대 중엽 이후 아르헨띠나에서는 아우스뜨랄 계획(Plan Austral), 브라질에서는 끄루자두 계획(Plan Cruzado) 같은 비정통적 안정화정책이 시도되었다. 그렇지만 이 계획들은 실패로 끝났고 이어 신자유주의 패러다임이 더 큰 영향력을 얻게 되었다. 안정화 계획이 실패함으로써 국민들은 더 쓴 약을 삼켜야 한다고 설득당했을 것이다. 만성적인 인플레이션을 중단시키기 위한 충격요법에서 부드러운 선택사항은 존재하지 않았다.

신자유주의 정책을 부추긴 권위주의 정부의 쇠퇴 이후 권좌에 오른 정치세력들은 1990년 이래 칠레 꼰세르따시온 정부가 그랬듯이 기존의 신자유주의 정책을 그대로 유지했다. 이들은 민주적 통치가 정책과정에서 대중의 더 많은 참여와 대표성을 가능하게 만들고 그것을 독려한다고 주장했다.

신자유주의의 사회적 토대

신자유주의의 현재적 특성과 미래의 지속가능성을 고려하려면 이 패러다임을 위한 합의의 토대가 얼마나 굳건한지, 그리고 이 합의에 대한 도전이 무엇인지 헤아리는 일이 중요하다. 사회적 합의가 신자유주의 질서를 지지하기 위해 이루어졌는가, 아니면 그것은 단지 정부와 그 조언자들의 기술관료적 합의일 뿐인가?(7장 참조)

기술적·경제적 토대

신자유주의 모델에 대한 기술관료제의 지지는 시장보호와 산업화에 기반을 둔 예전의 내부지향적 패러다임이 지닌 결함에 대한 반작용으로 등장했다. 수입대체 산업화에 토대를 둔 경제성장은 경제적인 동시에 정치적인 어려움에 직면했다(Gwynne 1985). 기술관료 집단의 주장에 따르면 수입대체 산업화 모델에서는 국가권력 때문에 민간투자 기회가 밀려났고, 정부 예산은 지속적으로 대규모 적자를 기록했으며, 인플레이션은 심각했고, 수입대체 산업화 생산에 관련된 기업들은 국제적으로 비효율적이고 경쟁력이 약화되었다.

경제적 곤란은 정치적 어려움과 결합되었다. 기업들은 생존을 위해 계속해서 더 높은 보호장벽을 요구했고 이는 수출업자와 농업생산자에게 불리하게 작용했다. 일부 국가에서는 든든한 산업적 기반의 출현으로 정치적 중요성을 얻게 된 산업 노동자계급이 부상했다. 한편 기업들은 당시 모습을 갖추어가던 초보적인 복지국가가 얼마나 비용이 많이 드는지 불평을 터뜨리고 부담스러워하면서 높은 사회적 부담금을 강조했다.

신자유주의 전략을 선호한 기술관료 세력은 그들이 무엇을 반대하는지뿐 아니라 무엇을 찬성했는지에 따라 규정되었다. 자유시장 모델과 더 작은 국가의 이론적 흡인력, 거시경제적 안정성 달성의 중요성은 주요 주제 가운데 일부였다(Gwynne 1990). 기술관료 세력의 대다수는 미국 대학교에서 경제학 또는 경영학을 공부한 유학파 출신이었다(Centeno and Silva 1998). 외채위기 이전에 기술관료 집단은 신자유주의적 정책 대안을 제시했지만 실행에 옮기기에 충분한 정치적 지원을 확보할 수 없었다. 외채위기 이후 상황은 극적으로 변했고 그들은 (재무부장관 같은) 정치적 임명뿐 아니라 정부가 요구하는 자문역과 공무원 조직을 통해 경제적 변화를 이끄는 주체가 되었다(8장 참조). 그들은 국제적인 자문역 네트워크의 일부가 되었고, 외채위기의 출구로서 시장지향적 해결책, 거시경제적 개혁, 외부지향적 정책에 공감했다.

다소 지체되긴 했지만 대다수 라틴아메리카 국가에서 새로운 정부의 기술관료제가 진화했다. 아르헨띠나와 뻬루에서 그것은 1990년대 초까지, 브라질에서는 1990년대 중반까지 지체되었다. 이 국가들에서 기술관료 집단은 시장지향적 개혁을 지지하면서 포퓰리즘적이고 내부지향적인 정책의 지속에 맞서 새로운 정책을 시행하고자 격돌해야만 했다. 실상 뻬루의 1990년 선거에서 후지모리(A. Fujimori)가 포퓰리즘적 의제를 업고 권좌에 올랐다는 점을 상기해야만 한다. 후지모리는 영향력 있는 국제기구나 라틴아메리카(그리고 뻬루)의 기술관료 집단과 폭넓은 상담과 협의를 거친 뒤에야 신자유주의 의제로 (강제로) 전환했다. 그리하여 기술관료들은 새로운 패러다임의 수립과정에서 영향력 있는 집단이 되었다.

신자유주의적 의제를 추진하는 기술관료 세력이 민주주의 정부와 연계되었는지 아니면 권위주의 정부와 연계되었는지에 대해선 중요한 차이가 있었다. 민주주의 구조에서는 정부 부처의 장관과 관료층이 국민들에게 급격한 정책변화 이면의 구상을 설명하고 정당화할 필요가 있었다. 하지만 권위주의체제에서 그런 변화는 흔히 위로부터 강요되고 정당화나 협의 절차가 생략되었다. 그 결과 권위주의 정부의 기술관료는 더욱 교조적으로 변하는 경향이 있었고 이론적으로는 일관성 있는 정책을 강제할 수 있었지만 근본적인 경제 개편으로 어려움을 겪는 많은 이들의 의견을 듣고 적절하게 대응하려 하지 않았다. 반면 민주주의 정부의 기술관료는 흔히 정책수립과정에서 이데올로기적으로 덜 완고한 경향을 보이며 더 자발적으로 정치현실에 정책을 적응시키려는 태도를 보였다(8장 참조).

사회적·정치적 토대

신자유주의 모델은 수출산업과 관련된 일부 기업가들을 제외하면 초기 단계에 사회·정치적 토대를 거의 지니지 못했다는 점을 강조할 만하다. 일반적으로 농업, 금융, 산업 분야에서 보호받는 분야의 기업가들은 경쟁이 치열해지고 그에 따라 상대적으로 폐쇄적인 시장에서 자신들의 정치적 영향력이 바뀔 가능성이 있기 때문에 더욱 외부지향적인 정책을 지지하지 않았다. 그렇다면 신자유주의 모델의 사회적·정치적 토대는 어떻게 발전했는가?

여러 국가에서 신자유주의 모델은 외채위기의 충격에 대한 대응으로, 다른 한편 금융과 생산 자본의 측면에서 먼저 수출 생산 분야로, 이어서 외국투자자로 권력을 이동시킬 필요에 따라 등장했다. 1990년대에 예컨대 칠레와 브라질에서 그랬듯이 중도좌파 동맹과 정부가 사회적 책임을 가미한 신자유주의 경제개혁 방식으로 전환함에 따라 그 정치적 토대는 놀랄 만큼 확장되었다(Demmers et al. 2001). 사회민주주의 성향의 정당들은 이행과 구조조정이 수반할 고통을 순화할 수 있는 사회정책과 복지 프로그램의 필요성을 강조했지만 결국 워싱턴합의를 채택해야 했다(Bresser Pereira 1996). 신자유주의 개혁을 지지하는 정치적 토대가 확장되면서 1990년대에 신자유주의 정책은 더 폭넓은 사회적 지지와 정당성을 확보했다.

21세기초 이런 지지의 범위는 특히 금융위기를 겪은 국가(가장 잘 알려진 아르헨띠나)에서 축소되었다. 브라질의 노동자당(PT)과 같이 집권에 성공한 새로운 중도좌파 정당은 (2003년 룰라가 주도한 브라질의 기아대책 캠페인처럼) 라틴아메리카 사회에 내재한 극적인 불평등을 줄이는 데 역점을 둔 정책을 추진하고, 그들이 대체로 옹호한 신자유주의적 의제 가운데 기술관료적 요소들은 눈에 덜 띄는 곳으로 배치했다. 그리하여 1990년대에 신자유주의 프로그램이 더 광범한 정당성을 획득하는 데 기여한 거시경제적 안정성의 달성은 당면한 주요 사회문제들을 더 직접적으로 다루려고 하는 정부에게는 필요한 건축자재처럼 인식되었다(Ocampo and Franco 2000).

결론: 이론과 정책의 패러다임 전환

라틴아메리카는 그리하여 이론과 정책 모두에서 패러다임의 변화를 겪었다. 이런 맥락에서 두가지 즉각적인 결론을 도출할 수 있을 것이다. 첫째, 최근의 두가지 패러다임의 이론적 근거들은 뚜렷한 대비를 이룬다. 구조주의와 종속이론의 주요소들은 라틴아메리카 내부로부터 비롯된 반면, 현재의 신자유주의 패러다임은 외부적 요인에 의해 추진되었다. 둘째, 내부지향적 패러다임은 (1930년대부터 80년대까지)

20세기를 지배해온 패러다임 가운데 하나였다. 이는 새로운 신자유주의 패러다임이 21세기를 더 잘 대표한다고 인식하도록 만들지 모른다. 우리는 이 문제에 관해 13장에서 다시 언급할 것이다.

이것은 특히 세계경제와의 새로운 관계 형성이라는 측면에서 볼 때, 라틴아메리카 발전사에서 새로운 장을 열었다. 이는 패러다임의 변화라고 지칭할 만하며 역사적으로 볼 때 라틴아메리카가 19세기의 세계경제로 편입되는 데 비견될 것이다. 당시 라틴아메리카의 경제는 천연자원의 비교우위에 의존할 수밖에 없었지만 오늘날 중요한 쟁점은 국민국가와 기업의 수준에서 어떻게 비교우위를 이끌어낼 수 있는가이다. 이는 새로운 개념화를 요구하는 문제이다. 구조주의는 경제와 사회를 변화시키는 데 세계시장의 경쟁력이 기여하는 중요성을 과소평가했다. 구조주의자들은 라틴아메리카 경제가 전세계적으로 활동하는 세력으로부터 자신을 보호할 수 있고 내부지향적 산업화를 추진하면서 광물자원과 기본적인 1차산물의 비교우위에 계속 의존할 수 있다고 생각했다.

반면 '순수한' 형태의 신자유주의 모델은 국가의 중재 없이 국민경제를 세계시장에 완전히 개방시킬 수 있다고 믿는다. 그러므로 (산업분야에서 가장 두드러지게) 경쟁력이 떨어지는 부문을 외국과의 경쟁에서 기꺼이 희생시키려는 것처럼 보인다. 그 결과는 천연자원의 우위와 비전통적인 수출품이라고 알려진 품목에 의존하는 방식으로 복귀하는 것이었다(12장 참조). 브라질의 까르도주와 같은 라틴아메리카의 일부 주요 지도자들과 신구조주의 사상가들(13장 참조)은 비교우위를 강화하는 방향으로 라틴아메리카 경제에 필요한 제도적 변화를 일으키는 데 국가가 필요하다는 점을 인식해왔다. 세계시장의 일부이길 바라는 염원은 이제 충분히 수긍할 만하지만, (이를테면) 인적자원 개발에 국가가 중요한 역할을 담당한다는 것 역시 확인되고 있다. 이는 산업경쟁력에 바탕을 둔 동아시아 경제 모델의 성공과 그것을 라틴아메리카에 적용하려는 해석으로 볼 수 있다(Fajinzylber 1990a; 1990b; Gwynne 1990).

그런 식으로 사회를 재건하는 일은 매우 고통스러울 수 있고 사회의 여러 층위, 즉 산업 노동자계급(공장의 폐쇄나 현대화에 따라), 국가부문에 고용된 중간계급(정부가 공공써비스 분야를 사유화하거나 고용을 축소함에 따라), 그리고 경쟁력이 없는 (흔히 내부지향적인) 자본가계급 부문에도 영향을 끼친다. 이런 과정은 대체로 중앙집권적인 정부에 의해 추진되고 흔히 국가주도의 사회 재편 형태로 나타난다. 이것은 권위주의 정부에서 발생하기 쉬운데 가장 두드러진 사례는 칠레의 삐노체뜨 독재체제(1973~90)라고 할 수 있다. 그렇지만 민주적으로 선출된 정부 역시 시장지향적 개혁을 추진하고(아르헨띠나의 메넴, 뻬루의 후지모리, 브라질의 까르도주처럼) 심지어 그 강령에 의존해 재선되기도 한다. 어떤 이들은 그런 정부가 성공하기 위해 강력한 대통령제를 요구해왔다고 주장한다.

국가주도의 사회 재편 모델은 세계시장의 긴급한 상황뿐 아니라 국가경제와 세계시장 사이에 존재하는 경제적 장벽의 붕괴에 대응해왔다. 어떤 면에서 그것은 새로운 경제 모델에서 사회적 패자(敗者)들의 요구사항에 대한 억압적인 접근을 대변한다. 이런 사회적 재편은 여러 사회집단에 다양한 충격을 주었고 국가마다 상이한 양상을 보였다. 대체로 특정 부문(산업 노동자계급, 농민, 원주민 집단 등)은 다른 부문(기업가적 특성을 지닌 중간계급과 새롭게 출현한 금융집단 같은)에 비해 더 낮은 수준의 보호조치를 제공받았다. 자본가계급은 변화하는 환경과 세계시장의 현실에 더 잘 적응할 수 있었고 따라서 그 규모와 영향력이 확대되었을 뿐 아니라 패러다임 변화에서도 중요한 승자가 되었다. 결국 신자유주의적 전환으로 이득을 거두고 전세계적인 권력을 강화한 것은 초국적자본이다.

□ 더 읽을거리

- Buxton, J. and Phillips, N. (eds.) *Developments in Latin American Political Economy: State, Markets and Actors*. Manchester: Manchester University Press and New York: St. Martin's Press 1999.: 군부, 게릴라운동, 비정부기구, 여성 같은 전통세력과 신흥세력뿐 아니라 국가와 시장의 상호작용에도 주의를 기울인다.
- Chase, J. (ed.) *The Spaces of Neoliberalism: Land, Place and Family in Latin America*. Bloomfield, CT: Kumarian Press 2002.: 가구, 공동체, 여성, 종족 집단이 일상에서 시장관계와 국가정책을 대면하는 다양한 방식을 탐색한다.
- Green, D. *Silent Revolution: the Rise of Market Economics in Latin America*. (2판) London: Latin American Bureau and New York: Monthly Review Press 2003.: 라틴아메리카의 신자유주의 경제개혁에 대한 평판 좋고 잘 다듬어진 비판적 분석.
- Gwynne, R. N., Klak, T. and Shaw, D. J. B. *Alternative Capitalism: Geographies of Emerging Regions*. London: Arnold 2003.: 라틴아메리카와 카리브해 지역에서 세계화의 효과와 정치·경제적 변화를 검토하고, 그것과 중동부 유럽, 구소련 그리고 동아시아에서 발생한 현상들을 비교. 그런 의미에서 이 저작은 지리학과 사회과학 분야에서 출판된 저서 가운데 독특한 접근법을 제공한다.
- Kay, C. *Latin American Theories of Development and Underdevelopment*.

London: Routledge 1989.: 출판된 지 다소 시일이 지났지만 이 저서는 여전히 라틴아메리카 발전론에 대한 가장 포괄적이고 체계적인 입문서라 할 수 있다. 구조주의와 종속이론의 기원을 주변부적 특성과 내부 식민주의의 기원과 더불어 자세히 검토한다.

- Kirby, P. *Introduction to Latin America: Twenty-first Century Challenges*. London and Thousand Oaks, CA: Sage Publications 2003.: 현대 라틴아메리카를 구성하는 경제·사회·정치세력에 대해 포괄적이고 이해하기 쉬우며 매력적인 개관을 제공한다.
- Munck, R. *Contemporary Latin America*. Houndmills, Basingstoke and New York: Palgrave Macmillan 2003.: 라틴아메리카에 대한 전반적인 소개를 담고 있는 생생하고 간결하며 읽기 쉬운 책.
- Swanson, P. (ed.) *The Companion to Latin American Studies*. London: Arnold and New York: Oxford University Press 2003.: 역사·사회·정치·문학·문화적 맥락 속에 라틴아메리카를 위치시키는 독창적인 문학·문화 연구의 안내서.

□ 웹사이트

- 라틴아메리카 사회과학회의(Consejo Latinoamericano de Ciencias Sociales, www.clacso.org): 라틴아메리카 곳곳의 여러 회원 연구기관과 링크되어 있다. 많은 자료들을 내려받을 수 있다.
- 국제연합 라틴아메리카와 카리브해 지역 경제위원회(United Nation's Economic Commission for Latin and the Caribbean, www.eclac.cl): 출판물, 특히 『라틴아메리카와 카리브해 지역의 통계연감』(*Statistical Yearbook for Latin America and the Caribbean*)에서 입수할 수 있는 사회·경제 관련 자료를 가장 많이 보유하고 있다. 최근 출판물들은 대부분

내려받을 수 있다.

• 라틴아메리카 사회과학 학술단체(Facultad Latinoamericana de Ciencias Sociales, www.flacso.org): 여러 라틴아메리카 국가에 연구센터를 보유하고 대학원 연구과정을 제공하는 라틴아메리카 사회과학 학술단체의 웹사이트다.
• 미주개발은행(Inter-American Development Bank, www.iadb.org): 주로 경제문제에 관한 데이터와 분석자료가 있다.
• 라틴아메리카 네트워크 정보센터(Latin American Network Information Center, www.lanic.utexas.edu): 아마도 다양한 주제의 라틴아메리카 관련 정보와 분석에서 가장 풍부한 내용을 지닌 인터넷 사이트일 것이며, 다른 유용한 사이트와 연결되어 있다. 라틴아메리카 연구에 관심있는 이들에게 좋은 출발점을 제공한다.
• 라틴아메리카학회(Latin American Studies Association, lasa.international.pitt.edu): 전세계 라틴아메리카 관련 연구자들의 최대 연합조직의 웹사이트이다.

제2장

근대성과 정체성: 라틴아메리카의 문화적 변화

_호르헤 라라인

서문

이 장에서는 1970년대 이래의 당대적 문제인 라틴아메리카의 근대성과 정체성 문제에 집중할 것이다. 그런데 19세기초부터 라틴아메리카에서 근대성은 그것에 회의를 품은 이들만큼이나 어떤 대가를 치르더라도 그것을 획득하기를 열망한 이들에 의해 정체성의 대안으로 제시되었다는 점을 지적해야만 한다. 부분적으로 이는 그 내용을 동결하고 실질적인 문화적 변화에는 주의를 기울이지 않는 문화적 정체성에 대한 본질주의적 발상이 빚어낸 결과였다. 만일 정체성이 식민시대 동안 단번에 전통적이고 매우 종교적인 형태로 고정되었다고 여긴다면, 독립 후 시작된 어떤 근대화도 정체성을 희생하면서 달성될 수밖에 없는 것이었다.

그러나 근대성과 정체성 사이의 이런 대립은 또한 라틴아메리카의 근대성이란 흔히 서구사회(유럽과 미국)의 궤도와 내재적으로 연결된 과정으로 이해되었다는 사실에서 비롯된 결과이기도 하다. 서구사회의 궤도 내에서 특정한 제도의 집합은 시장경제의 발전과 민주주의적 정체, 그리고 자율적인 과학적 지식을 허용했다. 기본적인 필요를 충족시키기 위해 합리적인 통제와 더불어 정치와 인식의 영역에서 자율성을 추구하는 사회생활의 기본적인 문제들을 다루는 방식으로서 근대성을 이해하는 대신, 앞서 언급한 방식은 서구사회의 특정한 제도적 해결책을 근대성의 일반적이고 필연적인 특징과 혼동한다(Wagner 2001a; 2001b).

이는 근대성의 개념을 지나치게 단순화한다. 그리하여 근대성은 그 다양한 궤도들을 만인이 수용해야만 하는 단일한 서구식 모델로 전적으로 융합해버린다. 이는 외부에서 라틴아메리카로 들여온 것이고 그리하여 라틴아메리카에게는 매우 이질적으로 보인다. 근대성은 라틴아메리카에서 진정한 정체성과 충돌하는 것처럼 보인다. 어떤 이들은 이런 까닭에 근대성을 반대하고 다른 이들은 이런 까닭에도 불구하고 그것을 강제하기를 원한다. 전자는 근대성이 라틴아메리카에서 성공할 수 없다고 믿는 반면, 후자는 라틴아메리카의 정체성은 해체되어야 한다고 믿는다. 양자는 각자에 유리하도록 현존하는 갈등이 해결되어야 한다고 생각한다. 근대성과 정체성은 대립적인 뿌리를 지닌 절대적인 현상으로 받아들여지고 있는 셈이다.

라틴아메리카에서 근대성과 정체성을 상호배타적인 현상으로 표현하는 이런 태도와는 달리 필자는 그것의 지속성과 상호관련성을 보여주고자 한다. 정체성 형성의 역사적 과정은 독립 이후 근대성 형성의 과정이기도 했다. 근대성이 유럽에서 비롯된 것은 사실이지만 유럽이 그 모든 궤도를 독점하지는 않는다(Wagner 1994; Therbon 1995). 자율성과 합리적인 통제를 추구하는 것이 대안적인 제도적 해결책으로 제시될 수 있기 때문에, 근대성은 라틴아메리카에서 적극적으로, 결코 수동적이지 않게 편입되었다. 물론 의심할 바 없이 라틴아메리카에는 유럽이나 미국과 다른 중요한 제도적 차이들이 존재한다. 그렇다고 이것이 라틴아메리카가 근대화에 완전히 실패했음을 의미하진 않는다. 라틴아메리카는 근대성을 경험하는 독특한 방식을 지니고 있다. 라틴아메리카의 근대성은 유럽이나 미국의 그것과 정확하게 동일하지는 않다. 그것은 독자적인 궤적을 지니고 있다. 그러나 빈번하게 미국이나 유럽의 제도적 모델을 모방하려 했기 때문에 그것은 순전히 내생적이지도, 그렇다고 전적으로 외부로부터 강제된 것도 아니다. 어떤 이들은 그것에 종속적 또는 주변적이라는 이름을 붙인다(Parker 1993, 81면; Brunner 1994, 144면).

필자는 다른 책에서 라틴아메리카는 다섯가지 구분되는 단계를 거쳐 근대화하는 동시에 문화적 정체성을 구축해왔다고 주장했다(Larraín 2000). 그러나 이 두가지 현상은 긴밀히 연관되어 있음에도 줄곧 상호대립적인 대안으로 간주되었다. 정체성이 선호되는지 근대성이 선호되는지는 전적으로 두서없는 과정이 아니다. 근대성을 더 낫게 여기는 이론들은 발전이 가속되고 경제적 팽창이 일어나는 시기에 등장해서 더욱 유행하는 경향이 있다. 반면 정체성을 강조하는 이론은 경제성장과 전반적인 복지가 정체되거나 약화되는 위기 국면에 힘을 얻었다.

■ 박스 2.1 라틴아메리카 근대성궤도의 여러 단계(Larraín 2000, 7~8면, 22~24면)

독립 이후 라틴아메리카의 역사에서 대략 다섯가지 단계를 상정할 수 있다(여섯번째 단계가 추가될 가능성도 있다).

1. 독립부터 1900년까지: 팽창의 시대, 과두제적 근대화.

2. 1900~45년: 위기의 시대, 과두제 지배의 종식과 포퓰리즘의 등장.

3. 1945~70년: 2차대전 이후 팽창기, 개발주의.

4. 1970~90년: 위기의 시대, 독재와 '1980년대 잃어버린 10년'.

5. 1990~2000년: 팽창기, 신자유주의 시대.

6. 2000년 이후: 여전히 신자유주의 경향이 지속되는 가운데 위기의 시대가 시작됨. 따라서 그 결과를 평가하기란 여전히 어렵다(13장 참조).

시대구분을 위한 기준은 복잡하고, 경제적 추세, 문화 발전, 정치적 변화, 그리고 주요한 국제적 사건과 같은 네가지 주요 요소들을 연결하려고 한다. 특정 시점에 이 모든 변수에서 중요한 변화가 거의 동시적으로 발생할 때, 새로운 단계가 등장한다고 가정한다. 그러나 확실히 완벽한 일치나 조화는 거의 존재하지 않고 어떤 변수 때문에 일어나는 변화는 조만간 다른 데서 일어나는 변화에 따라 바뀌어 없어질 수도 있다. 예컨대 만일 과두제 지배의 종식이라고 이름 붙인 두번째 시기에 우리가 초점을 맞춘다면, 경제적·국제적 관점에서 그 현상은 1914년에 시작된 것처럼 보이고 문화적 관점에서 보자면 이미 1900년 이래 존속해왔다고 할 수 있다. 그리고 정치적 영역에서 그 현상은 일부 국가에서는 1920년대에 시작되었고 다른 곳에서는 1930년대에 시작된 것처럼 보인다. 그리하여 1900~45년이라는 시대구분은 대략적인 근사치에 불과하다. 그럼에도 그 단계의 중심에는 네가지 모든 요소들의 변화가 깊이 연관되어 있다. 주로 라틴아메리카의 정치·경제적 위기 때문에 2000년에 시작되는 것처럼 보이는 단계는 여전히 결과를 예상하고 주요한 특징이 무엇인지 결정하기가 매우 어렵기 때문에 여기서 다루지는 않을 것이다.

필자는 1970~2000년의 마지막 두 시기에 집중하기 위해 첫 세 단계는 매우 간략히 검토할 것이다. 그러나 그전에 세 단계들과 세계화과정 사이의 관계를 더욱 분명히 밝히는 게 좋을 것이다. 만일 세계화의 결과 가운데 하나가 전체 지역의 생활 속에서 지방의 환경이 미치는 영향력을 축소하는 것이어서 그 지역 환경이 점차 다른 곳에서 일어난 일에 영향을 받는다면, 이 단계들은 특정한 국제적 사건들이 라틴아메리카에 얼마나 깊은 충격을 던졌는지를 보여준다. 19세기초 독립과정은 나뽈레옹의 에스빠냐 침공에 매우 큰 영향을 받았고 독립투쟁의 주요 사상은 프랑스혁명, 영국의 자유주의, 프랑스의 실증주의에서 비롯되었다.

두번째 위기의 단계는 1차대전, 러시아혁명, 그리고 1930년대 대공황의 영향을 반영했다. 2차대전 후 미국과 유럽 자본주의의 팽창은 라틴아메리카에서 발전과 근대화의 세번째 단계를 가져왔다. 세계경기의 위축, 포드주의 시대의 종식, 그리고 1970년대 유가인상은 네번째 마이너스 성장의 단계에 영향을 미쳤고 독재체제의 유행을 강화했다. 세계자본주의의 호조와 1990년대 신자유주의의 압도적인 추세는 라틴아메리카 근대화의 다섯번째 단계에 깊이 영향을 미쳤다.

라틴아메리카의 근대화 궤적

독립부터 1900년까지: 과두제적 근대화

이 단계의 두가지 특징은 강조되어야만 한다. 첫째, 이 시기에는 자유주의사상이 채택되고, (비종교적) 세속교육이 확대되고, 자유로운 언론활동이 확립되고, 공화제 정부가 수립되었으며, 민주적인 정부 형태가 도입되었다. 그렇지만 이 모든 것은 교육받지 못한 대중의 광범한 참여를 제한하는 방식으로 이루어졌다. 둘째, 미국의 궤도와는 대조적으로 산업화는 지연되었고 대신 생산부문을 근대화하는 데 거의 영향을 끼치지 않은 원료 수출체제로 대체되었다.

19세기 라틴아메리카의 근대화는 경제적이라기보다는 정치적이고 문화적이었으며 전반적으로 말해 매우 제한적이었다. 이런 제약에도 불구하고 근대화는 문화정체성의 재구성과 나란히 추진되었다. 문화정체성의 재구성과정 속에서 자유, 민주주의, 인종적 평등, 과학과 세속 교육의 가치가 뚜렷하게 부각되었다. 이는 주로 독점적인 가톨릭 신앙에 영향을 받고, 정치적 권위주의와 긴밀하게 연결되며, 과학적 사유에 개방적이지 못하고, 노예제, 인종차별과 이단 심판에 매몰된 식민시대의 지배적 가치와 비교할 때 특히 두드러져 보였다.

18세기 프랑스의 계몽주의, 영국의 자유주의, 특히 오귀스뜨 꽁뜨(Auguste Conte)에서 비롯된 실증주의는 이 과정에서 매우 중대한 이데올로기적 역할을 떠맡았다. 끄리오요(아메리카 태생의 백인—옮긴이)들은 영국이나 다른 유럽 국가와 자유로운 교역을 원했던 만큼이나 교회의 감독으로부터 문화적 자유를 누리기를 원했다. 그들은 새로운 공화정체제에 '질서와 진보'를 가져오기 위해서는 새로운 사상들이 유일한 희망이라고 생각했다. 새로운 계몽주의적 가치와 관행이 식민시대의 문화적 핵심가치를 완전히 대체하지는 않았으나 최소한 몇가지 중요한 점에서 옛것을 수정하고 변화시켰다.

당대의 친(親)근대사상가들은 이베리아와 아메리카의 문화적 양식이 완전히 새롭게 바뀌지 않는 한 근대성은 성취되지 않을 것이라고 보았으나 자신들이 여전히 옛 인종주의적 편견에 얼마나 크게 영향을 받고 있는지는 알지 못했다. 동시에 근대성에 대한 그들의 전망은 미국이나 유럽의 진정한 닮은꼴이 되겠다는 순진한 희망으로 가득했다. 라틴아메리카는 여전히 문명화되어야 했고 그것이 지닌 미개한 문화적 특징은 뿌리뽑혀야 했다. 당대의 가장 대표적인 작가 싸르미엔또는 라틴아메리카의 진정한 투쟁은 문명과 야만 사이에 벌어지는 투쟁이라고 분명하게 주장했다(Sarmiento 1945, 58면). 문명은 유럽과 미국의 표상이었고 야만은 라틴아메리카가 지닌 인종적 열등성의 결과였다. 이런 전망은 라틴아메리카 곳곳의 다른 실증주의자들에게도 동일하게 나타났다.

그러므로 그들이 라틴아메리카를 근대화하기 위해 제안한 정책 가운데 하나가 유럽의 백인 이주민을 받아들여 인종 구성을 개선하려는 것이었음은 크게 놀랄 만한 일이 아니다(Sarmiento 1993, 408면). 싸르미엔또에게 라틴아메리카의 인종적 열등성을 보상하는 다른 방법은 "수많은 주민들에게 교육을 확대하는 것"이었다(Martínez Estrada 1968, 134, 137면에서 인용). 그러므로 근대화란 라틴아메리카인들이 이민이나 과학적인 교육을 통해 식민시대와 인종적 유산을 대체할 수 있는가에 달려 있었다. 19세기 라틴아메리카의 지식인들에게는 식민시대의 문화적 정체성을 파괴함으로써 근대성을 성취해야 할 필요성이 뚜렷이 존재했다. 그러나 그런 정체성을 해체하는 것은 쉽지 않았고 그들은 부지불식간에 인종주의와 엘리뜨주의를 공유하고 있었다.

야만과 문명의 대립은 비판적인 시론(ensayo)에서 분명하게 언급되었을 뿐 아니라 당대 많은 낭만주의적 문학작품의 배후에 숨은 중요한 의미(subtext)이기도 했다. 문명으로부터 탈출해 자연 속에서 피난처를 찾으려고 한 유럽의 낭만주의와 달리 라틴아메리카의 낭만주의는 자연의 고립과 야만에서 탈출하고자 했다. 예컨대 호세 마르몰(José Mármol)의 소설 『아말리아』(*Amalia*, 1945)에서 문명은 세 주인공이 속한 작은 지식인 단체로 표상된다. 그들은 독재자 로사스에 대항해 투쟁하지만 결국 무릎을 꿇고 살해당한다. 그들은 야만을 대변하는 적대적인 빰빠(아르헨띠나의 초원지대—옮긴이), 로사스와 로사스의 흑인, 물라또(라틴아메리카의 1세대 흑백 혼혈인—옮긴이) 부하, 가우초(목부—옮긴이)와 원주민에게 둘러싸이거나 그들과 대립하는 것으로 나타난다.

1900~45년: 과두제적 근대화의 위기

20세기에 들어설 무렵 과두지배 세력은 무너지기 시작했고 이른바 '사회 문제'가 전면에 등장했으며 선거권을 확대하고 중간계급을 정부에 포섭하려는 새로운 포퓰리스트 체제가 등장했다. 그리고 수입대체 산업화과정이 시작되었다. 그리하여 유럽이 자유주의적 산업자본주의의 정치·경제적 위기를 겪는 동안(Polanyi 1957, 29면), 라틴아메리카에서는 전통적인 과두제와 귀족층이 지배하는 농산물 수출체제가 마지막 단계에 돌입하고 초보적인 산업화과정이 시작되어 얼마간 성공을 거두게 되었다.

라틴아메리카에서 이 위기와 변화의 단계는 초기에 반제국주의적 감정의 출현, 메스띠사헤(혼혈—옮긴이)에 대한 새로운 평가, 원주민공동체에 대한 차별을 비판하는 새로운 사조 인디헤니스모(indigenismo)의 등장, 그리고 노동계급 문제에 관한 사회적 의식의 증대를 동반했다. 전체적으로 이 추세의 대부분은 라틴아메리카의 독특한 문화적 정체성에 대한 관심이 쇄신되었다는 것을 보여주었고 미국이나 유럽 모델이 제공한 형식의 근대성을 비판했다.

이 시기에 소설 쓰기에서는 사실주의 경향이 발전했고 문학의 형태로 당대의 혼란상을 표현했다. 사실주의는 농촌적, 자연주의적, 사회적이거나 인디헤니스모적일 수 있었다(Franco 1980, 215~61면). 전반적으로 사실주의의 다양한 형태는 라틴아메리카의 옛 질서가 도전받기 시작해서 정체성의 위기를 드러내는 어려운 변화의 시기와 관련되어 있다. 이 소설들은 정체성 문제에 대해 분명한 해결책을 제시하지는 않지만 민중적 성격과 지리적 위치라는 장점에서 비롯되는 다른 가능성을 넌지시 비쳤다(Xirau 1992, 185~203면).

20세기초 미국의 팽창주의가 기지개를 펼 때, 일부 지식인들은 미국과 미국의 헤게모니에 맞서 목소리를 높였다. 꾸바의 호세 마르띠(José Marti), 니까라과의 루벤 다리오(Ruben Dario), 멕시코의 호세 바스꼰셀로스(José Vasconcelos), 베네수엘라의 루피노 블랑꼬 폼보나(Rufino Blanco Fombona), 아르헨띠나의 마누엘 우가르떼(Manuel Ugarte)는 우루과이의 호세 엔리께 로도(José Enrique Rodo)의 목소리에 자신들의 비판적인 견해를 덧붙였다. 로도는 1900년 출판한 『아리엘』(*Ariel*)을 통해 큰 영향을 미쳤다. 그 책은 '노르도마니아'(nordomanía), 즉 미국의 모델을 베끼려는 라틴아메리카 내부의 경향에 일침을 가하며 그들의 현실로 돌아올 것을 주문했다(Rodó 1993, 304~17면).

메스띠사헤가 인종을 퇴보시킨다는 실증주의사상에 맞서 바스꼰셀로스는 메스띠사헤와 라틴 인종의 가치를 옹호하고 그것을 앵글로색슨 인종의 특성들과 대비시켰다(1927, 14면; 1993, 339면). 그와 유사하게 발까르셀(L. E. Valcárcel)과 같은 인디헤니스따 작가의 저작도 유럽의 문화적 유산을 반대하며 원주민의 가치와 관습으로 돌아갈 것을 호소했다.

이후 대공황기라는 어려운 시기는 라틴아메리카의 정체성이 지닌 부정적 특징을 강조하는 매우 비관적인 담론들이 많아지게 하는 것처럼 보이며, 라틴아메리카가 지닌 에스빠냐적 특성을 살려내려는 경향이 등장한다(Eyzaguirre 1947; Lira 1985). 그리하여 예컨대 마르띠네스 에스뜨라다(Martínez Estrada)는 라틴아메리카의 에토스를 가장 잘 드러내는 것으로서 분노와 원한의 사상에 주의를 기울였고, 알시데스 아르게다스(Alcides Arguedas)는 볼리비아인들의 표리부동을 묘사했다. 에스빠냐주의(남아메리카에서 에스빠냐 문화와 정신을 선양하는 운동—옮긴이) 사상 조류는 에스빠냐 문화를 의식적으로 경시하는 데 유감을 표하고 그런 경시를 라틴아메리카가 가치 있는 문화적 공헌을 이루지 못한 요인으로 지목했다. 이 혹독한 자기비판은 라틴아메리카의 정체성에서 어떤 긍지도 찾을 수 있는 여지를 남겨놓지 않은 듯했으나 그런 비판은 여전히 유럽의 양식과는 다른 라틴아메리카의 독특한 문화적 정체성을 강조하고자 했다. 중요한 점은 왜 라틴아메리카가 달랐으며 왜 근대성이 성공할 수 없었거나 실패했는지를 설명하는 것이었다.

1945~70년대: 공업의 팽창

2차대전 종전부터 세번째 단계로 설정할 수 있는데, 이 시기의 특징으로는 민주주의의 강화, 더 폭넓은 참여, 그리고 사회경제적 토대의 근대화과정을 들 수 있다. 산업화의 증진, 소비양태와 교육의 다양화, 도시화 현상이 강조되어야 할 것이다. 대중매체와 대대적인 구조개혁을 지향하는 급진적 정치운동의 확산 역시 주목할 대상이다(García Canclini 1989, 81~82면). 대다수 국가들은 개입을 강화하고 보호주의적 정책을 발전시켜 경제생활 전반을 통제하고 건강, 사회보장, 주택 문제에 몇가지 복지국가적 요소를 도입했다. 그럼에도 근대성의 혜택은 계속 소수에게만 집중되었고 대다수 국민은 배제되어 있었다.

근대화와 변화의 과정은 해외에서 유입된 사상과 이론에 의해 촉진되었다. 시론의 전통은 급격히 늘어난 사회과학으로 대체되었다. 외래 사상과 이론은 전통적인 농촌적 문화정체성을 해체했고 그것을 근대적 가치와 제도로 대체하려는 제안도 등장했다. 먼저 1950년대에 흔히 '근대화론'이라고 불린 미국의 발전사회학이론이 도입되었다. 이는 라틴아메리카가 전통사회에서 근대사회로 이행하고 있으며 서구 산업사회가 불가피하게 도달해야 할 이상적인 모델이라는 주장을 앞세웠다. 근대화과정은 이미 선진사회가 경험한 똑같은 단계를 되풀이할 것이라는 역사적 필연성으로 인식되었다. 더욱 비판적인 활동의 라틴아메리카적 변형이라 할 수 있는 라틴아메리카경제위원회(ECLA)의 개척자적 활동은 선진 산업국가들에 유리한 중심-주변 세계체제의 존재에 초점을 맞췄다. 경제위원회는 라틴아메리카를 근대화하기 위해 왜 원료 수출 중심의 경제에서 산업화를 이룬 경제로 전환해야 하는지를 역설한 바 있었다(Gwynne 1985).

1960년대와 1970년대초 수입대체 산업화의 결과가 가져온 환상에서 깨어난 라틴아메리카에서는 제국주의, 종속이론, 맑스주의와 사회주의의 부흥 시대가 펼쳐졌다. 주변부의 조건 속에서 경제발전을 가져올 수 없었던 자본주의체제에 대한 강력한 비판의 분위기가 지배적이었다(1장 참조). 라틴아메리카는 주요 산업자본주의국가에 종속적이었기 때문에 그곳에서 자본주의가 제대로 작동하지 않았다는 주장이 제기되기도 했다. 사회주의적 기획이 지향한 목표는 더욱 자율적인 국가발전을 도모하고자 종속에 맞서 투쟁하려는 것이었다.

라틴아메리카의 발전을 둘러싼 사회 분석의 광범한 유행에도 불구하고 정체성 문제는 두가지 형태로 존재했다. 한편에선 다양한 근대화 방식에 내재하는 새로운 정체성을 위한 프로젝트가 있었다. 이는 경제발전을 목표로 삼는 일종의 개발주의적 정체성으로서 그 가운데 국가는 중심적 역할을 떠맡았고 평등의 가치가 매우 중요했다. 경제체제는 계속 자본주의적이었으나 근대주의자는 자본주의를 '인간화'하길 원했고 포퓰리스트적인 정책을 따르면서 노동자들을 보호하고 국민 전체의 소득을 노동자들에게 유리한 방식으로 재분배하고자 했다. 다른 한편에서는 이 시기에 문화와 정체성 문제를 더욱 직접적으로 다루려는 몇가지 시도를 발견할 수 있다(Martínez 1987, 221~35면). 그러나 19세기 후반처럼 라틴아메리카의 정체성은 또다시 유럽에 대한 반대라는 측면에서 규정되었다. 유럽은 문명 그 자체는 아니지만 적어도 라틴아메리카에 부족한 긍정적인 자기 확증과 자신감을 지닌 문화를 대표했다.

그리하여 에르네스또 마이스 바예니야는 라틴아메리카가 영원히 현재에 만족하지 못하며 새로운 것을 찾고 있다고 주장하기도 했다(Ernesto Mayz Vallenilla 1959). 까뚜렐리는 라틴아메리카인들은 '실현되지 않고, 순수하게 가상적이며, 불완전하고, 미성숙하며, 본질적으로 원시적'이라고 확언했다(Caturelli 1961, 41면). 한편 무레나는 라틴아메리카인들이 두번째 원죄 탓에 유럽(천국)에서 추방당했고 그리하여 역사와 정신을 뒤에 내버려두었다고 주장했다(Murena 1954). 옥따비오 빠스(Octavio Paz)의 고전 『고독의 미로』(*The Labyrinth of Solitude*, 1950)는 이 시기에 등장한 뿌리뽑힘과 유기(遺棄) 의식의 또다른 표현이었다. 자신의 기원을 찾으려는 라틴아메리카인들은 삶의 자리에서 뿌리뽑혔다는 의식을 소유한 채 열정적인 탐색을 시작해야 하는 고아에 비유될 수 있다. 동시에 라틴아메리카인들은 과거를 거부하고 그 기원을 비난하며 자신들이 지닌 혼종성을 저버리려 한다. 이 모든 접근방식은 유럽문화에 대한 찬양이 라틴아메리카의 정체성은 독자적인 길을 찾을 수 없다는 생각과 혼합되어 있다는 상충하는 견해를 드러낸다. 그리하여 어떤 경우에는 전면적인 단절과 파열의 제시(무레나), 다른 경우에는 완전한 혼합(마이스, 까뚜렐리, 빠스)을 가져오는 이중성과 모순이 공존한다.

전후 라틴아메리카의 경제적 호황과 맞물려 라틴아메리카 문학에 보편적 차원을 부여하려는 문학 붐이 조성되었다. 이 같은 새로운 문학 조류의 등장에 대해 1940년대 라틴아메리카 문학을 지칭하는 데 사용된 바 있는 '마술적 사실주의'(아스뚜리아스M. A. Asturias)나 까르뻰띠에르(A. Carpentier)의 '진정으로 경이로운' 같은 표현들이 다시 부상했다. 새로운 소설 속에서 환상적이고 믿을 수 없는 일들이 빈번하게 일어난다. 꼬말라, 마꼰도, 싼따마리아 같은 신비로운 도시들이 등장해서 근대성이라는 외부세력에 의해 붕괴되는 라틴아메리카의 고립을 상징하거나 구체적인 형태로 라틴아메리카의 역사 가운데 관련 있는 대목을 표상한다.

이 시기 라틴아메리카의 소설은 내용에서 이미 진행되고 있던 근대화과정을 반드시 우호적으로만 그리지 않고 오히려 라틴아메리카인들이 겪는 불의와 문제점을 비판적으로 따진다. 새로운 소설은 20세기초에 흔히 볼 수 있던 사실주의와 사회적 비판과는 단절하지만 분명히 정치적 차원을 지닌다(Martínez 1987, 39~40, 238~40면). 까를로스 푸엔떼스(Carlos Fuentes)는 '이베로아메리까(Iberoamérica) 세계의 권력 문제'를 탐색하는 관심의 측면에서 이 차원을 규정했다(Martínez 1987, 240면). 바르가스 요사에게 중요한 점은 차라리 위대한 소설은 종종 심각한 역사적 변화에 앞서, 달리 말해 '소설들이 반영하는 세계가 해체 상태에 있게 될 때, 그 토대가 침식되거나 그 세계가 타당하게 사라질 때' 나타난다는 것이었다(Vargas Llosa 1974, 37면).

1970~90년: 독재와 '잃어버린 10년'

1970년대초에 확인할 수 있는 새로운 단계의 특징으로는 경제성장의 둔화와 선진 산업국가의 이윤율 하락을 들 수 있다. 라틴아메리카에서 산업화와 발전과정은 역동성을 잃었다. 경제성장은 정체되고 1980년대에는 더군다나 마이너스 성장세로 돌아섰으며 그 결과 사회적 소요와 노동자들의 반발이 확산되었다. 국제적 경기침체는 곳곳에서 실업, 인플레이션, 정치불안의 증대를 야기했다. 1950년대 이래 점차 강력해진 급진적 사회운동과 정당세력은 사회적 관계의 변화와 정의를 염원하는 그들의 요구사항을 강조했다. 칠레의 사회주의 실험과 다른 곳에서 펼쳐진 좌파의 포퓰리즘적 경험이라는 도전은 결국 군부독재의 물결로 귀결되어버린 일련의 대립을 촉발했다. 그것은 1964년 브라질의 군부쿠데타로 시작되어 아르헨띠나(1966, 1976), 볼리비아(1966), 뻬루(1968), 에꽈도르(1972), 칠레(1973), 우루과이(1973)로 번졌다.

독재체제는 자국을 외국인 투자와 국제시장에 개방함으로써 경제정책의 방향을 바꿨다. 그들이 실제로 첫번째 신자유주의사상을 실행한 셈이었다. 그러나 새로운 팽창 국면이 얼마간 경제적 성과를 낳고 보통 사람들의 생활향상을 가져오기까지는 몇년이 더 소요되었다. 칠레의 경우 혹독한 경제정책이 만족스러운 몇가지 성과를 내는 데 적어도 첫 4년(1973~77)이 걸렸으나 1982년 다시 심각한 재정위기에 빠져들었다(Moulian 1997, 201~12면).

1980년대 이른바 '잃어버린 10년' 동안 라틴아메리카는 경제적 쇠퇴를 겪었다는 사실을 기억해야만 할 것이다. 정치·사회적 근대성의 관점에서 보면 독재는 민주적 제도를 무너뜨리고 조직적으로 인권을 유린했으며 사회적 참여 방식을 해체하고 사회의 극빈층을 대표하는 사회단체들을 끊임없이 파괴했다는 점에서 심각한 후퇴를 의미했다. 실업률이 치솟고 임금이 줄어들면서 광범한 사회부문에 대한 배제 또한 늘어났다. 그러나 동시에 상대적으로 부유한 이들을 위해 급격하게 발전한 새로운 소비사회도 생겨났다.

1950년대와 60년대에 성장한 물질적·상징적 재화의 시장지향적 소비사회는 1970년대와 80년대에 강화되었다. 그러나 이 단계의 역설은 텔레비전, 광고, CD 등 새로운 상품 생산의 대대적인 확대와 동시에 독재와 억압이 존재했다는 점이다. 브라질의 사례에 대해 오르띠스는 다음과 같이 주장했다.

> 1964년 이후 문화운동은 서로를 배제하지 않는 두가지 원천에 기반하고 있다. 브라질 역사의 한편에는 정치적·이데올로기적 억압이 있고, 다른 한편에서는 더 많은 문화상품이 생산되고 확산된 어떤 시점이 존재했다(Ortiz 1988, 114~15면).

이 현상은 아르헨띠나와 칠레에서도 벌어졌으나 권위주의적 국가가 새로운 문화기구를 창설하는 데 관심을 기울인 가장 두드러진 사례는 브라질이었다. 브라질에서는 연방문화위원회(CFC), 국립영화연구소, 국영영화사(EMBRAFILME), 국립예술재단(FUNARTE), 기억(Pró-Memória)재단 등이 설립되었다(Ortiz 1988, 116면) 군사정부는 대중매체와 보도기관이 국민 통합에 중요한 역할을 담당한다고 믿었다.

1980년에 3120만대였던 텔레비전 수가 1990년에 6480만대까지 증가한 사실에서 볼 수 있듯이 라틴아메리카의 대중문화는 폭발적인 팽창을 경험했다.

■ 박스 2.2 대중문화의 매체화(출처: Thompson 1990; 1995)

매체화는 '상징적 형식의 전달이 점차 매체산업의 기술적·제도적 장치를 통해 매개되는 전체 과정'을 일컫는다(1990, 4면). 이 과정은 매체가 근대사회에서 문화적 형태의 생산, 전달, 수용 방식이나 그 속에서 사람들이 시공간적으로 먼 곳에서 발생하는 사건과 활동을 경험하는 양태를 점점 더 크게 좌우하게 되는 것을 의미한다(1990, 12~20, 225~48면; 1995, 46면).

텔레비전은 라틴아메리카에서 가장 중요한 문화소비의 수단이 되었다(Marin 1999, 257~59면). 국제적 거대복합기업이 라틴아메리카의 매체와 대중문화를 통제하기 시작했다. 동시에 라틴아메리카에서 말 그대로 문화산업이 등장해 대중용 문화상품을 생산했다. 가장 두드러진 표상은 뗄레노벨라(telenovela)로 알려진 텔레비전 연속극으로서 이 장르는 칠레, 멕시코, 브라질, 아르헨띠나, 베네수엘라, 꼴롬비아 등지에서 제작되고 수출되기도 한다. 미국의 연속극이 주로 오후 시간대 여성 시청자를 겨냥한다면, 라틴아메리카의 뗄레노벨라는 주로 '황금시간'인 초저녁에 방영된다(Ortiz 1988, 145면).

라틴아메리카 근대성의 이중성

1970년대 국가주도 산업화의 한계와 뒤이은 군부쿠데타의 연쇄는 지속적인 패배의식에 휩싸인 지식인집단 내부에서 재평가 과정을 촉발했다. 중대한 위기는 심각한 정체성의 위기를 불러일으켰고, 그때까지 걸어온 근대화의 길이 틀렸을 수 있다는 비관론과 의구심이 다시 제기되었다. 군부독재자들의 잔혹한 억압은 말할 것도 없고, 그렇게 많은 지적 유행의 성쇠, 엄청난 경제 문제, 광범한 빈곤의 지속은 서구식 근대화를 끊임없이 추구하는 것이 어떤 실질적 해결책을 가져올 수 있지 않을까에 대해 의구심을 불러일으키지 않을 수 없었다.

다음과 같은 사항을 강조하는 세가지 중첩된 형태의 비판이 등장했다.

1. 라틴아메리카의 정체성을 근대성에 대립시키는 것.

2. 라틴아메리카 근대성의 진정성 결여.

3. (전능하고 제어할 수 없는 자연으로부터 비롯된) 공간적 요인에 따른 예기치 않은 결과.

마지막 사항 가운데 브루너가 적절하게 '마꼰디즘'(Macondism)이라고 부른 것(Brunner 1994, 167면)은 라틴아메리카 문학에 우월한 설득력을 제공한다. 예컨대 아인사(Ainsa 1986, 23면)는 라틴아메리카의 정체성이란 그 공간이 지닌 놀랍고 불가사의한 성격적 요인에 깊이 영향을 받은 사회를 형상화하는 라틴아메리카 문학에 의해 가장 잘 규정되고 표현되었다고 주장했다. 마꼰도(가브리엘 가르시아 마르께스의 소설 『백년 동안의 고독』에 등장하는 주요 무대—옮긴이)는 신비로움으로 가득 찬 라틴아메리카의 마술적이고 경이로운 특성에 대한 은유로서 라틴아메리카에 대한 순전히 합리적이고 이성적인 이해에 이의를 제기한다. 브루너에게 마꼰도는 외국인들이 라틴아메리카를 완벽하게 이해할 수 없고 '그들이 우리의 신비에 들어맞지 않는 근대화 유형을 우리에게 강요할 수 없다'는 것을 의미한다(Brunner 1994, 172면). 그러므로 마꼰디즘은 보수적이라기보다는 방어적이다. 그것은 근대화의 가능성을 부인하지는 않지만 라틴아메리카가 예상하기 어렵고 제어할 수 없는 공간적 힘을 지닌 세계이기 때문에 더욱 주의할 것을 제안한다.

이는 1970년대와 1980년대에 지속적으로 소설을 출판하게 된 이른바 1960년대 문학 '붐' 세대(세계문학에서 큰 반향을 일으킨 1960년대 라틴아메리카문학—옮긴이) 작가들에게 내재하는 태도라고 말할 수 있다. 필자는 이미 1960년대 소설들이 근대화과정에 의혹의 눈초리를 보냈음을 시사했다. 이런 점에서 새로운 장편과 단편 소설들이 독재의 실상에 주목했다는 사실을 제외하곤 1960년대 소설과 이 시기 소설 사이에 차이는 거의 없다고 할 수 있다. 대표적 사례로는 이사벨 아옌데(Isabel Allende)의 『영혼의 집』(1983)과 호세 도노소(José Donoso)의 『옆집의 정원』(1981)을 들 수 있다. 이 소설들은 비극적 사건, 즉 군부독재가 야기한 인권유린과 망명을 다루고 있다. 그러나 이 끔찍한 사건들은 더이상 1960년대와 같은 실험정신 없이 새로운 소설의 특성을 지닌 채 그런 틀 속에서 다루어진다. 아인사는 이 저작들을 '내적 저항의 서사(敍事)'라고 일컬었다(Ainsa 1986, 502면).

옥따비오 빠스, 까를로스 푸엔떼스, 그리고 리처드 모스(Richard Morse)는 각기 라틴아메리카의 근대화과정이 전적으로 순수하고 진정한 것은 아니었다는 발상을 강조한다. 다양한 방식으로 그들은 라틴아메리카가 유럽식 모델에 따라 근대화를 추진하는 데 근본적인 어려움이 있다고 주장한다. 빠스에게 그 요인은 에스빠냐와 라틴아메리카가 18세기에 계몽사상을 경험하지 않아서 베버의 표현에 따르면 합리화 과정을 철저하게 수행할 수 없었다는 것이다.

> 유럽이 근대세계를 예고하는 정치·과학·철학적 비판을 개시했을 때, 에스빠냐는 오히려 폐쇄적이 되어 신스꼴라주의라는 관념적 틀 속에 가장 훌륭한 생각과 사고를 봉해버렸다. 에스빠냐의 영향을 받은 우리는 다른 유럽인들과 달리 비판적인 시대를 겪지 못했기 때문에 진정으로 근대적이 되는 데 성공하지 못했다(Paz 1990, 44면).

빠스는 북아메리카와 남아메리카 사이에 큰 차이가 있었다고 본다(Paz 1990). 영어를 사용하는 북아메리카는 근대세계, 특히 종교개혁, 민주주의, 자본주의라는 세가지 기본적인 과정의 기초를 세운 전통의 자손이었다. 반면 에스빠냐어나 뽀르뚜갈어를 사용하는 중남아메리카는 가톨릭왕정과 '반(反)종교개혁(가톨릭 종교개혁)'의 자손이었다.

유사한 방식으로 까를로스 푸엔떼스는 라틴아메리카인들은 에스빠냐의 반종교개혁, 즉 근대성에 맞서 만들어진 진정한 장벽의 자손이고 종종 그들은 "시대착오적인 사회의 무게를 유지하는 것을 선호한다"고 언급한다(Fuentes 1990). 그렇지만 그는 또한 라틴아메리카인들이 흔히 "이곳은 근대성을 절실하게 모색하는 대륙"이라고 강조하면서 서구 근대성의 최종판을 무비판적으로 채택함으로써 전통에 격렬하게 맞섰다고 주장한다(Fuentes 1990, 12~13면).

라틴아메리카의 근대성이 지니는 이중성은 역사가인 모스의 주장에서도 발견된다. 그에 따르면 베버 식의 세계에 대한 적절한 인식과정은 라틴아메리카에서 완전히 내재화될 수 없었다. 심지어 가장 근대적인 부문에서도 그러했다. 다시 한번 그 까닭은 유럽식 개인주의와 공리주의의 지속적인 이식을 방해한 에스빠냐의 반과학적 사고와 종교개혁에 대한 거부에서 찾을 수 있다(Morse 1982, 178면).

세 작가들이 내린 진단은 꽤 유사하지만 그들의 결론은 다르다. 가장 낙관적인 모스는 그가 '위대한 서구의 설계'라고 지칭한 것과 완벽하게 동화하지 못했기 때문에 라틴아메리카인들은 '타협'의 합리성을 발전시킨다고 믿고(Morse 1982, 162, 200, 218면), 그런 특징을 지닌 라틴아메리카의 구조는 산업사회 내에서 '인간애를 보존'할 수 있는 준비가 더 잘 갖춰져 있다고 생각한다. 푸엔떼스는 라틴아메리카의 문화적 연속성이 미래를 위해 유일한 해결책을 제공할 것이라고 암시하지만(Fuentes 1990, 14면) '우리가 문화생활의 강점을 정치 영역으로 옮길 수 있고 양자 사이에서 우리의 경험과 존재에 더 비슷한 발전 모델을 만들어낼 수 있을지'에 대해선 일말의 의구심과 불안감이 있다. 가장 비관적인 빠스는 라틴아메리카가 단지 사이비 근대성에 도달했을 뿐이라고 결론짓는다.

> 독립과 함께 시작된 자유주의혁명은 진정한 민주주의의 이식이나 국민적 자본주의의 탄생으로 귀결되지 않았고 군사독재와 대토지소유제를 특징으로 하거나 외국인 컨소시엄과 기업, 특히 미국계 기업에 특혜를 베푸는 경제체제를 낳았다(Paz 1979, 63면).

빠스의 요점은 자유주의가 라틴아메리카 문화의 진전이라는 관점에서 기여한 바는 보잘것없었고 식민시대의 시(詩) 또는 콜럼버스가 도착하기 이전의 건축에 비할 바도 아니었다는 것이다. 그러나 새로운 자유주의적 가치는 예전의 전근대적 실상을 감추었고 이것은 진짜가 아닌 모조(模造)의 시작이었다. 그 결과,

> 20세기초에 우리는 이미 완전한 사이비 근대성 속에 들어앉았다. 이것은 철도와 라띠푼디움들(대토지소유제 또는 이를 기반으로 하는 대농장—옮긴이), 민주적 제도와 최상의 에스빠냐·아랍 전통 속의 까우디요(해당 지역의 실력자 또는 군벌—옮긴이), 실증주의 철학자들과 정복 이전의 부족장, 상징시와 문맹이었다(1979, 64면).

마지막으로 근대성은 또한 라틴아메리카의 정체성을 부정한다고 비판받았다. 메톨 페레와 모란데는 라틴아메리카의 진정한 종교적 정체성을 반대한다는 이유로 라틴아메리카의 근대화과정을 비판한다(Methol Ferré 1981; Morandé 1984, 144~45면). 라틴아메리카에서 발생한 근대화는 유럽 계몽사상 속에서 궁극적인 토대를 찾는 한, 라틴아메리

카의 가장 심오한 상태에 정면으로 맞설 것이다. 모란데에 따르면 라틴아메리카의 엘리뜨 지식인들은 자신의 가장 깊은 문화적 뿌리를 인식할 수 없었기에 라틴아메리카의 진정한 정체성을 무시함으로써 자신들의 국가를 결국 실패할 수밖에 없는 근대화 실험으로 이끌었다. 모란데와 메톨 페레는 대중의 종교성 속에서 무신론적 근대성에 부인당한 라틴아메리카의 정체성이 샘솟는 특별한 보고(寶庫)를 발견한다.

빠스, 푸엔떼스, 모스, 모란데가 지적한 문제들은 반드시 라틴아메리카에서 근대성이 실패했다는 표현이 아니고 오히려 라틴아메리카에 독특한 근대성의 형태가 존재했음을 말해주는 것일 수 있다. 그들은 근대성의 위기를 진정한 근대성의 가능성에 대한 회의와 혼동한다.

라틴아메리카 정체성의 새로운 개념

근대성에 대한 의구심과 그에 맞선 대응은 또한 정체성의 위기로 나타났다. 1980년대 새로운 인디헤니스모와 종교적 근본주의가 출현해 근대성의 실패를 보충할 수 있을 법한 근원적인 문화정체성으로 복귀하고자 했다. 새로운 인디헤니스모는 다시 한번 라틴아메리카의 기원과 원주민공동체에 존재하는 잊혀진 문화적 양상을 탐색하고자 했다. 그 경향은 거기에서 공동체 지향적이고 생태학적 차원을 포함하는 향후의 새로운 대안 요소들을 발견하려는 희망을 품고 있었다.

루이스 기예르모 룸부레라스는 예컨대 라틴아메리카의 발전과정은 처음부터 방향이 잘못 잡혔기 때문에 유일한 해결책은 '우리 조상에 대한 지식'을 복구하고 '이를 활용하는 것'이라고 주장했다(Lumbreras 1991, 22면). 한편 아니발 끼하노는 도구적 이성에 대해 비판하고 대안적인 역사적 이성의 토대 위에 수립된 유토피아를 꿈꾼다(Anibal Quijano 1988, 62면; 1991, 34~38면). 역사적 이성은 과거에서 비롯되고 원주민공동체에 의해 양육되었을 뿐 아니라 현재에 뿌리를 내리고 있다. 연대, 집단적 노력, 호혜주의는 도시의 빈민대중 속에 살아 있다. 대중의 주방과 협동조합, 그리고 생존을 위한 여러 단체 속에 살아 있다. 현대적 조류 속에 우리는 여전히 라틴아메리카의 미래가 도구적 이성에 의해 망각되고 계몽주의의 세례를 받은 엘리뜨와 신자유주의적 근대화 노력이 소외해버린 유서 깊은 원주민의 전통과 원칙에 의존하게 될 것이라고 깨닫는다.

모란데는 보통 라틴아메리카 정체성의 전형이라고 알려진 것은 원주민문화와 가톨릭의 만남에서 형성되었다고 주장한다(Morandé 1984, 144~45면). 원주민들은 기록 문서를 가지고 있지 않았기 때문에 이런 만남은 구두 전승이고, 그 결과는 독특한 기풍과 정신이자 네가지 핵심적 특징을 지닌 연대감 또는 일체감을 이루는 경험이었다.

1. 그것은 계몽사상 이전에 형성되었다.
2. 그것은 필수적인 가톨릭의 기초와 구조를 지니고 있다.
3. 그것은 과학적 지식보다 지혜와 슬기에서 비롯되는 지력(智力)을 선호한다.
4. 그것은 대중의 종교성 속에서 가장 잘 표현된다.

모란데에 따르면 라틴아메리카의 엘리뜨 지식인들은 고유한 정체성을 인식할 수 없었고, 그리하여 라틴아메리카의 진정한 정체성을 무시함으로써 결국 그들의 국가를 실패할 수밖에 없는 근대화 실험으로 이끌었다. 프로테스탄트의 노동윤리와 구원의 증거로서 절약하고 투자할 필요성에 반해, 라틴아메리카의 문화는 희생으로서의 노동과 제의적 소비로서의 종교적 축제를 강조한다. 기본적으로 라틴아메리카인들은 기술적 진보에 따라 동기 유발이 이루어지지 않고, 도구적 합리성에 기풍과 정신을 굴복시키는 행위는 그들에겐 일종의 소외이며 만성적인 실패라는 벌을 받게 되는 실수이다.

모란데에 따르면 이것은 반드시 라틴아메리카의 정체성이 반근대적임을 의미하지는 않는다. 그는 라틴아메리카의 정체성이 다른 종류의 근대성, 즉 가톨릭, 반종교개혁, 에스빠냐와 바로끄 식 근대성 속에서 형성되었다고 주장한다. 라틴아메리카의 정체성을 위협하는 것은 모든 종류의 근대성이 아니라 단지 세속화과정을 수반하는 근대성, 달리 말해 계몽사상에 뿌리를 두고 있는 근대성이다. 이런 정체성의 가톨릭적 토대를 감안한다면 세속화는 단지 교회에 대한 위협만이 아니라 더욱 근본적으로는 라틴아메리카 문화 자체에 대한 위협이라고 할 수 있다. 비종교적 위협은 라틴아메리카 엘리뜨층을 도구적 이성에 경도되도록 전환시키는 데 성공했으나 메스띠소 대중의 종교성에 맞서는 데 성공하지는 못했다. 대중의 종교성은 일체의 공격에 저항했고 오늘날까지도 가장 자발적이고 진정한 문화적 기풍과 정신의 표현으로 남아 있다.

그러나 1980년대말까지 근대성에 대한 이런 공격에도 불구하고, 심지어 정체성의 손상이라는 대가를 치르면서도 신속히 근대화를 이루려는 프로젝트는 신자유주의가 압도적으로 성공함에 따라 라틴아메리카에서 점점 우세해졌다. 그러나 양측 모두, 근대성이란 외부적인 것이므로 정체성을 유지하기 위해선 그것의 팽창을 예방해야 하거나 옛 정체성을 변화시키기 위해선 어떤 비용을 치르더라도 근대성은 이루어져야 한다는 생각을 공유하고 있는 것처럼 보인다.

1990년대 이후: 신자유주의 단계

군부독재가 종식된 뒤 펼쳐진 단계는 이미 자리잡은 신자유주의 이데올로기의 영향 아래 정치·경제적 근대화를 지속시키고 가속화한다. 다시 한번 곳곳에서 신자유주의에 근거한 낙관론이 우세하면서 정체성에 대한 고려는 약화된다. 자유시장과 개방적인 경제정책은 1차산물 수출을 확대하고 대부분의 국가에서 산업생산과 고용은 뚜렷하게 감소한다. 멕시코와 브라질은 곧 공업 수출을 확대할 수 있었다. 반면 나머지 국가는 더욱 철저하게 자유방임 모델을 따랐다. 1차산물 수출이 더욱 다양해졌으나 그것은 공업생산과 고용수준의 하락과 연결되었다. 이런 측면에서 라틴아메리카의 근대성이 보여준 궤적은 (멕시코와 브라질을 예외로 하면) 일급기술을 획득하고 적응하며 공업 수출을 증대하는 과정에서 국가가 매우 중요한 역할을 떠맡은 아시아의 사례와 매우 다르다(Gwynne 1996a, 228~29, 220면).

이런 경제적 흐름은 민주주의, 참여, 인권존중에 가치를 두는 새로운 정치적 환경에서 전개되었다. 라틴아메리카에서 민주화는 어느정도 진전을 이루었으나 여전히 많은 문제점들이 남아 있었다. 예컨대 칠레는 예전의 독재체제가 남겨놓은 비민주적 성격의 헌법과 여러가지 법률들을 개정하는 데 어려움을 겪기도 했다.

이 시기에 일부 논자들이 공공연히 라틴아메리카가 완전하게 근대성에 돌입하기 위해선 옛 정체성을 포기해야만 한다는 생각을 옹호하게 된 것은 그리 놀랍지 않다. 끌라우디오 벨리스는 예컨대 라틴아메리카에서 근대화가 지닌 주요 문제는 라틴아메리카의 본질적인 정체성이 이어온 문화적 저항이라고 주장한다(Claudio Véliz 1994). 벨리스는 라틴아메리카의 정체성은 바로끄적이라는 모란데의 의견에 동의하면서도 그 정체성을 발전의 장애물로 인식한다. 1990년대까지 라틴아메리카가 근대화에 실패한 까닭은 라틴아메리카가 지닌 독특한 바로끄적 정체성과 위험을 무릅쓰거나 변화를 이루려는 시도에 대한 혐오, 새로움에 대한 불신, 안정과 중앙집권적 통제에 대한 선호, 신분과 충성에 대한 뿌리 깊은 존중 때문이었다. 그렇지만 수세기 동안 변화에 저항한 뒤 장엄한 바로끄 돔은 마침내 쇠락하기 시작했고, 앵글로색슨 세계에서 비롯된, 운동화에서 토스터, 컴퓨터 그래픽에 이르는 평범한 문화적 인공조형물의 영향 아래 무너지기 시작했다. 벨리스는 1990년대에 앵글로색슨 식의 근대성을 옹호했다. 그의 견해에 따르면 라틴아메리카의 근대화과정은 외부의 영향에 따라 이루어졌고 그것이 지닌 문화정체성에 대립되는 것이었다(Claudio Véliz 1994, 219~22면).

라틴아메리카에서는 심지어 포스트모더니즘조차 근대성에 대립적이지 않은 방식으로 수용되었다. 브루너와 레츠너(N. Lechner) 같은 작가들에게 포스트모더니즘은 주변부 라틴아메리카에서 근대성이 취한 독특한 방식이나 양태처럼 보인다. 그들은 심지어 라틴아메리카에서 그 시기가 도래하기 전에 포스트모던적 특성을 찾고 라틴아메리카 근대화과정의 새로운 역동성과 개방성을 이런 특성과 연관시키려 한다. 많은 작가들은 신자유주의적 견해를 지지하기 위해 포스트모더니즘의 주요 교의를 활용해왔다(Hopenhayn 1993, 101~9면). 유럽에서 포스트모더니즘은 근대성에 맞선 정체성의 한가지 선택사항을 대변하지만 라틴아메리카에서 그것은 몇가지 예외를 빼고는 정체성에 맞서 근대화를 옹호한다.

그렇지만 발전과 경제적 팽창이 가속되는 다른 시기와 같이 새로운 종류의 정체성은 암시적으로 지지되고 신자유주의 기획에 따라 광범위하게 만들어지는 것처럼 보인다. 그것의 담지자는 혁신적이며 성공을 거둔 기업가의 모습이고 그 전망은 대중을 모을 수 있는 핵심고리로서 광범한 (신용카드) 소비이다. 개인의 성공, 과시적 소비, 그리고 복지의 사유화는 평등, 국가가 후원하는 복지, 공정성, 전반적인 내핍을 대체하기에 이른다. 이제 중요한 것은 정의, 완전고용이나 산업발전이 더이상 아니며 오히려 아시아의 호랑이들에 비견되는 승전국이 되는 것이다.

1990년대 라틴아메리카는 텔레비전뿐 아니라 유선 텔레비전, 위성 텔레비전, 비디오 기기, 디브이디 기기 같은 여러 통신수단의 눈부신 팽창을 경험했다. 1990년대 라틴아메리카의 텔레비전 소비에서 한가지 흥미로운 면이 있다면 그것은 각 지역에서 제작한 프로그램이 미국에서 제작한 프로그램에 비해 훨씬 더 인기를 끌었다는 사실이다. 브라질에서 1997년 첫 넉달 동안 시청률을 측정한 결과 상위 10개 프로그램 가운데 7개가 브라질에서 제작한 프로그램이었고 그중 최상위 2개는 연속극이었다(Marín 1999, 293면). 1998년에는 5만 시간에 이르는 칠레의 방영 프로그램 가운데 60퍼센트 이상이 자국에서 제작되었다. (전국 텔레비전의 70퍼센트 이상이 켜져 있는) 황금시간에 이어 같은 해의 몇달간을 고려한다면, 프로그램의 81퍼센트가 칠레에서 제작되었다(Catalán and Souza 1999, 6~7면). 멕시코, 아르헨띠나, 꼴롬비아에서도 같은 현상이 벌어졌다. 텔레비전은 또한 라틴아메리카인들에게 가장 중요한 정보수단이 되었다.

문학에서도 새로운 경향은 분명했다. 물론 1960년대에 유명세를 탄 옛 작가들이 전세계에서 많이 판매되는 소설을 여전히 출판했지만 1990년대에는 다른 관점에서 소설과 이야기를 구성하는 젊은 세대 작가들이 출현했다. 정치는 그들의 주요 관심사 가운데 하나가 아니었고 그들은 새롭게 출현한 개인주의에 영향을 받곤 했다. 이런 분위기는 그들의 삶에 대한 전망과 서사방식에 반영되었다. 그들은 더이상 마술적 사실주의 전통을 고수하길 원하지 않았고 자연, 농촌사회, 좌파정치, 라틴아메리카의 정체성에 큰 관심을 기울이지 않았다.

이 세대에 속한 작가이자 새로운 이야기의 편집자들인 푸게뜨와 고메스는 다음과 같이 요약한다.

> 라틴아메리카의 정체성(우리는 누구인가?)이라는 거대한 주제는 개인적 정체성(나는 누구인가?)에 자리를 내준 것처럼 보였다. 맥꼰도(McOndo, 맥도널드와 마꼰도의 합성어—옮긴이)의 이야기는 사적이고, 개인의 현실에 초점을 맞추고 있다. 우리는 이것이 세계를 휩쓰는 사유화 열풍이 남긴 유산 중 하나라고 생각한다(Fuguet and Gómez 1996, 15면).

그들은 맥도널드, 쇼핑몰, 컴퓨터의 세계에 살고 있고 현재의 문화는 매체가 통제하는 대중적 혼성문화라는 점을 받아들인다. 그들이 라틴아메리카라고 간주하는 것은 추정컨대 더욱 진정한 원주민, 좌파, 민속적이거나 농촌적인 전통일 것이다.

새로운 작가들은 도시의 현대적 생활과 중간계급이나 상류계급에 관한 이야기를 쓴다. 그 소설에 등장하는 주인공들은 상류계급 출신인 경우가 많다. 그러므로 새로운 종류의 상류계급 출신 주인공만큼이나 그들의 사적 주제와 탈정치화에 대해 이 작가들이 쓰는 소설은 신자유주의 시대로부터 비롯되는 새로운 형태의 정체성을 만드는 데 기여한다고 말할 수 있을 것이다.

라틴아메리카의 근대성과 문화의 몇가지 독특한 요소

이제까지 다섯가지 역사적 단계를 통해 살펴본 라틴아메리카에서 근대성과 정체성의 결합은 몇가지 독특한 특징을 만들어냈는데 그것은 더욱 체계적으로 제시될 수 있을 것이다. 이 문화적 특성들을 본질화해서는 안 된다. 그것은 역사적 흐름의 결과이고 변화되거나 수정될 수 있으며 심지어 완전히 사라질 수도 있다. 그러나 그것은 여전히 오늘날에도 중요한 존재이며 독특한 역사적 진전의 결과이다. 필자는 가장 관련성이 있어 보이고 근대성에 이르는 다른 궤도와 대비되는 라틴아메리카의 몇가지 특성을 골라냈다. 그렇다고 필자가 속속들이 규명했다고 주장하는 것은 아니다.

보호와 후원의 의존적 관계, 전통주의, 그리고 취약한 시민사회

가장 먼저 언급하고 싶은 특징은 보호와 후원의 관계 또는 문화적·정치적 개인주의이다. 이는 포퓰리스트 단계와 관련되지만 그 결과는 오늘날까지 남아 있다. 공무원, 대학교수, 대중매체 언론인 들의 충원은 계속 이렇게 사적으로 이끌고 밀어주는 관계, 즉 친구들과 후원자들의 개인적 네트워크를 통해 이루어진다. 공개적인 구직과정은 사실상 부재하고 거의 정비되어 있지 않거나 구직 절차가 미리 선택된 개인에게 유리하도록 '고정'되어 있을 때 순전히 명목상으로만 작동할 뿐이다. 라틴아메리카에서 유행하는 보호와 후원의 관계에 따른 충원은 정치적·문화적 환경의 치열한 경쟁과 협소성만큼이나 정상적인 사회적 유동성의 통로가 부족하다는 것을 보여준다.

교육, 기술 습득, 개인적 성취는 어떤 정치적 또는 문화적 직책에 도달하기 위한 충분조건이 아니다. 진입을 수월하게 만들기 위해선 적절한 '접촉'과 '대부(代父)'나 '친구'가 필요하다. 그 체제는 제도적 권력을 행사하는 특정 개인의 후원과 격려에 의존하기 때문에 조직은 발탁된 이들의 개인적 충성을 확고히 하고 제도의 부동성을 장려한다. 그리하여 실질적으로는 제도적 봉건성이 강화되고 차별적인 특성 때문에 그 과정을 통제하는 집단에 속하지 못한 이들에겐 침투하기가 거의 불가능해진다.

두번째 특성은 이데올로기적 전통주의라고 부르는 것이다. 헤르마니는 근대성으로의 이행에 관한 이론을 발표하면서 1960년대에 '융합효과'를 언급했다. 그것에 의해 근대적 가치는 선진사회와 다른 맥락에서 재해석될 수 있고 그 결과 전통적인 구조는 강화되었다(Germani 1965, 104면). 이런 융합효과의 한가지 형태가 이데올로기적 전통주의이다. 이는 선도 집단들이 경제 분야에서 발전에 필요한 변화를 받아들이고 증진시키지만 다른 영역에서는 그 과정에 필수적인 변화를 거부했다는 것이다(Germani 1965, 112면).

뒤늦은 근대성 속에 유사한 현상이 발생하는데, 이에 따르면 특정 선도 집단은 경제 영역에서 완전한 자유를 옹호하지만 다른 측면에선 전통적인 도덕가치에 대한 호소를 옹호한다. 그리하여 그들은 권위와 질서, 전통적인 가족과 민족적 유산에 대해 가히 종교적인 숭배를 강조한다. 또는 민주주의에 의구심을 품기도 하고 예컨대 이혼법이나 여성 간통죄의 폐지를 반대한다. 이와 관련한 좋은 사례는 1995년까지 간통이 여성만을 처벌하는 범죄로 남아 있던 칠레의 경우이다. 칠레에서는 21세기초에도 가톨릭교회와 보수 야당 탓에 여전히 이혼법이 통과되지 않고 있다(변화 조짐에 관해서는 2004년 3월 11일자 BBC뉴스 "Chile Congress legalises divorce"와 2004년 11월 18일자 BBC뉴스 "The road to divorce in Chile"를 참고—옮긴이).

이런 융합이 개발도상국에서만 엿보이는 것은 아니다. 그렇지만 라틴아메리카의 전통주의는 유럽이나 미국보다 훨씬 더 강력한 제도적 토대를 지니고 있다. 그중 하나는 가톨릭교회가 정치와 입법 사안에 대해 전통적으로 행사해온 특별한 권한과 영향력이다. 이는 식민시대 이래 가톨릭교회가 사회적·정치적 질서를 유지하는 데 담당해온 특권적 역할로 설명할 수 있다. 교회와 종교단체들은 권위의 행사와 대중에 대한 정치적 통제에서 핵심적인 역할을 맡아왔다.

라틴아메리카의 근대성과 다른 곳의 근대성을 구분하는 중요한 현상 중 하나는 자율성과 시민사회의 미흡한 발전이다. 라틴아메리카에서 시민사회는 취약하고 충분히 발전하지 못했으며 국가와 정치 영역의 지시에 지나치게 의존적이다. 이는 정치와 국가의 어떤 지원으로부터 독립적으로 사회의 경제와 문화를 발전시키는, 강력하고 자율적인 부르주아계급이 부재한 탓이다. 브루너는 선진국의 근대성과 대조적으로 라틴아메리카의 근대성은 '모든 것을 삼켜버리고 모두, 즉 기업가, 지식인, 대학, 노조, 사회단체, 성직자와 군대가 그 뒤에 숨어서 보호를 요청하거나 합리화의 근거를 찾으려는 정치의 게걸스러운 폭식(暴食)으로 고통을 겪고 있다'고 적절하게 지적한다(Brunner 1988, 33면).

대학, 연구기관, 심지어 대중매체도 국가의 활동에 대해 취약성을 드러내고 국가에 의존한다. 수많은 연구·자문기관들이 여러 국가기관과 계약을 통해 공공사업에 거의 전적으로 의존하는 모습을 발견하기란 그리 어려운 일이 아니다. 많은 문화센터가 지방정부에 의해 직접 조성되고 그것을 통제하는 정치적 다수파에 의해 관리된다. 그리하여 정치는 시민사회와 문화기관에 막강하고 비대칭적인 영향력을 행사하고 있다.

권위주의, 형식적 법률만능주의, 은폐된 인종주의

때로는 완화된 형태로, 때로는 더욱 극단적인 형태로 식민시대 이래 살아남은 한가지 문화적 특징은 권위주의이다. 이는 정치영역, 공적·사적 조직의 관리, 가족생활, 그리고 권력을 가진 자들의 역할과 그것에 대한 존중에 특별한 중요성을 부여하는 라틴아메리카 문화 전반에 끈질기게 존속하는 경향이다. 그 기원은 3세기에 걸쳐 지속된 식민지 생활과 분명히 관련이 있다. 식민시대 동안 이베리아와 아메리카라는 강력한 문화적 극단이 종교적 독점과 정치적 권위주의를 강조하는 풍토를 조성했다. 데 이마스가 정리한 대로 "3세기 동안 정치적 권위주의와 종교재판의 합법적인 역할 사이에 분명한 연계가 존재했다"(De Imaz 1984, 121면).

플로레스 갈린도는 17세기 가톨릭신도 집단이 뻬루의 중부 산악지대에서 우상숭배에 맞서 지속적으로 투쟁하면서 어떻게 정치적 통제의 함의를 지니게 되었는지 상세히 기록했다. "군부체제의 상대적인 불안정성은 종교적 기제의 뚜렷한 비대화를 강제함으로써 열정 또는 더욱 빈번하게는 두려움을 통해 확고히 인간을 통제할 수 있었다"(Flores Galindo 1994, 66면). 독립투쟁기 이후 계몽사상의 민주적인 영향으로 확실히 이베리아와 아메리카에서 문화적 극단의 권위주의가 부분적으로 완화되었음에도 그 문화적 위세는 라틴아메리카의 사회·정치생활에서 쉽사리 사라지지 않았다.

특히 칠레의 경우 여러 작가들은 뽀르딸레스(D. Portales)의 강력한 권위주의적 정부가 국가형성에 미친 역사적으로 중요한 역할을 강조했다(Edwards 1987; Góngora 1981). 뽀르딸레스의 핵심사상은 공화주의적 미덕을 결여했기 때문에 19세기 중반에 민주주의는 지연되어야 했고 대신 강력한 권위에 대해 무조건적인 복종이 이루어졌다는 것이다. 그런 권위가 지니는 공공선에 대한 옹호는 법률과 헌법에 의해 저지될 수 없었다. 그것은 칠레를 선한 자(질서를 존중하는 세력)와 악한 자(엄격한 법률 적용의 대상이 되어야 하는 자)로 나누었다(Góngora, 1981, 12~16면). 20세기말 삐노체뜨(A. Pinochet) 장군의 정권이 그런 개념을 빈번하게 연상시켰던 것은 그리 놀랄 만한 일이 아니다.

식민시대에서 비롯되어 오늘날까지 다른 방식으로 살아남은 또다른 특징은 원칙·법률·규범에 대한 독특한 접근방식이다. 법과 규범은 공식적으로는 준수되었지만 만일 그것이 자신의 이해관계에 맞선다면 실제로는 조롱거리가 되곤 한다. 이 경향의 기원은 다양하다. 한편으로 그것은 강제로 가톨릭으로 개종해야 했던 원주민들의 어려움과 관련이 있다. 목숨을 연명하기 위해 대부분은 공식적으로 새 종교를 받아들였으나 비밀리에 계속 고유 종교를 숭배했으며, 흔히 의도적으로 동일한 가톨릭행사나 의례행위를 활용했다. 다른 한편 에스빠냐 정복자들도 왕의 포고령과 법률을 받아들여야 할 때마다 같은 식으로 위장과 가식행위를 반복했다. 본질적으로 법률과 포고령은 매우 정의롭고 좋을 법했지만 지나칠 경우 실제로는 정복자들의 이익에 손해를 끼치면서까지 집행되기도 했다. 이는 '준수하지만 수행하지 않는다'는 전통적인 공식으로 표현되었다. 왕의 명령과 관련해 이는 '복종하지만 실행하지 않는' 것을 의미했다. 정복자들의 권력남용으로부터 원주민들을 보호하기 위한 입법과 관련해서는 언제든지 이런 일이 발생했다.

의심할 바 없이 왕과 관리들은 이런 일이 벌어지고 있다는 것을 알았지만 그들 역시 왕의 칙령에 완벽하게 순응할 것을 요구한다면 왕 자신의 이익에도 영향을 미칠 것이라고 생각하면서 이를 못 본 체했다. 가르시아 데 라 우에르따는 이런 법을 소홀히 취급하는 데 일종의 공범관계를 형성하는 일이 고위 성직자들에게도 널리 퍼졌다고 주장한다(García de la Huerta 1999, 123면). 이 절차에 관해 흥미로운 것은 실제로 법을 따르지 않으려는 이들도 법의 유효성과 합법성을 의문시하지는 않았고 반대로 규범에 대한 존중을 선언해야만 했다는 점이다. 원칙은 위반되지만 동시에 그런 식으로 인정받고, 그리하여 존중의 외양은 그대로 유지된다. 이런 식으로 라틴아메리카에서 매우 중요한 권위의 원칙이 손상되지 않았다는 점이 중요하다. 이 특징은 공식적이고 제의적인 규범에 대한 충성으로서의 과도한 형식적 법률만능주의와, 실제적인 차원에서 그것을 기꺼이 무시하려는 태도를 동시에 설명해준다. 이런 사례는 현대 라틴아메리카 어느 곳에서나 발견된다. 예컨대 라틴아메리카의 가톨릭신자들이 피임에 대한 교황의 가르침에 순종한다고 고백하지만 대개 피임법을 활용하고 흔히 해당 지역의 사제들과 공모해서 그런 일을 벌이는 것에서도 확인할 수 있다. 또 여러 나라의 헌법에 명시된 장엄한 인권선언에도 불구하고 실제로 정부가 조직적으로 인권을 침해하는 사례를 발견할 수 있다.

또다른 중요한 특징은 은폐된 인종주의이다. 라틴아메리카에서 인종주의의 존재는, 그것이 비록 사회과학에서 상대적으로 소홀히 취급되고 일반적으로 중요한 사회 문제로 인식되지 않는다 하더라도 매우 잘 기록되어 있다. 오래전부터 라틴아메리카에서 '백인성'에 대한 과장된 가치평가와 원주민과 흑인에 대한 부정적인 시선이 존재했다는 것은 분명하다.

■ 박스 2.3 부인되는 인종주의

플로레스 갈린도는 다음과 같이 진술했다.

> 뻬루에서는 어느 누구도 자신을 인종주의자라고 인정하지 않을 것이다. 그렇지만 인종 범주는 단지 우리의 사회적 인식을 넌지시 드러낼 뿐 아니라 때로는 그것을 길들인다. 인종 범주는 전문가집단의 구성과 대중매체가 전달하는 메시지 또는 미인선발대회에서도 나타난다. 공적인 일체화 속에 은폐된 인종차별적 용어가 공식적으로 유포되

지는 않는다고 할지라도 인종차별은 존재한다. 그러나 그것은 은폐되고 심지어 부인되는 것이 현실이다(Flores Galindo 1994, 215면).

라울 베하르는 다음과 같이 멕시코의 사례를 언급했다.

이 나라에는 인종차별이 없다고 얘기하는 것이 상식이다. (…) 그러나 멕시코의 문화사 속에서 인종적 편견이 점차 커졌다는 것을 확인할 수 있다. (…) (그리고 이것은) 특히 원주민과 원주민에 준하는 흑인과 중국인에게 (영향을 미친다)(Raúl Béjar 1988, 213~14면).

앞서 지적했듯이 여러 국가들은 19세기말과 20세기초 유럽 이주민을 옹호하는 '백색화' 정책을 통해 '인종을 개선'하고자 시도했다. 현대 라틴아메리카에서 공간적 격리는 원주민 거주지역이 가장 빈곤하고 황폐하다는 형태로 존재한다. 그동안 도시의 판자촌에는 원주민이든 메스띠소나 물라또든, 흑인이든 간에 어두운 피부색을 지닌 이들의 거주 비율이 높아졌다. 그들에게 기회의 균등이란 없다. 일부 생존 원주민 집단들은 지리적으로 격리되어 있고, 메스띠소에게 억압당하며, 특별법에 매여 진정한 내부식민지를 구성한다. 그렇지만 메스띠사헤라는 바로 그 사실과 아울러 대부분 사회계급이 피부색의 단계적 변화와 중첩된다는 것(즉 피부색이 진할수록 계급이 낮음)은 흔히 인종차별의 증거로 제시된다.

흔히 에스빠냐인들이 원주민과 흑인을 대우하는 방식과 영국인들이 그들을 다루는 방식 사이에 차이점을 강조하는 것처럼 이런 인종주의는 심지어 사회과학에서도 나름대로 자리를 차지하고 있다. 지우

베르뚜 프레이리(Gilberto Freyre)는 고전 『주인과 노예』(*Casa Grande e Senzala*, 1946)에서 브라질의 노예 대우가 북아메리카에 비해 훨씬 나았다고 주장하는데, 그 근거는 특히 플랜테이션경제(식민자가 원주민의 값싼 노동력을 기반으로 운영하는 대농장 또는 그런 농업방식. 기계가 아닌 원주민 노동력에 의존해 생산성이 높지 않다—옮긴이)에서 주인과 노예 사이가 더욱 가까웠으며 심지어 성관계까지 맺었다는 사실이다. 따라서 많은 역사가들과 사회과학자들은 북아메리카에서 백인 정착 이주민들이 원주민들과 흑인들로부터 스스로를 격리하고자 애쓴 반면 라틴아메리카에선 광범한 혼혈이 발생했고 그리하여 인종의 등급화가 이루어졌다고 언급했다. 이에 근거해 라틴아메리카에는 '인종적 민주주의'가 존재하고 인종차별은 다른 곳의 문제일 뿐이라는 신화가 등장했다(Cubitt 1995, 122~26면). 이런 관념은 오늘날까지 계속 이어져오고 있으며, 인류학에서 다소 예외가 있지만 사회과학 분야에서 라틴아메리카의 인종 문제를 다룬 과목과 연구는 꽤 부족하다.

배제와 연대

라틴아메리카의 근대성이 지닌 가장 결정적인 특징은 광범한 사회적 주변성과 비공식경제이다. 이 지역의 뚜렷한 근대화과정과 역동성에도 불구하고 그것은 인구 대다수에게 도달할 수 없었다. 경제활동인구의 대부분은 공식적인 생산업무에 취업할 기회를 얻지 못했고, 그리하여 일시적인 행상과 소매업이나 범죄행위(더 자세한 논의는 11장 참조)를 통해 주변부의 삶을 경험하고 있다. 뻬루에서는 경제활동인구의 50퍼센트 이상이 이 범주에 속한다고 추정된다. 라틴아메리카 주요 도시들의 인구 가운데 약 25퍼센트가 버젓한 직업이 없으며 정규수입이 없고 대도시 주변지역의 빈민촌에 거주한다. 이들은 극빈상태에 처해 있기 때문에 사회의 최하층을 구성한다. 효율적이고 광범한 복지정책이 부재한 탓에 문제는 더 복잡해진다.

이것이 가난과 사회적 배제에 시달리는 많은 이들을 위해 생존을 위한 복합적인 체계를 조직하는 일이 긴급한 이유이다. 그리하여 비공식 경제가 생겨나고 작업협동조합, 대중 취사장과 같은 민간 조직, 그리고 연대, 호혜, 상호부조에 바탕을 둔 여러가지 사업이 시도되었다. 많은 논자들이 1980년대에 제안한 것처럼 이를 반드시 근대적인 도구적 합리성에 대한 대안적인 합리성의 출현을 보여주는 것이라고 할 수는 없다(Quijano 1988; Parker 1993). 반대로 매우 어려운 환경에서 불안정한 생존이라도 가능하게 하는 유일한 수단에 의존하는 한에서는 동일한 합리성의 표현이라고 간주할 수도 있다.

연대만큼이나 배제 현상은 다양한 민중부문에서 정체성 형성과정에 중요한 영향을 미친다. 배제 현상은 개인이 적대적이고 불공정한 세계에 둘러싸여 있어 개인적 노력이 어떠하든 긍정적인 결과를 전혀 보장할 수 없다는 관념에 익숙해지도록 한다는 점에서 분명히 부정적인 효과를 지닌다. 행동과 결과 간의 연결고리는 끊어진다. 외부세계는 통제하기 어려워 보이고 그러므로 모든 일은 숙명이나 운수의 관점에서 이해된다. 누군가가 자신의 노력이 소용없다는 것을 알게 될 때, 흔히 사회심리학에서 '학습을 통해 얻은 절망 씬드롬'(learned hopeless syndrome)이라고 부르는 성향이 나타난다(Montero 1987, 29~41면). 이는 숙명론적 인생관, 계획의 부재, 그리고 개인이 노력을 통해 어떤 일을 변화시키거나 영향을 미칠 수 있다고 생각하지 못하는 상황과 거기에서 비롯되는 수동적인 태도를 특징으로 한다.

다른 한편 문제해결을 위한 연대와 공동 참여의 경험은 부분적으로 외부세계가 항상 적대적이거나 위협적인 것만은 아니고 공동 행동이 긍정적인 결과를 이룰 수 있다는 희망과 신뢰를 회복할 수 있게 한다. 이 경험은 개인에게 발생하는 일이 자기 행동과 관련되어 있으며 자기 운명을 개척하는 데 중요한 책임을 지닌다는 의식을 회복시켜준다. 집단적인 연대활동은 개인적 가치의식을 회복시키고 개인적 노력을 긍정적 결과와 다시 연결해준다. 그렇게 되면 학습을 통해 얻은 절망으로부터 학습에 의한 희망으로 변화할 수 있다. 라틴아메리카 사회의 여러 부문에서 기회균등, 구직, 사회보장이 부족한 탓에 생존을 위한 연대와 대중 차원의 집단 조직은 라틴아메리카의 근대성과 정체성이 지니는 거의 영구적인 특징으로 떠오르게 되었다.

정치

또한 라틴아메리카의 여러 국가에서 정치제도가 얼마나 허약한지를 언급할 필요가 있다(7, 8장 참조). 독립 이래 라틴아메리카는 혁명과 까우디요, 군부쿠데타와 음모의 대륙으로 비춰졌다. 그곳에서 제도적 질서는 사실 영구적인 위협에 처해 있다. 그렇기 때문에 주요 학자들의 연구는 라틴아메리카의 정치불안을 설명하는 데 집중된 바 있었다(Huntington 1968; King 1970). 1970~80년대 군부독재의 물결은 독립 이래 제도적 안정성에서 좋은 평판을 유지해온 칠레 같은 국가마저 삼켜버렸다. 최근 라틴아메리카는 민주주의로 복귀하고 있지만 제도적 취약성의 징후는 특히 아르헨띠나, 베네수엘라, 꼴롬비아, 뻬루, 그리고 (꼬스따리까를 제외한) 대다수 중앙아메리카 국가에 꽤 뚜렷하게 남아 있다.

1990년대초부터 라틴아메리카에서 민주주의와 인권존중에 대한 공식적인 재평가가 이루어졌지만, 동시에 정치인들의 위신 실추와 전통적인 정치 전반에 대한 불신 현상이 가중되었다. 칠레와 같이 상대적으로 안정적이고 경제적으로 성공을 거둔 국가에서도 특히 청년층을 중심으로 상대적인 탈정치화가 나타났다. 덜 안정적이고 막대한 경제 문제를 겪은 아르헨띠나, 뻬루, 브라질, 베네수엘라 같은 곳에서는 전통적인 정치에 맞서 점차 새로운 포퓰리스즘적 경향이 인기를 얻으면서 재정치화의 과정을 겪었다. 브라질의 룰라 다 씨우바, 베네수엘라의 우고 차베스(Hugo Chávez), 에꽈도르의 구띠에레스(Lucio Gutiérrez)의 선출(룰라를 제외하고는 주요 정당의 지지 없이 선출됨)은 아르헨띠나, 빠라과이, 뻬루에서 비슷한 현상이 벌어질 가능성이 높은 가운데 전통적인 정치체제를 1990년대 신자유주의 정책의 압력과 도전 아래 밀어 넣는 새로운 흐름을 보여준다.

종교적 요소

마지막으로 종교는 라틴아메리카 정체성의 중요한 요소이다. 라틴아메리카에는 적어도 세가지 중요한 종교적 원천, 즉 아프리카적, 원주민적, 기독교적 원천이 있다. 라틴아메리카에서 종교 현상의 복잡성과 종교적 정체성의 다양성은 실로 엄청나 여기에서 적절하게 다루기는 어렵다. 그러므로 기독교적 원천의 종교적 정체성에 집중할 것이다. 이는 의심할 바 없이 대다수 라틴아메리카인들에게 영향을 미치는 가장 중요한 요소이기 때문이다.

식민시대에 종교적 정체성은 권위주의적이고 완고하며 과학적 시도를 반대하고 외부적 의례에 특권을 제공하는 방식으로 구축되었다. 라틴아메리카의 정체성에서 가톨릭의 존재는 매우 깊고 지속적이며 몇 가지 측면에서는 여전히 위력을 드러낸다. 라틴아메리카의 정체성에서 가톨릭이 차지하는 중심적 역할을 감안한다면 세속화과정이 유럽에 비해 훨씬 나중에 시작되고 진행속도가 더 느렸다는 점은 놀라운 일이 아니다. 그렇지만 라틴아메리카 문화정체성의 중요한 요소로서 가톨릭이 점차 약화되는 가운데 세속화의 진전이 감지되고 있다. 모든 문화적 측면에서 핵심적인 지위를 차지하고 있던 가톨릭은 점차 하나의 독특한 정체성, 달리 말해 다양한 종류의 정체성이 존재하는 가운데 하나의 문화적 요소가 되었다. 이런 점에서 세속화는 라틴아메리카에서 종교나 종교적 정서의 종말을 의미하는 것이 아니라 협소한 가톨릭적 세계관의 핵심적 역할이 약화되고 다원주의가 도래하는 것을 의미했다.

라틴아메리카에서 전통적인 가톨릭적 정체성은 세속화과정뿐 아니라 새로운 종교적 정체성에 의해서도 도전받아왔다. 가장 중요한 요인은 1980년대와 1990년대에 사회 극빈층에 뿌리를 내리고 성장한 오순절파(19세기말 미국에서 시작된 성결운동으로 20세기초 성령은사와 부흥운동에 뿌리를 둔다. 한국 순복음교회〔교단의 공식 명칭은 '하느님의 성회'〕가 대표적이다—옮긴이) 교회운동이다. 그것은 정치적으로 더욱 보수적이며 개인의 회개와 생활태도의 변화를 강조한다. 오순절파 교회운동의 확산은 교회의 수와 종교활동의 빈도, 성직자와 새로운 신자의 수효 등 모든 영역에서 두드러졌다. 브라질, 칠레, 니까라과, 과떼말라, 꼬스따리까에서 가장 큰 성장세를 보였다.

라틴아메리카에서 오순절파 교회가 거둔 놀랄 만한 성공에 대해서는 몇가지 설명이 가능할 것이다. 많은 이들은 라틴아메리카를 전통사회로부터 근대성으로 이행하는 지역으로 인식하는 오래된 베버 식 설명에 의존한다. 예컨대 랄리브는 오순절파 교회운동이 빈민에게 교회의 회중 속에서 일종의 전통사회를 재창조할 수 있도록 함으로써 피난처를 제공했다고 주장한다. 흔히 전통사회는 새로운 근대사회가 지니는 차별적 특성을 견뎌낼 수 있는 안전과 힘을 제공한다고 인식되었다

(Lalive 1975, 86면). 데이비드 마틴은 라틴아메리카의 오순절파 교회운동이 근대성과 발전을 위한 변화를 가져온 앵글로색슨적 가치가 광범위하게 침투한 종교 영역에서 이를 막는 선도적 역할을 맡는다는 논제를 제기한다(David Martin 1990, 13면). 베버 식 가설은 과거의 프로테스탄트가 아니라 왜 오순절파 교회가 도시 극빈층을 끌어들이는 데 성공했는지를 설명하지 못한다. 이는 오순절파 교회에는 틀림없이 뭔가 특별한 것, 특히 프로테스탄트의 메시지를 대중문화의 표현방식으로 바꾸어 전달하는 특별한 능력이 있음이 틀림없다는 점을 시사한다(Sepúlveda 1996, 95~97면).

결론

근대성을 지향하는 라틴아메리카의 궤적을 돌이켜볼 때 근대성은 정체성 형성과정에서 중요한 부분을 차지했다고 주장할 수 있을 것이다. 근대성은 과거에 만들어진, 본질적이고 고정적인 문화정체성과 대립하지 않으며, 또 (예컨대 앵글로색슨과 같은) 외래의 정체성을 획득해야 하는 것도 아니다. 근대성과 문화정체성은 모두 양자간에 긴장은 있을지언정 역사적으로 구성되고, 근본적인 분리가 필연적으로 발생하지는 않는 과정들이다. 라틴아메리카 근대성의 특징들은 좋든 나쁘든 간에 오늘날 라틴아메리카 문화정체성의 중요한 요소를 구성한다. 물론 어떤 것도 미래에 있을 수 있는 비판적 평가나 변화를 막지는 못한다. 그렇지만 라틴아메리카의 지식 담론에서는 근대성을 외부적이고 정체성과 대립되는 것으로 간주하려는 경향이 분명히 존재해왔다. 근대성과 정체성 사이의 해결되지 않는 이런 대립과 모순은 결국 라틴아메리카 문화의 중요한 특징이다.

□더 읽을거리

• Larraín, J. *Identity and Modernity in Latin America*. Cambridge: Polity Press 2000.: 이 장에서 다룬 라틴아메리카의 정체성과 근대성에 대한 여러가지 견해를 더 자세히 설명한다. 이 저작은 문화정체성이 영구적으로 형성되는 것으로서 근대성과 대립적이지 않고 근대화과정과 풀리지 않을 정도로 긴밀하게 연결되어 있다고 주장한다.

• Miller, N. *In the Shadow of the State: Intellectuals and the Quest for National Identity in Twentieth-Century Spanish America*. London: Verso 1999.: 주로 20세기 칠레, 꾸바, 아르헨띠나, 멕시코, 뻬루에서 국민적 정체성을 형성하는 데 지식인들이 어떤 역할을 맡았는지를 탐색한다.

• Paz, O. *The Labyrinth of Solitude*. London: Allen Lane 1967.: 주로 멕시코의 정체성 문제를 다루는 라틴아메리카의 고전이지만 그 문제의식은 다른 라틴아메리카 국가들로 확대될 수 있다.

• Véliz, C. *The New World of the Gothic Fox*. Berkeley, CA: University of California Press 1994.: 라틴아메리카에서 근대성의 도래는 옛 바로끄적 문화정체성을 해체하는 필수적인 과정이었다는 논제를 제시한다.

□웹사이트

• 라틴아메리카 네트워크 정보센터(Latin American Network Information Center: LANIC, www.lanic.utexas.edu): 오스틴 소재 텍사스 주립대학교가 주도해 제작한 사이트로, 라틴아메리카의 문화와 문학에 관한 다양한 인터넷 기반 정보에 손쉽게 접근할 수 있도록 도와준다.

제3장

경제적·지역적 관점에서 본 남아메리카와 멕시코의 구조개혁

_로버트 N. 그윈

지난 20년 동안 라틴아메리카는 1930년대 이래 가장 중요한 경제정책상의 변화를 겪었다. 일련의 구조개혁을 통해 남아메리카와 멕시코의 경제는 폐쇄적이고 국가주도적인 성향에서 더욱 시장지향적이고 세계의 다른 지역에 개방적인 성향으로 변모했다. 어떤 국가의 경제는 특히 국경을 넘는 무역·투자·금융자본·기술의 이동을 통해 세계경제와 더욱 밀접하게 맞물리게 되었다. 이 개혁에는 신자유주의라는 딱지가 붙었다. 그것은 개혁정책이 시장의 영향력 증대를 강조한 반면 경제정책의 결정과정에서 정부가 차지하는 중요성이 감소했기 때문이다. 이를 통해 라틴아메리카의 경제는 세계화과정과 더 긴밀하게 결합되었고 따라서 라틴아메리카인들은 매우 다양한 성과를 맛보게 되었다 (Stiglitz 2002).

3장에서는 남아메리카와 멕시코에서 이 경제개혁의 본질과 영향이 어떠했는지를 중점적으로 다룰 것이다. 이 책에서 남아메리카와 멕시코는 중앙아메리카와 카리브해에 있는 더 작은 국가들과는 별도로 검토될 것이다. 중앙아메리카와 카리브해의 소국들은 전통적으로 세계경제와 훨씬 더 밀접하게 통합되었다. 4장에서 톰 클락(Tom Klak)은 이 소국들의 긴밀한 세계경제 통합이 과거와 현재의 취약성을 이해하는 데 핵심적인 요인이며 그리하여 식민지적, 신식민지적인 유산으로 간주될 수 있다고 주장한다. 반면 남아메리카는 하나의 매우 큰 경제단위(브라질)와 중간 규모의 여러 경제단위(표 3.1 참조)로 이루어졌다. 멕시코는 브라질에 이어 라틴아메리카에서 두번째로 큰 경제규모를 유지하고 있다.

물론 작은 국가들을 라틴아메리카와 카리브해의 더 큰 국가들과 연결한 다음 이들을 북아메리카에 있는 세계경제의 핵심국가들과 연결하는 주제가 있을 수 있다. 그중 하나는 아메리카 대륙의 통합으로, 이는 아메리카자유무역지대(FTAA) 조인과 함께 2005년에 공식 개시될 예정이다(FTAA 출범은 라틴아메리카 국가들의 반발로 무산되었다—옮긴이). 이것은 지역통합의 다섯가지 주요 계획과 연결되어 있다.

1. 북아메리카자유무역협정(NAFTA) 1993년 시작: 캐나다, 미국, 멕시코.

2. 중앙아메리카공동시장(CACM) 1960년 시작: 과떼말라, 엘살바도르, 온두라스, 니까라과, 꼬스따리까(4장 참조).

3. 카리콤(Caricom, 카리브해공동체): 카리콤의 전신인 카리브자유무역연합(Carifta)은 1965년에 시작, 1973년 카리콤 결성의 토대를 놓음. 회원국은 바베이도스, 가이아나, 자메이카, 수리남, 트리니다드토바고 등(4장 참조).

4. 안데스공동체(Andean Community, 옛 안데스그룹) 1969년 시작: 베

네수엘라, 꼴롬비아, 에꽈도르, 뻬루, 볼리비아.

5. 남아메리카공동시장 1990년 시작: 아르헨띠나, 브라질, 빠라과이, 우루과이. 칠레와 볼리비아는 준(準)회원국.

그림 3.1은 경제통합 계획안을 보여준다.

북아메리카자유무역협정은 지금까지 체결된 경제통합협정 가운데 선진경제 두 곳과 신흥 개발도상국 한 곳의 경제를 통합한 유일한 사례이다. 소득과 생활수준의 차이는 뚜렷하다. 2001년 미국의 1인당 구매력 평가액은 멕시코의 4배에 달했다(표 3.1 참조). 그런 차이 때문에 북아메리카자유무역협정의 초점은 더 심화된 경제통합 형태보다 주로 무역에 국한되었다. 예컨대 북아메리카자유무역협정에는 노동력 이동(특히 멕시코에서 미국과 캐나다로의 이동)에 관한 향후 조항과 규정이 없다. 이것은 점차 동남쪽으로 팽창하고 있는 유럽연합의 경제통합이 지니는 특성과 대조적인 대목이다.

예정된 아메리카자유무역지대는 여러 다양한 방식으로 아메리카 대륙의 다른 모든 국가들에 1993년 이래의 멕시코와 미국의 관계를 복제할 것이다. 2001년 미국경제의 전체 규모는 멕시코경제 규모의 16배일 뿐 아니라 남아메리카 10개국을 모두 합친 규모보다 거의 9배나 크다(표 3.1 참조). 아메리카에서 경제통합이 더 진전된다면 그것은 특히 무역과 자본·기술·인력의 이동에서 불가피하게 매우 뚜렷한 비대칭성을 드러낼 것이다. 이런 비대칭성은 아메리카자유무역지대의 일부를 이루는 교역집단들 사이의 관계에서 되풀이될 것이다. 북아메리카자유무역협정에 속한 세 국가의 국내총생산(GDP) 총합은 남아메리카공동시장 4개국과 칠레의 국내총생산을 합친 것보다 13배가 많다. 그리고 그 규모는 안데스공동체에 속한 다섯 국가의 국내총생산 총합보다 무

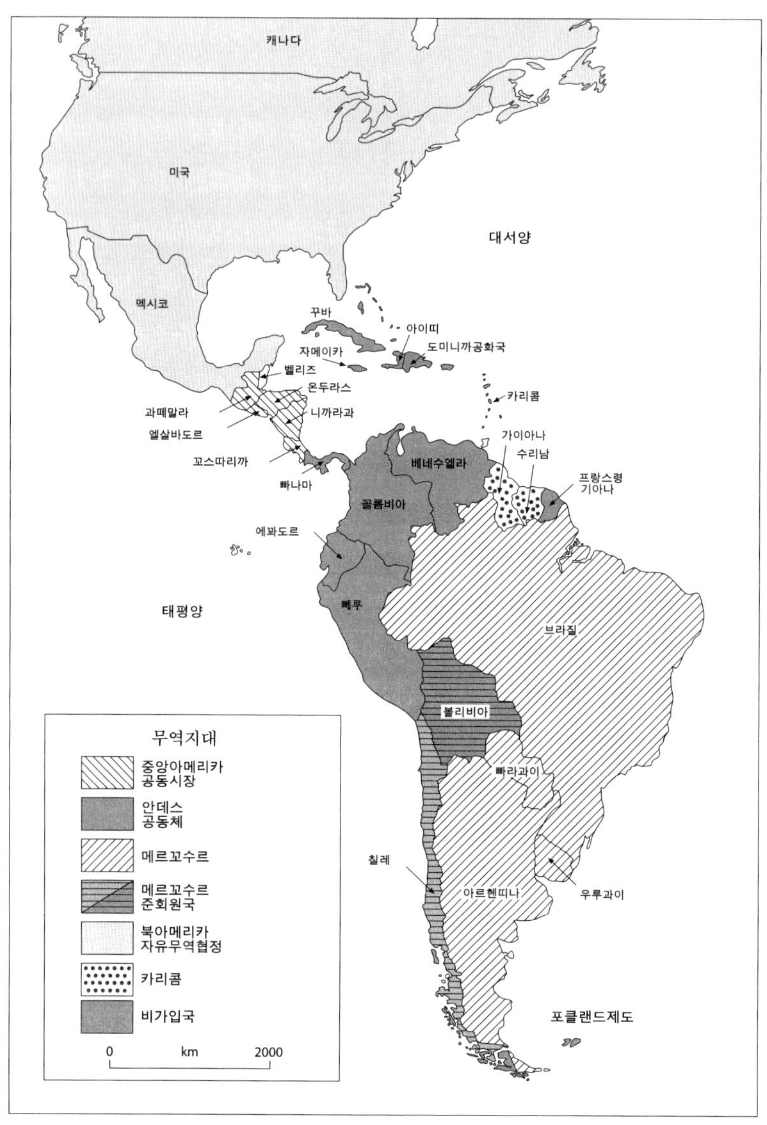

그림 3.1 라틴아메리카의 경제통합 계획안

려 40배나 크고 중앙아메리카와 카리브해의 국가들과 비교한다면 훨씬 더 차이가 클 것이다.

그렇지만 인구 면에서 북아메리카와 남아메리카의 관계는 훨씬 더 균형잡힌 듯이 보인다(그림 3.2 참조). 멕시코를 제외한 북아메리카의 총 인구는 실상 남아메리카 10개국의 인구보다 적다(표 3.1 참조). 그럼에도 양 지역 간 생활수준의 불평등은 이미 뚜렷하고 생활수준의 위계서열

표 3.1 남북아메리카의 인구와 생산 추이, 1965~2001

국가	인구 (단위: 백만명)	국내총생산 (단위: 10억 달러)	연평균 국내총생산 성장률			1인당 국민 총소득(GNI)의 구매력 평가액 (달러)
	2001	2001	1965~80	1980~89	1990~2001	2001
미국	284.0	10,171.4	2.7	3.3	3.5	34,870
캐나다	31.0	677.2	4.8	3.4	3.0	27,870
멕시코	99.4	617.8	6.5	0.7	3.1	8,770
북아메리카	414.4	11,466.4	4.7*	2.5*	3.2*	23,837*
브라질	172.6	502.5	9.0	3.0	2.8	7,450
아르헨띠나	37.5	268.8	3.4	-0.3	3.7	11,690
베네수엘라	24.6	124.9	3.7	1.0	1.5	5,890
꼴롬비아	43.0	83.4	5.7	3.5	2.7	5,980
칠레	15.4	63.5	1.9	2.7	6.4	9,420
뻬루	26.1	54.0	3.9	0.4	4.3	4,680
우루과이	3.4	18.4	2.4	0.1	2.9	8,710
에꽈도르	12.9	18.0	8.8	1.9	1.7	3,070
볼리비아	8.5	8.0	4.4	-0.9	3.8	2,380
빠라과이	5.6	6.9	7.0	2.2	2.0	4,400
남아메리카	349.6	1,148.4	5.0*	1.4*	3.2*	6,367*

각 지역 내에서 국내총생산(GDP) 순으로 기록.

* 가중치를 적용하지 않은 평균.

출처: World Bank 1991; 2002a.

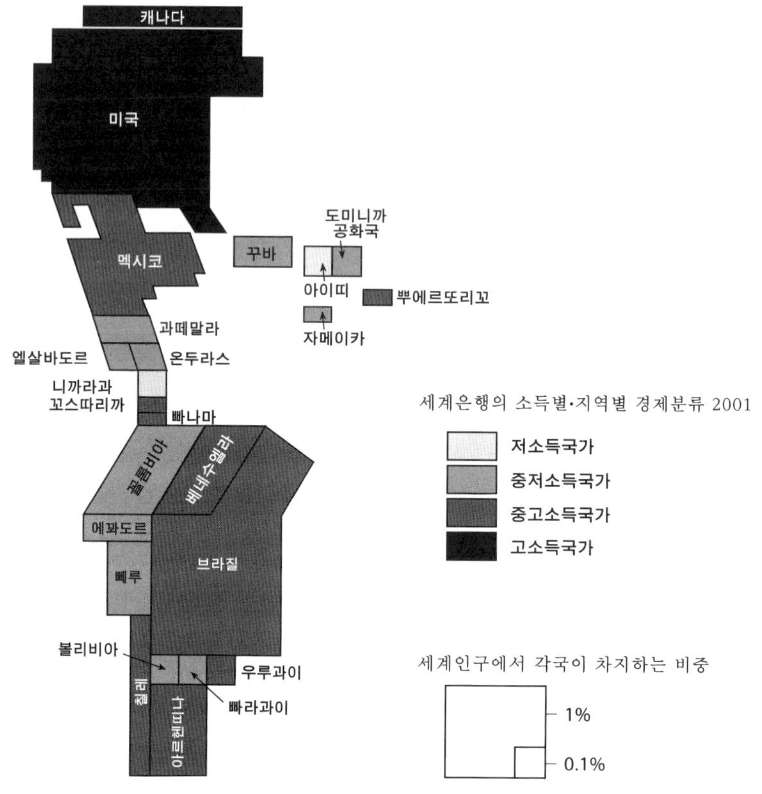

그림 3.2 소득과 인구 규모에 따른 아메리카 대륙(인구 200만명이 넘는 모든 국가)
출처: World Bank 2003.

이 만들어지고 있다. 1인당 구매력 평가액을 보면(표 3.1 참조) 칠레인의 평균소득은 2001년 평균적인 미국인 소득의 거의 4분의 1에 불과했다. 반면 볼리비아인의 평균소득은 칠레인의 4분의 1에 지나지 않았다. 이런 자료는 한 국가 내에 존재하는 소득분배의 중대한 편차를 은폐하곤 하는데, 이 주제에 관해선 이 장의 뒷부분에서 다룰 것이다.

국민경제와 그 내부의 경제영역이란 측면에서 신자유주의 개혁의 영향력을 개념화하고 탐색하기 위해 이 장은 네 부분으로 나뉠 것이다.

1. (신자유주의) 경제개혁으로 전환한 역사적 맥락.

2. 경제정책 변화의 본질, 특히 다자간 기구의 권력, 신자유주의에 대한 이론적 정당화, 라틴아메리카의 개방과 관련된 문제.

3. 경제성장, 투자, 고용, 소득분배, 빈곤 문제에 대한 신자유주의 개혁의 충격과 문제점.

4. 라틴아메리카 국가 내 경제적 공간과, 시장지향적 모델에서 경제성장과정의 주요 요소라 할 수 있는 민간기업 부문에 대한 신자유주의의 영향.

역사적 맥락

신자유주의 패러다임은 1930년대 이래 라틴아메리카에서 자리잡은 예전의 경제 패러다임을 대체했다. 예전 패러다임에 따라 내부지향적이고 국가의 경제적 개입이 두드러진 흐름은 오랫동안 지속되었다. 새로운 패러다임의 두드러진 특징을 분석하기에 앞서 예전 패러다임을 간략히 재검토하는 게 좋을 것이다. 내부지향 정책의 기원은 라틴아메리카의 여러 국가들이 1929~33년 대공황에 대응하는 방식에서 찾을 수 있다. 이전에 라틴아메리카의 여러 국가들은 대체로 자유무역과 세계경제와의 긴밀한 연계를 지지했다(Bulmer-Thomas 1994; Thorp 1998). 19세기와 20세기초 라틴아메리카의 경제성장은 세계무역의 급속한 팽창과 아울러 영국 같은 핵심국가로부터 투자자본 유입이 증가한 사정과 밀접하게 연결되어 있었다. 라틴아메리카 국가들은 국제경제체제 내로 편입되어 원료(광물과 농산물)를 수출하고 공산품을 수입했다. 1차 대전이 끝나고 유럽국가들이 보호무역을 강화하자 라틴아메리카의 외부지향적 정책은 기세가 꺾였다. 그렇지만 라틴아메리카 국가들은 대공황을 맞아 세계무역이 반감(半減)하고 나서야 비로소 경제정책을 크게 수정했다.

1928년과 1933년 사이 라틴아메리카의 수출 총액은 50억 달러에서 15억 달러로 격감했다(Bulmer-Thomas 1994). 이는 부분적으로는 양적 감소의 결과였다. 이 기간 동안 라틴아메리카 전체로 보면 수출량은 22퍼센트 감소했다. 물론 일부 국가들은 더 큰 어려움을 겪었다. 주로 구리 수출에 의존하는 칠레의 경우 수출량은 70퍼센트 가까이 감소했다. 게다가 수출 가격은 '급전직하' 수준이어서 같은 기간에 3분의 2가량 떨어졌다.

세계경제의 심각한 위기와 세계경제에 대한 라틴아메리카의 높은 의존도는 갑자기 그 지역 경제의 극단적인 취약성을 드러냈다. 1930년대 이래 라틴아메리카는 특히 무역과 투자, 기술이전 분야에서 세계경제와의 교류를 제한하고자 했다. 관세, 수입할당과 환율 통제를 통해 외국산 물품의 반입 비용을 높이거나 반입 자체를 불가능하게 함으로써 국내산업을 보호했다. 라틴아메리카의 기업가들은 예전에 수입하던 물품을 생산함으로써 부족한 상품과 보호 수준에 대처했다. 그 결과 대다수 남아메리카 국가들에서 산업생산과 고용이 빠르게 증가했다.

산업화는 내부지향적 틀 속에서 향후 경제발전에 대한 실마리를 제공했다. 정책결정자들은 선진국들이 높은 보호관세 속에서 산업화를 이루고 어느 한 국가가 더욱 성숙한 산업구조를 진전시킨 다음에야 다른 국가들도 더욱 자유로운 상품교역에 나설 수 있게 되었다고 주장했다(Prebisch 1950). 남아메리카 국가들이 더 성숙한 산업구조에 도달하려면 각 정부가 산업정책의 정비뿐 아니라 국가 소유 개발법인을 설립하여 적극적으로 개입해야 한다는 정치적 합의가 있어야만 했다. 정부는 산업부문의 전략 계획안을 작성하고 각국의 개인 투자자들이 참여하기를 꺼리는 강철 같은 핵심산업에 대한 투자를 촉진했다.

산업화를 통한 근대화는 내부지향적 발전 시대에 핵심주제가 되었다. 예컨대 브라질에서 급속한 자본축적과 국가의 기술력 향상에 산업화가 미친 중요한 역할뿐 아니라 그런 발전을 촉진하는 데 국가가 떠맡은 중추적 역할은 1930~70년대까지 지속된 대조적 성격을 지닌 정부, 즉 바르가스(Getúlio Vargas), 꾸비체크(Juscelino Kubitschek), 가이젤(Ernesto Geisel) 대통령 집권기의 중요한 교의였다. 1950~78년까지 브라질 제조업 분야의 국내총생산은 실질액수 면에서 10배가 늘었다. 이는 30년간의 연평균 성장률인 8.5퍼센트에 해당하는 것이었다(Gwynne 1985, 36면). 이 비율은 1960년 이후 동아시아의 신흥공업국과 1980년 이후 중국의 성장이 있기 전까지 전세계적으로 유례가 없는 것이었다. 브라질이 산업화에서 가장 돋보이는 성공을 거두었다고 할 수 있지만 다른 남아메리카 국가들과 멕시코에서도 제조업 국내총생산이 크게 증대했다(같은 책 36~38면). 내부지향 단계를 그저 낮은 경제성장기로 규정하는 것은 잘못이다. 실제 1960년대 경제성장률은 라틴아메리카 여러 국가에서 1990년대 성장률보다 높았다.

각국 정부는 또한 세계적 경제위기가 각국 경제에 심각한 영향을 끼쳤기 때문에 경제발전에 더욱 적극적으로 주의를 기울였다. 정부는 세계적 위기가 자국 경제에 미친 두가지 압력에 대응하지 않으면 안 되었다. 무엇보다 대외수지 불균형, 즉 수출을 통해 벌어들이는 국가 소득의 감소와 국제기관으로부터의 자본유입 고갈 현상이었다. 두번째 압력이자 정부가 훨씬 더 심각하게 느끼는 압력은 내적 불균형이었다. 이는 수출입세 규모의 감소에 따른 정부 수입의 격감이었다. 이런 점에서 국가의 경제 개입과 (관세를 통한) 수입세 비율의 증대는 심각한 재정 문제를 해결하려는 정부 시책 가운데 하나였다. 복수환율제나 화폐의 과다 발행과 같이 문제적인 정책은 흔히 심각한 재정위기에 대응하는 정부 탓으로 돌려질 수 있다. 이 정책은 내부지향 단계의 역사 속에 뿌리를 내린 경향이 있다. 1971~82년까지 에드워즈는 "일부 국가에서 통화 창출(money creation)은 평균적으로 정부 수입의 4분의 1에 달한다"고 밝혔다(Edwards 1995, 83면).

이를 통해 우리는 내부지향적 패러다임의 특징으로 지목된 문제, 특히 인플레이션 문제에 유념하게 된다. 인플레이션은 고(高)인플레이션(연평균 가격상승률 10~50퍼센트)과 초(超)인플레이션(50퍼센트 이상)의 두가지 범주로 나뉠 수 있다. 표 3.2는 내부지향의 후반 단계인 1970~93년까지 남아메리카에서 단 두 국가(빠라과이와 꼴롬비아)만 초인플레이션을 겪지 않았음을 보여준다. 네 국가는 1000퍼센트가 넘는 연평균 인플레이션 수준을 기록했다. 그중 두 국가(볼리비아와 뻬루)는 무려 8000퍼센트를 기록했는데, 이는 물가가 연중 매일 5분의 1(20퍼센트) 넘게 올랐다는 뜻이다. 생산자와 소비자 가릴 것 없이 그런 시기를 견디며 산다는 것은 매우 힘들다. 투기와 요행수가 경제를 좌우하고 저축은 순식간에 가치를 잃고 만다. 물가의 고공행진은 경제적 불안뿐 아니라 정치적 불안을 야기한다.

고공 인플레이션이 경제적 손해를 일으키는 세가지 주요 영역은 다음과 같다.

표 3.2 남아메리카와 멕시코: 1970~93년 인플레이션의 절정기와 1984~93년 평균 인플레이션(%)

국가	1970~93년 최고 인플레이션율과 절정기	1984~93년 평균 인플레이션
볼리비아	8170.5(1985)	1051.6
뻬루	7649.6(1990)	1283.7
아르헨띠나	4923.6(1989)	811.5
브라질	2500.0(1993)	944.8
칠레	650.0(1973)	19.5
멕시코	159.2(1987)	52.9
우루과이	129.0(1990)	75.5
에콰도르	85.7(1988)	44.5
베네수엘라	81.0(1989)	34.0
빠라과이	44.1(1990)	24.5
꼴롬비아	32.4(1990)	24.8

출처: Edwards 1995; Gwynne 1976.

1. **불확실성의 증대**: 기초생산품이 심각하게 부족함에 따라 소비자와 생산자 모두 불확실성이 커진다. 국제시장과 연계된 생산자는 부품 공급 같은 데서 국내 가격이 국제 가격보다 더 빠르게 오르면서 문제에 봉착한다.

2. **저투자**: 기업가들은 호황과 불황에 적응해야만 하며 저투자가 그 핵심적인 사안이 되었다. 성장이 두드러지는 호황기에 기업가들에겐 예비 역량이 중시되는 침체기처럼 생산력을 위해 장기적인 투자를 고려할 동기가 거의 없었다. 대신 호황기에 생산자들은 수요를 가라앉히고 높은 수익을 얻기 위해 (인플레이션율을 보태어) 높은 가격을 매겼다. 호황기의 높은 수익은 판매가 줄어들고 수요를 진작하기 위해 가격을 낮게 유지해야 하는 침체기의 빈약한 수익을 보상해주었다.

3. **낮은 저축률과 자본유출**: 이 시기에 인플레이션율은 이자율보다 더

높을 수 있었다. 그러므로 개인이 만약 돈을 소비하는(심지어 빌리는) 것이 아니라 저축하기로 결정한다면 이는 효과적으로 돈을 잃는 것처럼 보일 것이다. 저축보다는 소비 선호 경향 때문에 높은 인플레이션 시기는 국민저축의 비중이 무척 낮아지곤 한다. 또한 자본유출 문제가 발생했다(Mahon 1996). 이는 부유층이 자국의 높은 인플레이션율에 대해 자신들의 예금을 보호하고 예금을 해외, 주로 미국이나 국외의 달러 은행계좌에 맡기려고 동분서주한 탓이었다. 1980년대까지 아르헨띠나, 멕시코, 베네수엘라의 부유층은 자국의 부채에 맞먹는 달러 예금이나 다른 외화 예금계좌를 갖고 있었다(Mahon 1996).

내부지향적 정책 속에서 인플레이션의 유산 때문에 여러 국가들은 국민저축이 부족해져 외부의 자금 융통에 점점 더 의존해야 했다. 실제 1970년대와 1980년대초는 라틴아메리카에서 부채가 주도하는(그리고 인플레이션을 유발하는) 성장이라고 지칭될 만한 악명높은 시기였다. 이 시기가 끝나고 라틴아메리카 대륙에 또다른 극적인 위기가 찾아왔다. 멕시코가 1982년 8월 모라토리엄(부채상환에 대한 지불유예—옮긴이)을 선언했을 때 외채위기가 시작된 것이었다. 혼란스럽고 어지러운 이 위기의 여파는 라틴아메리카 전체가 1980년대 내내 정체와 정책적 혼란을 겪는 데 기여했다. 1970년대에 그토록 상냥해 보였던 세계 자본시장은 1980년대에 라틴아메리카에게 등을 돌렸다. 라틴아메리카 국가들의 외자 의존은 1980년대 경제성장을 위한 그들의 노력에 아킬레스건이 되었다.

1930년대 이래 라틴아메리카 여러 국가들은 세계무역체제에서 발생한 예측불허의 변화나 초국적 제조업체와 재원의 영향으로부터 자국 경제를 보호하고자 했다. 각국 정부는 그렇게 함으로써 세계경제에 대한 자국의 의존도가 줄어들 것이라고 생각했다. 그렇지만 1970년대에 내부지향적 정책과 (외부 재원의) 내부투자에 대한 엄격한 통제는 석유가 풍부한 국가들의 잉여자본을 재순환시키려는 해외은행의 자본유입이 증가했기 때문에 겨우 유지될 수 있었다. 이러한 자금유입은 거의 220억 달러가 들어온 1978년에 최고조에 달했고 이는 1970년대초에 비해 10배 이상 증가한 규모였다. 라틴아메리카 여러 국가들은 이런 차입금을 선호했는데, 국제통화기금이나 여타 다국적기구의 통상적인 대출과는 달리 거시경제정책에 대한 제안 등의 부대조건이 달려 있지 않았기 때문이다.

돌이켜보건대 라틴아메리카의 경제는 새로운 방식이었지만 세계경제와 더욱 긴밀히 연결되고 있었다. 각 정부는, 당시에는 강력하게 규제되지 않았는데, 해외은행의 대출이 사업의 신뢰성과 밀접하게 연계되어 있었다는 것을 깨닫지 못했다. 1982년 8월 이후 라틴아메리카에서 사업의 신뢰성이 무너졌을 때, 10년 가까운 기간 동안 라틴아메리카 경제의 윤활유 역할을 맡았던 은행대출은 즉시 고갈되었다. 해외은행들은 신규대출 중단, 엄격한 대출 재조정, 그리고 심지어 개인 채무의 사회적 부담과 같은 정책을 통해 라틴아메리카 내의 활동을 급격히 축소했다. 사회적 부담을 통해 라틴아메리카의 정부들은 법적으로 책임을 져야 하는 악성 공공채무뿐 아니라 (비록 법적 구속력이 없다 하더라도) 자국 내 악성 민간채무에 대해서 책임을 떠맡도록 강요당하기도 했다(Congdon 1988).

대공황 기와 유사하게 라틴아메리카 각국의 정부는 대내외적으로 심각한 수지불균형에 직면했다. 그들의 해외계좌는 부분적으로는 높은 이자의 지불과 신규자금 고갈 탓에 큰 규모의 경상수지 적자를 기록하고 있었다. 1980년대초에는 전세계적으로 이자율이 높고 라틴아메리카에 상주한 외국은행의 대출이 대부분 변동금리를 채택하고 있었기 때문에 이자지불이 커졌다. 이런 식으로 금리 흐름의 위험부담은 기업이든 정부든 간에 라틴아메리카의 채무자에게 전가되었다. 라틴아메리카 각국의 재무부는 부채에 대한 이자지급액의 증가와 신규자금 조달의 극심한 어려움뿐 아니라 경제활동이 감소하고 국영기업의 손실이 증대하며 복지비용이 늘어남에 따라 지출이 늘어나는 문제에 대처해야만 했다.

라틴아메리카 국가들은 미국 정부와 1980년대판 마셜원조계획을 협의하고자 했지만 1980년대에 미국 정부의 재정 역시 적자에 시달리고 있었고 2차대전 직후에 누리던 엄청난 위용에 비해 크게 약화된 상태였다. 쌍방의 대출기회가 제한된 가운데 국제통화기금이나 세계은행과 같은 다자간기구의 대부는 얼마간이라도 외부의 자금융통을 얻을 수 있는 유일한 방법이었다. 그렇지만 이 대부는 대개 부대조항이 달려 있었다. 달리 말해 라틴아메리카 국가들이 이 기관들로부터 자금을 수수하기 위해선 비록 짧은 기간이라도 중요한 경제개혁을 짊어져야만 하는 상황이었다. 대다수 라틴아메리카 국가들은 심각한 재정적 딜레마를 완화하기 위해 자금지원과 경제개혁 추진을 교환하는 것 외에 별다른 대안이 없었다.

그러나 해외금융에 대한 효과적인 규제와 감독 또한 전반적으로 부족했기 때문에 이는 각종 사기와 부실한 관리, 부정부패의 가능성을 더욱 높였다. 이런 금융의 진퇴양난은 라틴아메리카가 단지 무역뿐 아니라 해외금융과 관련해서도 여전히 세계경제와 종속적인 관계를 맺는다는 점을 보여주었다. 은행의 신용등급과 이자율의 변화는 국가경제 운영에 큰 영향을 미칠 수 있었다. 1980~86년까지 라틴아메리카로의 자본 순유입은 40퍼센트 정도 하락했으나 해외은행으로부터 민간기업이 받은 자본 순유입은 놀랍게도 80퍼센트가량 떨어졌다. 이는 라틴아메리카에 대한 해외은행들의 인식이 크게 변화했고 그 변화의 충격이 얼마나 심각했는지를 보여준 것이었다.

위기는 흔히 사회적·경제적 관계의 진정한 본질이 무엇인지 드러내준다. 라틴아메리카에서 위기는 라틴아메리카의 경제적 실적이 선진경제에 근거를 둔 국제적 기업들과의 무역과 금융거래 관계에 크게 의존하고 있다는 것을 확인해주었다. 더욱이 위기를 통해 기존 경제 패러다임의 본질이 변화하는 중요한 계기가 마련되었다. 패러다임의 변화는 반드시 이데올로기에 의해 촉발되지 않는다. 오히려 위기의 여파는 전세계적인 경제위기라는 우발적 사건에 (여러 시기에 걸쳐) 매우 실용적인 방식으로 대응하려는 라틴아메리카 정부의 결정으로 표현될 수 있다.

경제정책의 변화

현행 신자유주의 경제개혁의 패러다임을 역사적 관점에 놓음으로써, 패러다임의 변화는 세계경제와 시장주도 경제 상태에 더욱 긴밀하게 통합되는 현상의 이론적 이익과 이데올로기적 정당화만큼이나 경제위기나 내부지향의 결함을 청산하려는 실용적인 고려와 깊이 관련되어 있다고 할 수 있다. 1980년대 외채위기의 여파로 라틴아메리카 국가들은 심각한 자금 부족을 겪었다. 이는 낮은 국내저축률, 대외금융에 대한 의존, 높은 인플레이션, 저투자율과 교역의 정체 등 내부지향 정책에서 비롯된 문제점을 악화시켰다. 그리하여 이 대목에서는 패러다임 변화의 본질을 세가지 측면, 즉 다자간기구의 지배력, 새로운 합의의 이론적·이데올로기적 요소, 그리고 라틴아메리카의 개방이라는 측면에서 검토할 것이다.

다자간기구의 지배력

다자간기구는 외채위기의 출구를 찾는 데 큰 영향력을 행사했다. 국제통화기금과 세계은행이 빚에 짓눌린 라틴아메리카 국가들에 신규자금의 주요 공급처가 됨에 따라 그 기관들은 각국이 기본적인 개혁을 실행한다는 조건으로 자금을 제공하게 되었다. 여러 조건들이 매우 다양한 영역에 걸쳐 적용되었고 가끔 지원계획에는 서로 모순되는 권고가 포함되곤 했다. 그렇지만 지원계획은 (무역자유화와 환율정책을 통해) 수출지향적 성장을 이루고 (조세와 재정 개혁을 통해) 국내의 자본 형성을 개선하며 정부의 경제적 개입을 축소하는 것에 강조점이 있었다. 1980년대에 여러 국가들은 개혁 요구사항의 실행에 저항했으나 일부 국가의 정부, 예컨대 칠레와 멕시코 정부는 다자간기구의 요구사항보다도 더욱 신속하게 움직이기도 했다.

그리하여 국제통화기금과 세계은행은 라틴아메리카의 외채위기에 맞서 국제적인 대응을 조율하고 문제해결을 위해 그들 고유의 외부지향적이고 시장지향적인 해법을 소개하고자 노력했다. 국제 금융계는 이런 견해를 승인하고 다자간기구들이 신규자금 융통을 부담하도록 강력하게 촉구했다. 외채 재조정 실시, 국제통화기금이 후원한 프로그램, 그리고 세계은행의 구조조정 대출금은 이런 전략의 가장 중요한 요소였다. 1983~88년까지 라틴아메리카 국가들은 민간은행들과 모두 29차례나 외채 재조정을 논의했다. 그럼에도 라틴아메리카 국가들은 외국은행들이 신규자금의 지원 없이 부채상환을 고수함에 따라 자금이 크게 부족한 상태에 빠졌다. 1989년에야 비로소 외국의 채권자들과 다자간기구들이 다소의 부채탕감이 채권자와 채무자 모두에게 이로울 것이라고 인정하면서 외채위기에 돌파구가 마련되었다.

그 결과 '브래디 플랜'(Brady Plan, 1989년 3월 미국 브래디 재무장관이 발표한 개발도상국의 채무구제방안—옮긴이)이 마련되었고 이에 따라 채권자들은 채무국과 자발적인 부채 협의에 돌입할 수 있었다. 채무자의 부담을 완화하는 데에는 두가지 기제가 있었다. 첫째, 유통시장(secondary market, 증권거래소. 투자자가 발행사가 아닌 다른 투자자에게 증권을 매입하는 시장—옮긴이) 운용을 바탕으로 한 부채축소계획의 활용이 적극적으로 장려되었다. 이 기법은 1988년 이후 일부 국가에서 부채와 자산의 맞교환이 초국적기업들의 신규투자를 유치하고 국영기업을 민영화하는 데 중요한 방식으로 떠오르자 더욱 추진력을 얻었다. 둘째, 브래디 플랜이 도입된 뒤 세계적인 채권은행과 개별 국가 간의 직접적인 부채 삭감 협정이 더욱 보편화되었다. 그러나 부채 재조정 시도에도 불구하고 라틴아메리카는 여전히 심각한 부채에 시달렸다. 1990년 약 4800억 달러에 이른 라틴아메리카의 부채 총계는 2000년에 7800억 달러로 늘어났다. 이는 라틴아메리카 전체 국내총생산의 50퍼센트에 해당하는 액수였다.

새로운 합의의 이론적·이데올로기적 요소

세계은행, 국제통화기금 그리고 미주개발은행과 같이 워싱턴 D.C.에 본부를 둔 다자간기구들은 1980,90년대 라틴아메리카에서 대출기관과 정책개혁 조언자들에게 강력한 영향을 미쳤다. 이른바 워싱턴합의는 경제정책의 측면에서 세가지 중요한 이데올로기적 추진력을 갖고 있었다.

1. 무역자유화(주로 수입에 초점을 맞춘)를 통해 라틴아메리카 시장을 세계경제에 개방하고 해외직접투자를 더욱 용이하게 만드는 것.

2. 재정적 규율과 균형예산, 그리고 조세개혁을 통해 경제부처의 전문 기술관료의 역할을 증대할 뿐 아니라 사유화를 통해 정부의 직접적인 경제개입을 축소하는 일.

3. 탈규제, 엄격한 재산권의 보호, 금융자유화를 통해 자원 배분에서 시장의 중요성을 증대하고 민간부문을 경제성장의 주요 수단으로 만드는 일.

이 이데올로기적 원칙들은 애덤 스미스와 데이비드 리카도 같은 18, 19세기 자유주의 경제학자들의 원리와 크게 다르지 않았다. 그리하여 그 원칙들은 '신자유주의 선언'이라고 지칭되었고 보수적인 정치세력과 연계되었다. 물론 몇가지 중요한 차이점도 있었다. 자유주의 경제학자들은 노동력을 포함해 모든 경제적 생산요소들의 이동을 선호했다. 그러나 국가 간 노동력의 자유로운 이동은 신자유주의자들의 고려사항에 포함되어 있지 않았다.

이런 제1세대 개혁은 라틴아메리카 곳곳에서 단일한 방식으로 채택되지 않았다. 스털링스와 뻬레스는 개혁의 속도와 범위를 바탕으로 '공세적인' 개혁 집단(아르헨띠나, 볼리비아, 칠레, 뻬루)과 더 '조심스러운' 집단(브라질, 꼴롬비아, 꼬스따리까, 자메이카, 멕시코)을 대비시켰다(Stallings and Peres 2000, 20면). 이와 관련해 몇가지 통계자료가 유용할 것이다(표 3.1 참조). '공세적인' 네 국가는 1980년대에 중대한 위기를 겪었으나 1990~2001년 사이에 (전체 연평균 4.6퍼센트의) 빠른 성장을 기록했다. 이런 모습은 2001년말 시작된 아르헨띠나의 심각한 경제위기를 계기로 곧 바뀌게 되었다. 반면 '조심스러운' 개혁 집단은

(1965~80년까지 브라질, 꼴롬비아, 멕시코에서 연평균 7.1퍼센트의 성장률을 기록함으로써) 내부지향적 정책 속에서 고도성장을 경험했으며 외채위기 동안에도 만만찮은 성장세를 보였다(표 3.1 참조). 하지만 1990~2001년까지 신자유주의 물결 속에서 그들의 기록(연평균 2.9퍼센트 성장률)은 앞선 시기에 비해 매우 저조했다.

공세적 개혁 집단과 조심스러운 개혁 집단 간의 비교를 통해 어떤 확고한 결론을 도출해낼 수는 없을 것이다. 공세적인 집단은 의심할 바 없이 1980년대 외채위기 동안 처참한 실적 때문에 타격을 입었다. 신자유주의 아래에서 경제성장은 10년 동안 훨씬 향상되었지만 아르헨띠나의 위기 이후 이 집단에 속한 국가들의 장기적 성장의 지속가능성에 대해 의구심이 증폭되었다. 전체적으로 볼 때, 주요 목표는 거시경제적 안정성을 이루는 것이었다. 신자유주의는 좁게는 인플레이션율을 한 자리 수준으로 낮추는 데 초점을 맞추었다. 재정정책은 증세나 수입을 늘리는 다른 방식보다는 주로 지출을 축소함으로써 정부의 적자를 줄이도록 역설했다. 통화정책은 안정화와 맞물렸고, 그 특징으로는 (인플레이션율보다 훨씬 더) 높은 이자율을 들 수 있다.

정책협정이 환율정책까지 확대되지는 않았다는 점을 지적해야 할 것이다. 일부 국가에서 환율은 인플레이션을 낮추기 위해 고율(또는 과대평가)로 고정되었다. 다른 곳에선 국제경쟁력을 유지하고(그럼으로써 수출가격을 낮게 만들고) 경제성장을 자극하고자 변동환율제를 허용했다. 스털링스와 뻬레스는 '고정환율제에서 변동환율제로 바꾸는 것은 대개 충격이 컸다'고 마치 예언자처럼 언급했다(Stallings and Peres 2000, 24면). 아르헨띠나의 2001년 위기는 부분적으로는 과대평가된 환율을 지속해서 유지하기가 불가능했기 때문에 발생했다. 1990년대에 아르헨띠나는 인플레이션율을 낮췄지만 그 때문에 세기 전환기에 들어 수출과 경제성장 모두를 심각하게 압박했다.

워싱턴합의는 1990년대를 관통해 진화하면서 개혁안에 경제정책뿐 아니라 사회정책을 포함시켰다. 제2세대 개혁은 경제정책 권고안에서 제도적 주제들을 강조했다. 정부가 독립적인 중앙은행과 강력한 예산처와 같이 더 견고하고 전문적인 기구를 구성할 필요성을 역설했다. 금융위기에 대한 대응으로서 은행 감독의 강화가 중요하게 부각되었다. 끝으로 사유화와 탈규제뿐 아니라 제도와 인적자원에 대한 투자를 통해 더욱 경쟁력 있는 경제를 만들어낼 필요성이 있었다.

사회정책은 개혁과정에 없어서는 안 될 부분으로 간주되었다. 생산활동에 대한 정부의 지출이 줄어듦에 따라 이는 사회적 지출을 위해 공적 재원을 푸는 것으로 여겨졌다. 중앙정부의 교육, 보건의료, 주택, 사회보장 써비스가 향상되기 위해선 더 나은 시설과 더 좋은 인력양성계획이 마련되어야 할 것이다. 교육은 인적자원을 개발할 수 있으므로 지출증대의 우선순위가 높을 수밖에 없었다. 사회적 지출이 늘어나면 생산성이 더 높아지고 경제성장이 지속될 뿐 아니라 매우 불평등한 사회에서 공평과 (사회적) 유동성이 증가할 것이라고 기대되었다. 정부의 수입은 천천히 증가한 반면 부채상환 의무는 지속되었기 때문에 실제로 최근에 라틴아메리카 여러 국가에서 사회적 지출은 감소하거나 정체되었다.

일부 국가에서는 사회복지 업무가 지방정부 차원으로 분권화되는 것에 초점을 맞추기도 한다(Nickson 1995; Angell et al. 2001). 이론적으로 신자유주의 모델과 더욱 긴밀하게 연결되는 사회정책의 변화는 사회복지 시행에서 어떤 부분의 민영화를 포함한다. 예컨대 칠레 같은 몇몇 나라들은 비용을 지불할 여유가 있는 이들에게 사립학교, 민영 보건의료와 연금 체계의 성장을 장려했다(Barrientos 1998). 그리하여 두가지 다른 층위의 사회복지 시행체계는 부유층을 위한 민영 사회복지와 국민 대다수를 위한 공공제도로 뚜렷이 양분되었다.

하지만 1인당 사회복지 지출에 몇가지 극적인 변화가 발생했다. 1990~91년과 1996~97년 사이에 1인당 사회복지 지출은 꼴롬비아에서 2배 이상 늘어났고 칠레에서도 61퍼센트가 증가했다(Stallings and Peres 2000, 30면). 칠레에서 권위주의로부터 민주주의 통치로의 이행은 핵심적인 정치적 요인으로 작용했다. 그럼으로써 칠레는 다른 라틴아메리카 국가들의 모델이 되었고 쉬한이 '경쟁력과 사회성의 결합'이라고 부른 정책들을 실행하게 되었다(Sheahan 1997, 11면). 경제적 측면에서 볼 때 그것의 목적은 개방적인 국제시장에서 경쟁력을 더 높이기 위해 칠레의 근대적 부문의 능력을 향상하려는 것이었다. 그동안 사회적 프로그램은 빈곤층을 위한 교육을 향상하고, 초중등교육에 유리하도록 교육예산을 재분배하며, 고용의 유연성을 증대하고자 훈련을 제공하고, 공동체 사업과 지도력을 증진함으로써 기회의 불평등을 줄이려고 했다. 칠레의 모델은 빈곤의 완화가 사회적 지출을 적재적소에 배치하거나 증대하는 일과 더불어 지속적인 고용(과 임금)성장을 이루어야 한다는 점을 보여준다. 빈곤의 발생을 줄이는 데 성공한 칠레가 불행히도 라틴아메리카 전체의 대표는 아니었다.

라틴아메리카의 개방

라틴아메리카의 여러 정부는 급속한 세계화시대에 무역개혁이 자국경제에 이로울 것이라고 생각한다. 기업들은 세계시장을 위한 생산의 측면에서 더욱 효율적이고 전문화되어야 할 것이다. (수입과 수출 모두에서) 대외교역의 증대는 국가경제의 성장에 동력을 제공할 뿐 아니라 내부투자를 늘리고 수입과 신기술의 흡수를 통해 기업들의 기술력을 향상시키는 부수적인 이득을 수반하는 것으로 여겨진다. 무역개혁은 또한 신자유주의 패러다임을 내부지향적 정책과 차별화한다. 라틴아메리카 곳곳에서 관세와 비관세 무역규제는 점차 줄어들었고 특히 소국들에서 외국환시장에 대한 통제는 해제되었다.

1980년대초 외채위기와 그 여파가 던진 충격은 이런 근본적인 정책변화의 촉매제를 제공했다. 무역개혁은 환율 인상의 가능성을 제공하고 수출을 증가시킴으로써 더 많은 무역의 잉여를 낳았고, 이것은 빚더미에 앉은 라틴아메리카 국가들의 경상수지와 자본수지의 균형을 도모하는 데 귀중한 재원을 제공하게 되었다. 실제 검토대상인 모든 라틴아메리카 국가들은 1985~91년까지 무역체제를 자유화하기 위해 중요한 프로그램을 가동하기 시작했다(표 3.3 참조).

표 3.3 라틴아메리카의 무역자유화, 1985~91

연도	국가
1985	칠레, 멕시코
1986	볼리비아, 꼬스따리까
1988	과떼말라
1989	아르헨띠나, 엘살바도르, 빠라과이, 베네수엘라
1990	브라질, 에꽈도르, 온두라스, 뻬루
1991	우루과이, 꼴롬비아

출처: IDB 1996.

보호관세를 통한 수입규제의 수준이 대폭 낮아졌다. 라틴아메리카 전체를 고려하면 개혁 이전 평균 44.6퍼센트로부터 1995년 13.1퍼센트로 관세율이 낮아졌다(IDB 1996, 98면). 자유화과정의 또다른 주요 특징으로는 더욱 단일한 관세구조가 점진적으로 채택되었다는 점을 들 수 있다. 이는 관리와 투명성의 측면에서 이익을 제공했고, 관세정책이 정부정책에 압력을 행사할 수 있는 이익집단의 조종에서 벗어나도록 도왔다.

무역개혁은 흔히 환율의 변화와 연계되었다. 외채위기 이후 라틴아메리카의 여러 통화는 평가절하되었고 따라서 효율적인 가치를 지니거나(실질적 시장가치와 대체로 일치하는 통화가치) 저평가되었다(실질적 시장가치보다 더 낮은 통화가치). 이 변화는 대다수 라틴아메리카 국가들에 더 나은 수출경쟁력을 선사했고 여러 지역에서 빠른 수출증가세를 기록하는 원인 가운데 하나가 되었다.

신자유주의 개혁의 충격과 문제점

라틴아메리카에 신자유주의 개혁이 가져온 충격은 무엇이었는가? 지난 15년간 전개되어온 이론적 주장들은 신속한 경제성장이나 불평등과 빈곤의 감소라는 측면에서 경험적인 성과를 얻었는가? 현재로선 충격에 대한 전체적인 평가를 정리하기란 매우 어렵다. 그동안 추진된 수많은 개혁은 시간의 흐름에 따라 각각 다른 효과를 나타내고 잠재적인 투자자들에게 영향을 주기도 한다. 개혁의 연대기는 특히 그것이 기업과 그 정책결정자들의 반응, 즉 신자유주의 모델 속에서 누가 주요한 경제활동가가 되는지와 관련해 중요한 주제일 수 있다. 이 때문에 폐쇄적인 경제에서 더욱 개방적이고 시장지향적인 경제로 변화하는 이행과정으로 적어도 세 국면을 확인할 수 있다.

1. 초기 국면: 개혁 자체가 빚어내는 불확실성의 증대를 둘러싸고 부정적인 요인이 우위를 차지하며 흔히 (높은 인플레이션과 같은) 거시

경제적 불균형과 중대한 경제적 재편이 어우러지는 시기이다. "이런 불확실성에 직면한 투자자들은 방어적으로 대응하고 생산과정을 합리화하며 생산성을 높이기 위해 (아직은) 실체가 보이지 않는 기술적 변화를 도입하게 된다"(Stallings and Peres 2000, 35~36면).

2. 일시적 요인으로 전망이 밝아지는 국면: 불확실성이 줄어들고 필요한 투자, 즉 비용을 줄이려는 투자가 늘어나며 수출생산품의 질을 개선하고 사유화의 약정을 완수하거나 새로운 시장에 초국적기업들의 진입을 지원하기 시작하는 단계이다.

3. 개혁의 토대가 군건해지는 국면: 예를 들어 거시경제적 안정성, 기대수요, 상대가격, 기술 개선과 같이 자본주의 경제의 특징을 이루는 '표준적' 요소에 의해 투자가 결정되는 시기이다. 칠레만이 유일하게 개혁이 공고화되는 이 세번째 단계에 도달했다고 여겨진다.

다른 모든 국가들은 여전히 두번째 단계에 머물러 있다. 개별 사례를 꼼꼼히 살펴본다면 라틴아메리카에서 신자유주의 개혁의 추진은 매우 이질적이고 균일하지 않았다는 점을 분명히 알게 될 것이다. 속도와 범위 면에서 신자유주의 개혁의 채택은 국가마다 매우 다양했다. 일부 국가(가장 두드러진 사례로 베네수엘라)는 그런 정책을 채택하려는 어떤 시도도 회피해왔다. 스털링스와 뻬레스의 언급에 따르면 다른 국가, 예컨대 브라질, 꼴롬비아, 멕시코는 개혁정책을 조심스럽거나 느리게 받아들였다. 반면 신자유주의 계획의 많은 부분을 적극적으로 채택했으나 이행기에 본격적으로 개혁의 주요 요소들을 실행하기를 회피한 경우도 있다. 예컨대 아르헨띠나가 채택한 문제 많은 환율정책을 들 수 있다. 뻬루나 볼리비아는 신자유주의 경제정책을 전면적으로 채택했지만 후속적인 제도개혁을 추진하지 않았다. 다음에서는 주요 사회·경제적 지표들이 신자유주의의 채택으로 어떤 실적을 보였는지 살펴봄으로써 정책의 영향에 대해 계속 분석할 것이다.

투자와 성장

당시 세계은행의 라틴아메리카 담당 수석 경제학자였던 에드워즈는 1980년대말과 1990년대초에 도입된 시장지향적 경제개혁안이 라틴아메리카를 경제적 절망의 대륙에서 희망의 대륙으로 탈바꿈시킬 것이라고 주장한 바 있다(Edwards 1995). 라틴아메리카 경제를 세계시장에 개방하고 민간부문에 더 많은 자율성을 부여함으로써 투자와 생산성을 높이고 더 높은 성장을 달성하리라 기대했다. 그렇지만 라틴아메리카 9개국을 분석한 스털링스와 뻬레스에 따르면 단지 볼리비아, 칠레, 꼬스따리까만 투자율을 높이는 데 성공했을 뿐이다(Stallings and Peres 2000). 이 세 국가 가운데 단지 칠레만 투자증대를 발판으로 생산성의 제고를 이루어냈다. 반면 라틴아메리카의 최대 경제대국인 브라질과 멕시코는 투자와 생산성 증가가 훨씬 뒤처져 국내총생산에서 투자가 차지하는 비중은 여전히 1980년 수준을 밑돌았다. 하지만 칠레의 투자 증가율은 인상적이었다. 국내총생산에서 총고정자본 구성이 차지하는 비율은 1985년 17.7퍼센트에서 1998년 32.2퍼센트로 꾸준히 상승했다. 2000년에는 27퍼센트 이하로 떨어지긴 했다(Banco Central 2002a, 77면).

투자와 생산성의 변화는 지속적인 발전에 필요한 경제성장률을 신속히 달성하기에 충분하지 않았다. 라틴아메리카와 카리브해 지역 경제위원회(ECLAC)는 빈곤과 실업 같은 라틴아메리카가 안고 있는 사회 문제들을 해결하기 위해서는 적어도 평균 6퍼센트의 경제성장이 필요하다고 언급했다(ECLAC 2003b). 앞서 소개한 표 3.1에 따르면 1990년과 2001년 사이에 단지 칠레만 이 기준에 도달했고 뻬루만이 연간 4퍼센트 이상의 평균성장률을 기록했음을 확인할 수 있다. 브라질과 멕시코의 성장률은 평균 3퍼센트 이하였고 그 정도도 대다수 남아메리카 국가들의 성장률보다 높은 수준이었다. 상대적으로 사정이 나은 1990년대에도 그 지역의 경제성장은 에드워즈 같은 세계은행의 경제학자들이 예상한 것보다 크게 낮았다.

6퍼센트의 경제성장률은 스털링스와 뻬레스에 따르면 국내총생산의 약 28퍼센트에 해당하는 높은 투자율을 요구한다. 라틴아메리카의 투자율이 절정기를 이룬 1998년에 그 비율은 23퍼센트에 지나지 않았고 이때에도 역시 칠레만 더 높은 수준을 달성할 수 있었다(Stallings and Peres 2000, 34면). 그리하여 신자유주의의 영향 아래 라틴아메리카는 동아시아와 달리 라틴아메리카의 사회적 부채에 충격을 일으킬 만한 투자율이나 성장률을 기록하지 못했다. 1985년 이래 라틴아메리카 최고의 투자와 생산성 증가를 기록한 칠레조차도 한국과 타이완 등 동아시아 경제가 이룬 투자와 성장률에 훨씬 못 미친다.

무역자유화

스털링스와 뻬레스 연구의 계량경제학과 정성(定性) 증거에 따르면 투자 유형을 결정짓는 데 가장 중요한 두가지 개혁 중 하나는 수입자유화 조치였다(Stallings and Peres 2000, 38면). 이는 수입 투입량과 자본재의 비용을 낮추고 경쟁력을 높였다. 그러는 동안 수출의 증대가 달성되려면 (과대평가되지 않은) 변동환율이 필요하다.

교역개혁이 1990년대 브라질, 꼴롬비아, 에꽈도르, 빠라과이 등 네 국가에서 수출증대로 이어지지 않았다는 지적은 흥미롭다(표 3.4 참조). 그렇지만 1990년대 가장 높은 수출증가율을 기록한 멕시코와 칠레를 비롯해 다른 곳에서는 수출의 증대가 감지되었다. 두 국가의 기록을 검토해보면 교역의 개혁이 성공적으로 이뤄질 경우 적어도 네가지 혜택을 가져온다고 주장할 수 있을 것이다.

1. 수출의 지속가능한 증대: 두 국가는 20년에 걸쳐 높은 성장률을 달성했다(표 3.4 참조). 1990년대말 이래 칠레의 수출증가세는 둔화되었다. 이것은 (천연)자원이 수출 품목의 대부분을 차지하는 국가에서 수출 증대를 유지하기가 얼마나 어려운지를 잘 보여준다.

2. 수출 품목의 증가와 다양화, 그리고 한두가지 상품에 대한 의존성 약화: 내부지향적 정책 아래에서 멕시코와 칠레는 각각 석유와 구리 수출에 과도하게 의존해왔다. 멕시코의 수출 증대는 석유의 비중을 10퍼센트 이하로 줄이고 제조업 상품의 비중을 높이면서 가능해졌다. 한편 칠레의 경우 1974년 구리가 전체 수출의 80퍼센트가량을 차지했으나 2001년에는 37퍼센트로 떨어졌다. 칠레에서는 농업(주로 과수농업), 대규모 농산물가공업(포도주, 과일 관련 생산품), 수산물과 임산물(특히 셀룰로오스) 등 다른 네가지 수출품목의 영역이 개발되었다.

3. 수입의 증대와 다양화: 수입의 증대는 소비재보다는 투자를 목적으로 하는 자본재에 집중해야 한다. 1985년부터 멕시코와 칠레의 경제성장은 자본재 위주의 수입 증대에 바탕을 둔 것이었다.

4. 더욱 많은 국가와의 무역 거래: 이것은 멕시코보다는 칠레에 더욱 잘 적용된다. 멕시코의 무역은 하나의 상대국, 즉 미국과의 교역에 의해 지배되고 있다(그림 3.3 참조). 칠레의 경우 무역은 원래 미국이나 서유럽 주요 산업국가들과 이루어졌다. 교역개혁 이후 칠레는 다른 라틴아메리카 국가, 특히 브라질, 아르헨띠나, 멕시코뿐 아니라 일본, 타이완, 한국, 중국 등 동아시아의 산업국가 또는 개발도상국들과 부차적이거나 중요한 무역연계를 발전시켜왔다.

표 3.4 1980년대와 1990년대 라틴아메리카의 수출 증대

국가	연평균 수출증가율(퍼센트), 1980~89	연평균 수출증가율(퍼센트), 1990~99
아르헨띠나	3.8	8.7
볼리비아	1.0	4.9
칠레	6.9	9.7
멕시코	7.0	14.3
뻬루	-1.6	9.0
우루과이	4.3	7.0
베네수엘라	2.8	5.6
브라질	7.5	4.9
꼴롬비아	7.5	5.2
에콰도르	5.4	4.4
빠라과이	12.2	5.1

출처: World Bank 2000, 294~95면.

만일 교역개혁이 성공적이라면 라틴아메리카와 세계경제의 교역관계에 더욱 다양한 배열을 가져올 수 있다. 실로 21세기초 세계경제의 하락 국면은 '단지 몇가지 생산물 위주나 제한된 시장을 대상으로 한 수출 소득에 과도하게 의존하는 경제는 더욱 다양한 수출가능성을 지닌 경제에 비해 훨씬 더 취약하다는 점'을 보여주었다(ECLAC 2003b, 12면).

교역개혁은 그것을 적극적으로 옹호한 여러 국제 경제학자들과 조언자들이 때로는 간과한 문제점들을 야기할 수 있다. 무역자유화는 원래 내부지향적 전략에 의존하다가 자유화정책을 열렬하게 채택한 국가에 적어도 세가지 문제점을 안겨주었다.

1. 이행은 투자·생산·고용의 측면에서 심각한 단기적 재조정의 문

제와 함께 시작된다. 관세와 비관세 장벽의 축소는 소비재 제조업과 같이 예전에 보호받은 부문에서 투자·생산·고용에 매우 부정적인 영향을 미친다. 반면 국가경제 가운데 세계무역에서 비교우위를 지니는 부문에서만 천천히 투자·생산·고용이 늘어난다.

2. 라틴아메리카의 소국들에서 비전통적인 생산물의 수출 증대는 1차산품에 집중되는 경향이 있다. 1차산품의 수출 의존도가 높아지면 국제무역 조건의 변화와 관련된 문제들이 발생한다. 20세기에는 원료가격이 장기적인 하락세를 겪었다. 1900년부터 2000년까지 스물네가지 상품의 가격 자료에 따르면 비(非)석유 상품의 교역조건은 지속적으로 하락해서 21세기초에는 '1920년대 이전의 3분의 1 이하 수준'으로 떨어졌을 정도이다(ECLAC 2003b, 38면). 게다가 세계경제의 순환주기에 따라 원료가격의 상승과 하락의 변동폭이 크다는 문제점이 있다.

3. 라틴아메리카 경제에서 단지 초국적기업뿐 아니라 원조기관과 다국적기구를 포함해 초국적 관계자들의 중요성이 증대한다. 초국적기업들은 1차산품과 제조업 수출시장에서 점차 중요성이 늘어난다. 이는 부분적으로는 초국적기업들이 국제시장에서 전문성을 지니고 자본과 관련 기술의 혁신에 접근하기가 용이하기 때문이다. 이는 점점 더 중요해진 수출부문에서 국민국가가 생산을 통제하기가 훨씬 어려워지는 것을 뜻한다.

무역자유화는 분명히 라틴아메리카 경제 문제 해결에 만병통치약이 아니다. 그것은 작고 산업화가 덜 진행된 라틴아메리카의 저소득 국가보다는 면적이 더 넓고 산업화 수준이 더 높은, 소득이 중간규모인 국가에 더 큰 이득을 가져왔다(4장 참조).

그림 3.3 라틴아메리카: 수출시장, 2001(현재 시세 달러화로 표시된 총수출 중 비율)

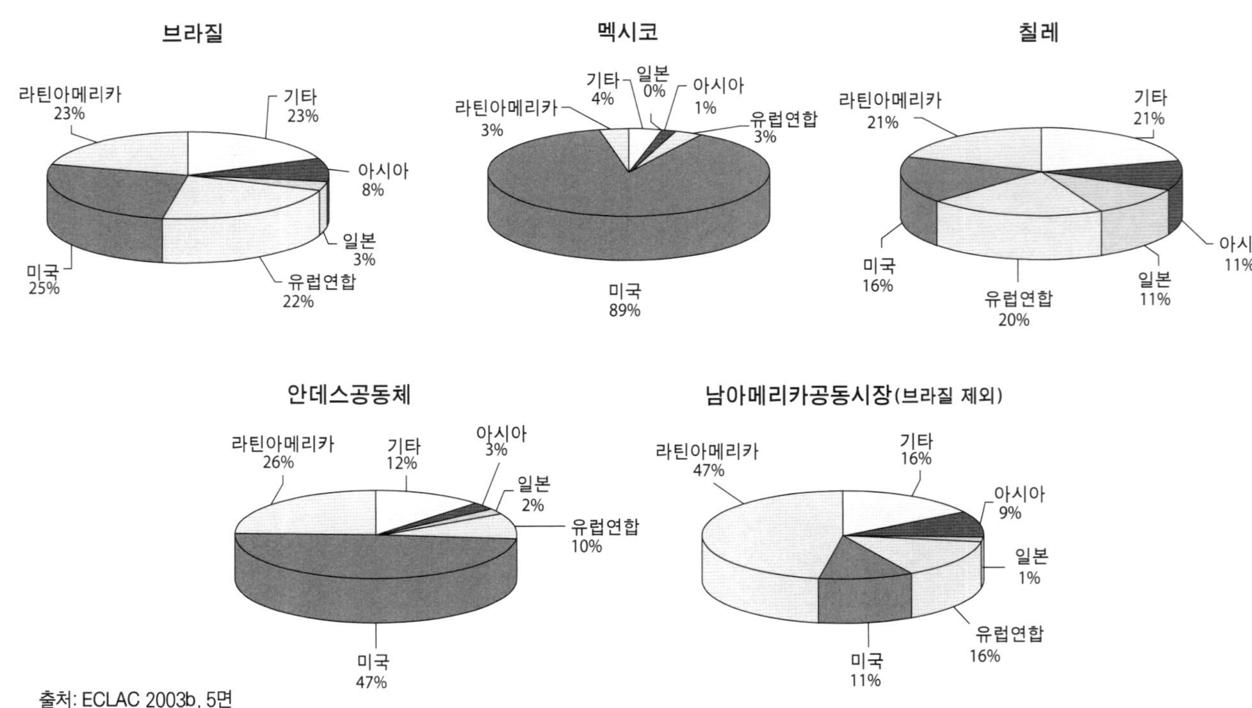

출처: ECLAC 2003b, 5면

개혁과 고용

경제개혁은 더욱 신속한 생산량의 증가와 노동력의 집약적 활용에 근거한 수출지향적 생산으로의 변화를 통해 고용에 긍정적인 영향을 미칠 것으로 기대되었다. 몇개 국가는 1990년대 고용 수준에서 의미 있는 증가를 이루었다(표 3.5 참조). 멕시코, 칠레, 뻬루, 볼리비아는 1990년대에 빠른 수출증가세를 기록했다(표 3.4 참조). 그렇지만 브라질, 아르헨띠나, 꼴롬비아는 특히 임금노동자들의 고용 수준이 느리게 증가하거나 정체되었다(표 3.5 참조). 브라질에서 공식부문의 고용은 1990년대에 절대적인 하락세를 겪었다(Stallings and Peres 2000, 46면).

표 3.5 1990년대 라틴아메리카 노동시장 지표의 변화

국가	직업(고용) 수준	실업	임금고용	실질임금	노동생산성
칠레	+	+	+	+	+
아르헨띠나	-	-	+	=	+
볼리비아	+	+	-	+	-
브라질	-	-	=	+	+
꼴롬비아	=	-	-	+	+
멕시코	+	-	=	+	=
뻬루	+	-	-	+	+

+ 조건 향상, - 악화, = 비교적 불변.
직업(고용) 수준: 고용률의 변화 퍼센트/실업: 실업률의 변화 퍼센트.
임금고용: 총고용 대비 임금고용의 증가/실질임금: 공식부문에서 평균 실질임금의 증가 퍼센트.
노동생산성: 평균 노동생산성의 변화 퍼센트.
출처: Stallings and Peres 2000, 47면에서 변용.

노동시장 개혁을 통해 고용증대가 강화될 것으로 기대되었다. 토머스에 따르면 신자유주의 정책은 노동조합의 세력을 약화하고 법정최저임금 수준을 낮추는 입법을 채택함으로써 노동시장의 왜곡을 표적

으로 삼았다(Thomas 1996, 86면). 그러나 나중에 워싱턴합의의 설계자들은 실업의 증가를 다르게 인식했고(표 3.6 참조) 노동개혁이 정식화와 실행의 측면에서 모두 전반적으로 미약했다고 주장했다(Williamson and Kuczynski 2003).

표 3.6 1985~2000년 라틴아메리카 도시의 공식적인 실업률

국가	1985	1990	1995	2000
아르헨띠나	6.1	7.5	17.5	15.4
볼리비아	5.7	7.2	3.6	7.5*
브라질	5.3	4.3	4.6	7.5
칠레	17.0	7.4	6.6	9.2
꼴롬비아	13.8	10.5	8.8	20.4
에꽈도르	10.4	6.1	7.7	14.9
멕시코	4.4	2.8	6.2	2.3
빠라과이	5.1	6.6	5.3	9.4*
뻬루	10.1	8.3	7.9	10.3
우루과이	13.1	9.2	10.8	13.3
베네수엘라	14.3	11.0	10.3	14.6
라틴아메리카 가중 평균(기타 국가 포함)	8.3	5.7	7.2	8.9

* 1999년 자료.
출처: ILO 2000.

라틴아메리카의 노동시장은 공식부분과 비공식부문 간의 차이가 뚜렷한 특징으로 여겨진다(11장 참조). 국제노동사무국(ILO)은 비공식부문을 통상적으로 노동자가 저임금을 받고 사회적 혜택을 받지 못하는 생산성이 낮은 일자리로 구성된 분야로 규정한다. 국제노동사무국은 자영업, 가내 써비스업, (5인 미만) 소규모 업체의 일자리를 합쳐 비공식부문을 산정한다. 이에 따르면 1990년대 라틴아메리카에서 새로운 일자리 가운데 거의 60퍼센트가 비공식부문에서 생겨났다. 표 3.7은 이

런 경향을 국가별로 일목요연하게 보여준다. 칠레와 아르헨띠나에서만 1990년대에 비공식부문이 줄어들었다. 다른 모든 국가에서 비공식부문은 증가했다. 1999년에 뻬루와 에꽈도르에서(그리고 국제노동사무국의 자료는 없지만 더욱 분명히 빠라과이와 볼리비아에서) 비공식부문은 공식부문을 압도했다. 칠레를 제외한 다른 곳에서 비공식부문은 전체 노동력의 40퍼센트 이상을 고용했다. 21세기초 경제위기는 특히 아르헨띠나와 우루과이에서 의심할 바 없이 비공식부문의 규모를 늘렸다. 그리하여 많은 국가에서 고용증가는 둔화되었고 일자리의 질 문제가 점차 주요한 쟁점이 되었다.

표 3.7 라틴아메리카의 노동시장, 1990~99

국가	비공식부문(퍼센트)		공식부문(퍼센트)	
	1990	1999	1990	1999
칠레	37.9	37.5*	62.1	62.5*
멕시코	38.4	40.1	61.6	59.9
우루과이	39.1	43.1	60.9	56.9
브라질	40.6	47.1	59.4	52.9
아르헨띠나	52.0	48.0*	48.0	52.0*
꼴롬비아	45.7	49.0*	54.3	51.0*
베네수엘라	38.6	49.1	61.4	50.9
뻬루	52.7	53.7*	47.3	46.3*
에꽈도르	55.6	58.6*	44.4	41.4*
라틴아메리카(기타 국가 포함)	42.8	46.4	57.2	53.6

* 1998년 자료
출처: ILO 2000.

라틴아메리카의 노동시장에서 비공식부문의 고용증가는 공식부문의 상대적인 감소와 연결된다. 실질임금은 거의 모든 국가의 공식부문에서 늘어났고 일부 경우에는 노동생산성 증대와 연계되었다(표 3.5 참조). 그렇지만 이것은 대다수 국가에서 임금고용의 하락 또는 정체와 연결되기도 했다.

완만한 고용증대는 대다수 라틴아메리카 국가에서 1990년대 실업률을 높였다. 표 3.6은 1985년(외채위기가 한창일 때)부터 2000년(신자유주의 이행이 개시된 지 15년이 지났을 때)까지 도시 실업률의 변화를 보여준다. 라틴아메리카에서 도시 실업률의 가중평균은 1985년부터 1990년 사이에 하락했지만 그뒤 다시 증가하기 시작해서 2000년까지는 1985년 수준보다 더 높아졌다. 실업은 이 시기에 칠레와 멕시코를 제외한 모든 국가에서 늘어났다(표 3.6 참조). 도시 실업 관련 자료는 불완전고용을 포함하지 않고 표본조사 자료에 근거하는 경향이 있지만 2000년에 여섯 국가의 실업률은 10퍼센트가 넘었다. 그리하여 신자유주의 모델은 실업을 줄이는 데 필요한 일자리를 제공하지 않았고 불평등과 빈곤을 줄이는 선결조건으로서 임금고용의 증대를 이루지도 못했다.

고용증대를 이끌어내는 데 성공하지 못한 까닭을 설명하려면 기업과 정부에 초점을 맞출 필요가 있다. 이행의 초기 단계에 신자유주의 개혁이 야기하는 대대적인 경제재편 탓에 단기간에 심각한 수준으로 실업이 급증하는 문제가 발생했다. 공식부문은 경제가 해외시장과 외국과의 경쟁에 개방되면서 크게 재편되었다. 보호장벽 속에서 국내시장을 겨냥한 생산에 집중하던 회사들은 고용수준을 눈에 띄게 축소해야만 했다. 더욱이 수십년 동안 내부지향적 정책에 매진한 때문에 국내 기업가들은 치열한 경쟁이 벌어지는 세계시장의 수요에 익숙하지 않았고 정부의 장기적인 대외지향적 정책 전환에 경계심을 늦추지 않았다. 그리하여 이전의 보호받던 부문(내수 생산—옮긴이)에서 고용이 두드러지게 하락했는데, 수출지향성이 강한 기업들의 고용은 그저 완만하게 증가할 뿐이었다. 1980~92년 사이 신자유주의의 초기 국면에 노동시장의 구조조정에 주목한 토머스는 고용의 주된 증가가 이루어진 부문은 소기업과 자영 노동자 부문이었고 대규모 기업의 고용은 대체로 예전과 비슷한 상태에 머물렀다고 언급했다(Thomas 1996, 89면).

두번째 설명 방식은 새로운 경제 모델 아래에서 국영기업의 사유화와 공무원 수의 감축을 통해 줄어든 정부 고용에 관심을 기울인다. 이는 직접고용주로서 더욱 중요해진 국가의 역사상 유형을 변화시켰다. 내부지향적 정책의 시기 동안 국가는 흔히 공식적인 일자리를 창출하는 데 가장 중요한 역할을 담당했다(Roberts 1995, 115면). 1990~99년 사이 공식적인 공적 부문에 종사하는 도시 노동력의 비율은 라틴아메리카 전체로 볼 때 15.5퍼센트에서 13.0퍼센트로 떨어졌다(ILO 2000).

소득분배와 빈곤

빈곤과 불평등은 오랫동안 라틴아메리카 경제의 기본적인 특징이었다. 정부의 개입과 내부지향적 정책, 시장 보호의 시대는 불평등을 줄이는 데 거의 기여하지 못했다. 라틴아메리카는 인구 중 최빈곤층 20퍼센트의 국민에게 돌아가는 소득의 몫이 1950년부터 1970년대말 사이에 전세계에서 유일하게 꾸준히 줄어든 지역이었다(Sheahan 1987). 1970년대말 라틴아메리카에서 최빈곤층 20퍼센트가 받는 소득의 비율 2.9퍼센트는 개발도상 지역의 다른 어느 곳보다도 더 낮았으며 동아시아 6.2퍼센트에 비해서는 더욱 낮았다. 에드워즈는 자유화 프로그램과 그것이 빈곤과 소득분배에 미친 효과는 바로 이런 맥락에서 이해되어야 한다고 주장한다(Edwards 1995).

그럼에도 그는 '지난 10년 동안 실행된 구조개혁은 빈곤이 줄어들고 빈곤층의 생활조건이 향상되는 정도까지지만 지속될 것'이라고 강조했다(Edwards 1995, 252면). 빈곤과 불평등을 줄이는 면에서 신자유주의 시대의 기록은 어떠했는가? 노동시장의 변화는 소득분배에 중요한 영향을 미친다(Sheahan 1997). 그렇지만 우리는 이미 신자유주의 모델이 노동수요와 노동력의 증가 사이에 건전한 균형을 이루어내지 못했다고 언급했다. 간단히 말해 신자유주의 아래 경제적 생산의 본질은 (특정 지역적 공간을 제외하면) 충분히 노동집약적이지 않았다(아래 참조).

노동시장과 소득분배 사이의 또다른 연결고리는 임금격차이다. 스털링스와 뻬레스(2000, 48~49면)는 이런 임금격차가 1990년대에 증가했음을 보여준다. 그들의 자료는 기술 수준에 근거한 임금격차가 커지는 경향을 보여주었다. 대학 졸업자와 교육 연한이 7~9년에 불과한 이들 사이의 임금격차는 1990년대 라틴아메리카 전체로 볼 때 거의 3~4배 정도 벌어졌다. 신자유주의 모델은 더 오래 그리고 더 많이 전문적인 교육을 받고 기술을 습득한 이들에게 보상을 하는 경향이 있었다.

이미 라틴아메리카의 특징으로 지목된 극심한 불평등 속에서, 1990년대 소득분배의 변화는 스털링스와 뻬레스에 따르면 세가지 형태를 띠었다(Stallings and Peres 2000, 51~52면). 첫째, 브라질·꼴롬비아·멕시코에서 불평등은 지속적으로 증가했다. 둘째, 신자유주의 모델의 초기 국면에 불평등은 (인플레이션을 잡은 덕분에) 줄어드는 유형을 보였지만 곧이어 다시 증가했다. 아르헨띠나, 볼리비아와 뻬루가 이 유형에 대체로 들어맞았다. 지속적으로 불평등이 줄어드는 유형으로는 칠레의 사례가 유일했다.

칠레 모델을 더욱 자세히 검토하면 각종 증거는 불평등보다는 빈곤의 두드러진 감소를 보여준다. 라라나가와 싼우에사의 연구는 (신자유주의 모델에 입각한) 경제성장과 빈곤의 발생 간의 전달 메커니즘을 검토한다(Larranaga and Sanhueza 1994). 그들은 1987~92년 사이 빈곤 인구 비율의 변화를 성장과 분배의 구성요소로 나누기 위해 전국 가구 표본조사에 의거한 자료를 활용했다. 그 분석에 따르면 1987~92년까지 빈곤 감소의 약 80퍼센트는 경제성장 효과에서 비롯된 것이었다. 그리하여 스콧은 칠레에서 같은 기간 동안 '통화침투'(trickle-down, 정부 자금을 대기업에 유입시키면 그것이 중소기업과 소비자에게까지 영향을 미쳐 경기를 자극한다는 이론. 낙수효과, 적하효과로도 번역된다—옮긴이)가 가장 그럴듯한 전달 메커니즘으로서 노동시장 옥죄기와 더불어 중요한 빈곤 경감의 원천이었다고 암시했다. 칠레에서 농촌 빈곤의 감소는 수출지향적 농업의 효과 덕분에 도시 빈곤의 감소보다 훨씬 더 인상적이었다(Scott 1996, 171면).

끝으로 우리는 앞선 10년과 비교할 때 1990년대에 정부의 사회적 지출의 역할이 증대된 점을 고려해야만 할 것이다. 이것은 매우 높은 지역 내 불평등의 수준을 낮추는 데 기여했다(Stallings and Peres 2000, 56면). 주요 수단은 기초 써비스, 특히 빈곤층 가정에 큰 혜택이 돌아가는 초등교육과 보건의료 써비스의 제공이었다. 그리하여 사회적 지출은 최상위와 최하위 20퍼센트 소득 사이의 큰 격차를 줄이면서 소득분배에 긍정적인 영향을 미쳤다. 그렇지만 재정적 제약 때문에 사회적 지출의 증가는 대다수 라틴아메리카 국가에서 심각한 압박에 직면했고 21세기초에는 더욱더 그러했다.

신자유주의와 경제적 공간

이 책의 후반부는 신자유주의가 매우 다양한 지역적 공간에 거주하는 개인과 가구의 삶에 어떤 영향을 미쳤는가를 검토하고자 한다. 그렇지만 거시경제적 정책의 변화가 어떻게 라틴아메리카 국가 내의 공간에 영향을 미쳤는가를 분석하는 또다른 방법이 있다. 그것은 어떻게 기업들이 시장지향적이고 외부지향적인 경제로의 전환에 대응하거나 그 과정으로부터 영향을 받는지, 그리고 기업의 행동양태 변화가 다양한 규모의 경제적 공간에 어떤 효과를 미치는지를 평가하는 매개수단을 통해 가능하다.

기업이 신자유주의에 대응하다

신자유주의 개혁은 특정 기업을 강화하려는 목적을 갖지는 않지만, 그렇다고 그것이 중립적이라는 뜻은 아니다. 예컨대 수출기업은 국내시장과 연계된 기업보다 더 좋은 실적을 올릴 것으로 기대되었다. 특정 부문의 기업들 역시 신자유주의 개혁을 겪으면서 훨씬 더 많은 투자액을 끌어들일 수 있게 되었다. 그리하여 라틴아메리카의 모든 국가에서 정보통신부문은 신자유주의 시대에 더욱 현대적인 분야로 탈바꿈하기 위해 대대적인 투자를 필요로 했다. 또 자본집약적인 제조업 분야에서 기업별 투자는, 예를 들어 시멘트, 강철, 석유화학, 화학 부문에서 활발하게 이루어졌다. 특히 아르헨띠나, 브라질, 칠레, 꼴롬비아, 멕시코에서 그러했다(Stallings and Peres 2000, 60면). 전기와 교통 부문의 기업별 투자는 더욱 가변적이었다.

신자유주의 개혁 이전에 라틴아메리카에서 산업의 팽창과정은 흔히 삼자동맹(triple alliance)으로 알려진 기업들의 독특한 제도적 구조를 통해 전개되었다(Gwynne 1985). 이는 산업화와 관련된 핵심기업들을 국영기업, 국내 민간기업, 초국적기업 등 세 부분으로 나눌 수 있기 때문이었다. 신자유주의 개혁은 이런 틀에 큰 충격을 던지는 것이었다. 무엇보다 사유화의 추진은 대다수 국가에서 국영기업, 특히 강철과 석유화학같이 원료 공급 산업 분야에서 기업의 수를 대대적으로 줄이려는 것이었다. 칠레의 구리회사(CODELCO)나 멕시코 국영석유회사(PEMEX)같이 전략적 가치를 지닌 여러 석유, 광산 기업들은 개혁 이후에도 국가소유로 남아 있게 되었다.

더욱이 대규모 민간기업 가운데 초국적기업의 자회사들은 국내 대기업과의 연관 속에서 확실한 기반을 확보했다. 초국적기업의 자회사들은 단지 더욱 역동적인 제조업부문뿐 아니라 광산과 통신 분야에서도 대부분의 투자 증대를 책임지고 있었다. 일례로 2003년까지 주로 브라질과 아르헨띠나를 비롯해 라틴아메리카 통신체계 분야에 327억 유로를 투자한 바 있는 에스빠냐의 뗄레포니까(Telefonica)사의 경우를 들 수 있다(El País 2003). 사유화, 외국기업들이 여러 분야에 투자하는 것을 막았던 규제의 완화, 그리고 주요 산업의 세계화는 신자유주의 개혁 이후 초국적기업의 입지와 위치를 강화하는 데 기여했다.

생산성 향상은 농업, 제조업, 써비스산업 분야의 여러 기업에 걸쳐 고르게 이루어졌다. 그렇지만 상업적 농업과 가족농업 기업 간의 뚜렷한 대조처럼 부문 내 세부 분야에서 불균일성은 증대했다. 1990년대 아르헨띠나와 브라질 같은 핵심국가에서 제조업 분야의 노동생산성은 제자리를 잡았다(Stallings and Peres 2000, 62면). 하지만 다른 곳에서는 생산성이 하락했다. 그 결과 라틴아메리카에서 제조업 분야의 노동생산성은 1996년 미국의 동일 업종에 비해 훨씬 낮았다. 뻬루는 미국 수준의 15퍼센트에 불과했고 가장 높은 아르헨띠나의 경우도 미국의 67퍼센트였다. 일부 라틴아메리카 국가 내에서 대기업과 중소기업 간 생산성의 차이는 좁혀졌으나 국가 간 실적의 차이는 매우 달랐다.

신속한 기술발전은 주로 대기업들 간에 이루어졌다. 신기술 통합에서 외적 요소의 중요성은 투자과정과 연계해 더욱 커졌다. “수입 자본재의 중요성 증대와 국내 투입분 대체, 기술적으로 앞선 외국기업의 공장시설 건설 때문에 라틴아메리카의 혁신부문에서 외국기업의 비중이 점점 더 늘었다"(Stallings and Peres 2000, 61~62면). 신자유주의 모델에 따라 국가는 국내의 기술력 향상에 덜 개입하게 되었고 국내 민간기업들은 공백을 메우는 데 늘 참여하지는 않았다(Pietrobelli 1998).

개혁은 라틴아메리카에서 기업의 본질과 연관된 두가지 문제를 해결하지 못했고 아마도 더 증폭했다고 보아야 할 것이다. 첫째, 투자는 작은 규모의 기업들과 선후 연계를 이루지 못한 대기업들에 계속 집중된다. 이는 (예컨대 유럽의 주변적인 경제 공간에서 매우 중요한) 해당 지역에서 기술적으로 역동적인 기업들의 클러스터(집적단지—옮긴이)를 개발하는 사업을 훨씬 더 어렵게 만들었다(Casaburi 1999). 둘째, 수입품 투입의 증대를 통한 경쟁력 추진 탓에 부품 제조업자들의 네트워크가 파괴되었다. 농공업은 예외일지 모르나(Casaburi 1999) 특히 북부 멕시코의 국경지대에 있는 다른 수출지향적 산업부문의 기업들에서 두드러졌다(Kenney and Florida 1994; Vellinga 2000). 이 과정은 지역별 특화를 증대하고 효율성을 더욱 높였다고 할지라도 지역의 경제성장을 심화하는 데 매개체의 역할을 하지 못했고 따라서 제조업 성장에 지속적인 외적 압박으로 작용했다.

수출지향적 활동에서 대기업과 지역 내 소규모 기업 간의 연계 부족은 지역 차원에서 기업 간의 협력과 정보 교류를 제한할 뿐 아니라 1990년대 대다수 라틴아메리카 국가에서 소규모 기업들과 영세기업들이 순수 일자리 창출의 100퍼센트 이상을 떠맡고 있는 상황을 감안할 때 지역의 고용증대에도 부정적인 영향을 미쳤다(표 3.8 참조). 멕시코와 칠레 간의 뚜렷한 대비는 매우 흥미롭다. 북부 멕시코의 국경지대에서 초국적 부품조립기업의 성장은 중대형 기업들이 제조업 고용의 원천이었다는 점에서 예외를 보여주는 것이다. 반면 농공업과 해산물 분야가 두가지 핵심적 수출지향 부문인 (그리고 소규모 부품 제조업자들이 매우 중요한) 칠레에서 소규모 기업들은 고용증대에 크게 기여했다.

표 3.8 1990년대 기업규모별 제조업 총고용에 대한 기여

국가(시기)	임금노동자				기타	합계
	영세기업	소기업	중대형 기업	불특정		
아르헨띠나(1991~97)	1.1	8.1	-11.6	-71.4	-26.2	-100.0
볼리비아(1989~96)	11.6	13.8	9.6	해당자료 없음	65.0	100.0
브라질(1993~96)	106.1	53.6	-265.0	-17.7	32.1	-100.0
칠레(1990~96)	27.6	122.8	-67.8	1.1	16.3	100.0
멕시코(1991~97)	26.4	6.7	42.2	-3.7	28.4	100.0

영세기업은 5인 이하 고용, 소기업은 브라질에선 10인 이하, 칠레에선 49인 이하, 아르헨띠나·멕시코·뻬루에선 50인 이하 고용을 의미함.
출처: Stallings and Peres 2000, 64면.

그렇지만 신자유주의 시대에 고용증대는 제조업이나 농업 관련 기업보다는 주로 써비스업에서 이루어졌다(표 3.9 참조). 써비스 업체들은 균질적이지 않은 성과를 거두었다. 양질의 일자리는 통신기업, 은행과 금융회사에서 만들어졌으나 고용증대는 대부분 고도의 기술을 필요로 하지 않는 분야에서 이루어졌다. 영세기업들은 대부분 비공식적이고 비정규적으로 운영되긴 했지만 가장 많은 일자리를 창출했다(Stallings and Peres 2000, 66면). 고임금을 제공하는 대규모 현대적 써비스 업체들의 일자리 창출이 줄어들면서 써비스 기업 간의 임금격차는 더욱 커졌다.

경제적 공간의 변화

라틴아메리카에서 신자유주의 모델이 강화되면서 국가 내 지역은

(단지 국내시장이 아니라) 전세계의 시장과 한층 더 통합되었다. 내부지향에서 외부지향으로의 변화는 라틴아메리카 여러 국가에서 여러 공간들이 전세계적 차원에서 비교우위를 지니는 재화와 용역을 생산하는 데 특화되기 시작한다는 것을 의미했다. 더 넓은 세계경제로 이런 경제적 공간이 편입되고 통합되는 일의 성격과 관련해 개별 기업들의 결정이 중요해졌다.

표 3.9 라틴아메리카: 부문별 고용증대, 1990~97

부문	고용증대	전체 고용에 대한 기여도
농업	-0.9	-11.1
제조업	1.2	9.0
건설	2.8	8.4
상업, 식당과 호텔	3.5	30.9
전기, 가스, 수도, 교통, 창고, 통신업	4.9	12.0
금융 써비스, 보험, 부동산, 사무 써비스	6.8	14.0
사회적·공동체적·개인적 써비스	2.8	40.3
기타	-3.2	-3.5
합계	2.0	100.0

출처: Stallings and Peres 2000, 67면.

기업의 투자 결정과 더불어 라틴아메리카의 외부지향은 1990년대 라틴아메리카의 대국들에서 적어도 두가지 다른 수출성장의 유형으로 귀결되었다.

1. 남아메리카의 소국들에서 후속 수출(그리고 때로는 부가가치를 더하는)을 위한 자원 재생에 투자하는 기업.

2. 수출지향적 제조업에 투자하는 기업. 한가지 주요 사례로는 북부 멕시코의 국경지대를 들 수 있다. 그곳에서 초국적기업들은 거대한 북아메리카 시장과 더욱 긴밀하게 통합되는 이익을 누리려는 의도에서 투자를 결정했다.

브라질 모델은 이 가운데 어떤 범주에도 들어맞지 않는다는 것을 지적해야 할 것이다. 투자기업은 여전히 주로 거대한 브라질 시장과 연결되어 있지만 그럼에도 대개 수출은 제조업과 자원 위주의 기업을 중심으로 이루어진다.

경제적 공간과 자원 수출

라틴아메리카의 소국에서 외부지향적 방식으로의 변화는 주로 비전통적인 수출품의 성장과 관련되어 있다. 이것은 내부지향적 모델 아래 국제시장에서 거래될 수 있었던 전통적인 수출품과는 다르다. 전통적인 수출품은 주로 원료로서 원산지에서 과대평가된 환율 탓에 어려움을 겪었음에도 국제시장에서 거래되었다. 그것은 특히 석유와 광물같이 재생불가능한 자원이었고 그 국제가격은 생산비라기보다는 상품의 수요와 공급의 세계적인 균형을 반영하는 경향이 있었다. 대조적으로 비전통적인 수출품의 증대는 잠재적인 수출품의 생산비용에 크게 좌우된다. 제조업과 1차산물 생산부문 모두에서 비전통적인 수출품이 늘어나는 것은 무역자유화의 결과이며 더욱 효율적으로 평가된 환율로의 전환에 힘입은 바 크다. 수출품의 질과 신뢰성 역시 중요한 고려사항이지만 기업들이 흔히 재생자원의 생산과 수출에 대한 투자 여부를 결정하는 배경에는 상대적인 생산비용이 더 중요한 요소였다.

재생자원은 농업(Gwynne 1993b), 수산업(만일 어획량이 통제된다면),

수산양식과 인공조림(Clapp 1995; Gwynne 1996b) 같은 부문을 포함한다. 신자유주의 정책으로 전환되면서 이 부문의 수출은 특히 라틴아메리카의 소국들에 중요해졌다(Barham et al. 1992; Gwynne 1993a). 일부 저작(Carter et al. 1996)은 초창기부터 비전통적인 농업 수출품이 칠레, 과떼말라, 꼬스따리까 등지에서 매우 빠르게 늘어났다고 지적한다. 그렇지만 이 부문의 수출증가는 결국 여전히 초국적기업(핵심 자본주의 경제권의 청과기업이나 대규모 소매업자)들에 의해 통제된다. 초국적기업의 생산 공급은 지역에 기반을 둔 대다수 영농기업과의 계약을 통해 이루어지기 때문에 초국적기업들은 해당 지역의 토지와 노동시장이 어떻게 변화하는지에 큰 영향을 미칠 수 있다(Gwynne 1999; 2003).

원자재 수출의 중요성이 부각된 것은, 부분적으로는 이 국가들이 제조업 수출을 증진시키는 데 대체로 성공하지 못했기 때문이다(Gwynne 1985). 소국들에서 제조업에 기반을 둔 예전의 내부지향적 단계는 국제수준의 경쟁력에 취약한 고비용 소규모 제조공업을 낳았을 뿐이다. 기업들은 국내에서 해외시장으로 지평을 넓히는 게 어렵다는 것을 알았다.

경제적 공간과 제조업 수출

신자유주의 정책으로의 전환은 또한 라틴아메리카의 대국, 특히 멕시코와 브라질의 제조업 수출을 증대했다. 두 국가에서 내부지향적 발전 단계는 국제적 수준의 경쟁력에 근접한 제조업부문을 창출하는 데 훨씬 더 성공적이었다. 하지만 외부지향적 발전으로의 전환기에 많은 기업들은 해외시장에서 경쟁할 수 없었고 그리하여 공장들을 폐쇄하기에 이르렀다. 반면 다른 기업들은 구조조정에 성공하고 국제적 수준의 경쟁력을 갖출 수 있었다. 그 기업들에게는 자본, 신기술, 경영의 측면에서 최상의 업무 처리와 여러가지 노동 기술력 획득이 필수적이었다. 그렇지만 이 기업들의 국제경쟁력의 핵심요인은 낮은 노동비용이었다. 멕시코 공장의 임금 수준은 미국의 동종 공장 수준에 비해 낮게는 10분의 1에 지나지 않았다(Shaiken 1994). 그런 노동비용의 차이가 특히 1993년 북아메리카자유무역협정이 조인된 뒤 외국기업들의 많은 투자와 미국시장에 대한 멕시코의 특권적인 접근을 이끌어냈다. 그 결과 노동시장, 노동의 성별 분리, 사회적 관계는 북부 멕시코의 국경지대에서 극적으로 변모했다(Kopinak 1997).

■박스 3.1: 멕시코 국경의 '새로운' 경제적 공간

북부 멕시코의 국경은 아마도 세계 최대의 수출가공업 지대일 것이다. 멕시코에는 가장 서쪽 태평양에 면한 띠후아나에서 동쪽의 마따모로스에 이르기까지 적어도 열한 곳의 국경도시가 있다(그림 3.4 참조) 각 도시는 국경 너머 미국에 높은 차원의 써비스를 제공하는 직접적인 동업자 도시를 가지고 있다. 멕시코 국경도시는 1965년 이래 특별한 지위를 누리고 있었고, 국경 산업화 프로그램을 수립한 바 있다. 국경도시에서는 주로 마낄라(maquila)라고 알려진 부품조립 공장들에서 조립품 생산이 이루어졌다(마낄라는 '마낄라도라 maquiladora'라고도 불린다—옮긴이).

멕시코 정부가 1970년대 중반 외부지향적 발전으로 전환하고 1993년 북아메리카자유무역협정에 가입하기로 결정한 뒤 이 국경지대는 라틴아메리카에서 가장 빨리 성장하는 경제적 공간 가운데 하나가 되었다. 1990년부터 2000년까지 멕시코 쪽의 인구는 50퍼센트 이상 늘었고 (양국의 접경 주에서) 국내총생산의 성장률은 연평균 5~7퍼센트였다(*The Economist* 2001b, 27면). 시우다드 후아레스의 인구는 2004년 현재 100만명 이상이다. 조립산업의 고용은 1990년대에 매우 높았다(그림 3.4 참조). 띠후아나와 멕시깔리에서는 3배 이

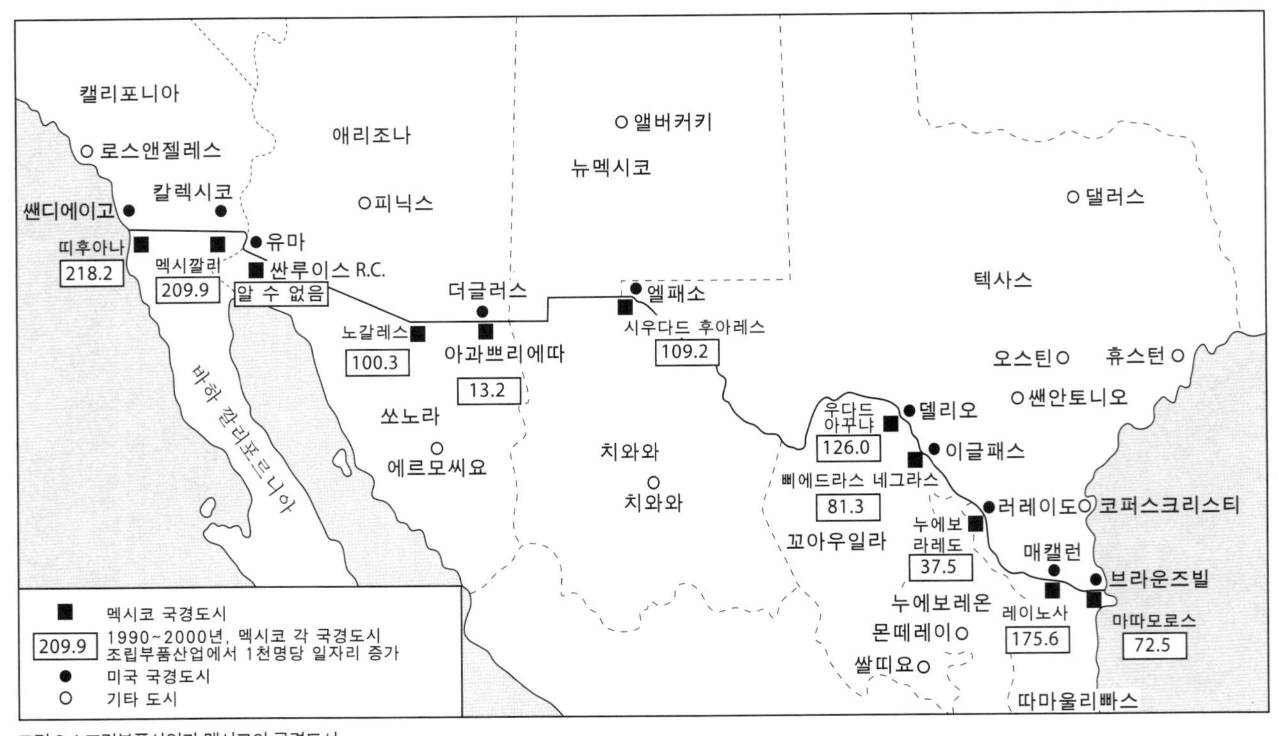

그림 3.4 조립부품산업과 멕시코의 국경도시

상, 레이노사, 시우다드 아꾸냐, 시우다드 후아레스, 노갈레스에서는 2배 이상 증가했다.

그러나 이런 '새로운' 경제적 공간은 특수한 사례에 해당하기 때문에 라틴아메리카의 다른 곳에서 그대로 재현되기는 힘들 것이다. 이곳에서 이뤄지는 모든 수출은 사실상 미국시장으로 향한다. 국경도시들에서 이뤄지는 제조업 투자는 멕시코 기업보다는 주로 초국적기업을 통한 것이다. 산업적 혼성은 수출가공업과 부품 공급의 결합이다(Gereffi 1996). 수출품가공기업에서 공장은 노동집약적이고 대다수 노동자들은 여성이며 비숙련 업무에 고용되어 있다(Kopinak 1997). 부품공급기업은 더 자본집약적이고 높은 수준의 기술을 활용하며 더 숙련된 노동력을 필요로 한다. 그렇지만 두가지 형태의 산업은 주로 미국계 초국적기업과 일본과 한국의 일부 기업들이 주도하고 있다. 더욱이 기업별 노조가 노동유연성 계약에 나서는 경우가 많기 때문에 노조의 세력은 중부 멕시코에 비해 훨씬 미약하다(Kopinak 1997).

대체로 외부지향적 경제성장의 성격은 해당 지역의 생산자들이 국제시장에 성공적으로 수출할 수 있는지 여부에 따라 주변부 지역에 영향을 미쳤다. 생산자들이 국내시장에서 해외시장으로 공급을 선회한 지역에서는 (흔히 국제 중개상의 협조로) 지역 내 투자와 노동생산성의 측면에서 중요한 증가가 이루어졌다. 그렇지만 생산자가 국내시장에 연결된 채 머물러 있는 곳에서는 통상 그런 변화가 일어나지 않았다. 그리하여 외부지향적 성장을 겪은 국가에서는, 예전부터 이어져온 중심-주변 관계에 크게 영향을 미치지 않는다고 할지라도 결과적으로 불균등한 발전이 뒤따른다(Scott 1996; Uribe-Echevarria 1996).

신자유주의 개혁은 핵심지역이나 각국 주요 도시의 경제적 중요성을 강조하는 경향을 보인다. 데 마또스에 따르면, 칠레의 외국인 투자

(광산 외)는 신자유주의 개혁 시기, 특히 1980년대말과 1990년대에 싼띠아고의 대도시 지역에 집중되었다(de Mattos 1996). 1974~93년까지 제조업과 써비스 분야의 외국인 투자 중 거의 3분의 2가 싼띠아고에 집중되어 그 지역은 경제성장, 고용, 건설, 노동생산성의 측면에서 가장 큰 이득을 얻었다. 그림 3.5는 칠레같이 자원이 풍부한 국가에서 수출지향적 자원 증대의 경제적 효과가 반드시 생산지역에 집중되지는 않는다는 점을 보여준다. 싼띠아고 지역의 국내총생산은 대규모 광산물 수출 지역을 포함해 다른 지역을 압도한다.

대도시와 그 주변 지역은 수출지향적 자원개발이 늘어나면서 경제성장의 최고치를 향유할 수 있다. 여러 기업들이 왜 대도시를 선호하는지에 대해 몇가지 논리적인 설명이 가능할 것이다. 대도시는 기업에 금융, 제조업 공급, 사업 써비스, 소매, 지식생산 등 써비스 분야에서 규모의 경제를 제공하고, 지역의 자원생산과 더 넓은 세계경제 속에서 기업의 수요 간에 소통 관계를 만들어낼 수 있다. 시공을 단축하는 기술은 예컨대 국제공항이나 전자 화상회의를 제공하는 호텔에 대한 접근성 때문에 대도시를 선호한다. 예컨대 싼띠아고는 선진 생산 써비스와 다른 요소들의 경제적 세계화를 추구하는 두번째 등급의 세계적 도시로 부상하고 있다(Sassen 2000).

핵심대도시에서 멀리 떨어진 수많은 지역들과 하위 지역들은 세계시장에서 각 지역이 지니는 비교우위와 요소부존(factor endowments)을 반영하면서 점점 변모했다. 경제적 번성은 투자를 끌어들이고 수출시장을 위해 생산할 수 있는 지역의 역량과 관련되었다. 내부지향적 모델 속에서 성과를 거두었으나 수출을 이끄는 자본을 끌어들이고 세계시장을 위한 생산을 재구축하는 데 어려움을 겪은 지역에서는 다른 지역에 비해 경제 침체와 쇠퇴가 발생했고 특히 노동생산성 면에서 그러

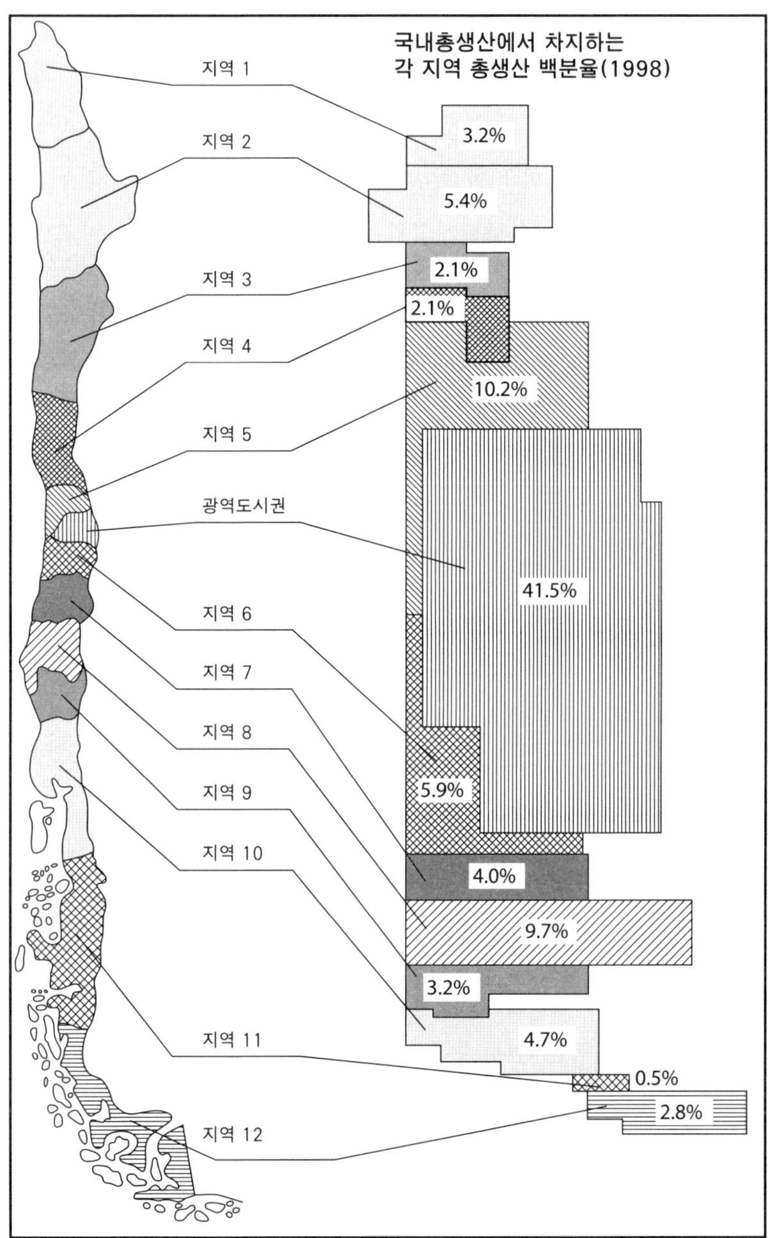

그림 3.5 칠레 여러 지역의 경제력

했다. 국내시장에 주로 공급하던 예전의 관행은 각 지역의 생산자들이 수입품과 경쟁해야 함에 따라 더 큰 어려움을 겪었다. 그리하여 사회관계의 변화, 예컨대 노동과 토지 시장의 변화를 통해 신자유주의 개혁의 충격은 지역과 하위 지역의 범위에서 가장 잘 드러날 것이다(Gwynne 2003). 그렇지만 특정한 정책개혁의 충격을 한 지역에서 다른 지역으로 일반화하는 데에는 방법론적 문제가 따른다.

결론

라틴아메리카에서 신자유주의 개혁의 역사는 불균일한 동시에 변덕스러웠다. 칠레와 같은 국가들은 의심할 바 없이 혜택을 입었으나 다른 국가들은 수혜가 훨씬 덜했고 어떤 곳에선 전혀 없었다. 그동안 멕시코, 브라질, 아르헨띠나 같은 주요 국가에서 다양한 중요성을 지니고 되풀이된 갖가지 위기의 역사는 포괄적인 일반화를 어렵게 만든다. 정책결정자들은 말하자면 제2세대의 제도개혁을 수행할 것을 요구하는데, 그 과정에서 국가는 경제발전을 위해 더욱 전문적이고 규제적인 역할을 떠맡을 가능성이 높다(Williamson and Kuczynski 2003). 이런 논자들은 미래에 놓인 길은 10년 전의 개혁을 '완성하고, 수정하고, 보완하는' 것이지 그것을 뒤집는 것이 아니라고 주장한다. 그렇지만 선별적인 자본통제, 국가의 역할 확대, 소득분배에 대한 언급은 개혁의제를 정치적 스펙트럼의 중심으로 이동시키며 자유시장경제의 적용에서 멀어지게 한다(*The Economists* 2003b, 52면).

지역 수준의 경제성장을 활성화한다는 차원에서 새로운 정부정책은 기업, 특히 소규모 기업들을 지원할 필요가 있다. 소기업들은 요소시장(기술, 숙련노동, 자본)을 획득할 수 있는 특별한 지원을 원한다. 국제시장에 접근하는 비용이 모든 기업에 필수적이기 때문에 그 비용은 특히 상대적으로 매우 작은 회사에 큰 부담을 줄 것이다. 소기업으로선 특정 지역에 밀집해 있을 때 그런 비용을 줄일 수 있다(Perez-Aleman 2000). 북부 멕시코의 사례에서 볼 수 있듯이 지역의 소규모 회사들과 선후 연계를 발전시킬 역량과 의지를 보여주지 않은 대규모 초국적기업들에 많은 투자가 집중된다. 반면 초국적기업들은 지역 차원의 부품 제조업자와 네트워크를 발전시키기보다는 회사들을 통제할 수 있는 세계적인 유통망에 연결되는 것을 선호한다.

그리하여 기업 내 관계의 변화, 특히 지역에 기반을 둔 기업들의 협력과 결집이 증대하기는 힘들 것이다. 그렇지만 그런 방향으로 몇가지 전환이 이뤄지지 않는다면 라틴아메리카의 경제적 공간은 점점 더 초국적기업의 결정에 좌우될 것이다. 달리 말해 지역의 발전이라기보다는 기업의 수익성을 증대시키는 데 우선순위를 두게 될 것이다(Gwynne 2003). 이는 핵심경제권의 시장을 지향하는 생산과 부품 제조에 특화된 경제적 공간뿐 아니라 재생자원의 개발을 위해 특화된 '새로운' 경제적 공간에도 적용된다. 종합적으로 볼 때, 예전 경제단계의 특징이라고 할 수 있는 불균등한 지역발전의 양상은(Morris 1981) 신자유주의 아래에서도 지속될 듯이 보인다. 라틴아메리카 내의 주변부 지역들은 새로운 수출지향적 활동을 창출한다는 의미에서 '새로운' 경제적 공간이 되었다. 그렇지만 그 지역들은 초국적자본과 효과적으로 경쟁할 수 있는 지역적 기반을 지닌 새로운 형태의 기업과 관련 조직을 발전시킨다는 차원에서는 여전히 '새롭지' 않아 보인다.

□더 읽을거리

- Bulmer-Thomas, V. *The Economic History of Latin America since Independence*. Cambridge: Cambridge University Press 1994.: 이 책은 19세기초 이래 라틴아메리카의 경제발전을 매우 자세히 개관한다. 특히 라틴아메리카의 발전에서 자원이 지니는 역할에 대해 유용한 정보를 제공한다.
- Casaburi, G. C. *Dynamic Agroindustrial Clusters: the Political Economy of Competitive Sectors in Argentina and Chile*. Basingstoke: Macmillan 1999.: 칠레의 중부 계곡과 아르헨띠나의 싼따페(Santa Fe) 지역의 농공업 발전을 연구하기 위해 상품사슬 접근(commodity chain approach)을 활용한다. 라틴아메리카의 자원발전과 지역발전 간의 연계를 탐색하는 얼마 안 되는 연구 가운데 하나이다.
- Edwards, S. *Crisis and Reform in Latin America: from Despair to Hope*. Oxford: Oxford University Press 1995.: 칠레 출신의 세계은행 관계자(전 라틴아메리카 지역 수석 경제학자)가 낙관적이지만 동시에 비판적인 방식으로 라틴아메리카의 경제적 변화를 분석한 책이다. 에드워즈는 정책 변화와 결정 뒤에 있는 논거를 분명히 밝힌다. 그리고 많은 경제학자들과 달리 경제위기의 정치적 배경과 경제위기를 해결하려는 시도에 대해 정통한 듯하다. 워싱턴합의와 관련 있는 다른 논자들에 비해 이데올로기적으로 덜 경직되어 있다.
- Gereffi, G., Spener, D. and Bair, J. *Free Trade and Uneven Development: the North American Apparel Industry after NAFTA*. Philadelphia: Temple University Press 2002.: (종속이론에서 비롯된) 상품사슬 접근을 활용해 1990년대 미국과 멕시코 간의 경제통합 이후 미국, 멕시코, 중앙아메리카, 카리브해 지역 사이의 관계 변화를 탐색한다. 의류산업을 대상으로 상

품사슬의 변화가 다른 생산지역에 어떤 영향(긍정적이든 부정적이든)을 미치는지 주목함으로써 유용한 공간적 접근을 제공한다. 제4장의 기술에도 도움이 될 만한 자료를 제공한다.

- Stiglitz, J. *Globalization and Its Discontents*. London: Allen Lane 2002.: 스티글리츠는 세계은행의 전직 수석 경제학자로서는 이례적으로 현재 라틴아메리카와 다른 개발도상국들에서 국제통화기금과 세계은행이 떠맡고 있는 역할에 대해 매우 비판적이다. 이 책에서 그는 현대자본주의의 주요 모순점 가운데 일부를 지적하고 세계화가 대다수 세계의 빈곤 지역에 대해 제대로 작동하지 않고 있다고 주장한다.
- Thorp, R. *Progress, Poverty and Exclusion: an Economic History of Latin America in the 20th Century*. Baltimore, MD: Johns Hopkins Press 1998.: 20세기 라틴아메리카 자본주의의 전개과정을 탐구하려는 독자에게 소개할 만한 매우 훌륭한 저작이다. 읽기 쉽고 자료가 풍부하며, 자세한 설명을 통해 정치경제학, 경제이론, 국가연구, 심지어 생계 문제 같은 주제를 효과적으로 연결시킨다.

□웹사이트

- 미주개발은행(www.iadb.org): 국제연합 라틴아메리카와 카리브해 경제위원회의 웹사이트보다 경제 분야에서는 덜 종합적이지만, 빈곤·불평등·교육·연금제도와 관련된 사회정책의 쟁점에 대해선 더 많은 자료를 담고 있다.
- 국제통화기금(www.imf.org): 라틴아메리카의 경제적 조건에 대해 (소속 경제학자들의 연설과 보고서를 통한) 각종 데이터와 분석을 제공한다. 막강한 권한을 지닌 다국적 경제기구의 결정의 이면에 어떤 논리와 사고가 존재하는지를 이해하는 데 유용하다.

- 국제연합 라틴아메리카와 카리브해 지역 경제위원회(www.eclac.org): 라틴아메리카 관련 최근 경제 데이터를 확인할 수 있는 좋은 자료의 출처이며, 개발 문제에 대한 몇몇 연구들도 입수할 수 있다.
- 세계은행(www.worldbank.org): 개별국가(와 국가군)에 관한 각종 자료의 원천으로서 (원조와 세계화 같은) 여러 관련 주제를 다룬 다양한 사이트를 소개한다.
- 세계포럼(World Forum, www.worldforum.org): 다국적 경제 또는 금융기구들의 여러가지 주장에 대한 비판적 관점을 제공한다.

제4장

중앙아메리카와 카리브해 지역의 세계화, 신자유주의, 경제적 변화

_토머스 클락

중앙아메리카와 카리브해 지역은 더 넓고 더 산업화되고 경제적으로 다양한 국가들에 둘러싸인 작고, 경제적으로 취약하며, 무역에 의존하는 국가들로 이루어진 곳이다(그림 4.1). 4장에서는 상대적으로 내부지향적 경향이 강했던 1980년대 외채위기 이전에 여러 국가에 공통적이었던 접근방식과는 크게 대조적인 신자유주의적 외부지향 전략의 다양한 세분화를 살펴볼 것이다.

중앙아메리카와 카리브해 지역에 대한 여러 학자들의 연구가 있긴 하지만, 두 지역을 4장에서처럼 하나로 묶어 비교하는 작업은 그리 흔치 않다(역사적 비교를 위해서는 Grugel 1995 참조). 그렇지만 다양한 사건들이 전개됨에 따라 중앙아메리카와 카리브해 지역을 단일한 지역으로 분석하는 것은 점점 더 적절해 보인다. 멕시코를 사실상 북아메리카의 일부로 승인한 북아메리카자유무역협정, 남아메리카공동시장과 안데스공동체(3장)로 남아메리카를 구성한 것, 그리고 레이건 행정부의 카

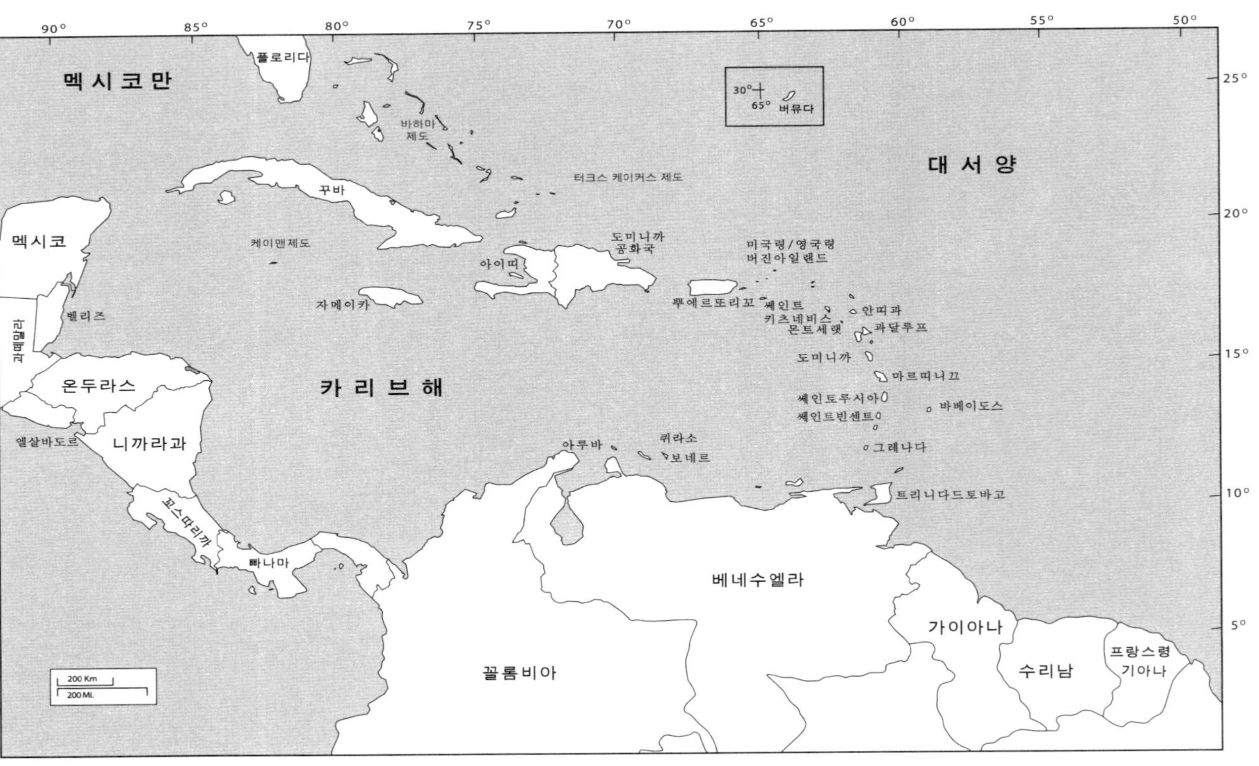

그림 4.1 중앙아메리카와 카리브해 지역의 소국들

리브 수반(水盤) 구상(Caribbean Basin Initiative, '우호적'인 국가를 위한 무역정책)은 모두 중앙아메리카와 카리브해 지역을 단일한 지역으로 분석하는 작업이 유용하다는 점을 입증해주었다(그림 4.1). 불운하게도 중앙아메리카와 카리브해 지역은 무역동맹을 위한 대륙 차원의 움직임과 북쪽과 남쪽으로의 자본 흐름의 증대를 우려하면서 다소 방어적으로 반응하곤 한다. 지역 내 무역블록에 유리한 국제적 조류가 조성되자 이에 고무된 중앙아메리카와 카리브해 지역은 최근 카리브해국가연합(ACS)을 형성했으나, 몇몇 국가들 간의 정상회담을 넘어서 지역을 포괄하는 경제적 통합으로 발걸음을 내딛진 않았다(ACS 2003).

3장에서 20세기 남아메리카와 멕시코의 경제 정책과 문제에 대해 언급한 내용은 대부분 이 지역의 작은 국가들에도 적용된다. 1980년 이전에 이 지역은 소비재의 국내 제조를 포함해 여러 분야에서 국가의 경제적 개입이 두드러졌다. 수입대체 산업화 시대에 국가는 카리브해 경제의 '감제고지(瞰制高地)'를 통제해야 했고 민간부문은 국가의 발전 지침에 묶여 있었다. 중앙아메리카와 카리브해 지역 모두에서 나름대로 수입대체 산업화가 채택되었고, 대체로 국내 소유 산업이 극적으로 팽창하기보다는 지역 내에서 소비자에게 써비스를 제공하기 위해 생산시설을 좌우하는 미국계 초국적기업과 관계를 맺었다.

중앙아메리카와 카리브해 지역에서 1980년대 외채위기는 남아메리카와 마찬가지로 다국적 원조기관의 대리인들과 관계가 깊은 새로운 발전 패러다임을 예고했다. 이 대리인들은 천천히 그러나 되돌릴 수 없게 신자유주의적 이행을 진전시키기 위해 각국의 수도를 빈번하게 방문한 바 있었다(Hey and Klak 1999). 1980년대 이래 정책결정자들은 수출지향적 생산을 위해 외국인 투자자들을 끌어들이는 데 역점을 두었다. 국가의 역할은 직접적인 소유와 생산, 그리고 사회복지 제공으로부터 수출지향적인 투자자들을 보조하는 것으로 변모했다. 신자유주의 아래에서 새로운 국가의 역할은 흔히 다운사이징(downsizing)으로 묘사되지만, 더 정확하게 보자면 그것은 국가, 투자자, 노동자 간의 질적으로 다른 관계를 의미한다. 수출증대와 투자유치 경쟁 같은 일련의 신자유주의 활동을 담당하기 위해 국가의 역할은 실제로 확대되었다(Klak 1996; 1998).

4장에서는 앞서 3장에서 다룬 내용에 의거해 라틴아메리카와 카리브해 지역의 거시경제정책의 변화에 관한 논의를 확대하고자 한다. 그리고 소국들과 더 큰 국가들의 경험이 어떻게 다른지를 주로 언급할 것이다. 앞서 다룬 경제정책을 토대로 4장은 중앙아메리카와 카리브해 지역의 사회적·정치적·분야별 발전에 주로 집중하게 될 것이다. 4장은 거시적 차원에서 개발정책의 영향과 이면에 존재하는 힘에 초점을 맞출 것이므로, 나중에 3부의 여러 장에서 다룰 주제, 즉 곤경에 적응하고, 수지를 맞추며, 스스로를 조직하고 자신의 이익을 방어하려는 지역 주민들의 창조적인 투쟁 부분과 좋은 보완을 이루리라 기대한다.

작고 의존적인 국가들로 구성된 지역

중앙아메리카와 카리브해는 작은 국가들로 이뤄진 지역이다(표 4.1). 그러나 국제적 기준으로 볼 때 작다는 것은 무엇을 뜻하는가? 이들은 브라질, 꼴롬비아, 아르헨띠나, 멕시코 같은 지역 내 대국과 비교하면 분명히 왜소하다. 2002년 중앙아메리카와 카리브해의 인구는 각각 3800만명과 3900만명이었다. 두 지역의 인구를 합쳐도 멕시코 인구의 4분의 3에 불과하다. 하지만 지역의 면적과 중요성에 대한 일반적 인식은 대중매체와 더불어 큰 국가들을 강조하는 학술연구 때문에 방해받는다. 인구를 기준으로 크기를 논한다면 세계 모든 국가들의 평균치 3360만명은 그 중앙값 670만명보다 훨씬 크다. 이는 평균인구가 미국, 브라질, 멕시코 같은 일부 거대국가 탓에 플러스 쪽으로 왜곡되기 때문이다. 사실 전세계 국가의 4분의 1이 자메이카보다 더 작다. 세계 인구를 기준으로 하면 엘살바도르(640만명)와 아이띠(710만명)는 실제로 평균 수준이다. 만일 인구보다 면적으로 크기를 따진다 해도 비슷한 결론에 도달할 것이다. 이런 식의 비교는 제3세계 전반에서 발전 가능성과 더불어 그 장애물이 무엇인지 포착할 수 있다면, 중앙아메리카와 카리브해 지역같이 예외적인 국가들을 검토하는 것이 매우 중요하다는 점을 인식시켜준다(표 4.1).

표 4.1 중앙아메리카와 카리브해 국가들의 기초 지표

국가와 영역	면적 (제곱 마일)	인구 2002	유아사망률 2002	외채 (최근)	1인당 국내총생산 (미화 달러, 최근)	인적 개발지수, 2000*
중앙아메리카						
꼬스따리까	51,100	3,835	11	4,600(01)	8,500(01)	43
엘살바도르	21,040	6,354	28	4,900(01)	4,600(01)	104
과떼말라	108,890	13,314	45	4,500(01)	3,700(01)	120
온두라스	112,090	6,651	30	5,600(01)	2,600(01)	116
니까라과	129,494	5,024	33	6,100(01)	2,500(01)	118
빠나마	78,200	2,882	20	7,600(01)	5,900(01)	57
카리브해 지역						
안구이아	35	12	24	9(98)	8,600(01)	-
안띠과/바르부다	171	66	21	231(99)	10,000(01)	52
아루바	75	70	6	285(99)	28,000(01)	-
바하마	5,382	300	17	382(00)	16,000(00)	41

바베이도스	166	276	12	425(00)	14,500(01)	31
벨리즈	8,867	262	24	500(00)	3,250(01)	58
영국령 버진아일랜드	59	21	20	36(97)	16,000(01)	-
케이맨제도	102	36	10	70(96)	30,000(99)	-
꾸바	42,804	11,224	7	11,000(00) **20,000(01)	2,300(01)	55
도미니까	290	70	16	150(00)	3,700(98)	61
도미니까공화국	18,704	8,721	33	5(01)	5,800(01)	94
프랑스령 기아나	33,399	182	13	1,200(88)	6,000(98)	-
그레나다	133	89	15	196(00)	4,750(01)	83
과달루프	687	436	9	-	9,000(97)	-
가이아나	83,000	698	38	1,100(00)	3,600(99)	103
아이띠	10,597	7,064	93	1,200(99)	1,700(01)	146
자메이카	4,244	2,680	14	5,200(01)	3,700(01)	86
마르띠니끄	421	422	8	180(94)	11,000(97)	-
몬트세랫	40	8	8	9(97)	2,400(99)	-
네덜란드령 안틸레스	308	214	11	1,350 (96)	11,400(00)	-
뿌에르또리꼬	3,515	3,958	9	-	11,200(01)	-
쎄인트키츠네비스	104	39	16	140(00)	8,700(01)	44
쎄인트루시아	238	160	15	214(00)	4,400(01)	66
쎄인트빈센트 그레나딘	150	116	16	167(00)	2,900(01)	91
수리남	63,251	436	23	512(00)	3,500(00)	74
트리니다드토바고	1,978	1,164	24	2,200(00)	9,000(01)	50
터크스 케이커스 제도	193	19	17	-	7,300(99)	-
미국령 버진아일랜드	136	123	9	-	15,000(00)	-

인구는 1000명 단위. 유아사망률은 추정치. 외채 단위는 미화 100만 달러. 1인당 국내총생산은 구매력 평가.

* 173개국 중의 순위로서 이 수치가 낮을수록 좋음.

** 러시아 부채.

출처: 인적개발 리포트, http://hdr.undp.org/reports/global/2002/en/pdf/backone.pdf

『세계의 현실』(*The World Factbook*, 2002), http://www.cia.gov/cia.gov/cia/publications/factbook/countrylisting.html

중앙아메리카와 카리브해 지역은 경제적으로 취약한 지역이기도 하다. 표 4.2의 첫번째 항목은 수출입액을 국내총생산으로 나눈 비율로서 이 지역의 무역의존도를 나타낸다. 값이 작을수록 국내 공급업자, 생산자, 소비자를 포함하는 한 국가의 경제활동 비중은 커진다. 달리 말하면 작은 값은 경제적 자율성이 더 크다는 것을 의미한다. 자료에 따르면 중앙아메리카와 카리브해 국가들은 대체로 표 4.2에 나타난 더 크고 산업화된 국가들보다 무역의존도가 훨씬 높다. 값이 100을 훨씬 넘는 세 국가는 극단적인 무역의존도를 드러내고 있다.

물론 앞에서 언급한 일반화의 예외도 있다. 과떼말라는 중앙아메리카와 카리브해 지역에서 가장 무역의존도가 낮고, 남아메리카에서 가장 무역의존도가 높은 칠레의 수치와 비슷한 수준이다. 실상 1차산물에 기초한 칠레의 두드러진 수출지향은 학술연구나 정책 집단의 주목을 받았고 열띤 토론의 대상이 되었다(3장 참조). 그러나 칠레는 무역 상대국의 다양화라는 측면에서 과떼말라와는 구별된다. 칠레는 미국과의 수출입에 덜 의존적일 뿐 아니라 이제 그 수출은 유럽연합(과 일본)으로 향하는 비중이 더 커졌다.

중앙아메리카와 카리브해 지역에서 무역의존도를 설명하기 위해 방금 기술한 몇가지 유형은 표 4.2에서 미국과의 수출입 데이터에 의해 늘어난다. 사실상 모든 국가들에서 보듯 미국은 가장 큰 수입국이자 수출국이다. 동시에, 표 4.2에 나타난 대로 미국은 무역의존도가 가장 낮은 나라라는 사실을 유념해야 한다. 이는 아메리카 대륙에서 미국이 얼마나 큰 경제적 영향력을 지니고 있는지에 관한 증언인 셈이다. 이 지역이 대체로 유지하고 있는 높은 대미 무역의존도의 유일한 예외는 쎄인트루시아이다. 이곳에서 판로가 보장된 영국(이제는 유럽연합)시장으로 향하는 바나나 선적은 국가의 수출을 지배하고 있다. 도미니까와 쎄인트빈센트도 유사한 무역 형태를 보여주고 있다. 동카리브해의 섬

표 4.2 무역의존도: 비교의 관점에서 본 중앙아메리카와 카리브해의 일부 국가

지역	수출+수입/국내총생산	대미 수출(퍼센트)	대미 수입(퍼센트)
중앙아메리카와 카리브해			
바하마	130	51	55
바베이도스	117	13	36
도미니까공화국	48	48	60
과떼말라	35	30	44
온두라스	59	53	50
자메이카	82	47	54
빠나마	77	39	40
쎄인트루시아	166	22*	34
트리니다드토바고	96	48	48
남아메리카와 멕시코			
아르헨띠나	20	9	21
브라질	15	17*	23
칠레	38	15*	25
꼴롬비아	28	39	36
멕시코	22	85	69
선진산업국			
미국	13	NA	NA
영국	48	13*	12*

* 미국은 별도 표시된 국가를 제외하면 목록에 기재된 모든 국가들의 최대 수출국이자 수입원이다. 쎄인트루시아의 경우 수출의 56퍼센트가 영국으로, 브라질의 경우 수출의 28퍼센트가 유럽연합으로, 칠레 수출의 25퍼센트도 유럽연합으로 이루어진다. 영국 수출의 13퍼센트는 독일로 향하며, 수입의 15퍼센트는 독일에서 이루어진다.

출처: 수출, 수입, 국내총생산: Baumol and Wolff 1996, 877면, 바하마, 바베이도스, 자메이카의 1950~90년 자료는 약간 차이가 남. 대미 수출과 수입: 『세계의 현실』 http://www.cia.gov/cia/publications/factbook/, 1993, 1994, 1995년 자료는 해당 국가가 제공한 것에 의거.

나라들에는 불운한 일이지만 미국에 대한 무역의존도가 낮다는 사실은 더 큰 문제를 만들었을 뿐이다. 미국은 유럽연합 내에서 이 지역 국가들에 보장된 시장이 불법적인 것이므로 철폐되어야 한다고 세계무

역기구를 설득하는 데 성공하기도 했다(이 문제는 나중에 더 논의될 것이다.)

무역의존도는 중앙아메리카와 카리브해 지역 모두에서 핵심적인 경제적 특성이다. 그러나 정도의 차이는 국가마다 다르다(표 4.2). 동카리브해의 작은 섬나라들은 큰 섬나라나 내륙 국가보다 무역의존도가 더 높다. 이 지역 국가들의 인적개발지수(HDI) 순위에서도 지역적 다양성을 엿볼 수 있다. 인적개발지수는 평균수명, 문자해득, 교육이수, 그리고 1인당 구매력을 합친 비율이다. 표 4.1이 보여주듯 중앙아메리카와 카리브해 국가들은 세계 각국의 인적개발지수 가운데 상위 3분의 2에 속해 있다(예컨대 174개국 가운데 117위 이하). 아이띠, 과떼말라, 니까라과만이 대다수 사하라사막 이남 아프리카 국가들과 함께 하위 3분의 1에 속한다. 그렇지만 더욱 당혹스러운 것은 1993년 이래 이 지역의 인적개발지수 순위가 올라갔는지 또는 내려갔는지 똑같이 단순 측정에 의거해 사회발전의 진전 여부를 따져본다면 순위 상승(7)보다는 하락(13)이 더 많았다는 사실을 발견하게 된다는 점이다. 두 국가는 동일한 순위를 유지했지만 엘살바도르를 제외한 중앙아메리카 모든 국가들의 순위는 하락했다.

앞에서 언급한 차이에도 불구하고 지역적 공통점은 많다. 평균적으로 중앙아메리카와 카리브해 지역은 남아메리카와 멕시코에 비해 무역의존도가 높으며 산업화 수준이 낮다. 미국에 대한 이 지역의 경제적 의존은 또한 남아메리카의 사정과는 구별되는 중요한 지역적 공통점 가운데 하나이다. 중앙아메리카와 카리브해 지역이 상대적으로 무역의존도가 높다는 사실은 남아메리카의 대부분과 견주어 어떻게 이 지역에 신자유주의가 적용되는지 그 차이를 분명히 해준다. 신자유주의는 이미 무역의존도가 높은 중앙아메리카와 카리브해 지역이 수출에 더욱 주력하도록 압력을 행사한다. 상대적으로 낮은 이 지역의 생산량과 산업화 수준은 또한 세계체제 내에서 이 지역의 주변부적 지위를 강화하는 데 한몫한다(Gwynne et al. 2003).

이 지역에서 미국의 경제력은 지정학적 권력을 드러내준다. 지난 몇십년 동안 이 지역 곳곳(예를 들어 과떼말라, 꾸바, 가이아나, 도미니까공화국, 니까라과, 엘살바도르, 빠나마, 그레나다, 아이띠)에서 전개된 미국의 직접적 또는 은폐된 개입은 초강대국 미국이 이곳에서 이익을 추구하고 유지하기 위해 어떤 점에 중요성을 부여하는지를 잘 보여준다(Blum 1986; Dupuy 1997; Walker 1997). 꾸바에 대한 미국의 경제봉쇄는 2003년 현재 40년이 넘었고 1996년 헬름스-버튼법(꾸바와 거래하는 비(非)미국계 기업을 재판에 회부하고 꾸바에 입항한 선박을 6개월 동안 미국에 입항할 수 없도록 제재하는 법안—옮긴이) 수정안의 통과로 더욱 강화되었을 따름이다(LeoGrande and Thomas 2002).

중앙아메리카와 카리브해 지역의 미국에 대한 경제적·지정학적 의존성은 특히 남아메리카의 대국들이 누리고 있는 정책결정의 상대적 자율성과 대조적으로 이 지역의 발전정책에 큰 부담을 안겨주는 정책적 상수(常數)이다. 중앙아메리카와 카리브해 국가들은 미국이 자신들의 정책 제안에 어떻게 반응할지를 항상 고려해야만 한다. 꾸바의 사회주의 정권에게 미국의 적대감은 1959년 혁명 이래 지속적인 골칫거리였다.

신자유주의 이전의 발전정책

유럽의 식민화 초기부터 카리브해 지역은 전적으로 외부지향적이었고 경제적으로는 몇가지 1차산물 수출에 의존적이었다. 다른 한편 중앙아메리카에서 역사적으로 지배적인 지위를 차지했던 아시엔다(hacienda, 라틴아메리카의 대토지소유제 또는 대토지소유자의 농장이나 목장. 채무노예를 노동력으로 자급자족을 지향하는 전근대적 형태로 이후 플랜테이션의 성격이 강해짐—옮긴이)는 카리브해의 플랜테이션 농장만큼 수출시장에 도움이 되는 사업에 전적으로 집중하진 않았다(West and Augelli 1989). 이런 역사적 차이가 남긴 유산은 카리브해 지역보다는 중앙아메리카에서 더욱 다양한 농업이 이루어졌다는 점이다. 물론 섬 지역보다는 훨씬 더 큰 내륙의 영역에 더 넓은 면적의 경작지가 있다는 사실은 말할 나위도 없다(표 4.1 참조). 그렇지만 두 지역 모두 매우 불평등한 경작지 분배를 이어받았다. 식민 당국이나 독립 이후 정부가 적절한 기반시설과 부가 써비스를 동반하는 중요한 토지개혁을 수행할 능력이나 의지가 없었기 때문에, 토지 없는 농민들과 소규모 자영농들은 생산과 소득 수준을 두드러지게 향상시킬 수 없었다(de Janvry 1981; Barry 1987; Mandle 1996).

2차대전 이래 카리브해 지역의 국가들과 대지주들은 구래의 수확 작물을 전망이 더 나아 보이는 작물로 대체함으로써 단일작물을 경작하는 플랜테이션체제와 관련 수출부문의 수익성을 되살려내고자 노력했다. 예컨대 여러 카리브해 국가들은 설탕, 칡 또는 코코아 대신 바나나를, 코코아 대신 커피를, 또는 설탕 대신 감귤을 재배했다. 그렇지만 여러 지역에서 전개된 농업생산의 제한적인 조정은 식민시대 경제의 수익성을 회복하지는 못했다(Conway 1998). 섬나라들과 비교해 중앙아메리카의 농산물 수출은 얼마간 다양성이 존재했다. 그 가운데 가장 중요한 다섯가지 품목은 커피, 바나나, 면화, 설탕, 육류였다. 하지만 1970년대초 이래 이 상품들의 교역조건은 악화되었다. 더욱이 그것은 대지주가 아닌 대다수 중앙아메리카인들의 기본적인 수요를 충족시키는 품목이 아니었다. 수출용 육류 생산에 더 많은 토지가 활용됨에 따라 지역내 단백질 섭취량은 실제로 떨어지고 말았다(Barry 1987).

1950년대 이래 이 지역에서 발전정책의 실험은 지정학적으로 두 진영, 즉 사회주의와 종속적 자본주의 진영으로 나뉘어 펼쳐졌다. 두가지 모두 독특한 위험성을 내포하고 있었다(Klak 1998). 첫번째 계열의 정책은 사회주의적 경로를 통해 발전을 추구하고 재분배, 형평성, 사회복지, 노동자들의 요구사항을 우선시했다. 이 경로는 미국 의존에서 벗어나려는 의도를 지닌 것이었다. 미국은 1900년을 전후로 에스빠냐로부터 꾸바와 뿌에르또리꼬를, 꼴롬비아로부터 빠나마운하 지대를 획득함으로써 이 지역의 정치적·경제적 맹주로 떠올랐다. 지역내 헤게모니 국가로서 미국은 사회주의적 실험을 위협으로 인식하고 그 시도에 맞섰다. 대체로 미국과 동맹국들의 압력에 밀려 주류 자본주의적 발전의 대안을 모색하는 데 실패하고 만 중앙아메리카와 카리브해 지역의 국가들은 제3세계 사회주의의 비문(碑文)처럼 보인다. 후안 호세 아레발로(Juan José Arevalo)와 하꼬보 아르벤스(Jacobo Arbenz)가 이끈 과떼말라(1945~54), 체디 제이건(Cheddi Berret Jagan)의 가이아나(1961~64), 마이클 맨리(Michael Manley)가 통치한 자메이카(1972~80), 모리스 비숍(Maurice Bishop)의 그레나다(1979~83), 그리고 다니엘 오르떼가(Daniel Ortega Saavedra)가 이끈 니까라과(1979~90)가 그렇다. 내부와 외부(주로 미국)의 적들은 앞서 언급한 지도자들의 어떤 불가피한 실책까지도 최대한 활용해, 발전역량이 확증되기 전까지 그들의 실험을 고의적으로 방해했다(Blum 1986; Booth and Walker 1993). 단지 꾸바만이 사회주의적 색채를 유지했으나 꾸바조차도 국제관광을 수입원으로 삼고 있으며(Pattullo 1996), 뒤에서 더 논의하겠지만 특별한 노동규약과 보상책을 통해 해외자본을 유치함으로써 다른 카리브해 국가들의 경로를 따르기도 한다.

이 지역의 사회주의체제에 필수적인 도전은 아직 산업화 수준이 낮고 매우 불평등한 주변부의 경제를 활용하고 생산력을 신속하게 증대하며 자원을 더욱 공정하게 재분배하는 것이었다. 이는 세계자본주의 조류와 미국의 헤게모니에 맞서는 것이기 때문에 상황을 더욱 어렵게 만들 수 있는, 본질적으로 무리한 요구이다. 그런 상황은 다음과 같이 광범한 질문을 제기한다. 중앙아메리카와 카리브해의 어떤 국가가 어떻게 미국의 '뒷마당'에서 미국이나 대개 자본주의국가들로 구성된 나머지 세계와 교역하고 그들의 자본과 지지 없이 비(非)자본주의적인 길을 걸어갈 수 있을까? 또 나아갈 바가 마땅치 않을 때, 그리고 사회가 빈곤하고 불평등하며 따라서 내분이 일어나기 일쑤이고, 대중의 기대감과 후원 체계가 이해할 수 없을 정도로 억눌려 있을 때, 어떻게 국내의 자원이 혁신적으로 재분배될 수 있을까? 도전은 많지만 성공 사례가 적은 것은 그다지 놀랍지 않다.

두번째, 그와 반대로 훨씬 더 흔한 발전정책은 북대서양 지역과의 연계를 강화하고 확대하는 것이었다. 그것은 1950년대에 뿌에르또리꼬가 시작한 부트스트랩 프로젝트(Operation Bootstrap, 산업화를 통한 독자적인 발전 기획—옮긴이)와 1957년 열두 곳의 구식민지(카리브해의 여덟 곳을 포함하는) 지역에 시장 접근의 특혜를 보장한 바 있는 유럽의 '바나나 의정서'라든가, 또는 1980년대 레이건이 추진한 카리브 수반 구상, 그리고 현재의 신자유주의적 전환을 해당 사례로 꼽을 수 있다.

카리브 수반 구상

경제발전정책으로서 카리브 수반 구상은 두가지 주요 구성요소를 지닌다. 그것은 원래 중앙아메리카의 좌파세력에 맞서는 미국의 위장된 군사원조정책이었다. 카리브 수반 구상은 주로 이 지역의 시장을 개방함으로써 미국산 물품을 더 많이 수입하도록 하는 조치와 값싼 노동력과 교부금을 받은 공장부지(Deere et al. 1990)를 활용하고자 미국의 의류공장들을 이전하는 계획을 포함하고 있었다. 이로써 미국은 다른 라틴아메리카 지역과 더불어 전세계에서 미국이 무역잉여를 얻는 유일한 지역이라고 할 수 있는 중앙아메리카와 카리브해 지역으로부터 더 큰 수출잉여를 얻게 될 것이다. 그러므로 카리브해 수반 구상은 신자유주의 아래 미국의 지역적 헤게모니를 재구축하는 선도적 정책으로 인식되어야 한다. 일반적으로 중앙아메리카와 카리브해 지역의 종속자본주의적 발전경로는 미국의 적대시를 피하고, 대신 앞선 자본주의국가들과의 견고한 무역과 정책 연계를 통해 유익한 기회를 활용하려는 것이다. 하지만 그 경로가 내포하는 위험성은 그 결과 이 지역이 핵심국가들과 맺고 있는 종속적 관계 속에서 상대적으로 얻을 게 거의 없는 역사를 되풀이하지 않을까 하는 것이다.

부트스트랩 프로젝트

더 면밀하게 살펴보면 반복할 수 없고 국내에 국한된 계획으로 비춰질 수 있지만 부트스트랩 프로젝트는 이 지역의 정치지도자들이 오랫동안 산업발전의 모델로 인식한 것이었다. 뿌에르또리꼬의 산업화는 미국과의 독특한 관계, 즉 자치령(commonwealth, 미연방체제에 속하지 않지만 미국의 해외 영토로 인정되는 지역. 뿌에르또리꼬와 더불어 북마리아나 제도Northern Mariana Islands에 적용되는 공식 명칭이다—옮긴이)의 지위에 기원을 둔다. 부트스트랩 프로젝트는 1947년 미국의 조세법 수정안을 통해 기업들이 뿌에르또리꼬 섬의 은행에 예치한 순소득에 대해 다년간 면세혜택을 받았을 때 시작되었다. 뿌에르또리꼬 관리들은 그 대가로 산업 기반시설, 저임금, 비(非)노조, 그리고 (카리브해 지역의 수준에서 볼 때) 숙련노동력을 약속했다(Thomas 1988; Cordero-Guzman 1993). 가장 먼저 뿌에르또리꼬로 이전한 것은 의류, 신발, 안경 같은 경공업부문이었고, 이어서 중공업과 환경 유해 산업, 즉 정유, 석유화학, 제약업 등이 이전했다. 이를 통해 뿌에르또리꼬는 1950년대 6퍼센트, 1960년대 5퍼센트, 1970년대 4퍼센트 등 인상적인 연평균 경제성장률을 기록할 수 있었다. 전체적으로 1950년부터 1990년까지 뿌에르또리꼬의 실질 국내총생산 성장률은 자료를 입수할 수 있는 전세계 74개국 가운데 8위를 기록했는데, 이는 아메리카 대륙에서 가장 높은 수준이었다(Baumol and Wolff 1996). 1979년 뿌에르또리꼬는 1인당 미국산 수입품 양이 세계에서 가장 많았고, 현대적인 교통시설, 그리고 미국의 해외직접투자의 34퍼센트 유치라는 기록을 보유했다. 1980년대 뿌에르또리꼬에서 활동한 22개의 미국 제약회사들은 소득세 면제를 통해 약 85억 달러를 절감했다(Freudenheim 1992). 앞에서 언급된 대로 미국 본토에서 뿌에르또리꼬로 이동하는 다양한 자원들에 대한 보조금은 연간 약 90억 달러에 이르렀는데, 이는 미국이 전세계에 제공하는 원조액의 총합과 거의 맞먹는 규모였다(de Blij and Muller 1998).

부트스트랩 프로젝트의 지정학적 대가는 미국의 보조금, 자본과 무역에 대한 지나친 의존이다. 뿌에르또리꼬 내부에서는 제조업자들이 거의 등장하지 않았고 본토 출신 제조업자들과의 연결망도 사실상 부재했다. 1996년 미국 의회가 뿌에르또리꼬에서 활동하는 회사의 면세혜택을 10년에 걸쳐 단계적으로 폐지하기로 결정함으로써 뿌에르또리꼬 섬은 종속적 산업화의 파산 모델로 굳어질 상황에 봉착했다(Pantojas-García 1990). 뿌에르또리꼬인들은 수차례 미국 본토로 이주했다 돌아오기를 반복하며 미연방정부 차원에서 집행되는 사회복지 네트워크에 의존함으로써 자신들의 특별한 정치적 지위를 최대한으로 활용했다(Conway 1998). 뿌에르또리꼬 산업 팽창의 맨얼굴에는 부트스트랩 프로젝트가 진행되는 동안 미국 본토와 비교해 1인당 실질소득이 늘어나지 않았고 1970년대 이래 실업률은 흔히 20퍼센트를 상회했다는 사실이 포함되어 있다(Cordero-Guzman 1993; Grugel 1995).

유럽의 바나나 의정서

이 의정서는 1957년에 시작해 1975년부터 네차례에 걸쳐 진행된 로메회의(Lomé Convention, 유럽연합과 아프리카, 카리브해, 태평양 지역의 71개국이 체결한 무역과 원조 협정으로서, 첫번째 회의가 1975년 2월 또고의 수도 로메에서 열렸기 때문에 흔히 이 명칭으로 알려졌다—옮긴이)로 이어졌다. 바나나 의정서는 한때 유럽의 식민지였고 이제는 아프리카-카리브해-태평양(ACP) 국가로 불리는 70여개의 제3세계 국가에 시장 진입의 특혜를 제공하는 것이었다. 시장 진입의 특혜는 주로 커피, 설탕, 바나나 같은 1차산물에 적용된다. 아프리카-카리브해-태평양 국가 중 단지 12개국만 로메회의를 통해 유럽에 바나나를 수출하는데, 이 가운데 8개국이 카리콤의 회원국이다(사진 4.2 참조). 교역량을 기준으로 볼 때 바나나는 세계에서 가장 중요한 청과물이며 유럽연합은 바나나의 최대 수입시장이다. 유럽연합의 바나나 교부금은 연간 20억 달러에 이르는 것으로 추정된다(Wiley 1998). 뿌에르또리꼬의 부트스트랩 프로젝트처럼 동카리브해 지역의 바나나 농업은 핵심 자본주의국가들의 무역 특혜에 의존하는 문제와 관련되어 성장/번영과 종속/취약성이라는 양날의 칼의 사례를 보여준다.

1950년대 영국 당국과 민간선적기업들은 카리브해 식민지들을 사탕수수에서 바나나 농업으로 선회하도록 독려했다. 영국은 이 섬들이 경

그림 4.2 주 단위로 도미니까에서 영국으로 선적되는 바나나. 세계무역기구는 동카리브해의 영국시장 진입 특혜는 불법이며 철폐되어야 한다고 판결했다. ⓒJames Wiley

작할 수 있는 바나나의 총량에 대해 시장과 만족할 만한 가격을 보장했다. 쎄인트루시아, 도미니까, 쎄인트빈센트, 그리고 정도는 덜 하지만 그레나다와 카리브해 다른 지역의 자영농들은 바나나 경작에 집중하기 위해 다른 많은 곡물의 경작을 포기하면서 적극적으로 호응했다(Welch 1994; Wiley 1998). 예컨대 쎄인트루시아에서 수천 에이커의 부지가 추가로 바나나 경작용으로 전환되거나 삼림을 벌채함에 따라 1980년대말까지 바나나에 대한 의존이 계속 증대했다(Barrow 1992). 그 결과 도미니까, 쎄인트루시아와 쎄인트빈센트는 각기 바나나로부터 전체 외환보유액의 절반 이상을 벌어들였고, 곧 전세계적으로 단일 환금작물 수출에 가장 의존적인 국가군에 속하게 되었다.

단일 환금작물의 판로를 보장된 해외시장에 의존하는 것은 긍정적인 측면을 지녔다. 그 때문에 섬나라들의 번영이 지속되었고, 특히 대

토지소유제가 지배적인 지역에서도 활기를 잃지 않은 여러 소규모 가족농의 번영이 두드러졌다(Barrow 1992). 바나나 수출을 통해 도미니까, 쎄인트루시아, 쎄인트빈센트는 인적개발지수(표 4.1 참조)의 뚜렷한 순위상승을 경험했다. 이에 덧붙여 주로 바나나를 통해 유럽시장에 진입할 수 있는 특혜를 지녔던 카리브해의 작은 국가들만이 1980년대에 이 지역의 전통적인 농산물 수출이 겪은 경기변동과 쇠퇴를 피할 수 있었다(Schoepfle and Pérez-López 1992).

그렇지만 최근 들어 유럽연합은 아프리카-카리브해-태평양 국가들의 시장진입 특혜를 점진적으로 철폐하기로 결정했다(de Cordoba 1993). 1997년 세계무역기구(WTO)는 영국시장에 대한 진입특혜는 불법이라고 판정함으로써 바나나에 대한 특혜철폐를 사실상 종료시켰다. 중앙아메리카에서 바나나 수출을 통해 유럽연합 시장을 더 많이 확보하길 바라던 치키타 사의 최고경영자 칼 린더(Carl Linder)의 광범위한 로비 끝에 미국은 이 결정사항에 대해 소송을 제기했다. 바나나에 대한 유럽연합의 특혜는 철폐되고 카리브해 지역의 수많은 바나나 재배 농가는 새로운 수입원을 찾지 않으면 안 되는 상황에 처하게 될 것이다(Herbert 1996; CBEA 2003).

동카리브해의 여러 섬에서 일반적인 소규모 가족농의 바나나 재배는, 50~75퍼센트 정도 낮은 임금에 의존하고 노조활동이 억제된 에꽈도르와 중앙아메리카의 기계화된 플랜테이션 바나나 재배와 생산량, 크기, 가격 면에서 경쟁할 수 없을 것이다(Barry 1987; *The Economist* 1998). 1998년 『이코노미스트』에 실린 어떤 비교에 따르면 "만일 쎄인트루시아 같은 곳의 바나나 농업이 무질서하고 믿을 만하지 않은 골목의 가게라면, 라틴아메리카의 플랜테이션은 도시 가장자리에 위치한 월마트라고 할 것이다". 미래는 분명히 중앙아메리카의 바나나에 유리하겠지만, 바나나는 동카리브해 농촌사회에 매우 핵심적이고 확고하게 뿌리박고 있는 산물이어서 농민들이 그것을 다른 작물로 대체하기란 매우 어려워 보인다. 예컨대 쎄인트루시아에서는 1997년 당시 농지의 3분의 2 이상이 여전히 바나나 경작에 활용되고 있었다. 그러므로 비전통적인 수출의 증진에 기여한 공공정책은 농업의 다양화와 동시에 일부 공업과 관광업 부문에 집중할 필요가 있었다(Pattullo 1996; Klak 1998). 동카리브해, 더욱 넓게 보자면 중아아메리카와 카리브해 지역의 주요 과제는 전통적인 소득원을 오늘날의 한층 더 개방적인 무역 관계에 적합한 자원에서 창출되는 소득으로 대체하고, 단일생산물과 북대서양 시장에만 의존하는 취약성을 벗어나는 일일 것이다.

외채위기와 신자유주의적 요법

> 라틴아메리카는 자유무역을 과시할 욕망이 없었다. 그러나 그렇게 하도록 강요받았다. 이 시기에 대다수 라틴아메리카 국가들은 자유무역주의를 따랐다. 라틴아메리카에서 보호주의의 옹호자들은 선진국의 채권자들에게 문자 그대로, 그리고 지적으로 신세를 진 정부 조직 내에서 거의 지지자를 찾기가 어려웠다(Skidmore 1995, 228면).

여기서 언급한 대략적인 상황은 1980년대부터 현재까지 라틴아메리카에 잘 들어맞을 것이다. 그러나 이 글은 실제로 1880~1914년의 특징을 서술한 것이다. 여기서 강조하고자 하는 바는 자유무역의 혜택이란 최근에 강조되기 시작한 새로운 어떤 것이 아니라 라틴아메리카로서는 귀가 따갑도록 들어왔던 이야기라는 점이다. 라틴아메리카 내에서도 중앙아메리카와 카리브해 국가들은 경제의 저발전과 기형적 구조, 주변부성 탓에 시간이 흘렀음에도 매우 취약한 채로 남아 있었다. 바나나의 사례가 잘 보여주듯이 이 지역 국가들은 몇가지 수출지향적 1차산물, 특히 농산물에 지나치게 의존해왔다. 또한 이들은 공산품과 상업적 재화의 수입뿐 아니라 국민들을 부양하고 각종 산업과 내부 자본 팽창에 필요한 자금을 융통하기 위해 외국의 자본과 전문지식에 의존해왔다(Grugel 1995). 석유 매장량 덕분에 이 지역에서 가장 부유한 트리니다드토바고조차도 외채가 22억 달러나 쌓이는 동안에 국내의 산업 다양화에는 거의 진전을 보지 못했다(Mandle 1996; Klak 1998).

중앙아메리카와 카리브해에서 현재의 발전정책은 새로운 수출을 창출하기 위해 외국인 투자를 유치하는 데 초점을 맞추고 있기 때문에 1980년대 외채위기의 시절로 되돌아가는 것처럼 보인다. 중앙아메리카와 카리브해 지역의 외채 상황은 앞서 3장에서 개괄한 대로 라틴아메리카의 대국들이 처한 상황과 유사하다. 1970년대 예금 잔고가 흘러넘친 외국은행들은 라틴아메리카와 카리브해 국가의 정부와 민간 부문에 앞다투어 대출금을 제공했다(Corbridge 1993). 1980~81년에 이자율이 오르자 세계경제는 불황으로 가라앉았고 중앙아메리카와 카리브해의 취약한 1차산물과 관광업부문은 수많은 소비자를 잃게 되었다. 그러자 지역 곳곳에서 급격한 경기후퇴가 발생했다. 1983년말에 바베이도스, 도미니까공화국, 가이아나, 아이띠, 자메이카, 트리니다드토바고의 경제는 1980년에 비해 실질적으로 평균 17퍼센트 정도 축소되었다(Conway 1998). 이자율의 급등 탓에 대다수 중앙아메리카와 카리브해 국가들로선 더이상 외채를 유치하기가 불가능해졌다. 종합해보면 몇가지 연관된 요인, 즉 보잘것없는 농업생산량과 가격, 횡재로 얻었으나 소용없어진 대출금 그리고 초국적기업의 투자를 통해 산업화를 추진하려는 정치적 고려 등이 1980년대 각국 정부의 파산과 지불불능 상태를 야기한 것이었다(Mandle 1996).

앞에서 언급한 몇가지 연관된 문제들은 각 정부에 채무이행 재조정과 추가대출 그리고 지도자들의 언급에 따르자면 국제통화기금의 '축복'을 구하고자 국제적인 발전기구에 다가서야 한다는 강력한 동기를 제공했다(McBain 1990; Killick and Malik 1992). 중앙아메리카와 카리브해 국가들의 정부는 보수적이든 사회주의적이든 가릴 것 없이 재정적 긴급구제를 대가로 국제통화기금과 세계은행과 일련의 내핍협정을 체결하지 않으면 안 되었다. 재정적 보수주의, 민영화, 경제적 개방 그리고 초국적기업 투자의 공세적인 증대 등 국제기관의 요구사항은 중앙아메리카와 카리브해의 정부정책을 동질화하는 효과를 지니게 되었고, 그리하여 각기 다른 독특한 발전전략은 이미 역사 속의 이야기가 되어버렸다. 향후에도 이들은 부분적으로는 지속적인 외채의 압박 때문에 동질적인 신자유주의적 경로를 따르게 될 가능성이 크다.

인구규모나 다양한 경제지표에 기대어 측정한다면 자메이카, 가이아나, 온두라스, 니까라과의 외채는 아메리카에서 최악의 수준이다. 세계은행은 자메이카를 제외한 나머지 이 국가 모두를 전세계에서 가장 빈곤한 42개의 채무국에 포함시켰다(World Bank 2003a). 이 범주에 새로 들어온 국가는 온두라스로서, 니까라과와 더불어 온두라스는 1998년 10월 허리케인 미치(Mitch) 때문에 1만 1000명이 사망했고 53억 달러의 재산 피해를 입었다.

세계화의 의미와 영향

최근에 세계화는 기업, 정치, 학술토론회에서 가장 흔하게 쓰이는 용어 가운데 하나가 되었다. 편재성(遍在性)에도 불구하고 세계화에 대한 분명한 정의를 찾기란 쉽지 않다. 증거에 반해 질문하는 것은 더욱이 흔치 않다. 정치적 좌파 성향의 일부 논자들은 비난조로 세계화를 기업의 탈취전략이라고 간단히 치부해버린다(Rieff 1993). 그러나 영향력 있는 다른 많은 논자들은 그 영향에 대해 더 낙관적이다(Reich 1991; World Bank 2002b). 여기서는 특정한 관심 가운데 중앙아메리카와 카리브해 국가들 같은 주변부국가에 많은 새로운 기회를 부여해준다는 세계화의 추세에 대해 긍정적인 몇가지 견해를 살펴보고자 한다. 학계에서 언급되는 세계화에 대한 긍정적인 해석 가운데 많은(모두 그런 것은 아니다) 주장이 '지구촌'이라는 포괄적인 개념과 연관되어 있다. 지구촌 구상은 세계가 다양한 방식으로 함께 결합하고 균형을 이룰 것을 제안한다. 그렇지만 중앙아메리카와 카리브해의 역사와 현황에 비춰본다면 그런 지구촌 개념은 오해의 소지가 크다. 불운하게도 이 지역의 상황은 지구촌 개념이 제시하는 것보다는 균형이 덜 잡혀 있고 전망이 좋은 것도 아니다. 더욱이 현재의 정치·경제적 변화, 영향, 반응은 지나치게 일반화된 세계화라는 개념에 포섭되기보다는 각 지역 차원에서 구체적으로 논의되어야만 한다(이것은 9장에서 베빙턴이 거론하는 점이기도 하다). 중앙아메리카와 카리브해의 현황과 관련해 언급할 가치가 있는 지구촌 개념에는 여섯 가지 요소가 있다.

첫째, 전세계는 더 많은 국제적 접속가능성(connectivity)의 결과로 '수축'되고 있다는 주장이다(Giddens 1990, 64면; World Bank 1995a; Watts

1996, 64~65면). 그렇지만 중앙아메리카와 카리브해는 오랫동안 세계경제에 분명히 통합되어왔다. 카리브해는 역사적으로 세계의 어느 곳보다도 가장 세계화된 지역일 것이다. 1500년대 이래 카리브해 지역은 외부세력에 의해 좌우되어왔고, 경제적으로 수입된 노동력에 의존하며, 사탕수수나 바나나의 단일작물 생산환경을 조성하기 위해 다른 분야는 소거되었고, 지역주민들의 생존과 유지에 필요한 사실상 모든 다른 물품들을 외부에서 수입했다(Richardson 1992; Mandle 1996). 설탕, 바나나, 쇠고기 그리고 다른 농산품의 수출지향적인 생산은 20세기가 되기 전부터 중앙아메리카를 지배했다. 중앙아메리카와 카리브해 지역에 현재의 '세계화' 추세는 역사적으로 외부적 결정과 사건에 의해 형성된, 이 지역에 대한 외부의 강력한 영향을 대변하는 또다른 흐름일 뿐이다.

둘째, 세계의 중심부와 주변부 간의 전통적인 구분은 흐릿해진다고 여겨진다(McMichael 1996). 키어니는 '세계화는 중심부와 주변부 사이의 구분이 약화되는 것을 의미한다'고 주장한다(Kearney 1995, 548면). 그렇지만 이런 불평등구조는 여전히 미국과 중앙아메리카와 카리브해 지역의 관계를 이해하는 데 매우 중요하다(Klak 1998). (특정 품목의) 생산이 국민국가 단위를 넘어 지리적으로 더욱 분산되었다는 사실이 생산통제로 근본적인 재분배를 이루거나 생산으로 이득을 얻는 것을 뜻하지는 않는다. 중앙아메리카와 카리브해 지역의 노동자들에게 자국의 자본가계급과 국가가 부과하는 강제나 핵심국가, 특히 지역의 맹주인 미국이 카리브해 국가들에 부과하는 압박은 소득과 생활수준 면에서 크나큰 국제적 격차를 낳는다.

셋째, 외국인 투자, 무역 그리고 발전의 기회가 세계 여러 지역과 국민국가를 넘어 더욱 광범위하게 배분되어 있다는 것이다(Qureshi 1996). 그렇지만 세계적 차원의 경제통합은 선진국과 일부 개발도상국에만 유리하게, 그리고 중앙아메리카와 카리브해 국가들에는 결코 유리하지 않게 매우 선택적으로 이루어진다. 전세계 무역의 80퍼센트는 세계 인구의 20퍼센트 미만을 포함하는 세 곳의 중심 지역에 몰려 있다(Hirst and Thompson 1999; Dicken 1998). 해외직접투자의 전세계 분담률 가운데 81퍼센트가 1991년 이래 유럽연합, 미국과 일본에 몰려 있었다. 이것은 1967년에 기록한 69퍼센트를 넘어서는 것이었다(Koechlin 1995, 98면). 해외직접투자가 특정 개발도상국으로 흘러가는 몫도 증가했으나 (중국, 멕시코, 브라질 같은) 주요 수혜국 가운데 중앙아메리카와 카리브해 지역의 국가는 없었다(Gwynne et al. 2003). 실로 발전과 신자유주의 정책의 기본 개념에 걸맞은 전세계적 차원의 통합이 존재하고 교역을 증대하려는 압력과 동기가 있지만 물질적인 보상은 크게 불균등하다.

넷째, 이제 단일한 세계경제로 수렴되어 모든 공간과 사람들이 그곳으로 모여들고 또 전반적으로 그렇게 될 것이며 수출시장의 틈새를 찾을 수 있을 것이라는 주장이 있다(McMichael, 1996). 그러나 중앙아메리카와 카리브해 같은 주변부 지역에서 틈새시장은 좁고 경쟁이 매우 치열하며 장애물이 가득하다. 이 지역은 대체로 청과물, 화훼, 의류, 가전제품, 데이터 처리, 관광업 같은 비전통적 상품과 써비스를 부유한 서구인들에게 판매해왔다(그림 4.3; Thrupp 1995). 그렇지만 중앙아메리카와 카리브해 지역은 전체적으로 보아 새로운 수출시장의 틈새를 메우는 데 지금까지 제한적으로만 성공했을 뿐이다(Klak 1998).

다섯째, 대중매체와 문화적 영향은 추정컨대 더욱 광범하게 확산되고 다층적이다(Patterson 1994; Kearney 1995). 그렇지만 레게 음악, 마야 공예품 또는 메렝게 음악과 같은 인공적인 문화상품이 북부의 부국에 미치는 영향을 반대 방향의 여러 문화적 충격과 비교하는 것은 과장이거나 확대해석이다. 종종 이상적으로 묘사되는 미국의 풍요와 기회는 중

그림 4.3 꼬스따리까의 전자제품 조립. 교육의 실적, 정치적 안정과 환경적 특성(예컨대 생물종의 다양성을 들 수 있다—옮긴이)에 대한 국제적인 평판에 힘입어 꼬스따리까는 중앙아메리카와 카리브해에서 적정 임금을 지불하면서 여러 수출부문에 외국인 투자를 끌어들이는 데 가장 성공적인 국가가 되었다.
ⓒThomas Klak

앙아메리카와 카리브해의 주민들에게 특히 잘 알려져 있고 깊이 각인되어 있으며 매혹적이기도 하다. 그들은 미국의 대중매체가 미국적인 것으로 간주하는 기준에 맞춰 자신들의 생활수준을 정하는 경향이 있다. 그리고 그 불균형은 매체의 홍수 속에서 중앙아메리카와 카리브해 지역의 매체가 쇠퇴하는 동안 이 지역의 경제위기와 신자유주의와 함께 날로 분명해지고 있다. 미국과 이 지역 간의 영향력 흐름에 있어 이 불균형은 문화적 사안보다는 경제적·지정학적 문제에서 더욱 크다고 할 수 있다.

마지막으로 이주와 통신수단을 통해 사람들이 더욱 통합된다고 여겨진다. 그렇지만 사람과 정보의 국제적인 이동의 증대가 이민과 통신

수단 접속에 대한 지역적·계급적 특수성을 가려서는 안 된다. 경제발전과 사회·문화적 표현 기회를 추구하면서 카리브해의 주민들은 20세기에 다른 어떤 지역의 주민보다 더 많이 이민 대열에 올랐다. 또 최근 몇십년 동안 특히 내전, 정치적 억압과 그에 따른 각종 기회 부족에서 벗어나고자 수많은 중앙아메리카인들이 해외로 이주했다. 사회적 다공성(多孔性)과 주민들의 대처 전략은 세계적인 현상이 아니라 그 지역과 주민들이 지닌 독특한 역사적·지정학적 맥락에서 비롯된 것이다(Simmons and Guengant 1992). 최근에 엄청난 규모로 커진 이주와 송금은 주변부화의 심화와 국내 경제전망에 대한 비관론에서 비롯된다. 대다수 중앙아메리카와 카리브해 국가들은 경제적으로 정체되어 있고 현재의 세계화 추세는 주민들에게 전망 있는 선택을 거의 제시하지 못하고 있다.

세계화에 대한 이런 비판적인 언급은 현재의 정치·경제적 추세는 진정한 세계화를 이루지 못했고 차라리 영향과 통제의 측면에서 볼 때 지리적으로 매우 불균등하다는 점을 강조한다(Dicken et al. 1997). 주변부 지역은 자본주의의 예전 단계에서도 그랬듯이 현재의 세계화시대에 외부 투자자들과 정치지도자들의 구상과 활동에 의해 좌우된다. 현재 중앙아메리카와 카리브해 지역의 여러 정부들은 더 광범하고 많은 생산물을 수출하기 위해 투자자들을 끌어들일 수 있는 동기를 만들어내라는 압력에 직면해 있다(Klak 1998). 다음에서는 이런 외부적인 정치·경제적 변화가 이 지역에 끼치는 영향에 대해 더 자세히 살펴볼 것이다.

신자유주의적 발전 모델

사람들의 수준에서 그 체제는 작동하지 않고 있다(세계은행 총재 제임스 윌펜손James Wolfensohn 1999; Faux 2001에서 재인용).

중앙아메리카와 카리브해 지역의 경제는 남아메리카에 비해 작고, 덜 다양하며 산업화의 수준이 낮기 때문에 1980년대 이래 개혁의 시대는 노동자 대중에게 특히 고통스러웠다. 또 외부로 향하는 새로운 시도가 근거할 기반은 훨씬 적다. 오랫동안 라틴아메리카가 전세계에서 사회적으로 가장 불평등한 지역으로서 불운한 명성을 누리는 동안 외채위기와 신자유주의적 구제금융 이후 사정은 악화되었을 뿐이다. 라틴아메리카와 카리브해 지역 전체로 보면 빈곤층 비율은 1982년 역사상 최저 수준인 약 22퍼센트에서 1990년대 30퍼센트 이상으로 증가했다. 꼬스따리까를 예외로 하면 중앙아메리카는 라틴아메리카 국가의 평균보다 더 불평등하다. 이는 왜 중앙아메리카의 빈곤율이 거의 60퍼센트에 육박하는지를 설명해준다(IDB 1997, 41면; *Latin American Press* 1997). 중앙아메리카에서 상대적으로 높은 불평등과 빈곤 비율의 예외가 있다면 꼬스따리까이다. 그러나 그곳에서조차 여러 공공써비스의 축소는 주민들에게 민간영역 써비스를 더 많이 이용하거나 건강보험과 다른 기초적인 대책 없이 살도록 강제했다(9장 참조).

카리브해의 국가들은 아이띠를 예외로 하면(박스 4.1 참조) 중앙아메리카와 라틴아메리카 두 곳 모두의 평균보다 사회적으로 더 평등하다. 이것은 카리브해의 더 낮은 빈곤율과 아울러 왜 사회복지 지표에서 상대적으로 좋은 순위(표 4.1)를 유지하고 있는지를 설명해준다. 그렇지만 카리브해 지역의 상대적인 공평성은 상대적인 경제적 취약성에 의해 상쇄된다(표 4.2). 작은 규모, 제한적인 산업, 그리고 국제경쟁력의 지속적인 결여는 카리브해 지역을 신자유주의 이행기 동안 불안정한 상태로 남겨놓는다.

■ 박스 4.1 아이띠를 위한 세계은행의 권고사항

아이띠는 오랫동안 라틴아메리카에서 가장 빈곤한 국가였다(표 4.1). 아이띠 인구의 절대다수는 높은 유아사망률, 낮은 기대수명, 출생시 저체중, 높은 산모사망률, 영양 부족, 지저분한 주거환경, 그리고 음료수와 하수도 시설 같은 기본 써비스의 부족을 견뎌야 한다. 또 아이띠는 전체 소비재의 70퍼센트 정도를 수입하는 등 경제적으로 종속적이다. 바로 이런 맥락에서 1985년 세계은행은 원래 제한적으로 배포하려고 했지만 결국 공개되고 만 어떤 보고서를 통해 아이띠 정부에 조언했다. '아이띠: 성장을 위한 정책제안'이라는 제목의 보고서는 다음과 같이 국가 우선순위를 재조정할 것을 제안한다.

> 발전전략은 수출지향적이어야 한다. 생산 증가분을 수출에 필요한 몫으로 전환하기 위해 내수는 현저하게 억제되어야 할 것이다. 농업, 공업, 써비스업에서 민간기업의 팽창을 지원하는 발전 프로젝트에 더욱 초점이 맞춰져야 할 것이다. 수익성 높은 민간사업은 더 강력하게 추진되어야만 하며 사회복지의 공공지출은 상대적으로 덜 강조해야 한다(Wilentz 1989, 272~73면에서 인용).

아이띠가 얼마나 외국의 지원과 투자에 의존적인지를 고려할 때 이 같은 세계은행의 권고는 정부 관료집단에 중압감을 준다.

국제적인 개발기구(중요한 곳으로는 세계은행, 국제통화기금, 미국국제개발처USAID를 들 수 있음)는 중앙아메리카와 카리브해 국가의 정부가 국내시장보다는 수출을 위한 생산을 늘리고 사회복지 비용의 지출을 줄이도록 독려하고 있다. 대체로 국내 생산과 사회복지 비용의 지출은 삭감에 앞서 이미 부진했다. 꼬스따리까, 니까라과, 자메이카 등 세 국가에서 신자유주의 아래 공공부문 개혁이 어떻게 진행되는지에 관한 한 비교 연구는 이런 관찰을 거듭 보여주었다(Evans et al. 1995, 44~45면). 이 연구는 세 곳에서 국가의 새로운 역할이 무엇인지에 있어 두가지 중요한 공통점을 확인했다. 국제적으로 이들의 관계는 성격상 점차 신식민지적이라고 할 만하다. 연구자들은 '수많은 과거 식민체제의 어떤 사례보다도 국내 경제정책에 대한 그 국가들의 통제력이 더 떨어진다'고 정리한다. 국내 정책들은 노동계급의 이해관계에 한층 더 적대적인 방향으로 변모했다. 이는 공공써비스, 고용과 임금을 극적으로 삭감하는 정책을 통해 직접적으로, 그리고 실업 증가를 통해 간접적으로 발생했다. 게다가 정부는 탄압과 분리 정책을 통해 노조를 약화시켰다. 특히 현재 무기력해진 니까라과의 비참한 종속은 1980년대초 많은 주민들이 사회적으로 정의로운 사회를 염원했던 광범한 희망과 뚜렷하게 대조를 이룬다.

■ **박스 4.2 니까라과의 싼디니스따 통치와 그후(출처: Walker 1997)**

1970년대 아나스따시오 쏘모사(Anastacio Somoza)의 '마피아 통치'에 대한 사회 전반의 환멸이 고조되자 1970년대말 싼디니스따 반군은 독재자 쏘모사를 몰아냈다. 그뒤 몇년 동안 권력을 장악한 좌파세력은 효과적인 지도력을 선보일 수 있었다. 업적으로는 문자해득 증진 캠페인과 농업개혁 같은 사회정책, 1인당소득의 연간 7퍼센트 성장을 이끈 혼합경제 그리고 1984년 선거의 승리를 들 수 있다. 그렇지만 1980년대 후반 로널드 레이건은 (그가 정리한 바에 따르면) 국제 대출금을 끊고 콘트라전쟁을 조율함으로써 싼디니스따를 '항복하게' 만들었다. 콘트라전쟁은 크나큰 비용을 치렀다. 국가방위에 필요한 니까라과 공공자원의 절반 이상, 콘트라가 심혈을 기울인 농촌 학교와 병원의 황폐화, 그리고 3만명에 이르는 인명이 사라졌다. 1990년 전쟁에 지친 니까라과의 유권자들은 싼디니스따를 거부하고 미국이 선호하는 후보 비올레따 차모로에게 찬성표를 던졌다. 니까라과는 정책 방향을 뒤집어 윌리엄 로빈슨이 '전세계적 체제로 재진입하는 과정에 필요한 미국의 근거리 후견'이라고 기술한 것을 개시했다. 니까라과의 미국국제개발처 프로그램은 세계 최대의 지원 프로그램으로 도약했고, 여기에는 싼디니스따의 교과서를 '지난 11년 동안 결핍된 시민윤리와 도덕을 재정립하는 데' 도움을 줄 수 있다고 개발원조 프로그램의 책임자가 믿었던 십계명으로 시작되는 교과서로 대체하는 데 필요한 기금도 포함되었다. 1990년대말까지 니까라과 전체 노동자들의 절반 이상이 실업 또는 불완전고용 상태에 놓였다. 니까라과 경제를 부양하기 위해 5억 달러에 이르는 국제 원조가 투입되었고, 이는 아르놀도 알레만(Arnoldo Alemán) 대통령으로 하여금 핵심 자본주의국가들의 의중에 종속되도록 만들었다. 이러한 '경제적 구속'에도 불구하고 니까라과는 싼디니스따 시대가 남긴 몇가지 의미 있는 유산을 그나마 유지하게 되었다. 여기에는 풀뿌리 대중운동의 활력, 정치적으로 각성한 시민, 양성평등법, 문화적으로 독특한 대서양 지역 원주민을 보호하는 자치법 등이 포함되어 있다.

중앙아메리카와 카리브해 국가들의 정부는 비전통적인 수출을 적극적으로 증진시키고 보조금을 통해 후원하고 있다(Klak 1996; 1998). 이런 노력은 틈새 수출시장을 모색하고자 '흩어놓고 발사하는' 접근방식에 비유할 수 있을 것이다. 아주 작은 국가에서조차 정책결정자들은 적극적으로 여러 종류의 비전통적 활동에 투자를 증대하고 있다. 예를 들어 소국 도미니까에서 이런 활동의 범위는 관광, 조립 공정, 데이터 처리부터 청과물, 해산물, 꽂꽂이꽃까지 아우른다(그림 4.4, Wiley 1998). 그런 실험은 신뢰할 만한 전망과 함께 틈새 생산품이 보전될 수 있는지 아니면 그것이 단일작물과 단일시장 의존을 새로운 형태의 취약성으로 대체하고 있을 뿐인지에 대해 근본적인 질문을 제기한다. 달리 말해 수출업자들은 무엇 하나도 잘하지 못하면서 한꺼번에 여러가지 일을 하려고 노력하는 중일까?

1990년대에 많은 이들에게 일자리를 주고 가장 널리 확대된 비전통적 수출활동은 조립공장이었다. 사실상 모든 국가가 수출가공지역(수출자유지역이라고도 알려진)을 설치하고 공장시설을 짓고 정비하는데 자금을 투여했다. 가전제품, 플라스틱 제품, 신발 역시 그랬지만 의

그림 4.4 도미니까 수출입국(DEXIA)에 전시된 도미니까의 비전통적 공업수출품. 카리브해 지역은 신자유주의적 수출 틈새를 성공적으로 메울 것인가 아니면 새로운 종속의 단계를 밟을 것인가? ⓒ James Wiley

류제조업은 낮은 진입 요구조건 때문에 단연 가장 흔한 생산품이 되었다. 자메이카, 아이띠, 그리고 중앙아메리카 각국의 의류공장에는 수만명의 주로 젊은 여성들이 고용되었다. 동카리브해 국가들의 대부분은 각각 1000명이 넘는 노동자들을 고용했다. 도미니까공화국은 가장 활발하게 조립공정을 유치해서 16만명이 넘는 공장 노동자들을 고용했다. 그러나 그곳에서조차 조립공장은 지역경제에 최소한으로만 긍정적인 영향을 미치는 데 불과한 저임금의 경제적 인클레이브(enclave, 외국영토에 완전히 둘러싸인 자국영토, 고립지를 뜻하며, 경제적 인클레이브는 초국적기업이 모든 부품과 설비를 들여와 해당지역 노동자들은 단순조립에만 참여시키는 형태. 기술이전이나 고용 등에서 해당지역에 파급효과가 아주 낮다—옮긴이)였다(Willmore 1994; Kaplinsky 1995). 조립공장은 대체로 유치 국가에 경제적 순익을 가져다준다고 주장하지만, 그 단언의 유효성은 철저한 비용계산을 통해 확인될 필요가 있음에도, 지금까지 그런 작업은 제대로 수행되지 않았다. 공장의 저임금, 보조금이 지급되는 임대비와 각종 공과금에서 벌어들이는 총수입은 투자처로서 해당 국가를 알리고, 공장과 관련 기반시설을 건설하고 운영하며, 노동자들을 훈련시키는 데 소요되는 공공비용과 대비해 제대로 산정될 필요가 있을 것이다(Klak 1996; 1998). 조립공장에서 만들어지는 저비용 생산품의 주요 수혜자는 회사의 상표명과 그것이 판매되는 백화점 그리고 저렴한 가격을 통해 상품을 구매하게 되는 미국의 소비자들이다(Ross 1997a).

북아메리카자유무역협정은 자유지대의 고용과 수출품의 증가를 멕시코로 전환해버렸다. 멕시코의 고용은 2000년에 150만명을 넘었다(멕시코 조립공장에 관해선 박스 3.1 참조). 그동안 많은 의류 생산업자들이 카리브해 지역을 떠났고 그뒤에는 수만 제곱피트에 이르는 텅 빈 공공소유 공장의 외관만 남았다. 정부는 "의류제조 같은 비전통적 수출뿐 아니라 수출지향적 써비스(와 늘어난 관광수입)를 포함해 경제를 다양화하려는 시도는 기대한 것만큼 경제발전의 이익을 거두지 못했다"고 인정해야만 했다(Government of Jamaica 2002, 18면).

비전통적 농업의 전망을 검토하기 전에 전통적인 1차산품 수출의 지속적인 중요성을 언급하는 게 좋을 것이다. 설탕, 바나나, 커피, 면화 그리고 보크사이트 등 이 지역의 전통적인 수출품이 최근 들어 가치를 잃고 있지만, 기존 수출품들이 세계경제에서 이 지역이 차지하는 역할과 무관하다고 간주하는 것은 성급한 판단이다. 1990년 1차산품(대부분 전통적인 수출품이지만 비전통적 수출품의 비중이 지속적으로 증가함)은 여전히 카리브해 수반 구상에 해당하는 국가들의 대미수출 가운데 46.5퍼센트를 차지했다. 당시까지 제조업 생산품은 전체 수출 비중에서 1차산품의 규모를 넘어섰으나 이런 역전 현상은 제조업 부문의 성장이라기보다는 1차산품 수출의 쇠퇴에 원인이 있었다(Deere and Melendez 1992). 앞에서 언급한 대로 새로운 수출은 주로 조립공장에서 이뤄졌다. 공장들이 문을 닫게 되자 그 지역의 무역적자는 늘어났다.

비전통적 농업수출품(NTAE)이라고 이름 붙은 청과물과 원예작물의 수출은 재배 총량과 재배지역 때문에 높은 가치를 지닌다. 중앙아메리카는 미국과 다른 부유한 국가의 시장이 요구하는 비전통적 농업수출품 수요를 맞추는 데 카리브해 지역보다 더 성공적이었다. 1991년 중앙아메리카의 비전통적 농업수출품이 거둔 수입은 1억 7500만 달러를 넘어섰다. 반면 카리브해 지역의 소득은 9000만 달러 미만에 그쳤다(Thrupp 1995). 카리브해 국가들의 제한적인 성공은 새로운 외환의 원천을 더욱 절실하게 필요로 했다는 점을 감안할 때 특히 두드러진다. 이런 필요의 한가지 지표는 전통적인 농업수출품으로 카리브해 국가들이 얻는 소득이 중앙아메리카의 전통적 농업수출품 소득보다 더 빠르게 하락했다는 점이다.

비전통적 농업수출품을 둘러싼 전반적인 문제점은 새로운 틈새 수출시장을 겨냥하기 위해 떠오른—아마도 바나나 대신 깍지완두나 딸기를 재배하는—소규모 자영농 또는 기업인의 신자유주의적 이미지가 실제 상황과 맞지 않는다는 점이다. 그 경험은 다양한 맥락과 생산품에 따라 다르지만(따라서 지속가능한 소규모 생산의 희망을 남겨두지만), 중앙아메리카와 카리브해 지역에서 다음과 같은 비전통적 농업수출품의 일반적인 특징은 소규모 자영농에게 돌아갈 이익을 제한한다.

• 시장은 매우 경쟁적이고 복잡한 국제적 상품사슬과의 연계를 요구하며(Gereffi and Korzeniewicz 1994), 전세계 여러 국가들의 새로운 진입을 지속적으로 이끌어내 포화상태에 이를 위험성이 있다.

• 생산물은 부패하기 쉽고 값비싼 운송수단을 요구하며 광범한 가격 변동에 영향을 받기 쉽고 생산자의 위험을 수반한다.

• 대다수 비전통적인 농업수출품은 열대보다 온대성 기후대가 원산지이다. 이는 자기 지역 작물에 익숙해진 카리브해 농민들에게 불리하게 작용한다.

• 작물은 대체로 지속적이고 집약적인 단작으로 재배된다. 구매자들은 완벽하게 보이는 생산물을 요구한다.

• 위에 언급한 특징들은 종종 '살충제의 반복적 사용'과 이에 관련된 인간과 생태계의 건강과 지속불가능성의 문제, 그리고 미국으로 유입되는 곡물에 잔류농약이 따라오는 문제를 낳는다(Conroy et al. 1996).

• 대규모 투자의 필요성과 아울러 위에 언급한 특성은 대규모 외국기업의 지배에 기여한다. 지역주민들은 주로 이런 기업에 저임금노동자로 고용된다.

이런 요인들은 소농의 경쟁력이 대체로 떨어진다는 것을 의미했다(Thrupp 1995). 비전통적 농업수출품 부문은 미국을 비롯한 자본주의 핵심 3개국의 기업들이 지배하거나, 그 부문을 발전시키는 데 필요한 국가 지원의 미흡, 불안정한 실적, 소규모 지역 생산자의 낮거나 사실상 정체되어버린 성장, 피고용인들의 열악한 작업조건 같은 특징을 지니고 있다. 경제부문의 변화에도 불구하고 본질적으로 중심-주변부의 관계는 유지된다.

신자유주의적 틈새시장 전략은 호소력과 매력을 지닐 수 있으나 데이터 처리부문이 더 잘 예증하듯 그동안 이 지역의 경험은 여러가지 어려움에 봉착해 있다는 사실을 보여준다. 이 부문의 발전 전망에 따라 연간 1조 달러를 벌어들이는 전세계 데이터 처리업계(그중 정보 처리 써비스는 주요 항목임)는 기회의 확대를 최대한 활용하기 위해 이 지역의 노동력을 통합하고 지역 내 기업을 육성하게 된다. 뮬링스(Mullings 1995; 1998)는 고용, 임금, 관리 기술과 지역경제와의 후방연결을 증대할 잠재성 있는 정보써비스 산업이 왜 모든 범주에서 정체되었는지를 설명하고자 자메이카 정보써비스 산업의 성쇠를 상세히 분석한다. 뮬링스는 이 지역 기업에 대한 국가의 지원 부진, 전통적인 현실안주형 민간 엘리뜨가 지속적으로 정책을 조종하는 상황, 외국인들의 투자 우려, 미국의 외주기업들이 자메이카 기업들과 노동자들에게 부여한 지극히 제한된 역할에서 문제점을 발견한다. 신자유주의 모델이 예견한 대로, 국제적 노동분업 속에서 자메이카의 위치를 격상시키기보다 오히려 정보써비스 부문은 갑자기 쇠퇴하면서 오랫동안 이 주변부 자본주의국가의 특징을 이뤄온 젠더와 계급의 불평등과 국제적 불평등을 심화시켰다.

카리브해 지역의 정치지도자들이 투자유인책을 제공하면서 열의를 보인, 상대적으로 새롭고 전세계를 지향하는 또다른 경제활동은 역외(域外)금융이다. 매우 유동적인 국제 금융자본의 탐색과 관련된 카지노 자본주의에서 승자이자 패자인 카리브해의 섬나라들은 저마다 이미 존재하는 몇가지 특성과 그 때문에 생기는 문제점들을 동시에 지닌다. 역외은행 관련 활동을 유치하는 데 가장 성공을 거둔 섬들은 심지어 카리브해의 기준으로도 작은 곳이다. 이 지역은 케이맨제도, 영국령 버진아일랜드, 터크스 케이커스 제도, 그리고 (1997년 화산 폭발로 섬의 3분의 2가량이 불모지가 되기 전의) 몬트세랫 등 대개 영국 국기를 계속 휘날리는 곳이다. 영국 보호령은 투자자에게 매우 높은 수준의 정치적 안정과 신뢰를 제공한다. 영국 보호령 외에 네덜란드령 안틸레스와 바하마(미국경제와 긴밀하게 연결됨, 표 4.2 참조) 역시 수천여 외국기업들의 금융재산을 유치하는 데 탁월한 역량을 보여준다. 케이맨이나 영국령 버진아일랜드 같은 일부 지역에서 역외금융은 다른 경제부문이 위축되는 동안에도 부동산 가격이 치솟는 주요 경제부문이 되었다(Hampton and Christensen 2002). 그러나 대다수 섬들은 인기 있는 유동자본과 실은 어떤 종류의 자본도 상대적으로 적게 유치했다. 수상쩍은 자본을 역외금융부문으로 끌어들이는 어떤 섬의 역량은 새로운 외환 소득원에 대한 필요와 사실상 반비례한다. 대다수 섬들은 이제 취약하고 불안정한 경제, 빈곤, 높은 실업률, 사회 갈등으로 금융자본에는 그다지 매력적이지 않은 상태에 놓이게 되었다. 2001년 9·11 이후 미국 정부는 경제협력개발기구(OECD)와 함께 역외금융 중심지에 대한 규제감독을 더욱 강화하게 되었다. 아마 장기적인 결과는 역외금융 중심지, 특히 더 작고 빈곤하며 규제가 덜한 지역을 통한 자본 흐름의 축소, 그리고 그곳으로 흘러드는 소득의 축소일 것이다(Klak 2002).

꾸바: 전세계적 자본주의 한복판에 선 섬나라 사회주의

앞에서 언급한 비전통적 외환 소득원의 사례는 신자유주의가 전적으로 전세계적 자본주의와 관련 국가들의 국제적 체제의 헤게모니에 근거하고 있다는 점을 보여준다. 그러나 심지어 사회주의국가 꾸바조차 외국인 투자자들에게 유인책을 제공하는 발전정책으로 선회할 필요성이 있었다. 꾸바의 위기는 카리브해 지역 자본주의국가들의 위기와 무관하지 않다. 19세기 이래 꾸바경제는 생산과 가격 변동에서 취약하고, 교역 면에서 쇠퇴하는 단일작물(사탕수수) 수출경제였다. 부분적으로 꾸바의 위기는 과거 소련이 주도하는 국가사회주의 체제 간의 무역동맹, 물론 이제는 더이상 기능하지 않는 상호경제원조회의(CMEA)와 관련된 것이었다. 1960년대에서 1980년대까지 소련은 꾸바가 혁명 후 경제 다변화 시도에 착수하기보다는 주로 설탕수출에 주력하고 다른 상호경제원조회의 국가들로부터 다른 필수품들을 대부분 수입하도록 독려했다. 소련과의 일대일 무역거래, 즉 설탕과 석유의 교환은 꾸바의 특화를 더욱 부추겼고 개방된 시장가격과 비교해볼 때 연간 50억 달러의 보조금을 제공했다(그렇지만 실제 개방된 시장에서 설탕은 거의 거래되지 않는다는 점을 상기하라). 소련은 또한 꾸바에 넉넉한 신용한도를 제공함으로써 결국 서유럽과 일본의 채권자들에게 진 부채 110억 달러를 포함해 꾸바의 미결제 채무액은 200억 달러 수준으로 증가했다(표 4.1).

꾸바는 상호경제원조회의 국가와의 교역을 통해 1980년대말 예상하지 못한 사건들이 벌어지기 전까지 합리적인 산업투입량과 아울러 각종 소비재를 제공받았다. 1989~91년 쏘비에뜨 진영의 붕괴는 꾸바에 무역거래와 수입의 75퍼센트와 국가수입의 22퍼센트에 해당하는 원조의 상실을 의미했다(Marshall 1998). 꾸바의 소득은 1989년 81억 달러에서 1993년에는 단 20억 달러로 떨어졌다. 꾸바경제는 그야말로 급전직하를 겪었다(그림 4.5). 정치경제적 구조와 관계없이 어떤 국가가 그런 막대한 경제적 손실을 견디면서 내부적 격변을 겪지 않고 필연적이지만 위험한 이행과정을 뚫고 나가는 것을 상상하기란 어렵다.

까스뜨로는 쏘비에뜨 진영이 붕괴한 뒤 대대적인 부족사태와 일상적 고통, 그리고 개인의 주도성을 독려하고 외국인 투자자들에게 호소

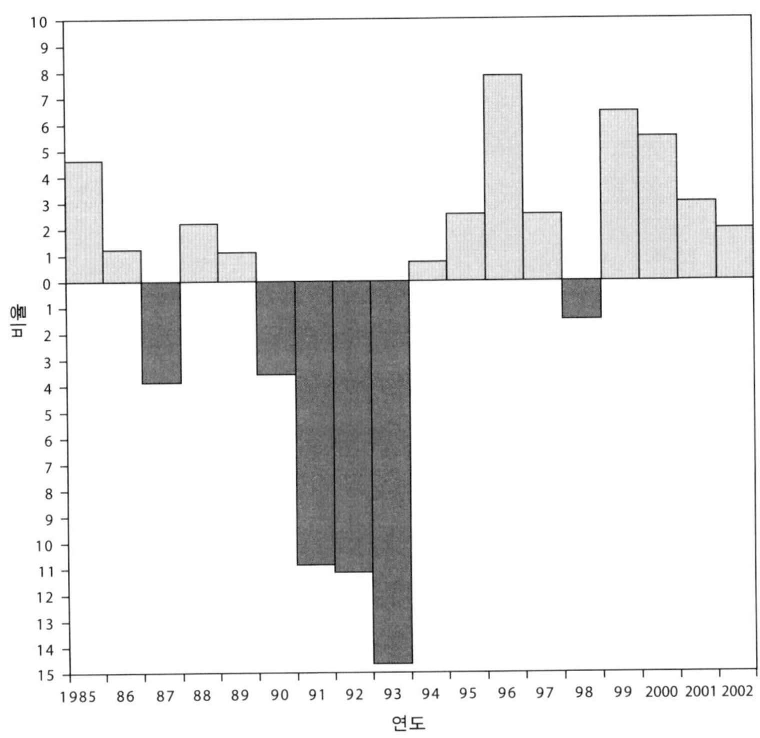

그림 4.5 꾸바의 경제성장률, 1985~2002

하는 새로운 정책을 묘사하고자 '평화시의 특별한 시대'라는 완곡한 표현을 구사했다. 이제 국내정책은 소비자에게 직접 판매하는 농민시장, 많은 소비재의 유통을 위한 유사 (암)시장 활동, 미국 달러화의 합법적인 유통, 전체 통화를 달러 상당액으로 태환하는 과정 등을 포함한다. 생산정책으로는 꾸바에서 외국인들의 기업 소유를 (적어도 부분적으로) 허용함으로써 외국인 투자를 독려하고 여행을 활성화하며 전세계시장을 지향하는 생산을 증진하기 위해 국가의 투자를 새로운 환경에 적응시키고 대규모 국가농장을 자율적이고 생산적인 협동조합으로 재조직하는 등 여러 조치가 마련되었다(LeoGrande and Thomas 2002).

이제 식량과 다른 생필품을 확보하는 일은 많은 주민, 특히 농촌의 식량 생산으로부터 가장 고립되어 있는 아바나 시민들의 최대 관심사가 되었다. 길가의 텃밭 가꾸기나 자전거 타기를 세련된 생활방식보다 낮게 평가하던 시민들은 마지못해 어려운 상황에 적응해야 했다. 필수품의 부족, 국가 자원에 대한 절도, 암시장 등장이라는 위기를 맞아 꾸바 관리들은 광범위하게 자본주의적 관행을 합법화하지 않으면 안 되었다. 드물게 있는 공식 여론조사에서 대다수 꾸바인들은 자영업과 달러의 합법화에 훨씬 앞서 1994년 실시된 농민시장의 합법화를 쏘비에뜨 진영 붕괴 이후 전개된 가장 중요한 개혁으로 지목했다(Marshall 1998, 287면). 수도에 비해 열악한 농촌의 형편을 보상하기 위해, 다른 지역에서는 15퍼센트이지만, 아바나 농민시장의 상인들에게는 판매 상품가치의 5퍼센트에 해당하는 세금이 부과된다(Marshall 1998). 농민시장이 확대되어 식료품을 제공하고 많은 아바나 주민들은 그들의 집을 빨라다레스(paladares)라고 불리는 비공식적인 식당으로 만들었다. 나아가 외국인 관광부문은 모든 꾸바인들을 숙련된 직종으로부터 이탈시켜 이제 달러를 벌어들일 가망이 있는 직종으로 끌어들이는 진공청

소기처럼 작동했다. 잘 훈련된 전문직 종사자는 관광택시를 운전하면서 훨씬 더 많은 소득을 올린다(Segre et al. 2002). 소득원을 위해 관광객에게 의존하는 것 외에 꾸바인들은 충분한 소득이나 그것을 대체하는 현물을 확보해 그럭저럭 먹고살기 위해선 상상력을 풍부하게 발휘해야만 했다(박스 4.3).

■ **박스 4.3 경제위기에서 생존하기: 꾸바와 자메이카 비교**

경제적 곤란은 '창안하다'와 '해결하다' 같은 동사에 새로운 의미를 덧붙이면서 꾸바인들로 하여금 생존 전술을 터득하지 않으면 안 되게 만들었다. 꾸바인들은 생활을 유지하는 대안적인 방법을 설명하기 위해 '창안해야 한다'와 같은 문장을 자주 사용한다. '창안하다'는 다음 사례에서 드러나듯 대체로 물건을 훔치거나 국가에 범죄를 저지르는 것을 포함한다. 꾸바 중남부에 있는 옛 도시 뜨리니다드에서 한 젊은 남성이 겪은 나름의 창조적인 적응과정은 이런 식으로 묘사된다.

> 경제적 곤란을 해결하기 위해 나는 국가가 제조하는 '뽀뿔라르' 담뱃갑을 모으기 시작했다. 담배농장에서 일하는 내 친구는 내게 담배와 종이를 판다. 나는 수동식 기계를 써서 담배를 말고 암시장에서 그것을 팔기 위해 다시 포장한다. 그것이 '창안해야 한다'가 무엇인지 내게 의미하는 바이다.

친구가 농장에서 훔쳐낸 담배와 종이를 활용함으로써 이 청년은 국영상점에서 10~11뻬소에 팔리는 뽀뿔라르를 자기가 손수 말아서 한 갑에 5뻬소씩 받고 팔 수 있다. 암시장의 담배를 사는 이들은 그것이 불법적으로 제조된 것임을 충분히 인지하고 현재 생존전략의 일부로 받아들인다. 꾸바 당국은 모든 담배의 거의 30퍼센트가 불법 판매용으로 도난당하고 있음을 인정한다(출처: Brandon J. Cabezas, Latin American Studies Programme, Ohio University, 1997년 8월 현지조사에 근거함; Chauvin 1998, 5면).

자메이카에서는 킹스턴과 다른 도시들의 빈민촌에 거주하는 대다수 성인들이 실업 상태에 있다. 그들은 기본적인 필요를 충족하고자 돈을 벌어들일 수 있는 다양한 전략을 고안해내야 한다. 이런 전략은 일시적 고용 같은 합법적인 방식부터 강도나 마약 판매 같은 불법 행위에 이르기까지 다양하고, 다음 사례에서 보듯 그 사이에 낀 회색지대에는 다른 많은 수법들이 존재한다.

> 회색지대에서 주민들은 흔히 '부정한 수단에 의거한'(임시변통으로 사고팔며 구걸하거나 빌린 돈을 이용해) 혁신적인 소득증대 전략을 개발했다. 교묘하게 속임수를 쓴 부정한 돈벌이 방식은 수감자에게 먹을 것을 사주고, 방문객의 음식 꾸러미가 수감자에게 전달되도록 손을 쓰고, 밖에서 팔기 위해 감옥의 교도관으로부터 물품을 구입하거나 급료를 받는 날 감옥의 경비원과 성매매를 하려고 화대를 구걸, 흥정하는 여성들과 더불어 교도소 인근에서 크게 확대되었다(Moser and Holland 1997, 24면).

꾸바경제는 1993년 최악의 수준으로 떨어진 뒤 호황과 불황을 교대로 겪는 카리브해 지역의 고전적인 유형을 답습하긴 했지만 조금씩 회복되었다(그림 4.2 참조). 현재 식료품과 다른 생필품은 꾸바인의 평균 체중이 14킬로그램 정도 빠졌다고 알려진 1990년대초에 비해 입수하기가 더 쉬워졌다. 인구의 약 60퍼센트가 정기적인 소득이나 미국에 있는 친척들의 송금으로 달러를 입수한다. 미국으로부터의 송금 액수는 10억 달러에 이르는 것으로 추정되고 있다. 송금을 통해 얻는 외환의 가치는 관광수입에 이어 두번째로 높은 소득원이다(LeoGrande and Thomas 2002). 소련의 비료와 다른 투입요소가 가져다주는 혜택이 없자 설탕은 세번째 순위로 떨어졌다. 최근 수확량은 1960년 수준보다 낮았다. 꾸바는 카리브해 관광협회에 가입했고 관광객의 지출은 2000년에 19억 7000만 달러에 이르러 1990년에 비해 8배가 늘었다. 미국이 지속적으로 꾸바를 고립시키고자 애쓰는 반면, 캐나다, 멕시코, 에스빠냐, 중국 등은 미국기업과 경쟁하지 않는 기회를 활용해 광업, 전기·가스, 수도 등 공공설비 부문과 소비재뿐 아니라 관광업에서 수익을 올리고 있다. 2000년 이래 성장률의 하락은 설탕과 니켈 가격의 하락과 9·11 이전에 시작된 전세계 차원의 경기후퇴 그리고 9·11 이후 관광업의 정체 탓이었다. 2003년말부터 관광업은 경제성장 호조의 기대에 힘입어 다시 반등하는 것처럼 보인다.

이주와 초국가주의(transnationalism)

지속적인 위기와 곤경 탓에 중앙아메리카와 카리브해 지역의 주민들은 국내외에서 매우 창의적으로 살아가지 않으면 안 되었다. 신자유주의에 대한 대응의 일환으로 더욱 많은 주민들이 미국으로 이주하기 위해 애썼다. 1965년 이래 미국으로 이주한 카리브해 지역 주민은 250만명 이상으로 인구의 8퍼센트가 넘는 수치를 기록했다(Potter et al. 2003). 유럽과 캐나다로 이주하는 주민들도 적잖이 늘고 있다. 중앙아메리카 출신 이주민들은 더 적었지만 최근에는 증가하고 있다. 친척이나 친구들의 권유와 도처에 깔린 미국의 대중매체는 최근 들어 해외에 더 나은 삶의 가능성이 존재한다고 선전했다. 그 결과 디아스포라는 실로 증가하고 있다. 극단적인 사례를 인용하면 쎄인트키츠네비스에서 태어나 생활해온 주민 가운데 5분의 2가 현재 미국에 거주하고 있다. 더 대표적인 사례라고 할 수 있는 자메이카의 경우 그 비율은 6분의 1이다. 자메이카는 1970~96년까지 미국에 48만 600명의 합법적인 이주민을 보낸 반면 꾸바와 도미니까공화국은 각각 54만 7300명과 66만 8700명을 보냈다(de Souza 1998). 도미니까공화국에서 실시한 여론조사에 따르면 인구의 절반 정도가 미국에 거주하는 친척들이 있으며 기회가 주어진다면 3분의 2 이상이 이주할 의사를 지니고 있었다(Klak 1998).

그렇지만 모든 이들이 영구적으로 떠나는 것은 아니다. 많은 이들은 수지타산을 맞추고 경제적 향상을 이루려는 다차원적인 국제 전략의 일환으로 북아메리카 국가들에서 일자리와 교육의 기회를 찾고자 한다. 많은 이들은 고향의 직계가족에게 송금한다. 얼마나 많은 액수를 송금하는가는 가구별로, 또 시간의 흐름에 따라 매우 다양하다. 송금에 대한 거시경제적 통계는 그것의 중요성을 과소평가한다. 왜냐하면 그런 방식은 주로 은행을 통한 송금만 기록할 뿐 우편이나 방문하는 친척과 지인들을 통해 전달되는, 기록에 잡히지 않는 금액과 물품을 제외하기 때문이다. 그럼에도 송금에 관한 공식자료에 따르면 해외송금은 자메이카, 도미니까공화국, 아이띠, 벨리즈에서 국내총생산의 5~7퍼센트를 차지하고 있다(*Latin American Press* 1997).

북아메리카로부터 얻는 소득은 고향에서 생필품과 땅뙈기를 구입하고 집을 지으며 자녀교육에 필요한 자금을 조달하거나 작은 사업을 시작하는 데 쓰인다(Chevannes and Ricketts 1996; Portes and Guarnizo 1991). 멕시코와 중앙아메리카에서도 '이주민의 달러'(migradollars)가 생활수준, 투자, 전반적인 경제상황에 미치는 긍정적인 영향력은 뚜렷하다

(Durand et al. 1996). 의류공장에서 일하는 도미니까공화국 출신의 남성 노동자들은 뉴욕 대도시권의 공장에서 습득한 기술을 고향에 돌아가 공장을 소유하거나 관리자의 지위를 얻는 데 활용하면서 눈에 띄는 성공을 거두었다(Portes and Guarnizo 1991). 자메이카인들은 이제 흔히 '원통 어린이'(barrel children)라고 부르는 자국의 현상을 언급하곤 하는데, 이는 대개 부모 모두 북아메리카에서 일하기 때문에 정기적으로 세관에 쌓이는 화물용 컨테이너의 여러가지 물품에 의존해 살아가는 어린이들을 의미한다. 이민, 송금, 유통의 증가 추세가 결합된 결과 이 지역 사회에서는 '탈영토화' 현상이 두드러진다(Olwig 1993, 206면).

지역 차원의 무역블록

중앙아메리카와 카리브해 지역은 '두가지 다른 문화적 세계에 속한다'고 언급되곤 한다(Grugel 1995, 155면). 그 결과 이 지역은 역사적으로 볼 때 경제적 유대가 미약했고 최근에야 비로소 독자적인 지역 내 무역블록을 추진했다. 중앙아메리카공동시장은 오랜 교류의 역사를 지닌 다섯 국가, 즉 과떼말라, 엘살바도르, 온두라스, 니까라과, 꼬스따리까로 구성되어 있다. 수세기 동안 에스빠냐는 이 지역을 하나의 식민지로 경영했고, 1823년 독립을 성취한 뒤에도 15년 동안 단일 공화국을 유지한 바 있다. 이 중앙아메리카 그룹에서 명백히 분리된 국가는 빠나마인데, 빠나마는 1903년 독립할 때까지 꼴롬비아의 한 지역이었다(Barton 1997a). 빠나마는 중앙아메리카공동시장의 공동 외부관세를 실행할 것을 약속하지 않았지만 이제 중앙아메리카 정상회의에 참여한다. 이 공동 외부관세 실행은 하나의 무역블록을 이루는 데 중요한 구성요소이다.

카리브해 지역은 중앙아메리카보다 경제적으로 덜 통합되어 있다. 이는 여러 섬들의 자연적 분열이 더 뚜렷하다는 사실(그림 4.1)과 유럽 식민지배 세력에 의한 역사적 분열이 더 뚜렷하다는 점을 반영한다(Richardson 1992). 현재 대다수 카리브해 국가들은 영어 사용국이기 때문에 이들은 1973년 창설된 무역블록 카리콤을 지배하고 있다. 2003년부터 카리콤 회원국은 15개로 늘었는데, 여기에는 카리브해 지역의 12개 영어 사용국과 영국 식민지 한 곳 몬트세랫, 수리남 그리고 가장 최근에 가입한 아이띠가 포함된다. 카리콤은 신자유주의 지향을 더 적극적으로 추진할 것, 즉 민영화, 공공지출 감축, 외국인 투자 증진 등을 조건으로 1997년 아이띠의 회원신청을 받아들였고, 아이띠는 2002년 이 조항들을 통과시켰다. 아이띠는 이미 수많은 신자유주의 개혁을 시행해왔다. 예컨대 10년 동안 수입 쌀에 대한 관세를 50퍼센트에서 3퍼센트로 낮췄다. 이 때문에 아이띠 시장에 미국 쌀이 넘쳐났고 국내 생산은 거의 50퍼센트까지 하락한 바 있다(CPT 1998). 카리브해 무역블록은 국제통화기금, 세계은행, 미국국제개발처의 지침을 강화한다. 카리콤은 이런 신자유주의 개혁을 모든 회원국이 세계적으로 경쟁력을 갖추고 결국 아메리카자유무역협정(FTAA)에 가입하기 위한 선결조건으로 인식한다.

바하마는 카리콤에 가입하지 않은 유일한 영어 사용국이지만 카리브해공동체에 참여하고 있다. 이런 면에서 바하마의 지위는 중앙아메리카공동시장에 대한 빠나마의 태도와 유사하다. 바하마는 지역 내 국가 정상회의체에 참여하지만 무역·재무 장관회의에는 가담하지 않으며, 공동 외부관세와 경제통합을 위한 카리콤의 계획에 동참하지 않고 있다. 1990년대에 네덜란드령 안틸레스와 일부 에스빠냐어 사용국들은 카리콤에 입회국으로 참여할 수 있는 지위를 얻었다. 중앙아메리카공동시장과 카리콤 국가들은 멕시코, 꼴롬비아, 베네수엘라, 빠나마, 도미니까공화국 그리고 프랑스와 더불어 최근 카리브해국가연합(Association of Caribbean States)을 구성했다. 첫번째 카리브해국가연합 정상회담은 1995년에 개최되었다. 그뒤 지금까지 카리브해국가연합은 무역블록이 아니라 오히려 공동의 경제적 관심사와 미래에 가능한 무역, 수송, 관광을 위한 연계에 관해 토론하는 포럼으로 기능하고 있다(Demas 1997).

5개국으로 구성된 중앙아메리카공동시장은 6개국이 참여해 구성된 최초의 유럽경제공동체(EEC)가 출범한 지 2년 뒤인 1960년에 실행되었다. 세계경제에서 중앙아메리카공동시장과 유럽경제공동체의 유사하고도 때이른 출범은 과연 그것이 발전하고 함께 강화될 것인지에 관심을 갖도록 만들었다. 중앙아메리카공동시장은 출범 후 첫 10년간 활발한 활동을 성공리에 전개했다. 이때 지역 내 수출은 7퍼센트에서 26퍼

표 4.3 중앙아메리카와 카리브해 무역블록: 총수출에서 차지하는 지역 내 수출 비율

연도	중앙아메리카공동시장	카리브해공동시장
1960	7.0	해당 사항 없음*
1970	26.0	해당 사항 없음
1980	24.2	8.9
1985	15.5	13.0
1990	15.2	12.3
1992	23.2	11.8
1994	22.7	15.6
1996	21.5	해당 사항 없음
2001	21.8	15.9

* 카리브해공동시장은 1973년에 창설.

출처: Demas 1997; Bulmer-Thomas 1998; ACS 2003.

센트로 증가했다(표 4.3). 경제개방, 재정적 보수주의, 지역의 무역통합을 강조한 중앙아메리카의 정책은 1965~75년 사이 연간 5퍼센트 정도의 경제성장을 이뤄냈다. 그뒤 중앙아메리카공동시장은 주춤했다. 중앙아메리카공동시장 내의 교역은 총수출의 약 22퍼센트 수준에서 평준화되었다(표 4.3). 중앙아메리카공동시장은 왜 처음엔 성공의 가능성을 보여주다가 나중에 정체되었는가?

1960년대에 중앙아메리카공동시장이 거둔 괄목할 만한 성장은 국가주도로 수입대체 산업화를 통해 성공적으로 기업을 육성한 데서 비롯되었다. 이 정책은 지역 내에 공장을 설립하고 중앙아메리카공동시장 내로 수출하는 미국의 초국적기업을 광범위하게 참여시켰다(Grugel 1995). 그렇지만 당시 이 지역의 인구 1100만명 중 대다수는 빈곤 속에 살고 있었으므로, 공업제품의 내수시장은 곧 공급과잉이 빚어졌다. 경제성장과 지역의 무역통계는 인상적이었지만 농민경제의 파탄과 국가정책의 불공정성은 다섯 국가 중 세 곳—니까라과, 과떼말라, 엘살바도르—에서 게릴라전쟁을 촉발했다(Walker 1997). 또 무역은 중앙아메리카공동시장 국가 간에 심각한 불균형을 드러냈다. 한편으로 엘살바도르와 과떼말라의 주요 도시경제 지역의 지리적 상호 접근성은 왜 두 국가의 무역이 중앙아메리카공동시장을 지배했는지 설명하는 데 도움을 준다. 다른 한편 가장 발전이 더딘 온두라스는 1960년대에 대규모의 무역적자를 기록했다. 이는 1969년 엘살바도르와의 유명한 '축구전쟁'과 더불어 1970년 온두라스가 중앙아메리카공동시장에서 탈퇴하는 이유가 되었다. 1970년대에는 내전 때문에 역내관계가 악화되었고 1980년대에는 니까라과의 싼디니스따 정부를 고립시키려는 레이건 행정부의 시도 탓에 더욱 악화되었다. 1980년대의 세계적인 경기침체와 외채위기는 중앙아메리카공동시장의 교역 전망을 더욱 어둡게 했다. 그 뒤 세계은행과 국제통화기금이 제공한 신자유주의적 긴급구제 프로그램은 수입대체 산업화와 역내교역을 약화시킨 반면 비전통적 농업과 제조업 생산품의 역외교역을 강조했다(Bulmer-Thomas 1998). 그 결과 중앙아메리카공동시장 소속 다섯 국가는 1992~95년까지 11~31퍼센트의 연간 수출증가율을 유지했다(Colburn 1998).

중앙아메리카공동시장의 교역 수준은 1970년경에 이룩한 절정은 아니더라도 1990년대에 다시 뛰어올랐다(표 4.3). 초기의 취약점 가운데 대부분이 다시 수면 위로 떠올랐다. 온두라스는 1990년에 다시 가입했으나 또다시 많은 무역적자를 기록했다. 중앙아메리카공동시장 국가 간의 교역은 통합적인 상품 연계의 구성요소나 농산물보다는 계속 독립형 공산품을 중심으로 이뤄졌다. 통합적인 상품 연계의 부족은 지역 내 교역과 경제통합의 수준이 낮다는 점을 시사한다. 농산물의 교역은 1990년대까지 법적으로 제한되었다. 그렇지만 온두라스의 가입 이후에도 농산물 수출은 다변화하지 않았고 1990년대말 중앙아메리카공동시장 내 교역의 4퍼센트에 지나지 않았다(Rueda-Junquera 1998). 중앙아메리카공동시장의 존속 기간 내내 무역 규제는 지역 내 생산을 증대시키기보다는 그 지역에서 멀리 떨어진 제3국으로부터 수입을 더 늘리는 경향이 있었다. 경제학자의 용어에 따르면, 중앙아메리카공동시장은 무역창출보다는 무역전환(trade diversion)을 야기해 무역블록 내부의 더 비싼 생산품이 무역블록 밖의 더 저렴한 상품을 대신했다(Nicholls 1998). 결과적으로 자본과 상품은 이제 더 자유롭게 중앙아메리카 여러 나라의 국경을 넘나들지만 정치 지도자들은 같은 방식으로 노동력의 이동이 촉진되는 것을 달갑지 않게 여긴다(Bulmer-Thomas 1998).

이에 비해 카리브해공동시장은 무역통합에 대한 낮은 관심과 제한적인 경제 상보성을 감안할 때 결코 중앙아메리카공동시장의 역내교역 수준에 근접하지 못했다. 총수출에서 차지하는 카리브해공동시장 내부의 교역은 1980년 이래 8~16퍼센트 사이에서 변동했다(표 4.3). 더욱이 카리브해공동시장 내의 수출은 1980년에 59억 달러에 달한 반면, 1994년에는 40억 달러로 하락했고, 2001년에는 겨우 13억 달러밖에 안 되었다(Demas 1997; ACS 2003). 카리브해공동시장 내 시장 역시 더 제한적이다. 중앙아메리카공동시장의 인구는 3500만명인 데 비해 카리브해공동시장은 단지 630만명이고 여기에 (대부분 빈곤한 농민층인) 아이띠 인구 710만명을 더할 수 있다. 2002년말에 카리브해공동시장은 내부적 경제통합이 '우선순위에서 뒤로 밀려나는'(Gibbings 2002) 동안, 공동 외부관세를 아직 시행하지 않았다. 숙련 노동력은 카리브해공동시장 내에서 이동할 수 있었지만 비숙련 노동력은 그렇지 못했다(Demas 1997; CARICOM 2003). 카리브해공동시장은 최근 들어 회원국을 여행하는 데 필요한 비자(여권이 아니라) 요건을 철폐했다. 북아메리카인과 유럽인 들은 오래전부터 운전면허증만으로 회원국에 입국할 수 있었다.

역사적으로 의미 있는 사례가 통상 그렇듯이 외적인 요인이 해당 지역의 경제발전을 압도했다. 외부 국가들을 포함하는 지역통합의 우선순위가 더 높아짐에 따라 중앙아메리카공동시장과 카리브해공동시장은 모두 손해를 입었다. 예컨대 1994년 꼬스따리까는 멕시코와 양자 간 무역협정을 맺었는데 이런 움직임은 무역블록 내부와 외부 국가 간의 구분을 흐릿하게 만들었기 때문에 중앙아메리카공동시장을 위한 공동외부관세의 진전을 방해했다. 마찬가지로 카리브해공동시장은 꼴롬비아, 베네수엘라와 자유무역협정을 체결했다(Demas 1997) 북아메리카자유무역협정과 잠재적인 미래의 아메리카자유무역협정은 불머-토머스가 제시했듯이 더욱 높은 장벽이 될 것이다. 어떻게 중앙아메리카공동시장 국가들의 관심이 북아메리카자유무역협정으로 전환되었는지를 비판적으로 고찰한 불머-토머스의 연구는 카리브해공동시장 국가들에도 동일하게 잘 적용된다. "그럴듯하지 않았지만 미국시장에 대한 무제한적인 접근은 더 바람직한 동시에 덜 흥미로우나 더욱 현실적인 지역통합의 목표로 인식되었다"(Bulmer-Thomas 1998, 320면).

더 광범위하게 북아메리카자유무역협정은 세계경제에서 중앙아메리카와 카리브해가 차지하는 중요성을 약화시켰고 제조업 투자를 멕시코로 이동시켰다. 멕시코의 외국인 투자와 수출은 1994년 이래 카리브해와 중앙아메리카의 소국들에 비해 늘어났다. 외국인 투자를 유치해 조립공정을 발전시키려던 중앙아메리카와 카리브해의 정책입안자들은 멕시코를 가장 큰 위협 대상으로 보았다. 중앙아메리카공동시장과 카리브해공동시장은 미국에 지속적으로 무역양보를 요구해왔다. 가장 긴급한 목표는 북아메리카자유무역협정 내에서 멕시코와 동등한 지위를 누리는 것이다. 만일 그렇게 된다면 이 지역이 수출기지로서 더 이상 비교열위에 놓이지 않게 될 것이다. 카리브해 지역과 중앙아메리카 국가들은 저임금 노동을 제외하곤 미국에 대해 거의 경쟁력이 없음에도 불구하고 북아메리카자유무역협정의 회원 자격을 요구한다.

불운하게도 앞에서 언급한 이 지역의 경제적 주변성은 정치적 주변성을 낳는다. 데마스가 카리브해공동시장에 대해 안타까워하듯이 "우리는 이미 무역자유화를 통해 지나치게 많이 지나치게 빨리 양보했다"(Demas 1997, 20면). 그러나 미국 정부는 중앙아메리카와 카리브해 국가들에 경제적 유대의 심화와 상보적 발전을 위한 지역협력이라는 주제에 관해 수사(修辭) 이상을 제공하지 않았다. 이 지역의 발전은 특히 2001년 이래 부시 행정부의 주목을 끌지 못했다(Griffith 2003). 이 지역에 대한 미국 정부의 정책은—만일 그런 산발적인 조치와 대체적인 무관심을 '정책'이라고 부를 수 있다면—이기적이고 협소하며 근시안적이라고 결론 내리지 않기가 오히려 어려운 일이다.

마약경제의 성장

신자유주의가 구체화되면서 이 지역이 성장할 수 있는 기회는 거의 없었지만 중앙아메리카와 카리브해를 경유하는 마약의 운송은 특히 확대되었다. 많은 이들이 마리화나를 재배하고 수출하는 일과 안데스 지역으로부터 코카인과 점점 더 많은 헤로인을 들여와 세계 최대 시장인 미국으로 매매하는 일에 가담하고 있다. 그들은 엄청난 초국가적 소득의 작은 몫까지도 챙긴다. 꼴롬비아의 코카인, 헤로인, 마리화나만 해도 약 460억 달러에 달한다고 추정된다(NACLA 2002). 이 지역을 출입하는 여행객의 증가는 항공이나 선박 편으로 미국에 마약이 유입될 가능성을 높인다.

과떼말라 출신의 학자 에드가 셀라다(Edgar Celada)는 중앙아메리카에서 점증하는 마약밀매를 '지리적 숙명론'으로 묘사했다. 이 지역은 남아메리카의 생산자와 북아메리카의 소비자 사이에 끼여 있다. 같은 연구에 따르면 중앙아메리카에서는 생산과 소비의 밀매매를 넘어 마약 관련 활동이 확대되고 있다(Jeffrey 1998). 카리브해에도 동일한 문제가 존재한다. 뿌에르또리꼬는 1995년 미국 영토 내에서 1인당 살인발생률이 가장 높은 곳이 되었는데, 살인 사건의 3분의 2는 마약과 관련되어 있었다. 미국에서 추방되는 카리브해 지역 출신의 주민들이 늘고 있는데 가장 흔한 이유는 바로 마약 관련 활동 때문이다. 동시에 카리브해의 감옥은 이미 수용시설이 부족할 정도로 수감자가 넘쳐나며 위험하고 건전하지 못하다고 알려져 있다(Griffith 1997).

중앙아메리카와 카리브해 지역에서 마약 관련 활동이 늘어난 것은 또한 사회계급과 관련이 깊다. 마약활동의 '민주화'는 이제 더 많은 정치인, 판사, 사업가뿐 아니라 보통사람들을 연루시킨다. 군 출신 인사도 마약제조와 법률 집행 양쪽 모두에 가담하고 있다. 중앙아메리카의 내전 종식과 평화협정에 뒤이어 이제 마약퇴치 노력에 미국의 자금이 투입되면서 이 지역에는 다시 군사적 긴장이 높아졌다. 신자유주의적 개방경제와 비전통적 생산품의 수출은 마약거래와도 관련되어 있다. 또다른 과떼말라의 연구자 마리오 말도나도(Mario Maldonado)는 브로콜리와 화훼 운송과정에 코카인을 은닉해 부를 축적하는 국내 기업인들이 늘어나고 있음을 개탄한다(Jeffrey 1998). 과떼말라는 이제 주민들이 흔히, 그리고 매우 정확하게 어떤 지역 인사들의 보석류나 새로운 자동차, 주택 구입이나 외식의 증가가 마약 밀매와 깊이 관련되어 있을 것이라고 추정하는 국가의 대열에 합류했다. 예외가 있다면 꾸바이다. 미국 정부에 따르면 꾸바는 이 지역의 마약거래에서 아무런 역할도 하지 않고 있다(NACLA 2002).

결론

중앙아메리카와 카리브해 지역은 전통적으로 서로 다른 별개의 지역으로 연구된 바 있다. 하지만 오늘날 미국의 지역패권의 균질화 경향, 경제적 세계화, 신자유주의 덕분에 아울러 분석하는 게 유용해졌다. 최근 몇십년에 걸쳐 이 지역은 미국의 지배와 개입이 '민주주의'와

'발전'에 대한 이 지역 나름의 해석을 발전시키는 작업을 극히 어렵게 만들었다는 점을 확인했다. 이 지역이 서둘러 다양한 민주적 사회주의 방식의 발전경로를 실험한 사례는 이제 과거지사가 되었다. 대신 중앙아메리카와 카리브해 지역은 미국의 감독 아래 종속적 자본주의의 발전을 추구하는 여러 정책으로 수렴하고 있다.

현재 전세계의 정치경제는 이 작고 산업화 수준이 낮으며 무역의존도가 높은 지역에, 더 큰 취약성과 주변성에 따르는 수많은 위험뿐 아니라 제한적인 선택의 기회를 제공하고 있다. 신자유주의와 관련된 더 높은 수준의 경제적 개방은 이 지역의 기업들을 더 크고 경쟁력 있는 해외 기업들과의 경쟁에 노출시키고 있다. 오래된 생산자뿐 아니라 새로운 생산자들 사이에서도 그런 경쟁이 치열하게 벌어졌다. 이 지역의 몇 안 되는 생존자들이 신자유주의가 과시하는 틈새시장을 메울 수 있었는데, 그런 경쟁력은 흔히 주로 노동력과 환경을 대가로 한 것이었다.

그렇지만 국제적 차원의 경제통합이 발전과 인권에 대한 내적인 장벽을 노출시키고 제거하는 데 도움을 준다면 그것은 잠재적으로 다른 긍정적인 영향을 끼칠 수 있을 것이다. 경제적 노출은 이 지역 주민들에게 경기침체와 같은 내부의 문제에 맞서도록 압력을 가한다. 그동안은 이 지역의 중상주의적 자본과 비효율적인 생산방식의 영향력 아래 단지 소수만 혜택을 입었을 뿐이다. 또한 전세계적 통합과 개방은 이 지역을 오랫동안 괴롭혀온 정부의 잘못된 통치, 부정부패, 족벌체제를 널리 드러내는 데 기여할 수 있다. 비전통적 수출품 생산은 이제 불법 또는 비인간적 관행을 노출시킬 수 있는 (그러나 잠재적으로 그런 관행을 통해 이득을 볼 수 있는) 외부 이해집단이 이 지역과 더 많이 관련을 맺게 된다는 것을 의미한다. 인권문제는 더 큰 국제적 연계를 통해 국제사회의 주목 대상이 될 수 있다. 최근에 나이키, 리복, 캐시 리 지포드(Kathie Lee Gifford) 등 의류업체와 디즈니 사(와 하청업자)가 제3세계에서 유지해온 고용관행에 맞서 전개된 국제적 캠페인은 이런 경향을 예시한다(Ross 1997a). 이 캠페인을 통해 오랫동안 지리적 거리, 비민주적 국가, 이질적인 문화, 폐쇄적 사회 탓에 방치되어온 고용과 생활조건이 국제적으로 널리 알려지게 되었다. 몇가지 경우에 그런 캠페인은 노동자들로 하여금 더 나은 임금, 혜택, 조건을 위해 결집하고 투쟁하도록 열린 공간을 창출하는 데 도움을 주었다.

경제적 세계화는 중앙아메리카와 카리브해 지역 주민들의 삶을 형성하는데, 주로 위에서 아래로 엘리트가 추진하며 외부에 토대를 둔 과정이라고 할 수 있다. 그렇지만 세계화는 여러 차원을 지니고 진보적인 초국적 네트워크와 더불어 곧 다루게 될 지배, 배제, 착취의 조건들에 맞설 기회도 부여할 수 있다.

□더 읽을거리

- Hirst, P. and Thompson, G. *Globalization in Question: the International Economy and the Possibilities of Governance*. Cambridge: Polity 1999 (제2판).: 이 책은 현재까지 경제적 세계화를 뒷받침해온 사상과 증거에 대해 가장 철저하고 면밀한 질문을 던진다. 세계화에 대한 수많은 뻔한 설명을 거부하면서, 전세계적 차원에서 실제로 경제통합이 이루어지고 있는 수준과 정확한 방식을 기술하는 데 필요한 경험적 증거를 제공한다.
- Klak, T. (ed.) *Globalization and Neoliberalism: the Caribbean Context*. Lanham, MD: Rowman and Littlefield 1998.: 정치경제에 대한 분석적 시각을 통해 이 책은 카리브해 지역이 빠르고 심각한 변화를 겪으면서 드러난 충격과 적응, 그리고 모방 전략을 검토한다. 발전정책, 비전통적 수

출품, 대외 관계, 환경, 관광, 계급과 젠더 관계, 인구 이동 등 여러 쟁점에 대해 언급한다.

- Potter, R., Barker, D., Conway, D. and Klak, T. *The Contemporary Caribbean*. Hallow: Addison-Wesley Longman and Prentice Hall 2003.: 카리브해 지역에 대한 광범한 지리적 개관으로서 환경적·경제적·정치적 ·사회적 쟁점을 다룬다.
- Thomas, C. Y. *The Poor and the Powerless: Economic Policy and Change in the Caribbean*. New York: Monthly Review Press 1988.: 2차대전 이래 카리브해 국가들이 추진한 여러 유형의 국가주도 비자본주의적 발전방향에 대해 가장 자세하고 통찰력 있는 설명을 제공한다.

□웹사이트

- 카리브해국가연합(Association of Caribbean States; ACS, http://www.acs-aec.org): 여러 섬들과 중앙아메리카와 남아메리카 국가를 포함해 카리브 수반 지역을 포괄하는 유일한 정치 조직으로서, 지역적 단합을 도모하고 발전정책을 조율하며 세력통합의 견지에서 협상에 기여하고 있다.
- 노동권을 위한 캠페인(Campaign for Labor Rights, http://campaignfor-laborrights. org): 노동 착취적 공장의 노동자들과 소비자들을 결집시키고 그 실상을 알리며 세계 곳곳의 조립공장과 수출 가공 지역에서 노동자의 권리를 증진하는 일을 전개한다.
- 카리브해공동시장(http://www.caricom.org): 카리브해의 자유무역을 주도하는 기구의 웹사이트. 중앙아메리카공동시장은 2003년 1월 이후 공식적인 웹사이트를 보유하지 않았다는 점을 지적해둔다.
- 미국 중앙정보국(CIA, http://www.cia.gov/cia/publications/factbook): 세계 모든 국가들의 현황과 각종 수치에 대한 탁월한 최신 정보를 제공

한다.

• 세계 발전 운동(World Development Movement, http://www.wdm.org.uk): 영국에 기반을 두고 전세계적 차원의 빈곤에 맞서며 위로부터의 세계화에 대한 세계 곳곳의 저항을 보고하고 알리는 운동 조직의 웹사이트.

제5장

도시혁명

_ 앨런 길버트

20세기 내내 도시화는 라틴아메리카에 심대한 영향을 끼쳤다. 1900년 당시 작은 지역 중심지 이상의 도시에 거주하는 인구는 전체의 10퍼센트 미만이었으나 1세기가 지난 뒤에는 전 인구의 4분의 3에 이르렀다. 1900년 당시 약 1000만명에 지나지 않던 도시인구는 2000년에 3억 7500만명으로 증가했다.

도시화는 수적인 변화보다 훨씬 더 많은 것을 가져왔다. 도시화는 인간의 삶을 변화시켰다. 그것은 들판에서 사무실, 작업장, 공장 그리고 도시의 거리로 노동의 공간을 이동시켰다. 또 편의시설이 없고 수수한 오두막집에서 얼마간 편의시설을 갖춘 주택과 자립적인 공간으로 주거환경을 변모시켰으며 종교와 사회에 대해 인간이 생각하는 방식을 바꾸는 데 영향을 미쳤다. 정치는 점차 농촌의 지주들이 명령하던 사안에서 시민들이 빈번하게 투표하고 때로는 주요한 결정사항에 영향을 미치기까지 하는 방식으로 바뀌었다. 도시에서 권력 행사의 방식은 점차 포퓰리즘에서 군부독재를 거쳐 민주주의에 조금이나마 근접한 것으로 변모했다. 이런 의미에서 도시화는, 이론의 여지는 있지만 20세기 동안 라틴아메리카인들의 삶에서 벌어진 가장 혁명적인 변화라고 할 만하다. 도시화는 분명히 실제로는 매우 희귀한 사례인 정치혁명이나 빈번하지 않았을 뿐 아니라 흔히 효율적이지도 않았던 토지개혁, 또는 통상 그 효과가 매우 과장되어온 세계화보다 훨씬 더 중요했다.

사회적·경제적 조직에서 발생한 그런 근본적인 변화를 감안하면 학계가 도시화를 가장 핵심적인 연구주제로 삼았을 것이라고 가정할 수 있다. 하지만 실제로는 거의 그렇지 않았다. 20세기 라틴아메리카를 다룬 가장 중요한 학술서의 면면을 일별하면 그것들이 지역의 소도시와 어느정도 규모를 갖춘 도시에 대해 거의 기분 나쁠 정도로 침묵하고 있음을 알 수 있다. 하도이, 모스, 데이비스, 스코비의 연구 정도가 예외일 따름이었다(Hardoy 1975; Morse 1958; 1971; Davis 1994; Scobie 1964; 1974). 커리는 이런 비판에서 벗어날 수 있겠지만 분과학문으로서 경제학은 이 문제에 대해 훨씬 더 침묵했다(Currie 1971). 물론 많이 출판되긴 했지만 인류학, 지리학, 도시계획, 사회학 분야 밖에서 도시는 유감스럽게도 소홀히 다루어졌다.

도시화가 하나의 주제로 등장했을 때, 그것은 흔히 지나치게 일반화되곤 했다. 물론 라틴아메리카의 도시 간에는 많은 유사성이 존재했다. 그러나 빈민촌, 비공식 고용, 사회적 격리, 동력화한 교통수단의 성장을 제외하면 바랑끼야, 벨렘, 브라질리아, 부에노스아이레스가 정말 공통점을 지니는가? 수많은 라틴아메리카인들이 여전히 다양한 도시의 환경 속에 살고 있지만 또한 기존 연구는 주로 대도시에 초점을 맞추는 경향이 있었다. 최소한 대도시와 수도 위주의 편향은 20세기 라틴아메리카가 세계적 차원에서도 규모가 큰 일부 대도시를 배양했고 그곳이 전국의 생활을 좌우하는 경향이 있다는 점에서 이해할 만하다. 거주 인구를 기준으로 10만명 이하의 도시를 무시하는 것이 그리 놀랄 만한 일은 아니지만 100만명 이상의 도시를 소홀히 취급한다면 사정은 달라질 것이다, 벨루 오리존치, 바랑끼야, 과야낄이나 마나우스에 대해 기술한 연구서는 거의 없다.

도시화과정이 흔히 무시되었거나 선별적으로 연구되었다면, 그 과정의 요소 가운데 일부는 그 중요성이 지나치게 부각되어왔다. 여러 도시들이 일종의 사회 붕괴로 겪은 공포는 수십년 동안 자주 반복된 주제였다. 라틴아메리카의 도시들이 충분한 일자리나 적절한 주거지를 제공하는 데 경제적으로 실패했다는 사실도 또다른 인기 주제였다.

5장에서는 20세기 동안 도시의 성장이 라틴아메리카인들이 겪은 삶의 본질을 이해하는 데 필수적인 요인의 하나라는 점을 강조할 것이다. 그 과정과 관련된 매우 실제적인 문제들에도 불구하고 도시화는 중요한 성공담으로 간주되어야만 한다. 광범한 빈곤에도 불구하고 라틴아메리카인들은 과거보다 더 오래 살고 더 풍족한 생활을 영위하고 있다. 이것은 도시화 없이 성취될 수 없는 것이었다.

또 5장은 도시화와 세계화 사이의 관계를 다룬다. 그렇지만 도시화라는 용어를 1980년 이래의 일들을 논의하는 데 국한하지는 않는다. 왜냐하면 그렇게 잘못 규정된 개념이 실제 무엇을 의미하든 간에 라틴아메리카인들의 생활은 항상 외부세계에 영향을 받고 라틴아메리카인들은 항상 세계경제에서 일익을 담당하고자 애썼기 때문이다. 라틴아메리카에서 세계화과정은 최소한 크리스토퍼 콜럼버스가 15세기에 이곳에 도착했을 당시로 거슬러 올라간다. 가톨릭, 에스빠냐어와 뽀르뚜갈어의 편재성, 노예제, 도시정착 유형 그리고 투우가 라틴아메리카의 세계화가 최근보다 덜했다는 점을 적절하게 증명해주는가? 저 문화적 강박인 축구조차도 영국에서 건너온 것으로, 20세기초 남아메리카 남부에서 잘 확립되었을 따름이다. 세계경제 통합의 주요 지지자 가운데 하나인 세계은행이 라틴아메리카에서 중요한 세계화는 이미 1870년부터 1914년 사이, 즉 남아메리카 남부에서 외국인 투자와 이민이 상대적으로 훨씬 더 중요해진 시기에 발생했다고 인식할 때, 그것은 라틴아메리카가 1980년에 '세계화'하기 시작하지 않았다는 환영인사인 셈이다.

세계화를 논의할 때 과거와 현재 모두 라틴아메리카의 여러 지역들이 어떻게 항상 매우 가변적인 방식으로 외부세계와 교류했는지를 이해하는 것이 중요하다(Palma 1978; Cardoso and Faletto 1979). 국제무역의 성쇠는 라틴아메리카 대부분을 우회하거나 지나친 반면, 어떤 도시와 지역은 항상 세계의 '핵심지역'과 긴밀하게 연결되어 있었다(Frank 1966). '세계화가 승리를 거둔' 지난 20년 동안조차(ILO 1995, 68면) 많은 도시들은 세계화를 구성하는 요인에 약하게만 영향을 받았다. 가장 뚜렷한 예외는 북부 멕시코의 도시들이고 더 큰 국가들의 수도 또한 예외로 간주되어야 한다. 라틴아메리카의 도시 거주민 대다수에게 세계화가 끼친 영향은 매우 가변적이었다. 사회계급, 도시의 위치, 발전 수준은 어떻게 세계화가 평범한 일상생활에 영향을 미치는지를 이해하는 데 핵심적인 열쇠이다. 아마도 '공간이 중요하다'라는 지리학적 집회 구호는 5장에서 전개되는 또다른 필수적인 논의 가운데 하나일 것이다.

20세기의 도시 성장

아메리카 대륙의 도시화는 콜럼버스가 우연히 이스빠뇰라 섬에 도착한 때부터 시작되지 않았다. 아스떼까, 잉까, 마야 문명은 이미 이베리아인들의 정복 이전에 대규모 도시들을 수립했다(Hardoy 1975). 이런 견지에서 본다면 적어도 라틴아메리카의 일부 지역에서 도시생활은 매우 오래된 현상이다.

물론 에스빠냐인들은 신속하게 원주민 문명을 와해시켰고 대신 새로운 도시전통을 수립했다. 에스빠냐인과 뽀르뚜갈인들은 아메리카 정복과정에서 도시화를 주요 무기로 활용했다(Morse 1971; Cardoso 1975). 그들은 오늘날 존재하는 대다수 도시들을 세웠다. 브라질리아, 시우다드 과야나, 벨루 오리존치, 고이아스와 몇몇 다른 사례를 예외로 하면 대다수 도시들은 1700년 이전 또는 독립을 성취하기 훨씬 전에 세워졌다. 1492년에 시작된 세계화 국면은 새로운 형태의 도시문명을 가져왔다. 이베리아 식 광장, 교회, 직선으로 된 도로 형태는 원래 그런 것이 없었던 곳에 행정관료의 일방적 명령에 따라 세워졌다. 그러므로 라틴아메리카의 도시화는 수세기에 걸친 역사를 지닌다. 또 그것은 매우 중요한 의미에서 최근의 현상이기도 하다. 실제 많은 지역에서 도시의 성장은 지난 70년 동안 이루어진 현상이라고 주장할 수 있을 것이다(표 5.1). 1930년경 라틴아메리카에서 인구의 6분의 5 정도는 농촌에 거주했다. 2000년에는 인구의 4분의 3이 도시 거주민이었다. 1900년에 단지 한 곳, 부에노스아이레스에만 약 100만명의 주민이 거주하고 있었다. 1950년에 그 정도 규모의 도시는 일곱 군데로 늘었다. 1990년까지 약 40곳으로 늘었다(UNECLAC/UNCHS 2000, 표 12).

표 5.1 라틴아메리카: 일부 국가의 도시인구 비율, 1930~2000

국가	1930	1950	1970	1990	2000
아르헨띠나	38	63	79	87	90
볼리비아	14	34	42	58	62
브라질	14	37	56	78	81

칠레	32	61	75	84	86
꼴롬비아	10	43	59	71	74
에꽈도르	14	29	41	55	65
과떼말라	자료 없음	25	36	35	40
멕시코	14	43	59	71	74
뻬루	11	35	60	70	73
베네수엘라	14	54	77	84	87

출처: UNECLAC/UNCHS 2000, 표 4; Cunha 2002, 표 1.

20세기 라틴아메리카에서 도시 성장의 수준과 속도는 매우 인상적이었고 많은 정부 관계자들이 심각하게 우려할 정도였다. 1950년대에 대다수 주요 도시들은 연간 4퍼센트 이상 성장했고 다른 곳은 훨씬 더 빨리 팽창했다. 리마, 멕시코시, 쌍빠울루는 5퍼센트 이상, 까라까스는 6퍼센트 이상, 보고따는 7퍼센트 이상 성장했다. 그런 성장률은 곧 상대적으로 작은 규모의 도시들을 흔히 괴물로 묘사되는 것으로 변모시켰다. 오늘날 멕시코시와 쌍빠울루는 모두 1800만명에 이르는 인구를 자랑하고 있으며 부에노스아이레스는 거의 1300만명, 리우데자네이루는 1100만명, 리마는 800만명 이상을 유지하고 있다(CEPAL 2001b).

도시화는 라틴아메리카인들의 생활에 깊은 영향을 미쳤다. 그렇지만 그것은 라틴아메리카를 균질적으로 변모시키진 않았고 매우 독특한 방식으로 다양한 시기에 특정 지역에 영향을 끼쳤다. 예컨대, 아르헨띠나, 우루과이, 브라질 남부는 19세기말에 급속한 도시화를 겪었다. 성공적인 수출품 생산이 경제성장을 촉발시켰고 남유럽으로부터 이 지역으로 엄청난 숫자의 이주민들을 끌어들였다. 그 과정에서 아르헨띠나는 이주민의 천국이 되었고 수도 부에노스아이레스는 라틴아메리카에서 최초로 '100만명이 사는 도시'가 되었다. 그러나 대다수 지역에서 도시화는 뒤늦게 진행되었다. 아르헨띠나 인구의 3분의 2가 도시에 거주하고 있던 1940년에 브라질, 꼴롬비아, 베네수엘라에서는 인구의 3분의 1 이하만 지방의 소도시 이상에 거주했다(Wilkie et al. 1994, 141면). 중앙아메리카에서 평온한 농촌생활은 대체로 크게 방해받지 않은 채 유지되었다.

한 세기에 걸쳐 진행된 도시화는 삶의 본질을 변모시켰다. 빈번한 무질서에도 불구하고 도시의 생활은 전반적으로 농촌 거주자들의 삶의 질도 향상시켰다. 특히 공공써비스와 때로는 주거환경까지 점차 개선되었다. 분명히 도시화는 그렇게 흔히 예견되던 재난을 가져오지 않았고 사회혁명을 유발하지 않았지만, 불운하게도 빈곤을 없애지는 못했다. 실제 지난 20년 동안의 경험은 라틴아메리카에서 빈곤이 더 견고해지고 특히 도시에서 더욱 일반적인 현상이 되었다는 점을 확인해준다. 농촌 주민들의 지속적인 도시 유입, 채무위기 그리고 신자유주의 경제발전 모델은 빈곤을 도시생활의 영구적인 특징으로 만들어버렸다.

도시 성장의 의미

남아메리카 남부(원뿔 지역)의 도시화는 경제적 팽창에서 비롯되었다. 리우데자네이루와 쌍빠울루의 커피경제 팽창과 아르헨띠나와 우루과이에서 쇠고기, 양모, 곡물 수출의 호조 덕분에 물질적으로 풍요했고 노동력에 대한 수요가 높아졌다(Morse 1958; Scobie 1974). 에스빠냐, 뽀르뚜갈, 이딸리아에서 많은 이들이 대서양을 건넜고 대체로 그들은 발을 디딘 항구 주변에 머물렀다. 1872~1940년까지 300만명이 넘는 이들이 브라질로 이주했고 1881년 이후 반세기 동안 아르헨띠나에는 340만명이 몰려들었다. 꾸바 역시 독립 이후 수년 동안 이주민의 물결 때문에 혜택을 입었다. 1902~30년 사이에 외국인들이 약 120만명 도착했는데, 이들은 대부분 에스빠냐 출신이었다. 그렇지만 대다수 지역에서 외국인들은 훨씬 나중에 도착하거나 전혀 유입되지 않았다.

경제성장은 1940년대 산업화가 시작되기 전까지 라틴아메리카 대부분에서 그다지 중요하지 않았다. 1950년 도시화 정도는 경제발전의 수준과 긴밀하게 연결되어 있었다. 상대적으로 풍족한 아르헨띠나, 칠레, 우루과이는 대다수 인구가 도시에 거주한 반면 상대적으로 빈곤한 에꽈도르, 과떼말라, 온두라스의 도시인구는 3분의 1을 채 넘지 못했다.

그렇지만 경제성장이 도시 발전의 유일한 요인은 아니었다. 1940년대까지 전국적인 인구 증가라는 다른 근본적인 요인이 등장했다. 1930, 40년대에 대다수 라틴아메리카 국가들은 인구 전환의 두번째 국면에 돌입하기 시작했다. 출생률은 예전처럼 높은 반면 사망률은 떨어졌다. 표 5.2는 어떻게 1930년대에 일부 규모가 큰 국가들에서 인구 증가가 가속되기 시작했는지를 보여준다. 이미 인구 전환의 성숙 단계에 들어선 아르헨띠나를 예외로 하면 모든 국가는 자연증가에 따른 새로운 기록을 수립하고 있었다.

높은 출생률과 결합된 사망률의 감소는 도시 지역에 이중적인 영향을 미쳤다. 첫째, 도시 자체의 인구가 더 빨리 증가하기 시작했고, 둘째, 잠재적인 도시 이주민들이 더 많이 생겨났다. 불평등한 토지 소유와 대다수 농촌인구의 빈곤을 감안하면 농촌의 삶은 더욱 문제가 심각했다. 이주는 특히 경제발전이 도시에서 더 나은 삶을 위한 새로운 기회를 창출했을 때 환영받는 탈출구를 제공했다. 1950~80년까지 라틴아메리카 대부분에서 도시 성장은 절정에 이르렀다. 젊은이들이 도시로 쇄도했고 가정을 꾸리면서 도시에서 자녀를 낳았다. 이후에는 도시 성장의 속도가 늦춰졌다. 이주는 여러 곳에 지속적으로 중요한 성장의 원인을 제공했지만 점차 도시 성장의 씨앗은 도시 자체에서 뿌려졌다. 1960년 이후 도시 성장은 주로 자연 증가 덕분이었다(Merrick 1986).

표 5.2 라틴아메리카: 연간 인구 증가율, 1900~95

국가	1900~30	1930~50	1950~70	1970~95
아르헨띠나	3.1	1.8	1.7	1.5
브라질	2.1	2.4	3.0	2.1
칠레	1.3	1.7	2.3	1.6
꼴롬비아	2.2	2.0	3.1	2.5
과떼말라	2.3	2.4	3.2	2.7
멕시코	0.8	2.4	3.1	3.1
뻬루	1.0	1.6	2.5	2.6
베네수엘라	0.9	2.2	3.8	2.9

출처: Thorp 1998, 23면.

1980년에 각국 인구는 훨씬 더 느리게 증가했다. 1950~80년까지 라틴아메리카의 인구는 연간 2.8퍼센트 증가했다. 1980~95년까지 연간 성장률은 1.8퍼센트로 떨어졌다. 출생률 하락이 이런 변화의 주요인이었다. 1970년 이후 이 지역의 대다수 여성은 더 적은 수의 아이를 출산했다. 1970년 니까라과 여성은 보통 평생에 걸쳐 7.2명을 출산했으나 2000년에 그 수치는 3.7명으로 하락했다(UNDP 1997, 표 22; World Bank 2000, 286~87면). 같은 기간 동안 멕시코 여성의 출산은 6.5명에서 2.8명으로 하락했다. 출산의 하락은 도시 성장의 속도를 늦추는 데 크게 기여했다.

여러 지역에서 타국으로의 이주는 또한 전국적인 인구 성장을 감소시켰다. 지역의 빈곤과 '위대한 사회'로의 접근이라는 기대감이 결합함으로써 수백만명을 미국으로 이주하도록 부추겼다. 2000년에 미국내 라틴아메리카 계통(라티노) 인구는 3530만명에 이르렀다(Logan

2002, 1면). 바로 그해 멕시코 인구의 거의 19퍼센트, 엘살바도르 인구의 16퍼센트, 꾸바와 도미니까공화국 인구의 11퍼센트가 미국에 거주하고 있었다. 물론 이 수치는 유출국가에 미친 충격을 과소평가하는 경향이 있다. 왜냐하면 수많은 이주민들이 불법이민자이고 점점 더 많은 이들이 이제 유럽과 세계의 다른 지역으로 향하고 있기 때문이다(Jokisch and Pribilisky 2002; Gilbert 2002). 대탈출은 라틴아메리카의 도시화에 중요한 영향을 미쳤다. 이주민들이 외국으로 이동하지 않았더라면 그 국가의 대다수 도시들은 훨씬 더 빠르게 팽창했을 것이다.

1980년대가 도시화 속도의 완화를 예고했다면 그 시기는 외채위기라는 또다른 이유 탓에 라틴아메리카인들의 기억에 상흔을 남겼다. 1981~89년까지 라틴아메리카의 1인당 소득은 8퍼센트가량 하락했다. 꾸바 그리고 얼마간 칠레와 꼴롬비아를 예외로 하면 모든 국가는 경제침체로 큰 어려움을 겪었다. 그러나 대다수 국가들이 '잃어버린 10년' 동안 고통을 겪었다면 위기의 칼날은 도시 거주자들에 의해 만들어졌다. 몇세대 만에 처음으로 도시 빈곤이 농촌 빈곤보다 더 빠르게 증가했다.

1980~90년까지 농촌빈민의 절대수는 8퍼센트가량 늘어난 반면 도시빈민의 수는 사실상 2배가 늘었다(표5.5, 5.6 참조). 물론 도시가 대개는 옛것으로부터 발생하는 이익을 얻었기 때문에 도시가 잘못 투자된 씨앗에서 말라비틀어진 곡식을 거둬들였다는 주장은 터무니없는 것은 아니었다. 그 해석이 지닌 유일한 문제점은 번영기에 가장 많이 얻은 이들이 도시의 채무위기 동안 크게 고통을 겪진 않았다는 것이다. 대부분의 부담은 빈민층에게 전가되었고 때로는 심지어 중간계급에도 충격을 던졌다. 부유층은 이미 재산을 달러로 바꾸거나 흔히 해외에 투자하곤 했다(Portes 1989; Gilbert 1992; Tardanico and Menjívar-Larín 1997).

외채위기는 몇가지 이유 탓에 특히 도시 지역에 큰 충격을 던졌다. 첫째, 외채위기는 경제 침체, 빠른 인플레이션, 국제수지 적자라는 지독한 곤경을 결합시켰다. 경제 정상화를 어느정도 재정립하는 데 도움이 될까 해서 사실상 모든 국가는 안정화 프로그램을 도입했다. 흔히 미국의 유명 대학교 경제학과 출신인 라틴아메리카 국가들의 여러 경제부처 장관들은 자국을 위한 정책을 고안했다고 주장하지만, 어떤 이들은 경제 운영에 관한 워싱턴합의 측의 견해를 받아들이는 정부에만 조건부로 국제통화기금의 대출이 집행되었다고 강조한다. 말하자면 대안이 없었다. 원인이 무엇이든, 경제를 개방하고 정부지출을 통제하며 세금을 늘리고 정부 소유의 기업을 가능한 한 많이 민영화하는 처방과 요법이 많은 국가에서 채택되었다. 1980년대초 그리고 일부 지역에서는 1980년대말에도 인플레이션 비율은 완화되었지만, 더 신속한 경제성장의 도상에서 보자면 너무 미미했다.

둘째, 안정화 프로그램은 실업과 불완전고용을 더 악화시켰다. 경제 침체와 더불어 미국과 극동 지역에서 유입된 저렴한 수입품들은 라틴아메리카의 많은 기업들을 줄도산으로 몰아넣었다. 새로운 노동개혁은 남아 있는 사업체 운영자들에게 노동자들을 해고하도록 독려했다. 일자리를 잃은 이들은 대부분 비공식부문에서 도피처를 찾고자 했다. 일부는 택시 운전같이 그나마 수입이 더 나은 분야에서 일했고 대다수는 행상처럼 별로 소득이 없는 곳으로 몰렸다. 게다가 가장 빈곤한 가구들은 더 많은 가족 구성원들을 노동현장에 투입하지 않으면 안 되었다(Escobar and González de la Rocha 1995). 어느정도 나이를 먹은 어린이들은 책과 교복에 소요되는 비용을 아끼기 위해 그리고 임시직을 통해 무엇인가를 벌어볼 요량으로 학교를 떠났다. 1980년대에 실업과 비공식부문이 증대하는 동시에 라틴아메리카에서 노동력의 규모가 커진 것은 이런 사정 때문이다. 평균 실질임금이 대다수 국가에서 하락했다는 점은 말할 필요조차 없다.

셋째, 수출장려에 기초한 새로운 경제 모델(NEM)은 구래의 수입대체 산업화의 틀을 폐기했다(Edwards 1995). 이론적으로는 구식 산업이 구조조정의 또다른 핵심요소인 평가절하에 힘입어 수출시장을 지향하는 방식으로 생산의 초점을 바꿀 수 있었다. 그러나 실제로 그럴 만큼 충분히 경쟁력을 갖춘 제조업체들은 거의 없었다. 멕시코, 아르헨띠나, 브라질을 예외로 하면 새로운 수출은 대부분 농촌에서 이뤄졌다. 어떤 지역에선 평가절하가 농업생산을 독려했다. 몇년 만에 처음으로 농업 종사자들이 수출을 통해 소득을 올릴 수 있었기 때문이다(그러나 4장을 참조). 도시의 성장이라는 측면에서 평가절하는 도시에 불리한 방향으로 교역조건을 변경시키는 결과를 빚었다. 수출이 팽창한 지역에서는 농업소득이 때로 증가하기도 했다.

넷째, 정부예산 삭감은 사회적 지출과 더불어 특히 운송, 수도, 전기와 같이 고액의 보조금을 받아왔던 도시부문에 심각한 영향을 끼쳤다. 새롭게 민간부문으로 넘어간 공익사업체들은 영리 중심의 요금을 청구하고 심지어 자사에서 일자리를 보유해온 노동자들의 임금을 더 많이 삭감하기 시작했다. 예전에 보조금은 대부분 도시에만 제공되었기 때문에 외채위기는 도시빈민층에게 특히 심각한 타격을 입혔다. 농촌의 빈곤층은 애당초 큰 혜택을 받지 못했기 때문에 위기 국면에 그나마 보호받은 셈이었다.

1980년대의 구조조정은 라틴아메리카에서 거시경제 구조의 개선을 의미했는데, 1990년대에 들어 그 혜택이 감지되었다. 표 5.3은 그 견해에 대해 어느정도 정당화가 가능하다는 점을 보여주지만 그렇다고 결과가 그리 인상 깊지는 않았다는 점 또한 예시한다. 새로운 밀레니엄에 접어들어 몇해 동안 이 지역의 경제 사정은 악화되었고 특히 아르헨띠나, 우루과이, 베네수엘라 등이 큰 위기에 직면하자 사정은 결코 나아지지 않았다. 세계화, 자유무역, 구조개혁의 결합이 어떤 약속을 표방했다 하더라도 표 5.3은 라틴아메리카가 당시까지 거의 혜택을 보지 못했다는 점을 알려준다. 1990년대의 성장 기록은 그토록 조롱거리가 되어버린 수입대체 산업화 시기에 비해 훨씬 더 저조했다(3장 참조). 경제성장의 둔화는 도시 발전과 특히 빈곤의 도시화에 지속적인 영향을 미쳤다(이하 참조).

표 5.3 1950년 이래 라틴아메리카 일부 국가의 경제성장률(국내총생산의 연간 성장률)

국가	1950~59	1960~69	1970~79	1980~89	1990~99	2000~02
아르헨띠나	2.4	4.4	3.0	-0.6	4.9	-5.5
브라질	6.5	6.2	8.6	2.9	2.9	2.4
칠레	3.8	4.5	2.0	3.2	7.2	3.1
꼴롬비아	4.7	5.0	5.7	3.7	3.3	1.8
과떼말라	4.0	5.2	5.9	0.9	4.2	2.6
멕시코	5.9	7.1	6.5	2.1	2.7	2.5
뻬루	4.9	5.6	4.0	-0.2	5.4	2.6
베네수엘라	8.3	5.4	3.2	-0.8	1.7	-0.2
라틴아메리카	4.9	5.7	5.6	1.7	3.4	1.2

출처: ECLAC 1998; World Bank 2000; CEPAL 2003.

농촌에서 도시로의 이주

수세기 동안 라틴아메리카인들은 일자리를 찾기 위해 이주했다. 에스빠냐인들은 많은 원주민들에게 금과 은을 얻기 위해 광산지대로 이동할 것을 강요했다. 대서양을 건넌 노예선들은 아프리카인 수백만명을 데려왔다. 여러 세대에 걸쳐 농업 노동자들은 브라질과 뻬루의 플랜테이션들에서 일자리를 얻기 위해, 또 브라질과 북부 안데스에서 커피를 수확하고 중앙아메리카에서 바나나를 따기 위해 계절의 변화에 따라 이동했다(Arizpe 1982; Skeldon 1990; Chant 1992; Radcliffe 1992; Bailey and Hane 1995). 이런 점에서 1930년대 이후 매우 두드러지게 증가한 농촌에서 도시로의 이동은 오랜 세월에 걸쳐 확립된 노동력 이동이라는 주제에서 보면 단지 하나의 변종에 지나지 않았다.

그렇지만 다른 측면에서 그것은 혁명적인 변화였다. 대다수 이주민들이 도시에 영구적으로 정착하기 시작했기 때문에 그것은 예전의 계절적 이주와는 유형이 달랐다. 이런 점에서 라틴아메리카인들은 농촌에 가정과 토지에 대한 권리를 보유하고 단기간만 이주하려는 경향을 보인 대다수 아프리카인들과도 달랐다(Gilbert and Gugler 1992). 라틴아메리카에서 전가족 구성원은 도시에서 재산이나 최소한 생존을 위해 더 나은 기회를 얻기 위해 점차 농촌생활을 포기했다. 또한 도시로의 이주는 여성을 포함한다는 점에서 예전의 농촌 이주와는 달랐다. 실제 남성보다 더 많은 수의 여성들이 도시로 이주하는 경향을 보였다(de Oliveira 1991; Chant 1992; Radcliffe 1992; Gilbert 1998). 영구 이주는 도시가 점점 더 라틴아메리카 생활의 중심 공간이 되었다는 것을 의미했다.

도시 환경이 지독하게 좋지 않았음에도 농촌 지역의 상황보다는 더 나았기 때문에 라틴아메리카인들은 도시로 이동했다. 도시에서 전기와 수도 같은 공공써비스에 대한 접근성은 문제가 있었지만 농촌의 상황에 비해선 훨씬 나은 편이었다. 1993년 당시 꼴롬비아에서 도시가구의 97퍼센트가 전기를 사용한 데 비해 농촌가구는 35퍼센트만이 그 혜택을 입고 있었다. 놀랍게도 영양실조조차 도시에서 덜 혹독한 수준이었다. 예컨대 1970년대말 라틴아메리카 농촌가구의 62퍼센트가 영양실조에 시달린 반면 도시가구의 비율은 26퍼센트였다(Pfeffermann and Griffin 1989).

만일 생활조건이 대체로 농촌보다 도시에서 더 나았다면 아마도 대다수 주민들이 이동하려 한 것은 상식적인 선택이라고 볼 수 있다. 그렇지만 여러 연구자들은 당시 이주민들이 잘못된 길을 선택했으며 자포자기의 심정에서 도시에 대한 기대를 가지고 이주하도록 유혹당했다고 여겼다. 이주민들은 도시생활이 실제로 자신들에게 일자리나 주거지를 거의 제공하지 않았을 때도 도시의 거리가 '황금으로 포장'되어 있다고 믿었다. 많은 도시인들은 특히 새로운 이주민들이 판초를 입고 원주민의 언어로 말할 때 조롱거리로 여기기까지 했다. 어떻게 이렇게 교육도 받지 않고 천진난만한 원주민들이 도시에서 살아갈 수 있었을까?

때로는 이주민에 대한 부정적인 고정관념이 옳았다고 볼 수 있다. 때때로 농촌의 갈등과 폭력이 주민들로 하여금 피난처를 찾아 도시로 이동하게 했다. 그들은 복귀를 원했지만 일터가 피해를 입거나 탈취당했기 때문에 그럴 수가 없었다. 자연재해 역시 농촌 탈출을 불가피하게 만들었을 것이다. 허리케인, 가뭄, 지진, 홍수는 정기적으로 여러 곳을 덮쳤고, 그 때문에 많은 주민들이 집과 터전을 버리고 떠났다. 대다수 국가들에서 그런 '피난민'들은 소수였지만 어떤 때에는 큰 규모를 이루기도 했다.

1960년대에 이주과정에 대한 진지한 연구가 수행되기 시작했을 때, 현실은 고정관념과 매우 다른 것처럼 보였다(Mangin 1970; Portes 1972; Peattie 1974; Carnelius 1975; Perlman 1976). 대다수 이주민들은 도시생활에 그럭저럭 적응하게 되었다. 그리고 농촌의 이주민들에게 마음먹고 삶의 가능성을 헤아릴 시간이 주어졌을 때 오히려 그들은 분별력 있는 선택을 내린 것처럼 보였다.

이주 결정은 흔히 개인이 아니라 가족 전체가 내렸다. 이주는 한 가구의 생존전략으로 여겨졌다. 어떻게 한 사람이나 일부 개인들의 이동이 한 가구가 어려운 환경에서 생존하는 데 도움을 줄 수 있었을까? 가구 전체가 도시로 이주하는 것과 한 사람이 이주해서 가정을 꾸리고 다른 이들이 나중에 이주할 기반을 마련하는 것 가운데 어느 쪽이 사리에 맞았을까? 도시로부터의 송금은 나머지 가족 구성원들이 농촌에서 생존할 수 있는 수단이 되었을지 모른다.

도시 이주는 전반적으로 합리적인 선택이었고 이주민들은 빈곤한 곳에서 더 부유한 장소로, 그리고 가장 가까운 도시로 비교적 짧은 거리를 이동하는 경향이 있었다. 중요한 사실은 이주과정이 선별적이었다는 점이다. 이주민들은 가장 빈곤한 계층이 아니라 도시에서 삶을 영위할 가능성이 있는 이들이었다. 이주를 가장 원하는 주민들의 연령대는 15세부터 35세까지였다. 이들은 글을 읽고 쓸 줄 알았으며 각자 나름대로 기술을 갖고 있었다. 여성은 남성에 비해 이주를 더 선호하는 편이었다. 농촌의 들녘에서는 여성 노동력의 수요가 적을지 몰라도 도시에서 여성들은 하녀, 청소부, 작업장 조수나 심지어 성매매 종사자로 일자리를 얻을 기회가 더 많았기 때문이다.

도시 이주는 크나큰 도전이었지만 대다수 라틴아메리카인들은 매우 잘 적응했다. 안데스, 중앙아메리카, 멕시코의 '원주민'들은 훨씬 더 어려운 과정을 겪었지만 그래도 적응할 수 있었다. 여러 연구성과에 따르면 이주민들은 새로운 도시생활에 적응하기 위해 열심히 노력했기 때문에 삶의 방식과 옷차림뿐 아니라 심지어 언어까지 바꾸었다(Andrews and Philips 1970; Doughty 1970; Roberts 1973; Lomnitz 1977).

물론 대다수 이주민들이 합리적이었기 때문에 세월이 흐르면서 이주의 본질은 사회·경제적 환경의 변화에 대응해서 바뀌었다. 결국 도시로의 대규모 이주는 지금까지 적어도 60년 동안 지속되어왔고, 요즘 이주는 초창기와는 매우 다른 환경에서 발생한다. 예컨대 많은 농촌주민에게는 오늘날 도시에 거주하는 친구들이나 친척들이 있다. 그들은 함께 머물고 생존을 도울 수 있는 누군가가 있기 때문에 더이상 이주하는 데 큰 위험을 무릅쓰지 않아도 된다. 교통수단의 발달에 힘입어 그들은 이미 도시를 방문한 경험이 있다. 따라서 스스로 도시에서 대처할 능력이 없는 이들도 더 많이 이주할 수 있게 된다. 노약자들도 보호받을 수 있으리라 기대하면서 도시로 이주할 수 있다. 자녀들이 있는 경우에는 도시의 더 나은 교육시설로 혜택을 받을 것을 기대하고 자녀들을 데려올 것이다. 간단히 말해 이주과정은 아마 시간이 흐름에 따라 덜 선별적인, 즉 더 보편적인 현상이 될 것이다.

도시와 농촌 지역 간의 뚜렷한 생활수준 차이가 1980년 이래 점차 완화되었다는 점에서 보더라도 이주과정은 바뀌었다. 외채위기가 도시를 강타했을 때 라틴아메리카인들은 곧 가난에서 벗어나는 정상적인 방식이 더이상 효과적으로 작동하지 않을 것이라는 점을 깨달았다. 1980년대 도시 성장의 둔화는 잠재적인 이주민들이 이런 신호를 매우 빨리 접수했음을 시사한다. 농촌에 계속 머무는 것이 이제는 더 합리적인 선택이 되었다. 구조조정과 농업 현대화로 농촌과 도시의 관계가 변화했고, 특히 수출 농업 지역에 거주하는 이들에게는 새로운 기회가 열렸다. 농촌의 임금수준은 매우 낮았지만 도시의 실업률 증가와 생활수준 하락은 결코 이보다 더 나은 사정을 제공하지 않았다.

또한 교통과 통신 체계의 개선은 농촌과 도시의 균형을 변모시켰다. 더 좋은 도로상태, 더 빨라진 버스와 트럭, 전화의 보급으로 농촌주민들이 도시에서 물건을 판 뒤 귀가하는 일이 가능해졌다. 교통수단의 발달로 일부 도시인들이 농촌에서 일하는 것도 가능해졌다. 쌍빠울루의

'찬 점심'(boías frias, 도시에 거주하는 일시적인 이주 농업노동자를 지칭함—옮긴이)과 싼띠아고의 농업노동자들은 널리 알려진 사례였다(12장 참조). 마찬가지로 보고따 주변에서 화훼산업에 종사하는 많은 여성들은 도시에 거주한다. 로버츠가 정리하듯이

> 대다수 농촌 지역에서 과거 이주와 상업화의 유산은 농촌과 도시 간의 구분이 흔히 크지 않다는 것을 의미한다. 경제활동에 종사하는 사업체는 농촌과 도시 여러 곳에 걸쳐 있다. 농촌의 소비양식은 소도시의 소비양식에 비해 규모 면에서 다를 수 있지만 본질적으로는 다르지 않다(Roberts 1995, 112면).

많은 지역에서 도시는 농촌을 흡수했다(Gilbert 1998).

라틴아메리카의 도시화가 점점 더 뚜렷해짐에 따라 이주와 이주민의 성격이 바뀌었다. '누가 왜 이주하는가?'나 '그들이 어디로부터 어디로 이동하는가?' 같은 질문은 항상 지역의 사정에 따라 결정되는 문제였으나 이제 도시와 농촌이 처한 환경들은 더욱 다양해졌다. 그러므로 이주과정 자체를 일반화하기는 이제 훨씬 더 어려워졌다.

또다른 중요한 변화는 이주가 점차 국제적인 현상으로 바뀌고 있다는 점이다. 멕시코와 중앙아메리카의 농촌 노동자들은 오랫동안 캘리포니아 농촌의 일터로 이주했다. 또한 그들은 대규모로 미국의 도시로도 이동한다. 현재(2004년) 약 50만명의 멕시코인들이 시카고에 살고 있으며 꽤 많은 이들이 중서부의 다른 도시들에서 거주하고 있다(*The Economist* 2003a). 누가 이주하고, 어디로부터 어디로 이주하는가를 예견하기란 매우 어렵다. 예컨대 런던으로 이주한 꼴롬비아인 가운데 왜 다른 29개주보다 특정한 3개주의 출신이 압도적으로 많을까(Gilbert and

Koser 2002). 확실한 것은 경기침체기 동안 국제적 이주가 증가한다는 점이다(Cornelius 1991; Roberts 1995; Gledhill 1995). 아르헨띠나, 꼴롬비아, 에꽈도르에서 최근에 발생한 위기는 미국뿐 아니라 에스빠냐와 이딸리아로도 이주민의 흐름이 늘어나는 계기가 되었다(Jokisch and Pribilsky 2002). 해외 거주자들의 송금액은 본국에 사는 가족을 부양하고 심지어 그럴듯한 집을 짓기에도 충분할 정도가 된다(Durand and Massey 1992; Jokisch 2002). 2001년 엘살바도르인들은 20억 달러를 본국으로 송금했다. 이는 엘살바도르 국내총생산의 16퍼센트에 해당했다(BID 2002).

오늘날 이주에 대해 우리가 말할 수 있는 모든 것은 여전히 이주가 주로 경제사정에 의해 유발되고, 대다수 이주민들이 어디에서 살고 일할지에 관해 계속 분별력 있게 판단하고 있다는 점이다(9장 참조). 그들에게 선택의 여지가 거의 또는 아예 없을 때에만, 실제적인 예외가 생겨난다. 농촌의 폭력 사태 탓에 200만명 이상이 강제로 이주할 수밖에 없었던 꼴롬비아의 경험은 일부 주민들이 가족 중 누구를 이주시켜야 할지 선택하는 사치를 누릴 수 없는 사정을 보여준다(Rojas 2001). 아마 그런 상황에서만 이주에 대한 매우 단순한 설명, 즉 '배출과 유입'의 유용성이 확실히 입증될 뿐이다. 죽음의 위협에 직면하게 된 농촌 주민들은 가장 확실하게 도시로 밀려가게 된다.

새로운 경제 모델과 도시 성장의 지리학

수입대체 산업화 시기 동안 그것이 도시 성장의 지리학에 미치는 영향이 무엇인지에 관해 몇가지 폭넓은 일반화가 도출될 수 있었다(Gilbert 1974; Gwynne 1990). 수입대체 산업화는 수입의 대체를 목표로 삼았기 때문에 시장은 대부분 주요 도시에 집중되어 있었고 제조업체들은 더 큰 규모의 도시를 선호했다. 그 도시들이 만일 수도이거나 항구일 경우에는 이점이 배가되었다. 1960년 아르헨띠나 도시인구의 56퍼센트가 부에노스아이레스에 거주했을 때나, 같은 해 뻬루 도시인구의 57퍼센트가 리마에 밀집됐을 때 각국 기업가들의 선택은 분명해 보였다(Fox 1975, 20~26면). 1940~61년까지 뻬루의 산업 고용에서 리마가 차지하는 비율은 14퍼센트에서 38퍼센트로 늘었다(Gilbert 1974, 61면). 물론 예컨대 메데인, 깔리, 과달라하라 같은 일부 지방도시들도 번성했으나 이런 도시들조차 수도에 비한다면 주목을 받지 못하곤 했다.

수입대체 산업화 시절에 제조업이 중요하긴 했지만 국내총생산은 대부분 상업, 금융, 써비스에서 창출되었다. 이때 대도시, 특히 수도는 가장 유리한 위치에 있었다. 경제 전반이 국내시장을 지향하면서 고소득자들이 가장 밀집한 도시들이 가장 좋은 실적을 거두었다. 표 5.4는 1950,60년대 주요 국가 대도시의 인구가 아르헨띠나를 제외하곤 전체 도시인구보다 더 빨리 성장했다는 사실을 보여준다.

표 5.4 라틴아메리카 주요 도시들의 성장, 1950~2000(연간 성장률)

국가/도시	1950~60	1960~70	1970~80	1980~90	1990~2000
아르헨띠나	3.0	2.2	2.3	1.9	1.7
부에노스아이레스	2.9	2.0	1.6	1.1	1.2
브라질	5.0	5.1	4.3	2.7	2.2
쌍빠울루	5.3	6.7	4.4	2.0	1.7
칠레	3.9	3.0	2.8	1.8	1.8
싼띠아고	4.3	3.2	2.8	1.9	1.6
꼴롬비아	4.4	4.3	2.7	2.8	2.5
보고따	7.2	5.9	3.0	3.3	2.5
멕시코	4.8	4.7	4.5	2.7	2.0
멕시코시	5.0	5.6	4.2	0.9	1.6

뻬루	3.6	4.9	3.5	2.8	2.6
리마	5.0	5.3	3.7	2.8	2.6
베네수엘라	6.1	4.6	3.9	2.5	2.5
까라까스	6.6	4.5	2.0	1.4	자료 없음

출처: 1950~90년은 UNECLAC/UNCHS 2000; 1999~2000년 통계는 주로 UN 인구국(局) 자료(2001)를 근거로 추정.

1970년대에 출생률의 하락과 '경제적 탈집중화' 때문에 인구 성장은 일부 대도시에서 둔화되었다. 주요 도시에서 토지가격과 때로는 노동력 비용이 급속히 인상되고 교통체제는 점점 더 혼잡해졌으며 환경관리가 강화됨에 따라 경영자들은 공간전략을 재고하기 시작했다. 많은 이들은 주요 도시에서 확장을 미루고 새로운 시설을 다른 곳으로 옮기기로 결정했다. 이것은 흔히 기존 시설에서 상대적으로 가까운 소도시에 새로운 공장을 건립하는 것을 의미했다. 주요 시장과 좋은 통신망을 갖춘 소도시나 기존 공장에서 200킬로미터 내에 위치한 도시들은 최적의 후보지였다. 멕시코시 주위에 있는 뿌에블라와 똘루까는 주요 수혜자였다(Gilbert 1993; Aguilar 1999). 쌍빠울루 주에서 핵심 대도시 지역은 1970,80년대에 공장을 깜삐나스, 과룰류스, 싼또안드레, 오자스꾸 같은 인근 도시들로 넘겨주었다(Townroe and Keen 1984; Diniz 1994; Bähr and Wehrhahn 1997).

그러나 주요 도시에서 성장 속도가 확실히 둔화된 것은 외채위기의 시대였다. 앞에서 언급한 대로 제조업은 국내 경기의 침체와 수입품과의 경쟁 강화라는 이중의 영향력 아래 매우 어려움을 겪었다. 대도시는 유리한 지위를 상실했고 경제적 구조조정은 다른 지역이 제조업 투자를 끌어들일 새로운 기회를 창출했다. 새로운 경제 모델은 제조업 수출을 고무하려는 의도를 지니고 있었다. 제조업 수출이 예컨대 쎌룰로오스나 포도주 생산과 같이 천연자원과 연계되어 있다면, 이는 원료 생산지에 좋은 기회를 제공했다. 수출지향은 또한 항구나 주요 통신망에 가까운 도시에 유리하게 작용했다. 수입대체 산업화가 주요 도시에 유리했다면 대신 새로운 경제 모델은 지역적 이점의 균형을 변화시켰다. 멕시코에서 북부 주들의 산업 성장은 호황을 누렸고(이하 참조) 칠레에선 천연자원의 생산지에 가까운 일부 도시들이 그러했다. 물론 일부 주요 도시들은 제조업 수출품을 생산하기에도 좋은 위치에 있었기 때문에 전략의 변화에서 비롯된 어려움을 거의 겪지 않았다. 그러나 일반적으로 새로운 경제 모델은 일부 지방도시들이 예전보다 산업화에 박차를 가할 수 있는 기회를 더 많이 부여했다.

표 5.4는 대다수 대도시들이 1982년 이후 크게 쇠퇴했다는 사실을 보여준다. 실업이 늘고 생활조건은 악화되었으며 농촌과 작은 지방도시의 잠재적 이주자들에게 당시는 이주하기에 적절하지 못한 시기라는 신호가 전달되었다. 실제 멕시코시 인구가 멕시코의 전체 인구보다 더욱 느리게 증가했다는 사실은 멕시코시에 들어오는 이들보다 그곳을 떠나는 이들이 더 많았다는 것을 강력하게 뒷받침한다. 수십년 만에 처음으로 대다수 대도시들의 성장률은 전국 도시의 성장률보다 낮았다.

1990년대에 최악의 경제적 곤경이 지나간 듯 보이자 라틴아메리카의 대도시들은 다시 한번 팽창할 태세를 갖추게 되었다. 그러나 1990년대의 환경은 1960년대나 1970년대와 달랐다. 구조조정 탓에 라틴아메리카는 전세계적 차원의 경쟁이라는 놀라운 신세계를 향해 개방되었다. 특정 도시가 구조조정을 어떻게 실행하는지에 따라 도시들은 융성할 수도, 시련에 직면할 수도 있었다(Friedmann and Wolff 1982; Dornbusch and Edwards 1991; Sassen 1991; Iglesias 1992; Green 1995; World Bank 1995b; Gilbert

1998). 더욱이 성공을 거둔 국가에 속한다는 사실만으로 모든 도시들이 혜택을 입을 수는 없게 된 것이다. 새로운 세계질서 속에서 모든 도시들은 서로 경쟁관계에 놓이게 되었다. 다음의 사례연구가 보여주듯이 일부 도시들은 잘 적응했고 다른 도시들은 그다지 좋은 성과를 거두지 못했다.

빈곤의 도시화

근대화론에 따르면, 경제성장은 라틴아메리카 그리고 사실 전세계의 빈곤을 제거할 수 있었다(Rostow 1960; Kuznets 1966). 최소한 경제성장은 불평등의 수준과 빈곤 속에 살아가는 이들의 상대적인 숫자를 경감할 수 있으리라 기대되었다. 논란의 여지는 있지만 수입대체 산업화 시절 라틴아메리카에서는 대체로 이런 흐름이 펼쳐졌다. 물론 그 과정은 외채위기 탓에 중단되었지만 일단 '잃어버린 10년'이 지나자 경제성장은 계속 빈곤을 줄이고 라틴아메리카를 더 평등하게 만들 것처럼 보였다.

1990년대에 그런 과정이 전개되었는지를 보여주는 증거는 제한적이다. 더 신속하게 경제성장을 이룬 칠레와 멕시코에서 빈곤발생률이 떨어지는 조짐이 있긴 했지만 아르헨띠나와 베네수엘라에서는 경제적 곤경이 가중되었다. 실제 빈곤발생률이 하락한 곳도 있었지만 다른 국가에서는 늘어나기도 했다(표 5.5). 여러 곳에서 빈곤에 허덕이는 이들의 수효는 실제로 더 늘었다.

표 5.5는 경제성장이 평등의 확대를 가져왔다는 주장을 지지할 만한 증거가 거의 없다는 점을 웅변한다. 실제 많은 이들이 새로운 경제

모델은 이런 측면에서 큰 결함을 지니고 있다고 주장한다. 세계은행(2002b, 1면)은 세계화가 '승자와 패자'를 낳고 통합의 증진은 흔히 국가 간에 불평등을 심화하지 않는다(같은 책, 5면)고 이야기하지만, 라틴아메리카는 예외를 선사한다. "라틴아메리카에서는 예전부터 교육 혜택의 극단적인 불평등 탓에 전세계적 통합이 임금의 불평등을 더욱 가중시켰다."

표 5.5 1990년대 라틴아메리카의 빈곤과 불평등

국가	연도	지니계수	1인당 소득 평균의 절반 이하에 속하는 국민의 비율(퍼센트)		
			합계	도시	농촌
브라질	1990	.501	39	52	46
	1999	.542	44	54	47
칠레	1990	.554	54	45	48
	2000	.559	55	46	39
꼴롬비아	1994	.601	49	48	46
	1999	.572	46	46	40
꼬스따리까	1990	.438	32	30	28
	1999	.473	36	35	33
과떼말라	1989	.582	48	46	38
	1998	.582	50	43	44
멕시코	1989	.536	44	43	34
	2000	.542	44	39	46
베네수엘라	1990	.471	36	34	31
	1999	.498	39		

아르헨띠나, 볼리비아, 에꽈도르는 도시 지역의 자료만 입수할 수 있었고, 뻬루는 1997년과 1999년 자료만 이용할 수 있었기 때문에 표에서 제외했다.
출처: CEPAL 2003, 표 24.

특정 라틴아메리카 국가에서 전반적인 불평등의 심화와 빈곤의 증대는 도시와 농촌의 빈곤에 어떤 영향을 미쳤는가? 표 5.5는 대체로 도시 지역에서 빈곤이 증대되었다는 점을 시사한다. 일부 라틴아메리카 국가들이 압도적으로 도시적 특성을 지니고 있기 때문에 이는 크게 놀랄 만한 결과라고 할 수 없다. 인구의 90퍼센트가 도시에 거주하는 아르헨띠나와 우루과이에서 전국적인 빈곤 수준의 상승은 도시의 생활조건에 악영향을 미쳤을 것이다. 그러나 도시화 수준이 낮은 국가들에서도 최소한 표 5.5에 사용된 척도에 따른다면 도시의 빈곤이 증가했다 해도 무방해 보인다.

표 5.6은 다른 근거에 의거해 평가된 자료를 제시한다. 그 근거는 전체 인구 중 빈곤선 아래에 사는 이들의 관점에서 측정된 빈곤 수준이다. 표 5.6에 따르면 수입대체 산업화 시절의 마지막 10년 동안 빈곤발생률은 거의 변하지 않았지만 빈곤에 허덕이는 국민의 숫자가 다소 늘었다. 농촌주민들이 끊임없이 도시로 이주하는 동안 농촌의 빈곤이 감소한 반면 도시의 빈곤은 증대했다. 고전적인 경제이론이 반드시 그렇다고 제시하는 대로, 이주는 1인당 소득을 평준화했지만 그 과정에서 도시의 빈곤은 더 악화되었다.

그렇지만 외채위기는 도시와 농촌 모두에서 수백만명에 이르는 빈곤층을 더 양산했다. 그리고 외채위기는 농촌보다 도시에 훨씬 더 심각한 충격을 던졌기 때문에 빈곤발생률은 농촌에서 5퍼센트를 유지한 반면 도시에서는 11퍼센트까지 증가했다. 실제 도시빈민의 숫자는 잃어버린 10년 동안 2배가량 늘었다.

1990년 이래 라틴아메리카의 빈곤발생률은 감소했지만 빈곤선상에 사는 이들의 절대 수치는 느린 속도이긴 하지만 꾸준히 늘었다. 흥미로운 것은 빈곤발생률이 증대한 경우는 예외 없이 도시의 사례였고 농촌 빈민의 숫자는 약간 줄었다는 점이다.

표 5.6 라틴아메리카의 빈곤발생률, 1970~99

	합계		도시		농촌	
	백만명	(퍼센트)	백만명	(퍼센트)	백만명	(퍼센트)
1970	116	40	41	25	75	62
1980	136	41	63	30	73	60
1990	200	48	122	41	79	65
1994	202	46	126	39	76	65
1997	204	44	126	37	78	63
1999	211	44	134	37	77	64

출처: UNDIESA 1989, 39면; Altimir 1994, 11면; CEPAL 2001b.

그러므로 새로운 발전 모델은 라틴아메리카에서 어떤 방식으로든 빈곤을 줄이는 데 실패하고 있을 뿐 아니라 빈곤을 '도시화'하는 경향이 있다. 부분적으로 이는 주민들이 더 빈곤한 농촌에서 도시로 꾸준히 이주하기 때문이다. 그러나 또한 실업률의 증가와 임시고용의 급증이 도시에서 새로운 형태의 빈곤을 만들어내고 있기 때문이다.

도시변화의 특이한 유형

1990년대 내내 라틴아메리카는 치열하게 경쟁적인 시장 환경에 내몰렸고 일부 지역은 다른 곳보다 훨씬 더 나은 성과를 거두었다. 이 때문에 다음 부분에서는 세 국가에서 도시 성장의 경험이 어떠했는지 고찰할 것이다. 멕시코는 수입대체 산업화 시절 급속히 성장하고 외채위기 동안 심각한 곤경에 처했다가 국제통화기금이 승인한 안정화와 구조조정 프로그램을 도입한 대표적인 사례이다. 북아메리카자유무역협정을 조인한 뒤 1994년 다시 한번 정치경제적 위기가 멕시코를 강타하기 전까지는 모든 일이 순조롭게 진행되는 것처럼 보였다. 멕시코는 새로운 발전방식의 강점과 약점을 모두 예증한다.

반면 칠레는 신자유주의적 사고의 옹호자이다. 3년 동안 민주적 사회주의 정부가 던진 충격과 1973년 군부쿠데타 세력에 의한 정부전복 이후 아우구스또 삐노체뜨 정부는 다른 사례에 비해 몇년 앞서 국제통화기금의 정책을 시행하고 신자유주의 노선에 따라 칠레경제를 바꾸었다. 사회 분야와 관련된 기록에 대한 수많은 비판에도 불구하고 많은 이들은 칠레가 새로운 형태의 자본주의의 가장 모범적인 사례라고 주장하며 칠레가 세계은행 회원국의 실적 일람표에서도 고소득 국가군으로 상향되었다고 지적한다(World Bank 2002a).

꼴롬비아는 훨씬 더 복잡한 면모를 드러낸다. 꼴롬비아는 공식적 경제를 성공적으로 개방했으나 전반적인 경제개방 속에는 더 은밀하게 감춰진 측면이 존재한다. 논란의 여지가 있지만 감춰진 측면은 현재 꼴롬비아가 겪고 있는 정치·사회적 위기의 주된 원인이다. 마약이 없었다면 꼴롬비아는 내전을 겪지 않았을지도 모른다. 꼴롬비아는 틀림없이 신자유주의가 잘못된 길로 빠져든 최악의 씨나리오라고 할 수 있다.

세 국가 모두 1990년대 내내 외국인 투자를 그럭저럭 유치하고 라틴아메리카 전체에 비해 더 나은 성과를 거두었다(표 5.7). 그렇지만 2001년 자료는 지나친 낙관론에 대한 필수적인 해독제이고 2002년의 수치는 훨씬 더 나빠 보인다. 경제 통합에서 비롯된 문제 가운데 하나는 투자의 흐름이 적잖이 요동친다는 점이다(Fernández-Arias and Hausmann 1999).

표 5.7 외국인 직접투자: 칠레, 꼴롬비아, 멕시코, 1990~2001

국가	국내총생산에서 차지하는 비율(퍼센트)		
	1990	1997	2001
칠레	0.8	7.0	4.5
꼴롬비아	0.5	6.2	2.9
멕시코	1.0	3.1	4.6
라틴아메리카와 카리브해 지역	0.8	1.4	자료 없음

출처: World Bank 1999, 표 5.1; CEPAL 2003.

표 5.8 칠레, 꼴롬비아, 멕시코: 수출 실적, 1965~2001

국가/지역	국내총생산에서 수출이 차지하는 비율 (퍼센트)				
	1965	1980	1983	1990	2001
칠레	14	23	24	26	28
꼴롬비아	11	16	10	15	15
멕시코	8	11	20	31	26
라틴아메리카	9	13	자료 없음	15	18

출처: World Bank, World Development Report, 여러 해.

수출품 생산의 증대는 경제 실적을 판단하는 데 한가지 새로운 기준으로 제시될 수 있다(표 5.8). 이 기준에 따르면 칠레와 멕시코는 꼴롬비아보다 훨씬 더 좋은 성과를 거두었다. 물론 1990년 이래 국내총생산에서 수출이 차지하는 비율이 늘어난 사례는 3개국 가운데 칠레가 유일하다.

멕시코는 제조업 수출의 성장에서 다른 두 국가를 두드러지게 능가했다(표 5.9). 이 특정 지표에서 칠레는 다소 저조한 성과를 보였고 계속 주로 농업과 광물 자원 수출에 의존했다. 수출 소득의 대부분을 커피, 석유 그리고 다른 1차산물에 의존하는 꼴롬비아도 다르지 않았다.

표 5.9 칠레, 꼴롬비아, 멕시코: 제조업 수출의 발전, 1965~2001

	상품 수출 합계 중 제조업의 비율 (퍼센트)			
	1965	1980	1990	2001
칠레	4	10	11	16
꼴롬비아	7	20	25	34
멕시코	16	12	43	83
라틴아메리카	8	20	34	48

출처: World Bank, World Development Report, 여러 해.

표 5.10 칠레, 꼴롬비아, 멕시코: 제조업의 부가가치, 1950~99(국내총생산 대비 퍼센트)

국가	1950	1960	1970	1980	1990	1999
칠레	23	26	28	20	21	16
꼴롬비아	13	16	18	21	20	12
멕시코	19	20	23	20	21	21

출처: Thorp 1998, 12면과 World Bank 2001c, 296~97면에서 변용.

라틴아메리카의 구조조정에서 덜 바람직하고 덜 알려진 측면 가운데 하나는 그것이 제조업부문에 미치는 영향이었다. 수입대체 산업화 시절 국내총생산 가운데 제조업이 차지하는 비율은 전반적으로 증가(표 5.10)한 반면, 외채위기와 신자유주의 개혁은 제조업의 비율을 낮추었다. 1980,90년대에 칠레와 꼴롬비아 모두 제조업 생산에서 상대적으로 두드러진 하락세를 겪었고 멕시코만 북부 국경지대의 수출품 성장에 힘입어 하락세를 피할 수 있었다.

1980년 이래 각국의 전체적인 실적은 크게 다르다(표 5.11). 1980년대에는 세 국가 모두 분투했지만 1990년대에는 칠레의 부상이 두드러졌다. 꼴롬비아와 멕시코는 여전히 분투하고 있었다. 새로운 밀레니엄의 첫 3년 동안 대다수 라틴아메리카 국가와 마찬가지로 세 국가는 복잡한 미래에 직면하고 있다.

표 5.11 칠레, 꼴롬비아, 멕시코: 1980년 이래 경제성장(국내총생산의 연간 성장률)

국가	1980~89	1990~99	2000~02
칠레	3.2	7.2	3.1
꼴롬비아	3.7	3.3	1.8
멕시코	2.1	2.7	2.5
라틴아메리카	1.7	3.4	1.2

출처: Inter-American Development Bank 2003.

도시의 중요성

멕시코

멕시코는 수입대체 산업화와 뒤이은 구조조정이 도시 씨스템에 어떤 영향을 미치는가에 관한 가히 고전적인 사례이다. 수입대체 산업화 시절 멕시코시, 과달라하라, 몬떼레이 등 3대 도시의 인구는 급격하게 늘었고 띠후아나, 멕시깔리, 마따모로스 같은 북부 국경도시와 아까뿔꼬를 비롯한 대표적인 관광도시만 더 빨리 성장했다(표 5.12). 3대 도시는 산업과 상업 투자 증가분 가운데 대부분을 획득했다. 도시 팽창의 속도는 1970년대에 늦춰졌으나 부(富)의 실질적인 변화는 외채위기와 함께 도래했다. 3대 도시 모두 국가 전체의 도시인구보다 더 느리게 성장했고 멕시코시는 특히 두드러진 약세를 보였다. 둔화 현상은 당시 멕시코시에서 엄청난 비난의 대상이 된 바 있는 1990년의 통계조사에 의해 과장되었다고 볼 수도 있다. 그럼에도 멕시코시의 증가율이 예전보다 훨씬 더 둔화했다는 점은 의심할 여지가 없다. 멕시코시는 1981~88년까지 약 6000개의 기업과 25만여개의 제조업 일자리를 상실했다(Rowland and Gordon 1996; Garza 1999).

표 5.12 멕시코: 주요 도시의 인구 증가율, 1950~2000

	1950~60	1960~70	1970~80	1980~90	1990~2000
멕시코시	5.0	5.2	4.2	0.4	1.6
과달라하라	6.4	5.5	4.0	2.6	2.5
몬떼레이	6.3	5.7	4.6	2.5	2.2
뿌에블라	2.3	5.5	4.3	2.5	2.6
레온	5.0	5.0	4.3	2.9	2.7
싼루이스뽀또씨	2.2	3.8	4.5	3.4	2.6
시우다드 후아레스	7.2	5.0	2.8	3.8	4.4
띠후아나	9.3	7.7	2.6	5.0	5.7
또르레온	3.1	1.4	4.5	2.8	3.1
메리다	1.8	2.2	6.1	2.7	3.0
치와와	5.5	5.6	3.9	3.0	2.7
아까뿔꼬	5.7	13.1	5.3	5.3	3.4
도시 인구	4.8	4.9	4.3	2.8	2.0
전체 인구	3.0	3.3	3.2	2.0	1.8

출처: CEPAL 2002; INEGI 2002; Demographia 2001.

뻬소화 평가절하 때문에 미국과 멕시코 국경지대의 도시들이 점차 외국인 투자자에게 매력적인 투자처로 떠오름에 따라 경제적 구조조정은 이 지역 도시들에 유리하게 작용했다. 또한 이 도시들의 성장은 국경을 넘나드는 이주와 더불어 미국과 체결된 일련의 협정에 의해 활력을 얻게 되었다. 미국과 멕시코의 협정은 1942년 브라세로 프로그램(2차대전 기간 동안 미국의 농업 노동력 부족을 멕시코로부터 이주 노동력을 받아들여 해소하려 한 전시 이주 프로그램—옮긴이)으로 시작해 1965년 국경 산업화 프로그램의 추진을 거쳐 1994년 북아메리카자유무역협정 체결로 절정을 이루었다(Perló-Cohen 1987; South 1990; Sklair 1992; Kopinak 1996). 미미하게 출발한 국경도시들은 1940, 50년대에 호황을 이룬 뒤 1970년 이후에는 성장률이 적정 수준에서 유지되었다. 그렇지만 멕시코시, 과달라하라, 몬떼레이와 달리 국경도시들은 외채위기 동안에도 꾸준히 급성장했다. 뻬소화 평가절하 때문에 멕시코 노동력은 매우 저렴해졌고 그 결과 미국과 일본 기업들의 뜨거운 주목을 받게 되었다(표 5.13 참조). 1999년에 마낄라도라(maquiladoras, 마낄라maquila라고도 불린다. 3장 박스 3.1의 주 참조—옮긴이) 지역은 멕시코에서 모든 제조업 고용의 27퍼센트를 차지하게 되었다. 2000년 이후 북아메리카자유무역협정의 조항에 따라 관세 납부 의무가 철폐되자 그 지역 이점은 덜 주목받게 되었고 고용은 2000년부터 2002년까지 떨어졌다(박스 3.1 참조).

표 5.13 멕시코: 마낄라도라의 성장, 1966~2002

연도	회사	피고용인(단위: 천명)	외환소득(달러)
1966	57	4	자료 없음
1975	454	67	454
1980	620	120	773
1985	760	212	1,450
1987	1,125	305	1,598
1991	1,914	467	4,134
1994	2,085	583	5,803
1997	2,661	888	7,593
2000	3,590	1,285	13,523
2002*	자료 없음	1,066	자료 없음

* 1월부터 4월까지.
출처: Gilbert 2002, 221면.

다른 도시들 역시 새로운 경제 모델 덕분에 혜택을 입었다. 북아메리카인들에게 소요되는 여행비용이 계속 저렴해짐에 따라 관광지는 1980년대와 1990년대에 번성했다. 아까뿔꼬는 깐꾼(Cancún)과 뿌에르또바야르따(Puerto Vallarta)같이 더 나중에 새롭게 개발된 관광지와 더불어 빠르게 성장했다. 구조조정의 부정적인 측면은 많은 지역들이 세계경제에서 틈새를 찾지 못했다는 점이다. 치아빠스나 오아하까 같은 멕시코 남부의 주와 사까떼까스를 비롯한 중북부의 일부 주는 특히 그런 영향을 크게 받았다. 미국과의 국경에서 멀리 떨어져 있을 뿐 아니라 유까딴과 달리 플로리다와도 가깝지 않은 이 지역들은 외국인 투자를 거의 끌어들이지 못했다. 경제적 잠재력이 거의 없는 농산물과 광산물을 생산했기 때문에 이 지역 도시들은 다른 지역들에 비해 쇠퇴했다.

구조조정의 불균등한 실적은 입수 가능한 주별 소득 수치에서도 드러난다. 가장 부유한 지역, 즉 멕시코시(연방 수도)와 가장 빈곤한 오아하까 간의 1인당 소득 격차는 1980~99년까지 19.4퍼센트에서 29.5퍼센트로 늘어난 반면, 멕시코 중북부의 일부 주는 상대적인 지위가 향상되었다(Hernández-Laos 2000; Arroyo 2001; Tamayo-Flores 2001). 더 우려되는 것은 지역적 불균형의 부분적인 축소에도 불구하고 빈곤이 거의 줄어들지 않았다는 점이다(표 5.14). 1999년 멕시코인들의 40퍼센트는 여전히 빈곤에 허덕이고 있었다. 외채위기는 빈곤을 증대시켰고 이런 사정은 1988~94년까지 구조조정으로 다소 개선되었다. 그렇지만 1994년에 발생한 떼낄라 위기는 빈민층에 큰 타격을 가했고 뒤이은 개선은 빈곤발생률을 단지 외채위기 이전의 수준으로 돌려놓았을 뿐이다. 1995년 이래 이룬 향상은 환영할 만한 것이지만 그것이 온전히 구조조정의 성과인지는 의심스럽다. 아마 더 중요한 문제는 수백만명의 멕시코인들이 고향을 떠나 미국으로 이동했다는 점일 것이다. 멕시코의 빈곤은 이주와 송금이라는 두가지 요소에 의해 줄어들었다. 1995년 멕시코 출신의 이주민들은 멕시코에 있는 가족에게 약 40억 달러에 이르는 소득액을 송금했다(Castro and Tuirán 2000). 2001년의 송금액은 놀랍게도 92억 달러에 달했다(*The Economist* 2003a).

표 5.14 멕시코: 빈곤과 불평등, 1963~2001

연도	지니계수	빈곤선 이하 인구 비율(퍼센트)	빈곤선 이하 도시인구 비율(퍼센트)	빈곤선 이하 농촌인구 비율(퍼센트)
1963		(77.5)		
1977		(58.0)		
1984		(58.5)		
1989	.536	47.8(59.0*)	42.1	57.0
1994	.539	45.1(73.7)	36.8	56.5
1996		52.1(79.5)	45.1	62.5
1998		46.9	38.9	58.5
2000	.542	41.1	32.3	54.7
2001		42.3		

* 1988년 통계.

출처: CEPAL 2002, 표 14, 26; 괄호 안의 수치는 Hernández-Laos 2000, 871면.

1989년 이래 빈곤의 정도가 조금이라도 줄어들었다면 그것은 멕시코의 도시들에 유리한 방향으로 작용했을 것이다. 농촌의 빈곤발생률은 1989년에 비해 21세기초에 그리 나아지지 않았다. 사람들이 꾸준히 도시로, 그리고 심지어 북쪽 국경을 넘어 이주했지만 농촌은 구조조정이나 미국, 캐나다와의 통합으로 그리 혜택을 입지 못했다. 멀리 남쪽의 농촌 지역은 확실히 아무것도 얻지 못했다. 사빠띠스따(Zapatista) 해방군 뒤에 존재하는 요인 가운데 하나는 북아메리카자유무역협정의 충격에 대해 남부 치아빠스 주 농민들이 갖게 된 두려움이었다(12장 참조).

도시화 수준이 높은 주들은 상대적으로 나은 실적을 거두었고 북부의 모든 주에선 1980~99년까지 1인당 국내총생산이 증가했다(Arroyo 2001). 그렇지만 이는 '주민의 60~75퍼센트가 빈곤 속에 헤매는' 국경지대의 생활조건을 향상시키는 데 실제로는 기여하지 못했다(Kelly 2002, 6면). 국경도시의 생활은 새로운 경제 모델에 따라 빈곤이 어떻게 도시화했는지를 보여주는 가장 적절한 증거라고 볼 수 있다.

그러나 멕시코시는 어떠한가? 멕시코시는 오랫동안 멕시코경제를 지배했으나 1982년 이래 그 지위는 위협받았다. 멕시코시가 전국 제조업 고용에서 차지하는 비중은 1980년 49.5퍼센트에서 1998년에는 단지 23.5퍼센트로 급전직하했다. 더욱이 1998년의 수치는 (멕시코시뿐 아니라) 멕시코 주의 모든 공업 중심지를 포함한 것이었다(INEGI 2001). 멕시코시는 공공부문의 일자리를 상실했고 1987~95년까지 공무원의 수는 2만 8000명이 감소했다. 놀랍게도 멕시코시는 주요 기업들의 주요 사업체들을 몬떼레이와 인근 지역에 넘겨주기까지 했다. 1980년 멕시코시에는 25대 기업 가운데 19개가 있었지만 2000년에는 17개로 줄어들었다. 멕시코시의 상대적 하락은 1980~99년까지 국내총생산에 대한 연방특별구역(DF)의 기여도가 2.7퍼센트쯤 줄어들었고 멕시코 주의 경우에도 0.3퍼센트 감소했다는 점 때문에 더 도드라져 보인다(Arroyo 2001).

하락세에도 불구하고 현재 멕시코시 인구의 47퍼센트만 포함하는 연방특별구역의 1인당 소득은 1980~99년까지 실제로 늘었고 멕시코시는 1999년 1인당 소득부문에서 최상위를 유지했다. 수많은 제조업 일자리를 잃었지만 써비스 분야의 고용은 급증했다. 이는 행상과 같은 저소득 활동에 집중된 한편, 써비스 생산 또한 두드러지게 팽창했다. 대다수 라틴아메리카의 수도처럼 멕시코시에서도 주요 호텔 체인, 회계법인, 광고·홍보 회사들이 여러 곳에 지점을 개설했다. 결국 멕시코시는 여전히 멕시코에서 정책입안의 중심지이다.

그러나 설사 멕시코시의 핵심부가 더 부유해졌다 하더라도 나머지 수도권 지역은 그렇지 않았다. 대다수 도시빈민은 멕시코 주의 연방특별구역 밖에 거주하는데, 이 지역에서는 1980~99년까지 1인당 소득이 하락했다. 아마 멕시코시는 양극화가 심화되면서 세계적 위상을 지닌 도시로서 전면적인 사회적 충격을 경험하고 있을 것이다(Sassen 1991). 기술과 자본을 지닌 주민들이 번창하는 가운데 그렇지 못한 이들은 곤경에 처한다. 멕시코시는 소득의 양극화라는 라틴아메리카 신자유주의의 새로운 현실을 반영하고 있다(Dussel 2000). 빈곤의 도시화는 풍요의 도시화와 동시에 발생한다.

칠레

1950년대 내내 수입대체 산업화는 싼띠아고와 꼰셉시온(Concepción) 두 도시 모두에 큰 도움을 주었다. 물론 그 영향력은 1960년대에 접어들어 다소 약화되었다. 1960년대에 산업화로 가장 큰 혜택을 받은 도시는 1958년 특별수입세와 관련된 지위를 받은 아리까(Arica)였다. 이상한 정치적 결정으로 싼띠아고에서 자동차 생산이 금지되는 바람에 자동차 제조업자들이 칠레의 최북단 항구도시로 옮겨가지 않으면 안 될 처지에 놓이자 아리까의 인구는 폭발적으로 늘었다(Gilbert 1974; Gwynne 1978).

칠레 인구가 다소 느리게 증가하고 대다수 칠레인들이 이미 도시 지역에 거주했기 때문에 1970년 이후 칠레의 주요 도시들은 그리 빠르게 성장하지 못했다. 그러나 새로운 군부정권의 신자유주의 전략 때문에 1970년대에 수출생산과 연계된 도시들은 가장 역동적으로 탈바꿈했다. 안또파가스따(Antofagasta), 아리까, 딸까(Talca), 라세레나-꼬낌보(La Serena-Coquimbo), 떼무꼬(Temuco) 등은 모두 3대 도시보다 더 빠르게 성장했다(표 5.15). 1980년대 농업과 목재 수출의 호황 덕분에 가장 번성한 곳은 남부의 도시들이었다.

표 5.15 칠레: 대도시들의 연간 인구 증가율, 1952~92

도시	1952~60	1960~70	1970~82	1982~92
싼띠아고	4.2	3.3	2.7	1.9
발빠라이소-비냐 델 마르	2.7	2.0	2.0	1.2
꼰셉시온-딸까우아노	3.5	3.0	2.4	1.9
안또파가스따	4.0	3.7	3.3	2.0
라세레나-꼬낌보	2.7	3.4	3.1	3.0
떼무꼬	3.2	4.3	3.0	2.9
랑까과	3.0	5.1	4.0	2.6
아리까	0.8	15.2	3.9	1.5
딸까	2.8	3.1	3.1	1.4
16대 도시	3.7	3.3	2.7	1.9
전국 총인구 증가율	2.5	2.0	2.0	1.6

1992년 당시 주민 15만명 이상의 도시.

출처: CEPAL 2001b.

칠레의 수도 싼띠아고는 출생률 하락, 구조조정, 경제적 탈집중화가 결합되어 그 활력이 떨어지기 시작하던 1970년 이후 느리게 성장했다. 실제 싼띠아고의 인구는 1960~92년까지 16대 도시 총인구의 약 58퍼센트 수준으로 일정하게 유지되었다. 싼띠아고는 애당초 삐노체뜨의 신자유주의 개혁 시절에 외국 수입품들이 쇄도한 탓에 많은 제조업체들이 파산함으로써 크나큰 곤경에 직면했다. 최대의 제조업 중심지로서 싼띠아고의 공업생산은 심각하게 위축되었고 칠레의 산업 부가가치에서 싼띠아고가 차지하는 비중은 1970년 52.1퍼센트에서 15년 뒤에는 43.5퍼센트로 하락했다(de Mattos 1996; 1999, 37면). 1980년대 중엽 이래 싼띠아고의 역동성은 대체로 회복되었고 칠레 경제에서 싼띠아고가 예전에 누리던 지배력도 다시 확립되었다. 1991년에 산업 부가가치의 51퍼센트 그리고 국내총생산의 47퍼센트 정도가 싼띠아고에서 창출되었다.

칠레의 경험은 신자유주의 모델이 점차 수출품 생산과 연계된 도시들에 유리한 방향으로 작용했다는 점에서 멕시코의 경우와 유사하다. 그렇지만 멕시코와 달리, 그리고 사실 라틴아메리카 지역 가운데 가장 두드러지게 칠레에서는 1975년 이래 빈곤의 발생이 하락세에 접어들었다. 1990년 이래 경제성장, 민주주의의 회복, 실업률의 하락, 효과적인 사회 안전망 확립 등에 힘입어 도시와 농촌에서 모두 빈곤이 감소했다. 칠레가 멕시코와 다른 점은 도시와 농촌에서 빈곤발생률이 매우 비슷하다는 사실이다(표 5.16). 농촌의 빈민층이 수출 농업의 호조 덕분에 얼마간 이득을 얻었기 때문이다.

표 5.16 칠레: 빈곤과 불평등, 1970~2001

연도	지니계수	빈곤선 이하 인구 비율 (퍼센트)	빈곤선 이하 도시인구 비율 (퍼센트)	빈곤선 이하 농촌인구 비율 (퍼센트)
1970		17.1		
1987		38.1		
1990	0.554	34.6 38.6	38.4	39.5
1992		27.7		
1994		27.5	26.9	30.9
1996	0.553	23.2	21.8	30.6
1998		21.7	20.7	27.6
2000	0.559	20.6	20.1	23.8
2001		20.0		

출처: CEPAL 2002, 표 14; Feres 2001; Scott 1996.

칠레의 경험 가운데 근심거리는 수년간 상대적으로 급속한 경제성장을 겪은 뒤에도 여전히 칠레인의 20퍼센트가 빈곤에 허덕인다는 점이다. 많은 논자들은 발전 모델의 특징을 이런 문제의 원인으로 지적하곤 한다. 첫째, 노동개혁과 더불어 상대적으로 쉽게 고용과 해고가 가능해졌음을 감안할 때 도시와 농촌의 많은 일자리들은 매우 낮은 임금을 지불한다. 둘째, 소득분배에 어떤 변화도 없었다(표 5.16). 그리고 다른 라틴아메리카 국가들과 마찬가지로 칠레에서 불평등은 점차 경제성장의 둔화를 가져온 원인으로 지목된다(Morley 1995; Berry 1998; IDB 1998; World Bank 2002b).

많은 연구자들은 전국적으로 불평등을 줄이는 데 실패하고 점점 더 도시의 양극화를 초래했다는 이유 때문에 칠레의 경제기적을 비판했다. 이는 싼띠아고에서 가장 극명하게 드러났다. 그곳에서 '세계화'는 교육수준이 높은 칠레인들에게 기술의 극대화를 위한 기회를 부여하고 저렴한 수입품의 유입을 통해 생활방식을 향상시킨 반면, 실업뿐 아니라 비숙련 노동자들에게 저임금을 지속적으로 강제했다. 도시 관리의 특징 역시 싼띠아고를 분열시켰다(CED 1990; Dockerndorff et al. 2000; Sabatini 2000). 군부정권은 고소득 지역에서 무단점거자들의 촌락을 철거한 뒤 그 주민들을 가장 빈곤한 지방으로 이주시켰다(Rodríguez and Icaza 1993; Scarpaci et al. 1988). 하지만 빈곤 지역 당국이 이주민의 쇄도에 대처할 추가 재원을 거의 제공받지 못하면서 상황은 더 나빠졌다. 공간적 격리는 1990년대에 공간의 사유화로 악화되었다. 경비가 삼엄한 주거 단지를 건설해 부유층은 보호받게 되었고 심지어 빈곤층조차도 범죄를 줄이고 생활조건을 향상할 의도에서 공공장소에 담을 치기 시작했다(Ducci 1997).

꼴롬비아

만일 자유화와 세계화가 칠레와 심지어 멕시코의 빈민층에게 약간이라도 혜택을 주었다면 꼴롬비아에서 그 이해타산은 현재 논란의 여지가 훨씬 더 크다. 꼴롬비아는 1950년대와 1960년대에 석유, 석탄, 에메랄드, 니켈의 발견으로 혜택을 입었고, 두드러지지는 않지만 꾸준한 경제성장률을 기록하면서 비교적 성공적인 수입대체 산업화를 경험했다. 꼴롬비아는 외채위기 동안 다소 경제적·재정적 문제를 겪었지만 대다수 라틴아메리카 국가들에 비해 그리 심각하지 않았다(Edwards 1995; Green 1995).

언뜻 칭송받을 만한 이런 경제 관리의 역사는 불운하게도 평화적인 사회를 만들어내는 데 실패했다. 꼴롬비아는 대다수 이웃국가만큼 불평등할 뿐 아니라 정치적·사회적 폭력의 수준에서 단연 타의 추종을 불허한다. 1980년대 내내 폭력에 따른 사망 사건의 수치는 마약 관련 갱단, 경찰, 게릴라 대원과 준(準)군사조직들이 점차 갈등에 빠져들면서 걷잡을 수 없이 늘어났다.

폭력 수준의 증가와 경제성장의 둔화 때문에 정치·경제 엘리뜨 집단은 경제 모델을 바꾸는 게 필수적이라고 확신하게 되었다. 1986년에 출범한 새로운 정부는 꼴롬비아를 아시아의 호랑이처럼 만들겠다고 공약하고 1990년 이를 위해 중요한 발걸음을 내디뎠다. 세사르 가비리아(César Gaviria) 정부(1990~94)의 신자유주의 기획은 경제를 더 효율적으로 재편하고 국가의 책임을 줄이며 경제를 개방하고 인플레이션을 통제하려는 목표를 지닌 것이었다(Ramírez-Ocampo 1998). 또 꼴롬비아는 연금, 사회보장, 건강, 주택 제도를 개혁하고 노동자 세력을 약화시키며 여러 국영기업의 민영화를 추진함으로써 칠레의 선례를 따르고자 애썼다(Hommes et al. 1994, 49면).

꼴롬비아는 또 정치적 갈등과 폭력의 수준을 낮추고자 정치개혁을 도입했다. 1991년 새로운 헌법은 꼴롬비아의 정치제도를 자유화하고 도시와 여러 주로 권한을 양도할 것을 명시했다. 경제부문에서 외국인 투자와 수입품에 국가를 개방하는 것과 유사한 정치적 등가물을 찾는다면 그것은 헌법에 명시된 대로 정부를 더 효율적이고 민주적이며 평범한 꼴롬비아인들의 요구에 더 민감하게 반응하도록 개편하는 일이었다.

만일 2001년에 꼴롬비아를 '세계화의 수준이 더 나아진' 개발도상국 스물네 나라의 하나로 포함시킨 바 있는 세계은행을 신뢰할 수 있다면, 새로운 경제 모델은 매우 성공적이었다고 볼 수 있다(World Bank 2001c, 51면). 경제성장 속도는 1990년대 중반에 확실히 인상적이었고 보고따 같은 도시에서 실업과 빈곤의 수준은 극적으로 떨어졌다(Gilbert 1997a). 이런 긍정적인 면모는 불운하게도 경제침체가 꼴롬비아를 강타하고 세계화의 감춰진 측면이 지닌 쓰디쓴 열매가 수확되기 시작했을 무렵인 1997년에 이르러 크게 바뀌었다(Sarmiento 1999).

꼴롬비아가 선진국에 대한 마약 공급국으로 유명해졌다는 사실은 말할 나위조차 없다. 비록 거래에서 발생하는 외환이 결코 공식 통계에 기록되진 않을지라도 대마초, 코카인, 그리고 최근 들어 아편 수출은 꼴롬비아경제에 기여했다. 마약생산의 가치에 대한 추정치는 매우 다양하지만 가장 흔히 인용되는 수치에 따르면 국내총생산의 약 2퍼센트에 해당한다(Thoumi 1995; Fernández 1996; Steiner 1998; *The Economist* 2001a).

꼴롬비아의 마약거래가 지닌 실질적인 문제는 거래의 불법성이 폭력과 부패 수준의 증가와 긴밀하게 연계되어 있다는 점이다(Tirado 1998). 1989년 선거유세 도중에 대통령 후보자가 무려 세 명이나 암살당했고, 쌈뻬르(Ernesto Samper Pizano) 대통령은 1994년 깔리 카르텔로부터 선거자금을 받은 혐의로 고발당했다. 그리하여 쌈뻬르의 통치는 크게 약화되었고 국가경제도 점차 손상을 입었다. 꼴롬비아무장혁명세력(FARC, Fuerzas Armadas Revolucionarias de Colombia)과 민족해방군

(ELN, Ejército de Liberación Nacional) 같은 게릴라단체가 차츰 농촌 지역을 통제하게 되었고 마약생산자에게 '세금'을 부과하기도 했다. 세계은행의 추정치에 따르면 그 '사업'은 연간 5억 달러 규모를 유지했다(World Bank 2002b, 127면).

폭력은 여러 해 동안 일부 도시, 특히 빠블로 에스꼬바르(Pablo Escobar)가 지배하던 시절에 메데인에서 일상적 특징 가운데 하나였지만 가장 큰 문제점은 농촌에 있다. 여러 지역에서 폭력은 극단적인 수준에 이르렀고 그 결과 주민들이 도시로 피신하지 않으면 안 될 정도였다. 200만명이 넘는 주민들이 이런 갈등 탓에 난민이 된 것으로 알려졌다(표 5.17).

표 5.17 꼴롬비아: 경제, 살인사건, 국내 피난민, 1990~2001

	국내 피난민	연간 살인사건	1인당 소득 (연간 성장률)	도시의 실업 (퍼센트)
1990	77,000	24,267	2.2	10.6
1991	110,000	28,140	0.0	9.4
1992	64,000	28,224	2.1	9.8
1993	45,000	28,026	2.4	7.8
1994	78,000	26,807	3.8	8.0
1995	89,000	22,062	2.9	9.5
1996	181,000	24,155	0.0	11.3
1997	257,000	24,306	1.4	12.0
1998	308,000	26,062	-1.1	15.6
1999	288,000	자료 없음	-5.6	18.0
2000	317,375	자료 없음	0.4	19.5
2001	341,925	자료 없음	-0.4	16.8
2002	90,179(1~3월)	자료 없음	0.0(1~9월)	15.7

출처: Rojas 2001, 33면; Sarmiento-Anzola 1999, 113면; CODHES 2002; Banco de la República 2002.

마약거래와 더불어 그것이 분출시킨 폭력사태는 또한 국제적 개입이라는 위협을 가져왔다. 꼴롬비아 계획(Plan Colombiana) 아래 미국 정부는 군사원조를 제공함으로써 꼴롬비아가 마약생산을 통제할 수 있도록 도와주었고 유럽의 여러 국가들은 농촌의 사회적 조건을 향상시키기 위해 원조를 제공하고 있다. 그렇지만 그 계획은 심각한 논란을 불러일으키고 있으며 현재까지 성공의 조짐이 거의 나타나지 않고 있다. 미국의 더 적극적인 개입이 정부 관리, 준군사조직, 게릴라, 마약 관련 갈등이 얽히고설킨 치명적인 혼합물을 부각하지 않을 것이라고 믿기는 어렵다. 1980년대 니까라과가 경험한 곤경은 꼴롬비아가 미래에 겪게 될지 모르는 씨나리오 가운데 하나일 것이다.

꼴롬비아가 겪은 공식적 세계화와 비공식적 세계화의 독특한 결합이 최근 도시 성장의 지리학에 어떤 영향을 미쳤는지는 확실하지 않다. 1973년까지 그 유형은 상대적으로 명확했고 급속한 도시 성장이 이루어졌으나 라틴아메리카 기준으로는 비교적 균형 잡힌 도시 발전의 유형을 낳았다. 꼴롬비아는 중간 규모 도시가 많은 국가이고 각 지역은 독자적인 중심 도시를 지니고 있다. 수입대체 산업화는 공업과 도시 집중의 수준을 높였고 보고따는 분명히 큰 혜택을 입었다. 그러나 표 5.18은 다른 도시들도 마찬가지로 급속히 성장했다는 사실을 보여준다.

1973년 이후 출생률은 계속해서 급락했다. 1960년대말에 꼴롬비아 여성은 평균 6.2명의 자녀를 출산했지만 1970년대말에는 4.3명, 1990년대 말에는 2.8명으로 떨어졌다(CELADE 2001, 65면). 도시로의 이주가 계속 대도시의 인구 증가를 부추겼을지라도, 출생률의 하락은 도시화의 속도를 늦추는 데 도움이 되었다. 대도시 인구는 전국 인구에 비해 훨씬 더 빠르게, 그리고 도시 전체의 인구보다는 조금 빠르게 증가했다. 꼴롬비아는 이웃국가들에 비해 외채위기의 영향을 훨씬 덜 받았기 때문에 도시 성장의 속도가 극적으로 떨어지지는 않았다.

표 5.18 꼴롬비아: 대도시들의 연간 인구 증가율, 1951~93

도시	1951~64	1964~73	1973~85	1985~93
보고따	7.0	5.8	3.0	2.0
메데인	8.0	1.8	2.4	1.2
깔리	7.2	4.9	2.6	1.8
바란끼야	4.4	4.0	3.0	1.3
까르따헤나	5.1	3.8	3.8	1.9
부까라망가	5.5	5.3	3.0	2.3
꾸꾸따	5.6	5.0	4.5	1.6
뻬레이라	5.0	4.6	3.0	3.2
전체 도시인구	4.4	4.3	2.7	1.9
전체인구	2.9	2.9	1.6	1.4

출처: CEPAL 2001b.

전통적으로 꼴롬비아는 대다수 라틴아메리카 국가에 비해 더 균등한 도시화 유형을 선보였다. 1951년 보고따 인구는 제2, 제3의 대도시인 메데인과 깔리의 인구를 합친 것과 거의 비슷한 규모를 유지했다. 그렇지만 수입대체 산업화는 더 큰 시장을 가졌던 보고따가 팽창하는 데 유리하게 작용하곤 했다(Gilbert 1975; Dávila 1996). 보고따는 행정의 중심지였고 그 인구는 1964년 이후 두 경쟁 도시에 비해 더 빨리 증가했다.

1985년 이래 수입자유화는 메데인의 섬유와 의류 산업에 심각한 골칫거리를 안겼다. 마약 밀매업자들이 마약 관련 자금의 세탁 수단으로 매우 저렴한 수입품들을 들여오는 경우가 많았기 때문에 사정은 더 악화되었다. 꼴롬비아가 최근 인구조사 예정일을 연기했기 때문에 현재로선 1990년대 도시 성장에 어떤 변화가 일어났는지 알기가 어렵다. 수출품 생산은 의심할 바 없이 약간 효과가 있었고 꼴롬비아 수출의 대부분이 농업과 광업 생산물로 구성되어 있기 때문에 수출품 생산은 일부 지방도시의 성장을 자극했다. 비록 최근 세계적인 커피 가격의 하락으로 꼴롬비아의 중심부가 매우 큰 충격을 받았지만, 야노스(llanos, 열대평원)의 석유, 북부 안띠오끼아의 니켈, 과히라의 석탄 생산의 증대는 모두 인근 지역의 도시 성장에 얼마간 영향을 끼쳤다. 다른 분명한 도시의 성과는 피난민들의 유입이 갈등지역에 위치한 도시뿐 아니라 심지어 보고따 같은 주요 도시들에도 큰 영향을 끼쳤다는 점이다. 여러 농촌 지역들은 1990년 이래 심각한 어려움에 처했고 현재도 꼴롬비아 전체 면적의 약 40퍼센트는 실상 정부의 통제 밖에 놓여 있다.

이런 문제점에도 불구하고 보고따는 꾸준히 성장했고 행정관리 체계는 더 합리적으로 변했으며 뜨란스밀레니오(Transmilenio) 버스 씨스템 같은 주요 사업이 완료됨에 따라 실제 번창하게 되었다. 사실 보고따는 도시들이 어떻게 운영되어야 하는지에 대한 라틴아메리카의 모범사례로 새로운 꾸리치바(Curitiba)로 간주되고 있다(Gilbert and Dávila 2002). 범죄행위가 줄어들었고 도로는 비교적 청결하며 공원도 잘 유지되고 있다. 보고따의 세계화는 세계무역센터와 유사한 건물, BMW의 물결과 일련의 새로운 첨단 유행 호텔을 등장시켰다. 주요 문제점들은 높은 실업률과 더불어 화훼와 피혁 제품 외에 다른 수출품을 만들어낼 수 있는 역량이 부족하다는 데서 비롯된다. 최근 여러 도시들에 맞서 '전쟁'을 벌이기로 결정한 게릴라단체들의 태도 역시 주요 관심사이고 연이은 폭탄 공격이 지나친 낙관론은 금물이라는 점을 늘 상기시킨다. 혼란스러운 상황 때문에 도시의 미래를 예측하는 그 어떤 시도도 어렵다. 상황은 나아지는 것만큼이나 나빠지고 있는 듯하다.

꼴롬비아는 빈곤의 도시화로 어려움을 겪었는가? 표 5.19는 꼴롬비아가 경제성장이 빈곤을 줄이는 데 효과적이라는 전통적인 이론에 잘 들어맞는다는 점을 시사한다. 빈곤은 1978~95년까지는 줄어들었으나 1990년대말 경제위기를 맞아 다시 급속히 늘어났다. 그렇지만 1997년 이래 빈곤이 얼마나 증대했는지는 논란거리이다. 국제연합 라틴아메리카경제위원회(CEPAL)의 보고서(2002)에 따르면 2001년 당시 꼴롬비아인의 55퍼센트가 빈곤선상에서 허덕였고 꼴롬비아 정부가 최근 인정한 바에 따르면 그 수치는 68퍼센트에 이르렀다(El Tiempo 2002; Sarmiento-Palacio 2002). 소득분배에 관한 수치의 신뢰성을 둘러싸고도 유사한 논란이 발생하곤 한다(Londoño 1995; Sarmiento-Anzola 1999).

표 5.19 꼴롬비아: 빈곤과 불평등, 1978~99

	1978	1988	1995	1999
전국				
빈곤층의 비율	80	65	60	64
극빈층의 비율	46	29	21	23
하루 미화 2달러 정도의 극빈	33	19	13	16
중간치 1인당 소득(단위 달러)	112	183	216	210
도시				
빈곤층의 비율	70	55	48	55
극빈층의 비율	27	17	10	14
하루 미화 2달러 정도의 극빈	34	5	3	5
농촌				
빈곤층의 비율	94	80	79	79
극빈층의 비율	68	48	37	37
하루 미화 2달러 정도의 극빈	59	38	29	30
지니계수	0.54*	0.55**	0.56	0.59

* 1980 ** 1991.

출처: World Bank 1994; Sarmiento-Anzola 1999, 79면.

빈곤발생률은 도시보다 농촌에서 지속적으로 훨씬 더 높았고, 누녜스와 라미레스가 추정한 바에 의하면 2000년 당시 꼴롬비아 농촌주민의 84퍼센트가 빈곤 상태인 반면, 도시인구는 약 50퍼센트가 빈곤선상에서 살고 있었다(Núñez and Ramírez 2003, 19면). 그렇지만 1995년 이래 빈곤은 농촌보다 도시에서 급속하게 늘어나는 것처럼 보인다(Núñez and Ramírez 2003). 여기에는 두가지 근본적인 이유가 있다. 첫째, 실업은 주요 도시들에 매우 심각한 영향을 끼쳤다. 둘째, 많은 농촌 출신 피난민들이 쇄도함으로써 도시의 빈곤은 더 악화되었다. 1990년대말에 이 두가지 이유는 꼴롬비아 식 빈곤의 도시화를 이뤄냈다.

예측할 수 없는 미래

도시화는 많은 이들의 삶의 본질을 변모시켰다는 점에서 라틴아메리카에 혁명적인 변화를 가져왔다. 도시는 농촌의 궁핍에서 탈출한 이들에게 안전밸브를 제공했고, 여러 해에 걸쳐 삶의 질은 매우 중요한 방식으로 분명히 개선되었다. 현재 주민들은 예전보다 훨씬 더 오래 살고 여성들은 훨씬 적은 자녀를 출산하며 생활은 더 복잡해지고, 논란의 여지는 있지만 더 재미있어졌고 여러 가정이 텔레비전 수상기를 갖게 되었다. 도시화가 흡족하지 못한 결과를 드러냈다면, 그것은 평등과 정의의 확대 또는 심지어 마음의 평화를 가져오는 데조차 실패했다는 점일 것이다.

도시화과정은 20세기 내내 라틴아메리카 대부분에서 매우 유사한 형태로 진행되었다. 물론 도시 성장의 시대가 그랬던 것처럼 변화의 속도는 다양했지만 유사한 면모를 띠었다는 점은 부인하기 힘들다. 농촌에서 도시로의 이주, 대도시권의 팽창, 산업화와 비공식적 정착과 고용의 확산은 1950~80년까지 여러 도시들을 변화시켰다. 도시들이 대다수 빈곤한 농촌주민들을 흡수함에 따라 도시의 빈곤은 다소 증대했다. 능력과 적응력이 떨어지는 이들은 남기고 온 농촌 출신 주민들은 이주한 도시에서 생존할 채비가 썩 잘되어 있었기 때문에 이주과정은 놀랍도록 질서 있게 진행되었다. 새로운 도시 주민들은 대체로 보수적이었다. 그들은 불평등한 사회를 변화시키려고 노력하기보다는 그것에 통합되기를 원했다(Portes 1972).

최근 세계화시대에 도시화는 극심하게 불균등한 형태로 꾸준히 진행되고 있다. 여러 도시들은 아마 사회적으로나 공간적으로 점차 양극화를 겪었을 것이다. 신자유주의 아래에서 미숙련자들은 더 어려운 경제적 환경과 마주친 반면, 기술을 보유한 이들은 대개 성공을 거두었다. 경제적 팽창기 동안 빈민층의 생활조건은 때로는 향상되었지만 하강 국면에는 대체로 고통을 겪었다. 그렇지만 도시들이 더 분화되고 양극화되었을지라도 도시와 농촌의 소득격차는 흔히 줄어들었다. 실제로 오늘날 빈곤발생률은 농촌에서 여전히 더 높지만 라틴아메리카 여러 지역에서 도시와 농촌 간 생활조건의 차이는 줄어들었다.

도시와 농촌 간 생활조건의 평준화는 때때로 농업 현대화와 수출증대 덕분에 촉진되었다. 이런 점에서 자유화는 긍정적인 계기였다. 수입대체 산업화에서 신자유주의 모델로의 전환이 지닌 부정적인 측면은 외채위기가 빈곤을 도시화했다는 점이다. 경제적 안정화 프로그램은 특히 대도시에서 성장을 둔화시켰고 경기후퇴는 일자리와 임금을 감소시켰다. 농촌은 그대로 유지된 반면 도시가 더욱 빈곤해지면서 대체로 도시와 농촌의 소득격차는 줄어들었다.

물론 새로운 경제 모델은 새로운 기회와 도전을 만들어냈다. 도시마다 편차가 존재했다. 과거에 대도시들이 번성했음은 분명해 보인다. 오늘날에는 그럴 가능성도 있지만 그렇지 않을 수도 있다. 모두가 상황에 따라 가변적이다. 지난 20년의 세월은 일부 도시들은 다른 도시들을 희생시킴으로써만 성공을 거둘 수 있었다는 주장을 뒷받침하는 전세계적 경쟁 국면을 예고해왔다. 칠레, 꼴롬비아, 멕시코의 사례연구는 수출품을 생산할 수 있는 도시들이 평균적인 도시들보다 훨씬 더 나은 실적을 올릴 것이라는 점을 보여준다. 또한 대다수 국가들의 수도는 대개 무리 없이 잘 굴러가겠지만, 멕시코시의 경험이 시사하는 바처럼 항상 그런 것만은 아닐 수 있다.

세계화가 도시에 미치는 영향이 무엇이든 지역적 조건은 항상, 그리고 때로는 극단적으로 급속하게 변화할 것이다. 가장 바람직하지 않은 세계화의 특징 가운데 하나는 여러 지역의 경제여건이 매우 불안정하다는 점이다. 작년에 성과가 좋았던 어떤 도시의 경제가 올해에는 어려움에 빠져들 수도 있다. 1990년 이래 대다수 라틴아메리카 국가들은 갑작스러운 하강국면에 의해 성장기가 중단된 경험을 지니고 있다. 부적절한 국내정책이 흔히 지역적 충격을 훨씬 더 악화시키지만, 일반적으로 예컨대 (멕시코의) 떼낄라, 러시아, 동아시아 위기처럼 경기후퇴의 원인은 국경 밖에서 비롯된 사례가 많다. 더욱 통합된 세계에서는 수천 마일 떨어진 곳에서 벌어진 사건들이 갑작스럽고 심각하게 다른 지역의 국가나 도시를 강타할 수 있다. 보고따의 경제는 1990년대 중반 호황을 맞았다가 갑작스럽게 주저앉았다. 1990년대초 멕시코의 경제는 외채위기로부터 잘 회복되고 있었지만 북아메리카자유무역협정에 가입한 뒤 갑자기 모든 것이 뒤틀어져버렸다. 더욱 최근의 사례로는 아르헨띠나와 우루과이에서 발생한 심각한 경기침체를 꼽을 수 있다.

만일 빈곤의 특징 중 하나가 경제적 안정감의 결여라면, 전세계적 과정의 불안정성은 라틴아메리카에서 빈곤을 증대시킬지도 모른다. 만일 어떤 사람이 이웃 주민들이 자신보다 더 부유해졌기 때문에 자신은 더 빈곤하다고 느낀다면, 세계화로 고삐 풀린 양극화는 여러 도시들의 빈곤을 악화시킬 것이다. 그리고 도시에서 빈곤하게 살아가는 이들의 절대적인 숫자가 예전보다 더 많아진다면, 아마 우리는 라틴아메리카에서 빈곤의 도시화에 대해 언급할 수 있을 것이다.

20세기 내내 라틴아메리카의 도시화과정은 가히 혁명적이었다. 그것은 상상할 수 없는 정도로 라틴아메리카인들의 삶을 변모시켰다. 그 위험성은 21세기에는 더욱 정치적인 방식으로 혁명적이게 될지도 모른다는 점이다. 물론 '세계화하는' 세계의 예측 불가능한 특성을 감안하다면 이는 예언이라기보다는 다만 뭔가 일어날 것이라는 느낌의 표현일 뿐이다. 어쨌든 어떤 라틴아메리카 국가나 도시에서 일어나는 일이 다른 곳에서 반드시 일어나지는 않을 것이다. 이런 점에서 도시화과정은 더욱 예측할 수 없을 뿐 아니라 불균등해졌으며 또한 본질적으로 더욱 지리적인 특성을 지니게 되었다.

□더 읽을거리

- Blouet, B. and Blouet, O. (eds.) *Latin America and the Caribbean*. New York: John Wiley 2004 (4판).: 이론체계를 설명하는 부분과 개별 국가에 대한 서술 부분을 모두 포함하는 라틴아메리카에 관한 입문서로서 라틴아메리카 도시를 다룬 장(章)이 포함되어 있다.
- De Soto, H. *The Mystery of Capital*. New York: Basic Books 2000.: 가난한 이들이 왜 가난한 채로 남아 있는가에 관해 매우 단순하지만 상당히 설득력 있는 설명을 제공하는 영향력 있는 저서로서 대다수 빈국들의 도

시 문제를 다룬다. 뻬루인이 저술해 라틴아메리카 분위기가 강하다.

- Gilbert, A. G. *The Latin American City*. London: Latin America Bureau 1998 (2판).: 이 책은 도시 성장의 원인, 특히 라틴아메리카 도시들의 다양한 특성과 도시들이 직면한 문제점을 검토한다.
- World Bank. *Globalization, Growth, and Poverty: Building an Inclusive World Economy*. Oxford University Press 2002.: 이 책은 부분적으로 라틴아메리카를 다룰 뿐이지만, 세계화를 옹호하는 차원에서 간결하고 설득력 있는 사례를 제공한다는 점에서 유용하다. 낙관론에 치우쳐 있지만 여러 라틴아메리카 국가들을 방해하는 것처럼 보이는 특별한 문제들을 지적한다.

□웹사이트

- 미주개발은행(www.iadb.org): 경제와 사회 문제에 대한 최신 통계자료들을 소개하고, 라틴아메리카의 신문(일부는 영자신문)들을 접할 수 있다.
- 세계은행(www.worldbank.org): 매우 광범한 주제를 다루는 웹페이지로서 도시 관련 주제들도 많이 언급한다.

제6장

지속가능한 발전의 정치경제

_워릭 E. 머리, 에두아르두 씨우바

“환경과 개발은 별개의 도전이 아니다. 그 둘은 엄연히 연계되어 있다”(Brundtland 1987, 37면)는 인식이 분명해짐에 따라 지속가능한 발전은 20세기의 마지막 20년 동안 학계뿐 아니라 정책입안 집단에서도 점차 인기 있는 패러다임이 되었다. 6장에서 ‘지속가능한 발전’은 광범한 의미로 규정된다. 지속할 수 있으려면 발전이나 개발은 긴밀하게 연계된 몇가지 방식에 따라 장기적으로 실행가능해야만 한다. 그리하여 지속가능성이란 순전히 생태적·환경적 지속가능성만을 언급하진 않는다. 특히 정치적·경제적·사회적 지속가능성은 동일한 중요성을 지닌다. 지속가능한 발전은 환경과 개발 문제를 결합한 새로운 구상이며 분과학문적 편향을 떨 수 있지만, 그것은 흔히 소비, 생산, 자원의 기반 그리고 그 기반으로부터 획득된 생계의 지속가능성에 영향을 끼치는 결정사항들과 관련된다(Redclift 1987). 그것은 “미래 세대들의 능력을 손상하지 않으면서 현재 자신의 필요를 충족시키는 발전”으로 규정되어왔다(Brundtland 1987, 43면). 한편 현재의 발전 연구는 정치경제학의 틀을 시장에 토대를 둔 경제학과 민주주의에 기초한 정치 사이의 관계를 연구하는 것으로 상정한다. 정치경제학 연구는 순전히 경제적인 차원을 넘어 자본주의적 생산의 정치적·사회적 특성의 근본 원인을 규명하기 위해 탐구와 조사의 영역을 확장하고자 노력한다.

> 지속가능한 발전에 대한 견해와 개혁 성향의 기술적 지침이 갖는 한계 가운데 하나는 그것이 정치경제를 다루는 데 실패했다는 점이다. 세계경제가 어떻게 작동하는지에 대한 이론과 대중, 자본, 국가권력 사이의 관계에 관한 이론이 없다면 지속가능한 발전에 대한 견해는 제한적인 범위 내에 갇힐 것이다(Goldin and Winters 1995, 200면).

6장에서는 라틴아메리카에서 천연자원 활용의 지속가능성에 대한 정치경제적 차원과 환경적 차원의 논의를 검토하고 두가지 분석 차원 간의 관련성을 언급하면서 분할된 두 차원을 연결하고자 한다.

라틴아메리카 국가들의 세계화와 인구 증가는 천연자원 활용에 분명히 근본적인 영향을 미치고 있다. 라틴아메리카 경제의 세계화는 더 높은 경제성장이라는 정치적·경제적 목표와 그것을 달성하기 위해 1980년대 중엽 이래 도입된 경제개혁정책과 긴밀하게 연계되어 있다(3, 4장 참조). 그 결과 무역과 투자는 특히 비전통적 수출부문에서 증대했다. 라틴아메리카에서 (동아시아와는 대조적으로) 비전통적 수출은 제조업부문보다는 천연자원 분야에 더 집중되는 경향을 보였다.

그리하여 최근의 수출증대는 특히 농업, 수산업, 임업, 그리고 정도는 덜하지만 광산업부문에서 두드러졌다. 무역에 대한 강조는 예컨대 목재 수출을 위해 더 많은 숲을 밀어 없애고 수출용 농업과 목축업에 활용되는 토지를 더 늘리는 것을 의미했다. 1990년대 볼리비아의 콩 생산과 1980년대 꼬스따리까의 목우(牧牛)가 대표적인 사례로 제시될 수 있다. 또 무역에 대한 강조는 산업용수 증대와 더욱 집약적인 수산업뿐 아니라 더 많은 광맥을 찾아내야 한다는 압박과 광산 개발(에꽈도르의 원유, 베네수엘라의 금과 보석, 브라질의 철강)로 귀결된다(World Resources Institute 1994). 국제 자본시장은 그런 유형을 강화한다. 라틴아메리카 국가들은 1980년대 외채위기의 유산, 즉 외채과잉이라는 무거운 부담을 짊어지게 되었다. 외채에 대한 이자의 지불은 국제 자본시장에서 신용도를 유지할 수 있는 최소한의 핵심 조건이다. 그러려면 수출을 훨씬 더 늘려야 한다. 그러지 않으면 그토록 귀중한 외환이 채권자에게 지불되어 발전에 필요한 만큼 충분히 남지 않게 될 것이다(Miller 1991).

자원 채굴의 증가는 그런 경제정책의 장기적인 정치경제적·환경적 지속가능성이라는 문제에 초점을 맞추었다. 특히 환경적 요인은 현재 라틴아메리카의 발전이라는 문제와 관련해 빠뜨릴 수 없다. 만일 라틴아메리카 국가들이 향후 더 높은 경제성장을 이룩한다면, 특히 중공업 수준이 높아진다면 그들의 재생불가능한 자원 활용과 온실가스 배출도 증가할 것이다. 그리하여 자원의 효율적인 활용을 증진하고 폐기물을 최소화하는 규정이 마련되어야 한다. 도시에서는 발전을 원하는 지속불가능한 수준의 자원 활용과 폐기물 발생을 강제하지 않으면서 빈곤층의 요구가 충족될 수 있도록 보증하는 정책이 수립되어야 한다(WHO 1992).

환경과 사회의 상호의존성은 생태적 실현성이 사회적·경제적 정책과 긴밀하게 연결되어 있음을 보증한다. 그러므로 라틴아메리카 국가들은 지방적·권역적·세계적 차원에서 환경파괴의 수준을 최소화하는 동시에 지속가능한 발전의 범위 내에서 사회적·경제적·정치적·생태적 목표를 달성해야만 한다(그림 6.1 참조). 지속가능한 발전은 자원의 합리적 활용, 즉 재생불가능한 자원의 활용을 최소화하고 재생자원이 장기적으로 활용될 수 있도록 보장하는 데 관심을 기울여야 한다. 그렇지만 지속가능한 발전(과 환경보호주의자가 간과할 수 있는 문제)에 관한 본질적인 쟁점은 그것이 기본적인 인간의 요구, 즉 적절한 생계 보장, 적절한 주거지 확보, 위생적인 환경, 그리고 정책결정 참여의 몇가지 형태를 충족시키는 것을 목표로 삼아야 한다는 점이다(그림 6.1 참조).

환경의 지속가능성이라는 문제는 사회적·정치적 관계의 틀 속에 확고하게 설정되어야 한다. 라틴아메리카에서 사실상 모든 정부는 높은 경제성장, 형평성 제고, 환경의 지속가능성을 성취하려는 목표를 공언해왔다. 그렇지만 현재 공언된 목표 간에 중요한 교섭이 존재한다. 이를 염두에 두고 6장에서는 몇가지 문제를 다룰 것이다. 첫째, 자원 활용의 정치경제는 특정 국가와 지역 차원의 사례연구를 참조하면서 대륙 전체에서 자원 활용을 둘러싸고 경제성장과 환경의 지속가능성이라는 목표 사이에 발생하는 갈등을 고찰할 것이다. 또 현재 대륙 전체의 특징으로 떠오르고 있는 천연자원 수출 의존도를 검토할 것이다. 그다음에 현재 1차산물의 개발과 수출에 초점을 맞추고 있음을 감안해 지속가능성 문제를 다룰 것이다. 첫째, 현행 경제정책이 야기한 지속가능성에 대한 정치경제적 위협, 둘째, 1차산물 수출지향이 환경에 미치는 영향 등 본질적으로 두가지 논쟁이 존재한다. 이어서 지속가능한 발전의 두가지 정치적 모델, 즉 '대규모 프로젝트'와 '풀뿌리' 접근에 대해 개관할 것이다. 마지막으로 이런 관심사의 기초를 이루는 역사적 틀을 완성하고 이에 근거해 논쟁과 정책이 어디로 가야 할지 제안하고자 한다.

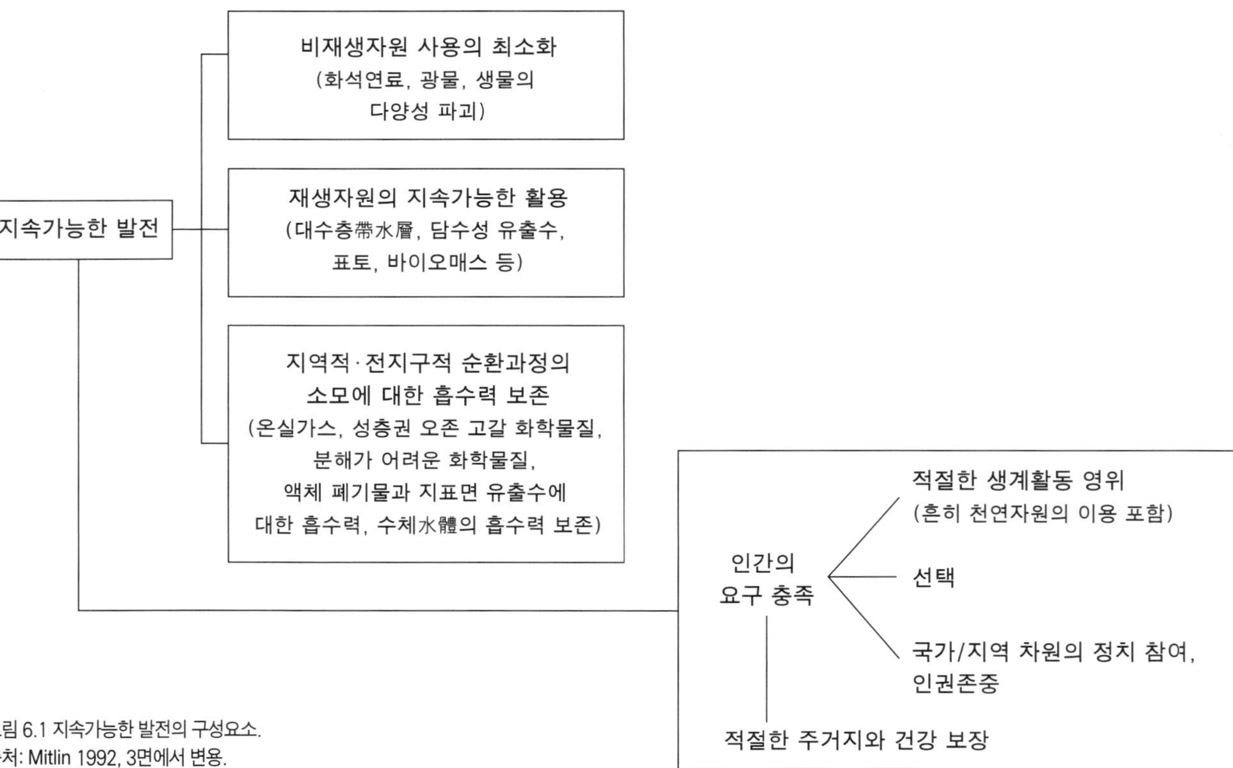

그림 6.1 지속가능한 발전의 구성요소.
출처: Mitlin 1992, 3면에서 변용.

천연자원의 활용: 경제냐 환경이냐

경제는 인간이 소비하는 재화와 용역을 생산하기 위해 천연자원을 꾸준히 더 많이 사용하는 경향이 있다. 지난 20년 전까지는 환경에 미치는 부작용을 거의 고려할 필요가 없다는 의미에서 천연자원 채취는 사실상 '공짜'라는 가정이 지배적이었다. 하지만 이런 견해는 바뀌었다. 이제 천연자원의 무제한적 채굴이 흔히 신속한 고갈과 함께 환경 악화를 가져온다는 인식의 공감대가 매우 넓어졌다. 제한 없는 자원 활용은 물과 공기 오염에서 비롯되는 건강의 위험, 농약과 살충제로 야기되는 토양오염을 낳는다. 지역과 전세계적 차원의 기후 변화도 위협적이다. 다양한 종(種)의 소멸은 생물다양성 상실을 가져오고 생명체 발생의 근원인 유전자 풀(pool)의 활력을 앗아간다. 그것은 또한 경제적으로 유용한 종을 앗아감으로써 식량의 원천을 위협에 빠뜨리고 의료 및 다른 용도로 쓰일 잠재력을 박탈한다. 광물자원의 무제한적 채굴은 인류경제가 의존하는 기본 투입요소의 결핍이라는 망령을 소생시킨다 (Pearce and Turner 1990; Daly and Townsend 1993).

천연자원은 재생과 재생불가능의 두가지 범주로 구분된다. 재생용 천연자원은 명칭이 함축하듯 인간생애의 주기에 비례해 어쨌든 자연에 의해 대체되는 것을 의미한다. 예컨대 숲, 물, (어류를 포함한) 동물들을 들 수 있다. 재생불가능한 천연자원은 대체로 광물자원을 일컫는다. 일단 채굴되면 자연적 재생에는 지질학적 시간, 즉 엄청나게 오랜 시간이 소요되므로 인류가 적절하게 활용하기 어렵다. (구리와 알루미늄 같은) 일부 자원은 폐기물의 형태로 재활용할 수 있다. 농업과 목축에 적합한 토지는 그 사이 어디쯤에 해당할 것이다.

이 자원들이 서로 연관되어 있다는 인식이 점점 높아지고 있다(Commoner 1990; Pearce and Turner 1990). 이는 특히 재생용 천연자원에 해당하는 말이다. 예를 들어 숲은 분수계(分水界)에 결정적인 영향을 미친다. 한편 분수계는 숲에 공급하는 강우량을 보존한다. 더욱이 분수계는 기슭과 둑에 흙을 고정함으로써 침식과 침수를 줄이고, 강의 생명체를 위해 물의 산화작용을 유지한다. 분수계는 농업, 에너지 발생 그리고 다른 경제활동이 의존하는 강과 호수에 물을 공급한다. 분수계가 의존하는 숲을 파괴하는 행위는 전체 먹이사슬에 악영향을 끼친다(Myers 1992).

그렇지만 재생불가능한 자원의 채굴 또한 주변 생태계와 그것에 내재한 상호연관성에 일정하게 작용한다. 광업은 흔히 지역 생태계를 파괴할 공산이 크다. 열대우림에서 원유를 채굴하는 작업은 해당 지역의 인간과 동물에게 악영향을 끼치고 토지와 수자원을 오염시킬 수 있다. 에콰도르의 아마존 지역에서는 유정(油井)으로 다시 주입되지 않고 노천채굴 현장에 남아 있던 원유의 부산물이 야기한 중독으로 환경위기가 발생했다. 아마조니아에서 사금 채취는 공급수와 어류를 수은으로 오염시킴으로써 건강, 특히 어린이들의 건강에 잠재적인 위협을 가했다(Schmink and Wood 1992). 칠레 북부에서 반암(斑岩) 구리 광석을 채굴하는 노천 주형 광산은 다량의 비소를 대기권으로 배출했다. 그리하여 추끼까마따와 깔라마의 광산촌에서는 주민들의 비소 중독과 암 발병률이 매우 높은 편이다(Comisión Nacional del Medio Ambiente 1992; World Resources Institute 1994).

라틴아메리카의 자원 수출 종속: 풍요의 역설?

인식 수준이 높아지고 지식이 풍부해질수록 모든 국가들은 천연자원 활용과 그에 관련된 환경 문제의 민감성 사이에서 어떻게 균형을 유지할 것인가라는 문제에 봉착하게 된다. 그렇지만 그 질문은 특히 개발도상국을 압박하고 있다. 보통 개발도상국들은 경제성장을 이루기 위해 선진경제권에 비해 가공되지 않은 천연자원을 훨씬 더 많이 활용한다. 광물과 농산물의 수출이 경제발전에 필수적인 저축과 투자의 대부분을 제공한다. 라틴아메리카 국가들은 경제발전의 열쇠라고 할 수 있는 식량, 기술, 연구개발 거래에 상품 수출에서 발생하는 경화(硬貨)를 사용한다(Furtado 1976; Cardoso and Faletto 1979). 그리하여 경제적 팽창이나 발전의 도약을 추진하려면 보통 국제시장에서 더 많이 판매하기 위해 천연자원의 채굴을 늘릴 필요가 있다.

식민시대 이래 라틴아메리카는 세계경제에 천연자원을 제공하는 주변부로 기능해왔다. 그곳은 천연자원이 매우 풍부한 지역이다. '자연의 선물'이 풍부하다는 것을 감안한다면 라틴아메리카 국가들은 흔히 세계에서 가장 '발전한' 지역 가운데 하나라고 생각하게 될지 모른다. 하지만 분명히 그렇지 않기 때문에 우리는 그야말로 '풍요의 역설'에 직면하게 된다. 구조주의학파의 이론적 성과가 등장하면서부터 점점 더 많은 논자들은 풍부한 자원이 실제 '저주'로 작용할 수 있고 어떤 조건에 따라서는 장기간의 지속가능한 발전을 해칠 수도 있다는 견해를 대대적으로 선전해왔다(Auty 1993). 그런 생각에 바탕을 둔 다양한 정책제안은 자원 본위의 발전에 대한 라틴아메리카의 의존을 타파하려는 것이었지만 그다지 성공적이지 않았다. 그리하여 라틴아메리카의 여러 국가들은 대체로 세계경제의 주변부로 남아 있다. 이들은 보통 1차산물의 시장과 각종 소비재를 세계경제의 '핵심부'에 의존하고 있다.

종합적인 경제수치에 따르면 재활용이 가능한 1차산물과 재생불가능한 1차산물의 수출은 모두 시간이 지나면서 중요성이 떨어졌다. 1970년 1차산물의 수출은 지역 수출의 총계에서 89.2퍼센트나 차지했다. 2000년에는 이 수치가 42퍼센트로 떨어졌다. 명목상 1차산물의 수출액과 수출량은 지속적으로 상승했다. 공업수출은 이 지역의 일부 국가, 특히 멕시코와 브라질에서 적잖이 상승했다(3장 참조). 이 두 국가의 비중은 라틴아메리카 수출총액의 64퍼센트에 근접했다. 이를 감안할 때 종합적인 자료는 라틴아메리카의 나머지 주요 국가들에서 꾸준히 유지되는 1차산물 수출의 중요성을 과소평가하게 만든다. 2000년에 16개국에서 1차산물은 수출총액의 50퍼센트 이상을 차지했다. 니까라과와 베네수엘라에서 1차산물 수출의 비중은 여전히 90퍼센트 이상이었다. 지난 30년 동안 대다수 라틴아메리카 국가들에서 1차산물 위주의 수출관행이 줄어들었지만, 규모가 작은 국가들에서는 그다지 줄어들지 않았다.

표 6.1 라틴아메리카의 수출 특화, 수출에서 차지하는 비중, 2000

국가	주요 수출품	비율 (퍼센트)	차상위 수출품 두가지	비율 (퍼센트)	세가지 상위 품목의 비율 (퍼센트)
베네수엘라	원유	58.9	석유제품, 알루미늄	28.6	87.5
벨리즈	원당	25.7	과일주스, 식용조개	43.8	69.5
에꽈도르	원유	43.5	바나나, 식용조개	22.5	66.0
트리니다드토바고	석유제품	38.9	원유, 천연가스	26.4	65.3
니까라과	커피	27.1	식용조개, 육류	27.1	54.2
빠라과이	콩	32.8	원면, 식물성 기름	17.8	50.6
빠나마	바나나	19.3	활어, 식용조개	28.2	47.5
칠레	정동(精銅)	25.6	구리광석, 활어	19.6	45.2
꼴롬비아	원유	30.6	석탄, 커피	14.6	45.2

꼬스따리까	사무기기	29.7	바나나, 커피	15.4	45.1
뻬루	금	16.7	어류용 사료, 정동	23.5	40.2
과떼말라	커피	21.3	원당, 바나나	15.7	37.0
온두라스	커피	23.8	비누, 목재	11.1	34.9
볼리비아	아연광석	11.7	식물성 기름, 항공기	20.0	31.7
엘살바도르	커피	22.2	석유제품, 의약품	8.4	30.6
우루과이	육류	15.5	가죽, 쌀	14.3	29.8
바베이도스	원당	14.0	석유제품, 식료품 재료	15.4	29.4
아르헨띠나	원유	10.8	식물성 기름, 석유제품	13.5	24.3
멕시코	자동차	9.9	원유, 통계용 기계	13.8	23.7
브라질	항공기	6.3	철광석, 콩	9.5	15.8
라틴아메리카	원유	12.5	자동차, 석유제품	9.2	21.7

출처: CEPAL 2001a를 근거로 계산.

만일 각 국가의 주요 수출품을 고려한다면, 라틴아메리카의 지나친 특화에 대한 주목하지 않을 수 없는 증거가 드러난다. 2000년에 표 6.1에 선택된 20개국 가운데 17개국에서 총액 기준으로 가장 중요한 수출품은 1차산물이었고, 멕시코, 브라질, 꼬스따리까만 그런 추세에서 벗어나 있었다(CEPAL 2001a). 대체로 두가지 차상위 수출품 역시 1차산물이었다. 이는 위험스럽게도 그리 다양하지 않은 종류의 수출품에 의존하는 (라틴아메리카의) 전반적인 사정을 예증하는 것이다. 일부 국가에서 이런 지나친 의존은 골칫거리이다. 예컨대 베네수엘라에서는 세가지 최상위 수출품이 전체 대비 88퍼센트를 차지하는데, 주로 원유와 정유로 구성되어 있다. 라틴아메리카 전체를 놓고 볼 때 2000년에 주로 1차산물로 구성된 최상위 세가지 수출품이 전체 액수의 40퍼센트 이상을 차지하는 국가는 무려 10개국이었다. 더욱이 일부 국가에서는 불법적인 품목—볼리비아, 꼴롬비아, 뻬루의 코카 같은—이 비공식경제와 생활에 크게 기여하고 있기 때문에, 공식적인 무역 통계는 1차산물 수출의 실질적인 중요성을 과소평가하는 경향이 있다(Weeks 1995). 여전히 자료를 입수할 수는 없지만 비공식경제나 일부 불법적인 요소의 역할은 특히 아르헨띠나와 베네수엘라에서 최근 발생한 경제위기 전후로 더 커졌다고 볼 수 있다.

최근 들어 농산물 수출의 중요성은 일부 국가에서 예컨대 칠레의 신선한 과일(나중에 언급되는 사례연구를 참조하라), 과떼말라의 겨울 채소, 꼴롬비아의 화훼 등 계절을 거스르는 비전통적 농산물의 수출을 증진하려는 신자유주의 정책에 의해 더욱 복합적으로 변했다. 초국적 기업이 세계시장에 '이국적인' 생산물을 공급하기 위해 포장시설, 그리고 어떤 경우에는 생산시설까지 갖추면서 외국인 투자는 비전통적 수출품 증대에 중요한 역할을 담당했다(Barham et al. 1992: Murray 1998; 2002a). 농업의 세계화과정은 이런 증가 추세를 촉진했다(Le Heron 1993; Friedland 1994). 그런 과정을 통해 일부 국가에서는 라틴아메리카 대륙을 비롯해 전세계적으로 농업의 중요성이 하락함에도 불구하고 오히려 상반된 경향이 드러났다. 예를 들어 칠레, 볼리비아, 뻬루에서 농산물 수출 비중은 지난 20년 동안에 두드러지게 늘었다.

정치경제적 쟁점과 함의

앞서 살펴본 여러 경험적 사례들은 라틴아메리카 국가들이 전반적으로 1차산물 수출에 크게 의존하고 있다는 사실을 분명히 보여주었다. 미래에 신자유주의 정책이 지속된다면 비교우위에 바탕을 둔 이런 특화는 지속될 것으로 보인다. 풍부한 천연자원이 어떻게 '저주'로 작용할 수 있는가? 자원 수출의 특화에 근거한 정치적·경제적 발전의 전망은 무엇인가? 1차산물 수출 의존과 관련된 주요 문제점들은 무엇인가? 이 부분에서는 지속가능성에 대한 몇가지 사회적·경제적·정치적 위협 요소를 살펴보고, 칠레의 재생가능한 1차산물 수출부문의 사례연구에서 드러난 증거를 활용해 우리의 주장 가운데 일부를 설명할 것이다.

'교역 조건'의 구속

본래 구조주의자들이 1차산물 가격의 '장기적인 하락'에 대해 가졌던 관심이 현재적 상관성이 있다는 주장의 증거들이 적잖이 존재한다(Grilli and Tang 1988; Barham et al. 1992; Ocampo 1993). 이런 추세는 대다수 라틴아메리카 국가들이 전반적으로 지난 세기, 특히 1980년대에 교역조건의 진전을 이루는 데 부정적인 영향을 미쳤다(Weeks 1995). 그 추세는 당연히 정확한 수출과 수입의 혼합에 영향을 받는다. 예를 들어 커피와 코코아를 수출하는 국가들에서 그 영향은 그리 뚜렷하지 않았다. 그렇지만 금속 생산, 곡물이나 농업 투입 품목(예컨대 질산비료)의 생산에 비교적 특화된 국가(주로 칠레, 아르헨띠나, 우루과이)에서는 하락세가 특히 두드러졌다(Ocampo 1993). 애당초 1970년대에 교역조건의 호조를 경험한 석유수출국들은 1980년대말에 이르러 유가가 '바닥을 치자' 어려움을 겪게 되었다(Weeks 1995). 이 문제의 지속적인 관련성을 감안할 때 라틴아메리카에서 상품가격 부양체제의 조직, 지역 차원의 협력, '공정무역' 거래를 요구한 원조 구조주의자들의 주장은 이제까지 그랬던 것만큼 오늘날에도 적절하다고 할 수 있다(Ocampo 1993; Sunkel 1993).

가격의 휘발성

1차산물 가격의 전반적인 하락 속에서 세계시장의 가격은 흔히 크게 요동치곤 한다. 특히 에너지, 금속, 광물 시장의 경우가 그렇다. 이 부문은 경제적 부침의 급속한 변화에 쉽게 영향을 받아왔다(Gwynne 1990). 예컨대 첫번째 유가인상 이후 석유수출국 경제에 돌아간 이익과 같은 횡재가 지속가능한 발전을 이루는 방향으로 활용되지 않았다는 것이 일반적인 견해이다. 특히 베네수엘라의 경우에서 보듯이, 축적된 자금은 대규모 (건설) 사업과 '전시물'에 투입되었다(Gilbert 1997b). 세계경제가 침체에 빠질 때 광물자원에 의존하는 경제는 흔히 매우 심각한 타격을 입었다. 일부에서는 이런 '호황-파산'의 반복과정을 상쇄하려는 노력이 이어졌다. 예컨대 1987년에 조성된 칠레의 구리안정화기금은 구리가격이 상승할 때 '횡재'의 혜택을 모아두었다가 구리의 시장가격이 떨어질 때 정부의 지출을 늘리는 데 활용되었다(Gwynne 1996a). 그렇지만 일반적으로 단기적인 정치적·제도적 이해관계는 '횡재'의 이윤과 가격변동의 부정적인 함의를 벗어나기가 종종 어렵다는 점을 보여준다.

네덜란드병

오티 같은 논자들에게 '네덜란드병'이라는 현상은 에너지, 금속, 광물 자원 수출국들이 자원의 막대한 혜택에도 불구하고 어떤 이유 때문에 경제적 실적이 그리 좋지 않은지를 설명해준다(Auty 1993). 네덜란드병은 일부 특정부문에서 발생하는 (정상적인 이윤을 상회하는 잉여로 규정되는) 초과수익의 급증과 그것에서 비롯된 환율 상승의 결과로 생겨난다. 광산물 가격의 호황은 환율 상승을 일으켜서 결국 제조업과 농업 부문의 국제경쟁력을 떨어뜨릴 수 있다. 제조업과 농업이 정체되었기 때문에 그 부문 수출을 다변화하기가 어렵다는 것이 입증될 때, 달리 말해 침체기에 중대한 문제가 발생한다. 이런 상황은 1980년대 중반 전세계적인 경기침체기에 라틴아메리카의 석유와 광물자원 수출국들에서 목격되었다.

전세계 핵심 경제권의 보호주의와 지역주의

여러 선진국과 무역블록들에 존재해온 높은 수준의 보호주의는 특히 농업부문에서 악명높은 주지의 사실로서 장기 침체를 악화시켰다(McMichael 1993; Apey 1995). 일부 연구자들은 "거의 모든 산업국가들이 1차산업 부문을 경쟁에서 절연시키는 보호주의 장벽들 뒤에 농업자원을 붙잡아두고 있다"고 주장한다(Guoymer et al. 1993, 231면). 이는 세계경제를 크게 왜곡하는 결과를 낳아 "농업에서 생산, 특화, 교역이 비교우위가 아니라 정책이 지니는 상대적인 영향력에 의해 결정되는" 상황이 벌어진다(Hitiris 1989, 67면). 그리하여 "세계 식량 수출품의 대부분은 식량 생산비용이 높은 산업(공업) 국가에서 증대하고, 비용이 더 낮은 개발도상국에서 소비된다"(World Bank 1986, 154면). 관세와 무역에 관한 일반협정(GATT)의 우루과이라운드 협상에서 농업은 뜨거운 관심의 대상이 되었다. 일부 양보가 이루어졌지만 개발도상국의 전망에 관해서는 중요한 돌파구가 마련되지 않았다(Grant 1993). 라틴아메리카 국가들은 자유무역협정과 기구의 회원권을 따내기 위해 경쟁함으로써 세계경제의 중심부에서 잠재적인 지역주의의 악영향을 극복하고자 노력하고 있다. 예컨대 멕시코는 북아메리카자유무역협정의 회원국이고 칠레는 유럽연합과 미국을 포함해 주요 무역 상대국들과 '자유무역' 협정을 맺는 데 특히 열의를 보이면서 성과를 거두었고 아시아-태평양경제협력체(APEC) 내에서도 진취적인 역할을 담당한다. 라틴아메리카 내에서 지역적 통합, 특히 남아메리카공동시장의 중요성은 2001년 경제위기 때까지 증대했다(Gwynne 1995).

'인클레이브' 경제

1차산물의 수출부문으로 특징지어지는 '인클레이브' 경제 문제는 구조주의자들의 저작 이래 라틴아메리카의 발전을 다룬 문헌에서 주목을 끌어왔고, 종속과 의존 분석에서 특별한 중요성을 얻었다. 이 문제는 에너지, 광물자원, 금속 광산과 가장 관련이 깊지만 또한 특히 대규모 농업, 임업, 수산업의 특정 형태와도 관련이 있다. 광산과 에너지 사업은 두가지 주된 방식으로 인클레이브로서 효과를 나타낼 수 있다. 첫째, 광산과 에너지 사업은 일반적으로 자본집약적이고 대규모이다. 이는 그 사업들이 막대한 수입을 올릴 수 있으나 고용의 측면이나 지방·권역·국민경제와 다른 연계의 측면에서는 거의 그렇지 않다는 것을 의미한다. 과거에 라틴아메리카 광산부문에서 외국인의 소유 지분이 매우 높았다는 점을 고려하면 잉여의 대부분은 높은 수준의 외국인투자를 유지하기 위해 다시 징발되었다. 최근에는 민영화 추세가 가속화해 일부 우려를 되살리고 있지만 내국인들의 소유 정도가 더 높아지면서 부분적으로 이런 문제를 감소시켰다(Gilbert 1997b). 둘째, 광산과 에너지 사업은 흔히 지리적으로 고립되어 주요 도시로부터 멀리 떨어진 곳에 위치한다. 그리하여 이 지역들은 대개 지역적 차원에서 사회·경제적 불평등을 악화시킬 수 있는 특이한 지리적 경제 지역을 형성한다.

외국인 소유권과 통제

전통적으로 라틴아메리카의 자원부문에서 외국인의 소유 지분은 높았다. 생산을 조직하는 데 필요한 자본과 기술 수준이 높다는 점을 감안할 때 특히 에너지와 다른 광산부문에서 그러했다. 외국인 소유권 문제가 불러일으킨 논란은 외국인 지배가 높은 부문의 수용(收用, 현지 정부가 공공이익을 표방하며 다국적기업의 재산권을 강제 징수해 국가나 제3자의 소유로 옮기는 처분—옮긴이)과 국유화를 고무했다. 예컨대 멕시코의 석유(1938), 뻬루의 석유(1968), 베네수엘라의 석유(1976), 볼리비아의 주석(1952) 그리고 칠레의 구리(1973) 등의 사례를 들 수 있다. 1990년대 신자유주의 국면에 외국인 투자의 혜택은 더 큰 중요성을 지니게 되었고, 볼리비아의 주석과 은, 그리고 멕시코의 구리를 비롯해 몇가지 부문의 민영화가 잇달았다(Gilbert 1997b).

현재 높은 수준의 외국인 소유는 비전통적 농산물 수출부문에서 뚜렷하다. 이는 선진국의 사치품 시장을 위한 수출과 매우 분명하게 연계되어 있다(Barham et al. 1992; Gwynne 1993a; Sunkel 1993; Barton 1997b). 외국인 소유권은 몇가지 문제를 촉발할 수 있다. 첫째, 초국적기업들이 관련 자본과 기술의 주요한, 때로는 유일한 수입업자와 보급자로 활약함에 따라 외국인 소유는 기술과 금융의 종속을 유발할 수 있다. 둘째, 외국인 소유권은 만일 해당 국가의 잠재력이 개발된다면 획득될 수 있는 이윤의 유출을 가져올 수 있다. 마지막으로 기업들이 대체로 특정 국가나 생산지역의 장기적인 발전에 분명하게 도움이 되는 방식으로 활동하려는 의욕이나 열의가 거의 없다. 예컨대 비전통적 농산물 생산과 배급에 관여하는 기업들은 낮은 노동비용과 풍부한 천연자원을 지닌 여러 지역들을 찾는 데 주력할 것이다. 이는 해당 국가를 기술 수준과 생산성이 낮은 활동에 '가두는' 경향을 심화시킬 것이다.

식량안보

농업부문에서 농산물 수출로의 재편은 전통적인 품목이 수출용 환금작물로 대체됨에 따라 식량안보를 약화시켰다. 더욱이 선진 공업국들의 보호주의 정책, 잉여의 '투매', 라틴아메리카에서 식량가격에 대한 내부 통제, 그리고 과대평가된 자국 통화 때문에 라틴아메리카의 식량수입은 더욱 늘고 있다(Kay 1995).

불평등과 사회적 갈등

흔히 1차산물 부문의 성장은 사회적·경제적·지리적 불평등을 악화시키는 결과를 낳았다. 농업부문의 경우 비전통적 농산물 수출로의 재편과 그에 따른 농업의 '현대화'는 소득분배에서 퇴행적 결과를 초래했다(Cornia 1987; Barham et al. 1992; Figueroa 1993; Kay 1995). 농업노동자와 소농을 압박하는 자본의 제약은 그들이 흔히 그런 체제 속에 완벽하게 참여할 수 없었다는 것을 의미한다. 구조조정의 시기에 대다수 소농에게 미친 부정적인 영향은 엄격한 재정적·금전적 안정화에 따르는 사회적 지출의 중지나 감소 때문에 더 악화되었다(Sunkel 1993; Vergara 1994; Kay 1995). 1990년대 중반 멕시코 치아빠스의 봉기와 뻬루를 비롯한 일부 지역에서 지속되는 소요에서 드러나듯, 사회적·경제적 차별의 증대에 따라 고조되는 긴장은 정치적 갈등을 불러일으키고 있다. 어떤 경우에는 혁명의 잠재성을 높이기도 한다(Vergara 1994).

칠레의 과일 수출 호조, 누구의 지속가능성인가?

칠레의 비전통적 과일 수출의 사례는 신자유주의적 구조조정에서 가장 두드러질 뿐 아니라 어떤 이들에겐 가장 '성공한' 경우로 간주된다. 그렇지만 칠레 사례에 관한 연구는 또한 비전통적 농산물 수출에 토대를 둔 지속가능한 사회적·정치적·경제적 발전과 관련해 여러가지 문제점들을 부각한다.

칠레에서 신자유주의 모델은 1973년 군부쿠데타 이후 이웃국가들에 몇년 앞서 실행되었다. 삐노체뜨 장군의 정권은 밀턴 프리드먼(Milton Friedman)에게 영향받은 '시카고파'의 조언으로 일련의 자유시장개혁을 추진했다. 이는 구조주의자들의 영향을 받아 예전 정부들이 추진한 내부지향적 발전 모델을 전환하려는 것이었다(Barton and Murray 2002 참조). 그 개혁의 핵심 목표 가운데 하나는 수출 진흥이었다. 이 목표는 좋은 성과를 거두었고 칠레가 지닌 교역상의 다양한 비교우위를 전세계적 차원에서 발휘할 수 있게 됨으로써 비전통적 과일 수출이 크게 증가하는 결과를 낳았다.

1974~2001년까지 칠레에서 과일의 명목 수출액은 3000만 달러에서 14억 8100만 달러로 상승했다(Banco Central de Chile 2002b). 몇차례의 뻬소화 평가절하와 수출 유인책이 효과를 나타내면서 특히 1980년대에 성장이 두드러졌다(Murray 1997b). 포도와 사과가 가장 중요한 수출품으로 1974년 이래 비전통적 농산물 수출소득의 60퍼센트 이상을 차지했다. 과일 호황은 국내시장을 위한 비교적 다양한 생산에서 특화된(일부 지역에선 단일작물 경작) 수출지향적 생산으로 경제적 토대가 급속하게 바뀐 노르떼 치꼬와 중북부 계곡 같은 지역에서 심각한 사회경제적 변화를 촉발했다(그림 6.2). 국가 전체로 볼 때 과일 재배지는 1977년 약 6만 5000헥타르에서 2000년 21만 헥타르로 늘어났다(ODEPA 1996; 2001).

칠레에서 비전통적 농업 수출품의 급속한 증가는 부분적으로는 세계시장에서 그 품목이 누리는 탁월한 '비교우위'의 관점에서 설명될 수 있다. 이 우위는 '자연적'인 동시에 '제도적으로 유도된 것'이다. '자연적' 우위에는 북반구의 주요 시장, 특히 미국과 유럽의 크리스마

그림 6.2 '이 계곡 지역은 꼰뜨롤(Control) 아래 있다'라는 구호가 쓰인 표지판. 실제 광고는 꼰뜨롤이라는 이름의 삐스꼬(포도를 주성분으로 하는 주류) 생산회사를 선전하고 있지만 이는 일종의 말장난으로 칠레의 노르떼 치꼬(Norte Chico) 지역(제4지역)에 있는 엘빨끼(El Palqui) 인근의 수출용 포도 재배사업에서 이 회사가 차지하는 위세를 상징한다. ⓒ Warwick E. Murray

스 시장을 겨냥하는 수확기와 관련된 '생산 계절의 상반성', 일부 지역에서 비옥한 토지와 풍족한 물 공급, 그리고 다양한 과일 생산에 이상적인 가장 유리한 기후대(아열대에서 온대까지) 등이 포함된다. 제도적으로 유발된 비교우위는 1960년대 과일부문에 대한 국가주도의 투자, 1960년대와 1970년대초 여러차례 비효율적인 라띠푼디오를 분할한 토지개혁, 그리고 쿠데타 이후 억압적인 조치를 통해 크게 낮춘 노동비용을 등을 의미한다(Murray 1997a). 이런 우위에 더해 외적 조건도 비전통적 농산물 수출 성장에 이바지했다. 1970년대와 1980년대에는 특히 과일부문에서 '농업의 세계화'가 가속화했다. 이를 통해 선진공업국 시장에서 '외래' 과일의 소비가 뚜렷이 증가했다. 이는 라틴아메리카와 다른 '제3세계' 국가들에 투자한 초국적 과일기업의 활동에 힘입은 바 컸다(Whatmore 1995; Murray 1998).

칠레의 과일부문에 대한 초국적기업의 투자

칠레의 비전통적 농산물 수출부문에서 초국적기업의 투자는 중요한 역할을 맡았다. 예전의 수출업자는 다비드 델 꾸르또(David Del Curto)와 꼬뻬프루뜨(Copefrut) 같은 칠레의 기업이었지만 1980년대에는 외국(특히 미국)자본이 이 부문을 지배하기 시작했다. 주요 사례로는 유니프루티(Unifrutti), 돌(Dole), 유나이티드 트레이딩(United Trading Company), 그리고 치키타-프루팍(Chiquita-Frupac)을 들 수 있다. 1994년에 (수출의 40퍼센트 이상을 차지하는) 최상위 4개 가운데 3개는 외국인 소유 기업이었고, 상위 10개 중 단지 4개의 회사만 칠레인 소유였다. 외국기업들은 과일농업을 지배하고, 세계시장과 국내 생산업자들을 연결하는 조직체계의 도입에 결정적으로 기여했다. 이 체계는 세가지 기본 구성요소를 지닌다. 첫째, 외국기업들은 과일 포장과 저장시설을 제공하고 대규모 투자의 정당성을 증명하기 위해 충분한 분량의 생산물을 거둬들이고 교섭력을 확보하면서 마케팅을 담당한다. 둘째, 이들은 과일의 품종이나 기술의 채택과 적응을 위해 연구개발을 수행하고 이 성과를 생산자들에게 이전하는 책임을 맡는다. 셋째, 이들은 사실상 은행의 역할을 하면서 생산자들에게 효과적으로 자금을 지원한다. 대다수 생산자들은 회사들과 계약을 통해 그 체제에 연계되어 있다. 이 계약은 대단히 엄격하고 1990년에 접어들어 점점 더 빈틈이 없어져 수출회사에 대한 생산자들의 경제적·기술적 종속은 꽤 높은 수준에 이르렀다. 그렇지만 일부 논자들의 관점에서 볼 때 이 조직체계가 지닌 주요 이점 가운데 하나는 그것이 예전 같으면 그 체계에 접근할 수 없었을지도 모르는 수많은 소규모 생산자들도 참여할 수 있게 만들었다는 점이다. 반면 다른 연구자들은 그 체계가 소규모 생산자들을 착취하는 기제로 바뀌었고 그 결과 부채 수준과 토지부족이 심각해졌으며 주변화 경향도 심화되었다고 주장한다(Murray 1997b).

거시경제적 성공의 비용

거시경제 분석의 차원에서 볼 때 비전통적 농산물 수출로의 구조조정은 대성공이었다. 그것은 1980년대초 외채위기 이후에 전반적으로 높은 수준의 경제성장률을 기록하고 무역잉여가 발생하는 데 튼튼한 발판을 제공했다. 아마도 가장 중요하게는 구리 수출에 대한 의존에서 벗어나 칠레의 경제를 다변화했다는 점일 것이다. 전체 수출액에서 구리가 차지하는 비중은 1971년 85퍼센트에서 2000년에는 40퍼센트 정도로 하락했다. 그렇지만 이런 성공에도 불구하고 지리적 분석의 차원을 고려할 때, 분배 또는 분포에 미친 비전통적 농산물 수출 성장의 영향은 분명히 매우 퇴행적이었다(Murray 1998). 과일의 호황은 공간적 불평등뿐 아니라 사회적 불평등을 심화했다. 공간적 불평등의 측면에서 농촌을 비롯한 여러 지역들은 이 체제에 참여할 수 없었다. 특히 (건조한 북부와 중부 계곡의 남쪽 일부처럼) 환경과 경제적 조건이 과일 재배에 적합하지 않은 농촌에서 농민들은 단지 국내시장을 겨냥한 전통적이고 이윤 낮은 농산물에 의존할 수밖에 없었다. 이들은 최근 들어 심각한 문제에 봉착했다(Kay 1997). 공간적 불평등 문제는 최근 중부지역에서 발생한 '전통적' 농민들의 저항 행진에서 드러나듯 정치적 긴장을 유발하고 있다. 1990년 이래 세차례 연속으로 민주정부(꼰세르따시온—옮긴이)가 집권하는 동안에도 꾸준히 유지된 자유시장 이데올로기에는 공간적 불균형의 증대를 줄이려는 명시적인 지역 대책이 없었다(Murray 2002c).

또 사회경제적 집단 간의 차이는 호황기를 거치면서 악화되었다. 농촌사회에서 특히 토지 없는 농민, 임시 노동자(특히 여성), 소농 들은 상대적인 사회경제적 지위의 하락을 경험했다. 호황이 가져온 중요한 영향 가운데 하나는 과일 수확과 포장 노동력에 대한 수요가 늘었다는 점이다. 이런 수요증대는 본질적으로 임시적이었기 때문에 노동자들의 경제적 불안과 수확기 동안 과일 생산지에 이주노동자들이 범람하는 것과 관련된 여러가지 문제점을 유발했다(Gwynne and Ortiz 1997). 여성노동은 포장업체에 고용된 노동력의 핵심부를 차지했다. 어떤 이들은 이 과정이 많은 여성들에게 가정 밖에서 일자리를 얻을 기회를 처음으로 부여했다는 점에서 긍정적이라고 주장한다(Bee and Vogel 1997). 그렇지만 여성들은 대체로 '들판에서' 일하는 남성보다 적은 일당을 받고, 때때로 근무를 마친 뒤 귀가해서 '갑절의 노동'을 담당해야만 한다(Barrientos 1997).

비전통적 농산물 수출의 성장은 또한 다양한 사업규모를 지닌 농민층에게 각기 다른 영향을 미쳤다. 중간 규모(20~50헥타르)나 대규모(50헥타르 이상) 농민들과 점점 증가한 도시출신의 계절농업 종사자들은 호황으로 큰 혜택을 입었다. 반면 극소규모 농민들(minifundistas)은 과수원을 조성하는 데 드는 높은 비용(헥타르당 3만 5000달러까지 소요) 탓에 진입 자체가 봉쇄되었다. 소규모(5~20헥타르) 농민들은 애당초 다수가 그 체제에 진입했지만 특히 1990년대 이래 시장에서 생존하기가 매우 어렵다는 것을 알아차렸다. 대규모 농업 종사자와 수출기업들이 부채에 찌든 소농들의 농지를 인수하기 위해 진입하자 토지의 규모는 더 커졌다. 이런 맥락에서 한가지 문제는 수출기업과의 계약에는 만만찮은 자금 부담이 뒤따르기 때문에 결국 이런 씨스템을 통해 수출기업은 정치적으로 조직화되지 못한 생산자들에게 큰 비용을 떠넘기게 된다는 점이다. 그럴 능력이 없는 생산자들은 흔히 저임금을 받는 임시직이나 비공식부문의 활동으로 후퇴할 수밖에 없다. 그리하여 수출지향 생산지에서 주변부화, 토지상실, 프롤레타리아화 현상은 점점 증대하고 있다. 신자유주의 모델을 선호하는 정부는 이런 문제점들을 처리하는 데 그저 미미한 노력을 기울일 뿐이었다(Murray 2002b).

칠레 과일 수출의 지속가능성

칠레에서 과일 수출부문의 지속가능성을 놓고 점점 의문이 제기되고 있다. 국민경제에서 이 부문이 차지하는 중요성과 일부 지역이 과일 수출부문에 거의 전적으로 의존하고 있다는 사실을 고려할 때 이는 큰 관심사가 아니라고 할 수 없다. 첫째, 지속가능성은 환경의 관점에서 위협받고 있다. 특히 생산력이 거의 없던 사실상의 불모지에서 급증하는 과일재배는 생태계를 압박한다. 특히 물 부족, 살충제와 비료 누출에 따른 수질오염, 지나친 관개(灌漑)가 빚은 토질의 염도 상승이 발생하고 있다. 토지의 비옥도가 떨어지는 문제점은 단작관행이 지배적이 된 소규모 과일농장에서 두드러진다.

둘째, 경제적 지속가능성이 위협당하고 있다. 1990년대초 이래 칠레의 비전통적 농산물 수출은 양과 실질 액수 면에서 동일한 수준을 유지하고 있다. 이는 몇가지 내적 요인과 외적 요인의 상호작용 탓이었다. 외부적으로는 전세계에 걸쳐 남반구 생산자들과의 경쟁이 심화되고 있으며, 보호주의와 더불어 점차 칠레의 계절에 거스르는 시장을 침식할 수 있도록 다른 지역의 과일 생산자들을 도와주는 기술의 변화도 그 요인으로 들 수 있다. 그리고 선진공업국에서 더욱 질 좋은 제품과 새로운 형태의 '이국적' 과일을 소비하는 행태 때문에 세계시장에서 칠레 과일의 실질가격은 하락하게 되었다(Murray 1998). 내적으로 과일 수출부문의 문제는 상승하는 경제적 위협을 상쇄하고자 칠레 정부가 개입하기를 꺼리는 태도 때문에 더욱 두드러져 보였다. 칠레 정부는 품질향상에 투자하고 수출 범위를 다양화하며 시장을 다변화하고 부가가치 생산을 발전시키며 기반시설 조성에 출자하는 등 제한적인 차원에서만 노력을 기울였다. 이 문제는 다양한 수준의 성공을 경험한 개별 기업들에 맡겨졌다. 궁극적으로 칠레 과일 수출의 '손쉬운' 국면이 끝나고 나면 더 성장하기 위해 그 부문은 점점 더 복잡한 세계시장의 도전에 맞서야만 한다. 그렇지만 효과적으로 규제되지 않는다면 과일 수출부문을 더 증대하려는 시도는 환경에 악영향을 미칠 것이다. 신자유주의 모델은 흔히 경제와 환경이라는 경쟁적인 책무를 조화시키기 어렵고 칠레의 과일 복합단지에서 지속가능한 발전을 증진하는 수단으로서는 실패할 확률이 높다.

환경 문제와 그 함의

라틴아메리카에서 1차산물 개발이 환경에 미치는 영향은 최근 들어 관심을 증폭시켰다(Figueroa 1993; Furley 1996). 여러 연구자들은 환경 문제에 둔감한 활동이 생태적 지속가능성에 어떤 위협을 가하는지를 강조하는 경향이 있다. 특히 이 문제와 관련된 관심사는 대규모 광산활동에 따른 수질과 대기의 오염, 석유와 석유화학 부문이 야기한 오염의 영향, 일부 국가에서 추진되는 대규모 수력발전계획의 생태적 영향(Furley 1996), 예컨대 칠레 어업자원의 고갈과 같은 비축 천연자원의 과도한 개발과 고갈(Barton 1997b), '미개척 농업분야 팽창'의 필요성에 따른 브라질의 삼림 벌채(Gligo 1993), 생태계와 인체의 건강 모두에 대한 투입과 그 효과의 집약적 이용(Murray and Hoppin 1990), 물 공급과 관개 집약적 생산의 결과(Gwynne and Meneses 1994) 그리고 개벌(皆伐)과 토양 침식에 따른 유출수(流出水, 땅 위에 흐르는 빗물—옮긴이)와 홍수의 증가 문제(Leonard 1987) 등을 포함한다.

라틴아메리카 국가의 지도자들은 선진국에서 환경에 대한 민감성이 커지면 라틴아메리카 국가에 받아들이기 힘든 교환조건을 강요하게 된다고 빈번하게 항변한다. 예컨대 그들은 생물다양성을 보존하기 위해 대규모 토지(보통 숲)의 유지를 요구하는 선진국의 태도에 반발한다. 라틴아메리카의 지도자들은 그런 요구가 공정하지 않다고 주장한다. 선진국들은 천연자원을 보존하지 않고 적극적으로 개발함으로써 현재의 위치에 올라섰다. 그러나 이제 그들은 개발도상국이 동일한 혜택을 향유하지 못하도록 막으려 한다(White 1993).

선진국의 정책결정자들과 개발도상국의 동맹 세력은 이런 주장이 문제를 잘못 그리고 있다고 대응한다. 유지(자연의 비非사용)는 정책적 요구의 핵심에 있지 않다. 보존(가능한 최대 수준의 자연환경 보호와 상업적 활용)이 목표이다. 그렇다면 문제는 천연자원의 활용 여부가 아니다. 환경에 대한 충격을 최소화하면서 어떻게 그것을 활용할 것인지가 문제이다(Pearce and Turner 1990; Rosenberg 1994).

경제학자들에 따르면 문제는 어떻게 자원을 활용하고 환경에 미치는 영향을 최소화할 것인가를 놓고 개별적인 선택을 정식화할 것인가의 차원이다(Pearce and Turner 1990; Carley and Christie 1993; Goldin and Winters 1995). 재생자원의 경우 선택은 지속가능한 활용에 참여하는 것으로서 경제학자들에게 이것은 보통 지속적인 산출의 수확을 의미한다. 즉 재생률이 최소한 자원의 채굴 비율에 필적해야 한다. 그렇게 되면 자원은 결코 고갈되지 않는다. 재생이 불가능한 자원의 경우, 선택은 광물 수요를 줄이고자 기술진보와 대체에 필요한 시간을 감안하면서 어느 정도까지 고갈 비율을 용인할 수 있는지의 문제이다. 또 그 선택은 주변 생태계에 미치는 영향력을 최소화하고자 어떤 방식으로 재생불가능한 자원을 추출하는지를 고려해야 한다.

물론 정식화는 믿을 수 없을 정도로 단순하다. 첫째, 그런 지점을 계산하는 데 여러가지 어려움이 있다. 둘째, 더 중요한 사항은 천연자원 활용이 환경에 미치는 결과를 최소화하려는 결정은 공적인 선택의 개별적인 계산보다 더 큰 문제를 포함한다는 점이다. 그것은 또한 정치적·사회적인 과정을 포함한다(Goldsworthy 1988; Hurrell 1991; Hurrell and Kingsbury 1992). 천연자원 채굴에 내재하는 분배의 문제, 즉 자원활용을 통해 누가 혜택을 보는지의 문제에서 선택을 둘러싸고 가장 첨예한 갈등이 벌어진다. 간단히 말해 천연자원 채굴과 환경에 대한 감수성이 어떻게 결합되는지의 문제 또한 자원 통제와 개발의 혜택을 위한 사회집단들 간의 투쟁을 수반한다.

경제성장의 추진과정에서 농업, 공업, 써비스 기업과 연계된 국내와 해외의 지배적인 사회경제적 집단들은 자원 채취와 판매 부문에서 가장 큰 혜택을 얻는다. 브라질의 아마존강 유역에서 발생한 것처럼 미개척지를 처리하는 문제에 관해서도 그들은 도로건설과 다른 대규모 건설계획(광산과 도시화 같은)을 요구하거나 그것으로부터 이윤을 챙길 수 있다. 더욱이 주민이주계획은 (토지개혁의 부재시에) 토지 없는 농민에게 토지를 제공하거나 실업자들에게 더욱 안정된 도시에서 새로운 정착지와 일자리를 제공하는 식의 모험적 사업을 수반할지도 모른다(Bunker 1985; Cockburn and Hecht 1988).

이런 계획에는 기획 단계부터 농업활동의 성공을 위해 개척 이주민들에게 채무상환 연기를 승인해주는 써비스의 제공뿐 아니라 자원채굴과정에서 환경을 보호하는 문제까지 포함될 수 있다. 그러나 이렇게 좋은 의도는 정책실행과정에서 포기될 수도 있다. 브라질의 사례가 그러했다. 관리 책임과 계획의 감독을 맡은 정부기관은 위임사항을 수행할 능력이 부족했다(Bunker 1985). 중앙집권적 관료제와 재정위기는 효과적인 계획의 완수를 어렵게 만들었다. 더욱이 브라질의 아마존강 유역에서 정부기관들은 대농장주와 광산 소유자들에게 '포획당했다'. 그들은 개척 이주민들로부터 얼마 안 되는 신용대출금을 빨아들였다. 그 결과 열대지역의 무른 땅을 성공리에 경작하는 데 필요한 신용과 노하우가 부족했던 개척 이주민들은 깨끗하게 땅을 개간한 뒤에 그것을 농장주들에게 매각할 수밖에 없었다. 농장주들은 인플레이션 방지책으로, 그리고 아마존강 유역에서 생산된 쇠고기에 대한 정부보조금을 타내기 위해 토지를 매입했다. 개척 이주민들은 생계를 위해 더 많은 토지를 개간할 수밖에 없었고 그런 순환현상은 되풀이되었다(Hecht 1985; Schmink and Wood 1992).

전세계적·국가적 수준의 발전전략 외에 브라질의 미개척 변경에서 개척 이주민들이 겪은 곤경은 두번째로, 그리고 천연자원 활용에서 환경적 퇴보의 원인으로 흔히 거론되는 빈곤의 문제를 부각시킨다. 극도의 궁핍은 주민들로 하여금 천연자원, 특히 재생가능한 자원의 남용을 불가피하게 만든다. 빈민들의 밀집은 연료용 산림의 지속적인 벌목과 화전농법을 유발해 토질을 떨어뜨린다. 그들은 또한 목초지에 가축을 지나치게 방목하고 대부분 열대 토지의 부식성을 인지하지 못하며 소규모 광산에서 오염을 유발하는 구식 기술을 이용한다. 특정 국가의 저조한 경제실적은 문제를 악화시키고, 나아질 가망 없이 더 궁핍해지는 주민의 수효는 증가한다(Ascher and Healy 1990; IDB 1991; Annis 1992).

연구자들은 이와 같은 문제들을 알아차리면서 지속가능한 발전의 개념을 정리하기에 이르렀다. 브룬틀란위원회(1983년 국제연합이 소집한 '환경과 발전에 관한 세계위원회'를 일컫는 표현으로서 위원장인 그루 할렘 브룬틀란Gro Harlem Brundtland의 이름에서 비롯되었다. 브룬틀란은 이 위원회의 위원장으로 초빙되기 전에 노르웨이의 환경부장관과 수상을 역임한 바 있다—옮긴이)의 결과보고서인 『우리 공동의 미래』(1987)는 경제발전, 빈곤 극복, 환경보호의 상호연관성을 인식하면서 최초로 지속가능한 발전이라는 개념을 널리 전파했다. 그렇지만 이 세가지 중첩되는 과제를 효과적으로 결합한 천연자원 활용 정책을 정리하기란 그리 쉽지 않다. 기술적인 어려움뿐 아니라 프로그램을 위한 자금지원도 부족하다. 그 결과 정책결정자들은 다양한 정책 대안들 사이의 중요한 상충관계에 직면하게 된다(Redclift 1987; 1992).

대규모의 지속가능한 발전

공기업도 그런 모험적 사업에 참여할지는 모르겠지만, 경제성장, 즉 세계화의 기초를 이루는 자유시장의 교의에 적절히 입각한 방침을 촉진하기 위해선 대규모 사기업의 활용이 선호되는 편이다(예컨대 박스 6.1 참조). 사기업들은 개발과 환경 모두에 투자할 수 있는 자금을 갖고 있기 때문에 재정적으로 넉넉하지 않은 정부의 부담을 덜 수 있다. 천연자원 채굴, 환경문제와 관련해 정부의 중요한 과업은 사기업들이 수확량 유지(sustained yield, 수확시 줄어든 산림과 어류 등 생물자원이 다음 수확 전에 불어나도록 관리하는 활동—옮긴이)의 실행을 보증하고 공해 완화 기술을 채택하며 주변 생태계의 손상과 퇴화를 예방하고 그 지역에 존재하는 토착문화를 존중하도록 설득하는 것이다. (대체로 다자적 개발은행의 자금지원이 이루어질 경우) 사업 요건과 환경규제가 그런 목표를 성취할 수 있으리라 기대된다. 더욱이 민간부문의 사업과 그것이 지니는 더 광범한 경제적 효과는 지역주민들에게 고용의 기회를 제공한다. 이는

(국제기금의 지원을 통해) 빈곤과 환경 악화 간의 연결고리를 처리한다. 생물종 다양성의 유지를 보증하기 위해 국립공원과 보호지역체제를 마련하려는 시도는 그런 접근방식을 보완해준다(World Bank 1992).

■ 박스 6.1 산업의 잣대로 본 지속가능한 발전

까라자스(Carajás) 도시권 프로그램: 이 프로그램은 1980년대 브라질 정부의 아마존강 유역정책을 선도했다. 정부는 이 지역개발 프로그램을 통해 중요한 경제 문제를 다루고자 수출지향적 광산사업에 집중했다. 이 프로그램은 빠라(Pará), 마라냐우(Maranhao), 아마빠(Amapá) 같은 동북부 아마존 유역 세개 주에 있는 광활한 지역을 포괄했다. 이 엄청난 개발사업은 국가소유의 광산회사, 지역자본, 유럽과 일본의 초국적기업을 포함한다. 또 환경영향평가서가 제출된 뒤 이 프로그램은 세계은행에서 자금지원을 받았다. 까라자스는 전통적으로 철광석 채취와 제련이 발전된 곳이다. 벨렘(Belém) 부근과 쌍루이스(São Luis) 부근의 대서양에 접한 지역에 알루미늄 복합단지 두 곳이 조성되었다. 또꾸루이(Tocurui)에 건설된 수력발전소 역시 이 사업의 일부였다. 산업시설 부근의 항만시설 또한 확장되었다(Neto 1990).

칠레의 목재 플랜테이션: 칠레는 라틴아메리카에서 선망의 대상이 된 목재산업을 자랑거리로 여긴다(Silva 1997a). 군부정권의 자유시장 경제정책(1973~90)에 부응해서, 그리고 중요한 정부 지원금의 협조로 칠레의 일부 대기업들은 주로 수출용 목재 플랜테이션에 적잖이 투자한 바 있다(Gwynne 1993a, 그림 6.3). 세계적으로 유명한 기업과의 합작투자나 외국기업이 전적으로 소유하는 자회사 몇곳도 목재시장에 뛰어들었다(Gwynne 1996a). 목재의 대부분은 라디아타 소나무(일명 칠레송)로 만들어졌다(Clapp 1998). 1994년 목재수출은 15억 달러를 넘어 수출 선두 품목 가운데 하나가 되었다. 목재 부문은 또한 약 9만 5000명을 고용해 경제활동인구의 약 2퍼센트를 구성했다.

그림 6.3 칠레 남부의 목재 플랜테이션. 통나무들이 그 지역의 셀룰로오스 공장으로 운반되고 있다. 플랜테이션과 셀룰로오스 공장은 모두 1990년대초에 로열더치셸(지분 60퍼센트), 스콧페이퍼(20퍼센트), 씨티은행(20퍼센트)으로 이루어진 다국적 컨소시엄 소유였다.

라틴아메리카에서 경제발전은 부분적으로 천연자원의 대규모 채굴을 필요로 한다. 라틴아메리카 국가들의 재정적 취약성과 다자적 개발은행의 개발 지원금 축소는 확실히 그 과정에 더 많은 민간기업들이 참여할 수 있는 여지를 만들어낸다. 그렇지만 대규모 개발, 사기업, (특별지정 구역으로 간주된) 국립공원에 대한 지나친 의존은 지속가능한 발전을 이루는 데 커다란 장애물이 된다. 이런 접근에는 최소한 세가지 어려움이 존재한다.

첫째, 수사법이 어떻든 간에 환경 문제는 라틴아메리카 국가들이 직면한 여러 문제 가운데 우선순위를 차지하지 않는다. 반면 경제성장은 늘 상위를 차지한다. 국가의 재정적 취약성은 문제를 더 복잡하게 만든다. 따라서 환경정책을 규제하고 감독하며 조율하고 실행하는 직무를 맡은 부처나 정부기관은 대개 약하고 위임사항을 수행할 능력이 부족한 편이다. 실제로 그 위임 자체도 칠레의 경우처럼 때로는 고의로 협소하게 제한된다(Silva 1996~97). 지지자들은 시장의 자극과 동기부여가 이런 결점을 피해가는 데 도움을 줄 것이라고 주장한다. 그들은 이른바 공해허가증(pollution voucher) 시장과 더불어 온실가스 배출을 상쇄하기 위해 기업에 산림 보존과 인공조림 비용을 지불할 기회를 제공하는 방안(이른바 공동이행 사업)을 자주 거론하곤 한다. 이는 결국 환경의 '갈변(褐變)'과 마찬가지인 셈이다(Nielson and Stern 1997). 그런 접근은 우리가 '수용할 만한' 오염의 수준을 계산할 수 있다는 불확실한 가정에 근거한다. 그것은 또한 우리가 수많은 화학물질이 함께 일으키는 종합적인 결과를 제대로 알지 못한다는 사실을 간과한다. 한가지 오염원만 고려한다면 '수용할 만한' 수준일 수도 있지만 그것이 다른 많은 물질의 '수용할 만한' 수준과 결합할 경우 공중보건에는 매우 해로워질지도 모른다. 결국 이데올로기적 태도가 어떻든 간에 정부의 활동은 기업들이 환경에 민감성을 지니도록 만드는 가장 효과적인 근거였다.

둘째, 기업주도의 대규모 자원 채굴은 가난한 농촌주민들의 생계상의 필요를 적절하게 다루지 못한다. 또한 원주민과 그들의 문화를 근대화의 파괴로부터 충분히 보호하지 못한다. 대규모 농업과 광산업은 흔히 저임금과 보통 수준 이하의 노동조건이긴 하지만 어느정도 일자리를 제공한다. 더욱이 자본집약적 벤처기업은 더 많은 농민들을 고용하기보다는 토지로부터 그들을 분리하거나 미개척지로 몰아내 땅을 얻기 위해 산림을 더 많이 벌목하게 만든다. 또 도시의 빈민촌으로 밀어내 이미 심각할 정도로 부적절한 환경에 더 많은 압박을 가한다(Montbiot 1993; Painter and Durham 1995). 그런 사정은 새로운 사업체가 운영되는 지역으로 다른 지역의 극빈자들이 유입됨에 따라 더 악화된다. 새로운 이주민들은 해당 지역공동체와 경쟁하고 때로는 공동체를 분열시키며 밀어내기도 한다. 이에 따라 야기되는 사회적 긴장은 흔히 농촌에서 폭력을 통해 분출된다(Schmink and Wood 1992).

셋째, 삶의 터전에서 밀려난 가난한 이들이 지닌 토지에 대한 열망은 보호구역을 유지하는 데 대단한 압력으로 작용하면서 자연보존의 꿈을 실현할 수 없도록 만든다. 생계형 농업 또는 (소규모) 사금채취를 위해 국립공원 내에서 토지 습격이 흔하게 발생한다. 이를 통해 이주민들과 원주민 사이에 사회적 긴장이 빈번하게 분출된다. 이런 긴장은 흔히 벌목된 토지를 구매하거나 토지를 강제로 빼앗으려고 이주민들을 뒤따라온 사업체가 유입되면서 더 악화된다(Barraclough and Ghimire 1995). 이런 유형의 긴장은 브라질의 아마존강 유역에서 여러 차례 반복되었다(Schmink and Wood 1992; Ozório and Campari 1995).

브라질의 사례가 예증하듯이 문제는 책임있는 국가기관, 즉 농업부처, 환경부처, 공원과 산림 써비스 기관들의 허약성 탓에 더욱 가중된다. 관료층의 경쟁관계도 한몫 거든다. 농업과 광업 관련 부처들은 (최소한 암묵적으로) 토지 습격을 지지할지도 모른다. 그들은 환경 관련 기관보다는 부처의 위계상 상위에 있고 더욱 잘 조직되어 있기 때문에 흔히 환경 관련 기관들의 지시사항을 거부한다.

발전에 대한 풀뿌리 차원의 접근법

이 문제들을 감안할 때 생계 문제나 사회정의, 지속가능한 발전의 구성요소를 다루는 일은 보완적인 시도 또는 어떤 이들이 주장하듯 천연자원 활용에 대한 완전히 다른 접근법을 요구한다. 우리는 이를 '발전에 대한 풀뿌리 차원의 접근법'(grassroots development approach)이라고 부르며 지역공동체를 강화하고 수확량 유지의 실행에 근거해 소규모 경제활동을 촉진하는 일에 초점을 맞춘다(Schumacher 1973; Ghai and Vivian

1992; Friedmann and Rangan 1993; Utting 1993; Ghai 1994). 그것은 지역 차원의 자율, 연대, 규제 그리고 시장 세력의 침투, 공동체 해체, 일부 사업의 실행 등에 관한 정책결정에 시민들이 참여하는 활동에 특별한 가치를 부여한다. 공동체 조직과 소규모 기업의 설립에서 발생한 수입은 더 높은 임금, 사회적 혜택, 투자와 같은 형태로 공동체 내에 더 많이 돌아가게 된다. 경제적 지속가능성은 또한 자원과 노하우를 공동으로 활용하는 협동조합을 구성하고 이를 지역·권역·국가·세계시장과 연결짓는 문제에 달려 있다. 게다가 적절한 기술과 더불어 자연적 과정을 모방할 수 있는 더 나은 기회를 제공해주는 소규모 활용은 환경의 지속가능성에 더 크게 공헌한다(Hartshorn 1989). 자연의 상호연관성을 고려하지 않은 채 어떤 지역에 인간이 과도하게 개입하는 것은 (대규모 개발이 그러하듯이) 생명그물 전반을 손상한다.

멕시코 낀따나로(Quintana Roo) 주의 '산림 안내인 계획'(Plan Piloto Forestal)은 풀뿌리 차원의 발전방식의 좋은 사례이다. 산림지역의 농민공동체 에히도는 민간업자와 공기업으로부터 산림통제권을 얻어냈다. 이 계획은 정부와 국제원조 기관의 협조로 삼림의 목재(마호가니)를 시장에서 판매하기 시작했다. 회원 공동체들은 예전보다 더 나은 목재 가격을 보장받았고 더 많은 인력을 더 높은 임금으로 고용했으며 관리 직원을 훈련시키고 단지 통나무 전체를 팔기보다는 목재에 산업적 가치를 덧붙이기 시작하면서 회원 공동체들에 수익의 일부를 배분했다. 멕시코에는 유사한 형태의 협동조합들이 다수 존재한다(Paré et al. 1997).

발전에 대한 풀뿌리 차원의 관점은 국가의 역할과 사회적 참여에 관한 현행 신자유주의 추세와는 매우 다른 태도를 취한다. 국가는 풀뿌리 차원의 개발에 유리한 산업정책과 부가적 정책을 세밀하게 조율하는 데 중요한 역할을 담당한다(Lipschutz and Conca 1993). 그리하여 국가기관의 강화는 확대된 기능을 수행하는 데 필수적이다. 그러지 않으면 공동사업체, 협동조합 네트워크, 시장과의 연계는 일부 개별 사례를 넘어 활발하게 성장하기가 어려워질 것이다. 비정부기구(NGO)들은 정책입안과정에 대한 참여뿐 아니라 정책의 확대와 강화 과정에서 핵심적인 역할을 맡는다. 반면 풀뿌리 차원의 개발방식이 지닌 시민사회 중심적 경향은 국가기관들과 더 깊이 관련되는 것에 반대한다. 대신에 그것은 비정부기구들과 공동체 조직 간의 연계를 강조한다(Browder 1989; Leonard 1989; Ekins 1992).

국가에 대한 태도와 상관없이, 본질적으로 참여는 종속적 계급과 종족에 뿌리를 둔 사회집단들의 자율적 결정을 위한 매개물로서 조직된 공동체에 초점을 맞춘다(Ghai and Vivian 1992, 1~19면; Friedmann and Rangan 1993, 1~10면; Ghai 1994, 1~12면). 더욱이 참여는 단지 정책을 실행하도록 돕는 것 이상의 문제이다. 그것은 정책과제를 정하고 해결책을 지시하며 정책을 정식화하는 과정에서 시민사회단체들이 광범위하게 심의하고 토의하는 것으로까지 확대될 수 있다. 꼬스따리까의 산림 관련 비정부기구들은 이런 정치적 활동의 경험이 풍부하다(Brockett and Gottfried 2002; Silva 2003).

지속가능한 발전에 대한 풀뿌리 차원의 접근법을 비판하는 세력이나 지지하는 세력 모두 그것을 실행하는 데 몇가지 어려움이 있다는 점을 인식한다. 첫째, 소규모 개발에 대한 강조와 관련해 그것은 특히 인적자본의 측면에서 자본집약적이다. 민간부문이 그런 시도에 투자하지 않을 것이라는 점을 감안한다면 자금은 어디서 나올까? 기획 단계부터 지역공동체 대표들을 포함해야 하고, 해당 분야의 전문가들을 배치해야 하며, 정부기관과 조율해야 하고, 예컨대 장비의 구입에 이르기까지 선행투자 비용이 많이 소요된다. 둘째, 그 프로젝트의 이상적인 시간표는 장기적인 것, 예컨대 5~10년짜리여야 한다. 이보다 짧은 기간의 프로그램들이 많다. 셋째, 그 프로젝트들은 공동체 내에서 또는 정부, 국제기구, 비정부기구와 공동체 사이에서 집단 활동의 잠재적인 문제점에 시달린다. 이런 어려움은 흔히 역할을 적절하게 수행하는 데 필요한 인력, 장비, 훈련, 권위가 부족한 상태에서 참여하는 국가기관 때문에 더 악화될 수 있다. 넷째, 기술 그 자체가 실험적이고 검증되지 않은 것일 수 있다.

천연자원 채굴의 정치학

이상적으로 볼 때 지속가능한 발전을 위한 균형잡힌 정책의 틀은 대규모 시장지향적 발전과 풀뿌리 차원의 발전방식을 모두 아우르는 것이라고 할 수 있다(Silva, E. 1999). 전자에 대한 지나친 강조는 농촌의 빈곤과 그에 관련된 환경의 악화라는 문제를 풀지 못한다. 마찬가지로 풀뿌리 차원의 발전방식에 대한 지나친 강조는 아마 한 국가로부터 건전한 경제성장에 필요한 자원을 빼앗아갈 것이다.

그러나 세계는 이상적이지 않다. 더욱이 지속가능한 발전을 위한 두 가지 모델 사이 간의 상충관계 때문에 선택하기란 특히 어렵다. 가장 인기 있는 정책결정의 접근방식 중 한가지인 합리적 행위자 모델에 따르면, 정책입안자들은 한가지 문제로 평가받고 그것을 해결하는 데 가장 적합한 선택사항 목록이 제공된다. 이 기술을 효과적으로 활용하는 데 가장 큰 장애는 자금부족과 세계화의 논리이다. 그런 장애는 정치, 즉 강압적인 가치배분이 정책의 결과, 말하자면 시장과 풀뿌리 차원의 접근법이 통합될 것인지 또는 하나가 다른 하나를(보통 시장이 풀뿌리 차원을) 지배할 것인지를 결정하는 데 중요한 역할을 담당한다고 보증한다. 달리 말해 정치는 정책입안자들에게 제공되는 선택사항들을 이끌어내는 의제에 영향을 미칠 것이다. 풀뿌리 차원의 발전에 대한 효과적인 해법이 그 의제에 덧붙여지는지는 확신할 수 없다.

공공정책에 대한 정치경제적 접근은 천연자원의 지속가능한 개발을 위해 정책을 개혁하는 정치를 이해하는 데 좋은 출발점을 제공한다. 그것은 우리가 국제·국내 경제와 국가 구조에서 주요 행위자, 이해관계, 세력의 위상이 어떤지 확인하는 데 도움을 준다. 그 접근법은 또한 결과를 이해하는 열쇠로서 지식과 행위자들의 연대활동의 역할을 강조한다(박스 6.2 참조).

■ 박스 6.2 브라질의 채굴 보류지

브라질의 아마존강 유역에서 추진된 채굴 보류지(extractive reserves) 조성은 국제기구, 국가, 민간부문, 농민, 원주민 등 모든 행위자를 아우르는 가장 유명한 사례를 보여준다(Schwartzman 1991). 1970년대와 1980년대초 대규모 농장의 조성은 대농장주들에 맞서 소토지 보유 농민, 천연고무 수액 채취자, 원주민들이 벌인 토지투쟁을 점화했다. 애당초 대토지소유자들은 종속적 사회집단 사이에 존재하는 전통적인 경쟁관계를 활용해 손쉽게 승리하는 듯했다. 그렇지만 새로운 구상에 고무된 종속적 사회집단의 구성원들은 단합하기 시작했다. 브라질의 한 비정부기구는 채굴 보류지라는 개념을 제안했다. 이는 환경에 큰 영향을 끼치지 않는 천연자원의 채굴을 위해 따로 마련해두는 구역이었다. 이런 구상을 통해 환경은 서로 갈등관계에 있는 사회집단들을 하나로 묶을 수 있는 새로운 쟁점이 되었다. 이들은 모두 생계 그리고 또는 문화적 존속에 필요한 토지와 자원의 보존에 대해 공감할 수 있었다(Keck 1995). 그렇지만 지역주민들은 단합했을 때조차 우세를 점할 수가 없었다. 지방과 연방정부

(브라질은 연방제 국가다)는 대개 대토지소유자들을 후원했다. 더욱이 지역주민들의 조직, 전국연합, 정당 사이의 동맹은 효과적이지 않았다. 연방정부는 확고하게 대규모 개발을 선호했다. 국제활동가들이 지역주민들에게 유리하도록 국면을 전환했을 때에도 여전히 그러했다. 브라질의 비정부기구들은 우선 미국에 본부를 둔 유력한 국제적 비정부기구들과 접촉했다. 이들은 그 투쟁을 미국의회로 가져간 뒤 이를 통해 브라질에 대한 대출을 연기하도록 세계은행을 압박했다. 그때에야 브라질 연방정부는 상황을 인식하고 채굴 보류지 조성을 결정했다. 채굴 보류지에 관한 정책이 여러 경제 문제들과 충돌했기 때문에, 채굴 보류지를 조성하려는 이런 대담한 노력은 불운하게도 마땅히 누려야 할 성공을 거두지 못했다(Assies 1997; Hall 1997).

국제활동가들은 여러 정부, 특히 개발후원기관과 초국적기업, 세계은행 같은 다자적 개발 은행, 그리고 국제연합을 비롯한 국제조직을 포함한다(Haggard 1990). 환경과 개발에 관한 그들의 이해관계는 매우 다양하다. 이 행위자들은 사정에 따라, 특히 선진국 출신인 경우 국가정책을 논의하는 데 효과적으로 영향을 끼칠 수 있는 중요한 정치경제적 힘을 지니고 있다.

국내 활동가는 국가와 사회적 행위자들을 포함한다. 가장 중요한 행위자는 대통령, 관련 부처와 기관, 입법부에서 민의를 대변하는 여러 정당이다. 사회적 행위자는 대규모 경제적 이해 당사자부터 농민, 소규모 자작농, 원주민에 이르기까지 여러 범주를 아우른다. 이런 윤곽 속에 국가기관의 구조(응집력, 정책입안 집단의 견고성, 관계 부처들의 서열, 사회세력과 국가기관의 관계)는 국가의 행위자와 사회집단들이 의존하는 권력의 원천을 형성하는 데 중요하다(Skocpol 1979). 마찬가지로 사회적 행위자들의 경제적·조직적 역량은 국가의 행위자와의 관계에서 그들이 어떤 강점과 약점을 지니게 되는지에 영향을 미친다(Migdal et al. 1994).

환경 관련 비정부기구들은 당연히 중요한 사회적 행위자이다(Porter et al. 2000). 그들은 정책형성과정에서 산림정책에 대한 시장친화적 또는 풀뿌리 차원의 접근방식의 중요한 옹호자일 수 있다. 그들이 전문직업적 조직일 때 그 정책적 태도는 보통 중간계급 보좌진의 지적·과학적 구상에서 비롯되곤 한다. 그들이 농민과 연계되어 있을 때 그 경제적 이해관계는 흔히 환경과 개발의 결합에 대한 풀뿌리 차원의 구상을 옹호하게 된다(Keck 1995). 선진국의 대형 비정부기구들 가운데 일부는 또한 국제적으로 중요한 행위자이다. 국내 비정부기구들 역시 정책과정에서 중요한 역할을 담당할 수 있다. 그 권한은 흔히 재정적·조직적 역량과 그들이 활용할 수 있는 전문지식의 질에 달려 있다.

행위자뿐 아니라 정책적 태도나 능력을 지닌 이해관계 세력에 대한 이해는 환경정책 입안의 정치학을 분석하는 데 좋은 출발점을 제공한다(Hurrell and Kingbury 1992). 그렇지만 일부 연구는 실제 정책의 성과가 행위자 간의 상호관계에 달려 있다는 점을 보여주었다(Ross 1996; Silva, E. 1999). 흔히 정책의 성과는 사회집단, 국가기관, 국제활동가, 비정부기구 간의 역동적인 연대 형성에 달려 있다. 이런 연대는 대안 정책적 태도를 지지하면서 경쟁관계에 있는 제휴세력이 모을 수 있는 전체 역량을 뚜렷하게 보여준다(Gourevitch 1986; Frieden 1991; Rueschemeyer et al. 1992).

천연자원정책의 개혁

천연자원정책의 개혁은 지속가능한 발전 노선과 함께 중요한 도전을 내포한다. 정책선택의 범위는 잘 알려져 있고 광범위하다. 거기에는 수확량 유지의 실천이나 공해 배출의 뚜렷한 감소 또는 두가지 모두를 보증하기 위해 대규모 자원 활용을 환경 요소와 결합하는 것이 포함된다. 그러나 이것만으로는 빈곤한 농촌주민들의 압력을 완화하기에 충분하지 않을 것이다. 이는 원주민의 복지, 문화유산, 생존을 충분히 보호할 수 없을 것이다. 이 때문에 풀뿌리 차원의 발전방식을 증진시키려는 노력과 아울러 천연자원의 대규모 활용을 개선하는 작업이 반드시 추진되어야 한다. 그러나 천연자원 활용의 지속가능한 발전에 대한 두가지 접근방식을 통합하기란 그리 쉬운 일이 아니다(Silva 1994). 정책 개선에 풀뿌리 차원의 발전방식을 포함시키는 과정에서 심각한 정치적 갈등이 불거질지도 모른다. 그렇지만 그것은 극복될 수 있다. 그 가능성 여부는 그런 프로그램에 대한 국가와 지배계급 행위자들의 초기 성향, 지방 차원에서 사회적 갈등의 수준, 지역 내 집단들의 조직 여부 그리고 국제활동가들의 역할 등에 달려 있다.

정부와 지배적인 사회계급들이 풀뿌리 차원의 발전방식에 맞서 결속해서 저항하는 곳에서는 사회적 갈등의 수준이 격렬하기 때문에 그런 개혁정책을 관철하기 위해서는 지역, 국가, 국제적 활동가 사이에 매우 광범한 연대가 필요하다. 브라질의 채굴 보류지 사례가 제시하듯(박스 6.2 참조) 격렬한 사회 갈등은 잘 조직된 지역의 하위 사회집단들의 강력한 연대를 전국 차원의 정치적·제도적 제휴로 확산한다. 이는 주요 쟁점을 국가적 차원의 정치 무대로 가져온다. 그렇지만 국내 집단만으로는 우위를 차지할 정도로 강력하지는 않다. 그들은 선동하고 여론의 관심을 끌 수는 있으나 승리는 거둘 수 없다. 더 큰 국제적인 압력이 필요하다. 그러므로 해당 개발도상국의 단체들과 연계된 국제적으로 유력한 비정부기구들이 선진국에서 이런 상황을 알리는 캠페인을 시작하고 선진국 정부와 국제기관들로 하여금 행동하도록 압력을 가할 수 있다. 흔히 차관제공의 연기와 다른 제재를 통해 가해지는 위협은 개발도상국 정책입안자들의 주목을 끌게 된다.

정부기관과 지배적 사회계급의 일부 주요부문이 이런저런 이유 때문에 풀뿌리 차원의 지속가능한 개발을 지지하는 곳에서는 지역 활동가들이 독자적인 힘으로 승리를 거둘 수 있지만 국제적 활동가와 지역 비정부기구들이 정책입안에 중요한 기여를 할 수도 있다. 지배계급과 하위 사회집단 간의 긴장은 흔히 농촌공동체를 조직하는 데 촉매제로 작용한다. 이런 긴장상태는 국내에서 풀뿌리 차원의 개발에 유리한 정책을 요구하는 추진력을 제공한다. 공동체들은 독자적으로 활동할 수 없다는 것을 알기 때문에 흔히 적극적으로 연대세력을 찾는다. 연대세력을 찾을 때, 특히 연대세력이 정부 활동가라면 공동체들은 정책 내용에 그들의 이해관계를 관철하고자 노력할 것이다. 국제적 활동가, 흔히 사회민주당 성향이 강한 정부의 개발기관들은 비교적 호의적인 정부 부처들이 제안하는 정책을 구체화하는 과정에서 지역공동체들에 중대한 지지를 표명한다. 그들은 급진적 경향의 공동체들의 요구를 정당한 것으로 인정하고 프로젝트의 구상과 관리를 돕는다.

가장 관련성이 높은 정부의 활동가들이 대체로 무관심하거나 힘이 없는 곳에서는 국제적 활동가들이 자원활용의 개혁에 풀뿌리 차원의 발전방식을 포함시키는 데 가장 중요한 촉매 역할을 맡을 수 있다. 그 노력은 프로젝트를 중심으로 한 것이고 풀뿌리 차원의 발전을 지향하는 세부 내용은 주도적인 국제기관의 목표가 무엇인지에 달려 있다. 성공 여부가 지역공동체의, 특히 장기적인 참여에 달려 있다는 것은 아무리 강조해도 지나치지 않다. 더욱이 프로젝트를 상향하려면, 달리 말해 다른 지역으로 확대 적용하려면 적극적인 정부 지원이 필요하다는 점을 항상 유념해야 한다. 국제적 기구의 존재와 압력만으로는 이 과업을 이룰 수 없다.

천연자원활용에 지속가능한 발전의 요소를 포함시키는 것은 결코 쉬운 일이 아니며 세계화는 그 과업을 더욱더 어렵게 만든다. 국제 금융기관과 여러 정부들의 자유시장에 대한 강조는 개발도상국 농촌주민들의 특별한 시장 외적 요구를 고려하지 못하도록 방해한다. 그 특별한 요구는 여러가지 보조금(신용, 투입, 가격 지원)을 통해 부의 재분배에 집중하고 생산물 판매시장을 창출하기 위해 산업정책을 개선할 것 등을 포함한다. 그렇지만 세계화는 소규모 생산과 더 공평한 부의 분배보다는 대규모 공업과 부의 집중을 선호한다. 그 결과 많은 국제기관들은 현재 환경 관리기구의 공해대책 강화와 환경보존을 위한 공원조성에만 주력하고 있다. 그들은 또한 이산화탄소 흡수계(지구온난화 현상을 완화하는 데 도움이 되는 넓은 산림지대—옮긴이), 유전자은행, 생물의 다양성과 풍광의 아름다움같이 생태계가 주는 환경써비스에 대해 보상할 것을 주장한다(Heal 2000). 제안된 이 해결책 가운데 어떤 것도 대규모 시장개발방식을 위협하지 않는다.

그럼에도 농촌에 사회적 긴장이 존재할 뿐 아니라 터전에서 밀려난 농촌주민들을 흡수할 만한 도시고용이 부족하다는 사실은 여전히 지속가능한 발전에 풀뿌리 차원의 발전방식을 포함해야 한다는 압력을 행사하는 데 일종의 지렛대를 제공한다. 농촌의 빈민들은 꾸준히 환경문제와 보존에 관한 요구를 점차 체계화한다. 이는 국내외에서 환경보호주의자들간에 사회적·정치적 연대를 제공한다. 또한 이산화탄소 상쇄 협정, 공해세금 유예, 에너지세, 효과적인 공원관리에 풀뿌리 차원의 발전방식을 덧붙이는 구상에 공동체와 함께 일할 수 있는 전문가 집단을 공급한다. 이것이 실행될지는 분명하지 않지만 그럼에도 새로운 국제기관들이 풀뿌리 차원의 발전방식에 참여하고 이를 지원해야 한다는 점은 매우 중요하다(Haas et al. 1993; Young 1994).

결론

새로운 밀레니엄의 여명기에 라틴아메리카 국가들은 여러모로 식민시대 이래 존재해온 뿌리 깊은 문제에 봉착했다. 분명히 여러 국가에서 다양화와 아울러 산업화에 중요한 진전이 있었다. 브라질과 멕시코 같은 국가들은 자원 수출 의존에서 어느정도 벗어나고 있다. 그렇지만 대다수 국가들은 여전히 소득창출을 위해 위험할 정도로 1차산물에 의존적인 상태이다. 이런 방식으로 그들은 외부의 조건과 세계시장의 변덕에 매우 취약할 뿐 아니라 지대와 금리소득자, 인클레이브 그리고 때로는 외국인들이 지배하는 수출부문을 운영하는 데 매우 버거운 국내의 문제에 맞서고 있다. 더욱이 끊임없는 자원개발의 장려를 감안할 때 생태계와 지역의 환경은 큰 압박에 시달리고 있다. 이런 상황이 최근 신자유주의의 결과로 빚어지진 않았지만, 단기적인 비교우위 논리에 대한 강조는 문제를 더 복잡하게 만들었다. 더욱이 정부가 개입해서는 안된다는 논리는 분배의 측면에서 퇴행적 경향을 증대시켰고, 자원 수출 발전과 관련해 환경에 대한 부정적인 함의를 강화했다. 이 장에서 보았듯이 신자유주의는 복잡하게 뒤얽힌 몇몇 부문에서 지속가능한 발전을 뚜렷하게 손상시켰기 때문에 1차산물 의존 경제에 대한 치유책으로서는 대체로 실패했다.

라틴아메리카에서 인구 증가와 더불어 세계화나 자유시장경제의 맥락에서 새로운 경제성장의 추진은 천연자원에 대한 압력을 두드러지게 증대시켰다. 이 문제들은 부유한 국가들로 부의 집중이 이루어짐에 따라 가중되었다. 따라서 빈민층이 늘었고 그들의 이주는 빈약한 주변부의 토지와 기본써비스가 결여된 빈민촌의 수용력을 훌쩍 뛰어넘었다. 이 때문에 극히 중요한 천연자원이 고갈되고 공해는 늘면서 전체적으로 환경이 악화된다. 간단히 말해 농촌과 도시에서 거주민들의 삶의 질은 떨어진다.

하나의 패러다임이 되기 위해 분투하고 있는 지속가능한 발전이라는 개념은 이런 추세를 다루기 위해 출현했다. 그것은 경제발전, 빈곤, 환경 악화 간의 연관성을 인식한다. 따라서 그것은 정책입안자들에게 환경을 고려해 경제성장의 목표를 포기하라고 요구하지 않는다. 이 관점에서 볼 때 그렇게 하라고 요구하는 것은 오히려 그것을 파괴하는 셈일 것이다. 그러나 그것은 정책입안자들에게 경제적 목표를 추구할 때 빈민층의 생계상 필요와 환경보존을 무시하지 말 것을 촉구한다.

이 목표를 성취하기란 매우 어렵다. 부족한 재원과 아울러 정책입안자들에게 조언하는 다양한 전문가들의 이해관계 때문에 지속가능한 발전이라는 목표를 향해 전진하는 수많은 경쟁적 정책 처방이 등장했다. 사실상 모든 처방이 그 개념의 중요한 요소들 간의 상충관계에 주목한다. 정책입안자들이 해야 할 몇가지 핵심 질문은 그들이 직면하는 상충관계의 틀을 만든다. 라틴아메리카에서, 그리고 다자적 대출 은행 사이에서 등장한 환경 관련 의제는 현재까지 만들어진 선택사항을 반영한다.

어떤 규모에서 프로젝트가 가장 효율성을 발휘하는가? 대규모 프로젝트의 지지자들은 대규모 사업이 실행상의 혼란 가능성을 최소화하면서 가장 많은 사람들이나 가장 넓은 지역에 영향을 미칠 것이라고 주장한다. 대규모 기업, 농장, 물 처리, 광산 복합단지 등에 관심을 기울이면 즉각적인 효과가 나타날 수 있다. (통제해야 할 기업의 수가 적기 때문에) 사업의 집행을 감시하고 관리하기가 더 용이하다. 더 적은 수의 조직이 관련되어 있기 때문에 잘못된 의사소통이나 이해관계의 갈등으로 사업이 실패할 공산이 더 작다. 소규모 프로젝트의 지지자들은 대규모 사업이 흔히 장비의 부실, 예상치 못한 부작용(예컨대 수생식물의 침수)이나 참여기관의 재정 문제 때문에 실패할 가능성이 크다고 주장한다. 소규모 사업은 창업비용이 적게 들고 저렴하며 환경친화적인 자재(예컨대 재활용품과 퇴비)를 더 많이 투입한다. 더욱이 농촌에서는 더 효율적인 오븐과 크지 않은 플랜테이션 과수원같이 더 단순한 기술이 산림 황폐화의 주요 원인인 땔감 모으기에 대한 압력을 줄일 수 있다. 확실한 혜택을 받은 지역주민들의 적극적인 참여는 프로젝트 성공에 결정적인 이해관계자의 전망을 키운다.

마찬가지로 빈민들의 생계상의 필요를 어떻게 다룰 것인지 또한 규모의 문제와 관련되어 있다. 매우 기초적인 수준에서 한쪽에서는 국내외 대기업들이 선도하는 비교적 자유로운 시장세력이 경제성장을 추진할 것이라고 주장한다. 이렇게 되면 많은 이들이 요구하는 고용이 늘 것이다. 다른 이들은 고용만으로는 충분하지 않다고 주장한다. 라틴아메리카에서 시장 세력은 고용을 창출하긴 했지만 보건·교육·위생 같은 기본써비스에 접근하기 어려울 정도로 낮은 임금을 제공할 뿐이었다. 대개 시장 세력의 침투는 빈곤을 증대시킨다. 따라서 지역주민들이 적극적으로 참여하는 소규모 경제 프로젝트에 초점을 맞추는 부가 정책들이 요구된다.

경제성장, 사회정의, 환경의 질 사이의 상충관계를 시사하는 추가 질문들은 많다. 공공부문과 민간부문의 기관 사이에 어떤 관계가 설정되어야 정책입안과 실행에 가장 잘 기여할 것인가? 시장의 동기부여 또는 규제 가운데 어느 것이 성과를 보증하는 가장 효과적인 방식인가? 빈약한 토지와 산림 그리고 경제개발의 맹공세로부터 남겨진 미개척지와 이주 빈민층을 어떻게 보호할 것인가? 국가적 차원의 보호구역은 엄격한 환경보호주의 체제에서 가장 잘 운영되는가? 또는, 농촌주민들의 생계상의 필요에 대한 배려 없이 이 체제는 토지 습격과 환경 악화에 굴복하는가?

이 질문들에 대한 답변은 정책에서 표현되듯이 반드시 강압적으로 가치를 배분하는 과정, 즉 정치적 차원을 포함해야만 한다. 정치적 의지의 필요성을 권고하는 것만으로는 충분하지 않을 것이다. 현존하는 사회경제 체제, 천연자원 채굴의 방식과 수혜자, 즉 누가 혜택을 받고 누가 혜택을 받지 못하는지와 같은 문제는 모두 사적 이해관계자, 정부 활동가, 그리고 국제기관의 연대에 의해 뒷받침된다. 변화는 대항적 연대의 구성을 필요로 한다. 얼마나 그리고 어떤 방향으로 변화할지, 또는 앞에서 제기된 질문들에 어떻게 답할지는 그런 연대의 정확한 본질과 그들이 가져올 타협에 달려 있다. 그렇지만 문제의 핵심은, 가장 뚜렷하게는 전세계적 차원의 자원 주변부로서 라틴아메리카의 지속적인 역할을 포함해 발전에 대한 중요한 구조적 장애물이 유효한 진보를 계속 지연시킨다는 점이다. 자유시장 경제학은 이 조건을 해결할 수 없다. 그렇다고 단순히 국가로 '되돌아가는 것'은 문제를 훨씬 더 악화시킬 수 있다. 풍요의 역설을 넘어서기 위해 이 장에서 보여주려고 애쓴 것처럼, 여전히 적절하다고 판단되는 몇가지 종속이론과 구조주의적 사고의 재통합을 위한 때가 무르익었다. 물론 그런 생각들은 세계 현실의 변화와 과거의 약점을 성찰하기 위해 바뀌어야 한다(Kay 1989; Dietz 1995). 그렇지만 변화를 위한 노력의 중심에는 효율적이고, 경제적 내 구성에 관심을 가진 국가, 환경을 고려하고 정치적으로 포괄적인 국가의 창출을 촉진하려는 시도가 있어야 한다. 그런 국가는 광범한 토대를 갖춘 채 지속가능한 발전을 촉진하고자 자원개발이 야기하는 좋지 않은 충격을 규제하고 장기적인 계획을 실행할 수 있을 것이다.

□감사의 말

• 이 장을 쓰는 데 아주 중요한 생각을 제공해준 로버트 N. 그윈에게 감사의 말을 전하고 싶다.

□더 읽을거리

• Auty, R. *Sustaining Development in Mineral Economies: the Resource Curse Thesis*. London: Routledge 1993.: '자원의 저주'에 대해 가장 상세하고 철저한 논의를 전개한다.

• Barham, B., Clark, M., Katz, E. and Schurman, R. 1992 'Nontraditional Agricultural Exports in Latin America.' *Latin American Research Review*. 27 (2): 43~82면.: 비전통적 농산물 수출에 관한 논의를 가장 잘 소개하고 있으며 개념 규정이 명확하고 유용한 참고문헌을 제공하며 칠레를 비롯해 일부 국가에 대한 사례연구를 담고 있다.

• Cleuren, H. *Paving the Road for Forest Destruction: Key Actors and Driving Forces of Tropical Deforestation in Brazil, Ecuador, and Cameroon*. Leiden: Leiden University Press 2001.: 산림파괴의 정치경제에 관한 최근의 비교 분석을 제공한다.

• Gibson. C., McKean, M. and Ostrom, E. *People and Forests: Communities, Institutions, and Governance*. Cambridge: Cambridge University Press 2000.: 전세계적 차원에서 산림 문제를 광범위하게 검토하고 제도와 국가 통치의 역할에 대해 논한다.

• Karl, T. L. *The Paradox of Plenty: Oil Booms and Petro-States*. Berkeley and Los Angeles: University of California Press 1997.: 풍요의 역설을 다룬 최신 저작 가운데 하나로서 논란의 여지는 있지만 가장 정교한 분석을

제공한다. 베네수엘라의 사례를 주로 다루고 있으나 1차산물 수출 국가와의 일반적인 관련성에 대해서도 분석한다.

• Sunkel, O. (ed.) *Development from Within: Towards a Neostructuralist Approach for Latin America*. Boulder and London: Lynne Rienner 1993.: 새로운 사상 또는 신구조주의 사상에 관심이 있는 이들에게 이 책은 농업, 환경, 발전이론, 장기적인 쇠퇴 등 이 장(6장)과 관련된 여러 주제들을 '개정된' 구조주의의 관점에서 다룬 탁월한 논문집이다.

• World Bank. *World Development Report 2003: Sustainable Development in a Dynamic World: Transforming Institutions, Growth, and Quality of Life*. New York: Oxford University Press 2003.: 이 보고서는 환경 관련 의제를 선도적인 주류 기관의 정책에 포함시키는 사례를 예증하고, 유용한 통계자료를 가득 담고 있을 뿐 아니라 흥미진진한 읽을거리를 제공한다.

□ 웹사이트

• 세계은행(World Bank, www.worldbank.org): 사회적·경제적 발전에 초점을 맞추고 지속가능한 발전에 대한 시장 친화적 접근방식을 장려한다.

• 세계보존연합(World Conservation Union, www.iucn.org): 국가, 정부기관, 비정부기구, 그리고 여러 과학자들이 구성한 환경단체로서 생물의 다양성 보존 프로젝트에 주력한다.

• 산림지기위원회(Forest Steward Council, www.fscoax.org): 사회적으로뿐 아니라 환경의 측면에서도 책임을 다하는 산림관리를 장려한다.

• 환경과 개발을 위한 국제협회(International Institute for Environment and Development, www.iied.org): 회원제 환경 관련 비정부기구로서 지속가능한 발전을 증진하고 공공정책에 영향력을 행사하고자 한다. 시장 친화적일 뿐 아니라 풀뿌리 차원의 발전방식까지 아우르고자 한다.

- 국제연합 환경프로그램(United Nations Environmental Programme, www.unep.org): 지속가능한 발전에 관한 연구와 사업을 후원하는 국제 기구이다.

Political Transformations

제2부 **정치적 변화**

제7장

권위주의, 민주주의와 발전

_ 에두아르두 씨우바

경제적 근대화라는 도전적인 과제는 민주주의가 특히 취약해 보이는 개발도상국들을 커다란 압박 속에 몰아넣는다. 민주주의는 정책결정에서 광범위한 사회적 대표성, 입법부에 대한 행정부의 책임감, 그리고 심의, 타협, 관용을 의미한다. 그러나 경제발전은 흔히 투자를 위한 축적과 사회적 필요를 위한 재분배 사이의 무자비한 상충관계를 뜻한다. 경제위기의 재발은 신속하고 단호하며 포괄적인 대처를 요구하고, 패배자들에게 엄청난 비용을 부과한다. 1964~76년까지 그런 딜레마는 정치적 긴장을 낳았고 라틴아메리카 여러 국가에서 민주주의체제가 권위주의에 자리를 내주는 계기를 초래했다. 몇가지 예외가 있지만 뒤이어 등장한 군부체제는 해당 국가의 정치경제를 관리하는 데 앞선 체제만큼이나 무능했다. 결국 1980년대에 접어들어 민주화의 물결이 밀려왔다. 오늘날 대다수 라틴아메리카 국가들은 민주적이다. 그러나 수많은 축하의 미사여구에도 불구하고 라틴아메리카가 세계화의 요구에 직면함에 따라 새로운 민주주의체제의 심화와 강화, 그리고 그 지속성에 대해 여전히 불확실성이 존재한다.

권위주의와 취약한 민주주의 간의 주기적인 한판 대결은 세계화시대의 경제 근대화와 국가의 관계에 대해 지속적으로 질문을 던진다. 경제발전과 민주주의는 근본적으로 양립불가능한 것인가? 라틴아메리카에서 민주주의를 확립하려는 현재의 추세가 지속될 수 있을까? 새롭게 출현한 민주주의체제가 더욱 강화될 수 있는 계기는 무엇인가?

이에 대해 확고하고도 신속한 답변은 없다. 경제발전, 독재, 민주주의 사이의 관계를 둘러싸고 경쟁하는 이론들은 매우 다양한 견해를 부추긴다. 이론가들은 기본적인 가정에서부터 다양하게 나뉜다. 즉 그들이 언급하는 민주주의와 권위주의의 의미가 무엇인지, 그리고 그들이 생각하기에 그런 결과를 야기하는 원인이 무엇인지에 대해 다양한 견해를 제시한다. 그들의 생각이 공공정책의 규정과 처방을 구체화하기 때문에 서로 경쟁하는 이론들을 검토한다면 공적 토론과 정책에 대해 중요한 시사점을 얻을 수 있을 것이다.

정치경제와 국가

경제발전과 민주주의 간의 관계를 고찰하기 전에 잠시 경제와 정치의 관계에 대해 숙고할 필요가 있다. 국가는 궁극적인 권력과 권위의 담지자로서 이 질문의 중심에 놓여 있다. 국가의 관리들이 이런 핵심적 정치제도의 기능을 얼마나 잘 또는 잘못 수행하는가는 민주주의적 안정성과 밀접하게 관련되어 있다. 그렇지만 불행히도 국가 관리들은 흔히 해결하기 힘든 딜레마에 빠지곤 한다는 점을 인식해야 한다.

국가는 한 사회가 지닌 정치권력의 장기적 표현으로서 그것을 통해 일부 사회집단과 개인들은 특정 영토 내에서 다른 이들을 지배한다(Poggi 1990). 막스 베버는 국가란 합법적인 강제수단을 독점하고 사회적 지배는 그 강제수단에 대한 불평등한 접근에 토대를 둔다는 점을 강조했다(Gerth and Mills 1958). 근대국가는 개인주의적이고 카리스마적인 형태를 띤 옛 국가들과 달리 공정하고 합리적인 통치에 기반을 둔 일관성 있는 관료제로 조직되어 있다(Gerth and Mills 1958; Nettl 1968; Poggi 1990). 더욱이 국가는 사회에 뿌리를 내리고 있지만 사회와 구별되어야 한다. 국가 운영자들은 경제정책, 국가 조직, 과세, 전쟁을 통한 영토팽창 같은 영역에서 자신들의 독자적 이해관계를 그들이 통제하는 사회집단의 이해관계 위에 두려고 할 것이다(Tilly 1975; Skocpol 1979). 그들이 독자적 이해관계를 부과할 수 있는 능력은 사회집단에 대한 국가기관의 다공성(多孔性) 또는 침투성에 달려 있다. 말하자면 국가에 대한 사회세력의 침투성이 더 적을수록 국가는 사회세력으로부터 더 많은 자율성을 누릴 것이다(Evans et al. 1985). 마지막으로 국가의 형태는 그것이 사회와 어떻게 연결되어 있는지에 달려 있다. 가장 흔하게 언급되는 형태에 따라 명명한다면, 근대국가는 자유민주주의, 사회민주주의, 일당체제(일당국가), 권위주의, 전체주의로 분류될 수 있다.

우리의 관심사는 민주국가의 수립, 강화, 안정성을 이해하는 것이다. 정치경제적 접근은 국가가 묶여 있는 제약을 밝혀내는 데 매우 유용하다. 정치경제는 경제구조, 계급에 기반을 둔 사회집단, 그리고 정치 간의 관계를 검토함으로써 국가에 대한 사회·경제적 긴장의 결과에 초점을 맞춘다. 제프리 프리던에 따르면 모든 근대 정치경제학자는 합리적이고 자기 이익에 충실한 행위자들이 사회·경제정책이나 국가 형태에 영향을 미치기 위해 어떻게 결합하는지를 탐구한다(Frieden 1991, 16면).

그 행위자들은 기존 제도의 틀 내부와 외부 모두에서 정치적 목적을 추구한다.

베네수엘라는 이런 상호작용의 좋은 사례를 보여준다. 베네수엘라는 1984년에 시작된 길고 긴 경제위기와 사회 불안 탓에 곤경을 겪었다. 2000년부터 2003년 1월까지 정치적으로 혜택받지 못한 주변부 사회적 행위자와 유산계층 행위자 사이에 갈등이 증폭되었다. 전자는 베네수엘라의 정치제도를 변화시키고 빈민층에게 더 많은 부가 이전되기를 원한 반면, 후자는 그런 변화에 저항했다. 우고 차베스가 이끈 전자는 1990년대말 합법적인 선거 절차를 통해 대통령직을 얻고 국가기구를 장악하면서 자신들의 목표를 달성하고자 노력했다. 이 목표는 국가기구를 자신들에게 유리한 방향으로 변모시키려는 시도를 포함하고 있었다. 한편 그들은 민병대를 조직하고 종종 폭력적 양상을 띤 시위에 의존하거나 미심쩍게 군대를 활용하기도 했다. 중상위계층으로 이루어진 반대파는 이에 저항하면서 차베스 대통령을 몰아내고자 애썼다. 그들은 법원 같은 기존 제도를 활용했다. 그러나 그들 역시 행진과 시위를 조직하기도 했다. 이런 동원은 대통령의 통치에 대한 국민투표를 실시하도록 정부당국을 압박하는 장기간의 전국적인 총파업에서 절정에 이르렀다. 두 달 이상 전개된 파업은 끝내 실패로 돌아갔다. 어쨌든 정치경제가 어떻게 행위자, 이해관계, 그리고 권력에 주목하는지에 집중한다면, 정당성이나 도덕적 권리에 초점을 맞춰 접근하는 것보다 어떤 상황과 그것의 가능한 결과에 대해 더욱 분명하게 분석할 수 있을 것이다.

정치경제학자들에게 경제체제 자체, 즉 생산구조는 사회·경제정책과 정치적 변화를 분석하기 위한 근본적인 출발점이다. 그것은 행위자들과 그들의 이해관계를 규정하는 데 주요한 역할을 담당하는 구성요소이다. 그것은 사회집단 간 지배와 종속 관계를 구체화하고 국가의 핵심적인 기능들을 결정한다(Anglade and Fortín 1985). 시장경제에서 자본가(생산과 부의 소유자나 관리자)와 노동자는 보통 주요 사회적 행위자로 간주된다. 자본가는 경제적 권력을 통해 노동자를 지배한다. 과감하게 단순화하면 자본가가 이윤을 극대화하고자 노력하는 것은 흔히 노동자에게 임금과 혜택을 덜 지불하는 것을 의미한다. 그것은 또한 노동을 통해 산출되는 부의 몫을 증대하기 위해 노동자들의 조직화 시도를 방해하는 것을 의미한다.

많은 정치경제학자들은 정치·경제적 변화과정을 적절하게 이해하기 위해 계급들이 더 작은 단위(또는 분해된 단위)로 세분되어야 한다고 주장한다(Gourevitch 1986; Frieden 1991). 그리하여 자본가들은 가장 흔하게 경제부문에 따라 금융가, 상업 종사자, 산업자본가, 토지소유자, 건설업자, 광산소유주 등으로 나뉜다. 경제부문은 국제시장에서 경쟁하는 하위부문의 역량에 따라 더 세분될 수 있다. 노동자들은 흔히 도시공업부문, 써비스부문, 정부기관의 피고용인, 그리고 농민이나 농업노동자로 나뉜다. 보통 전문직업인인 중간계급 또한 독자적인 범주로 취급되며 이들은 라틴아메리카의 정치적 변화과정에서 특히 중요한 역할을 맡는다(Rueschemeyer et al. 1992). 이런 구분에 따른 분화는 계급 내의 구분 또는 자본, 노동, 그리고 중간계급의 독특한 부문 간의 연합이 어떻게 정치·경제적 변화 방향에 영향을 미치는지 분석할 수 있게 해준다.

정치와 경제는 다른 방식으로도 서로 얽혀 있다. 한 국가의 경제적 부는 정치적 안정에 영향을 미친다. 번영기, 즉 경제적 호황기는 흔히 계급에 근거한 사회집단 사이의 긴장을 약화시킨다. 만일 경제정책이 경제성장을 가져오고 많은 사회집단들이 그로부터 혜택을 얻게 되면 변화를 요구하는 사회적 압력은 미약해질 것이다. 마찬가지로 경제위기의 심화나 반복은 계급에 근거한 사회집단 간의 긴장을 고조시키고 경제성장을 회복하는 데 도움이 되는 정책적 대안을 마련하고자 시도함에 따라 갈등을 초래한다(Gourevitch 1986; Haggard and Kaufman 1995). 만일 위기가 매우 심각해지면 사회집단들은 국가 형태의 변화가 유일한 해결책이라고 인식할지도 모른다.

국가론, 민주주의, 권위주의 그리고 발전의 문제에 대한 자본주의 사회의 이런 특징들이 지니는 의미는 무엇인가? 그것들은 국가—민주적이든 권위주의적이든—가 안정적이라면 반드시 실행해야 하는 두 가지 필수 기능을 지적한다. 첫째, 국가는 자본주의적 경제발전을 위한 종합적인 조건을 유지하지 않으면 안 된다(Lindblom 1977; Przeworski and Wallerstein 1988). 둘째, 국가는 자본가들이 지배하고 노동자들과 중간계급이 지배계급에 종속되는 사회질서를 유지해야만 한다(Poulantzas 1973; Mandel 1978).

국가 관리자들이 그런 기능을 완수하는 과업에 어떻게 접근하는가는 상황에 따라 여러모로 달라진다. 광범위한 학계의 토론을 종합한 뒤 앙글라데와 포르띤은 국가 관리자들이 그 기능을 완수하는 데 방해요소로 작용할 수 있는 계급 간 긴장을 조정하기 위해 몇가지 방식으로 개입한다고 주장했다(Anglade and Fortín 1985, 19~23면). 첫째, 국가 관리자들은 적절한 투자 수준을 유지하기 위해 기업가들이 충분한 이윤을 산출하도록 보증하는 조건을 유지해야 한다. 그렇지만 장기적으로 볼 때 노골적인 억압만으로 이 목표를 성취할 수는 없다. 그리하여 국가 관리자들은 반란을 피하고 생산성을 유지하기 위해 과도한 착취로부터 노동자들을 보호해야 한다. 둘째, 국가 관리자들은 과세, 관세, 보조금, 통화와 재정정책 등을 통해 국가의 경제적 건전성을 보증하고자 특정 경제의 자본부문을 대신해 개입해야 한다. 이런 식으로 국가는 농업보다 공업을, 또는 국내시장을 지향하는 부문보다 수출부문을 증진시킬 것이다. 셋째, 민간부문이 스스로 중대한 투자를 추진할 의지나 역량이 없을 때 국가 관리자들은 공기업을 통해 국가기구가 직접 생산에 관여할 수 있도록 조치할 것이다.

민주주의, 권위주의와 발전

모든 자본주의국가는 앞에서 언급한 기능을 수행한다. 그렇지만 국가 관리자들이 그 기능을 어떻게 완수하는가는 국가 형태, 즉 민주적 체제인지 아니면 권위주의체제인지에 따라 다르다. 민주적 자본주의 국가에서 정부는 주요 정책 쟁점에 대해 뚜렷한 차이를 지닌 둘 또는 그 이상의 정당 간 경쟁을 통해 구성된다. 선거 참여, 즉 투표는 비밀투표와 제한 없는 보통선거여야만 한다. 완전하고도 공정한 경쟁과 선거 참여를 확증하기 위해 충분한 시민적 자유가 보장되어야 한다(Dahl 1971). 또한 참여는 행정부 또는 노동, 자본과 기타 집단의 행정부에 대한 직접적인 접근과 의회 내의 정당 간 협상을 통해 정책입안과정으로 확대될 수 있다. 어떤 경우에 민주적 자본주의국가들은 종속적 계급에 근거한 집단의 경제적 권리에 큰 관심을 보이기도 한다. 이런 관심은 민주주의의 평등주의 원리를 경제 영역으로까지 확대한다(Held 1996).

이런 특징을 감안하면 원칙상 민주주의국가는 종속적인 사회집단(중간계급, 도시와 농촌의 노동자들)을 기업가와 지주들의 과도한 착취로부터 보호한다. 정당은 그들의 이해관계를 얼마간 대변할 수 있고 선거에서 거둔 당의 성패에 따라 행정부와 입법부 또는 양쪽에 대해 이해관계를 관철시키고자 노력할 것이다. 조직의 자율성이 더 커지면 종속적인 사회집단들은 자본이나 국가 관리자들과 더 직접적으로 교섭하게 될 것이다. 억압에 의존할 수 없어지고 정치질서를 유지하려는 국가 관리자들은 종속적인 집단들에 일부를 양보할 동기를 더 많이 갖게 된다. 그렇지만 그런 양보는 투자와 경제성장에 유리한 사업 환경의 유지를 교란하는 수준까지 용납될 수는 없다. 그들이 기본적인 사회질서를 위협해서는 안 된다.

권위주의적 자본주의국가들은 어느정도 정치적 경쟁과 참여를 제한한다. 가장 폐쇄적인 권위주의 정치체제, 예컨대 1970~80년대 칠레와 아르헨띠나의 군부통치는 어떤 것도 허용하지 않았다. 또한 권위주의적 자본주의국가의 지도자들은 사회집단, 특히 노동자들과 다른 종속적 계급에 기반을 둔 집단과 종족 집단을 강력하게 억압하곤 한다. 그러나 중간계급과 일부 기업가들도 역시 고통을 겪을 수 있다. 이런 특성을 감안할 때 권위주의국가의 관리자들은 대체로 민주국가의 지도자들보다 사회질서와 유리한 사업 환경을 유지하는 데 더 단호하게 집중하는 경향이 있다. 그들은 민주주의국가들의 지도자들보다 사회·정치 집단으로부터 방해를 훨씬 덜 받고(또는 안 받고) 정책을 체계화할 수 있다.

발전 문제는 개발도상국들에 큰 긴장을 제공한다(Chilcote 1981; Handelman 1996). 유럽, 북아메리카, 아시아의 쟁쟁한 공업국가들보다 경제적으로 덜 앞선 사회가 선진국들과 정치적·경제적 관계를 맺을 때 발전이 이룩된다. 달리 말해 발전은 세계시장경제의 주변부에 머물던 사회가 그 내부로 움직여가는 과정이다. 세계화는 이런 추세의 가장 최근 단계—그리고 일부는 질적으로 다른 단계라고 주장할 것이다—로 간주될 것이다. 경험으로 보면 경제적 변화는 사회적 변화를 낳는다. 새로운 계급에 근거한 집단들이 기존 집단과 경쟁함에 따라, 예컨대 새로운 산업자본가, 중간계급, 그리고 도시 노동자들이 전통적인 지주 또는 상업 엘리뜨와 충돌함에 따라 정치적 긴장이 돌발한다. 전통적인 두 계급의 지배를 표상하는 어떤 국가는 새로운 사회집단들을 포함하라는 압력 아래 놓이게 될지 모른다. 갈등이 어떻게 해결되는지에 따라 국가 형태는 다소 격렬한 변화를 겪을 수 있다. 이런 현상은 라틴아메리카 곳곳에서 20세기 동안, 특히 1920년대부터 1960년대까지 포퓰리즘 시대 동안 벌어졌다.

여러 사회가 세계경제에 포섭됨에 따라 국가 관리자들은 경제성장을 증진할 정책을 궁리하는 데 큰 어려움을 겪을 수 있다. 국제경제의 변동은 저발전국가의 경제에 강력한 영향을 미친다. 저발전국가들은 자본과 기술 정보를 경제 선진국에 의존하기 때문에 호황, 불황과 비약적인 기술 발전은 선진국에서보다 기존의 생산 유형을 더 두드러지게 변모시킨다. 개발도상국들은 경제를 정비하기 위해 과감한 수단에 의존해야만 한다. 이 또한 이들에게 지나친 긴장을 선사한다. 적절한 정책적 대응을 둘러싼 후속 갈등은 국가 형태의 변화를 야기할 수 있다.

요컨대 발전과정은 국가 관리자들이 시장경제내에서 국가 기능을 수행하는 데 어려움을 겪는 상황을 초래한다. 그들은 자본주의적 경제발전에 이바지하는 정책을 입안할 수 없을지 모른다. 더욱이 그들은 노동자, 농민, 중간계급같이 계급에 근거한 다른 사회집단에 대해 민간부문이 분명히 지배 우위를 차지하는 사회질서를 유지하기 어렵게 만드는 사회적 긴장에 압도당할지 모른다.

발전은 그런 변화의 과정이기 때문에 일반적인 정치질서, 특히 민주주의에 대해 어려운 질문을 제기한다. 곧 살펴볼 테지만 이 질문들에 답하려는 접근법은 대체로 정치경제와 미국 식 정치사회학이라는 두가지 범주로 나뉠 수 있다. 우리는 먼저 후자를 근대화론의 형태로 살펴볼 것이며 그것을 정치경제적 접근법(종속이론과 관료적 권위주의)과 대비시켜 최근의 근대화론과 정치경제적 접근을 검토하면서 결론에 도달할 것이다. 이런 접근법의 지성사적 고찰은 민주주의를 강화하기 위해 무엇을 할 것인가에 관한 현재의 논의를 이해하는 열쇠가 된다.

근대화론

2차대전이 끝난 뒤 20년 동안 라틴아메리카에서는 민주주의가 고조되었다. 낙관론이 힘을 얻는 시대였다. 아르헨띠나와 꼴롬비아는 오랫동안 정치적 불안을 겪은 뒤 민주주의시대로 복귀했다. 브라질과 베네수엘라는 새로운 민주주의체제를 수립했으며 칠레와 우루과이에서 오래 유지되어온 민주주의체제는 굳건해 보였다. 심지어 중앙아메리카의 일부 국가도 꼬스따리까의 선례를 따라 선거제에 의한 정부 구성의 관행을 확립했다.

이런 추세는 자본주의 경제발전과 정치적 민주주의 사이의 관계에 대한 낙관적이고 결정론적인 견해를 채택한 근대화이론가들의 기대를 확증하는 것처럼 보였다. 그들의 분석에서 인과관계의 화살표는 단지 한 방향으로만 향했다. 사회경제적 근대화를 겪은 여러 국가에서 권위주의적이고 전통적인 정부 형태는 민주주의체제에 자리를 내주었다.

근대화이론가들은 개발도상국이 경제적인 선진국과 동일한 진화 형태를 따를 것이라고 생각했다. 그들은 선진국에서 경제적 근대화가 전통문화, 사회조직과 정치적 권위로부터 더욱 근대적인 형태로의 이행을 가능하게 만들었다고 진술했다. 선진국에서 경제적 진보는 더 합리적이고 목표지향적인 사고, 훨씬 더 다양해진 사회구조(중간계급, 도시의 산업과 써비스 노동자, 농업에 기반을 둔 사회관계의 변동), 늘어난 요구사항을 처리하는 기관, 그리고 정치적 민주주의를 낳았다(Handelman 1996, 11~14면).

이런 접근에 따르면 국가는 유용한 개념이 아니었다. 대신 근대화론은 탤콧 파슨즈(Talcott Parsons)의 사회학(1951)에 크게 의존하는 데이비드 이스턴(David Easton)의 정치체제 개념(1965)을 받아들였다. 이 견해에 따르면 (행정, 입법, 사법) 정부기관은 계급 구분선을 가로지르면서 사회집단들의 요구사항을 처리했다. 이 요구사항들은 정책집행과정에 입력되었고 이를 처리할 때 정부는 집단 간 갈등을 조정했다. 정책집행과정이 끝나면 정부는 결정과 활동의 형태로 정보를 산출했다. 이것은 정부 연구에 대한 철저하게 미국 중심적이고 다원적인 접근이었다.

이 도식에 근거해 근대화이론가들은 사회경제적·문화적 환경의 변화가 정책적 요구와 정부 지원 세력의 변동을 통해 정치체제의 변화를 이끌어냈다고 추론했다. 정치적·경제적으로 앞선 국가들이 개발도상국들을 세계경제로 통합하면서 전통적인 농업사회는 근대사회가 될 것으로 기대되었다. 그 과정에서 전통사회는 서유럽의 전통사회와 흡사한 연속적인 변화를 겪을 터였다(Rostow 1960). 애몬드와 파웰은 20세기에 경제적으로 앞선 유럽 국가들에서 자본주의의 발전이 복지를 통해 경제적 평등에 더욱 주목하는 완전한 정치적 민주주의의 출현을 가져왔다고 주장했다(Almond and Powell 1966).

또한 애몬드와 파웰(1978)은 사회적·경제적 근대화가 흔히 그와 별개로 인식되는 정치발전을 낳았다고 주장했다. 그들에게 정치발전은 두가지 차원으로 이루어졌다. 첫째, 그것은 '집단적인 목표를 설정하고 그것을 실행할 수 있는 특화된 정치 행정과 관료기구'의 발전을 포함했다(같은 책 358면). 둘째, 그것은 '이런 목표 설정과 목표 실행의 구조에 사회구성원 가운데 일부 집단을 연관시키려는 목적에 이바지하는 정당, 이익집단, 그리고 통신매체같이 광범위하게 유기적으로 연결되고 결집된 기구들의 등장'을 상정했다(같은 곳). 새로운 사회집단은 정치적 결정과정에 더 많은 복지와 의사 반영을 원하는 이들의 요구를 강제할 의도로 이런 기관들을 만들어 활용했다. 이는 전통적인 권위주의적 엘리뜨가 새로운 엘리뜨와 권력을 공유한 곳에서 정치적 경쟁과 참여 시대를 열었다. 해당 국가가 일단 경제적 성숙기에 도달하면 완전한 정치적 민주주의가 출현한다. 빈곤이 자취를 감춰고 자유와 분배에 관한 쟁점이 더이상 엘리뜨층을 위협하지 않는다.

일부 라틴아메리카 국가들(아르헨띠나, 브라질, 칠레, 꼴롬비아, 베네수엘라, 우루과이, 멕시코)은 경제적 '이륙' 단계에 도달했고 경제적 성숙과 민주주의의 공고화 단계 직전에 있다고 여겨졌다. 사회과학자들은 중간계급의 팽창, 그리고 특히 미국이나 유럽과 유사한 정당체제의 출현에 주목했다. 또한 전문직업인, 기업가, 노동자 사이에 이익집단의 조직화가 이루어지면서 단체와 협회 활동이 활성화하는 것처럼 보였다. 민선정부는 이런 정치적·사회적 조직들의 요구사항을 처리하고 오랫동안 혜택을 덜 입은 사회집단들에 국부의 일부를 분배하고 삶의 기회를 부여하는 개혁정책을 입안했다.

근대화론은 1960년대 '진보를 위한 동맹'(Alliance for Progress, 꾸바혁명의 영향 확산을 막기 위해 미국 주도로 경제원조와 투자를 제공하고 라틴아메리카 국가들이 각종 사회경제적 발전을 이루도록 한 10개년 계획—옮긴이)에서 미국의 대(對)라틴아메리카 정책에 크게 영향을 미쳤다. 여기서 미국의 개발원조는 라틴아메리카의 신속한 경제 근대화에 박차를 가하기 위해 경제 기반시설 확충과 미국기업의 활발한 활동에 초점을 맞추었다. 그에 따르는 팽창과 중간계급의 강화는 개혁적 중도 정당, 예컨대 칠레 기독

교민주당의 발전을 위한 강력한 후원과 함께 이루어졌다. 또한 '진보를 위한 동맹'은 농업생산의 근대화, 농업사회구조의 분화와 농촌을 위한 사회경제적 혜택의 분배를 촉진하고자 농업개혁을 지지했다. 또한 농업개혁은 농민들의 혁명적 잠재력을 무디게 할 의도를 지니고 있었으며 그리하여 또다른 꾸바혁명을 방지하도록 도우려는 것이었다.

근대화론의 인기는 1970, 80년대에 접어들어 시들해졌지만 강력하게 재기하기도 했기 때문에 그 핵심적인 교의를 발전시킬 가치가 있었다. 경제적 근대화, 정치문화의 변화, 관련 활동의 중요성과 정당 같은 기구의 발달에 대한 강조는 1990년대와 2000년대에 민주화를 위해 광범위하게 적용된 정책적 처방의 초점이었다.

저발전, 종속이론과 국가 형태

근대화론과는 대조적으로 1960년대에 종속이론은 발전 수준과 국가 형태 간의 관계에 대해 비결정론적 견해를 취했다. 한마디로 경제적 근대화가 반드시 정치적 민주주의를 촉진하지는 않았다는 견해이다. 1970년대에 접어들어 브라질, 아르헨띠나, 칠레, 우루과이에서 민주주의가 군부독재에 자리를 내주면서 종속이론은 이 주요 흐름과 더 잘 어울리는 듯이 보였다. 까르도주와 팔레또는 가장 강력한 종속이론의 옹호자였다(Cardoso and Faletto 1979, 199~212면). 맑스주의자들에게 강력하게 비판받았지만(Chilcote 1982) 그들의 분석은 맑스주의 정치경제학에 뿌리를 두고 있었다. 그리하여 그들에게 국가는 사회의 나머지 부분에 대한 유산자계급의 지배를 표현했다. 가장 중요한 국가의 기능은 사회질서와 자본주의 발전의 조건을 유지하는 것이었다. 민주국가들은 그런 기능을 완수하는 한 안전했다. 그들이 그런 기능을 완수할 수 있는지 아닌지는 몇가지 요인에 달려 있었다. 거기에는 계급에 기반을 둔 집단 내부 또는 그것을 가로지르는 정치적 동맹의 구성, 국가기구 내에서 그들이 지니는 권력기반, 종속적 계급의 조직 역량과 그들의 요구사항의 특성, 그리고 국제적으로 또는 국내에서 유발되는 경제위기의 존재 여부가 포함되었다.

해당 국가가 국제경제로 진입하는 맥락에서 개발도상국의 국내 정치와 발전 전망이 분석되어야 한다는 주장은 중요한 통찰이었다. 경제선진국들은 개발도상국을 세계경제로 끌어들였다. 그들은 우수한 투자 능력, 선진 기술, 군사적 역량(미국의 경우)에 힘입어 개발도상국들을 지배했다. 이런 조건이 종속적 상황을 규정했다. 어떤 국가의 계급구조와 사회경제적 문제들은 그 국가가 경제적 선진국들과 어떻게 연결되는가라는 측면에서 이해되어야 했다. 종속적 상황은 또한 선진국과 개발도상국 간의 비대칭적 권력관계가 그 조건을 영속시킬 것이라는 가정 때문에 지속적인 저발전의 원인이었다. 발전을 이룰 수 있지만 그것은 사회적·정치적·문화적 성과에서 항상 뒤처질 뿐 아니라 상이할 것이다. 이는 '결합된 종속적 발전'이라고 불렸다(Cardoso and Faletto 1979; Evans 1979).

까르도주와 팔레또는 1960년대에 라틴아메리카 국가들에서 시작된 위기의 뿌리에 경제적 변화가 놓여 있다고 주장했다. 그들은 세계경제의 세계화가 국가와 국내 자본가들로 하여금 초국적기업들에 순응하도록 강요했다고 결론지었다. 이는 국가 행위자, 국제자본, 국내자본, 중간계급과 노동자계급 간 동맹의 변화를 요구했다. 예컨대 브라질, 아르헨띠나, 칠레 정부는 이런 긴장 때문에 붕괴했고 곧 군부통치가 이어졌다. 이 국가들에서 노동자들은 독자적인 정당을 갖고 있었다. 1960년대와 1970년대에 노동자 정당들은 대통령선거에서 승리했고 정당체제 내에 노동자와 농민 들을 더 많이 포섭하기 위해 국가권력과 정부당국의 활동을 활용했다. 여러 정부는 외국자본에 강력한 공세를 퍼부었다. 이는 초국적기업을 끌어들이고 국내 자본가들을 그들과 연결하는 데 필요한 사업 환경에 기여하지 못했다.

대조적으로 꼴롬비아와 베네수엘라 정부는 폭풍우를 이겨냈다. 꼴롬비아는 두 다계급 정당, 즉 포괄적 성격을 띤 두 정당이 지배하는 정당체제의 도움을 입었다. 하층계급 유권자들에게 신세졌다고 느끼지 않았기 때문에 꼴롬비아의 두 정당은 외부세력, 국내 기업가와 하층계급 사이를 중재하기에 좀더 나은 상황에 처해 있었다. 또한 두 정당 사이에 이뤄진 권력분배체제(국민전선Frente Nacional)도 도움이 되었다. 한편 베네수엘라 정부는 석유판매 대금에 힘입은 바 컸다. 이는 정부가 상층과 하층의 모든 계급을 위한 자원재분배를 통해 계급 간 긴장을 누그러뜨리는 데 큰 도움을 주었다. 기업부문을 주요 포퓰리스트 정당인 '민주주의 행동'(Acción Democrática)으로 통합한 것 역시 도움이 되었다.

종속이론은 단지 라틴아메리카의 정치경제를 설명하는 분석틀만이 아니었다. 포퓰리스트 정당, 좌파와 진보적 정당과 운동의 지도자들은 그들의 수사(修辭), 정책 방안, 정치 전략을 위해 종속이론에 의지했다. 여러 곳에서 종속이론은 경제적 민족주의를 강화시켰는데, 이는 베네수엘라의 석유, 칠레의 구리와 다른 사업부문, 아르헨띠나의 정육 포장, 그리고 뻬루의 석유와 설탕 산업같이 중요한 경제부문에서 외국계 기업과 때로는 국내기업을 국유화하는 조치를 통해 절정에 이르렀다. 이것은 종속의 순환을 깨뜨리는 중요한 진전으로 간주되었다. 주요 자원, 특히 외환을 벌어들이는 자원에 대한 통제권을 획득함에 따라 정부는 자국의 경제적 운명을 결정하는 데 더 많은 자율을 누리게 될 것이다. 또한 종속이론은 계급동맹 전략을 구체화했다. 칠레에서 쌀바도르 아옌데(Salvador Allende) 정부(1971~73)는 국내 대기업과 외국기업과 중간계급 간의 동맹에 맞서기 위해 도시 노동자, 중간계급, 중소기업인과 농민 간에 연대를 형성하고자 노력했다. 주앙 골라르트(João Goulart)의 지휘(1961~64) 아래 브라질 노동당은 유사한 전술을 시도했다. 두 곳에서 토지개혁은 농민(이제까지 정치적으로 소외된 사회부문)들과 동맹을 강화하고 전통적인 사회정치적 행위자인 토지귀족의 경제력을 약화시키는 중요한 수단으로 활용되었다.

그렇지만 종속이론가들은 발전과 민주주의 또는 권위주의의 전망 간의 관계를 설명하는 데 큰 관심을 갖지 않았다. 그들은 저발전의 사회경제적·정치적 근원과 그 극복의 어려움을 이해하고자 했다(Frank 1966; Dos Santos 1970). 그럼에도 종속이론은 정치경제적 발전과 정치학 연구에 유익하고도 지속적으로 공헌했다. 종속적 상황 개념은 우리가 라틴아메리카의 계급구조, 계급관계와 동맹, 그리고 경제 동향을 정밀하게 이해하는 데 도움을 주었다. 이런 요인에 대한 분석은 저발전의 도전을 해결하기 위해 국가가 실행해야만 하는 기능을 더 잘 이해하게 해주었다. 국민국가와 계급의 선택과 행동은 외국부문, 즉 국제자본과 그것을 지원하는 선진국 정부의 선호에 좌우되었다. 이런 해외 요소들은 조절되어야 했다.

결론적으로 종속이론은 선진국(자본주의든 사회주의든)과의 관계에서 개발도상국의 계급구조와 정부의 기능이 어떻게 달랐는가에 주목하게 했다. 다양한 계급동맹들이 어떻게 국가로 하여금 특정 시기에 사회적 지배와 경제성장의 기능을 수행하도록 기여하는지를 검토하는 데 주안점이 있었다. 모든 국가가 유사한 경제·사회·정치발전 단계들을 겪었다고, 즉 유럽이나 북아메리카 역사를 설명하는 데 적절한 것이 라틴아메리카에도 적용될 수 있다고 생각해온 경쟁적인 이론의 확산을 감안할 때 종속이론의 기여는 중대했다.

아마 더 중요한 사항은 종속이론이 정책 방안과 정치 활동의 함의에서 근대화론과 달랐다는 점일 것이다. 근대화론은 민간부문 주도의 경제발전을 선호하고 정치제도(특히 중도우파와 중도좌파 정당)의 강화와 정치문화(관용, 절제, 합리적인 목표 지향적 사고를 증진하는 교육정책)의 개선을 강조했다. 종속이론은 경제발전을 위한 국유화와 정부 차원의 계획, 사회 하층계급을 위한 국부의 재분배, 하층계급의 효과적인 정치 참여, 그리고 그런 목표들을 지지하는 계급동맹의 정치를 제시했다.

관료적 권위주의

1960년대에 시작된 라틴아메리카 국가의 위기는 근대화론의 핵심 가정들에 심각하게 도전했다. 근대화 이론가들은 세계경제로의 경제적·사회적·정치적 통합이 개발도상국에 미친 효과에 대해 우호적인 견해를 취했다. 말하자면 개발도상국들은 선진국들의 이상적인 경제적·사회적·정치적 단계의 모범을 따를 것이었다. 그러나 남아메리카에서 경제적으로 가장 앞선 두 국가, 즉 아르헨띠나와 브라질은 1960년대 새로운 유형의 군부독재에 굴복했다. 남아메리카 남부에서 경제적으로 앞선 다른 두 곳, 즉 칠레와 우루과이도 1970년대초 이런 선례를 따랐다. 1970년대 중반에 이르러 남아메리카 국가들은 대부분 군부통치를 겪게 되었다. 이 난처한 경향을 어떻게 설명할 수 있을까? 앞서 본 대로 종속이론은 몇가지 답변을 제공했지만 군부독재로의 전환을 완벽하게 설명하기에는 부족했다.

기예르모 오도넬은 과감하게 도전장을 내밀었다(O'donnell 1973). 첫째, 그는 역(逆)결정론을 제기하면서 근대화론을 뒤집었다. 개발도상국들은 선진공업국들의 경로를 복제하도록 예정되지 않았다. 더 높은 수준의 경제발전이 민주주의로 귀결되지 않았다. 대신 그것은 새로운 형태의 군부독재, 즉 새로운 권위주의와 등치되었다. 오도넬은 그것을 관료적 권위주의체제라고 명명했다. 둘째, 일부 자료(Moore 1966; Organski 1965; Gerschenkron 1962; 그 외 종속이론)에 근거해 오도넬은 관료적 권위주의체제의 등장을 설명할 수 있는 정치경제적 접근법을 구성했다.

오도넬에게 국가는 진퇴양난의 중심에 서 있었다. 1960년대에 유력한 경제발전 모델인 수입대체 산업화는 아르헨띠나와 브라질, 그리고 나중에 칠레와 우루과이에서 위기 상황에 봉착했다. 경제성장은 부진하거나 거의 이루어지지 않았고 극심한 인플레이션이 이어졌다. 이 문제들을 교정하려면 조립 경공업을 넘어 더 자본집약적이고 기술집약적인 산업화 단계, 즉 오도넬이 산업화의 심화라고 부른 단계로 나아가기 위해 실속 있는 투자가 필수적이었다. 국가로선 이 목표, 즉 경제성장과 발전을 준비하는 자본주의국가들의 핵심 기능 가운데 하나를 이룩하려는 목표를 위해 어떻게 인적·물적 자원을 동원하느냐에 문제의 핵심이 있었다.

라틴아메리카 국가들은 또다른 부가적인 문제에 봉착했다. 사회질서 유지라는 기능을 완수하는 데 어려움을 겪은 것이다. 민주주의체제 아래 계급갈등의 전개는 유산계급의 지배와 유리한 사업 환경을 유지하는 국가의 능력을 크게 위협했다. 민주주의체제 내에서 포퓰리스트와 맑스주의 사회운동, 노동조합과 정당 들은 정부를 강력하게 압박했다. 몇몇 경우에 그들은 대통령선거에서 승리를 거두었고 독자적인 강령을 더욱 강력하게 추진했다. 그들의 복지정책이나 혁명적 태도는 때때로 기존 질서를 위협했다. 아래로부터의 위협은 상층계급을 섬뜩하게 했다. 산업자본가, 금융업자, 상인 들은 포퓰리스트와 자칭 혁명가들에 맞서 지주 엘리뜨와 동맹을 맺었다. 이 동맹은 사회·경제적 질서를 도입하는 데 독재국가를 필요로 했다.

군대로 가보자. 라틴아메리카 군부는 국가안보라는 교의를 발전시켰다. 이 반공주의 교의는 경제성장이 없다면 정치 질서도 없을 것이라고 여겼다. 그리하여 제도로서 군부는 억압을 통해 정치적 질서를 부여하고 보수적인 경제 근대화 전략을 수행하는 과업을 떠맡았다. 그들만이 국가발전을 위해 인적·물적 자원을 동원할 수 있는 권력과 권위를 지녔다. 경제전략의 궁극적인 성공은 결국 사회와 정치를 재편하고 민주주의를 자본주의에 무해하도록 만들 것이었다. 또한 군부는 유리한 사업 환경을 다시 조성함으로써 외국인 투자자들이 돌아올 수 있도록 유인할 것이었다. 종속적 상황을 감안할 때 외국인 투자는 경제적 성공의 열쇠였다.

오도넬의 이론화는 단지 근대화론에 도전했을 뿐 아니라 종속의 구조적 조건들이 어떻게 계급갈등과 정치적 변화에 영향을 미쳤는지에 다시 주목했다. 민주주의가 종속적 자본주의 경제에서 살아남았는지 여부는 대체로 국가가 그 기능을 수행할 수 있는 역량에 대한 상층계급, 군부와 외국부문의 인식에 따라 결정되었다. 오도넬은 사회경제적 근대화가 더 진전된 단계에서 경제발전의 위기와 포퓰리스트 세력의 정치적 역량의 심각성을 고려하면서 민주주의가 아니라 억압적인 군부정권이 라틴아메리카의 미래일 것이라고 비관적인 결론을 내놓았다. 더 높은 수준의 경제발전이 정치적 권위주의를 낳은 셈이었다.

오도넬의 이론은 라틴아메리카가 왜 1960, 70년대에 권위주의로 전환했는가를 이해하는 데 도움을 주었다. 그렇지만 구조적 요인들을 강조했기 때문에 그 이론은 정책결정론자들이 조정할 수 있는 조건에 대해 다루지 않았다. 그리하여 그것은 정책의 분석, 특히 민주화를 위한 방안으로 적합하지 않았다. 민주주의나 도시와 농촌의 빈민과 권리를 박탈당한 다른 이들의 사회경제적 권리를 확대하는 문제에 관심이 있는 활동가들은 억압의 대상일 뿐이었다. 관료적 권위주의체제에서 그들이 맡아야 할 역할은 없었다.

근대화론의 재검토

몇가지 예외를 제외하곤 1970년대말부터 1990년대 중엽까지 라틴아메리카에서 권위주의체제는 민주주의에 자리를 내주었다. 이런 민주화 경향은 관료적 권위주의를 다룬 연구서의 몇가지 약점을 분명히 드러냈는데 이는 데이비드 콜리어가 편집한 책에서 상세하게 논의된 바 있다(Collier 1979). 주로 그것은 더 높은 수준의 사회경제적 발전이 군부정권과 선택적 친화성을 지녔다는 주장을 무효화했다. 아울러 관료적 권위주의를 다룬 연구서들은 이행 자체를 설명하는 데 어려움을 드러냈다. 일부 학자들은 군부체제의 긴장을 분석하는 데 관료적 권위주의의 틀을 활용했다(Cardoso 1979; O'Donnell 1979; O'Brien and Cammack 1985). 그렇지만 이런 노력은 권위주의에서 민주주의로의 이행이 어떤 방식으로 일어났는지 그 과정을 설명할 수 없었고 이행과정에 기여할 수 있는 정책을 내놓지도 않았을뿐더러 일단 민주주의가 확립되었을 때 민주주의의 공고화를 보증할 수도 없었다.

대신 근대화론에 근거한 문헌들이 등장해 새로운 민주주의의 물결을 서술하고 설명하며 민주주의 공고화를 위한 정책의 선택과 전략을 제시했다. 쌔뮤얼 헌팅턴과 래리 다이아몬드, 후안 린츠와 쎄이모어 마틴 립셋은 근대화론에 따라 민주주의의 여러가지 선결조건을 확인했다(Huntington 1991; Diamond, Linz and Lipset eds. 1989). 그들은 적절한 수준의 사회경제적 발전과 정치문화의 중요성을 강조했다. 헌팅턴은 1인당 소득 1000~3000달러(1980년대말 달러 기준)에 해당하는 중간 수준의 경제발전이 민주주의 이행을 경험한 국가들과 상관관계가 높다고 주장했다. 다이아몬드, 린츠, 립셋은 꾸준한 성장과 부의 광범위한 분배가 단지 높은 수준의 사회경제적 발전을 이루었다는 사실 자체보다 더 중요했다고 덧붙였다. 한마디로 말해 사회경제적 발전은 시민문화를 증진하고 교육을 향상시키고 대중매체 접근 기회를 늘리며 관용과 타협 같은 민주주의적 가치를 고양할 수 있는 분배를 위해 자원을 제공했다.

그렇지만 원래의 근대화 이론가들과 달리 그들은 사회경제적 발전만으로는 자동적으로 민주주의를 낳을 수 없다고 주장했다. 외부 활동가들의 정책, 예컨대 그들이 독재를 지지하는지 민주주의를 지지하는지와 같은 다른 요인들이 조정자 역할을 한다. 특히 라틴아메리카에서 미국이 냉전의 소멸에 때맞춰 군부정권에서 민주주의로 지지를 전환했다는 점이 중요했다. 헌팅턴은 더 나아가 권위주의체제는 민주화가 가능해지기 전에 정당성의 위기를 겪어야만 한다고 주장했다. 그는 특히 다른 종교보다 기독교적 종교문화가 민주주의에 더 알맞았다고 언급했다.

민주주의의 공고화와 민주주의의 질은 1990년대를 거치면서 더욱 긴급한 쟁점이 되었다. 과떼말라와 니까라과는 말할 것도 없이 꼴롬비아, 뻬루, 에꽈도르, 빠라과이, 그리고 심지어 아르헨띠나와 베네수엘라, 때로는 멕시코의 통치능력은 의심스러워 보였다. 이런 생각에 입각해 린츠와 스테판, 그리고 다이아몬드는 민주주의의 공고화라는 개념을 발전시켰고 이는 민주주의의 안정과 지속을 위한 상황과 조건으로 이해되었다(Linz and Stepan 1996; Diamond 1999). 이들은 대다수 시민과 모든 정치 관련 엘리뜨층이 정치적 직책을 차지하려는 경쟁을 진정시키고 정책을 체계적으로 정리할 수 있는 유일하게 합법적인 방법으로 민주적 국가를 상정했을 때 민주주의는 공고화되었다고 주장했다.

강조점이 서로 다르긴 하지만 이들은 민주주의의 공고화가 충분히 이루어지는 데 필요한 다섯가지 조건에 합의했다. 린츠와 스테판(1996, 7~15면)은 이를 다음과 같이 요약했다. 첫째, 결사와 소통의 자유에 바탕을 둔 활발한 시민사회. 둘째, 전체 시민들이 참여하는 자유롭고 공정한 선거. 셋째, 헌법에 의해 확립되고 광범위하게 수용되며 준수되는 법률 문화, 즉 법치. 넷째, 사회와 경제를 규제할 수 있는 합리적이고 적법한 규범에 기반을 둔 합법적인 무력을 독점하는 근대적 국가기구. 다섯째, 국가가 사회·경제적 요구사항을 조정하는 시장경제.

다이아몬드(1999, 77~93면)는 효율적인 체제의 성과를 민주주의 공고화에 필요한 정당성 확보에 중요한 여섯번째 조건으로 덧붙였다. 이런 기준은 두가지 영역에 초점을 맞추었다. 첫째, 체제 지지에 이바지할 향상된 생활수준을 제공하기 위해서는 국내총생산의 꾸준한 증가로 이해되는 적절한 경제적 성과가 중대했다. 둘째, 범죄자로부터의 보호와 법률체계의 적절한 기능을 포함해 대체로 법치를 지탱한다고 지칭되는 정치적 성과 또한 체제 효율성의 중요한 기준으로 간주되었다.

이런 조건들은 라틴아메리카 곳곳에서 미리 정해진 개혁 모델이었던 정책적 권고로서 1인 2역을 담당했다. 예컨대 미국은 멕시코, 콜롬비아와 안데스 지역 국가들을 중심으로 한 마약퇴치 운동에서 특히 법치의 강화를 강조했다. 국제연합과 유럽연합 같은 다른 국제기구들도 과거 실적이 의심스러웠던 국가들에서 자유롭고 공정한 선거를 보장하기 위해 부단히 노력했다. 미국, 국제통화기금과 세계무역기구는 또한 꾸준히 신자유주의 경제개혁을 추진했다. 앞에서 언급한 학자들뿐 아니라 이 기구들도 신자유주의 개혁을 경제 성과의 향상을 위해 유일한 방법이라고 믿었다.

1990년대와 2000년대 내내 전세계에서 뛰어난 다자간 개발은행인 세계은행은 (융자 조건을 통해) 경제개혁, 정부개혁, 빈곤 완화와 지속 가능한 발전에 대한 신자유주의적 의제를 수립하고 명료하게 표현하며 실행했다. 자유로운 시장경제개혁 조치들은 미국정부와 국제통화기금이 이미 규정한 바 있는 정책에 힘을 실어준다. 그렇지만 또한 세계은행은 국가가 사회의 효과적인 기능을 위해 필요한 제도였다는 점을 인지했다(World Bank 1996). 따라서 세계은행은 책임 영역이 축소된 효율적인 국가의 수립을 지지했다. 여기에는 법과 질서의 정비(특히 사유재산권과 계약, 그리고 개인의 안전보장에 대한 강조와 관련해), 시장이 제대로 기능하는 데 필요한 제도적 지원의 제공이 포함된다. 이런 관점에서 국가 책임의 축소는 또한 시민사회의 출현을 촉진한다. 빈곤 완화와 자본주의에 인간의 얼굴을 덧씌우는 일 또한 신자유주의적 틀을 취했다(World Bank 2000). 국민보험은 중간계급과 상층계급같이 지불능력이 있는 이들을 위한 민간보험으로 바뀌었다. 빈곤층은 예컨대 임산부와 유아가 신체적인 건강을 유지하도록 하는 프로그램과 같이 재산 자격 심사를 거친 뒤 특정 집단을 대상으로 하는 국가 차원의 예방적 건강관리를 받았다. 이는 비용이 많이 드는 건강관리 시설에 의존하지 않고도 유아사망률을 감소시켰다. 병약한 성인 빈민들은 부적절한 공중보건 환경으로 고통을 겪도록 방치하면서 젊은 세대를 건강하게 지키는 데 역점을 두는 것이다. 교육 프로그램 역시 비슷한 방식으로 다루어졌다.

수정된 근대화론에서 나온 지침에 근거해 신자유주의적 민주적 자본주의의 공고화를 모색하는 이런 정책 방안들은 라틴아메리카의 거의 모든 지역에서 시행되었다. 국내 정치·경제·사회 엘리뜨는 최소한 이런 의제를 시행하기에 충분할 정도로 개혁조치를 추진했다. 과거의 교훈을 염두에 둔 정치 엘리뜨의 온건화, 특히 브라질, 칠레, 아르헨띠나와 여러 중앙아메리카 국가들의 포퓰리스트 정당과 좌파 정당의 온건화는 지역을 휩쓴 민주화의 물결에 핵심적인 요소였다. 당시 그들은 대규모 국내자본과 외국자본에 대한 관계를 위험에 빠뜨리지 않으면서 국가가 수용할 수 없는 요구를 제기하려는 유혹을 견뎌냈다. 그들은 또한 대중 동원에 호소하라는 압력에 저항했다. 요컨대 민주주의를 수호하기 위해 그들은 과거에 '아래로부터의 위협'을 만들어냈던 행위, 즉 오도넬이 민주주의 붕괴에 핵심적인 요인이라고 분석한 바 있는 행위를 억제했다. 엘리뜨의 온건화와 타협은 또한 린츠와 크로이저 외 몇 사람이 강조한 민주주의 붕괴의 조건들을 개선했다(Linz 1978; Croizer et al. 1975). 그들은 정치적 스펙트럼에서 좌파와 중도파 출신의 지도자들이 잘못된 조언을 선택했다고 주장했다. 너무 많은 요구사항은 그것을 다룰 정부의 역량에 지나친 부담을 안겼다. 이것은 결국 정부의 효율성과 효능을 감퇴시켜 정부가 정당성을 상실하고 군부가 개입하도록 만들었다.

개선에도 불구하고 민주화 이행과 민주주의의 공고화에 대한 수정된 근대화론과 신자유주의적 의제는 일부 새로운 문제점 외에도 원래 근대화론이 지녔던 몇가지 약점을 여전히 해결하지 못했다. 좀처럼 사라지지 않는 문제점 가운데 하나는 사회경제적 발전과 종교적 교의 같은 선행조건들이 어떤 국가가 왜 민주적 또는 권위주의적 정부 형태를 지니는지 설명해주지 않는다는 것이다. 그 조건들은 정상적인 상황에선 민주주의와 상관관계가 있을지 모르지만 인과관계의 연결고리는 여전히 빠져 있으며 여러 요소들의 적절한 조합은 이해되지 않는다.

두번째 문제는 민주주의로의 이행과 민주주의의 공고화를 이해하는 데 활용된 요소들의 수효였다. 복합성을 인식하는 것은 환영할 만하지만 변수들의 이론적 통합은 거의 존재하지 않았다. 변수 간의 관계는 분명하게 명시되지 않는다. 엘리뜨 정치문화에 대한 강조는 구조적 상황이 매우 유리하지 않은 곳에서 지도자들이 민주적 성과를 맺을 수 있다는 기대를 제공한다. 그러나 이 연구들은 정치 엘리뜨가 왜 민주적 가치를 기꺼이 받아들이는지 설명하지 못한다. 그것은 자발적인 결정인가 아니면 역사적인 압력의 결과인가(Espinal 1991)?

이런 분석의 모호성은 학계에만 국한되지 않고 실제 정책에서도 드러난다. 거의 20년 동안 라틴아메리카의 정책입안자들은 신자유주의적 경제정책을 지원하기 위해 자유시장 경제학과 정부개혁(국가 근대화라고도 알려진)을 강조해왔다. 빈곤층을 위한 빈약한 사회 안전망은 재정 상태에 따라 이리저리 표류했다. 문제는 몇가지 예외(특히 칠레)가 있긴 하지만 신자유주의 경제개혁이 새로운 근대화론의 옹호자들이 민주주의 공고화의 핵심 조건이라고 역설한 지속적인 경제성장을 이루지 못했다는 점이다. 그리고 어디에서도 더욱 공평한 소득분배를 이뤄내지 못했다. 이런 보잘것없는 성과에도 불구하고 1990년대에 정치 엘리뜨들은 사회경제적 정책의 변화를 요구하는 목소리를 꾸준히 억눌렀다. 대신 그들은 수정된 근대화론이 제안한 정치제도 개혁을 강행했다. 이 개혁은 주로 부패와 불법의 증가에 맞서 국가를 '근대화'하고 치안을 강화하는 데 주안점을 두었다.

그러나 이 접근이 만연한 사회경제적 위기에 대한 적절한 정책적 대응일지는 의심스럽다. 칼 폴라니는 사람들은 자연스럽게 시장의 불안으로부터 스스로를 보호하기 위해 노력한다고 주장했다(Polany 1957). 구조 요청에 대한 은폐와 억압은 1990년대 중엽 남부 멕시코의 농민봉기와 1990년대말과 2000년대초 에꽈도르, 뻬루, 베네수엘라의 전반적인 정치 불안을 야기했다. 에콰도르, 뻬루, 베네수엘라에서는 중요한 정치적 공격으로 기록될 만한 새로운 포퓰리즘이 등장했다. 신자유주의 의제를 지지한 엘리뜨층이 새로운 포퓰리즘의 공격을 허용할 것인지는 두고 볼 일이다. 중도좌파 연합이 대통령을 배출해낸 2002년 브라질의 선거는 경제 불황기에 엘리뜨의 온건화와 엘리뜨적 합의의 한계에 대해 비슷한 질문들을 제기한다. 새로운 근대화론 옹호자들에게 중요한 쟁점은 그들의 작업이 현재 단지 신자유주의적 민주적 자본주의 국가만을 지지하는 정책 방안을 넘어설 수 있는가 여부이다.

정치경제학적 이론화의 최근 동향

최근 정치경제학적 접근의 이론화는 경제발전이 반드시 민주주의 또는 권위주의 국가 유형을 가져오지는 않는다는 데 견해를 같이한다. 정치경제학자들에게 정치체제의 안정성뿐 아니라 어느 한 형태가 우세한지 여부는 우선 계급에 근거한 사회적 갈등을 어떻게 해결하느냐에 달려 있다. 그렇지 않으면 근대화 이론가들이 강조한 취약한 제도는 적대적인 사회집단 간의 투쟁에 압도당할지 모르는 위험을 무릅써야 한다. 따라서 현재 정치경제학자들은 경제 상황과 국가의 상대적인 자율성이 사회 갈등과 체제안정성에 미치는 효과에 초점을 맞춘다. 나중에 보게 될 것이지만 이런 분석은 또한 구체적인 정책적 함의가 있다. 대다수 라틴아메리카 국가들이 이제까지 신자유주의 경제개혁과 민주화의 결합을 얼마간 경험했기 때문에 정치경제학 연구는 흔히 정치적·경제적 변화라는 이중의 문제에 주목한다. 그 연구들은 어떤 상황이 자유시장 경제개혁과 민주국가를 동시에 촉진하는지를 질문한다.

제프리 프리던은 라틴아메리카 외채위기, 경제 변화, 그리고 최근의 민주화 물결 사이의 상호 관련성에 대해 명쾌한 설명을 시도한다

(Frieden 1991). 프리던은 자유시장경제적 구조조정에 대한 국제적 압력은 오랫동안 비교적 일정하게 지속되었다고 주장했다. 그러므로 국내의 계급동맹, 계급갈등의 정도, 그리고 국가의 자율성 수준이 정치적·경제적 변화에서 외부 요인보다 더 중요했다.

프리던에게 자본가들은 핵심 계급에 근거를 둔 행위자이다. 그들은 투자와 고용이라는 공적 기능(구조적 권력이라고도 불리는)을 통제하기 때문에 특정 국가 형태에 대한 그들의 지지는 정치안정에 매우 중요하다. 그리하여 노동과 기업 간의 갈등이 심각하지 않은(계급갈등의 수준이 낮은) 국가에서 국가 관리자들은 지배적인 경제 집단들의 정책적 선호에 유념해야 한다. 그렇지 않으면 경제 엘리뜨층이 정부에 등을 돌릴지 모른다. 아르헨띠나와 브라질에서 이런 경우가 발생했다. 두 나라에서는 주요 기업부문이 군부정권의 경제정책에 동의하지 않았다. 독재정권이 그들의 요구사항을 무시했기 때문에 기업가들은 민주화를 지지했고 그리하여 군부통치에 대항해 다계급연합을 강화했다. 반대로 계급갈등이 고조될 경우 국가 관리자들은 정책결정과정에서 더 많은 자율성을 갖게 될 것이다. 상층계급의 지배집단은 사회질서를 유지할 수 있는 정부를 원하기 때문에 경제정책의 변화를 기꺼이 감수하고자 한다. 칠레에서 이런 상황이 벌어졌다. 이를 통해, 민주주의를 위한 다계급연합이 부재했기 때문에 칠레가 실질적으로 다시 민주화를 이룬 마지막 남아메리카 국가가 되었다는 점을 유추할 수 있다. 더욱이 칠레의 민주화 이행은 군부의 의사와 의도대로 이루어졌다.

프리던은 자본가들의 체제 선호가 민주주의로의 이행과정에 크게 영향을 미쳤다는 가정 아래 정치적 변화를 고찰하는 자신의 분석을 자본가들의 체제에 대한 충성에 한정했다. 이는 독특하지는 않더라도 중요한 통찰이었다. 물론 상층계급의 체제에 대한 충성이 그 자체로 성과를 결정짓지는 않았다는 점은 한계로 지적될 수 있다.

디트리히 루에슈마이어, 에벌린 스티븐스, 존 스티븐스는 이런 한계를 거론한다(Rueschemeyer, Stephenes and Stephenes 1992). 배링턴 무어의 선례를 따라(Moore 1966) 그들은 민주주의나 독재는 광범위한 계급연합의 결과라고 주장한다. 연합의 역량은 국가의 자율성과 국제적인 요인에 의해 조정된다. 이들은 자본주의 발전이 노동자들을 억압하는 권위주의적 계급, 특히 전통적인 지주들을 약화시킨다고 역설한다. 반면 그것은 민주주의에 관심을 가진 계급, 즉 부르주아지(자본가), 중간계급과 노동자들을 강화시킨다.

그러나 단지 그런 계급의 출현만으로는 민주주의가 우세할지 독재가 우세할지를 설명하는 데 충분하지 않다. 유럽과 마찬가지로 라틴아메리카에서 부르주아지는 자신들을 정책입안과정에 포함시키면서도 종속적 사회계급과 집단들을 배제한 보호 민주주의, 과두제적 민주주의를 창출하는 데 관심이 있었다. 경우에 따라 이는 19세기부터 20세기 중엽까지 라틴아메리카 정치의 특징으로 지목된 것이었다. 유럽의 노동계급 대신에 라틴아메리카에서는 중간계급의 투쟁과 조직 역량이 완전한 민주주의에 유리하도록 흐름을 바꾸었다. 라틴아메리카의 노동자들은 조직적으로 너무 약해서 그런 역할을 수행할 수 없었다. 그리하여 노동자들에게 위협당한다는 느낌을 받지 않은 중간계급과 일부 부르주아지가 민주주의를 수립하기 위해 노동자들과 연합할 수 있었다. 반대로 중간계급이 상층계급과 제휴할 때 권위주의가 발생할 수 있다. 달리 말해 권위주의는 매우 잘 조직되고 제도적으로나 이데올로기적으로 응집력 있는 (시민사회와는 별도의) 자율적인 국가와 심각한 계급갈등이 존재할 때 등장할 가능성이 크다. 또 최근의 민주주의 이행에서 지배적인 외부세력의 대외정책은 차이를 낳는 중요한 요소이다.

그리하여 1980년대 중엽 이래 민주주의에 대한 미국의 지원은 라틴아메리카에서 민주주의로의 이행에 힘을 보탰다.

루에슈마이어를 비롯한 연구자들은 계급구조와 조직, 국가제도와 초국적세력 간의 관계에 토대를 둔 분석틀을 발전시켰다. 그들은 장기적인 자본주의 발전과정이 어떻게 그런 변수와 국가 형태에 영향을 미쳤는지에 주목했다. 스티븐 해거드와 로버트 커프먼은 권위주의에서 민주주의로의 이행에 대한 단기적인 연구와 민주주의의 공고화 전망에 더욱 적합한 분석틀을 발전시켰다(Haggard and Kaufman 1995). 그들은 또한 어떤 상황에서 엘리뜨층이 민주적 가치를 기꺼이 받아들이는지 그 사회경제적인 조건과 제도들을 검토했다. 이는 새로운 근대화 이론가들과 점차 인기를 끌게 된 오도넬과 슈미터 같은 전략적 선택 이론가들(O'Donnell and Schmitter 1986)이 주목하지 않은 문제였다.

해거드와 커프먼은 경제적 성과가 보잘것없고 엘리뜨의 응집력이 결여된 경우에 민주주의로의 이행가능성이 가장 높았다고 주장했다. 경제위기는 사회집단들의 순응을 이끌어낼 수 있는 국가 관리자들의 역량을 손상시키곤 했다. 엘리뜨의 분열은 위기를 관리하는 국가의 역량을 약화시켰다. 이런 체제 해체의 상황 속에서 중간계급과 노동자들의 정치조직은 완전한 정치적 민주주의를 요구하고 심지어 불만을 품은 일부 상층계급 집단들을 규합할 수 있었다. 그러나 그 제휴는 그들이 정강정책이나 기준의 수위를 완화하는 경우에만 가능했다. 경제위기가 발생하지 않았거나 엘리뜨층이 군부정권을 지지하는 데 응집력을 유지하는 곳에서는 권위주의 정부 당국자들이 더 오래 버틸 수 있었고 뒤이어 올 민주주의체제에 더 많은 제한을 가할 수 있었다.

해거드와 커프먼에 따르면 민주주의 공고화에 대한 전망은 두가지 제도적인 요인에 달려 있다. 첫째, 중앙집권적 행정부 조직이 더 유리하다. 장기적인 정치적 안정에 필수적인 경제성장을 재개하기 위해 필요한 경제개혁을 착수하는 데 용이하기 때문이다. 경제개혁에 착수하면서 국가 관리자들은 그것을 지속하기 위해 개혁 실행을 지원할 연합체를 구성해야 한다. 둘째, 해거드와 커프먼은 정당체제의 구조가 그런 지원 연합체를 구성하는 열쇠가 된다고 주장한다. 특히 그들은 양당체제의 수립을 옹호한다. 이것은 타협과 온건화를 강화하는 경향이 있다.

그렇지만 이 연구 가운데 어떤 것도 노동계급이 민주화과정에서 중요한 역할을 맡았다고 주장하지 않았다. 루스 버린스 콜리어(1999)는 이런 누락에 대해 논의한다(Collier 1999). 그 연구는 야심차다. 그것은 계급 분석에 근거한 민주화 이론과 엘리뜨 교섭 이론을 결합하고자 한다. 버린스 콜리어는 노동계급이 결정적인 역할을 맡았다는 주장을 조심스레 막으면서 동시에 대부분의 경우 노동자조직이 민주화를 지지하는 전략을 의식적으로 발전시켰고 그런 움직임이 민주화과정에 영향을 주었다는 점을 보여준다. 노동자들은 다른 사회집단들과 협력하면서 거리에 모여들었고 야당과 정부 엘리뜨와 함께 정권교체 협상에 참여하기도 했다. 그들이 어떤 전략을 채택하고 어떤 세력과 연합했는지는 주로 그들이 권위주의정권에 의해 공식적인 협상에 포함되었는지 또는 배제되었는지에 좌우되었다. 엄밀히 따져 이번 장의 주제는 아니지만 버린스 콜리어가 남아메리카와 남유럽에서 민주주의 이행의 두드러진 방식을 설명하기 위해 계급에 근거한 행동 모델을 정교하게 다듬었다는 점을 언급하는 것은 의미 있을 듯하다.

이런 정치경제학적 분석들은 하나의 가정을 공유한다. 민주화는 민주적 제도 수립과 사회경제적 발전 모델을 모두 지지하는 다계급연합을 구성하는 복잡한 과정을 포함한다는 점이다. 따라서 정치경제학자들은 다음과 같은 정책적 조언을 시도한다. 정치 지도자들은 정책에 관한 주도권과 아울러 자신들이 수립하고자 하는 제도를 지지하는 사회적 연합을 형성해야만 한다. 연합 관련 협력자들은 여러 기업가부문, 중간계급과 노동계급같이 도시에 근거를 둔 세력이다. 이런 도시 편향은 (비록 대토지소유자들과 농민들의 이해관계가 다르긴 하지만) 농업에 근거한 이해관계자들이 권위주의체제와 더 큰 친화성을 지닌다고 가정하는 전통과 관련되어 있다. 하지만 2002년에 브라질에서 전개된 상황은 그런 가정에 의문을 제기한다. 브라질 노동당은 농촌의 노동조합, 사회운동과 강력하게 연대해 대통령선거에서 승리를 거두었다.

또다른 정책 방안은 계급에 근거한 사회집단들이 다른 이해관계를 지니고 있다는 인식에서 비롯된다. 그리하여 다양한 이해관계를 대변하는 정치 지도자들은 민주주의를 성취하기 위해 타협과 온건화가 필요하다. 많은 연구자들은 이를 과거에 민주주의정부가 국가를 정치적·경제적으로 불안정하게 만들지 않고서는 도저히 충족시킬 수 없던 여러가지 요구사항을 노동자 집단과 강력한 개혁적 중간계급 세력이 밀어붙인 데 대한 훈계와 충고로 해석한다. 이것은 오도넬이 언급한 '아래로부터의 위협'이나 크로지어가 사용한 '참여의 과잉'이었다 (Crozier 1975). 그렇지만 그런 권고는 가끔 등장하는 우익 노동자 조직뿐만 아니라 상층계급 엘리뜨와 보수적인 중간계급 지도자들에게도 적용된다. 정치적 안정을 보장하기 위해 그들은 신자유주의적 의제를 집요하게 실행하려는 노력을 약화시켜야 한다. 억압과 다른 형태의 강제에 대한 과도한 의존은 21세기초 에콰도르, 뻬루, 아르헨띠나, 베네수엘라에서 발생한 여러 사건에서 드러났듯이 장기적인 정치적 안정에 결코 도움이 되지 않을 것이다.

사회적 연합의 형성에 초점을 맞추는 방안은 설득력을 지니고 있다. 정치경제학자들은 그런 지원 연대가 부재할 경우 예컨대 법치 같은 공식적이고 절차적인 정치적 승부의 규칙에 근거해 민주주의를 정당화하려는 노력은, 특히 경제적 불황기 동안 붕괴되기 십상일 것이라고 주장한다. 달리 말해 만일 사회적 연합의 수립이 소홀히 취급된다면 근대화 이론가들이 관심을 쏟는 제도의 형성은 성공할 가망성이 낮을 것이다. 그런 제도들은 아마 정책과 제도적 구상의 의제로부터 사회경제적 집단들의 요구사항을 조직적으로 배제하는 데서 비롯되는 사회적 긴장에 압도당할 공산이 매우 클 것이다. 특히 20세기 전반(前半)과 최근 21세기 전환기의 라틴아메리카에는 이런 과정을 보여주는 역사적 사례가 적지 않다.

이는 양당체제의 수립을 주문하는 해거드와 커프먼의 제안처럼 갈등의 흐름을 다른 데로 돌리는 제도를 구축하라는 조언으로 얻을 게 없다는 것을 의미하진 않는다. 그것은 이런 조언들이 광범위한 사회집단들의 요구사항을 정치 협상에서 배제하기 위해 활용될 때, 제도 마련은 사회적 동원과 갈등에 압도당할 수 있다는 것을 뜻한다. 1973년 우루과이의 사례와 21세기초 꼴롬비아, 베네수엘라, 아르헨띠나가 겪은 최근 상황이 보여주듯 라틴아메리카에서는 심지어 양당제조차 취약성을 드러냈다.

더욱이 경제적 호황 자체만으로는 사회적 순응을 이끌어낼 수 없다. 부의 분배 또한 중요하다. 그러므로 정치경제학자들은 엘리뜨층이 민주주의 지지를 철회할 정도까지 엘리뜨층을 위협하지 않으면서 사회정의가 진전될 수 있는 상황을 검토할 필요가 있다. 라틴아메리카의 많은 민주주의국가에서 심각하게 축소되어온 정책입안에 대한 사회적 참여를 증대하려는 노력에도 동일한 주문이 적용될 수 있다. 민주주의를 '대중'으로부터 보호하려는 다양한 노력으로 민주주의라는 용어 앞에 형용사를 덧붙이는 라틴아메리카의 경향, 예컨대 후견인 민주주의,

보호 민주주의, 위임 민주주의 같은 논의를 다룬 문헌이 급증했다(O'Donnell 1992; Loveman 1994; Smith et al. 1994; Collier and Levitsky 1997).

결론

1980년대에 방법론에 관한 견해 차이를 넘어 경제발전과 국가 형태 사이에 어떤 단선적인 연관관계가 존재하는 않는다는 합의가 등장했다. 경제 근대화는 반드시 민주주의 또는 권위주의로 귀결되지 않는다. 아마 근대화론의 최대 가치는, 특히 최근 드러나는 바로는 엘리뜨의 전략과 정치 제도의 구조에 대해 강조한다는 데 있다고 할 것이다. 우리는 스스로 그것을 통제할 수 있다고 생각한다. 우리는 그것은 선택의 문제라고 믿는다. 하지만 정치 엘리뜨층이 민주주의, 관용, 그리고 기꺼이 타협하려는 자신들의 의향을 소중히 여기는지 여부는 확실히 중요하다. 정치제도가 사회정치적 갈등을 조정하는지 또는 악화시키는지 역시 중요하다.

그렇지만 근대화론에 의거한 접근은 이런 변수 사이의 관계에 대한 체계적인 관점을 결여하고 있다. 또한 그것은 정치 지도자들을 분열시키는 다양한 긴장과 사회운동의 근원을 이해하거나 제도의 수립에 사회적 지지가 필요하다는 점을 이해할 수 있는 수단을 제공하지 않는다. 그리하여 앞서 주장했듯이 정책 방안은 정치 지도자들이 성공적인 제도 수립을 위해 필요한 온건화와 절제를 실행한다고 하더라도 주의를 요하는 문제들을 흔히 간과한다. 이런 문제들은 근대화 이론가들과 1950년대 이래 그들의 조언을 받아들인 정책입안자들을 괴롭혔다. 그 문제들은 오늘날에도 여전히 남아 있다.

정치경제학적 접근은 이 문제들을 다룰 수단을 제공한다. 그 접근은 사회집단 사이의 요구사항과 권력 관계에 영향을 미치는 정치적·경제적 요인으로 초점을 옮긴다. 한편 이는 엘리뜨의 전략을 구체화한다. 또한 정치경제학은 국가의 존재와 사회에서 그것이 맡은 역할을 인식한다. 자본주의 경제에서 국가의 기능을 이해하는 것은 시간의 흐름에 따라 정치적 안정에 대한 사회경제적 긴장의 영향을 분석하는 데 견고한 토대를 마련해준다. 국제적 변수와 정치제도의 구조 같은 요소를 추가하면 민주주의의 전망과 권위주의로 퇴보할 위험에 대한 우리의 이해를 더욱 증진할 수 있다.

더욱이 매우 비난받은 종속이론을 구출해낼 수 있는 두가지 가치 있는 요소가 있다. 하나는 라틴아메리카의 역사적 특수성에 대한 분석이다. 그것은 라틴아메리카의 독특한 사회적·경제적·정치적 역사가 어떻게 결과에 영향을 미쳤는지를 이해하는 것이다. 둘째, 분석자들은 라틴아메리카가 세계경제로 편입된 특수한 상황이 사회경제적·정치적 경향에 어떻게 영향을 미쳤는지를 항상 명심해야만 한다(Stallings 1992).

간단히 말해 정치경제는 우리에게 국가 행위자들이 직면한 사회경제적 도전과 이것이 제도와 사회경제적 집단에 어떻게 영향을 끼치는지 주목하게 만든다. 정치경제학적 분석에 근거한 정책 방안은 제도를 위한 사회적 연합(또는 지지)을 형성할 필요성이 있다고 강조한다. 그런 지지세력을 형성하려면 조직된 사회집단들을 제도 속으로 광범위하게 포섭하는 것이 요구되고, 비록 사회집단들이 종속적인 계급에 속한다고 할지라도 그들은 중요한 사회집단들에 거슬러 영향력을 차단하거나 너무 많이 왜곡해서는 안 된다는 것을 의미한다. 사회경제적 혜택의 분배에 대해서도 동일한 조언이 적용된다. 예컨대 만일 신자유주의 개혁이 대다수 시민들을 사적 권력의 희생제물이 되도록 방치하고 대중에게 더 나은 물질적 조건을 부여하지 않는다면, 대중은 곧 사적 권력으로부터 보호해주기를 요구할 것이다. 정치 지도자들은 대안적인 의제를 옹호하고 기존 엘리뜨층의 정책적 합의에 도전하며 결국 그들의 물질적 이해관계가 경시되거나 더욱 심하게는 계속 억제당하는 법치의 효용에 의문을 제기할 것이다. 달리 말해 모든 엘리뜨층의 온건화와 절제가 항상 가능한 것은 아니고 제도가 아무리 잘 설계되었다고 하더라도 사회적 동원과 정치적 투쟁에 압도될 수 있다. 법치와 제도 수립에 대한 최근의 강조는 단순히 일부 사회집단에 의한 배제와 억압의 수단으로 인식될지 모른다.

결국 신중한 정치 지도자, 정치제도의 기능, 그리고 주요 사회집단들의 지지는 모두 민주주의가 성숙하고 권위주의로 회귀하지 않도록 막는 데 필요한 요소이다. 누군가는 더 나은 보고서를 원할 테지만 21세기초 라틴아메리카의 모습은 예전과 마찬가지인 듯 보인다. 베네수엘라, 아르헨띠나, 꼴롬비아, 뻬루, 그리고 예전에 전쟁으로 파괴된 중앙아메리카의 일부 국가에서는 긴장이 커지고 있다. 칠레, 멕시코, 꼬스따리까, 우루과이와 아마도 브라질 같은 사례는 과거에 그랬듯이 희망을 제시한다. 그곳에서 정치는 근대화론의 영감을 받고 정치경제가 지향하는 방안을 혼합하고 있는 것처럼 보인다.

□더 읽을거리

• Centeno, M. A. and López-Alves, F. (eds.) 2001 *The Other Mirror: Grand Theory through the Lens of Latin America*. Princeton, New Jersey: Princeton University Press.: 독특한 라틴아메리카 역사와의 대화에 보편적 이론을 적용하려는 평론들을 가려 뽑았다.

- Chalmers, D. A., Vilas, C. M., Hite, K., Martin, S. B., Piester, K. and Segarra, M. (eds.) 1997 *The New Politics of Inequality in Latin America: Rethinking Participation and Representation*. Oxford: Oxford University Press.: 라틴아메리카에서 사회적 변화, 공평, 빈민층의 민주적 대표제 사이에 어떤 관계가 있는지를 탐구한다.
- Dunkerley, J. (ed.) 2002 *Studies in the Formation of the Nation State in Latin America*. London: Institute of Latin American Studies.: 라틴아메리카에서 국민국가의 성격을 둘러싼 복잡하고 논쟁적인 쟁점을 역사 전반에 걸쳐, 아울러 사회학적으로 탐구하고 있다.
- Eckstein, S. E. and Wickham-Crowley, T. P. (eds.) 2003 *Struggles for Social Rights in Latin America*. New York: Routledge.: 오랜 세월에 걸쳐 라틴아메리카에서 등장한 사회적 권리 투쟁을 다룬다. 환경, 시민권, 노동자의 권리, 여성운동, 후천성면역결핍증(AIDS), 원주민 권리 등 다양한 주제를 포괄한다.
- Murillo, M. V. 2001 *Labor Unions, Partisan Coalitions, and Market Reforms in Latin America*. Cambridge: Cambridge University Press.: 왜 노동조합이 일부 국가와 경제부문에서 경제적 구조개편과 조정정책에 저항하는 반면 다른 경우에는 감수하거나 굴복하는지를 검토한다.
- Stokes, S. C. 2001 *Mandates and Democracy: Neoliberalism by Surprise in Latin America*. Cambridge: Cambridge University Press.: 민주적으로 선출된 정부가 위임 사항을 배신하는 까닭과 그 결과, 즉 정치인들이 선출되기 위해 어떤 공약을 내걸고 취임한 뒤에는 다른 일을 하는 경향에 대해 분석한 책이다. 라틴아메리카에서 이런 이중적 형태는 증가하는 추세를 보인다.
- Tokman, V. E. and O'Donnell, G. (eds.) 1998 *Poverty and Inequality*

in Latin America: Issues and New Challenges. South Bend, Indiana: University of Notre Dame Press.: 신자유주의 체제 내의 빈곤과 불평등이라는 근본적인 문제를 다루고 일자리 창출, 재건, 사회복지와 사회적 보호에 대한 전략을 탐구한다.

□ 웹사이트

• 미주개발은행(www.iadb.org): 지역 차원의 다국적 개발은행으로는 가장 오래된 이 은행은 2차대전이 끝난 뒤 설립되었으며 사회적·경제적 발전 계획을 후원한다.

• 국제노동기구(www.ilo.org): 사회정의와 국제적으로 인정된 인권과 노동권을 증진하고자 한다.

• 라틴아메리카 네트워크 정보센터(LANIC, www.lanic.utexas.edu): 라틴아메리카의 여러 국가와 다양한 직접적인 연계망을 구성하고 있으며 아울러 라틴아메리카에 관한 각종 사이트 정보를 제공한다.

• 국제연합 라틴아메리카와 카리브해 지역 경제위원회(www.eclac.cl): 라틴아메리카의 사회적·경제적 발전을 위한 연구에 기여하며 제어되지 않은 신자유주의 경향에 대해 매우 비판적이다.

제8장

새로운 정치질서: 기술관료제 민주주의를 향해?

_빠뜨리시우 씨우바

21세기초 접어들어 라틴아메리카의 일부 국가는 민주주의 통치가 거의 붕괴될 정도로 심각한 정치적·제도적 위기에 시달리고 있다. 따라서 새로운 민주주의체제가 이 지역에 더 높은 수준의 정치적 안정과 경제적 진보를 부여할 것이라고 예상한 1990년대의 기대와 희망은 대체로 신속하게 사그라들었다. 오늘날에는 비관주의, 불확실성, 심지어 절망이 곧 다가올 미래에 대해 많은 라틴아메리카인들 사이에 존재하는 일반적인 분위기를 대변하고 있다.

1980년대와 1990년대에 실시된 신자유주의 경제·제도 개혁이 라틴아메리카 사회를 크게 변모시키는 동안 일련의 개혁은 경제성장, 사회적 번영, 정치적 안정을 위한 굳건한 기초를 다지는 데 분명히 실패했다. 거의 20년 동안 이른바 '워싱턴합의'에 뒷받침된 시장 친화적 의제는 라틴아메리카에서 논란의 여지가 별로 없는 새로운 기획을 대표했다. 그렇지만 최근 들어 빈곤의 증대와 경제 실적의 부진은 신자유주의 정책에 대항해 거리 시위와 적극적인 빈민구제 사회정책을 약속해온 포퓰리스트 정치 지도자들의 재등장으로 이어졌다. 가장 상징적인 사례로 베네수엘라의 우고 차베스, 브라질의 루이스 이나시우 '룰라' 다 씨우바, 에꽈도르의 루시오 구띠에레스 같은 지도자들의 선출은 신자유주의에 대한 뚜렷한 불만과 대안적 정책의 절실한 필요성을 표현하는 것으로 여길 수 있다. 그러나 이는 현재의 경제적·제도적 위기에 대해 효과적으로 답변할 수 있다는 것을 확증하진 않는다. 반면 멕시코, 칠레, 일부 중앙아메리카 국가들은 명백히 미국과의 긴밀한 통상 제휴와 시장지향적 발전전략의 수용을 선택한 것으로 보인다. 이는 이 지역의 국가들이 결국 신자유주의적 발전 경로를 수용한 국가들과 여전히 '워싱턴합의'와 세계화 의제에 반대하는 국가들로 새롭게 분열되는 양상을 보여주는 것일지 모른다.

8장에서는 신자유주의 기획이 라틴아메리카 사회에 미치는 주요 사회정치적·문화적 영향에 초점을 맞춤으로써 이 지역에서 신자유주의 기획이 등장한 상황과 현재 그것이 처한 위기를 분석하고자 한다. 이는 지난 20년 동안 민주주의 이행과정이 진행된 독특한 방식에 주목한 바 있는 대부분의 민주화 연구가 밟아온 '과도기적' 전망을 넘어서려는 시도이다. 기존의 민주화 관련 연구들은 대체로 새로운 민주주의 질서가 지니는 주요 특징과 현재의 위기를 낳은 요인이 무엇인지에 관해 평가하려는 시도를 하지 않았다.

신자유주의, 근대화, 민주주의

1980년대초 라틴아메리카에서 민주주의 통치가 복원된 이래 신자유주의, 근대화, 민주주의 사이의 관계는 끊임없이 심각한 긴장에 시달려 왔다. 그리하여 예컨대 대다수 민주주의 정부는 경제적 신자유주의와 관련된 근대화 담론을 정당화하는 데 성공할 수 없었다. 이는 몇가지 요인들이 어우러진 결과였다.

우선 우리는 신자유주의적 경제 기획과 그에 따른 근대화 담론 모두가 칠레, 아르헨띠나, 우루과이 같은 국가에서 군부정권, 즉 민주주의에 반대하는 세력에 의해 시행되었다는 점을 잊어서는 안 된다. '사회의 근대화'는 당시 권위주의체제 동안 신자유주의 정책 적용을 뒷받침하는 지배적 관념을 구성했다. 이런 근대화 기획은 실제로는 경제의 사유화, 관료제 축소, 시장 자유화, 수출지향적 경제부문의 강화 같은 몇가지 거시경제적 목표의 성취로 구체화되었다. 오늘날 우리가 관찰하는 대로 실제 현행 민주주의 정부는 대체로 예전 군부정권이 구사한 것과 동일한 거시경제 노선에 따라 근대성을 시각화했다.

신자유주의 정책이 이전 정권으로부터 비롯되었다는 사실 탓에 새로운 민주주의 정부들은 1980년대와 1990년대에 그 정책의 지속성을 정당화하는 것을 매우 곤혹스러워했다. 군부정권에 대항해 싸웠던 사회·정치 세력들은 실제로 신자유주의적 경제 지침을 수용하려는 민주주의 정부의 암묵적인 요구를 불쾌하게 여겼다. 그들은 이런 현실을 용납할 수 없는 과거의 유산으로 인식하고 따라서 신자유주의 모델을 향후 민주주의체제를 유지하는 경제적 동력으로 받아들이는 것에 저항한다. 이런 현상은 심지어 신자유주의 정책이 상대적으로 성과를 거둔 칠레에서도 벌어진다. 1990년 민주화 이행 이래 칠레를 통치해온 중도좌파 꼰세르따시온은 이른바 '자아비판'(autoflagelante)파에게 '내부로부터' 끊임없이 비판받았다. 이 분파는 여당의 일부이긴 하지만 삐노체뜨 시대의 유산이라는 이유로 신자유주의 정책을 지속하기를 줄기차게 거부해왔다(Brunner and Moulian 2002).

둘째, 라틴아메리카에서 신자유주의 정책을 정당화하려는 시도를 가로막았던 중요한 요인은 여러 국가(니까라과, 베네수엘라, 에콰도르 등)들의 국민 대다수에게 신자유주의 정책 채택과 관련된 근대화 담론이 외부로부터 강요된 것으로 인식되었다는 점이다. 국제통화기금과 세계은행 같은 국제 금융기관은 라틴아메리카의 여러 정부에 구조조정정책을 실시하도록 압력을 가했다고 일부 라틴아메리카의 정치세력과 사회운동계로부터 비난받았다(Petras and Morley 1992). 이런 북쪽(북반구 선진경제권—옮긴이)의 '명령'은 새로운 민주주의 정부가 독자적인 사회경제적 의제를 구상하고 실행할 여지를 거의 남겨놓지 않았다(Green 1999). 역설적으로 이 논제(와 거기에서 유래하는 신자유주의 의제에 대한 거부)는 라틴아메리카의 매우 이질적인 정치·사회 집단 속에서 지지자들을 찾아냈다. 여기에는 좌파, 특정 종교집단, 일부 민족주의 세력(군 내부와 외부), 그리고 일부 기업가 집단(자유시장정책과 특히 외국과의 경쟁을 두려워하는)이 포함된다.

라틴아메리카 여러 국가에서 신자유주의 정책에 대한 대중적 인기와 지지의 결여는 매우 특이한 상황을 이끌어냈다. 그리하여 라틴아메리카에서 단지 소수의 정치세력만이 공공연히 신자유주의에 대해 무조건적인 지지를 표명하는 동안 신자유주의 경제정책은 사실상 라틴아메리카 대륙을 지배하게 되었다. 달리 말해 어떤 정치세력도 새로운 신자유주의 질서의 이데올로기적 정당화 작업을 진지하게 시도하지 않았다. 이런 견지에서 볼 때 몇몇 예외 가운데 하나가 칠레에서 나타났다. 이곳에서 신자유주의는 우익 정당과 기업가들에게 열광적으로 지지받을 뿐 아니라 좀더 암묵적인 형태이긴 하지만 일부 좌파세력조차 이를 지지한 바 있다(Moulian 1997; Tironi 2002).

마지막으로 대중의 신자유주의 경제정책 수용을 바라는 새로운 민주주의 정부가 직면한 또다른 심각한 어려움은 라틴아메리카에서 민주주의의 복원이 가져온 커다란 사회적 기대와 관련되어 있다. 라틴아메리카인들에게 민주주의는 여전히 무엇보다 대중의 요구사항을 진심으로 살피고 빈곤과 사회적 불의에 맞선 투쟁에 적극적이고 성실하게 참여하는 정부의 존재를 의미한다. 여기에 예전 권위주의정권이 남겨놓은 엄청난 '사회적 부채'의 결과에 대처하는 데 있어 새로운 민주주의시대에도 국가의 적극적인 역할이 요청된다는 기대가 뒤따른다. 하지만 여러 사람들이 경험한 것은 민주주의의 복원과 더불어 국가가 전통적인 사회적 책무를 더욱 방기하는 일이 발생했다는 사실이다. 실제 지난 10년 동안 라틴아메리카의 대다수 국가에서 사회적 불평등은 극적으로 심화되었다. 이 지역에서 실시된 대다수 신자유주의 경제 프로그램에서 이런 '사회적 차원'의 결여는 교회와 비정부기구뿐 아니라 저명한 지식인들로부터 심각하게 비판받았다(Oxhorn and Ducatenzeiler 1998 참조).

1980년대초 라틴아메리카에서 민주적 통치의 회복은 1982년 8월 멕시코가 국제 금융시장에서 외채상환 책임을 더이상 감당할 수 없다고 공표한 뒤에 더 많은 국가들이 구조조정 프로그램을 실행함에 따라 크게 영향을 받았다. 이는 대륙 전체에서 발전전략에 심각한 변화가 일기 시작했다는 것을 의미했다. 외채위기 발생에 뒤이어 전통적인 수입대체 산업화 방식은 시장지향적 개혁의 채택을 요구하는 국내외 세력의 강력한 비판에 직면했다. 처음에 여러 라틴아메리카 국가들은 내핍정책의 사회적 비용을 줄이려는 차원에서 비정통적인 안정화 프로그램(예컨대 아르헨띠나의 아우스뜨랄 계획, 브라질의 끄루자두 계획, 뻬루의 인띠 계획)을 채택하기로 결정했다. 하지만 1980년대말 이를 비롯해 다른 안정화 프로그램들이 위기를 종식하고 경제회복의 기대를 현실화하는 데 실패했다는 사실이 분명해졌다. 그린이 보여주듯 '용이한' 비정통적 해법이 신뢰를 잃게 되자(Green 1995, 69면) 신자유주의는 대륙 곳곳으로 급속하게 퍼졌다. 이때 라틴아메리카 경제의 장기적인 구조조정이 속도를 내기 시작했다. 그뒤 무역자유화, 정부 개입의 축소, 민영화와 탈규제가 거의 모든 국가에서 새로운 표준이 되었다.

대다수 라틴아메리카 국가들이 전통적인 국가주도의 산업화정책을 포기하고 신자유주의적 자유시장정책을 채택함으로써 경제구조를 쇄신할 필요성에 대체로 합의했지만, 구조개혁의 목표를 정치적 표현으로 옮기는 데 큰 어려움을 겪었다. 예컨대 근대성이 민주주의와 어떤 관계가 있는지 명확하게 설명하거나 예전의 권위주의정권과 새로운 민주정부의 근대화 기획 사이에 구체적으로 어떤 차이가 있는지 설명하는 작업은 좀처럼 시도되지 않았다. 새로운 민주정부 시절에 지속된 구조조정 정책의 두드러진 역할과 뚜렷한 정치적 기획의 결여는 신자유주의 경제학이 정치 영역으로 유입되는 결과를 빚었다. 이런 식으로 라틴아메리카에서 공식적인 정치는 독자적인 역동성을 상실하는 경향이 있었으며 대부분 신자유주의적 경제 기획 실행을 위한 기능적 메커니즘으로 축소되었다.

사회의 탈정치화

기대한 바와는 달리 대다수 라틴아메리카 국가에서 민주주의 통치의 회복은 강력하고 꾸준한 시민사회의 '정치적 부흥'으로 이어지지 않았다. 반면 새로운 민주주의체제가 보여준 가장 인상적인 특징 가운데 하나는 탈정치화의 증대와 전국적인 정치 토론의 부재였다. 라틴아메리카 사회의 탈정치화는 신자유주의 근대화 기획의 산물이자 그것이 대중의 정치적 행동에 미치는 이데올로기적 영향뿐 아니라 과거와 현재에 대중이 겪은 정치적 경험이 복잡하게 어우러진 결과였다.

이런 정치적 비활성화의 기원은 독자적인 정치적 표현을 조직적으로 탄압해 '강요된 탈정치화'의 어두운 시대를 열었던 예전의 권위주의정권 시절에서 찾아볼 수 있다. 국가의 탄압은 역설적으로 일부 시민사회의 흔들리지 않는 대응을 유발했다. 이는 인권을 옹호하고 농촌과 도시빈민들의 사회적 상태를 개선하고자 노력한 여러 비정부기구들의 탄생과 활발한 사회운동의 등장으로 표출되었다(Oxhorn 2001).

칠레, 아르헨띠나, 우루과이의 군부정권은 물리적 억압을 사용하는 동시에 자국민에게 '정치'는 전복, 무질서, 방종, 부패를 의미한다고 설득하고자 애썼다. 이를 위해 군부는 그저 정치와 정치인들에 대한 불만의 감정을 고조시키고 교묘하게 조작하기만 했다. 이미 일부 국민 사이에서 정치인들은 군부의 권력 장악 이전에 발생한 정치적·경제적 위기 탓에 입지가 축소되어 있었다.

또한 군부정권은 극단적인 억압을 통해 국민 대다수에게 정치에 가담하는 것은 큰 문제, 즉 자기 자신의 생명뿐 아니라 가족과 친구들의 안위를 위태롭게 하는 문제로 확대될 수 있다는 생각을 갖게 했다. 수년 동안 (대중매체와 교육을 통해 이뤄진) 공식적인 반정치적 세뇌와 주입에 노출된 많은 사람들은 결국 정치는 본질적으로 매우 괴팍하고 뒤틀어진 것이라고 확신하게 되었다. 그리하여 나중에 많은 이들이 군부가 자행한 조직적인 인권침해를 거부하고 즉각적인 법치의 재확립을 요구했지만 민주주의 통치의 회복은 앞선 시기에 강화된 정치 일반에 대한 불신, 특히 정당과 정치인들에 대한 깊은 우려와 불신을 완벽하게 제거하진 못했다(P. Silva 1999).

라틴아메리카 사회의 탈정치화를 더욱 부추긴 또다른 요인은 대부분의 이행이 협상을 통해 이루어졌다는 사실과 관련이 있었다. 민주주의의 회복은 민주세력과 군부정권 간의 일련의 협상 끝에 달성되었다(Casper and Taylor 1996). 이런 과정에 연루된 야당세력은 암묵적 또는 명시적으로 국민의 정치적 활기를 적극적으로 고무하지 않는다는 데 동의했다. 더욱이 일부 민주적 정치 지도자들은 정치적 대중 동원을 지속적으로 약화하는 것을 새로운 민주주의 구상의 필요조건으로 인식하게 되었다. 그들은 이런 식으로 질서 있고 평화로운 민주주의 이행이 성취될 수 있고 통치 가능성을 보장받을 수 있을 것이라고 기대했다.

정치적 온건화에 대한 강력한 요구는 학계에서도 제기되었다. 예컨대 유명한 정치학자들은 영향력 있는 연구 저서들을 통해 라틴아메리카의 민간인 지도자들에게 흔히 이행과정에 수반되는 정치적 불안을 어떻게 최소화할지에 관해 자세하고 실제적인 조언을 제공했다. 오도넬과 슈미터는 다른 무엇보다 군부세력에 국가적 목표를 달성할 수 있는 영예로운 역할을 부여할 것을 권고했다. 한편 정당들은 사회정치적 통제 도구로 기능하기 위해 전통적으로 담당해온 대중동원의 대리인 역할을 포기하도록 종용받았다(O'Donnell et al. 1986, 32, 58면). 오도넬과 슈미터는 더 나아가 민주세력의 지도자들에게 지배집단의 이해관계를 손상시키지 말 것과 군대의 제도적 존재, 자산, 위계서열을 위협하지 말 것을 권고했다. 그들은 좌익세력에게 "미래에 더욱 매력적인 기회가 열릴 것을 기대"하면서 이행과정의 정치적 제약을 받아들일 것을 조언했다(같은 책 69면).

위로부터 아래로 진행된 민주화과정의 본성은 흔히 '엘리뜨적 타결'로 묘사되었다(Higley and Gunther 1992). 이는 민주주의 재건과정에 더욱 적극적으로 참여할 것으로 기대했던 좌파정당 지지자와 사회운동가들에게 깊은 환멸(과 뒤이은 동원의 해제)을 선사했다. 이 엘리뜨적 타결은 정치적 동원의 해제라는 유산을 지키고자 한 정치 지도자들의 의식적인 결정과 더불어 사회의 탈정치화가 가속되는 데 크게 기여했다.

민주주의 통치의 회복 이후 대중 조직들은 새로운 민주정부가 군부정권 시절 인권침해 사건의 가해자들을 사법적 심판대에 세울 것으로 기대했다. 그렇지만 현실은 그렇게 진행되지 않았으며 새로운 정부가 이처럼 논란이 큰 문제를 처리하는 구체적인 방식 역시 대단한 실망감을 불러일으키면서 결국 대중의 정치적 동원 해제에 힘을 보탰다. 예컨대 브라질에서는 인권침해 가해자들의 기소를 정치 쟁점으로 삼지 않기로 정치인들과 군부 사이에 암묵적인 합의가 이루어졌다. 아르헨띠나에서 알폰신 정부는 1987년 기소종결법(일종의 사면법)을 통과시켰고, 이 법에 따라 가해자로 지목될 공산이 컸던 대다수 하급 군인들은 단지 명령을 수행했을 뿐이라는 이유로 기소 대상에서 벗어났다.

칠레에서 1990년 아일윈(P. Aylwin) 정부가 설치한 '진실화해위원회'는 삐노체뜨 정권 시절 자행된 각종 인권침해 사례들에 관해 자세한 보고서를 작성했다. 그렇지만 이미 1978년에 통과된 이른바 자동사면법은 군부 관련자들이 사법적 심판을 받지 않도록 보호막을 치고 있었다. 그러나 1998년 10월 런던에서 삐노체뜨가 체포되고 결국 500여 일이 지난 뒤 2000년 3월 칠레로 복귀하면서 칠레에서도 그가 기소될 수 있다는 기대감이 커졌다. '삐노체뜨 사건'은 싼띠아고 법원이 2001년 7월 9일 삐노체뜨 장군의 건강이 재판을 받을 정도로 양호하지 않다고 선언했을 때 결정적인 순간을 맞이했다. 법원의 결정에 '일시적'이라는 조건이 달려 있긴 했지만—삐노체뜨의 건강 상태가 호전되면 다시 재판을 받을 수 있다고 암시하면서—대다수 관측자들은 이 선언을 삐노체뜨에 대한 기소 종결을 의미하는 것으로 받아들였다(Silva 2002 참조).

1993년 엘살바도르에서는 정부와 게릴라세력이 맺은 평화협정의 일환으로 포괄적인 사면법이 통과되었고(그림 8.1), 과떼말라에서 인권문제는 대체로 해결의 기미를 보이지 않고 있었다(Jelin and Hershberg 1996). 대다수 국가에서 군부가 얻어낸 사실상의 처벌 면제는 사회 곳곳에 깊은 실망감을 불러일으키면서 흔히 정부정책과 정치 전반에 대한 무관심으로 귀결되었다.

그림 8.1 '게릴라에게 죽음을'이라고 쓴 낙서, 2001년 꼴롬비아 중부. ⓒ Laura Maynard

라틴아메리카에서 대중의 정치적 무관심을 강화한 또다른 요인으로는 과거에 경험한 과도한 정치화의 상흔 효과를 들 수 있다. 남아메리카 남부의 국가들에서 이미 군부쿠데타 이전에 한껏 고조된 사회·정치적 대립의 정도는 군부정권 시절 두려움과 억압의 제도화와 더불어 그 시기 동안 정치사회적 의식을 지니고 적극적으로 살아온 세대에게 일종의 '정치적 피로감'을 안겨주었다(Koonings and Kruijt 1999). 엘살바도르, 과떼말라, 니까라과, 그리고 뻬루에서처럼 공개적인 내전 또는 변형된 형태의 내전으로 비롯된 정치적 폭력 때문에 오래 고통당한 이들에게도 마찬가지였다. 끊임없는 흥분, 일상생활의 불안정은 장기적으로 비참한 심리 상태와 참을 수 없는 정치적 피로감을 낳았다. 이런 상황 속에서 정치와의 단절은 심리적·감정적 측면에서 많은 이들에게 일종의 '생존전략'으로 여겨졌다.

과거에 라틴아메리카의 좌파 대다수가 경험한 점증적인 '사회의 민주화'는 확실히 시민사회의 정치적 비활성화에 기여한 또다른 요인이다. 대다수 좌익정당들은 혁명이라는 목표를 포기하고, 빈곤과 사회적 불평등에 맞선 투쟁 노선을 바꾸어 점진적이고 합의에 따른 변화를 추구하게 되었다(Vellinga 1993 참조). 이런 사례로는 브라질 사회민주당(PSDB), 멕시코의 민주혁명당(PRD), 칠레 사회당(PSCh), 그리고 베네수엘라의 사회주의 운동(MAS)의 경우를 들 수 있다. 까스따녜다가 결론짓듯이 '라틴아메리카에서 중도좌파 개혁노선이 전면에 부각되고 다른 여러 라틴아메리카 좌파세력을 위한 합류점으로 바뀌면서, 그것은 더욱 중도온건 노선으로 향하고 있다'(Castañeda 1994, 174면).

새로운 민주주의 질서에서 정당들은 일반적으로 국민에 대한 호소력을 크게 상실했다. 이는 부분적으로는 탄압을 통해 정치조직들에 심각한 타격을 가하고 혼란에 빠뜨린 권위주의시대의 유산 가운데 하나였다. 많은 국가에서 이는 (대부분 비밀스럽게 운영된) 정당들과 시민사회 사이에 뚜렷한 간극을 낳았으며 이런 현상은 민주화 이후에도 지속되었다. 오랜 단절을 거친 뒤에 정당과 유권자 간의 회합은 뜻밖의 결과를 낳았다. 예컨대 여러 정당들은 권위주의 시절에 극적인 이데올로기 변화를 겪었고 민주화 이행기에는 거의 몰라볼 정도에 이르렀다. 반면 다른 조직들은 쿠데타 이전에 지니고 있던 이데올로기적 색채를 거의 그대로 유지했기 때문에 그동안 인구, 사회경제, 문화 구조에서 심각한 변화를 겪은 곳에서는 시대에 뒤떨어지게 되었다.

그동안 라틴아메리카 유권자들은 대개 정당이나 정치적 기획 자체가 아니라 특정 개인에게 투표하는 성향을 보여왔다. 하지만 사회의 탈정치화는 과거에 오랫동안 라틴아메리카 유권자들이 유지해온 정당에 대한 충성심을 붕괴시킬 정도였다. 그리하여 브라질의 꼴로르 지 멜루(Collor de Mello)와 뻬루의 알베르또 후지모리(Alberto Fujimori) 같은 정치적 국외자들이 각기 1989년과 1990년에 대통령선거에서 승리할 수 있었다. 리틀이 지적하듯,

> 두 사람은 완전한 무명인사에서 자칭 국가의 구원자로 등장했다. 정치인들을 물갈이하겠다는 그들의 약속은 유권자들에게 큰 호소력을 발휘했다. 꼴로르와 후지모리는 구식 정당정치로부터 대중이 얼마나 멀어졌는지를 상징하는 인물이다(Little 1997, 191면).

두 정치인은 텔레비전의 효과적인 활용으로 견고한 정당구조가 없다는 약점을 상쇄해냈다. 현재 라틴아메리카 정치에서 텔레비전은 정치세력에 대한 공공의 '이미지'를 창출하는(또는 파괴하는) 가장 중요한 수단으로서 정당, 노조, '거리'를 대체하고 있다. 정치 지도자들은 이제 군중이 아니라 수백만명의 텔레비전 시청자들로 이루어진 원자화된 공동체를 상대로 연설한다. 역설적으로 이 현대적인 매체는 개인 중심의 구식 정치를 바꾸는 데 도움을 줄 수 있었다. 예컨대 후지모리는 대중매체의 현명한 활용(1996년 리마의 일본 대사관 인질 위기에서 그가 행한 대로)과 오래된 포퓰리스트의 방식(도시빈민촌과 농촌 공동체를 빈번하게 방문하거나 주민들에게 선물을 나눠주고 문제의 해결

책을 약속하는 등)을 결합시킬 수 있었다.

결국 후지모리는 세번이나 연달아 대통령에 당선되었는데 그뒤 치러진 2000년 대통령선거 기간 동안 벌인 부정과 사기 행위로 고발당한 뒤 대중의 지지를 잃었다. 게다가 후지모리와 그의 측근인 비밀경찰 총수 블라디미르 몬떼시노스(Vladimir Montesinos)는 부패, 족벌주의, 심각한 인권유린 탓에 심각한 비난에 직면했다. 2000년 11월 후지모리는 일본으로 도피했고 이로써 그의 독재통치는 막을 내렸다. 뒤이어 집권한 알레한드로 똘레도(Alejandro Toledo)는 부정부패를 일소하고 정부의 통치방식을 더욱 투명하게 하며 극빈 상태로 살고 있는 수백만 뻬루인의 형편을 개선하겠다고 공언했지만 현재까지 그 약속을 그리 성공적으로 이행하지 못했다(똘레도의 임기는 2001~6년이었다—옮긴이).

정치적 정당화와 소비주의

새로운 민주정부들은 대부분 특정부문 국민들의 소비 수준을 확대하는 데 특별한 노력을 기울임으로써 정치적 기획의 부족을 보충하고자 노력했다. 시장자유화를 지향하는 정책의 적용을 정당화하기 위해 정부당국이 활용한 주요한 주장 가운데 하나는 더 낫고 저렴한 외국산 제품에 대한 완전한 접근을 약속하는 것이었다. 실제 신자유주의 경제정책을 수년간 실행한 뒤 멕시코와 칠레의 상층과 중간계급은 매우 세련된 소비 형태를 보여주었고 그 결과 진정한 '소비사회'의 외형을 갖게 되었다. 라틴아메리카 여러 국가의 수도에서 외국산 소비재 사용이 늘면서 거리의 면모는 크게 바뀌었다. 수천대의 새로운 자동차들이 도로에 몰려들었고 여러 대형 쇼핑센터(몰)에서는 전세계의 수입품들을 판매하게 되었다.

이런 소비 증가 추세의 주요 수혜자들은 확실히 고소득자들이었지만 그밖에 다른 이들이 외국 제품의 소비에 참여한 정도도 과소평가할 수 없다. 실제로 이런 제품을 구매할 여유가 없는 많은 이들이 신용판매나 더 흔하게는 대다수 대규모 상점들이 제공하는 지불의 편의(할부구매)를 활용해 외국 제품을 구입하게 되었다. 고소득부문은 최신 유럽산 자동차, 미국이나 일본의 세련된 전자제품, 해외여행을 즐길 수 있게 되었고 더 빈곤한 계층도 라디오, 텔레비전 세트, 시계, 외국산 의류와 신발 등 예전에는 덜 소비했던 제품들을 가질 수 있게 되었다. 그렇지만 아르헨띠나의 최근 위기가 보여주었듯이 소비사회는 매우 취약한 토대 위에 세워졌고 수많은 중간계급 구성원들이 빈곤해짐에 따라 하룻밤 새 사라질 수도 있었다.

사실 소비 증대로 '정치'를 대체한다는 생각은 탄압과 더불어 예전 군부정권이 사회를 탈정치화하기 위해 사용한 중요한 메커니즘 가운데 하나였다. 권위주의적 근대성의 개념 속에서 '소비의 자유'는 정치적으로 시민사회의 활력을 약화시키고 군부통치에 필요한 민간인들의 지지를 확보하기 위한 노력을 통해 정치적 자유를 대체하려는 의도를 지닌 것이었다. 칠레의 사례가 이를 분명히 보여준다.

칠레인들을 시민이 아니라 소비자로 재규정하려는 군부정권의 시도는 주로 시민사회내에서 사회적 관계의 속성을 개별화하려는 것이었다. 이를 위해 군부정권은 칠레 사회에서 정당과 지역에 대한 충성심, 빈곤층과의 사회적 연대같이 이미 존재해온 여러가지 집단적 정체성을 파괴하고자 시도했다. 이런 정체성은 공식적으로는 '사회주의적' 과거가 남긴 바람직하지 못한 유산으로 치부되었다. 집단적 목표 추구의 대용으로 군부정권은 전적으로 개인적 야망의 실현을 지향하는 신자유주의 이데올로기를 제안했다. 이런 방식에 따라 개인의 자유는 개방적 시장에 자유롭게 접근할 수 있는 것으로 다시 규정되었다. 반면 '소비의 즐거움'은 사회적 구별을 드러내는 도구이자 개인적 이득을 얻기 위한 방식으로 부각되었다. 이런 관점에서 정권의 논객들은 사실 사회적 유동성이 대체로 개인적 성취의 문제였다고 지적했다(Lavin and Larraín 1989 참조).

근대화론에 따르면 최신 소비재의 획득은 근대성이 지니는 단 하나의 가장 중요한 기준을 대변했다. 더욱이 자유시장정책의 결과로 선진 공업국가들에서 수입된 생활양식과 가치를 모방하는 것은 근대성의 경험에 참여하는, 달리 말해 유일한 '근대적' 방식이 되었다. 브루너가 보여주듯 시장은 그 자체로 주민 사이에 규범적인 합의를 이루어내거나 사회적 정체성을 만들어낼 수 없다. 이와 더불어 시장은 연대감의 형성을 수용하지 않고 합리적 계산에 기초하지 않은 행위를 거부한다. 기껏해야 시장은 특정 상품의 소비로 구체화되는 생활양식을 만들어낼 뿐이다(Brunner 1988, 97, 119면). 결국 칠레에서 소비주의 행태가 확산되면서 적잖은 이들이 개인적 만족을 추구하는 데 바탕을 둔 신자유주의 경제 모델의 교의를 받아들였고 이에 따라 일종의 수동적 순응주의가 생겨났다(Silva 1995; Halpern 2002).

라틴아메리카 경제의 국제화가 증대되면서 지역의 문화에서 소비주의 행태가 강화되었을 뿐 아니라 이들은 중심부 국가들과 유사한 가치, 신념, 사고, 그리고 심지어 행동양태와 문화적 지향을 채택하기까지 했다. 많은 이들은 어떤 개인이 단지 집단(예컨대 정당)의 일부여야만 하고 그 속에서 국가에 정치적 압력을 행사할 수 있는 집단의 역량에 따라 주로 유동성이 결정되는 구식 체계를 바꾸고자 하면서 성적주의(실력 본위)와 개별적 이동 체계를 수용했다. 더 일반적으로 말하면 이런 새로운 소비세계의 '발견'을 통해 일부 사회세력은 현재 진행중인 사회의 초국적화과정이 지속되고 심화되면 자신들이 직접적인 이익을 얻을 수 있다고 믿었다. 그렇지만 최근에 대다수 라틴아메리카 국가들의 경제 실적이 보잘것없고 따라서 호황국면의 소비수준을 유지하기가 어렵게 되자 일부 지식인과 정치집단뿐 아니라 일반 대중 가운데서도 세계화에 대한 불만이 커졌다.

소비주의 행태와 더불어 새로운 민주정부는 또 거시경제적 안정성을 획득(그리고 유지)하기 위해 노력하면서 국민들의 정치적 지지를 확보하고자 했다. 오늘날 라틴아메리카에서 정부의 우수성을 평가하는 데 중요한 기준이 된 것은 화려한 수사가 아니라 실제 사회경제적·재정적 성과이다. 신자유주의 경제적 합리주의를 실행하고 수년이 지난 뒤 라틴아메리카인들은 경제 성과를 기준으로 정부 실적을 평가하게 되었다. 인플레이션 수준, 환율, 수출규모, 수지균형과 같은 변수가 중요한 평가 요소가 되었다. 수십년 동안 지나치게 이데올로기에 근거한 담론의 공방을 경험한 뒤 점차 더 많은 이들이 눈에 보이는 경제적 혜택을 의식적으로 선택하게 된 셈이었다.

아르헨띠나의 사례가 보여주듯 인플레이션을 극복하고 거시경제적 안정성을 이룩한 메넴(C. Menem) 정부의 성과는 1995년 메넴이 재선에 성공하는 데 결정적인 요인이 되었다. 마찬가지로 기대에 부응하지 못한 데 라 루아(de la Rua) 정부의 무능은 2001년 12월 극적인 몰락으로 이어졌다. 현재 라틴아메리카 정치에서 경제적 안정이 차지하는 중요성은 매우 커졌다. 따라서 경제와 재정 정책을 담당할 수 있는 유능한 경제학자들의 보유는 기업계(국내외 모두)의 신뢰를 유지할 뿐 아니라 유권자들의 신뢰를 얻는 데 필수조건이 되었다. 그리하여, 예를 들어 브라질에서 룰라의 선거 승리에 뒤이어 주요 금융기관뿐 아니라 국내외 언론들이 가장 많이 다룬 문제 가운데 하나는 누가 차기 재무장관에 임명될 것인가에 대한 관심이었다.

정책입안의 기술관료화

민주주의 통치의 회복에 뒤이어 여러 국가에서 기술관료들은 뚜렷한 공적 존재가 되었고 정계와 국민으로부터 과거보다 더 높은 평가를 받으며 정당성을 얻게 되었다. 기술관료는 여기서 '(공적 또는 사적으로) 대규모, 복합적인 조직에서 핵심적인 결정 또는 자문에 전념하려는 목적으로 선발되어 중요한 역할을 담당하며 높은 수준의 전공 수련을 마친 개인'으로 정의내릴 수 있다(Collier 1979, 403면). 이는 무엇보다 브라질의 페르난두 엔리께 까르도주, 아르헨띠나의 도밍고 까바요(Domingo Cavallo), 그리고 칠레의 알레한드로 폭슬리(Alejandro Foxley) 재무장관과 같이 전문지식 지향적인 경제팀 지휘자들이 유권자에게 큰 인기를 얻었다는 점에서 드러난다(Domínguez 1997). 실제 까르도주는 재무장관으로 재직한 뒤 브라질 대통령에 당선되었다. 그렇지만 이 상황은 단지 최근 안정화 프로그램의 실시과정에서 기술관료들이 핵심적인 역할을 맡았다거나 그들이 현재 합법적인 민주적 환경에서 활동하고 있다는 사실에 의거해서만 설명될 수는 없다. 기술관료의 정치를 공고화하는 데 훨씬 더 중요한 요소는 과거에 전통적으로 기술관료에 저항해온 세력, 예컨대 좌익정당, 노조, 학생운동 등이 크게 위축되거나 일부 국가에서 사실상 사라졌다는 점이다. 후자는 또한 민주주의의 회복 이래 대다수 국가가 왜 신자유주의 경제정책을 채택(또는 유지)했는가를 설명하는 데 도움을 준다(Silva 1998).

물론 기술관료 경제팀의 존재와 신자유주의 경제정책의 실행이 예전 군부정권의 주요 특징 가운데 하나였다는 점을 상기할 필요가 있다. 그리하여 민주주의의 회복에 이어 공공연히 또는 암시적으로 신자유주의 정책을 지지하는 선거 캠페인(예컨대 뻬루의 후지모리, 엘살바도르의 플로레스, 아르헨띠나의 메넴이 재선될 당시)이 성공을 거두었다는 점은 주목할 만하다. 이는 신자유주의 이데올로기가 성취한 전세계적 헤게모니, 국제 금융기관의 압력, 경제적 대안의 부족, 그리고 라틴아메리카인들의 정치적 무관심 증대와 관련되어 있었다(Espinal 1992). 왜 시민사회의 여러 부문이 이렇듯 새로운 기술관료적·신자유주의적 현실을 받아들이기 시작했는가에 대한 더 심각한 이유는 근래의 정치적 사건들이 남긴 매우 깊은 상흔에서 찾아볼 수 있다.

1970년대에 시작된 군부독재는 국가와 시민사회 간의 상명하복 관계에 기초한 포퓰리즘 정치에 심각한 타격을 입혔다. 좌파든 우파든 많은 이들이 포퓰리즘을 민주주의 붕괴에 선행한 정치·경제적 위기의 주요 원인 가운데 하나로 인식함에 따라 포퓰리즘은 심각한 심리적 패배를 겪었다. 이는 부분적으로 왜 라틴아메리카의 여러 국가에서 유권자들이 군부독재가 끝난 뒤 포퓰리즘적 정책 채택을 지지하려고 하지 않았는지를 설명해준다. 최근에 라틴아메리카에서 포퓰리즘의 강화는 주로 신자유주의 정책의 실패와 빈곤의 두드러진 확산으로 촉진된 것이다.

정통적인 구조조정 프로그램의 채택은 거의 항상 전략적인 정부 요직(경제와 재무부, 중앙은행, 기획부처 등)에 기술관료 지향적인 신자유주의 성향의 경제학자들을 등용하는 것과 나란히 진행되었다. 이들은 새로운 경제지침을 구상하고 실행하는 책임을 떠맡게 되었다. 여러 국가의 정부는 국내외 기업계에 적절한 신호를 보내기 위해 의식적으로 경제팀이 잘 드러나도록 배려했다(Schneider 1998). 더욱이 라틴아메리카의 기술관료들은 1980년대 이래 논란의 여지 없이 헤게모니를 장악하게 된 신자유주의 경제사상에 근거한 각종 정책들을 전적으로 확신했다. 스털링스가 지적했듯이,

> 오랫동안 경제개방과 민간부문의 역할 증대를 주장해온 기술관료들은 갑자기 외부로부터 지원이 늘어났다는 것을 깨닫게 되었다. 그들은 미국과 다른 선진 공업국가들의 정치적 지지, 국제통화기금과 세계은행의 이론적 보완, 그리고 경제개방 모델을 따른 국가들의 괜찮은 실적에서 드러난 경험적 증거에 기댈 수 있었다(Stallings 1992, 84면).

이 기술관료들은 또한 기존 외채의 상환을 연기하고 새로운 차관과 재정 지원을 얻어낼 요량으로 선진국들과 협상을 수행하는 데 핵심적인 역할을 맡았다. 카우프만이 보여주었듯이 이 기술관료들은,

> 경제정책의 주요 설계자로서의 역할을 넘어선다. 그들은 자국 정부와 해외자본 사이의 중개인이자 주로 경제적 목표를 통해 통치를 합리화하려는 정부의 결단을 상징하는 존재이다. (…) 외국기업과의 협력, 세계경제와의 더 완벽한 통합, 그리고 현재 세계를 주름잡는 국제경제적 정통 교의를 엄격하게 채택하려는 의지의 지속, 이 모든 것은 기술관료들로 하여금 안정화와 팽창의 필수 조건을 '실용적으로' 추구할 수 있게 한 일련의 지적인 요인이다(Kaufman 1979, 189~90면).

이런 식으로 신자유주의적 기술관료들은 현재 구조조정 프로그램을 실행하고 있는 라틴아메리카의 경제적 성과를 평가하는 대출기관의

외국인 금융 전문가들의 파트너가 되었다. 센떼노가 지적하듯이 외국인 금융 전문가들과 라틴아메리카 기술관료들 사이의 의사소통은 분명히 그들의 학연 관계로 더욱 촉진되었다.

> 그들은 동일한 경제적 시각을 공유할 뿐 아니라, 아마 가장 중요한 것일 텐데, 글자 그대로나 은유적으로도 같은 언어를 말한다. (…) 기술관료들은 반드시 한가지 또는 다른 이데올로기적 영역을 대변할 필요는 없으며 단지 특정 언어나 이론적 근거와 친밀감을 공유한다. (…) 미국 대학교의 졸업학위는 이들이 세계은행에서 근무하는 동창생들이 이해하고 정당화하는 주장들을 내놓을 수 있도록 도와준다(Centeno 1993, 325~26면).

위에서 언급한 국제 정치·경제적 요인들이 정치 엘리뜨 내에서 기술관료의 위치를 정당화하고 확고히 하는 데 결정적이긴 했지만 기술관료의 부상을 단지 외부적 영향력의 결과로만 설명하려는 시도는 부정확할 수밖에 없다. 칠레의 사례가 보여주듯 신자유주의적 기술관료의 부상과 1970년대 중반 이래 엄격한 경제 안정화 개혁정책의 채택은 주로 국내정치와 이데올로기적 투쟁의 산물이었다. 이 투쟁은 신자유주의에 유리한 세력 균형으로 귀결되었다(Valdés 1995).

대다수 라틴아메리카 국가의 정책결정과정에서 기술관료적 특성이 증대하면서 정부 차원에서 사회·정치적 문제들을 '고도로 전문화'하려는 추세가 나타났다. 빈곤 문제는 주로 전문기술적 차원에서 다루어졌고 그 해결책은 '전문기술적으로 올바른' 사회정책의 채택을 통해 모색된다. 그리하여 빈곤과 사회적 불평등은 그것이 지닌 정치적·경제적·사회적 차원을 의식적으로 '걸러냈다'. 볼리비아, 칠레, 꼬스따리까 같은 국가에서는 신자유주의 정책이 야기한 어려움을 얼마간 경감하려는 취지로 강력한 일시적 지원(asistencialista)의 성격을 띤 빈곤퇴치 전략이 채택되었다. 이를 위해 여러 라틴아메리카 국가들은 세계은행과 선진국뿐 아니라 국제연합 라틴아메리카와 카리브해 지역 경제위원회와 미주개발은행 같은 아메리카 차원의 기구로부터 전문기술과 재정적 지원을 얻었다.

환멸

현재 라틴아메리카에서는 새로운 민주주의체제의 성과에 대해 전반적인 환멸 분위기가 감지된다. 일부는 사회적 약자들의 사회적 상태를 개선하는 데 여러 민주정부가 무능한 모습을 드러낸 데에 크게 실망하고 있다. 대신 대다수 국가에서 신자유주의 정책 실행의 결과로 부유층과 빈민 간의 격차는 계속 증가했다. 민주주의의 회복으로 여러 국가의 인권 기록과 전반적인 거시경제적 상황은 뚜렷하게 개선되었다. 그렇지만 다양한 사회경제적·종족적 부문 간에 근대화와 경제성장의 열매를 어떻게 분배할 것인가란 문제를 둘러싸고 이미 존재하던 심각한 불평등은 더욱 뚜렷해진다. 이런 경향은 부분적으로는 더 나은 소득분배가 아니라 경제성장을 유발하는 데 주력하려는 신자유주의 정책의 본질에 내재한 것이다. 여러 정부는 소득분배 영역에서 적극적인 역할을 담당하기를 꺼렸다. 그런 선택은 옛 방식의 개입주의 국가로 후퇴하는 것으로 여겨졌기 때문이다.

세계화과정이 국내의 정치·경제적 의제에 미치는 영향력이 증대하면서 많은 이들은 자신이 국내의 정책결정에 영향력을 행사할 수 있다는 실제적 가능성에 대해 덜 확신하게 되었다. 오늘날 경제부문에서 일어나는 일들의 중요한 부분은 (메르꼬수르 같은) 역내 무역협정과 국경을 넘어서는 다른 협정이나 절차들에서 비롯된 것이다. 니까라과, 베네수엘라, 꼬스따리까 같은 곳에서는 신자유주의 구조조정 프로그램의 채택을 옳든 그르든 간에 외국세력이 강요한 결과라고 인식하면서 이를 명백한 국가주권의 약화로 받아들였다. 이는 정책의 정당성뿐 아니라 국민들이 국제 금융기관에 비해 허약하다고 인식한 민주정부의 지위에도 부정적인 영향을 미쳤다.

또한 여러 국가에서 민주정부가 원주민들의 시민적 권리를 만족스럽게 보호하거나 국가 정체성에 대한 그들의 문화적 공헌을 존중하고 인정하는 데 적극적이지 않았기 때문에 원주민들의 불만도 커졌다(10장 참조). 이런 점에서 1992년 아메리카 발견 500주년 기념식은 이등시민이라는 지위에 대해 강력하게 항의하고자 대륙 전체의 원주민운동세력이 의식적으로 선택한 행위였다. 에꽈도르, 볼리비아, 과떼말라 등지에서 최근에 (헌법개정과 특별법 도입을 통해) 의미 있는 법적 조치가 취해졌고 이는 원주민들에 대한 공식적 차별과 감독 철폐를 목표로 삼았다. 일부 국가의 정부가 원주민들의 전반적 상황을 개선하고자 의지를 보이고 있지만 최근까지 성취된 것은 별로 없다(Van Scott 1995; Díaz Polanco 1997).

또한 민주주의는 라틴아메리카 곳곳에 존재하는 정치적 부패의 만연 탓에 그 위신이 실추되었다. 뻬루의 사례가 이에 해당하는데, 초기에는 매우 전망이 밝았던 알란 가르시아(Alan García) 대통령 정부는 1990년에 끝나고 말았다(가르시아는 재선되어 2006~11년 재임했다—옮긴이). 부정부패는 결국 뻬루를 떠나고 만 대통령 자신을 포함해 권력구조 전반에 침투했다. 후지모리 대통령의 병적인 도벽은 훨씬 더 탐욕스러웠다. 불운하게도 이는 뻬루에만 해당되지 않았다. 브라질의 페르난두 꼴로르 지 멜루와 베네수엘라의 까를로스 안드레스 뻬레스(Carlos Andrés Pérez) 대통령은 부정부패 혐의로 고발당한 뒤 각각 1992년과 1993년에 권좌를 포기할 수밖에 없었다(Little and Posada-Carbó 1996). 정치적 부패와 족벌체제의 만연은 1996년 에콰도르에서 압달라 부까람(Abdalá Bucaram) 대통령의 몰락을 가져온 원인이기도 했다. 2003년 2월 빠라과이의 대통령 곤살레스 마치(González Macchi)는 악명높은 위법 행위와 부패 혐의로 비난받은 끝에 가까스로 의회의 탄핵을 벗어났다.

마약거래와 연관된 자본의 영향력이 증대하면서 라틴아메리카의 여러 국가에서는 원래 신뢰하기 힘들었던 국가기관의 청렴도가 더욱 하락했다. 온두라스와 과떼말라에서 마약거래 관련 부패는 이미 사법부, 군대, 경찰, 대중매체 등 공공생활의 거의 모든 영역을 파고들었다.

빈곤의 증대, 마약거래, 부패와 경찰력의 물리적·제도적 취약성 탓에 최근 들어 대다수 라틴아메리카 국가에서는 폭력과 범죄의 수준이 심각해졌다. 따라서 새로운 민주주의체제의 안전 수준이 예전 권위주의정권 시절에 비해 오히려 낮아졌다고 생각하는 이들조차 생겨났다. 라틴아메리카의 대도시 주민들을 대상으로 한 여론조사에 따르면, 그들은 정부가 지속적으로 해결해야 하는 가장 긴급한 문제로 '범죄'를 꼽았다. 물론 범죄 수준의 증가와 민주주의체제의 등장 간에 직접적인 상관관계가 있는지는 의문이다. 이 현상은 전통적 규범과 가치, 사회적 통제 메커니즘 등의 점진적인 붕괴를 야기한, 여전히 진행중인 근대화 과정과 더 큰 연관성이 있을 듯하다.

일부 라틴아메리카인들은 현재의 민주주의체제와 예전 군부독재를 끊임없이 비교한다. 그들은 사회에 영향을 미치는 거의 모든 문제를 흔히 민주주의 탓으로 돌리는 경향을 보인다. 그럼에도 오늘날 군부에 의존하는 방식은 대다수 라틴아메리카인들에게 그다지 호소력 있는 선택이 아니기 때문에 그들은 현행 민주주의의 실행가능한 대안은 권위주의가 아니라 민주주의의 향상이라는 데 인식을 같이한다. 이는 2002년 4월 우고 차베스를 축출하려던 쿠데타의 불발에서 드러나듯이 군부 쿠데타의 위협이 라틴아메리카에서 완전히 사라졌다는 것을 의미하지는 않는다.

역설적이게도 대다수 중앙아메리카 국가들의 사례가 증명하듯이 현재 라틴아메리카 민주주의체제의 몇가지 약점은 대중의 정치적 무관심을 강화했다. 심지어 꼬스따리까조차 의무투표제 실시에도 불구하고 최근 투표율이 낮아지는 등 이런 일반적인 추세에서 벗어날 수 없었다. 민주주의 통치의 회복이 전반적인 사회경제적·정치적 상황의 개선을 가져온 일부 국가에서도 정치적 냉담은 일반화되었다. 칠레는 이를 대변하는 사례이다. 1990년 민주주의의 회복 이래 칠레는 사회경제적 발전의 관점에서 상대적으로 좋은 성과를 거두었다. 그때부터 전체 국민의 생활수준은 극적으로 개선되었다. 집권 꼰세르따시온 연합이 반대파와 실행가능한 합의를 이끌어냈기 때문에 칠레에서는 민주주의 통치의 공고화와 더불어 정치 상황이 매우 안정되었다. 그럼에도 정치에 대한 환멸과 무관심이 더 깊어졌다. 1997년 12월 의회선거 기간 동안 (의무투표제에 따라) 투표소에 나타난 유권자 가운데 거의 3분의 1 정도가 (빈칸을 남겨놓거나 무효표를 만듦으로써) 어느 후보에게도 투표하지 않았다. 더욱이 선거인 명부에 등록조차 하지 않은 청소년층이 150만명, 성인 또한 50만명에 달한다. 칠레 정치권은 유권자들의 정치적 무관심이 고조됨에 따라 우려에 휩싸였다. 그렇지만 이런 현상은 이제 정치·경제적 안정이 실현된 결과로 설명될 수도 있다. 서양의 여러 민주주의 국가에서도 유사한 현상이 발생한 바 있다. 민주주의에 대한 환멸은 반체제적 태도로 귀결되지 않았고 오히려 전반적인 무관심과 탈정치화 분위기를 강화했다.

라틴아메리카 민주주의의 미래

라틴아메리카에서 민주주의로의 이행이 시작되었을 때 일부 정치학자들은 과연 그것이 민주적 통치의 공고화로 이어질지 그 가능성에 대해 의구심을 표현했다. 맬로이와 셀리그슨 같은 학자들은 공공연히 민주주의의 전망에 대해 회의를 품었다(Malloy and Seligson 1987). 그들은 최근에 라틴아메리카의 여러 국가가 오랜 기간에 걸쳐 민주주의 통치를 유지하는 데 무능함을 드러냈다는 점을 언급했다. 현재까지 라틴아메리카는 민주주의와 권위주의 '국면'이 끊임없이 교차하는 주기적 형태를 하나의 특징으로 지녀왔다. 달리 말해 현재 전개되는 민주주의시대는 그저 또다른 민주주의의 간주곡이어서 어느정도 시간이 지난 뒤 또 한차례 권위주의 통치의 물결이 밀려올지도 모른다.

맬로이와 셀리그슨이 편집한 연구서가 출판된 지 거의 20년이 흘렀고 우리는 새로운 민주주의 정부들이 매우 심각한 사회적·경제적·정치적 문제에 봉착했고 그들의 성과가 전반적으로 그다지 만족스럽지 않았다고 말할 수 있을 것이다. 그러나 이제까지 그들이 직면한 모든 어려움에도 불구하고 라틴아메리카에서 권위주의로의 회귀 가능성은 크게 줄어들었다. 그런데 그 까닭을 항상 새로운 민주주의 자체의 직접적인 성취에서 찾을 수만은 없다. 그리하여 예컨대 혁명적 좌파의 거의 완전한 소멸은 군부가 예전에 쿠데타를 정당화하는 데 활용했던 주요 근거 가운데 한가지를 제거했다. 대다수 좌파가 사회민주주의를 채택하고 민주주의 통치를 유지하고자 헌신한 반면 군부는 정치참여를 멀리하고 군 자체를 더욱 현대화하는 일을 의식적으로 선택했다(Millet and Gold-Biss 1996). 게다가 냉전 종식에 이어 미국은 아이띠에서 아리스띠드(J. B. Aristide) 대통령을 축출한 군부세력과 빠라과이와 에꽈도르에서 민주주의를 위협한 장교들의 선동에 대해 분명한 메시지를 보내면서 더이상 라틴아메리카의 군부쿠데타를 지원하고 싶어하지 않았다. 1980년대말 이래 미국의 대 라틴아메리카 외교정책은 각국의 인권 상황과 좋은 정부 구성, 그리고 민주주의 통치의 공고화를 강조하기 시작했다(Wiarda 1990).

그럼에도 군부가 각국에서 민선정부에 대한 제도적 종속과 복종을 완전히 수용했다고 말하기는 아직 이르다. 과떼말라, 베네수엘라, 뻬루, 그리고 칠레에서 군부는 여전히 무시할 수 없는 비중을 과시하고 있다. 요컨대 대다수 새로운 민주주의체제는 이제까지 옛 권위주의정권이 (비민주적 입법과 군부의 특별대우라는 방식으로) 남겨놓은 '권위주의적 잔재와 요소'를 완전히 제거할 수 없었다.

앞으로 각국 정부의 서투른 국정운영과 눈에 띄는 부정부패는 에꽈도르에서 1997년 2월 압달라 부까람 대통령과 2000년 1월 자밀 마우아드(Jamil Mahuad) 대통령의 연이은 몰락이 보여주듯이 라틴아메리카 민주주의체제에 심각한 위협으로 남게 될 것이다. 두번 모두 군부는 대통령이 권력을 포기하도록 강제하는 데 결정적인 역할을 맡았고, 그런 중요한 순간에 군부정권 구성은 분명히 위기가 초래할 여러 가능한 결과들 가운데 하나로 인식되었다. 2000년 11월 뻬루의 후지모리 정권 붕괴에서 드러나듯 민주적 절차에 따라 선출된 권력당국이 합법성을 지녔다는 사실만으로는 어떤 상황에서나 국민의 지지를 보증하기에 충분하지 않다. 여전히 국민에게 증명해야만 하는 과제는 민주정부가 과거 권위주의 성격의 정부보다 경제적 측면에서 더 효율적이고 성공적이며 사회정의에도 훨씬 더 민감하다는 점이다.

머지않아 민주주의 정부가 더욱 기술관료화할 것이라고 예측할 수 있다. 내 견해로는 통치세력 내에서 전개되고 있는 정책결정의 기술관료화는 민주화 이행의 정치적·경제적 필수조건이나 구조조정 프로그램 적용과 관련된 일시적 현상을 대변하지 않는다. 그것은 오히려 라틴아메리카의 여러 민주정부에 없어서는 안 될 특징이 되었다. 최근 들어 민주정부가 더욱 민족주의적이고 포퓰리스트적인 수사를 채택해온 에꽈도르, 브라질, 아르헨띠나에서조차 경제정책 입안을 담당하는 가장 전략적인 직위는 여전히 기술관료층의 수중에 있다는 사실을 확인할 수 있다.

라틴아메리카에서 민주주의 통치의 복원 이래 정책결정과정과 관련해 누군가는 민주주의 개념이 참여라는 함의를 크게 상실했다고 주장할지도 모른다. 대신 민주주의에 대한 슘페터(Joseph Alois Schumpeter, 오스트리아 출신 정치학자. 민주주의란 목적이 아니라 한가지 정치적 방식일 뿐이며, 민주주의를 지고지선의 가치로 이상화하는 것은 곤란하고 민주적 방식이 효과적으로 작동하기 위해선 여러가지 조건이 필요하다는 함의를 제공한다—옮긴이) 식의 개념이 실제로 암묵적으로 수용되기 시작한다. 이때 민주주의는 여러 엘리뜨들이 유권자들의 표를 얻고자 경쟁하는 선거를 통해 국민이 누구에게 통치받을지를 결정할 권리를 위임하는 정치적 결정의 방법으로 인식된다. 더욱이 우리가 보듯, 오늘날 (재산 점유, 거리 시위, 정치적 동기를 지닌 파업과 같이) 전통적 방식의 시민적 압력과 저항이 정치 엘리뜨에 의해 대개 불법적인 행위로 간주된다.

기술관료적 지향성을 지닌 집단들이 라틴아메리카의 새로운 정치환경에서 주요 행위자가 되었다는 사실에도 불구하고 지역의 여론은 대체로 이런 현상을 잘 인지하지 못한다. 과거 포퓰리스트 정권에 대한 부정적인 집단 기억, 주요 좌익세력의 정치문화에서 일어난 큰 변화는 신자유주의의 득세와 더불어 대륙 곳곳에서 기술관료층이 심각하게 도전받지 않고 부상할 수 있도록 해주었다.

앞으로 라틴아메리카 사회에서 탈정치화 추세가 강화될 가능성은 꽤 높지만 그렇다고 이것이 라틴아메리카에서 사회적 흥분이나 심지어 폭력적인 정치적 대립조차 사라진다는 것을 의미하진 않는다. 아르헨띠나의 위기는 탈정치적인 대중이 정치인들과 정당정치를 규탄하기 위해 거리에서 여전히 독자적으로 활동할 수 있다는 사실을 여실히 보여주었다. 이제까지 라틴아메리카에서 근대화과정은 주로 금융과 경제 부문에 국한되어왔다. 그러나 사회·문화적 영역에서도 큰 변화가 불가피할 것이다.

여러 민주정부가 지속적으로 언급해왔듯이 라틴아메리카에서 사회의 근대화를 성취하려는 목표는 무엇보다 높은 수준의 빈곤을 실제로 감소시키는 것과 밀접하게 관련되어 있다. 오늘날 근대화의 성과에서 소외된 사회집단과 종족 들에게 교육, 보건, 주택의 혜택을 확대하려는 실질적인 노력이 이루어져야 한다. 신자유주의 정책에 동의하지 않고 가능한 대안적 사회질서를 지향해 분투하면서 민주적 권리를 행사하려는 집단과 정치조직들의 구성에 대해 여전히 여러 국가에서 실제적인 관용이 보장되지 않는다. 요컨대 극빈 상태의 지속, 원주민과 아프리카계 주민에 대한 차별, 정치적 부패, 그리고 정부의 과도한 기술관료화는 라틴아메리카에서 민주주의 질서를 공고화하는 데 높은 장벽으로 작용할 것이다.

□더 읽을거리

- Avritzer, L. 2002 *Democracy and the Public Space in Latin America*. Princeton, NJ: Princeton University Press.: 이 흥미로운 저작은 인권운동, 촌락 공동체와 다른 지역 차원의 참여활동에 초점을 맞추면서 어떻게 시민들이 라틴아메리카의 새로운 민주주의체제에서 공적 영역을 활용해 왔는가를 보여준다.
- Camp. R. I. (ed.) 2001 *Citizen View of Democracy in Latin America*. Pittsburgh, PA: University of Pittsburgh Press.: 라틴아메리카의 정치문화를 다룬 이 훌륭한 저작에서 10명의 뛰어난 학자들은 대규모 표본조사 결과를 바탕으로 꼬스따리까, 멕시코, 칠레의 국민들이 오늘날 민주주의를 규정하고 이해하는 방식을 분석하고 설명한다.
- Oxhorn, P. and Ducatenzeiler, G. (eds.) 1998 *What Kind of Democracy? What Kind of Market? Latin America in the Age of Neoliberalism*. University Park, Pennsylvania: Penn State University Press.: 1980, 90년대에 라틴아메리카에서 신자유주의 개혁을 실행한 뒤 드러난 사회·정치적 결과를 비판적으로 다룬 연구서로서 높은 수준의 빈곤, 소득 불평등, 범죄와 폭력, 그리고 비공식부문의 팽창과 같은 문제점들이 신자유주의 개혁과 직결되어 있다는 점을 강조한다.
- Peeler, J. 1998 *Building Democracy in Latin America*. Boulder, Co: Lynne Rienner Publishers.: 19세기부터 최근까지 라틴아메리카가 경험한 민주주의 통치를 사려 깊게 분석한 책으로서 민주주의 이론 전반의 기본 쟁점을 매우 적절하게 소개하고 있으며 그것을 라틴아메리카 현실과 대비시킨다. 대중 참여의 확대와 현행 민주주의체제의 심화 방안을 설득력 있게 설명한다.
- Weyland, K. 2002 *The Politics of Market Reform in Fragile Democracies*.

Princeton, NJ: Princeton University Press.: 1980년대 중반 이래 라틴아메리카 여러 국가가 수행한 일련의 정치·경제적 개혁과 그 기본 논리에 관한 훌륭한 연구서이다.

□ 웹사이트

- 라틴아메리카 바로미터(www.latinobarometro.org): 민주주의를 위한 지원, 권위주의 경향, 그리고 정치문화 전반에 관련된 여러 쟁점들에 대한 라틴아메리카의 여론을 검토하고 분석한다. 라틴아메리카 17개국에서 수행된 대규모 여론조사에 관해 매우 유용한 정보를 제공한다.
- 아메리카 대륙의 정치 데이터베이스(www.georgetown.edu/pdba): 선거제도, 투표, 정당, 시민사회에 관한 정보를 포함해 인터넷 상에서 라틴아메리카 정치와 관련된 자료들을 폭넓게 제공하는 가장 좋은 출처 가운데 하나이다. 이는 워싱턴 D.C. 조지타운 대학교의 라틴아메리카연구소를 비롯해 몇군데 기관들이 주도하고 있다.

Space, Society and Livelihoods

제3부 공간, 사회, 생계활동

제9장

생계활동의 전환, 공간의 변화: 세계화와 근대성의 터 닦기

_앤서니 베빙턴

라틴아메리카와 카리브해 지역에서 지난 몇십년 동안 일어난 변화를 논의하는 방식에는 여러가지가 있다. 지난 몇십년에 걸쳐 이 지역에서 일어난 (그리고 일어나지 않은) **구조적** 변화를 논의하기 위해 정치경제학적 접근을 활용한 이 책의 첫번째 부분에서 예시했듯이 정치경제학은 일련의 수단을 제공한다. 이런 해석은 국가적·지역적 변천과 이런 변화를 설명하는 광범위한 영향력에 대해 전반적으로 언급하면서 대개 거시적 수준에서 분석을 시도한다. 이러한 거시적 설명은 변화에 대한 신자유주의적 해석의 특징인 동시에 급진적 종속이론의 특징이고, 여러면에서 중요하다. 그것은 일반적으로 정치 논쟁의 대상이고 여러가지 경제와 사회 유형에 통상 공적이고 다원적인 정책과 개입의 근간을 이루는 광범위한 개입에 관해 알려준다. 그것은 일반적인 얘기를 해준다.

또다른 선택—더 낫거나 더 나쁜 게 아니라 그저 다른—은 어떻게 사람들이 이 구조적 변화를 헤치고 나아가는지, 구조적 변화를 이해하고 재가공하고 실행하는가에 초점을 맞춘다. 이를 수행하는 데에도 다양한 방식이 존재한다. 문헌 분석, 시, 사진, 생활사는 단지 그런 접근방식의 일부일 뿐이다. 일부 연구자들—아마도 특히 지리학자들—사이에서 인기 있고 정치경제학적 분석 개념이나 기법과도 잘 연계된 또 다른 방식은 사람들의 생계활동이 지닌 역동성을 이해하려는 시도였다. 이 방식 또한 여러가지 형태를 띠고 있는데, 우리는 그 가운데 일부를 이번 장에서 생각해볼 것이다. 게다가 이런 다양한 접근방식의 공통적인 한가지 강점은 이를 채택하는 것이 구조주의적 해석보다 세계화와 신자유주의의 경험, 그리고 그것에 대한 대응을 한층 더 잘 전달할 수 있다는 점이다. 그것은 또한 라틴아메리카에서 세계화가 지니는 특징에 대해 더욱 개별적이고 지역적인 얘기들을 해준다. 개별화의 정도는 이 책의 제1장에서 검토한 (지역과 부문을 한층 더 고려하는) 신구조주의적 의제의 유형을 통해 매우 중요한 생각거리를 던진다. 생계활동에 대한 관심이 지니는 또다른 잠재적 특성은 사람들이 공들이는 창조적 대응에 주목할 수 있다는—반드시 그럴 필요는 없지만—점인데, 그런 대응들은 세계화과정을 재정비해서 그 과정이 더 포괄적이고 빈민층을 배려하며 친환경적이 되도록 하는 씨앗을 공급할 수도 있다. 이런 점에서 거시적 설명이 경제 전반에 대한 정부정책과 정부 간 행위자들에게 더 큰 호소력을 지닌다면 생계활동 분석은 틀림없이 더 지역적 차원의 행위자들—예컨대 비정부기구, 사회운동, 빈민 조직—에게 더 적합하다고 할 수 있다.

이를 염두에 두고 이번 장은 다음과 같이 전개될 것이다. 먼저 라틴아메리카의 세계화 국면 속에서 생계활동을 개념화하는 세가지 (연관된) 방식의 윤곽을 그려볼 것이다. 둘째, 핵심 주제의 하나로 신자유주의의 부상 이래 라틴아메리카에서 생계활동이 바뀐 방식을 논의할 것이다. 셋째, 생계활동에 초점을 맞춤으로써 조명할 수 있는 생산과 다른 사회 변화 요소들 간의 몇가지 공통점에 관해 논의한다. 특히 생계활동에 대한 주목은 정치적 행위자를 이해하는 데 도움을 줄 수 있다. 넷째, 시민사회에서 조직활동가들이 생계활동과 발전의 문제를 다루는 방식을 고찰한다. 마지막으로 이번 장은 라틴아메리카에서 생계활동이 초국적과정뿐 아니라 지역적 현상에 의해 이루어진다는 점까지 숙고함으로써 생계활동에 관한 논의를 세계화과정에 대한 성찰로 돌리고자 한다.

라틴아메리카에서 생계활동을 개념화하기

연구자들과 개발기구(예컨대 영국정부의 국제개발부 같은)들 사이에서 '생계활동을 통해 발전 문제에 접근하는 방식'이 최근에 각광을 받고 있긴 하지만 생계활동에 대한 관심은 라틴아메리카의 발전을 다룬 문헌에서 그리 새로운 주제는 아니다. 종속이론과 세계체제론의 영향을 받은 연구(Kay and Gwynne 2000, 1, 4장 참조)는 흔히 라틴아메리카의 저발전과정과 이 지역 빈민들의 생계활동이 지니는 종속성을 연관시킨다. 이 작업은 더 광범위한 발전 모델이 어느 정도까지 대중의 생계활동을 구속하고 침식했는지를 강조한다. 다른 접근방식들도 라틴아메리카에서 광범위한 자본주의적 발전과정이 어떻게 대중을 배제하고 생계활동의 선택을 제한하는지를 검토하긴 마찬가지이다. 하지만 다른 접근방식들은 어떻게 대중이 생계활동의 전략을 짜는지를 면밀히 분석할 경우 정책에 필요한 여러가지 교훈을 얻을 수 있고, 빈민층과 그들을 지원하는 조직 모두에 의해 종합적인 발전 모델의 빈틈이, 비록 작더라도, 정비되고 이용될 수 있는 방식이 무엇인지 제안할 수 있다고 주장했다. 이런 접근방식은 대중의 생계활동과 특정 지점에 세계화가 자리잡는 방식 가운데 일부를 알려주어, 우리가 어떻게 공간의 형성, 생계활동과 세계화 간의 연관성을 사고할 수 있을지 제시한다. 결국 이런 접근방식 가운데 일부는 또한 사회생활의 물질성 및 대중의 일상적 관행과 정치적 저항과 참여의 형성 간의 관계를 알려준다. 그리하여 그것은 생계활동, 문화, 정치 사이의 연관을 제시한다. 이는 이번 절을 구성하는 네가지 소주제이기도 하다.

종속적 발전과 종속적 생계활동

도입부에서 언급한 대로 종속이론, 세계체제이론, 맑스주의 정치경제학 등 다양한 유형의 이론은 1980년대에 이르기까지 사실상 라틴아메리카의 사회경제적 연구를 지배해왔다(Kay 1989 참조). 그런 이론적 규범에 따라 수행된 연구는 흔히 더 체계적이고 구조적인 지향을 지닌 데 비해 생계활동이란 문제는 여전히 현재적이다. 이런 점에서 기능적 이중성은 중요한 개념인데(de Janvry 1981), 이 개념은 흔히 도시와 농촌 빈민층의 소득 창출, 주거, 조직화 같은 문제를 분석하기 위해 활용되었다. 기능적 이중성이라는 개념은 농촌의 농민경제나 도시의 비공식 도시경제와는 무관하게 라틴아메리카 사회의 근대적 부문을 분석하기 위해서는 적용할 수 없다고 언급되었다. 그러나 두 경제(근대화부문과 대중부문)는 구조적으로 연결되어 있었다. 실제 근대화부문은 저렴한 노동력, 식료품, 재화와 용역의 공급원으로서 대중경제의 존재를 전제하고 있었다. 그리하여 두 경제부문은 이중적이나 연계되어 있었고, 한쪽은 다른 쪽에 대해 완벽히 기능적이었다. 그렇지만 그들의 상대적 힘과 복원력은 분명히 차이가 났고 그 결과 대중경제에서 생계활동의 가능성은 단지 근대화부문에서 어떤 일이 발생했는가에 달려 있었을 뿐 아니라 결국 그것에 종속되어 있었다. 이런 연구에 따르면 저렴한 노동력, 식량 생산, 다른 생산물과 써비스에 대한 구조적인 필요 때문에 빈민들은 결코 (또는 거의) 가난에서 벗어날 수 없을 터였다. 빈민들은 항상 저렴한 것의 원천일 수밖에 없었다.

도시경제 분야에서 이 개념은 만성적인 주거와 주택공급 문제를 다룬 저작(Burgess 1978; Edwards 1982; Gilbert and Ward 1985; Gilbert and Varley 1991; Fernandes and Varley 1998)뿐 아니라 도시 고용, 비공식경제, 소규모 상업에 관한 매혹적인 저술(Bromley and Gerry 1979)을 낳았다. 대다수 저작들의 요지는 주택공급과 소규모 사업 개발에 대한 자립적 접근의 가능성(과 바람직함)을 역설하는 더욱 포퓰리스트적인 견해에 이의를 제기하는 것이었다(Rokowski 1994). 물론 그런 저작이 무단점유자나 자영업자들의 노력과 성과를 훼손하려는 의도를 지니진 않았다. 오히려 그런 시도가 결국 종속적인 정치경제구조 때문에 한계에 부딪히기만 하고 더이상 나아가지 못할 것이라는 점을 보여주고자 했다. 이런 구조는 결국 축적의 가능성을 제약하고 때때로 대중의 저축과 투자(예컨대 주택에 대한 투자), 그리고 그에 이어지는 가능성을 손상시키는 이런저런 충격을 가져올 것이다. 이는 (1980년대에 점점 인기를 끌었던 것처럼) 비공식경제를 지원하고 발전시키려는 노력이 잘못된 판단이었음을 뜻한다. 비공식경제는 정치경제의 광범위한 변화가 있을 경우에만 가망성 있는 생계활동의 토대가 될 뿐이다. 그런 관찰과 분석은 도시 빈곤에 대한 정책 토론과 직접적인 관련이 있었고 예컨대 에르난도 데 쏘또(Hernando de Soto)의 『다른 길』(1989)의 출판 이후 급속히 번진 바 있는 빈민 생계 개선 전략에 관한 토론에 반영되었다(예컨대 Bromley 1994

참조).

브롬리 같은 연구자들이 도시부문에 초점을 맞춰 이런 주장을 전개한 반면, 경제학자 알랭 드 장브리는 이런 해석을 농촌 지역에 적용했다(de Janvry 1981; Garramón 1977; Deere and de Janvry 1978). 이 연구서들이 여러가지 주제를 다루었지만, 여기서는 특히 두가지가 관련성이 크다. 첫째, 이 연구서들은 무엇보다 라틴아메리카의 세계경제 편입이 농촌의 빈민층에게 불리하게 작용했고 극히 일부를 제외하곤 대다수가 빈곤에서 벗어날 가능성이 줄어들었다는 사실을 강조하면서 농민경제의 본질에 대한 이해를 도모하고자 했다. 둘째, 이런 맥락을 감안하면서 이 연구서들은 토지개혁과 농촌개발 프로그램이 농촌의 생계활동을 향상시키기 위해 얼마나 많은 일을 할 수 있는지에 대해 의문을 제기했다. 실제 1960, 70년대 대다수 라틴아메리카 국가의 정치 현실 탓에 이 연구자들은 국내외 엘리뜨층이 농촌 빈곤의 원인이 무엇인지 더 많이 고심할 수 있는 정책을 결코 승인하지 않을 것이라고 가정했다.

4장에서 살펴보았듯이 이 논쟁은 21세기 출발 단계의 빈곤율과 전반적인 생계활동의 질이 흔히 1970년대에 비해 크게 나아지지 않은 것처럼 보이는 라틴아메리카 지역과 여전히 큰 관련성을 지니고 있다. 라틴아메리카내의 특정 사회운동세력의 분석뿐 아니라 학술 연구를 포함해 실제로 많은 연구서들은 생계활동 향상에 구조적 제약이 존재한다는 점을 강조한다. 예컨대 에들먼은 1980년대초 이래 구조조정과 경제 자유화 프로그램이 꼬스따리까의 농촌 생계활동에 미친 심각한 제약을 지적한다(Edelman 1999). 그러나 동시에—여기서 에들먼의 저작은 최근의 접근방식과 1970년대의 접근방식 사이에 존재하는 한가지 중요한 차이를 보여주는데—그는 꼬스따리까 농촌주민들이 신자유주의 시기를 살아낸 방식과 더불어 그들이 신자유주의 정책 가운데 가장 악영향을 미친 것에 조직적으로 이의를 제기한 방식이 지니는 생생한 민족지(民族誌)적인 의미를 설명한다.

발전의 시작, 생계활동 전략

지난 20여년 동안 종속이론의 인기가 떨어졌다고 하더라도 그 주장 가운데 일부, 특히 현재 거시경제적 상황 속에서 빈곤층이 직면한 생계활동의 제약에 관한 부분은 여전히 타당하다. 그런 인식을 출발점으로 삼을 때 생계활동은 다소 다르게 이해될 수 있을 것이다. 말하자면, 여전히 많은 걸림돌을 보여주고 엘리뜨층의 이해관계에 유리한 폭넓은 정치경제적 틀 속에 있다고 할지라도, 생계활동을 주로 종속의 측면에서 인식하기보다는 빈곤층의 창의적 반응으로 파악함으로써 생계활동 기회를 증진할 수 있는 발전 전략을 재고하는 데 토대를 제공할 수도 있을 것이다.

이런 인식은 결코 전적으로 새로운 접근이 아니다. 사실 앞서 언급한 데 쏘또의 『다른 길』도 그런 접근방식으로 간주될 수 있다. 뻬루의 심각한 경제불황기인 1980년대에 리마에서 수행한 연구를 바탕으로 데 쏘또와 그의 동료들은 대중이 생존을 위해 몇가지 주목할 만한 전략을 고안해냈다고 주장했다. 그렇지만 경제체제가 어느 정도까지 대중의 생계활동을 제약하는지를 강조하는 대신 데 쏘또는 관료층의 요구사항이 소규모 사업자들에게 만만찮은 비용을 부과했다는 점에 주목하면서 정부관료와 국가 개입의 해로운 결과에 초점을 맞추었다. 데 쏘또는 관료제를 축소함으로써 중소규모 사업자들에게 훨씬 더 용이하게 사업체를 꾸리고 일자리를 만들며 이윤을 창출하고 그리하여 더 확실한 생계활동을 제공하는 데 기여할 것이라고 주장했다. 종속이론가들과 달리 데 쏘또는 경제 자유화가 생계활동 향상에 바람직하게 작용했다고 강조하면서 실제 필요한 것은 경제 관계 전반을 바꾸는 게 아니라 경제 영역에서 정부의 존재를 축소하는 것이라고 주장했다(de Soto 1989; Bromley 1994).

데 쏘또가 자신의 논지를 발전시키고 있을 즈음 로버트 체임버스(Robert Chambers 1987; Chambers and Conway 1992)는 빈민들의 생계활동에 관해 다소 다른 견해를 정리하고 있었다. 그것은 데 쏘또와 종속이론가 사이의 중간 지점에 해당하는 주장이었다. 순진할 정도로 단순하지만 매우 영향력 있는 보고서를 통해 체임버스(1987)는 지속가능한 발전의 어떤 개념이라도 빈곤층이 기존의 생계활동 속에서 드러내 보이는 합리성에 근거해야만 한다고 주장했다(Chambers 1987. 체임버스는 1987년 브룬틀란위원회 보고서(WCED 1987)와 1992년 리우데자네이루에서 국제연합환경개발 회의가 개최되던 맥락에서 보고서를 집필했다). 체임버스의 분석은 빈민들이 전반적인 자산 부족과 구조적으로 불리한 상황이라는 제약 속에서 어느 정도까지 생계활동 전략을 세우고자 노력하는지 강조했다. 체임버스는 이런 불리함의 원인이 무엇인지 이론화하는 데 상대적으로 관심을 덜 기울였는데(Bebbington 1994 참조) 그의 견해는 분명히 데 쏘또보다는 종속이론가들의 견해에 더 가까웠다. 사실 그의 저작이 지닌 함의는 제도적 변화가 언제나 생계 향상의 원천일 수 있다는 것이었다. 달리 말하면 정치경제의 제약 속에서도 책략과 행동의 여지가 있다는 점이다. 라틴아메리카를 전적으로 다루지는 않았지만 이 저작은 (다른 곳과 마찬가지로) 라틴아메리카에 관한 사고에 영향을 미쳤다.

체임버스의 저술은 생계활동과 발전 사이의 관계를 다룬 최신 접근방식의 출발이라는 점에서 매우 중요하다. 그것은 현실적인 정치경제적 문제뿐 아니라 빈민들의 독자적인 전략이 지니는 유효성에 대한 체임버스 자신의 깊은 경의와도 관련이 있다. 여기서 우리는 라틴아메리카에 관한 저작을 포함해 다양한 연구 분야에서 최근 몇년 동안 정리된 바 있는 한가지 방식, 특히 자산에 역점을 두는 생계활동 연구에 관해 언급해야 할 것이다(예컨대 Moser 1998; Bebbington 1999; Scoones 1998 참조). 자산에 근거를 둔 분석틀은 '빈곤층이 갖고 있지 않은 것보다는 무엇을 갖고 있는지'에 초점을 맞춘다(Moser 1998, 1면). 이 분석틀에 따르면 생계활동 전략은 사람들이 이런 자산들을 입수하고 나름대로 그것을 결합시키고 생계활동의 성과로 전환하는 방식이다(Bebbington 1999, 그림 9.1). 더 많은 정보를 얻으려면 베빙턴, 스쿤즈, 모저의 저작을 참조하라(Bebbington 1999; Scoones 1998; Moser 1998). 특히 다음과 같은 자산 유형이 중요하다.

• 인적 자본: 지식, 건강, 기술, 시간과 같이 한 사람이 신체활동의 성과로 지니게 되는 자산. 일부 분석틀(예컨대 Moser 1998)은 노동력을 그 자체로 본질적이고 자연적인 자산으로 간주하지만 노동력은 인적 자본에 포함될 수 있다.

• 사회적 자본: 한 사람이 타인과 맺는 관계 또는 특정 조직체에 가입한 결과로서 지니게 되는 자산. 그런 관계는 한편 다른 자원들에 대한 접근을 용이하게 만든다.

• 생산된 자본: 여기에는 (사회 기반시설, 기술, 가축, 종자 등의 형태를 띤) 물질적 자산과 (금전, 운영자본, 그리고 쉽게 현금화할 수 있는 물질적 자산의 형태를 띤) 금융자산이 포함된다.

• 천연 자본: 입수가능한 천연자원의 양과 질.

• 문화적 자본: 한 개인이 그 일부를 이루는 문화의 결실로 나타나는 자산과 상징.

그림 9.1 생계활동의 분석틀

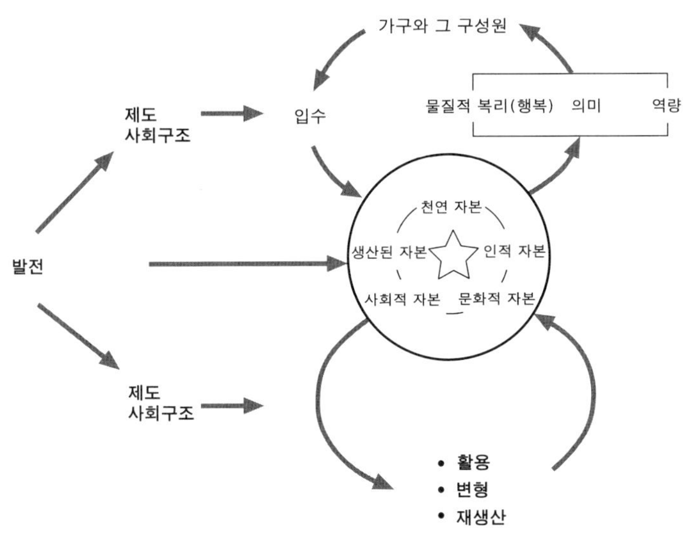

사람들이 이용하는 자산에 대한 광범위한 관점 외에 그 분석틀은 또한 사람들이 생계활동을 통해 추구하는 것이 무엇인지, 또는 달리 말해 그들이 이런 자산을 변형해 무엇을 생산하는지에 대해 다양한 견해를 보여준다. 이런 점에서 이 분석틀은 빈곤에 관한 다차원적인 견해를 연구 대상으로 삼는다(Moser 1998). 그림 9.1에 나타난 분석틀은 사람들이 생계활동에서 물질적 소득(또는 현물소득)뿐 아니라 의미와 역량을 만들어낸다는 생각을 전해준다. 말하자면 생계활동과 문화, 그리고 생계활동과 정치적 역량 사이에는 고유한 관계가 존재한다. 생계활동은 그 자체로서 중요하고(Escobar 2001a) 생계활동 가능성의 변화나 상실은 반드시 문화적 변화를 암시한다. 마찬가지로 자산의 재가공은 반드시 어떤 개인이 지닌 정치적 참여 역량과 방식의 변화를 의미한다. 또한 그것은 정치적 참여를 통해 어떤 관심사를 추구할지와 밀접한 관련성을

지닐 것이다. 더욱이 생계활동의 경로와 결정은 문화적·정치적 결과를 낳는 것과 마찬가지로 그들은 또한 문화적·정치적 관심사에 의해 추동된다. 달리 말하면 생계활동에 대한 판단은 단지 경제적인 측면에서 추진되고 구성될 뿐 아니라 문화적·정치적 의미도 지닌다.

사람들은 목적을 이루고자 자산을 모으면서 흔히 다음과 같은 생계활동 전략을 추구하는 경향이 있는 것으로 보인다.

당시 상황에서 통제할 수 있는 자산의 포트폴리오와 가장 일치하고,

당장의 필요뿐 아니라 장기적 목표를 반영하며,

그들이 살고 있는 환경에 의해 가능해진 기회와 제약을 고려해 가장 실행할 수 있을 것 같아 보이는 생계활동 전략.

그리하여 예컨대 여러 가족 구성원이 토지를 이용하고 농산물 시장의 조건이 양호한 곳에서는 대체로 농업에 바탕을 둔 생계활동 전략을 추진할 가능성이 더 커진다. 반대로 가족들이 거의 토지를 가지고 있지 않지만 노동시장에서 요구하는 기술을 가진 경우나 관계망을 활용해 그런 시장에 용이하게 접근할 수 있는 경우에는 최소한 가족 구성원 중 일부가 농업에서 벗어난 고용 형태에 근거해 생계활동을 추구한다. 또한 일부(또는 많은) 사례에서 그런 전략은 가족 구성원들로 하여금 오랜 기간 동안 다른 지역에서 일하면서 지내도록 할 것이다.

이런 방식으로 생계활동에 관해 고려할 때 현재 생계활동의 관행이 미래를 위한 전략과 다를 수 있다는 점에서 시간 관점을 도입하는 것 또한 중요하다. 달리 말하면 사람들이 현재 시간과 노력의 대부분을 투여하는 곳은 미래에 대한 그들의 염원을 반영하지 않을 수도 있다. 실제로 생계활동의 전략은 두가지 수준에서 동시에 작동한다. 사람들은 당장의 필요를 충족하기 위해 자원을 입수하고 활용하는 동시에 시간이 흘러 자신과 자녀들이 다른 종류의 생활을 영위하게 만들 수 있는

자산을 축적하고자 끊임없이 노력할 것이다. 한가지 사례(안데스 지역에 관한 최근 연구에서 흔히 발견할 수 있다. Bebbington et al. 2002; Zoomers 1999)는 농촌가구가 당장의 필요를 충족하고자 농업에 종사할 뿐 아니라 그 자녀들이 교육을 받아 농업활동(그리고 심지어 농촌)에서 벗어날 수 있도록 자산을 투자하는 것이다. 이런 '자본 전환'은 대다수 농촌에서 어떤 일이 벌어지고 있는지(또는 요구되는 것이 무엇인지)를 반영할 것 같지만 깜뻬시노(campesino, 농민)에 대한 농 개념이 포착할 수 없는 역동적인 과정이다.

마찬가지로 자원 획득의 중요성을 강조하는 그런 분석틀은 또한 더 폭넓은 사회구조와 시장, 국가, 시민사회조직이 이런 획득과정과 사람들이 자원을 변형하고 재생산하며 축적할 수 있는 방식(그림 9.1)에 어떻게 영향을 미치는지에 초점을 맞춘다. 예컨대 생계활동에 대한 국가의 영향력은 엄청날 수 있다. 이런 영향력은 다양한 방식으로, 예컨대 누가 자원에 접근하는지 영향을 미치는 법령을 통해, 자원을 공급하고 시장 상황에 영향을 끼치는 공공정책과 프로그램을 통해, 자산에 대한 통제를 불확실하게 하고 지역경제를 부진하게 만드는, 국가가 승인하는 폭력을 통해, 그리고 상대적으로 강력한 사회집단들이 빈민층의 자산을 차지하려는 의도에 영향을 미치는 억압이나 민주화의 정도 등을 통해 행사된다. 에들먼은 꼬스따리까에서 농촌의 생계활동이 공공 프로그램에 의해 얼마나 심각하게 영향을 받았는지, 그리하여 신자유주의 정책을 채택하는 과정에서 국가가 기존 공공 프로그램의 범위와 소규모 자영농에 대한 보호를 축소하기 시작했을 때 농촌의 생계활동이 어떻게 어려워졌는지를 보여준다(Edelman 1999).

제도와 사회구조가 생계활동에 영향을 끼치는 방식은 이 책의 다른 장에도 서술되어 있다. 예컨대 토지개혁 프로그램(12장 참조)은 일부 사람들이 토지소유를 증대하고자 제도를 변경하려는 시도를 반영한다. 무단점유자의 정착을 유도하려는 토지소유권 부여 프로그램은 도시의 재산에 대한 빈민층의 이용과 통제를 변경하는 것을 목표로 한다. 채굴 산업의 육성은 환경 자산의 질과 안전성에 영향을 준다. 마찬가지로 다양한 형태의 사회운동(10장 참조)은 흔히 어떤 자산(예컨대 토지)에 대한 참여자들의 이용과 그것에 대한 통제의 안전성(예컨대 폭력 때문에), 독특한 생산방식을 통해 그 자원을 변모시킬 수 있는 능력(예컨대 저렴한 수입품을 허용하고 그리하여 가격을 낮추는 정책 때문에 사람들이 농산물을 통제할 수 있는 경우)을 제한하거나, 인종차별 또는 성차별 때문에 흑인, 원주민, 여성 들의 교육 수준이 적정 수준 이상임에도 고용 기회를 얻을 수 있는 능력을 약화시키는 공식적·비공식적 기구와 정책제도에 도전하려는 노력을 대변한다. 이는 자산에 근거를 둔 분석틀이 정치경제와 시장, 국가, 시민사회 같은 제도를 우리가 생각하는 생계활동과 발전의 최전선에 배치하려는 의식의 일부일 뿐이다.

자산에 근거한 생계활동이라는 개념은 단지 수십년 동안 지속된 빈곤과 생계활동에 관한 광범위한 토론을 정식화하고 구조화하려는 노력의 일환이다. 여러가지 측면에서 생계활동에 대한 다른 접근방식은 상호배제적인 것이 아니라 강조점과 쓰는 용어상의 차이라고 보아야 한다. 예를 들어 주머스와 다른 동료 학자들이 볼리비아 고지대의 생계활동 문제를 다룬 최근 연구서에서 다소 다른 용어를 사용했지만 그 주요 관심사는 매우 유사하다(Zoomers 1999; 1998). 이 연구에서 생계활동 전략은 "어떤 가구가 기회와 한계를 다루는 방식"이나 더욱 명확하게 말하면 "여러 가구가 변화에 대응해서 결국 토지, 노동력, 자본 등 자원의 재배치로 귀결되는 방식"으로 규정된다. 그리하여 생계활동 전략은 외부적 맥락(농업, 생태 환경, 시장 접근성, 사회기반 시설과 개발기구의 존재 여부), 가구의 수준에서 자원(노동력, 토지, 자본)의 이용가능성, 그리고 가구의 목표와 우선순위와 직결된다(Zoomers 1999, 18면). 실제로 생계활동의 개념을 명료하게 만드는 가장 좋은 분석틀에 대해 논쟁하고 다양한 접근방식 사이의 차이점을 강조하는 대신 이런 다양한 접근방식들이 전반적으로 유사한 관심사와 강조점을 공유한다는 점을 아마도 가장 중요하게 생각해야 할 것이다(박스 9.1 참조).

■ 박스 9.1 생계활동에 대한 접근방식들의 공통 주제

생계활동 연구에 다양한 접근방식들이 존재하지만 그 방식들은 몇가지 공통의 지향점을 공유하고 있다. 그것은 대체로 다음과 같은 경향을 지닌다.

- 정치경제가 어떻게 작동하는지에 관한 광범위한 이론적 진술로부터 결론을 끌어내기보다는 실제로 사람들이 무슨 일을 하는지에 초점을 맞춘다.
- 그런 독창성에 대안적 발전의 가능성이 놓여 있다고 믿으면서 사람들의 독창적인 능력을 강조한다.
- 생계활동 사이의 다양성을 강조하며 그리하여 그런 다양성이 돋보이도록 도와주는 정치와 정책의 형성에 더욱 적극적으로 참여할 수 있는 접근방식이 무엇인지 논의하려는 경향을 지닌다.
- 유물론적 설명만 수긍하는 것은 아니지만, 사람들이 자신의 삶을 영위하고 시간을 배분하며 정치에 참여하는 데 얼마간 성과를 거두기 위해서는 물질적 기반이 매우 큰 영향력을 발휘한다고 믿는다.
- 라틴아메리카와 다른 지역에서 발전에 대한 이론화의 기반으로서 한층 더 지역에 근거한 연구와 사례연구의 강점을 강조한다.

세계화의 초석 놓기: 생계활동과 장소의 형성

생계활동 연구의 경향이 한층 더 지역에 근거하고 사례연구에 초점을 맞추어야 한다는 주장은 라틴아메리카에서 생계활동과 장소 형성 과정 사이의 관계를 가리킨다. '장소'는 현대 사회과학에서 중요할 뿐 아니라 어렵고도 모호하며 잘 포착되지 않는 개념이다. 가장 단순한 의미에서 그것은 지역의 특성과 '분위기', 흔히 누가 그곳과 맞닥뜨리는가에 따라 달라지는 '느낌'에 주목한다. 최근 들어 장소에 대한 논의는 흔히 여러 장소뿐 아니라 그 속에서, 그리고 그것을 통해 이루어지는 행위의 성격이 그 장소와 사람들을 꽤 멀리 떨어진 곳에 사는 다른 이들과 연결시키는 장기적인 과정에 빈번하게 영향을 받는 방식에 대해 숙고해왔다(Massey 1991; Bebbington and Batterbury 2001; 아울러 이 장의 뒷부분 참조).

생계활동은 장소의 분위기와 주목할 만한 특성 모두를 구성하는 데 도움을 준다. 사람들이 무엇을 하고, 그들이 무엇을 어떻게 수립하며, 무엇을 어떻게 경작하고, 무엇을 어떻게 소비하는지, 말하자면 이 모든 생계활동의 양상은 장소 형성의 일부이다. 그렇지만 이런 장소 형성에 영향을 미치는 생계활동 양상들은 사람들의 결정과 선호뿐 아니라 어떤 장소에서 어떤 생계활동이 가능할지를 결정하는 데 도움을 주는 세계화과정과 국내의 정치적 동맹에 의해 영향을 받는다. 이런 영향력은 여러가지 측면에서 발휘된다. 아마 더 명백한 영향력은 신자유주의 경제정책과 관련되어 있을 것이다. 예컨대 농산물 시장 개방과 더불어 그에 관련된 다른 경제적 변화는 소규모 농업의 경쟁력에 줄곧 손상을 입힐 수 있으며, 결국 그것의 소멸, 토지소유의 포기 그리고(또는) 통합을 가져와 농촌이라는 장소의 본질과 분위기를 바꾼다. 세계화 역시 새로운 경제활동 기회를 제공할 수 있다. 예컨대 북부 멕시코의 마낄라 공업지대와 북부 에콰도르에서 새롭게 호황을 누리고 있는 온실 기반 화초산업의 고용이나 대규모 과일 재배와 포도주 수출에 따른 칠레 중부 계곡의 변화, 또는 북아메리카 시장에서 판매될 특정 지역의 공정무역 커피와 코코아 생산의 증가를 떠올릴 수 있다. 이런 사례에서 새로운 활기는 생계활동의 가능성과 장소의 '분위기'를 변화시킨다.

전세계적 관계는 다른 방식으로도 지역의 분위기에 영향을 미친다. 유네스코가 일단 리마의 식민시대 중심가를 세계문화유산 보호구역으로 지정하자, 비공식부문의 노점상(데 쏘또가 찬양한 바 있는 원형 자본주의 기업가와 유사한 부류)들은 도시 보존이란 명분과 리마를 국내외 관광객들에게 훨씬 더 매력적인 곳으로 만들고 그리하여 리마 주민에게 최고급 관광산업의 전망을 제공할 수 있다는 기대 속에 서서히 밀려났다(Seppänen 1999). 여기서 전세계적 보존 프로그램과 국제 관광경제 양쪽 모두의 관점에서 세계화는 뻬루의 특정한 국가적 이익, 그리고 대도시의 이해관계와 교차했고 거리에서 노점상의 생계활동을 배제하는 것을 포함해 리마 중부의 재편을 가져왔다.

물론 노점상 집단이 없는, 깨끗한 식민시대 리마 중심가는 여행객이나 리마의 중상층에게 매혹적이고 흥미로우며 훨씬 더 바람직한 장소인 듯 보일 수 있다. 그러나 그것은 또한 예전에 도로와 보도에서 물품을 팔며 생계를 유지하던 노점상에게 분노와 소외감을 불러일으킬 수 있다. 이는 단지 여러 사회집단들이 자신의 특정한 이해관계에 근거해 다양한 방식으로 장소를 경험한다는 관념을 강조할 뿐이다. 일단 어떤 지역이 '보호구역'으로 지정되어 농촌주민들이 천연자원을 채취하고 농작물을 심거나 가축을 방목할 환경이 변화될 때 국립공원이나 다른 보호구역을 둘러싸고도 이와 유사한 과정이 발생할 수 있다. 사실 그런 보호구역의 실행가능성은 배제당한 집단이 그들의 생계활동을 침해하고 외국인 관광객과 국내 엘리뜨층을 이롭게 할 뿐이라고 여기는 각종 보호 프로젝트에 맞서 저항하거나 또는 고의로 방해할 때 위협에 처할 우려가 있다(Naughton-Treves 2002). 부분적으로는 이런 이유 탓에 최근 들어 라틴아메리카의 보호 프로젝트에서 가장 긴급한 주제 가운데 하나로 떠오른 것은 지역 집단들의 생계활동과 관련된 이해관계를 장소와 환경보호 문제와 어떻게 조화시킬지 그 방법을 찾는 것이다(Zimmerer and Young 1998).

이런 특정한 보호 프로젝트의 맥락을 넘어 어떤 생계활동이 세계화라는 조건 아래서 더욱 불리해짐에 따라 라틴아메리카의 여러 지역에서 신자유주의 시대에 더 많은 갈등과 충돌이 발생하게 되었다. 그런 갈등은 폭력의 증대(Moser and Macllwaine 2000. 이 저술은 꼴롬비아 도시들의 사례를 다룬다)로부터 더욱 조직적인 형태를 띤 저항에 이르기까지 다양한 면모를 지닐 수 있다. 그러므로 생계활동의 변화를 고찰하는 일은 세계화가 라틴아메리카의 다른 장소에서 별도의 방식으로 '현실에 (영향을) 미치는지' 논의하는 방법일 뿐 아니라 그 지역에서 장소에 근거해 (그리고 더욱 광범위하게) 펼쳐지는 최근 저항의 형태를 이해하는 데 도움을 준다.

생계활동, 문화, 정치

생계활동을 언급할 때 흔히 사람들이 어떻게 생활을 유지하는가에 초점을 맞춘다고 가정하기 쉽다. 물론 이는 대부분 옳다. 그러나 우리는 누군가가 어떻게 생활을 유지하는지와 사람들이 그 생활에 무슨 의미를 부여하는지, 그리고 그들이 생활 속에서 가치를 두는 것을 보호하고 증진하기 위해 투쟁하는 방식을 분리할 수 없다. 생활을 유지하는 것과 문화, 정치가 연계되는 방식에 대한 복잡하고 때로는 난해한 토론에 대해 깊이 파고드는 자리가 아니므로 여기서는 적어도 그 문제가 실제 연계되어 있다는 점만을 언급하면 충분할 것이다(예컨대 뻬루 고지대의 사례를 다룬 Smith 1989 참조). 문화적 관심과 고려는 사람들로 하여금 가족을 유지하고 자녀를 멀리 떨어져 있는 고등학교에 보내거나 그들이 자라난 곳에서 살게 하도록 하는 특정한 가치와 같이 생계활동의 선택에 영향을 미칠 수 있다. 반대로 사람들이 어떻게 생활을 유지하는가의 문제는 그들이 가치를 두는 것, 즉 그들이 의미 있다고 생각하는 것에 변화를 가져올 수 있다. 이런 의미에서 생계활동은 2장과 10장에서 논의하는 여러가지 대중문화의 생산과 밀접하게 겹쳐 있다.

이런 관심은 또한 사람들이 어떻게 정치에 참여하는가에 영향을 미칠 것이다. 물론 라틴아메리카에서 대중의 정치적 활동이 모두 생계활동과 관련되어 있지는 않지만 대부분이 그렇다는 점은 의심할 여지가 없을 것이다. 실제 많은 측면에서 그렇다. 가장 쉽게 살펴볼 수 있는 것 가운데 하나는 사람들이 함께 사는 데 필요한 자산을 지키거나 그것을 입수하고자 투쟁하는 방식이다. 이와 관련된 사례들은 풍부하다. 토지개혁법 이전, 시행중, 그리고 이후에 일부 농민들이 토지를 획득하기 위해 더디지만 기나긴 투쟁을 전개하는 경우(예컨대 Smith 1989), 브라질에서 진행되고 있는 '토지 없는 농촌 노동자들의 운동'(MST 또는 Movimento dos Trabalhadores Rurais Sem Terra, Wolford 1998; 12장 참조), 세상에 잘 알려지지 않았지만 거주 지역에서 학교교육의 질을 향상시키려는 공동체의 더디지만 진심 어린 투쟁, 전기 공급을 확보해 자녀들의 과제 활동을 도울 뿐 아니라 자신도 소규모 사업용 기계를 활용할 수 있도록 하려는 가족 구성원의 시도를 들 수 있다.

라틴아메리카에서 가장 두드러지게 활동하는 지역개발 문제의 논객 아르뚜로 에스꼬바르(Arturo Escobar)에 따르면, 현재 사회운동의 핵심적 동기는 '지역의 방어'(Escobar 1995, 226면), 그 가운데서도 중요한 부분은 구성원들이 그 지역에서 생계활동을 유지하도록 방어하는 것이다. 그러나 그들이 지역을 방어하는 방식은 흔히 다른 지역 활동가들과의 관계를 포함한다. 에스꼬바르는 주로 꼴롬비아 태평양 연안의 아프리카 출신 카리브인 공동체에 관심을 기울였지만(Escobar 2001b) 유사한 형태는 다른 곳에서도 나타난다. 마크 에들먼은 꼬스따리까 서북부의 농민들이 시간이 흐르면서 점차 신자유주의 경제정책에 도전하고 계속 농촌에서 생계활동을 유지하며, 그리하여 농촌 거주를 더 용이하게 만드는 정책 대안을 줄기차게 요구하고자 동일한 관심사를 공유한다는 점과, 이들이 국내뿐 아니라 중앙아메리카의 여러 농민 조직들과 연계되는 방식을 밝혀냈다(Marc Edelman 1999; 1998a).

에스꼬바르와 에들먼, 그리고 다른 사회과학자들은 대체로 빈민들이 사회운동을 통해 생계활동의 관심사를 요구하는 방식에 주목하는 경향을 보인다. 아울러 이런 생계활동의 관심사와 사람들이 정당과 공식적인 선거과정에 참여하고자 선택하는 방식 간에 의심할 바 없이 확실한 연관관계가 존재한다. 그러므로 생계활동에 관련된 접근방식은 2, 8, 10장에서 제기된 정치적·문화적 쟁점에 주목하거나 최소한 주목하기를 피해서는 안 된다. 그러나 그 접근방식은 우리에게 라틴아메리카인들의 생활방식의 변화와 문화적 변화, 그리고 정치참여방식의 변화 사이에 어떤 연관성이 존재하는지 좀더 숙고하도록 요청한다. 이 주제들은 이 장의 다음 몇부분에서 다룰 것이다.

신자유주의의 도입 이후 생계활동의 문제

생계활동에 대한 주머스의 정의(Zoomers 1999), 즉 '여러 가구들이 기회와 제약을 다루는 방식'이라는 규정을 받아들이고 신자유주의와 세계화가 이런 기회와 제약을 재정비해온, 특히 지리적으로 다양한 방식을 감안한다면, 우리는 지난 20년간 생계활동이 변화한 방식에서 적지 않은 차이를 찾아내리라고 기대하게 될 것이다. 그렇긴 하지만 이 시기 동안 생계활동의 궤도에서 드러나는 몇가지 일반적인 경향은 숙고할 만하다.

신자유주의와 구조조정이 생계활동에 미치는 영향은 지역에 따라 차이가 나는 반면 구조조정 직후의 시기는 대체로 농촌과 도시 지역 모두에서 점점 더 생계활동이 불안정해지는 경향이 있었다. 이런 위기에 대한 대응은 기발할 뿐 아니라 점차 부득이해졌다. 캐롤린 모저는 에콰도르 과야낄(Guayaquil) 근처의 씨스네도스(Cisne Dos)에서 20년 넘게 이런 대응을 추적했다(Caroline Moser 1992; 1998). 씨스네도스 주민의 77.2퍼센트는 1992년 당시 빈곤층이었다. 모저는 자산에 근거한 접근방식을 활용해 사람들이 위기에 대처하는 방식을 밝혀냈다. 첫째, 돈을 벌기 위해 더 많은 여성 노동력이 투입되기 시작했다. 여성 노동의 비율은 1988년 32퍼센트에서 1992년에는 46퍼센트로 증가했다. 마찬가지로 남성들도 일자리를 찾고자 씨스네도스 밖으로 이주하면서 더 많은 시간을 노동에 투여하기 시작했다. 가족 구성원들도 전반적으로 그 질이 계속 떨어지고 있는 기초적인 써비스를 얻기 위해 더 많은 시간 동안 일해야 했다. 하수도 설비만 하더라도 필요한 물을 모으느라 가족들은 하루 평균 45분을 소비했고 공공설비가 줄어들었기 때문에 점차 민간 사업자에게 의존하게 되었다. 또 가족들은 소득을 올리기 위해 (집에서 일한다든가 자그마한 가게를 짓는 방식으로) 그들의 주택을 활용하기 시작했다. 마지막으로 인적 자본(노동과 기술)과 생산자본(주택)을 활용하는 새로운 방식 외에 가족들은 일종의 사회적 자본을 동원했다. 예컨대 가족의 절반에서 4분의 3가량은 식량을 구매하기 위해 친구와 이웃에게 돈을 꾸고, 전체 가구의 15~25퍼센트는 일을 하느라 친지들에게 자녀를 보살피는 일을 맡기곤 했다(Moser 1998, 8면).

모저가 묘사하는 이미지 속에서 중요한 주제는 기본적 써비스를 제공하는 정부의 역량이 약화되면서 씨스네도스의 여러 가구들이 이를 보충하고자 더 많은 시간 동안 일해야만 했다는 점이다. 이는 그들이 무엇인가를 찾거나 예컨대 차례를 기다리는 데 더 많은 시간을 써야 하거나 정부가 더이상 어느정도의 질을 갖춘 써비스를 제공할 수 없게 되자 그것을 개인적으로 구입하기 위해 더 많은 돈을 벌어야만 하기 때문이었다(예컨대 1992년에는 가족이 아플 때 전체 가구 중 50퍼센트가 민간 의료보험을 이용했다. 꼬스따리까의 농촌이라는 완전히 다른 맥락에서 마크 에들먼이 1980년대와 1990년대에 진행한 연구 결과도 놀라울 정도로 유사한 이야기를 들려준다. 꼬스따리까는 라틴아메리카 전체에서 분명히 가장 정교한 형태의 사회민주주의 국가로서 그 사회적·경제적 프로그램은 대다수 생계활동에 이런저런 방식으로 작용하면서 나라 곳곳에 확산되었다. 하지만 (에들먼이 1980~82년으로 상정하는) 꼬스따리까의 외채위기 이래 공공지출의 삭감은 불가피하게 국가가 제공하는 사회적 안전망(예컨대 가족수당), 사회복지(예컨대 의료보험), 그리고 생산써비스(농업 채무의 상환 연기 승인, 신용 제공 등)의 축소를 야기했다. 이는 또한 주민들이 민간부문을 통해 유사한 써비스를 얻는 데 더 많은 돈과 시간을 투여하고 단순히 그런 써비스의 활용을 줄이거나 다른 방식으로 써비스를 획득하기 위해 다른 사회적·제도적 관계에 의존하게 됨에 따라 주민들의 생계에 다양한 결과를 미쳤다.

모저와 에들먼의 분석에서 드러난 또다른 주제는 생계활동이 점점 더 다양해지고 탄력적이 되며 쉽게 변화한다는 점이다. 말하자면 개인과 가족 들은 생계를 유지하기 위해 그들이 하는—그들이 할 필요가 있는—일의 범주 속에 더 많은 활동을 포함시켰다. 확실히 현재 라틴아메리카의 농촌 지역에서 순수 농업 종사 가구를 거론하기란 매우 어려운 일이 되어버렸다(12장 참조). 자료를 입수할 수 있는 11개국을 다룬 어떤 연구에 따르면 9개국에서 1990년대말 당시 농촌 여성의 65~92퍼센트와 남성의 25~54퍼센트가 비농업 활동에 종사하고 있었다(Reardon et al. 2001). 뻬루에서는 농촌 가구 순수입의 51퍼센트가 비농업 활동에서 발생했다(Escobal 2001). 꼬스따리까에서 에들먼은 농업, 상거래, VCR 수리, 정비업 등 여러가지 일을 동시에 하는 농촌주민에 대해 논의한다. 도시 지역에서도 여러 가구들은 자영업, 피고용인, 상거래, 다양한 기타 소규모 활동을 겸하고 있다. 그런 복합적 성격의 생계활동은 단지 최근의 현상이 아니지만(예컨대 Bromley and Gerry 1979), 오늘날 훨씬 더 일반적인 현상이 된 것처럼 보인다(Reardon et al. 2001).

가족 내부의 변화와 시간의 흐름에 따른 이런 다변화 전략의 일환으로 또한 이주는 점점 더 중요한 역할을 맡게 되었다(5, 11장 참조). 다시 한번 강조하거니와 그 자체로는 새로운 현상이 아니지만 농촌 지역에서 이주 소득의 중요성은 증대하는 듯 보인다. 이는 흔히 (특히 젊은이들이) 도시로의 영구 이주를 결정하기 위한 전초 단계이다. 그러나 모저의 사례가 일러주듯 생계활동이 점점 더 불안해질수록 사람들은 다른 곳, 특히 광산, 양식장, 탄화수소나 신자유주의의 최대 수혜자라고 할 만한 부문인 목재 채취(6장 참조)에 기반을 둔 수출산업의 중심지로 이동하기를 원했다. 곧이어 이런 지역으로의 이주는 채취경제 중심지의 성장에 유리하게 작용했다(Portes 1989). 또한 그런 결정은 점점 더 국제 이주를 증대시켰고 이는 더 많은 라틴아메리카인들이 미국, 에스빠냐, 네덜란드 등지에서 생계활동을 하려는 사례에서 잘 나타난다

(Jokisch and Pribilisky 2002, 이하 내용 참조).

신자유주의 아래서 생계활동은 대부분 더욱 취약해졌을 뿐 아니라 더 다양하고 유동적으로 변모했다. 이는 라틴아메리카 경제가 지난 20년간 겪어온 정치경제적 변화를 뚜렷하게 반영한다. 그렇지만 또한 그것은 대중의 가용자산을 나타내는 동시에 생계활동 전략에서 그 자산이 차지하는 상대적인 중요성에 변화를 가져온다. 농촌 가구의 비농업 소득이 점점 더 중요해진다는 것은 토지가—여전히 중요하긴 하지만—생계활동의 원천으로서 중요성이 떨어진 반면, (기술 같은) 인적 자본과 (사람들로 하여금 일자리를 얻을 수 있도록 도와주는 여러 형태의 친교와 그들이 위기에 대처하도록 돕는 관계로서) 사회적 자본이 더욱 중요해졌다는 점을 뜻한다. 마찬가지로 도시에서도 인적·사회적 자본은 점점 더 중요해졌다(Moser 1998). 그리고 비록 신뢰와 협력의 수준이 폭력으로 심각하게 손상된다 할지라도(Moser 1998), 사회적 자본은 사람들로 하여금 그들의 거주지에서 폭력의 증대에 대처하도록 돕는 데 특히 중요성이 커지는 것처럼 보였다(Moser and MacIlwaine 2000).

게다가 꼬스따리까에서 신자유주의도 새로운 경제적 기회, 무엇보다 수출과 연계된 활동의 영역을 열었으며, 여러 가구 구성원들이 이 영역으로 새롭게 생계전략의 방향을 전환하고자 시도해왔다는 점을 언급하는 것 역시 중요하다. 일부 연구자(예컨대 과떼말라의 치말떼낭고에 대해 연구한 Hamilton and Fische 2003)들은 빈민들이 신자유주의 아래에서 새롭게 생겨난 수출시장(그 경우엔 원예작물시장) 덕분에 혜택을 입었다고 주장했다. 실제로 씨스네도스의 사례에서조차 사람들은 신자유주의의 도입 이래 에꽈도르 경제에서(환경파괴 가능성이 높다고 하더라도) 호황을 누리고 있던 새우양식장에서 일하기 위해 이주하기도 했다.

그리하여 여러 연구서들이 라틴아메리카 도시와 농촌의 빈민층에게 점점 더 생계활동의 위기가 높아진다는 의식을 강하게 전달한다고 하더라도, 항상 또는 반드시 그렇지는 않다. 아마 더 중요하게 인식해야 할 사항은 다음과 같을 것이다. a) 신자유주의 아래에서 생계활동의 기회와 위협은 지리적 위치에 따라 다양하다(3장 참조). b) 이런 기회를 활용할 수 있는 이들의 능력이나 생계활동이 심각하게 손상당할 가능성은 주로 그들의 가용자산—인적, 생산, 천연, 사회·문화적 자본—과 더불어 그 자산의 안전성과 생산성에 영향을 미치는 제도적 조건에 달려 있다. c) 어떤 경우에라도 사람들은 새로운 맥락에 생계활동 전략을 적응시킴에 따라 이런 자산들을 다시 배분한다. 또 이런 재배분은 사람들이 일상생활에서뿐 아니라 정치적으로도 필시 입수하고자 분투하는 자산과 아울러 그런 조건 아래에서 빈민의 생계활동 개선을 겨냥한 프로그램의 가장 적절한 개입 지점이 어디인지에 대해서도 영향을 미친다. 우리는 다음에서 이 두가지 쟁점에 대해 다룰 것이다.

생계활동의 정치

라틴아메리카 사회운동 연구에 등장한 중요한 주제(Alvarez et al. 1998; 10장 참조)는 신자유주의 시대 라틴아메리카에서 정치적 참여가 경제적 관심사만큼이나 정체성과 시민권에 기초한 관심사를 반영해왔다는 점이었다. 실제로 일부 연구자들은 이 지역의 사회운동에 대한 몇가지 논의가 심지어 정치에서 필수적인 생계활동 문제의 지속적인 중요성을 경시하기까지 했다고 경고했다(Edelman 1999). 이 장 앞부분에서 윤곽을 보여준 생계활동 분석틀이 라틴아메리카에서 모든 형태의 현대적·대중적 정치활동을 설명하기 위한 토대로 사용될 수 없을 뿐 아니라 분명히 그래서도 안 되지만, 최소한 그것이 지닌 강점 중 하나는 그것이 생계활동에서 물질적인 것과 문화적인 것 사이의 떼려야 뗄 수 없는 관계에 주목한다는 점이다(Escobar 2001a). 또 그 분석틀은 연구자들로 하여금 한가지 방식만으로 정치 활동을 '과도하게 설명하는 것'을 단념시키는 장점을 지닌다. 그것은 사람들이 경제적 관심사를 둘러싼 투쟁에 관여하는 동시에 특별한 의미를 보호하고 표현하기 위해 분투하고 있으며 또 대부분 의미를 둘러싼 투쟁은 흔히 경제적 이해관계를 방어하거나 증진하려는(또는 그 분석틀의 언어를 빌리면 다양한 자산과 (또는) 자산의 생산성에 대한 통제를 방어하거나 증진하려는) 투쟁이기도 하다는 점을 암시한다.

생계활동 분석틀의 용어를 다시 한번 활용한다면, 이 투쟁은 자산에 대한 직접적인 통제를 획득하든지 아니면 그런 자산의 취득과 생산성을 조절하는 제도와 사회구조를 변화시키는 것을 지향한다. 우리는 전자에 해당하는 다양한 사례를 떠올릴 수 있다. 아마 가장 분명한 사례는 특정한 토지를 획득하려는 일부 집단의 길고도 지속적인 투쟁의 역사일 것이다. 라틴아메리카의 여러 국가에서 1950,60년대에 발생한 토지 습격(Stavenhagen 1970; Smith 1989)과 브라질의 '토지 없는 농촌 노동자들의 운동'의 지속적인 투쟁(Wolford 1998)은 대표적인 사례이다. 그중 몇가지 사례—물론 브라질의 '토지 없는 농촌 노동자들의 운동'이 여전히 두드러진 사례인데—의 누적적인 효과는 여러가지 방식으로 토지 획득을 통제하는 기관을 변화시키고 토지 통제와 연계된 일부 사회조직에 도전한 토지개혁 정책의 실행이었다. 그러나 이 투쟁과 동원은 대부분 지역 차원에 머물렀고 기껏해야 지역내 일부 집단이 토지 접근권을 획득할 수 있을 뿐이었다. 도시에서 벌어지는 빈민촌 거주자들의 토지 침입—과거뿐 아니라 오늘날에도 여전히 지속되고 있는—은 이런 농촌의 투쟁과 유사한 형태를 띤다. 만일 획득한 토지에 주택을 짓고 그것을 가내공장, 소규모 가게나 다른 형태의 경제활동을 위한 대출 담보로 활용해 점차 해당 가구의 생산적인 자산으로 삼을 수 있다면 침입 가능성은 더욱 높아진다(Moser 1998). 그러나 그런 투쟁에서 비롯된 이득이 빈민층 내에서 동등하게 나뉘는 일은 거의 없고, 무단점유자들의 정착에서 흔히 지주와 임차인 사이의 사회적 분화과정은 곧 뚜렷해진다는 점을 언급하는 것이 중요하다.

이런 토지를 둘러싼 투쟁과 같이 경제적 이득은 한편 중요한 문화적 이득을 동반한다. 단지 경제적 이득이 특정한 생활방식을 가능하게 만들기 때문만이 아니라 그것이 빈민층의 자존과 정치적 잠재성에 대한 새로운 의미를 전달하기 때문이다. 유사한 방식으로 댐 건설에 반대하는 칠레 마뿌체/뻬우엔체(Mapuche/Pehuenche)족이나 꼴롬비아에서 석유 개발에 반대하는 와(U'wa)족의 지속적인 투쟁처럼 지역주민들이 의존하는 천연자원을 보호하려는 동원 역시 문화적인 동시에 경제적인 관심사를 지닌다.

토지(자연자본)를 입수하려는 투쟁은 아마도 자원의 직접적 획득을 겨냥한 생계활동정책의 가장 명백한 형태였을 것이다. 그러나 다른 자산을 획득하려는 투쟁 또한 지속되어왔다. 사람들은 도로, 신용대출, 다른 형태의 생산된 자본을 입수하고자 투쟁해왔다. 또 중요한 투쟁활동은 교육(인적 자본)에 대한 접근을 둘러싸고 펼쳐졌다. 이런 투쟁 가운데 일부는 일주일 동안 더 많은 날, 그리고 더 오랫동안 자녀들을 학교에 보내고자 부모들이 (주소를 바꾼다거나 가족내에서 연령과 성별에 따른 직무와 역할을 바꿈으로써) 생계활동 전략을 재편하는 것과 같이 매우 개인적이고 일상적인 차원에서 이루어진다. 다른 형태의 투쟁들은 더욱 잘 조직되어 있다. 가장 지역적인 차원에서 교사들이 한 주 내내 학교에 출근하도록 압력을 행사하거나 지역 내 학교를 관리하고 향상시키는 역할을 떠맡을 정도로 강력한 학부모 연대를 조직하려는 부모들의 노력은 이런 사례를 예증한다. 실제로 뻬루의 고원지대에 위치한 꾸스꼬에서 진행된 연구는 그런 유형의 투쟁이 어른들의 최우선순위로 떠올랐다는 점을 보여주었다(García 2000). 몇가지 경우에 투쟁의 무대는 전국으로 확장되었고 이는 어떻게 빈민들이 인적 자본 접근권을 획득할 수 있는지를 좌우하는 몇가지 규칙에 결국 영향을 미쳤다. 이와 관련된 한가지 사례는 에꽈도르에서 전국적 차원의 원주민운동이 원주민의 교육을 통제하는 정책에 영향을 미치는 방식이었다(박스 9.2).

■ 박스 9.2 에꽈도르의 원주민 조직과 교육정책(출처: Selverston-Scher 2001)

교육이 에꽈도르 원주민운동의 주된 관심사 가운데 하나라는 점은 여러 지도자들이 1970, 80년대에 이중언어 교육 프로그램에 열중했다는 사실을 감안할 때 그리 놀라운 일이 아니다. 그렇지만 흥미로운 대목은 이 조직들이 에꽈도르에서 교육정책의 기본을 어느 정도까지 구체화할 수 있었는지, 또 어떤 계기의 정부정책이 어느 정도까지 이 과정을 촉진했는지이다.

예전의(그리고 매우 중요한) 문맹퇴치 프로그램(일부는 공공기관이 주도한)이 에스빠냐어 구사력에 초점을 맞추었다면 1970년대말 정부는 끼추아(Quichua)에서 문맹퇴치 훈련과 이중언어 교육 커리큘럼의 개발을 지원했다. 에꽈도르 가톨릭 대학교의 원주민교육연구소(CIEI)가 운영한 이 프로그램을 통해 1979~84년에 이중언어 학교 300곳이 설립되었고 문맹률은 같은 기간에 25.7퍼센트에서 12.6퍼센트로 떨어졌다(Selverston-Scher 2001, 88면). 1984년 더욱 권위주의적인 정권이 들어서자 이 프로그램은 방치되었지만 1988년 중도좌파정부의 등장으로 '에콰도르원주민연맹'(CONAIE)은 정부와 함께 '전국이중언어교육협회'(DINIEB)의 창설을 논의했다. 이 협회는 교육문화부 내에 설치될 예정이었지만 에콰도르원주민연맹 자체가 근무 인력을 지원하고 운영하기로 되어 있었다(에콰도르원주민연맹과 관련 기구들에는 이중언어 학교에서 가르칠 요원을 선발하는 막강한 권한이 부여될 예정이었다).

교육과 관련된 원주민 조직은 에콰도르에서 공공기관, 교육정책, 그리고 정치에 뚜렷하게 영향을 미쳤다. 또 교육 분야에 원주민이 참여하고 운영할 수 있는 중요한 공간을 마련해놓았다. 그렇지만 이 조직이 잘 운영될지 여부는 또다른 문제였다. 1988년 이래 전국이중언어교육협회는 정치경제적 곤경탓에 좌초되었고(Selverston-Scher 2001, 89면) 구식의 후견과 지원 관계가 지속되었으며 전국이중언어교육협회를 통해 원주민운동 내 여러 부류 간의 갈등 양상이 드러났다.

자산의 통제와 활용을 관할하는 기구와 사회조직에 맞서 도전하고 그것을 바꾸려는 생계활동 본위의 투쟁이 성공한다면 그것은 자산 획득을 꾀하는 지역적 차원의 투쟁보다 더 많은 이들의 생계활동과 삶의 질에 훨씬 더 크고 지속적인 영향을 미칠 것이다. 그러나 아마도 그런 정치적 투쟁이 성공할 가능성은 높지 않을 것이다. 부분적으로 이는 그런 형태의 생계활동 정치가 흔히 자발적이고 오래가지 못하기 때문이다. 매우 분명하지만 중대한 정책의 변화를 거의 이끌어내지 못한 신자유주의적 거시경제정책에 반발해 등장한 대중동원(이른바 'IMF 소요')보다 이런 사례를 더 극명하게 보여주는 사례는 없다. 달리 말해 정책과 그것을 지탱하는 정치경제적 구조가 우세할수록 중대한 저항에 직면할 때조차 변화가 발생할 가능성은 훨씬 적다.

물론 겉보기에 자발적인 대중동원이 항상 그리 자발적인 것만은 아니다. 여러 대중동원은 흔히 사람들이 생계활동을 구성하는 동안에 조직한 연대의 네트워크와 일상의 정치적 참여를 통해 확립된 관계에 의존한다. 또한 그것은 대부분 사회운동과 다른 더욱 공식적인 기구의 조율과 조직활동에 토대를 둔다. 그러나 그런 동원이 무엇보다 구성원들의 생계활동을 보호하기 위해 투쟁하는 강력한 대중조직에 기반을 둔 경우에라도 그 효과는 제한적이었다. 꼬스따리까를 비롯한 중앙아메리카의 농민운동을 다룬 에들먼의 연구가 내린 결론(1999, 1998a) 가운데 하나는 그 운동들이 많은 것을 성취하고 지역 내에서 경제와 농업 정책에 관한 논의에 참여할 수 있었다고 할지라도 결국 정책의 본질에는 거의 영향을 미치지 못했다는 점이다. 농민운동은 무역자유화, 가격보증제 철폐, 그리고 다양한 방식으로 소규모 농업부문의 경제적 생존력을 약화시키는 정책들을 크게 바꿀 수는 없었다.

하지만 항상 그렇지는 않을 수도 있다. 에꽈도르의 전국적인 원주민운동(자세한 사항은 10장 참조)은 (거시경제정책의 공식화에서는 여전히 아니라고 하더라도) 더 많은 정책 영역, 특히 교육뿐 아니라 좀더 광범위하게 농촌개발부문에 영향을 미쳤다. 그리고 멕시코에서 사빠띠스따 운동은 광범위한 지지기반과 무력의 활용 덕분에 원주민과 농촌 빈민층이 다양한 자산과 정치적 과정에 접근하는 것을 역사적으로 가로막아온 정책, 제도, 그리고 사회 관계를 약화시켰다. 그러나 이 경우에조차 멕시코의 거시경제정책에 대한 영향력은 제한적이라고 여겨질 수밖에 없다.

생계활동, 비정부기구, 발전

기존의 생계활동 전략들을 연구하는 이유 중 하나는 그 전략들이 정책과 실행에 영향을 미칠 수 있는 발전방식을 선택할 수 있다는 것이다. 한편에서 그것들은 기존의 거시경제적 조건 속에서 대중의 소득, 능력, 성취감을 고양하리라고 기대할 수 있는 방식을 선택할지 모른다. 다른 한편 그 분석들은 대중에게 생계활동을 증진하는 새로운 기회를 제공할 수 있는 특정 정책의 변화를 확인하는 데 도움을 줄 것이다. 두번째 사항은 매우 중요하다. 특히 만일 누군가가 신구조주의적 방식을 라틴아메리카의 새로운 정책 의제로서 지지한다면(이 책의 도입부에서 그러했듯이), 이 의제가 무엇일지, 달리 말하면 국가 개입의 유형이 어떠할지, 생계활동의 질을 높여주고 특정 품목을 표적으로 삼는 보호주의는 어떤 종류일지, 그리고 국가와 사회 간의 새로운 관계는 어떤 유형일지 등에 관해 몇가지 세부사항을 제공하는 것이 필수적이기 때문이다.

라틴아메리카의 여러 비정부기구들은 언젠가부터 이것이 그들이 사실 목표로 삼은 것이라고 주장해왔다. 그들은 기존의 생계활동 전략을 이해하고자 노력했고 이를 토대로 발전방식과 정책 권고안을 궁리해냈다. 그러므로 이런 경험으로부터 무엇을 이끌어냈는지 고려하는 것, 달리 말해 생계활동 분석이 어떤 조건 아래서 어느 정도 실제 정책의 변화를 시사할 수 있는지 살펴보는 것은 유익하다. 이것이 볼리비아, 에꽈도르, 뻬루 같은 안데스 국가들의 농촌 지역을 준거점으로 삼아 이 대목에서 시도하려는 바이다.

농촌의 발전을 도모하는 비정부기구들은 매우 다양하며 12장에서 더욱 자세하게 논의될 텐데(또한 Bebbington 1997 참조) 대다수 비정부기구들이 서로 다른 방식으로 농촌 생계활동의 질을 높이고자 노력한다고 간주하는 것이 합리적이다. 대다수는 주로 직접적인 자산 공급을 목표로 하는 프로젝트 방식을 통해서 한다. 훨씬 더 적은 수의 비정부기구들은 지배적인 제도와 사회구조에 도전하면서 정부와 다른 기관들의 사고방식에 영향을 미칠 수 있는 대안적 정책 방안을 발전시키고자 노력한다. 일부 비정부기구들은 단독으로 활동하는 반면 다른 기구들은 나름의 프로젝트를 통해 더 광범위한 정책과 정치적 교훈을 끌어내고자 시도하면서 이것과 직접적인 조정을 결합시킨다.

이런 접근방식의 질과 연관성에 대한 한가지 기준은 빈민층의 생계활동에 미치는 그 접근방식의 실제적 영향력을 평가하는 일이다. 대체로 기금과 시간의 부족 탓에 일정 수준과 범위의 연구를 진행하기란 쉽지 않다. 게다가 이런 연구의 결과는 특별히 고무적이지도 않다(Zoomers 1998 1999; Bebbington et al. 2002). 영향력이 제한적인 여러가지 이유 가운데 한가지 분명한 것은 프로젝트 방식이 농촌 생계활동에 대한 기본적인 제약이 무엇인지를 다루지 않을 수 있기 때문이다. 의존적인 생계활동을 다룬 문헌을 통해 암시된 바와 같이 이런 제약은 대부분 근간을 이루는 기관이나 사회구조와 밀접하게 관련되어 있다. 예컨대 제한적인 토지 획득, 무역자유화 이후 값싼 수입품 유입에서 비롯된 시장의 불황, 인종차별과 그것의 복합적인 방해 효과(2장 참조), 농민에 대한 정부의 전반적인 무관심과 정책적 편향을 유발한 권력 관계의 불평등을 들 수 있다.

그렇지만 영향력이 제한적인 또다른 이유는 비정부기구들이 흔히 농촌 생계활동의 본질을 잘못 인식해왔기 때문인 듯하다. 비정부기구들은 농민들이 소득창출을 위해 주로 농업에 의존하고 중장기적으로는 그들뿐 아니라 자녀들도 계속 농업에 종사하기를 바라는 것처럼 생각하곤 했다. 그러나 앞에서 살펴본 대로 특히 신자유주의 시대에 농촌에서 발생한 두드러진 변화는 농촌의 생계활동이 점점 덜 농업에 의존하게 된다는 점을 일러준다. 실제 뻬루와 볼리비아에서 진행된 한 연구에 따르면(빈곤 가구를 포함해) 여러 농촌가구들은 그 자녀들이 농촌을 떠나도록 돕는 데 자산을 투입하려고 부단히 애쓰고 있었다. 특히 그들은 무리해서라도 자녀 교육에 돈을 쓰는 특별한 노력을 기울였다.

그들은(자녀가 학교에 다닐 수 있도록 투자하는) 직접 투자뿐 아니라 다소 덜 직접적인 수단을 동원하기도 했다. 예컨대 그들은 자녀들이 주중에 학교에 다니는 동안 머물 수 있도록 중등학교 근처에 사는 친지들과 사회적 관계를 튼튼히 했다. 약간 더 여유 있는 이들은 도시에 작은 땅이라도 마련해 집을 지어서 자녀들이 학교에 다닐 동안 그곳에서 생활할 수 있도록 하려 했다. 자녀들이 중등교육과정을 마친 뒤에 이 장소는 도시에서 새로운 생계활동을 펼칠 수 있는 주거공간으로 활용되기도 한다(Zoomers 1998; Bebbington et al. 2002). 농민들이 생계활동의 주축을 점차 농업에서 다른 분야로 돌리는 데 중요한 자원을 투여하는 것처럼 보인 곳에서 농업 투자 증대를 촉진하려는 농촌 발전 방향이 제한적인 성과만을 낳을 수밖에 없다는 점은 그리 놀랄 만한 일이 아니다. 더 놀라운 것은 비정부기구들이 그토록 뒤늦게 이런 경향을 알아차리고 생계활동 전략에서 특정 자산과 경제활동의 중요성이 변모하고 있다는 사실을 인식했다는 점이다.

그런 상황에서 무엇이 더욱 효과적인 발전방식을 구성할 수 있을까? 여기서 사람들의 생계활동과 그것을 통해 그들이 무엇을 추구하고자 하는지에 대한 논의는 몇가지 실마리를 제공할 것이다. 이 연구에서 사람들(특히 여성)은 가장 중요한 자산으로 교육을 꼽았다. 그들은 또한 앞에서 언급한 대로 나름의 전략을 통해 이것이 매우 중요하다는 점을 보여주었다. 사람들은 다른 무엇보다도 그들과 특히 자녀들의 인적 자본을 증진하기 위해 애썼다.

중요하게 여겨지는 두번째 자산은 사회적 관계(또는 사회적 자본)였다. 그렇지만 농촌의 발전에 관한 대다수 문헌들이 농민과 다른 형태의 농촌주민 조직 간의 연계를 발전을 이루기 위해 가장 중요한 형태의 사회적 자본으로 상정했지만, 이 연구들에 따르면 정작 사람들은 그런 조직을 강화하는 데 시간을 쏟으려고 하지 않았다. 대신 그들은 정보, 주택이나 다른 유사한 자원, 그리고 자녀에게 학교교육을 시킬 수 있도록 돕는 자원을 취득하고, 이주노동자로서 일자리를 찾으며, 위기가 닥쳤을 때 자원을 공동으로 부담하게 해주는 사회적 네트워크를 발전시키고자 노력했다. 에꽈도르의 도시 과야낄과 꼴롬비아에 관한 모저의 연구서가 유사한 결론을 도출한 점은 매우 주목할 만하다(Moser 1998; Moser and MacIlwaine 2000).

또한 다른 저작은 흔히 매우 소규모의 탄력적인 대출로 조달되는 자금이 새로운 생계활동 환경에서 점점 더 중요해진다고 주장했다. 이 금융자본은 사람들로 하여금 새로운 활동과 장소에서 점진적으로 자리잡게 하는 데 도움을 준다(그림 9.2 참조). 이런 활동은 리마의 길거리나 읍내 광장에서 음식물을 판매한다든가(도시 보존 프로그램으로도 쫓겨나지 않은 사례를 추정해보라), 배관공, 전기공, 건축 노동자로 일하기 위해 장비를 구입한다든가, 나중에 내다 팔기 위해 송아지를 구입하는 방식과 같이 매우 작은 규모로 구성된다. 이 활동들은 소규모이긴 하지만 빈민층에게는 여전히 부담스러울 수 있는 초기 자금의 투자를 필요로 한다. 또 도시에서 기반을 다지는 데 도움을 줄 수 있는 주택 구입용 대출 역시 매우 긴요하다.

이 모든 것은 농촌 발전을 위해 노력하는 비정부기구들에게 무엇을 의미하는가? 그것은 사람들이 가장 많이 원하는 생계활동 전략의 유형을 안다고 추정하는 방식보다는 그들이 가장 바람직하며 타당하다고 여기는 생계활동 전략을 수립하도록 돕는 방식의 개입이 더욱 중요하다는 점을 의미할 것이다. 신용과 저축 부문에서 사실 점점 더 많은 비정부기구들이 이런 점을 인식해왔고 특히 빈민층에게 대출을 제공하고 그들이 (비록 적은 액수라도) 저축하도록 장려하는 새로운 관련 단

그림 9.2 에꽈도르 오따발로(Otavalo)의 시장에서 물건을 사고파는 이들. ⓒSylvia Chant

체들을 설립해왔다. 이는 특히 볼리비아에서 두드러졌다. 볼리비아에서 비정부기구나 기구 소유의 금융써비스 업체들은 농촌과 도시의 빈민들에게 융자를 제공했다. 일부 경우 융자금은 여전히 특정 농업활동과 연계되어 있었지만 대출받은 이들은 흔히 실제로 필요한 일에 쓰고자 신용대출 '꺾기'를 강구하곤 한다. 인적 자본의 구성과 관련해 그것은 비정부기구들이 주어진 훈련의 성격을 결정하도록 하기보다는 빈민층이 스스로 원하는 방식의 훈련 내용을 찾도록 돕는 프로그램을 의미할 수 있다. 그리고 사회적 자본의 구성에서 그것은 비정부기구들이 그 지역에서 통상 지원해온 미리 규정된 유형의 농민·생산자·여성 조직 또는 다른 성격의 조직들이 출현하도록 촉진하기보다는 빈민들이 자신들에게 가장 적합하다고 생각하는 연계망을 만들어가도록 돕는 활동을 의미할 수 있다.

그렇지만 이를 실행하는 것은 말하는 것보다 훨씬 어렵고, 경험한 뒤에야 현명해지기 쉽다. 실제로 근거 없이 비정부기구들을 불공정하게 대하는 사고주체(출판과 방송매체)들이 증가하고 있으며 여러 비정부기구들은 그 비판자들이라면 결코 견딜 수 없을 정도로 어려운 상황 속에서 활동하고 정치적인 투쟁을 전개하기도 했다. 또 이 지역의 대다수 비정부기구들은 계약, 프로젝트 보조금이나 기관 보조금같이 외부의 재정 지원에 의존하고 있기 때문에 달라지기 어렵다. 이 지원금은 대부분 유럽과 북아메리카에서 답지하거나, 만일 라틴아메리카 국가들이 제공한다고 하더라도 그것 역시 국제기금의 공공 프로그램을 통해 제공되곤 한다. 그리하여 더욱 제약 없고, 쉽고 빠르게 이동하며, 다면적이고 유연한 생계활동에 더 걸맞은 발전방식을 수립해서 사람들이 그 지역에서 점점 더 많이 살게 하기 위해서는 이런 국제기금 또한 전세계적인 자원 이전 조건에 대한 전통적 견해를 바꿔야만 한다. 이는 우리가 이 장의 결론에서 다룰 주제, 즉 어느 정도까지 생계활동 또는 생계활동의 가능성이 지역 차원의 관계만큼이나 전세계적 차원의 관계에 지속적으로 의존하게 되는지를 예상하게 한다.

라틴아메리카의 세계화와 생계활동

생계활동 분석은 더욱 지역적인 차원과 아울러 인간의 생활 문제에 주목하지만 지역적 과정과 생계활동이 더 넓은 차원에서 벌어지는 과정과 어떻게 관련을 맺는지 유의할 필요가 있다. 동시에 세계화에 관한 설명이 흔히 암시하듯 '지역'에 미치는 '전지구적' 차원의 영향력은 단지 지난 20년 동안의 현상만이 아니라는 점을 인식해야 할 것이다. 이 장의 마지막 부분에서 우리는 라틴아메리카의 생계활동이 전지구적

과정에 어떤 영향을 받았고 어떤 식으로 그 안에 단단히 자리잡았는지, 그리고 때때로 생계활동이 이 과정에 어떻게 영향을 미칠 수 있는지 살펴볼 것이다.

역사적 지속성

어떤 의미에서 '라틴아메리카'라는 관념 자체가 세계화과정, 특히 그중에서도 유럽과 아메리카의 일부 지역이 정복시대 이래로 이 지역과 연계를 맺는 과정의 산물이다. 실제 정복은 무엇보다 토지, 시장, 교환관계, 천연자원, 신앙, 다양한 일상생활 요소에 대한 통제를 조율하는 권력관계의 변화를 통해 이 지역의 생계활동을 변모시킨 일련의 새로운 활동과 관계를 낳았다. 이런 변화를 뒷받침했던 아메리카와 유럽 간의 다양한 연계가 오늘날 흔히 세계화라고 부르는 과정과 똑같지 않을 수는 있지만 그럼에도 그 연계는 먼 거리를 가로질러 자원과 주민들의 이동을 유발하고 그런 흐름에 영향을 미치는 초국적 네트워크(예컨대 라틴아메리카 식민 정부나 가톨릭교회의 기능과 관련된 네트워크)를 구축했다.

여러 문헌자료들은 이런 초기의 세계화가 토지의 징발, 다양한 형태의 노예노동과 채무노동의 도입, 그리고 유럽산 질병의 침투에 따른 인구 격감을 통해 어느 정도까지 라틴아메리카의 생계활동을 파괴했는가를 강조하는 경향이 있다. 그렇지만 이런 초기의 전지구적 연계 속에서조차 지역 차원의 관행은 실제 세계화과정에 해당 지역의 특성을 부여했다. 예를 들어 스티브 스턴은 초창기 에스빠냐 출신의 사업가들이 강요하려던 노동관계에 대해 원주민 노동자들이 어떻게 저항하고 이런 노동관계를 일부 바꿀 수 있었는지 보여주기 위해 16세기 볼리비아 뽀또시의 은광 경제의 사례에 주목한다(Steve Stern 1993). 에스빠냐 식민통치자들은 볼리비아 산악의 고원지대 중앙에 위치한 광대한 은산(銀山)과 맞닥뜨림으로써 1545년에 뽀또시를 '발견했다'. 그곳에 엄청난 양의 은이 매장되어 있다는 사실(심지어 오늘날까지도 채굴되고 있다)을 알게 되자 곧 에스빠냐인들은 '막대한 자본'과 새로운 기술을 도입하고 댐, 수로, 정련소를 만들어 그 지역의 면모를 바꾸었다. 동시에 그들은 노동자들을 통제하고 에스빠냐로 은을 가져가기 위해 새로운 노동체제(엔꼬미엔다encomienda, 나중에 미따mita, 에스빠냐 식민자의 영주재산제도로 토지·인민사용권을 아우른다—옮긴이)를 도입하면서 광산의 효과적인 운영을 보증하고자 했다. 이는 오늘날 새로운 광산과 천연자원 채굴에 대한 초국적(다국적)기업의 투자를 연상시키는 것으로서 전세계적 차원에서 펼쳐진 생계활동과 경관의 대대적인 변화였다(아래 참조, 옥스팜 아메리카Oxfam America의 웹사이트를 참조할 것).

그러나 스턴은 그런 설명이 암시하는 것보다 실제로 원주민 노동자들에 대한 통제가 훨씬 더 어려운 일이었다는 점을 보여준다. 초창기에 에스빠냐인들은 자유로운 원주민 광산 노동자들뿐 아니라 생산과 심지어 채굴된 광석에 대해 얼마간 통제권을 유지하고 있던 엔꼬미엔다 노동자들에게 의존할 수밖에 없었다. 더욱이 원주민들은 광석 제련시장의 대부분을 통제하고 있었다. 1570년대 에스빠냐 국왕이 '보잘것없는 보수를 주고 1년 동안 수천명의 노동자들을 광산과 정련소로 보낸' 예속적인 미따 노동체제를 도입했을 때, 에스빠냐인들은 생산과정에 훨씬 더 많은 통제권을 얻게 되었다. 그러나 1600년대초까지 이런 통제는 다시 한번 노동자(채무 노동자, 자유 노동자 할 것 없이)들의 조직적인 저항과 도전에 봉착했다. 원주민 노동자들은 임금제에서 '소작제'로 바꾸면서 광업을 통한 소득증대를 모색했는데, '소작제'에 따르면 그들은 은광석의 일부를 보수로 챙기거나 주말에도 광맥을 캘 수 있었다. 미따 노동자들이 노동조건을 바꿀 수 없었던 반면 (전체 노동력의 절반 이상을 차지하던) 자유 노동자들은 결국 뽀또시에서 제련되는은 가운데 많은 양을 보유하는 데 성공했다. 그렇지만 이것이 훨씬 더 막대한 양의 귀금속이 에스빠냐로 보내졌다는 사실을 부인하는 것은 아니다.

안데스 지역에서 세계화과정은 이미 450년 전에 생계활동에 영향을 미쳤다. 더욱이 생계활동을 방어하면서 일부 주민들은 세계화과정이 특정 장소에서 그들을 밀어내는 방식을 재정비할 수 있었다. 우리가 만일 화면을 빨리 앞으로 감아 20세기말 뻬루 북부 안데스 지역의 까하마르까(Cajamarca)에 도달할 수 있다면 이런 과정이 오늘날과 얼마나 유사한지 묻는 것이 적절하기 때문에 이 사례연구는 특히 흥미롭다. 까하마르까에는 미국에 본사를 둔 뉴몬트 광산 회사가 소유한 라틴아메리카 최대 규모의 금광이 있다(이 대목은 Bury 2002 참조). 1990년대에 와서야 개발된 이 광산은 이제 까하마르까 시보다 더 넓은 지역에 걸쳐 있으며, 이곳의 개발은 과거 뽀또시와 같이 엄청난 양의 자본과 기술의 유입을 동반했다. 생계활동은 그 과정 속에서 뚜렷이 변모했다. 농민들은 땅을 팔고 농업에서 손을 뗐으며 수질오염을 목격했고 대부분 도시의 물 공급이 위협받을 지경에 봉착했다. 도로망이 팽창하고 대체로 써비스업 부문에서 새로운 기회가 열렸으며, 항상 합법적이진 않았지만 광산업자들의 지출에 상응해 도시에서 고용의 기회도 늘어났다. 한마디로 도시는 크게 변모했다(Bury 2002).

세계화—이번에는 초국적 광산 회사와 더불어 금과 연계된 전세계적 상품 네트워크의 형태로—는 생계활동을 재조정했다. 이는 일부에겐 기회의 감소를, 다른 이들에겐 기회의 창출을 의미했다(Bury 2002). 그러나 뽀또시와 같이 생계활동의 이해관계를 방어하려는 지역 주민들은 부분적으로나마 세계화과정에 영향을 미쳤다. 농촌과 도시의 사회운동 세력은 광산 회사의 활동 가운데 일부(또는 운동에 참여한 이들의 특정한 생계활동의 이해관계에 따라선 전부가 될 수도 있다)에 도전하기 시작했다. 어떤 경우에는 그 운동들이 국내외 비정부기구들과 연대함에 따라 대응과 도전은 전지구적 차원에서 전개되었다. 이런 관계망을 통해 광산 사업의 일부 활동을 변모시키고자 광산 회사, 미국인 소유주, 세계은행 그룹(사업의 일부에 자금을 융통하는)에 압력이 가해졌다. 그럼에도 식민시대와 마찬가지로 뉴몬트와 그 계열사는 여전히 막대한 부를 미국으로 이전하고 있다. 그리고—또다른 역사적 지속성일 텐데—까하마르까는 에스빠냐인들이 잉까 아타왈빠가 석방의 대가로 지불한 몸값을 금으로 챙기는 동시에 약속과는 달리 아따왈빠(Atahuallpa, 1497~1533. 에스빠냐의 뻬루 점령시 잉까의 마지막 황제—옮긴이)를 처형한 장소였다는 점을 상기하는 일은 가슴 아픈 기억이다. 그럼에도 16세기든 21세기든 간에 이런 세계화과정이 반대와 논란 없이 전개되지 않았다는 점을 명심해야 할 것이다.

초국적 연계

이런 반응은 라틴아메리카 일부 지역의 생계활동에 전세계적 차원에서 이목을 끈다. 이 생계활동은 단지 전세계적 자본 투자와 신자유주의 경제정책이 지역에 미치는 영향이나 신자유주의를 동반하는 새로운 사회정책의 형태로만 세계화와 맞닥뜨리지 않는다. 사람들은 직간접적으로 자신을 라틴아메리카 또는 북부의 선진국에 거주하는 외부 활동가들과 연결하는 조직 또는 사회적 네트워크에 참여함으로써 세계화와 마주칠 수 있다. 그런 연계는 전적으로 새로운 것은 아니다. 예컨대 가톨릭교회와 (예수회, 프란체스꼬 수도회, 도미니꾸스 수도회 같은) 그 내부 조직은 오랫동안 여러 지역을 연결해왔고 교회가 세워진 지역에서 생계활동에 적잖은 영향력을 발휘했다. 최근 들어 이런 교회 내부의 네트워크는 라틴아메리카의 교구와 다른 지역의 교구나 조직들을 연결시켰고 자원과 독특한 사고방식을 전달함으로써 지역의 생계활동에 영향을 미쳤다. 예컨대 오순절파는 라틴아메리카에서 복음전도 활동을 통해 폭발적으로 성장하면서 라틴아메리카인들과 이 지역을 다른 지역(특히 미국)의 교회 조직과 연계하는 다양한 네트워크를 마련하고 생계활동의 선택을 돕고자 자원과 사고방식을 전달하는 데 뚜렷이 기여했다. 네트워크를 통해 전달된 여러가지 재원은 식수체계를 정비하고 초등교육에 필요한 자금을 지원하거나 토지소유권을 확보하기 위해 국제적인 압력을 행사하는 등 다양한 활동에 투입되었다.

가톨릭교회와 관련된 초국적 연계는 아마 이런 현상 가운데 가장 오랜 역사를 지닌 구체적인 사례이겠지만 다른 사례 또한 적지 않다. 우리는 이미 비정부기구와 사회운동 세력이 생계활동에 어떻게 다양한 영향을 미치는지 논의해왔다. 그렇지만 또한 이 조직들이 종종 라틴아메리카 밖의 우호집단으로부터 입수한 재원에 의거해 활동한다는 점을 인식해야 한다. 외부의 우호세력은 유럽과 북아메리카의 정부, 비정부기구, 사회운동, 노동조합, 인권단체, 환경단체 등을 포괄할 정도로 꽤 다양하다. 물론 외부세력과의 관계가 항상 쉬운 것만은 아니다. 점점 증가하는 라틴아메리카의 비정부기구들은 유럽과 북아메리카에 있는 표면상의 '동반자'들이 자원 제공을 승인하기 전에 더욱 많은 조건들을 부과하곤 한다고 불평하기도 한다(Aldaba et al. 2000). 그러나 그렇다 하더라도 이런 네트워크는 지속적으로 존재하고 결국 연계 조직이 개입해서 라틴아메리카의 특정 지역에서 생계활동에 영향을 미치는 것 또한 사실이다. 이런 점에서 볼 때 라틴아메리카의 비정부기구는 단지 특정 장소에서 프로젝트를 담당하는 조직에 그치진 않는다. 그것은 라틴아메리카에 견고한 토대를 지니고 주민들의 생계활동을 변화시키는 초국적 네트워크의 일부이기도 하다.

그러므로 우리는 세계화를 자본의 흐름과 투자를 조직하는 경제적 네트워크를 통해서뿐 아니라 사회 변화를 목표로 자원을 이동시키고 정책과 정치적 변화를 이루고자 노력하는 초국적 네트워크 또는 흔히 '전지구적 시민사회'라고 지칭(MacDonald 1997)되는 것을 통해 작동하는 것으로 이해할 수 있다. 라틴아메리카의 생계활동은 이런 세계화의 여러 차원으로부터 영향을 받는다.

이 장을 끝맺으면서 생계활동이 점점 더 국적을 초월하게 되었다는 점을 언급할 필요가 있다. 라틴아메리카—다른 곳보다 일부 국가와 지역에서 더욱—에서 점점 더 많은 주민들이 라틴아메리카 안팎에 기반을 둔 생계활동을 구축하기 시작했다(Jokisch 1999; Kearney 1996; 2000). 이와 같은 현상은 한 해의 얼마간 또는 한번에 몇년 동안 미국에서 일하는 이들의 경우 특히 뚜렷하다. 추정에 따르면 1997년 당시 미국에 거주하던 이주민 가운데 1310만명 정도가 라틴아메리카와 카리브해 지역 출신이었다(Jokisch 1999). 그중 에꽈도르 출신만 하더라도 40만명에 달했다(Jokisch and Pribilsky 2002). 또 꼴롬비아의 일부 전화회사들은 꼴롬비아인들에게 미국 여러 곳에 살고 있는 가족들과 소식을 주고받는 데 자사의 장거리 전화써비스를 이용할 것을 호소하는 TV 홍보전을 펼치기도 했다.

미국과 라틴아메리카 간의 초국적 생계활동 외에 일자리를 찾기 위해 에스빠냐로 이주하는 이들도 점차 늘고 있다. 예컨대 1990년대말부터 몇년 동안 경제위기를 겪은 뒤 수많은 에꽈도르인들은 일자리를 찾기 위해 에스빠냐로 떠났다(Jokisch and Pribilsky 2002). 다른 사례로는 아르헨띠나와 칠레로 이주한 볼리비아인들의 경우를 들 수 있다(Cortes 2000; Preston 2002). 물론 대다수 이주는 실상 영구 이주이므로 이주민들은 두 지역 사이를 계속 왕복하지 않는다. 또한 출발지와 도착지 두 곳과 모두 공감대를 형성하지는 않기 때문에 이를 초국적 생계활동이라고 간주하기는 어렵다. 그럼에도 이런 이주는 여전히 여러가지 방식으로 라틴아메리카의 생계활동에 영향을 미친다. 이는 (라틴아메리카에 머물고 있는 이들에게 부담을 증대시키면서) 노동력 부족을 유발할 수 있고, 비록 시간이 지나면서 해외송금의 규모와 빈도가 줄어들지라도 선진국에서 번 돈을 고향의 가족과 공동체에 이전하는 효과를 낳을 수 있다. 1990년대 중반 국제통화기금은 에꽈도르 출신 이주민들이 해마다 4억 600만 달러를 고향으로 송금한다고 추정했고(Jokisch 1999) 송금액은 1997년에 6억 4300만 달러, 2001년에는 14억 1000만 달러로 늘어났다(Jokisch and Pribilsky 2002). 송금은 대부분 한 가족 구성원이 다른 가족 구성원들에게 하지만 여러 이주민들이 같은 곳으로 이동하는 경우에 그들은 때때로 단체 송금을 시도했다. 예를 들어 머리 프라이스(Marie Price)는 미국의 버지니아 북부로 이주한 볼리비아 꼬차밤바 출신 주민들이 어떻게 고향의 공동체 개발, 복지, 사회기반시설 프로젝트를 돕고자 노력했는지를 보여주었다.

그러므로 일부 해외이주는 영구적이지만 다른 이들에게 그런 이주는 좀더 순환적이다. 두 나라에 동시에 집을 짓거나 흔히 불법적으로 위험하게 이리저리 순환하는 이들에 관한 증거 자료도 많다. 조키쉬는 예컨대 에꽈도르 남부 고원지대에 위치한 까냐르(Cañar) 출신 농민들이 어떻게 뉴욕으로 이주했는지를 보여주었다(Jokisch 1999). 이 과정에서 가족 네트워크는 국경을 넘어 확대되었으나 뉴욕에서 얻은 자원과 까냐르로부터 오는 새로운 소식과 사람들은 네트워크를 통해 (인터넷, 송금회사인 웨스턴유니온, 뉴욕에서 활동하는 에꽈도르 기업들에 의해 촉진되는 방식으로) 계속 순환한다. 이런 자원은 대부분 까냐르의 경관을 바꾸는 데 투입된다. 최근까지 많은 이들은 주로 콘크리트 블록과 어도비 벽돌로 이루어진 단층 주택 일색의 농촌 경관 속에서 눈에 확 띄는, 현대적인 2, 3층짜리 벽돌집을 짓는 데 투자했다. 그들은 뉴욕에서 번 돈을 고향의 목축업에도 투자했다. 국제이주 때문에 까냐르에서는 (노동력이 더 많이 소요되는) 농업이 쇠퇴하고 (노동력이 덜 소요되는) 축산업이 증대하는 것처럼 보였다. 결국 일부 주민들에게 까냐르는 번듯한 집을 짓고 이주를 통해 성공했음을 증명하는 장소가 되었다. 다른 이들에게 까냐르는 미국에서 벌어들인 소득에 근거해 편히 쉬거나 은퇴하는 장소가 되었다. 또다른 이들에게 그곳은 여전히 생산, 즉 농업과 전통적인 관행에 의거한 생산의 장소였다. 모든 이들에게 까냐르의 '경험'은 이런 변화과정 동안 다소 바뀌었지만, 까냐르의 한 지역에 산다는 것은 최소한 미국과의 정기적인 접촉을 의미하게 되었다.

결론

신자유주의 시대가 라틴아메리카 역사상 생계활동의 세계화를 경험한 유일한 시기는 아니었지만 생계활동은 의심할 바 없이 이 시대에 접어들어 완연히 바뀌었다. 이 변화는 본질적으로 다양하지만, 흔히 농촌과 도시에서 생계의 취약성 증대, 소규모 농업 위주 생계활동의 생존능력에 대한 압박의 증대, 유동성 수준의 증대, 더욱 다양한 활동에 근거한 생계의 전개 등의 경향을 포함했다. 되풀이해서 말하자면 이 가운데 어떤 것도 신자유주의 시대에만 국한되는 현상은 아니지만 1980년 이래 이런 추세는 강화된 것처럼 보인다.

이런 변화는 발전 프로그램의 형태와 대중적 정치 전략의 수립을 위한 도전을 내포한다. 새로운 생계활동의 본질과 역동성, 그리고 그 내부에서 주민들이 시도할 뿐 아니라 현재 그 지역의 정치경제적 맥락에 조응하는 다양하고 창의적인 방식에 초점을 맞춘다면, 그런 프로그램과 정책을 재고하는 데 필요한 조언을 해줄 수 있다. 어떤 사례이든 생계활동에 초점을 맞추는 것은 분명히 정치경제적 맥락에 대한 세심한 분석의 필요성을 배제하지 않으면서 전면적인 이론적·정책적 일반화를 시도하지 말라고 주의를 준다. 그것은 라틴아메리카의 현실에 대처할 수 있는 정책, 정치, 이론을 발전시키기 위해 가장 효율적인 방식이 풀뿌리로부터 그것들을 키워내는 것이라는 점을 시사한다(Blauert and Zadek 1998; Bebbington and Bebbington 2001).

□감사의 말

• 9장의 일부는 베빙턴의 2002년 저작을 토대로 기술한 것이다. 아울러 빈민층을 위한 소규모 금융써비스 활동에 대해 통찰력을 제공한 드니즈 험프리즈 베빙턴(Denise Humphreys Bebbington)에게 감사의 말을 전한다.

□더 읽을거리

• Bebbington, A. 1999 "Capitals and Capabilities: A Framework for Analysing Peasant Viability, Rural Livelihoods and Poverty," *World Development* 27 (12): 2021~44.: 이 장에서 농촌의 생계활동에 대해 논

의한 방식과 관련해 한층 더 경험적이고 개념적으로 자세한 사항을 살펴 볼 수 있다.

- Bebbington, A. and Batterbury, S. (eds.) 2001 "Transnational Livelihoods and Landscapes," *Ecumene* 8 (4).: 라틴아메리카의 생계활동에 관한 논문 세 편을 수록한 이 특집호는 정치생태학의 관점에 따라 이 장에서 논의한 여러가지 쟁점을 다루고 있다.
- Bromley, R. and Gerry, C. (eds.) 1979 *Casual Work and Poverty in Third World Cities*. New York: John Wiley.: 도시 생계활동에 관한 여러가지 사례연구를 볼 수 있다.
- Moser, C. 1998 "The Asset Vulnerability Framework: Reassessing Urban Poverty Reduction Strategies," *World Development* 26 (1): 1~19.: 도시 생계활동 연구의 유익한 입문서이다.
- Zoomers, A. 1999 *Linking Livelihood Strategies to Development: Experiences from Bolivian Andes*. Amsterdam: Royal Tropical Institute/Centre for Latin American Research and Documentation.: 안데스 지역 생계활동의 변화에 관한 연구에 유용한 자료를 제공한다.

□웹사이트

- 영국 국제개발부(Department for International Development, http://www.livelihoods.org): 생계활동에 관한 유용한 사이트.
- 초를라비그룹(Grupo Chorlavi, http://www.chorlavi.cl): 농촌의 경제와 생계활동에 관련된 몇가지 쟁점에 관해 매우 유용하고 잘 정리된 정보를 제공한다.
- 옥스팜 아메리카(http://www.oxfamamerica.org/advocacy/art2607.html): 생계활동, 특히 채굴산업을 탐구하는 데 매우 유익하다.

제10장

시민사회, 풀뿌리 정치, 생계활동

_쌔러 A. 래드클리프

지난 몇십년간 라틴아메리카 시민사회의 변화는 생계활동에 대한 지역 활동가들의 관심사나 정치제도와 경제상황의 변모에 대한 그들의 창조적 대응과 더불어 광범위한 구조적 과정을 이해할 필요가 있다는 점을 일깨워준다. 지난 30년간 정치제도는 다양한 권위주의적·배타적 정치체제의 물결로부터 선거 민주주의체제로 변모했다. 그런 체제 속에서 신장된 시민사회의 역할과 사회 참여는 국내정치인들과 구호단체의 칭송을 받고 있다. 여러 국민국가들이 그 경제를 재편하려는 국제적 조치에 따라 자원을 분배하는 방식을 바꿔버리자 활동가들은 경제 영역에서 새로운 사회적 생산 형태를 조직함으로써(달리 말해 공동체 구성원들의 필요를 충족하고 교육하며 보살피면서) 경제위기에 창조적으로 대응했다. 이 시기 동안 국가와 지역의 정치와 사회 분야에서 핵심적인 구조적 변화는 거시적 수준의 신자유주의 개혁과 세계화과정과 관련되어 있다. 거시적 차원에서 시민사회의 변화에 대한 설명은 라틴아메리카의 여론에 토론거리를 제공하면서 국가 차원의 개혁과 국내정치과정의 결과가 무엇인지를 명확히 한다.

대조적으로 풀뿌리 활동가 집단의 시각에서 시민사회의 변화를 바라보는 것은 그 지역의 사회적·정치적 변화를 이해하는 데 분명한 출발점을 제공한다. 정치와 생계활동의 변화에 대한 활동가들의 색다른 경험과 대응을 검토한다면, 신자유주의와 세계화라는 조건 아래서 시민 활동가들의 조직이 무엇을 성취할 수 있고 또 무엇을 할 수 없는지 이해하게 될 것이다. 지역별 문제와 부문별 특성에 민감한 신구조주의적 접근과 생계활동에 초점을 맞추는 접근방식(1, 9장)의 개요를 활용함으로써 이 장에서는 시민사회의 다양한 사회적 활동가들이 비공식적 정치활동을 통해 어떻게 스스로를 조직하는지 검토할 것이다(공식적 정치활동에 관해선 6, 7장 참조).

이 장은 시민사회, 비공식 정치, 비공식 정치활동이란 과연 무엇을 의미하는지 개관함으로써 시작할까 한다. 다음으로는 1970,80년대 시민사회 동원의 유형에 대해 논의할 것이다. '고도 근대화' 시대(2장)에 여러 라틴아메리카 국가들은 권위주의적 군사정권 탓(6장)에 (선거, 정당 위주의) 공식적 정치가 전반적으로 부진한 가운데 시민사회의 조직 역시 매우 미약했다. 그러나 역설적으로 같은 시기에 사회운동과 다른 형태의 집단 행위를 통해 다양한 활동가들의 동원이 이루어졌다. 세번째 부분에선 시민사회 활동가들의 비공식적 정치활동이 선거 민주주의로의 이행에 얼마나 기여했는지를 고찰한다. 네번째 부분에서는 신자유주의와 세계화가 어떻게 지난 20년간 라틴아메리카에서 시민사회의 지속적인 변화에 기여했는지를 다룬다. 신자유주의와 시민사회의 활동은 각각 여러 국가에서 지역 활동가와 제도 사이, 생계활동과 정체성 사이를 더욱 뚜렷이 구별하면서 거시적 차원의 헌정개혁에 공헌했다. 시민사회는 내부적으로는 소득 불균형의 증대로, 외부적으로는 국가뿐 아니라 비정부기구 같은 새로운 활동 조직과의 관계가 변화함에 따라 점차 바뀌었다.

라틴아메리카의 시민사회: 사회적 차이, 권리와 국가

고전적인 정의에 따르면 시민사회는 자본주의 시장과 국가 밖에 존재하는 사회 영역으로 인식된다(Adler Hellman 1995). 시민사회는 가족, 가구, 종교·문화 단체 등과 같이 다양한 집단에서 지속되는 관행과 가치체계를 통해 사회를 유지하는 데 핵심적인 역할을 담당한다. 이로부터 두가지 결과가 도출된다. 첫째, 시민사회의 활동가들은 시장과 국가에 대한 그들의 처지에 관심이 있고, 흔히 세가지 영역에서 생계활동과 사회적 재생산을 위한 책임의 분배를 둘러싼 투쟁에 관여한다. 둘째, 시민사회는 매우 이질적인 동시에 젠더, 계급, 인종, 종족, 문화, 주거지 등의 차이로 나뉘며, 이런 차이는 개개인을 국가와 시장에 대해, 그리고 상호간에 매우 다른 처지에 두게 된다.

국가와 시장에 대한 시민사회의 관계는 흔히 권리의 측면에서 표현되는데, 이런 권리는 한 국가에서 개개인이 누리는 생계활동, 안전, 정치사회에 대한 접근을 특정한다(Arce and Long 2000). 마셜(T. S. Marshall)의 고전적인 서술은 국가가 국민에게 보증하는(또는 보증하지 않는) 다양한 종류의 권리를 개관하는 데 여전히 유용하다. 이상적으로 말하면 시민의 권리는 사법체계가 보증하는 개인의 자유, 표현, 종교와 재산권 행사의 자유를 인정받는 것이다. 반면 정치적 권리는 투표권, 정치적 권위를 지닌 단체의 회원이 될 권리, 그리고 대표로 선출될 피선거권을 의미한다. 마지막으로 사회적 권리란 사회 프로그램이나 (교육과 보건 같은) 공공써비스를 통해 국가가 시민에게 제공하는 재화와 써비스를 뜻한다. 라틴아메리카에서 다양한 유형의 정치체제는 지속적인 '권리체계의 재구성'을 통해 역사적으로 변모하는 다양한 권리의 '꾸러미'를 만들어냈다(Calderón et al. 1992, 29면; Foweraker 1995). 국가의 권리체계는 그 속에서 시장, 시민운동가, 국가 등이 자원분배, 생계활동과 안보에 접근하는 방식을 형성한다. 라틴아메리카에서는 20세기 중반 정치권력의 통제가 강력하고 시민권이 제대로 신장되지 못한 가운데서도 국가가 포퓰리스트적 발전을 통해 사회적 권리를 확대한 바 있다. 여러 논평자들은 이를 지역적으로 독특한 권리의 집합이라고 주장한다(Roberts 1995). 담합주의(corporatism, 흔히 조합주의로 번역하는데, 이 경우에는 자본주의적 생산관계의 변형이 어떻게 이루어졌으며 어떤 메커니즘을 통해 유지되는지 적절하게 보여주지 못한다. 코포라티즘은 단지 조직의 유형을 일컫는 것이라기보다는 1차대전이 끝난 뒤 유럽에서 등장하기 시작한 사회적 타협의 기제로서 특히 대기업과 노동조합 지도부가 정부의 후원 아래 "직접적으로 이해관계를 조정하는, 바꾸어 말하면 공적 권력을 매개로 '담합'하는 과정"을 가리키기 때문이다. 배영수 『서양사강의(개정판)』, 한울아카데미 2000, 584, 590면 참조—옮긴이) 체제는 노동조합이나 국가가 인정한 협회를 통해 사회적 권리(예컨대 복지 제공의 혜택)의 체계를 세움으로써 다른 이들이 이런 써비스에 접근하지 못하도록 제한했다(Calderón et al. 2003). 권위주의 정부 시절에 투표, 정치 조직, 공적 결사 등이 금지됨에 따라 시민적·정치적 권리는 심각하게 위축되었다. 그렇지만 브라질에서 사회적 권리는 군부체제 아래서도 확대되었다. 지속적인 경제위기가 흔히 사회적 권리의 축소와 제한을 강요했지만 선거 민주주의의 복귀를 통해 시민적·정치적 권리는 새롭게 확립되었다(Foweraker 1995, 28면). 최근 들어 신자유주의 개혁과 세계화는 또다시 권리 체계를 재편했다(이하 참조).

라틴아메리카 시민사회는 인종적·종족적 다양성, 농촌과 도시의 차이, 그리고 국내의 극심한 소득격차와 문화적 차이를 지닌 까닭에 매우 이질적일 수밖에 없다. 사회적 이질성은 더욱이 사회적 위계제와 결합된다. 호르헤 라라인에 따르면 특정 사회적 범주(백인-메스띠소, 남성, 도시)를 다른 범주(원주민·흑인, 여성, 농촌)보다 더 높게 평가하는 것은 이 지역의 오랜 권위주의 전통 탓이다(2장). 바로끄시대와 뒤이은 계몽주의시대의 원칙은 암묵적으로 사회적 행위자들을 판단하는 규범적 가치를 포함했다. 라틴아메리카에서 시민권(과 다양한 종류의 권리들)은 오랫동안 어떤 특성(남성, 백인-메스띠소, 도시, 고소득)과 연계되어왔고, 그럼으로써 다른 사회적 행위자들의 시민적 권리와 역할을 제한했다. 20세기 내내 사회적 이질성과 위계제는 시민권, 발전, 국가와 사회의 관계라는 개념 속에 자리잡았고, 행위자와 생계활동, 시장, 국가와의 관계를 구체적으로 드러냈다. 여러 행위자에게 평등과 포섭이라는 계몽주의적 목표는 엘리사베트 헬린이 '아래로부터의 투쟁'이라고 기술한 것을 창출하면서(Elizabeth Jelin 1990, 15면) 여전히 실현되어야 할 과제로 남아 있다(Schuurman 1993, 187면).

그렇지만 지역의 생계활동과 특정 문화에 더욱 직접적으로 개입하면서 라틴아메리카인들은 그 쟁점을 거시적이고 구조적인 용어로 이해하지 않는다. 오히려 그들의 생계활동은 그들에게 시민권과 사회적 정체성의 의미를 달라지게 만드는 이주, 교육, 새로운 고용 형태, 민족주의 등 사회 변화의 경험을 제공한다. 20세기 중반부터 수백만명이 경험한 (대체로 도시로의) 이주와 교육은 시민사회와 사회적 차이를 재구성했다. 교육은 가난한 농민에게 자긍심과 인정(認定)이라는 새로운 의식을 만들어내는 동시에 새로운 노동 기회를 부여했다. 새로운 인종·종족 범주(예를 들어 뻬루의 혼혈인 촐로〔cholos, 종족 또는 계급의 관점에서 볼 때 원주민에 더 가까운 메스띠소—옮긴이〕)가 도시에 등장했고, 젠더에 따른 새로운 노동분업과 가구 형태, 그리고 비공식부문이 나타났다(11장). 신속한 도시화는 불가피하게 시민사회, 정치의식, 사회적 상호작용을 변모시켰다. 도시 이주민들은 완전한 시민권뿐 아니라 재원을 요구하면서 새로운 방식으로 국민국가와 노동시장에 반응하기 시작했다. 사회적 행위자들은 지역 차원에서 '정체성의 지리학'을 형성한 반면 국가가 후원하는 민족주의는 심각한 사회적 격차를 뛰어넘을 수 있도록 보편적 소속감을 창출하고자 시도했다(Radcliffe and Westwood 1996). 국민국가는 군복무, 민족주의에 바탕을 둔 학교교육, 시민들의 국가 의례 참여를 통해 '훌륭한 시민의식'을 고양하려고 했다. 농촌 지역에서 국가의 담합주의적 조직은 에콰도르 농촌의 꼬무나스(comunas) 같은 지역 민간조직과 더불어 새로운 정체성을 형성했다. 새로운 형태의 대중문화와 대중정치(광고, 시위, 캠페인, 노동조합 조직)는 주민들로 하여금 정치 영역과 새로운 관계를 형성하도록 도와주었다(Calderón et al. 1992, 25면). 이 모든 과정은 시민사회의 구조와 비공식 정치를 위한 조건을 크게 변모시켰고 시민권과 그 밖의 다양한 권리의 표현에 더 민감한 대중의식을 낳았다. 지리적 과정은 사회운동을 구성하고 사회적 차이를 강조하는 정치를 강화한다. 라틴아메리카의 불균등 발전과 지역적 편향은 대부분의 시민사회를 발전 가능성과 단절하면서 불균등한 자원분배를 유발한다. 이런 맥락에서, 불안정성과 발전에 따른 혜택의 불확실성 때문에 도시의 빈민촌에서 주택 또는 농촌에서 농지에 대한 권리를 얻기 위한 주민들의 동원이 발생한다.

앞에서 언급한 대로 시민사회, 국가, 시장 사이의 상호작용은 특히 주민들의 생계활동이 국민국가에 의해 규정되거나 자본주의 시장에서 형성된 안정성, 자원 취득, 인정 방식에 의존하게 되면서 흔히 긴장, 교섭, 경쟁의 원천이 된다. 이론적으로 이런 긴장은 주민들이 책임과 권리에 대해 합의를 보는 공공영역에서 논의되고 타결된다. 그렇지만 라틴아메리카의 공공영역은 역사적으로 제한적이거나 사실상 존재하지 않았다(Foweraker 1995, 30면). 이런 맥락에서 시민들의 토론과 비공식 조직의 형태는 대안적인 '대항 대중'(counter-public)과 관련되었다(Alvarez et al. 1998). 국가(시민적·사회적·정치적 권리)나 시장(경제적 권리)에 대해 자기 위치를 확립하기 위해 라틴아메리카의 시민사회 활동가들이 벌이는 투쟁은 다양한 연구의 소재를 제공했다.

이 연구의 개요는 그런 투쟁에 관여한 사회적·제도적 특성과 정치적 정체성이 국민국가와 시장의 변화에 따라 20세기 동안 서서히 변모해왔다는 점을 보여준다. 정치적·경제적 민족주의가 강력했던 20세기 중반에 시민사회의 협상은 흔히 노동조합(대부분 국가와 연계된)과 국가가 승인한 지역단체를 통해 이루어졌다. 이런 담합주의는 민간단체의 대표들을 연결시킴으로써 국가가 통제하는 기관들과 직접 연결된 시민사회의 활동가들을 계속 분리하고자 애썼다. 그렇지만 1950년대~70년대까지 신속한 산업화와 근대화에도 불구하고 여러 시민사회 조직들은 자원분배와 정치적 대표들의 네트워크 밖에 머물러 있었다. 대신 빈민촌이나 무시되기 일쑤였던 농촌에서 다양한 형태의 '자조(自助)' 협회가 생겨났다(Lehmann 1990, 150면; Scott 1990). 자조는 불균등 발전과 사회적 서열구조와 그와 관련된 배제의 유형을 전제로 하는 국가의 조치들을 반영했다.

대조적으로 1980년대의 '잃어버린 10년'과 특히 권위주의적인 군부독재 시절에 시민사회는 공적인 토론과 대표성을 모색할 수 있는 공식적인 배출구를 거의 지니지 못했다. 이런 상황에서 사회운동은 시민활동가 사이에서 정치활동의 공간이 되었다. 이후 시민사회와 공공영역은 세계화 또는 국가와 시장의 신자유주의 개혁의 물결 속에서 다시 한번 변모했다. 새로운 헌법과 비정부기구로 이루어진 '제3부문'의 등장에도 불구하고 국민국가는 시민들의 활동과 요구사항의 주된 대상이었다. 지속적으로 확대되는 국가의 영역에 등을 돌려버린 서구의 사회운동(Touraine 1981)과는 대조적으로 라틴아메리카의 시민운동은 일반적으로 국가와 정치제도와 공존하고 협력한다. 그렇지만 이 시기 내내 공공영역은 불안정하고 미약한 채로 남아 있었기 때문에 국가와 시민사회 사이에는 흔히 '엄청난 긴장'이 드러났다(Calderón et al. 1992, 25면). 정치 참여의 권리는 민주적 정책결정의 전제조건이고 (새로운) 권리를 정치적 의제로 삼으려는 기대를 동반하기 때문에 시민권 행사의 표본이 된다(Foweraker 1995). 그리하여 시민사회의 활동은 국가와 시장의 사정에 의존하면서 '저항, 항의, 제안 사이를 왔다갔다'한다(Escobar and Alvarez 1992, 4면). 흔히 시민사회운동은 광범위한 쟁점을 다루려는 정당의 선언이나 강령과 달리 특정 사안이나 불만 사항에 초점을 맞춘다(Scott 1990, 16~26면).

1970, 80년대 시민사회의 동원

이 시기에 시민사회는 '새로운 사회운동'이라고 불릴 만한 동원을 통해 매우 잘 조직되었다. 참여자의 수, 자신감, 지리적 범위의 확대는 지도자, 여론, 학자 모두를 놀라게 했다. 역설적으로 그런 시민사회의 동원은 라틴아메리카의 여러 국가에서 군부—그리고 일부 경우엔 매우 권위주의적인—정권이 권력을 잡고 있을 때, 말하자면 '평소와 같은 (정상적인) 정치'가 전개될 수 없을 때 활발해졌다. 권위주의적이든 좀더 온건하든 간에 군부정권은 대체로 정당을 폐쇄하고 노동조합과 직능대표기구들을 해산했으며 대중매체, 공공집회와 사회적 결사를 제한하면서 공공영역을 단속했다. 그러나 이런 상황에서 시민운동가들은 때로 생명에 심각한 위험을 무릅쓰면서까지 생계활동, 시장, 국가와 권리에 대한 자신들의 관심사를 표현하기 위해 단합했다. 달리 말해 시민사회 영역, 국가, 시장 간의 관계는 사라지지 않았으나 장기간의 결과를 놓고 본다면 시민사회와 국가 모두 극적으로 재편되었다. 이 장에선 우선 여러가지 이론들이 이 시기를 조명한 방식에 대해 논의할 것이다. 둘째, 생계활동, 권리, 사회적 정체성, 문화적 의미에 초점을 맞추어 이 시절에 등장한 몇가지 다양한 형태의 시민운동을 검토할 것이다. 마지막으로는 시민운동과 그 의제를 만들어내는 데 경제적 변화와 전세계적 통합의 강화가 어떤 역할을 맡게 되는지 살펴볼 것이다.

역설의 이해: 이론적 관점

왜 사회운동들이 1970,80년대에 활발하게 등장했는가? 생계활동, 즉 권력을 잡은 세력과는 상관없이 라틴아메리카에 존재하는 기회와 생존의 문제 때문인가? 아니면 이런 동원은 주로 시민사회와 국민국가의 다른 구성원에 대한 특정 집단의 정체성, 즉 생계활동이 영향을 미치는 정체성 때문인가? 이런 질문들은 시민사회운동의 역설을 이해하는 두가지 대표적인 방식이 존재한다는 점을 암시하는 반면 근래의 접근방식은 생계활동, 문화, 그리고 정치적 기회의 중요성 등을 동등하게 강조하는 경향이 있다.

자원동원 이론(RMT)은 생계활동의 문제와 시민사회 활동가들이 등장하는 구조적 여건을 강조하는 경향이 있다. 이 이론에 따르면 여러 집단들은 정치적·경제적 구조에 대응해 행동한다. 이 접근법은 비공식 정치가 합리적일뿐더러 중요할 수 있다는 점을 인식하고 특정 자원이나 권리를 얻으려는 시민단체들이 채택하는 방식에 초점을 맞춘다. 또한 사회운동은 구성원들이 제공하는 자원, 기부금, 그리고 전략적 결정을 내릴 수 있는 지도자를 필요로 한다(Foweraker 1995). 활동가들은 경제적 이해관계와 생계활동을 보호하기 위해 운동에 참여한다고 여겨진다. 예컨대 빼앗긴 땅을 되찾으려는 농민들의 토지점거는 토지가 없거나 지나치게 작아서 생기는 농민 생존에 대한 위협과 관련되어 있다고 여겨진다. 그렇지만 무엇보다 경제적 생계활동에 대한 해석은 흔히 생계활동이 창출되고 유지되며 투쟁이 발생하는 정치적·사회문화적 맥락을 무시하기 때문에 라틴아메리카와 관련해서는(세계 다른 곳에서도 마찬가지이지만) 문제점을 야기한다(Sheffner 1995). 첫째, 국가, 시장, 시민사회 사이의 배제적인 사회적 상호작용에 따라 자원 취득의 구조가 형성된다. 시민사회운동은 개인의 경제적 관심을 넘어 비경제적 이유로 특정 시민집단의 권리를 보증하는 데 실패한 정부에 도전한다. 예컨대 라틴아메리카의 여성운동은 기혼여성들이 자녀와 재산에 대해 통제할 권리를 제한하는 법률 조항에 맞선다. 둘째, 시민사회 운동가들의 생계활동은 다양한 자원의 가치를 알리고 그리하여 그것의 방어를 위해 활동하려는 의지를 형성하는 문화적 의미에 깊이 뿌리내리고 있다. 예컨대 아마존 원주민들의 사회단체는 단지 그것이 일상생활과 생존의 기반이라는 이유뿐 아니라 우주론적이고 문화적인 의미 때문에도 토지의 획득을 위해 투쟁한다.

시민사회의 동원을 이해하도록 기여하는 두번째 주요 이론은 정체성 이론, 달리 말하면 새로운 사회운동(NSM) 이론이다. 이는 투쟁에 함축된 의미가 단지 경제적인 차원이 아니라 오히려 사회·문화적인 차원이라고 주장하면서 시민사회단체들의 정체성을 강조한다. 따라서 시민운동은 단지 생산과 소비를 둘러싼 투쟁만이 아니라 의미, 소통, 대표성에 관한 중대한 투쟁이다(Melucci 1995). 의미, 생활공간, 일상적 활동을 상세히 기록함으로써 대중의 동기, 희망, 욕구, 조직의 의미는 더욱 분명해진다(Escobar and Alvare 1992; Melucci 1995; Schuurman 1993; Scott 1990). 새로운 사회운동 이론은 거시적 수준에서 특정세력을 사회적 지위와 인정으로부터 어떻게 배제하는지 강조하면서 시민사회운동이 사회적 인정과 정체성을 찾으려는 개인과 집단의 본래적 특성에서 비롯된다고 주장한다. 이 주장에 따르면 라틴아메리카 사회는 다양한 '타자'로 구성되어 있기 때문에 이런 '타자'들이 독자적인 견해를 표출하고 대표를 내세울 수 있는 권리를 인정받으며 발전과 생계활동에 대한 결정권을 확보하기 위해 일반 대중과 비공식 조직을 통해 활동한다. 이버스는 사회운동 세력이 정체성을 표현하기 위한 필요, 즉 개인이나 집단들이 완전한 '주체성'을 실현할 수 있도록 '사회를 움직이는' 방식에 의해 작동한다고 주장한다(Evers 1985, 48면). 그리하여 권력의 획득 자체는 더딘 의미 변화를 통해 권위주의적 정치문화를 민주화하려는 시민운동의 목표만큼 중요하지는 않다(Alvarez et al. 1998). 새로운 사회운동 이론은 활동의 이면에 존재하는 경제적 요인을 무시하고 시민사회 조직 내에서 계속 유지되는 사회적 불평등을 호도했다는 이유로 강력하게 비난받았다(Roberts 1997). 새로운 사회운동 이론은 감춰진 정체성에 관한 강조 때문에 넓은 차원을 제외하곤 시민사회운동의 성과가 무엇인지 규정하지 않으려는 경향을 보인다.

라틴아메리카에서 다양한 형태의 시민사회활동은 두가지 이론적 접근방식 모두에 대해 도전장을 내밀면서 이론적 종합을 유도한다. 풀뿌리 조직에 대한 현재의 접근방식은 특정 체제, 특수한 경제상황, 다양한 사회문화적 전통이 제공하는 제도적·사회적 기회에 초점을 맞춘다. '정치적 기회구조'의 분석은 단순히 경제적인 해석을 넘어 시민운동의 물질적 조건에 대해 폭넓게 전반적인 맥락을 살피고 지역적·사회적으로 더 민감한 접근방식을 시도한다. 더욱이 사회운동가들의 의미와 창조성은 정치적 주체와 더불어 그 투쟁이 내포하는 철학적·심리적 차원을 인식하는 것에서 비롯된다. 그리하여 사회운동은 '스스로 공통 관심사를 갖거나 최소한 몇가지 중요한 사회적 존재의 일부, 즉 공통의 정체성을 지닌다고 여기는 개인들이 구성하는 집단행위'로 정의할 수 있다(Scott 1990, 6면).

사회운동의 유연성과 다차원적 면모에 대해 관심이 고조되면서 시민사회의 지형도에 대한 인식도 뒤따른다. 흔히 시민사회는 정치적·지리적·사회적으로 정부나 국가기관과 떨어져 있고 해당 지역의 시민사회단체를 통해 드러난다(Davis 1999). 시민운동가는 국가의 행정 분야와 마찰을 빚는 조직에 가입하거나 연관관계를 맺으면서 비공식적인 정체성의 지형도를 창출한다(Radcliffe and Westwood 1996). 이런 장소에 대한 정체성은 흔히 지역적일 수 있지만 그렇다고 고정적이거나 제한적이지는 않다. 아르뚜로 에스꼬바르는 '지역의 방위'가 시민운동의 핵심적인 존재이유를 제공한다고 주장한다(Escobar 2001b). 1970, 80년대 시민운동은 대체로 활동과 정지의 순환 형태를 선보이면서 상대적으로 지역적인 면모를 띠었다. 그렇지만 이는 시민운동 세력이 지역적으로 제한된 영역에 머물렀음을 의미하진 않는다. 시민운동에서는 지역을 넘어선 전략적 동맹이 중요하기 때문이다. 사회운동가들은 서로 협력하고 요구사항 목록에 합의하며 지역적이거나 전국적인 차원의 동질감을 형성하기 위해 지역 차원을 넘어 네트워크를 확대하곤 한다. 1990년대 중앙아메리카의 농민들은 신자유주의 농업정책에 맞서 대안을 마련하고자 국경을 넘어 협력했다(Edelman 1998b). 마찬가지로 뻬루의 농민 순찰대는 가축 보호 같은 지역 차원의 생계활동을 보장하는 문제에 관심을 기울이는 한편 '더 넓은 사고, 교환, 권위의 네트워크'(Starn 1992, 94면; 박스 10.1) 속에 존재하는 초국가적인 사고와 지지를 위한 네트워크 내부에 깊이 자리잡고 있다. 더욱이 '지역' 운동가들은 신자유주의 개혁, 역내 무역협정, 국제 규범 등 더욱 광범위한 구조적 과정이 어떤 지역에서 '세심하게 고안되는' 방식을 잘 알고 있다. 시민운동가들은 상수도 시장을 '자유화'하려는 정부의 신자유주의 개혁이 초국적 기업들로 하여금 관개, 취수, 정비에 필요한 물을 장악하도록 유도할 것이라고 주장하면서 볼리비아의 꼬차밤바에서 수자원 민영화에 맞서 저항했다(Laurie et al. 2002). 이는 '지역적' 투쟁이었지만 시민운동가들은 그 투쟁이 지역, 국가, 국제적 과정과 어떻게 서로 연관되어 영향을 미치는지 확인할 수 있었다.

■ 박스 10.1 뻬루 북부의 농민 순찰대(출처: Starn 1992)

1970년대부터 뻬루 북부에서 등장해 1980년대에 확산된 농민 순찰대(rondas campesinas)는 보안, 말하자면 농장 가축 탈취 같은 범죄의 예방에 대한 농민들의 관심과 공식적 사법 절차에 대한 환멸에서 비롯되었다. 교회의 교리문답 교사뿐 아니라 중도좌파 정당들도 이런 조직의 구성에 힘을 보탰다. 농민 순찰대가 촌락의 일상생활 속에 자리잡게 되자 광범위한 사회적 현안을 다루기 위해 갈등 해결 기제와 더불어 여성 순찰대도 생겨났다. 그렇지만 농민 순찰대는 농촌의 고지대에서 광범위하고 복합적인 제도적 관념, 다양한 형태의 문화자본과 사회적 관계, 지역에 관련된 정보와 동질감을 활용하면서 나름의 대안적인 근대성을 유지했다. 농민 순찰대의 참여자들은 상황에 따라 자기 자신을 론데로(rondero), 뻬루인, 그리고 농민으로 인식했다.

라틴아메리카에서 공적·사적 공간의 지형도는 국민국가와 시민사회의 분리를 표시하는 방식과 관련해 매우 중요하다. 이 지형도는 군인들이 시민들을 납치하려고 '사적' 공간인 가정에 침입한 바 있는 중앙아메리카와 남아메리카 남부의 권위주의적 군부독재정권 치하에서 드러났듯이 반드시 확고하거나 고정되어 있지 않다. 더욱이 아르헨띠나의 '추악한 전쟁'에서 군사통치위원회는 시민사회를 엄격하게 통제하기 위해 공적·사적 행위에 대한 엄밀한 규칙을 선포했다(Taylor 1997). 그리하여 라틴아메리카에서 공사의 경계는 논쟁적이고 유동적이며 '단호하게 정치적인 성격'(Touraine 1981)을 지닌다. 가족의 '사적' 공간이 가족 구성원의 생명을 보장할 수 없는 곳에서 '사적인' 관심사는 공적 활동과 동원의 진원지가 되었다(Sheffner 1995; Foweraker 1995 참조). 라틴아메리카에서는 사적 영역이 오랫동안 (기혼) 여성과 젠더에 따른 노동분업과 연계되었기 때문에 '사적' 생존의 문제는 흔히 가구의 생활수준을 보호하려는 여성들의 조직을 활성화했다. 1980년대 '잃어버린 10년' 이래 저소득층 여성들은 공동체에 기반을 둔 영세민용 무료이동식당을 만들기 위해 힘을 모았다. 이 활동은 여성의 '가내' 역할에 의존하면서도 미묘하게 그것을 변모시켰고 그들의 정치활동 범위를 확대했다.

풀뿌리 경험과 관점: 생계활동, 기회, 문화

흔히 동원의 중심에는, 특히 근대화가 실패한 경우에는 특정 권리에 대한 주장이 놓여 있다(Calderón et al. 1992). 권리를 증진하기 위한 운동은 토지 확보나 주택의 소유, 농업용 부가시설이나 이중언어 교육 같은 경제적 권리를 포함할 수 있다. 1960년대에 시민운동이 시작되고 1980년대에 그것이 절정에 도달한 까닭은 포괄적인 발전의 실패, 높은 빈곤율, 사회적 소외, 그리고 새로운 필요에 근거한 정치 때문이다(Slater 1998; Chalmers et al. 1997). 발전정책이 원래 약속한 바를 이루는 데 실패하자 일부에서는 산업적·도시적·과학기술적 발전 경로에 대한 의문과 더불어 '더 나은' 발전 형태와 더 공평한 혜택의 분배에 대한 관심이 커졌다. 멕시코에서 1980년대의 내핍은 반대파를 매수할 수 있는 국가의 능력을 약화시켰고 그 결과 사회운동의 빈도와 범위가 증대했다.

특정 집단에 유리한 불균등 발전은 포장도로, 수자원 체계, 적절한 주택과 전기의 공급 같은 집단적 소비재의 이용이라는 측면에서 도시의 여러 집단 사이에 부조화를 빚어냈다. 지방정부나 중앙정부가 빈민층, 주로 이주민과 무단점유자들에게 공공써비스—근대화를 목표로 삼는 개발지향 국가의 공약을 이루는 써비스 꾸러미—를 제공하는 데 실패했기 때문에 도시의 시민사회는 그것의 제공을 요구하기 시작했다(Castells 1983). 정부기관의 사무실과 자립 건설 기업을 항의 방문하는 행진 대열은 대부분 특수한—주로 농촌—사회 조직의 전통 덕택에 도시빈민의 생계활동과 정치 의식을 바꾸고 필연적으로 정치·경제적 권력의 격차에 도전하게 만들었다(Degregori et al. 1986). 주위의 이웃은 주민들을 교회로 안내하거나 이주민들을 촌락과 국가기관과 연결하면서 개인적이거나 집단적인 네트워크(리마의 이주자협회 같은)를 구성하는 매개체가 되었다. 일상의 네트워크는 조직 구성에 필요한 미시적 체계(Evers 1985, 44면)와 그것을 통해 시민사회를 상상할 수 있는 지역사회의 표본을 제공한다(Melucci 1989; Scott 1990). 1982년 쌍빠울루의 파벨라(favelas, 빈민촌)에서 시민사회단체들이 대중 지도자들과 전략적으로 연계해 정부 지원을 요구하는 행진을 펼쳤을 당시 브라질 전역에는 약

8000개의 촌락주민회가 존재했다.

시민운동은 불균등 발전에 의해서만이 아니라 더 중요하게는 주민들이 다양한 형태의 차별을 확인하고 인식하는 방식에 의해 촉진된다. 라틴아메리카의 위계사회에서 권리와 사회적 인정은 특정 집단과 개인(부유층, 도시거주자, 남성, 백인, 메스띠소)에게만 해당될 뿐 다른 이들(빈민, 농촌거주자, 여성, 원주민이나 흑인)에게는 적용되지 않았다. 사회운동 이론이 언급하듯이 개개인은 자기 자신을 집단과 동일시할 때 정치적 행동을 수행하도록 고무된다. 자기정체성은 그 자체로 본질적인 핵심이 아니며 '타자화'에 대한 특정 역사적·문화적·지리적 맥락과 그에 따른 불균등한 혜택의 이용 속에서 규정되고 인식된다. 원주민이나 흑인과 같이 종족적·인종적 표지(標識)에 덧붙여진 차별적 의미는 공공영역으로부터의 배제와 사회적 혜택의 결여, 그리고 문화적 독특성을 인정하지 않는 사회 전체의 무능력에 맞서는 급진적인 단체들의 저항을 촉발한다(Van Cott 1994; Minority Rights Group 1995).

그리하여 시민운동은 흔히 현상유지와 특정 집단이나 장소와 연계된 배제와 부정적 의미에 대해 문제를 제기한다. 라틴아메리카 역사 속에서 비(非)시민이나 이등시민으로 취급된 여성들은 사회적 배제에 도전하는 여러 세력 가운데 하나이다(Dore and Molyneux 2000; Molyneux and Craske 2001). 공적 시민의 역할과 권리를 연계하는 일은 남성적·공적·정치적 공간을 '여성적' 가내 영역과 분리하려는 시도에 저항하는 여성들의 압력에서 비롯되었다(Dore and Molyneux 2000). 이렇게 젠더에 따른 분리가 오랫동안 하층민, 농민, 원주민 집단(이들의 생계활동은 여성 노동과 임금에 의존한다)의 도전으로 약화되긴 했지만 여전히 정치적 영역은 오랫동안 남성문화와 여성의 배제라는 특징을 보여주었다(Melhuus and Stolen 1996; Chant and Craske 2003). 20세기 중엽에야 투표권이 점차 인정되기 시작했듯이 여성 시민권은 꽤 늦게 인정되었고 공식적 대표성의 진전 또한 매우 더디게 진행되었다. 에꽈도르는 1929년에 여성 투표권을 승인한 반면 빠라과이에서는 1961년에야 인정되었다. 대다수 국가에서는 1940,50년대에 여성 참정권이 보장되었다. 여성들은 1990년대초 민주화 이행기 이후 정부에서 의회 대표 가운데 4~15퍼센트를 차지하게 되었다. 공식 정치에서 젠더 구성비가 매우 불균등했음에도 여성들은 다른 정치적 수단이 가로막혔을 때, 즉 1970,80년대에 사회운동 참여자의 대다수를 이루었다. 예컨대 칠레의 촌락주민회 참여자의 99퍼센트가 여성이었다. 이들은 저렴한 음식을 구입하고 요리하며 주택 보유 권리를 요구했다(Lehmann 1990). 리마의 빈민촌에서 여성들은 공동체 부엌을 조직함으로써 스스로 임금을 벌 수 있도록 도왔다(Jelin 1990). 부에노스아이레스, 리마, 멕시코시의 빈민촌에서 여성 참여의 구조적 한계는 분명했다. 경제적 내핍이라는 조건에 점점 어려움을 가중시킨 임신과 가사노동은 여성들의 조직을 활성화하는 촉매제로 작용했다.

라틴아메리카 여성들의 시민운동에 대한 논의는 생계활동 대 정체성 문제에 집중된다. 니까라과의 싼디니스따 정부 시절 여성의 권리와 생계활동 문제를 다룬 맥사인 몰리노의 연구는 여성 시민권이 지닌 복잡한 면모를 지적했다. 니까라과에서 여성들의 시민운동은 실제적인 관심사(식량 구입, 교육, 보건, 도시 기반시설과 같은 생계 문제)와 다른 한편으론 전략적인 쟁점(여성에게 불리하게 작용하는 젠더 이데올로기)의 측면에서 설명되었다(Molyneux 1985). 그렇지만 사실 라틴아메리카의 여러 여성단체들은 생계활동과 정체성을 아우르며 실제적인 관심사, 전략적인 이해관계와 모두 관련되어 있다. 여성주의자들은 여성 권익의 향상을 위해 주로 입법적 변화와 가정 내부, 그리고 혼인 생활의 변화를 요구하는 동시에 빈곤의 여성화, 여성의 자원 취득과 생계 활동 보호에도 관심을 쏟는다. 또한 그들은 강력한 국제적 연계를 바탕으로 정부에 압력을 행사함으로써 1980년대에 라틴아메리카 여성운동을 시민과 정치 생활의 중심부로 떠오르게 했다(Saporta Sternbach 1992). 애당초 도시 중산층 출신으로 이뤄진 여성주의자들은 점차 빈민촌에서 비롯된 대중적 여성운동과 교차하게 되었다(Lind 1992).

시민사회의 매우 중요한 요소로서 교회—특히 가톨릭교회—는 1970,80년대에 다양한 형태의 시민단체 가운데서 결정적인 역할을 했다. 이 시기에 가톨릭교회는 성인을 대상으로 한 읽기와 쓰기 교육 협회를 포함해 새로운 형태의 시민연합체를 조직하고 '빈민을 위한 선택'이라는 새로운 지향점을 설정했다. 가톨릭 기초공동체(CEB, comunidades eclesiásticas de base)는 흔히 사회운동가들이 만나서 생계활동과 정치적 방안에 대해 토론할 때 필요한 공간을 제공했다(Lehmann 1990). 특히 정권의 탄압이 심할 때 가톨릭 기초공동체는 소외집단에 조직 거점과 (억압, 착취, 보상에 관한) 문화적 의미를 제공했다(Lehmann 1996). 멕시코의 치아빠스 주에서 1970년대에 가톨릭 교리문답 교사들은 농촌공동체를 대표해 토지보유와 기본적인 써비스 혜택을 위한 청원운동을 전개했다. 최근 들어 정치적 신조로서 기초공동체의 역할이 의문시되고 복음주의 계열의 다양한 개신교 조직의 역할이 점점 부각되고 있긴 하지만 시민운동 초창기에 기초공동체는 주된 지원세력으로서 중요한 역할을 떠맡았다.

대안적인 공공장소와 독특한 문화 환경에서 그 기원을 감안한다면 시민사회운동은 종종 공식적인 정당정치나 국가 의례에 거의 신세를 지지 않고 다양한 활동을 고안하고 관리한다. 여러 운동 조직들은 서로 영향을 주고받을 뿐 아니라 교육, 이주, 민족주의라는 공통의 경험은 이런 활동의 다양성을 증대시킨다(Eckstein 1989). 쌍빠울루에서 풀뿌리 조직, 기초공동체, 그리고 독립 노동조합은 1970년대와 80년대초 군부정권 시절에 함께 활동했다(Adler Hellman 1995). '다양한 실천'에는 한 국가의 영토 내에서 다채로운 행진, 새로운 상징과 대안 매체의 활용, 슈퍼마켓에 대한 조직적인 비폭력 시위로부터 거리 극장 프로젝트에 이르기까지 광범위한 사례들이 포함된다(Calderón et al. 1992, 27면). 시민들의 저항은 누가 라틴아메리카 도시와 국가의 지형에서 돋보여야 하는지에 관한 불문율의 한계를 넘어서는 전술을 통해 종종 권력관계에 관여한다(Pile and Keith 1997). '내부 식민지'로 취급받아온 원주민과 흑인들의 주변부성은 1992년 에꽈도르 끼또까지의 '생명, 존엄성, 영토를 위한 행진'(Sawyer 1997)이나 브라질 쌍빠울루 중심가에서 전개된 흑인운동 시위(Minority Rights Group 1995)와 같이 그들이 대도시의 한복판에 모습을 드러내는 계기를 통해 뒤집히기도 한다.

문화와 정체성은 시민사회를 이해하는 열쇠이다. 정치활동 이면에 존재하는 동기는 특정 사회적·역사적·지리적 맥락에서 구성되기 때문이다. 공동체는 태어나는 게 아니라 만들어지며 상황이 변화함에 따라 끊임없이 재편된다(Melucci 1995, 342면; Foweraker 1995, 12면). 그렇지만 국가가 시민사회의 주된 대화 상대일 때 그 절차는 흔히 시민사회와 국가 간에 상호작용이 발생하는 방식을 만들어낸다. 사실상 20세기 내내 멕시코는 강력한 담합주의체제를 유지했다. 그 내부에서 집권 제도혁명당 조직은 시민의 정치적 표현과 요구사항을 관리할 수 있는 재원과 정치적 의지를 장악했다. 그러나 저소득층 도시 여성들의 조직은 제공되는 자원에 색다르게 대응했다. 과달라하라시의 일부 집단은 제도혁명당으로부터 획득한 자치권을 가치 있게 여긴 반면(Escobar and Alvarez 1992 참조), 다른 여성 조직들은 제도혁명당이 자체 네트워크를 통해 제공할 수 있었던 생계활동 자원과 정치적 인정을 환영했다(Craske 1993; 박스 10.1 참조).

가장 기초적인 수준에서 말하자면 생계활동은 안전과 삶의 권리라는 문제를 제기한다. 라틴아메리카를 통틀어 볼 때 매우 다르게 발생하긴 했지만, 국가의 본질에 의해 결정되는 시장, 삶에 대한 구체적인 위협, 폭력과 불안은 시민사회운동을 촉진하는 주요 쟁점이었다. 두가지 대조적인 사례가 이를 예증한다. 중앙아메리카와 남아메리카 남부에서 다양한 여성 조직들이 자국의 군부정권에 의해 납치되고 살해당한 '실종' 자녀와 친지의 생환을 요구한 바 있다. 중앙아메리카에서 실종자가족 단체들은 대체로 원주민 여성들로 구성되었다. 그들은 가톨릭교회와의 연대를 통해 군부정권의 대량학살에 저항할 수 있는 정치적 기회를 승인받았다(Schirmer 1993). 국제인권법을 알게 된 과떼말라의 '전국유가족협회'(CONAVIGUA) 같은 여성 시민단체는 국가폭력에 당당히 맞서 투쟁했다. 상황에 대한 인식이 깊어질수록 여성 시민단체는 정권의 폭력성(과 시민 안전의 부재), 특히 여성에 대한 성차별적 폭력 혐의를 강도높게 비판했다.

아르헨띠나에서 폭력적인 군부정권은 또다른 '어머니' 운동을 등장시켰다. 아르헨띠나의 독특한 문화와 정치 상황은 중앙아메리카와는 다른 유형의 시민운동을 낳았다(Fisher 1993). 아르헨띠나 여성들은 '오월광장어머니회'(Asociación Madres de Plaza de Mayo)를 통해 '살아 있는 가족과 친지'의 생환을 요구하는 투쟁을 전개했다(박스 10.2.). 다양한 계급적 배경을 지닌 여성들은 찻집과 어린이놀이터같이 얼마간 사적이고 '여성적인' 공간을 활용했다(Radcliffe 1993). 매주 부에노스아이레스의 오월광장 주위를 행진하면서 이들은 어머니로서의 책임감과 자녀와의 감정적 유대를 강조했다. 사실 '어머니로서의' 정체성은 가톨릭 성향이 강하고 질서정연한 사회에서 가족을 '사회의 기본 조직'으로 이해하는 군부의 탈정치적 견해에 배치되지 않았다(Taylor 1997). 따라서 여성 정치 조직의 성격은 그것이 어떤 정치적·문화적 맥락에서 등장했는지에 달려 있다.

■ 박스 10.2 아르헨띠나 '오월광장어머니회'

'추악한 전쟁'(1976~83) 기간 동안 아르헨띠나에선 1만 5000명에서 2만 5000명에 이르는 젊은이들이 '불순분자'로 몰려, 또한 '서구문명의 마지막 요새'를 방어한다는 명분으로 살해되었다. 정치활동이 전면 금지되자 활동가들과 여러 조직 구성원들은 사회적 안정에 위협을 가하는 불순세력으로 간주되어 군부독재정권에 의해 수감, 고문, 살해당한 뒤 끝내 '실종'되었다. 오월광장어머니회는 1977년에 설립되어 보안대와 익명의 집단에 납치당한 '실종' 자녀들의 소재를 파악하고자 애썼다. 조직에서 고의적으로 남성을 배제한 어머니들은 부에노스아이레스 중심가 오월광장에서 매주 행진을 전개했다. 군인들의 위협에도 불구하고 그들은 공적 영역이 매우 제한적인 상황에서도 공개적인 저항을 지속했다. 시간이 흐르면서 그들은 권위주의정권의 합법성에 대해 공적인 토론을 개시했다. 민선정부가 등장한 뒤에도 어머니회는 지속적으로 실종자 문제의 진상 파악을 요구하는 한편 과거 군부정권 범죄의 처벌과 가해자의 법정 소환을 요구하는 데 앞장섰다(Fisher 1993; Taylor 1997).

부분적으로는 참여 집단의 다양성 탓에 여성운동은 다양한 결과를 낳았다. 그런 다양성은 많은(대부분 저소득층) 여성들이 정치적이라고 규정될 수 있는 활동에 가담하기를 꺼렸다는 사실(Jelin 1990)과 더불어 여성 시민운동이 거둔 성과를 분명히 규정하기란 꽤 어렵고 논쟁의 대상일 수 있다는 점을 의미한다. 브라질의 여성운동(이웃, 의식 고양, 여성주의 단체 등 다양한 스펙트럼을 모두 포괄하는)에서 여성들은 '공과 사, 정치적인 것과 개인적인 것 사이의 경계를 헐어버리고 재규정하거나 재구성하려는 의식적인 노력'에 동참했다(Alvarez 1990, 23면). 저소득층 여성들은 일상의 기능과 참여 영역을 공동체에 기반을 둔 조직으로 확대했다. 어떤 경우에 그들은 이를 통해 가정폭력 문제를 제기하고 자존감을 회복했다(또한 Lind 1992 참조). 지난 몇십년 동안 전개된 여성들의 광범위한 활동은 아마도 시민운동의 효과에 대한 모범적 사례를 제공할 것이다. 여성을 위해 새롭게 확립된 법적 권리와 가정폭력 문제를 다룰 수 있는 여러 조치들은 다양한 여성 조직의 견해와 요구사항을 반영한 성과이다.

1970, 80년대 사회적 동원의 성과는 무엇이었는가? 이 시기에 다양한 시민운동 조직들은 대개 지역적 성격을 띠었지만 그렇다고 그것이 생계활동과 시민사회-시장-국가 간의 새로운 관계 형성에 미친 영향을 부인할 수는 없다. 더욱이 이 시기에 사회적 동원은 흔히 눈에 띄었다가도 일단 목표를 달성한 뒤에는 사그라지는 순환적인 면모를 보였다(Foweraker 1995, 100면; Alvarez et al. 1998). 정치적·사회적·경제적으로 배타적인 정부 시절에 시민 조직들은 불가피하게 다양한 요구사항과 성과를 보여주었다. 어떤 조직은 나름의 정치적 또는 사회적 권리를 추구한 반면, 다른 집단들은 정당이나 국가기관과 후원-수혜 관계에 근거해 특권과 재정 지원 혜택을 좇았다(Foweraker 1998, 275면). '문화적 코드'와 정치문화의 미묘한 변동이 발생할 수 있다 하더라도 제도적 변화, 더 안전한 생계활동, 새로운 권리, 사회적 유동성은 시민사회 조직의 성취가능한 구체적 성과로 인식될 수 있다(Melucci 1995; Alvarez et al. 1998; Sheffner 1995). 시민사회와 정치사회 사이의 공간에 존재하는 사회운동의 이득은 매우 다양하고 다면적이지만 그것이 라틴아메리카 정

치문화에 미친 중요성은 부인하기 어렵다.

시민사회와 민주주의로의 이행

다음으로는 선거정치로의 이행에서 사회운동의 역할을 기술하고 정치문화를 바꾸는 데 그것이 미치는 영향력을 검토할 것이다. 민주화 이행에 대한 시민사회의 영향력을 평가할 때 지역의 다양한 체제나 정치문화와 활동을 아울러 일반화하기란 어렵다. 시민운동은 조직 형태, 체제와 시기의 특성에 따라 민주주의로의 이행에 여러가지 영향을 미쳤다. 이행기 동안 사회운동은 필연적으로 발전과정과 권력구조에 대한 관여방식을 바꾸었다. 시민운동가 집단은 공공영역의 폐쇄를 거부하고 전임 통치자들의 책임을 추궁하며 권위주의체제의 정통성에 문제를 제기하는 방식으로 정치문화에 영향을 미쳤다. 그럼에도 시민사회 조직은 선거정치로의 민주적 이행을 이끄는 협상에 직접 참여는 거의 하지 못했다(Foweraker 1995). 이는 정치사회와 시민사회에 장기적인 여파를 미쳤다. 정치 엘리뜨와 일부 정당 사이의 밀실협상으로 선거 민주주의로의 이행이 결정된 곳에서 사회운동은 흔히 협상 테이블에 직접 참여할 수 없었다(Foweraker 1995).

여러 곳에서 시민사회는 정치적 협상에 직접 참여하기보다는 정치문화를 형성함으로써 민주화 이행에 영향을 미쳤다. 아르헨띠나에서 오월광장어머니회가 선봉에 선 시민운동은 민주화 이행을 이끄는 시기에 정치문화를 민주화했고 공동체를 발전시키며 지역 정치를 다시 활성화했다(Foweraker 1995). 군부의 책임을 끊임없이 분명하게 추궁함으로써 오월광장어머니회는 공적 공간을 다시 확보하고 군부의 정당성을 약화시키는 데 기여했다. 반면 칠레에서는 1980년대초 시민들이 저항을 통해 삐노체뜨 정권을 민간인 통치로 이행시키는 데 실패함으로써 급진적인 저항세력을 고립시켰다. 이곳에서 '침수된' 시민사회는 강력한 군부체제를 패배시킬 수 없었다.

이런 맥락에서 사회운동이 이행기 이후 떠맡은 정치적 역할은 매우 다양했다. 일부 국가들은 정당정치의 복원을 '정상'으로 파악한 반면, 다른 곳에선 새로운 형태의 정치참여로 이어졌다. 칠레에서 선거정치의 복원은 시민사회의 요구사항은 배제한 채 그 지도자들만 포섭하는 방식으로 사회운동을 뒷전으로 밀어냄으로써 향후 대중 집단이 정책결정자에게 접근하는 데 부정적인 결과를 낳았다(Schuurman 1993). 정치적 권위주의라는 조건 속에서 출현한 사회운동은 토론의 정치문화를 재개하려는 노력과 새로운 형태의 조직을 구성하려는 시도를 통해 더욱 민주적이고 참여지향적인 성격을 띤 정치의 토대를 마련했다. 이런 점에서 사회운동은 중요한 시기에 정치적 권리, 시민권 개념의 확대에 초점을 맞추고 국가에 정치적 요구사항을 제기함으로써 '민주주의를 위한 학교'로 기능했다. 지속적인 인권 옹호, 정치적 투명성, 민주주의의 '심화' 요구는 대체로 사회운동 세력의 공통된 견해였다(Foweraker 1995). 그럼에도 시민사회 단체가 '민주주의를 위한 학교'이기를 바라는 학자들의 낙관론은 권위주의와 배제라는 옛 유산이 최근에도 지속됨에 따라 전에 비해 약화되었다.

시민사회와 사회적 차이

1990년대 시민사회는 사회운동가들이 시장과 국가와 맺는 관계를 재규정하는 데 영향을 미치는 정치·경제적 변동 탓에 다시 한번 변화를 겪었다. 복지, 교육과 공공써비스, 분배로부터 국가가 '퇴각'하고, 예전에 국가기관이 운영하던 영역까지 시장이 확대되면서 시민사회 활동가들이 생계활동을 유지하고 정치에 참여하는 방식을 바꾸지 않으면 안 되었다. 여러 국가에서 (강력한 대통령과 행정부 관료를 갖는) '신자유주의적' 정치 형태는 참여의 결여와 배타적인 정치문화 탓에 시민권이 위태로워진 위임 민주주의 또는 '불완전' 민주주의를 낳았다. 전지구적인 경제불안 때문에 여러 국가들이 저성장으로 가라앉는 시기에 수많은 시민들은 규제에서 벗어난 노동시장, 예산 감축, 제한적이고 특정 분야만을 대상으로 하는 복지제도와 함께 시장의 가혹한 현실에 의존하게 되었다.

이런 맥락에서 여러 연구자들은 새로운 시민사회 중심의 대표제와 분배 형태가 시민권을 보증할 수 있으리라는 가능성에 매우 회의적이다. 이행기 동안 시민사회의 활동과 새로운 정치적 행동양식이 더욱 참여지향적이고 '심화된' 민주주의를 가져올 것이라는 기대가 높아졌다. 하지만 민선정부의 구성, 국제적 후원자, 그리고 시민사회 집단을 라틴아메리카의 고민에 대한 해결책으로 높이 평가한 정치 전문가들의 찬사에도 불구하고, 이런 기대는 흔히 실망으로 변했다. 시민사회 활동가들이 신자유주의와 세계화 속에서 자리를 잡아갈수록 사회와 국가의 분리는 '시민사회와 국가를 연결하는 법률적-제도적 지형' 위에서 점점 흐릿해진다(Foweraker 1995, 103면). 하지만 예전 어느 때보다 더 많은 시민사회 구성원들이 투표권을 지니게 되었다(에스빠냐어를 읽고 쓸 줄 모르는 안데스의 빈민, 원주민, 여성 들은 1970년대말에 투표권을 획득했다). 더욱이 여러 국가에서 1990년대에 마련된 새로운 헌법은 여러 집단에 다양한 권리와 시민의식의 의미를 다시 강조하고자 했다.

새로운 헌법: 다양한 권리

라틴아메리카에서 시민사회 구성원들의 권리와 정체성은 새로운 헌법의 등장으로 크게 변모했다. 물론 이런 '문서상의 권리'를 실제적인 변화로 옮기기 위한 수많은 과제가 남아 있긴 하다. 새로운 헌법의 제정 이유는 다양했지만 거시구조적 맥락은 정치체제와 시민행동의 정당성 약화로 영향을 받았다. 예컨대 뻬루의 권위주의 대통령 후지모리는 시민의 저항과 공적 공간의 활용에 도전받은 반면, 에꽈도르에서 부패한 정부에 반대한 광범위한 시민행동은 제헌의회의 성립을 이끌었다. 달리 말해 군부정권과 시민 동원에 뒤이어 선거 민주주의로의 복귀는 흔히 헌법개정을 강제했다. 시민운동 조직들이 새로운 헌법 탄생에 직접 기여하지는 않았지만 수용적 태도를 지닌 공공영역에서 정치적 여론을 표현하는 능력을 통해 분명히 발전을 이루는 데 공헌했다. 에꽈도르와 볼리비아에서 원주민운동은 신자유주의 개혁에 맞서 투쟁하고 집단적인 토지소유권을 보호하고 확대하는 데 성공했다(Deere and León 2001a). 반면 멕시코와 뻬루에서 시민사회는 가혹한 신자유주의적 농업 정책이 농민의 생계와 안전을 심각하게 위협한 탓에 미약하게 조직되었을 뿐이다.

전세계적으로 신자유주의 개혁은 여러 종족의 시민권 승인과 관련되었고 라틴아메리카 역시 예외는 아니어서, '신자유주의적 다문화주의'가 규정되었다. 안데스 지역 국가들의 새로운 헌법은 예컨대 생계활동과 안전이 여전히 문제시되었음에도 볼리비아 원주민들이 일정한 구역과 자치권을 부여받을 정도로 종족 집단, 즉 원주민과 아프리카계 주민들에게 문화적·영토적 권리를 확대했다. 꼴롬비아에서 1991년 헌법은 종족적·종교적 소수집단의 승인을 통해 새로운 권리를 확립했고, 1993년에 통과된 이른바 '법률 70'(1993년 8월 27일 꼴롬비아 의회에서 통과된 'Ley 70'의 정식 명칭은 '흑인공동체법'〔Ley de Comunidades Negras〕이다—옮긴이)은 아프리카계 주민들에게 영토와 문화적 권리를 승인해주었다(Minority Rights Group 1995). 다문화적 시민권이 시민에 포함되는 범위를 변경하지만, 사회적·시민적 권리를 보증하는 국가의 역할은 그리 상세하게 알려져 있지 않다.

다원성과 차이의 측면에서 규정되는 시민권이 강조되면서 신자유주의 국가의 기관 내부에서 사회운동가들의 대표성은 변모했다. 여성, 원주민, 아프리카계 주민들의 권리를 인정하는 헌법개정은 새로운 형태의 행정을 수반했는데, 이 행정체계는 예전에 소외되었던 이들의 요구사항을 충족시키고 이들에게 국가(와 비정부기구, 그리고 해외)의 자원을 제공할 수 있었다(Bebbington and Thiele 1993). 볼리비아는 종족, 세대, 젠더 관련 사안을 다루는 새로운 기관을 설립했고 에꽈도르의 원주민과 아프리카계 주민위원회는 긴장과 문제점을 낳긴 했지만 국가의 심장부에서 이들이 정책결정과정에 접근할 수 있도록 협조했다(박스 10.3). 여러 사례에서 이 기관들은 민선 정치체제와 시민사회 조직에 국제 지원을 준비하는 사회적 동원 역량을 반영한다. 그럼에도 제도화가 정치문화의 변화나 자원에 대한 동등한 접근을 보장하지는 않는다. 전문직 여성들이 (칠레의 SERNAM 같은) 새로운 전국 여성기구에서 중요한 대표가 되었지만 저소득층 여성들은 흔히 더욱 빈곤해지고 정치적으로 주변부적인 존재가 되곤 했다(Schild 1998).

■박스 10.3 세계적인 무대로 도약한 에꽈도르 원주민운동

에꽈도르 원주민운동은 토지소유권, 정치적 대표성, 적절한 발전을 요청하면서 1970년대말과 1980년대에 등장했다. 이 운동은 광범위한 대중동원

(Zamosc 1994)을 통해 부패와 가혹한 신자유주의적 구조조정에 대한 공세를 이끌면서 1990년대에 눈에 띄는 정치세력으로 부상했다(Collins 2000). 초과노동이 횡행하는 고지대의 소규모 농장과 아마존 유역에서 석유회사들이 자행한 자연 파괴를 포함해 에꽈도르 전역에 걸친 불균등 발전은 원주민들에게 동화, 빈곤, 그리고 이주 외에 다른 생계활동의 여지를 거의 남겨놓지 않았다(Sawyer 1997). 식민정책과 그 유산에 반대하는 원주민운동은 에꽈도르의 시민권을 다양한 종족과 다원적 문화의 문제로 재설정했고, 이는 결국 1998년 헌법에 반영되었다(Assies et al. 2001). 원주민 조직, 개발기구, 후원단체와의 초국가적 연계를 통해 에꽈도르 원주민들은 1990년대에 신자유주의적 발전 모델에 도전장을 내밀었다(Treakle 1998). 원주민들은 대안적 모델에 관한 정보를 교환함으로써 원주민 친화적인 발전을 이끌어내고 스스로 빈곤에서 탈출해 정책결정의 중심으로 부상하기 위해 라틴아메리카 여러 지역의 개발 경험을 새로운 국제입법과 다자간 기구의 정책과 결합시켰다.

고전적 정치이론에 따르면 시민은 계급, 인종, 종교나 젠더에 관계없이 일련의 기본적 권리를 주장한다. 앞에서 언급했듯이 라틴아메리카에서 사회적 차이와 위계는 남성, 메스띠소, 도시, 엘리뜨 집단을 '모범' 시민에 해당하는 것으로 간주해버렸다. 특히 여성, 원주민, 빈민을 중심으로 지난 20년 동안 라틴아메리카에서 발생한 시민행동은 이런 '모범'에 의문을 제기하면서 시민사회와 정치사회에 다양한 사회적 정체성을 소개했다(Calderón et al. 2003). 원주민과 흑인 집단은 문화적으로 적절한 발전, 교육, 통치에 대한 권리를 확립하면서 다문화사회의 승인을 강력하게 요청했다. 이혼법, 할당제, 여성의 권리 보호를 감독하는 제도적 장치의 도입은 모두 어느 정도까지 시민행동이 라틴아메리카 국가들의 정치 환경을 변모시켰는지를 보여준다. 그렇지만 이 권리는 국가가 사회적 써비스로부터 퇴각하고 정치가 관료나 비정부기구 같은 매개체에 의존해 관료제적인 색채가 매우 두드러지게 되었을 때 확립되었다(다음 절 참조). 이와 관련해서 시민운동 집단들은, 생계활동, 정체성, 안전을 보장하는 더 넓은 정치·경제적 맥락이 크게 유동적이긴 하지만, 공식적인 정치 영역에 집중해왔다.

새로운 시민운동가: 사회운동과 '제3부문'의 제도화

라틴아메리카인들은 최근 들어 시민사회 단체의 제도화와 '제3부문'(비정부기구를 폭넓게 지칭하는 용어—옮긴이)의 출현을 경험하게 되었다. 일부 연구자들이 (점점 더 국가기관의 기능을 떠맡고 그런 특성을 띠기 때문에) 비정부기구를 진정한 시민사회의 일부로 간주할 수 있는지 의문을 제기하는 동안에 시민사회-시장-국가 3자 관계의 매우 중요한 변동은 생계활동과 정체성을 형성한다. 비정부기구들은 일반적으로 소외 집단을 대표해 일정 수준의 연대를 보여주지만 이들은 매우 다양한 집단이다(Bebbington and Thiele 1993). 라틴아메리카 전역에 산재한 약 2만 5000개의 비정부기구들의 밀도는 지역에 따라 다양하다. 그 가운데 볼리비아, 니까라과, 엘살바도르에 가장 많은 단체가 등록되어 있다(Jelin 1995, 93면; Foweraker 2001). 에꽈도르에서 비정부기구들은 주로 원주민 인구가 많은 지역에 집중되어 있다.

최근에 비정부기구들은 시민사회—특히 풀뿌리 대중 조직—와 사회발전을 위한 국내·국제기금 사이의 중개자가 되었다. 비정부기구들은 대개 국가로부터 기금의 대부분을 얻고 어느정도 거리를 유지하면서 특정 분야를 대상으로 사회적 개입을 시도한다. 예컨대 브라질에서 비정부기구들은 1985년 민주화 이행기에 접어들어 가톨릭 기초공동체의 지원을 받으면서(한때 비정부기구 가운데 약 75퍼센트가 종교단체로부터 자금을 지원받았다) 양적으로 증가하기 시작했다. 신자유주의 시대에 국가기관들이 사회적 권리를 보증하는 써비스를 축소하거나 중단하자 비정부기구들은 국가, 지방자치체, 국제개발기구 등을 포함해 다양한—종종 비정규적이고 불균등하며 단기적인—기금 공여자들을 중재하곤 했다. 해외의 기금 공여자들은 '고위관리자들이 너무 많은' 국가보다 비정부기구들이 더욱 효율적이고 수요에 부응하는 써비스 제공자의 역할을 적절하게 담당한다고 생각했으며, 따라서 비정부기구들에 자금을 제공하는 것을 더 선호했다. 이를 감안해 다국적 기구들은 비정부기구들을 대리인으로 삼아 계약하려는 국가에 자금을 지원하기도 한다. 뻬루에서는 비정부기구들의 기금 중 90퍼센트가 국가를 통해 제공된다.

그렇다면 비정부기구들은 시민운동가와 공공영역에 어떤 영향을 미치는가? 여러 연구자들은 비정부기구의 영향력이 복합적이라고 주장한다. 비정부기구들은 소득격차가 증대하는 시기에 필수적인 사회적 써비스를 제공할 수는 있지만, 시민사회와 정치사회에 양면적인 영향력을 행사한다. 첫째, 비정부기구들이 시민사회에 대해 반드시 책임을 져야 할 의무는 없다(이는 개별 비정부기구의 절차와 이데올로기에 달려 있다). 둘째, 비정부기구들은 국내외 기부자들에게 책임감 있게 행동하도록 종종 압력을 받는다. 예컨대 칠레에서 비정부기구들은 정치적으로 자율적이지만 국가의 수혜자로서 활동한다(Foweraker 2001, 853면). 셋째, 비정부기구 간의 경쟁은 그들로 하여금 써비스 전달에 좀더 유리하도록 정치적 동원을 그만두도록 강제한다. 니까라과에서 보건 관련 비정부기구들은 저소득층 여성의 동원보다 보건 의료 써비스 모델에 문제를 제기하는 일에 더 관심을 갖게 되었다(Ewig 1999). 넷째, 사회적 써비스 제공은 전문관료적 절차가 복잡해짐에 따라 특정 지역과 집단을 대상으로 하게 된다. 그리하여 '수혜자', 즉 시민들은 제공되는 지원의 성격과 내용을 결정하기 위해 분투해야 한다(Calderón et al. 2003). 비정부기구들은 사회적 권리를 확대하는 다양한 방식을 통해 시민사회, 국가, 시장을 중재하면서 이제 라틴아메리카의 중요한 특징 가운데 하나로 떠올랐다.

신자유주의적 생계 선택의 맥락에서 본 시민행동

민주화 이행기를 거쳐 민선정부가 들어선 뒤 시민들에게 사회적·정치적·시민적 권리가 자동적으로 확대되는 것에 의문이 제기되면서 시민적·사회적 권리는 경시되었다. 지난 20여년 동안 경제개혁은 정치적·시민적·사회적 권리 사이의 관계를 재편했다. 국가는 권리의 규정과 실행에서 중요한 역할을 지속적으로 담당했지만, 경제적 신자유주의와 공식적 정치에 대한 대중의 환멸 때문에 시민사회와 시민들이 관계를 형성하고 그들의 권리를 실천하는 전후 사정은 크게 바뀌었다(Roberts 1997). 21세기초에 신자유주의에 바탕을 둔 사회경제적 구조조정에 도전하는 사회적 동원은 과연 얼마나 중요한가? 특히 에스빠냐의 사회학자 마누엘 까스떼스(Manuel Castells)는 네트워크 사회가 새로운 세계질서에 반대하는 사회운동을 조직한 수많은 전세계인들의 권리를 사실상 박탈하고 있다고 주장한다(Castells 1997). 신자유주의적 규칙에 따라 사회운동과 시민운동 세력은 새로운 것을 학습하는 동시에 기존의 내용과 언어를 가지고 원기왕성하게 정치 영역에 진입했다. 이 관점에 따르면 멕시코 치아빠스의 사빠띠스따 운동 같은 세력은 '계획된 정체성'의 창출을 통해 새로운 주변 집단에게 잠재적인 대안을 제공한다(Castells 1997, 65면). 최초의 정보통신 게릴라운동으로서 사빠띠스따는 새로운 원거리 통신을 통해 얻을 수 있는 자원을 전략적으로 활용했다. 다른 연구자들은 이행기 이후 사회운동이 자원분배에 영향력을 행사하는 데 성공했다고 보기 어렵다고 주장하면서 신자유주의 시대에 그 변화의 가능성에 덜 낙관적이다(Foweraker 1995, 104면). 신자유주의 정책의 부분적이고 불균등한 실행을 감안할 때, 구조조정은 통상 어떤 길을 막는 것만큼이나 새로운 길을 연다고 말할 수 있다.

두가지 사례가 신자유주의적 생계활동과 세계화가 가져온 복합적인 유산을 예증한다. 북부 멕시코 국경의 마낄라 또는 조립공장 지대는 신자유주의적 노동과 사회관계의 재편을 보여주는 주요 장소이다. 1990년대 중반, 마낄라의 여성 노동자 50명의 피살 사건은 '여성이 시민과 노동자로서 아무런 가치가 없다는 생각에 맞서 싸우도록' 시민사회 단체들을 부추겼다(Wright 2001). 이 캠페인은 문화적 의미뿐 아니라 신자유주의 시장의 압력이란 측면에서 안전과 생계활동을 보증하려는 노력(예컨대 여성 노동의 낮은 경제적 가치를 바꾸고 교대를 재조정하는 작업)을 결합시켰다. 두번째 사례는 꼴롬비아의 농민들이 유사한 방식으로 정체성, 생계활동, 안전의 측면을 결합시키는 연대를 통해 신자유주의의 생태계 파괴에 맞서는 경우이다. 태평양 우림지역의 흑인운동(PCN)은 (목재, 어류, 농산물, 금 등의) 여러가지 자원과 더불어 생물다양성을 지닌 자생지에서 생계활동의 토대라고 할 수 있는 영토와 환경을 보호하기 위해 조직되었다. 1991년 꼴롬비아 헌법이 흑인들의 권리를 승인했지만 이를 실행에 옮기기 위해서는 벌목 회사에 도전하고 생계활동과 환경에 대한 관심사를 유기적으로 연결하는 새로운 방법을 고안해야만 했다.

신자유주의적 경제정책이 국민국가의 영역을 국제 무역에 개방하듯이 다자간기구들은 시민사회에 영향을 미치는 여러가지 정책을 수행했다. 이 과정을 구체화하는 시민행동의 범위는 국제기구들이 시민의

'참여'에 동조하는 경우에조차도 상대적으로 제한적일 수밖에 없었다(Cooke and Kothari 2001). 구조조정정책은 빈곤의 심화를 누그러뜨리고자 어느정도 수정되었지만 시민 참여는 거의 받아들이지 않는다. 1990년대 협상과정에서 세계은행이 '시민사회'에 한 자리를 마련했을 때 국제기구와 여러 국가들은 주요 협력자였지만 풀뿌리 시민사회는 대개 배제되었다(Friedman et al. 2001). 그렇지만 시민행동과 전세계적 네트워크의 구축은 일부 국제 협상을 전개하는 데 변화를 불러일으킬 수 있다. 2000년 9월에 에꽈도르 원주민운동의 대표들은 높은 국제적 인지도와 정당성을 반영이라도 하듯 국가 부채 문제를 다루는 빠리클럽(공적 채무 재조정을 위해 OECD 회원국 중심으로 결성된 비공식 국제회의체—옮긴이)의 토론회에 참석한 바 있다(Espinosa 2001).

세계화: 시민행동의 새로운 지형도?

21세기가 시작될 무렵 일상생활의 미시구조와 더불어 경비인력을 겹겹이 배치한 권위주의체제의 지형은 '비공식적이고 비연속적이며 다수의 공적 공간'으로 구성된 더 넓고 다면적인 영역 속에서 시민사회운동에 자리를 내주었다(Alvarez et al. 1998, 18면). 전세계적·지역적 중심은 시민권과 시민행동을 구성하는 국가를 넘어서는 활동과 국가 '아래'의 활동을 이해하기 위해 점점 중요해졌다. 자국 영토를 넘어선 세계에서(그럼에도 불균등 발전과 전세계적 불평등이 심화하는) 국민국가의 경계는 시민행동에 제약이라기보다는 대개 국민국가에 '부메랑 효과'를 불러일으키기 위해 시민운동가들이 고의로 넘나드는 징검돌이 된다(Keck and Sikkink 1998). 그렇지만 시민운동가들의 동원은 기술적·지정학적·경제적 상황의 변화 속에서도 흔히 과거 몇십년과의 연속성을 보여준다. 시민운동 단체들은 여러가지 권리와 시민권에 대해 계속 언급하지만 다양한 공간과 구조에서 이런 권리를 얻기 위해 결집한다.

국제연합과 다른 국제기구로부터의 국제법은 지난 몇십년 동안 라틴아메리카 시민운동가들에게 자국의 정치·사회적 변화를 위한 압력을 가하는 데 필요한 언어와 방안을 제공했다. 라틴아메리카 원주민 단체들이 집단적인 토지소유권을 획득하고자 개별 국민국가에 압력을 가하면서 소수민족의 보호에 관한 국제노동기구(ILO) 169차 총회 결정을 활용한 것을 한가지 사례로 제시할 수 있다(Brysk 2000). 토지, 정치적 인정, 적절한 발전에 대한 원주민의 권리를 확립함으로써 해당 총회는 법률, 나아가 헌법 개정의 지렛대로 활용될 수 있는 표준적 성명서를 제공했다. 세계화의 맥락에서 시민권은 국제법, 국민국가와 공동 영토/지방정부 모두가 시민운동가들에게 생계활동, 안전, 정체성을 형성함에 따라 다층적일 수 있다.

전지구적 맥락에서 시민사회운동을 언급할 때 사용되는 이론적인 언어는 국가-사회의 경계라기보다는 네트워크, 망 조직(web), 초국가주의에 대한 논의를 포함한다(Slater 1998). 사회운동 네트워크가 국경, 전세계적 남(빈국)-북(부국) 차이, 그리고 사회운동가들 간의 분열을 신속하게 횡단하는 가운데(Yúdice 1998) 초국가주의란 무엇보다 최근 들어 라틴아메리카에서 훨씬 더 빈번하게 국경을 넘어 이루어지는 비국가적 활동가들의 유대를 일컫는다(Radcliffe 2001). 국제법, 새로운 통신수단, 초국가적 쟁점에 주목하는 네트워크는 모두 라틴아메리카에서 시민사회 활동을 재조직하는 데 기여한다. 예컨대 에꽈도르 원주민 운동은 브라질 노동당(PT), 유럽 각국의 녹색당, 초국가적 인권단체와 원주민 지원 네트워크를 포함해 다양한 국제적 활동가들과 연계가 있다. 더욱이 에꽈도르 원주민운동은 안데스 지역의 다른 원주민 단체들과 적극적이고 창조적인 유대를 맺고 남-남 연계 속에 뿌리를 튼튼히 내리고 있다.

기술의 진보는 '적극적인 원격운동'의 가능성을 확대했다(Ribeiro 1998, 325면). 대면 소통과 회합이 조직의 정책결정에 여전히 가장 중요한 요소로 남아 있지만 새로운 통신기술은 세계화된 시민사회운동의 팽창을 유도했다. 역내 시장 자유화, 컴퓨터 사용 증대, 현대사회의 이미지 강조 덕분에 더 많은 시민운동이 통신 도구를 다각도로 활용한다. 1994년 1월 멕시코 치아빠스에서 사빠띠스따가 웹사이트와 비디오 등 새로운 통신수단을 세련되게 활용한 일은 사진이 잘 받는 지도자 마르꼬스 부사령관의 전략적 활용과 결합된 것이다(Harvey 1998). 그럼에도 사빠띠스따에 관해 흔히 잊어버리기 쉬운 것은 그들이 멕시코 주요 지역에서 벌이는 행진, 지역과 생계활동의 재편, 중재자로서 기타 시민운동 세력(가톨릭교회를 비롯해)의 전략적 활용을 포함해 '구식' 통신수단과 저항방식에도 계속 의존하고 있다는 점이다.

라틴아메리카에 더 많은 잠재적 지지자와 후원 네트워크를 만들어내면서 각종 이미지와 사유방식의 초국적 흐름은 확실히 세계화국면 속에서 훨씬 더 용이해진다. 초국가적 쟁점에 주목하는 네트워크는 인권 상황의 변화나 환경 악화를 초래하는 국가와 주요 기업에 압력을 행사하면서 라틴아메리카 안팎에서 자리를 잡게 되었다(Keck and Sikkink 1998). 이 네트워크들이 새로운 정치문화와 중재자들을 등장시킬 수 있지만(Yúdice 1998, 370면) 라틴아메리카의 시민사회는 생계활동과 안전을 보증하기 위해 계속해서 국가와 시장과 적극적으로 관계를 형성해야만 한다. 그렇지만 정치문화의 변화가 더딘 탓에 이런 협상들은 여전히 난항을 겪고 있다.

결론

1980년대 시민사회에 관한 이론적 접근은 대체로 사회운동이 새로운 방식의 '정치활동', 달리 말해 과거의 관행과 확실하게 단절된 정치형태를 대표한다고 주장했다. 그렇지만 그런 해석은 곧 여러 영역에서 도전받아왔다. 첫째, 사회운동 활성화 이전과 사회운동 시기 사이의 지속성이 점차 밝혀지고 있다. 예전의 노동조합과 시민 연대(예컨대 도시 이주민 조직)는 1970년대와 80년대에 시민운동가들이 확립한 정체성과 조직적 뼈대를 제공했다. 1980년대와 90년대 선거 민주주의로의 복귀와 더불어 후원-수혜 관계와 담합주의, 즉 적극적 참여에 바탕을 둔 정책결정이나 '실질적 민주주의'를 제한하는 시민사회와 정치체제 간의 독특한 연계방식 또한 달갑지 않게 귀환했다. 더욱이 수많은 정당들의 존재는 일부 경우에 시민사회 조직의 분열과 앞에서 언급한 대로 시민운동 단체의 제도화(비정부기구화)를 초래했다. 또한 활동 지형과 목록에서 멕시코 농촌 운동의 사례처럼 예전 조직들과의 연속성을 보여준다(Adler Hellman 1995). 시민들의 관심사는 또 과거와의 밀접한 연속성, 즉 안전, 생계활동, 정체성 같은 쟁점을 확인시켜준다.

시민행동과 관련해 최근 들어 그 예로 사회운동의 독점적인 초점들에 심도 있는 질문들이 제기되었다. 뻬루의 마오주의 게릴라단체 '빛나는 길'의 폭력 행위는 과연 사회운동인가? 대부분 그렇지 않다고 말할 것이다. 그렇다면 멕시코의 마낄라도라 노동자들이 소규모로 전개하는 일상적이고 완만한 저항은 시민행동에 속하는가? 대부분 역시 그렇지 않다고 대답할 테지만 그 경우엔 매우 다른 이유를 언급할 것이다. 최근에 연구자들은 무장반란에서 주변부 집단의 불분명한 전술에 이르기까지 여러 세력이 수행하는 행동의 범위와 복잡성을 이해하기 위해서는 사회운동방식의 시민행동이 지니는 협소한 한계를 넘어서야 한다고 역설했다(Fox and Starn 1997). 특히 시민행동의 사회·정치적 다양성을 감안할 때 단순한 범주화로 시민적·정치적·사회적 유형의 완전한 이질성을 설명하기란 불가능하다(Scott 1986).

셋째, 사회운동이 '민주주의의 학교'로서 높이 평가받았지만—그리고 확실히 일부 경우엔 그렇게 기능했다—1980년대 선거 민주주의로의 복귀는 여러가지 측면에서 정치가 '정상으로 돌아왔다고 해서' 그것이 반드시 완전한 참여를 보장하거나 민주적이지는 않다는 점을 분명히 보여주었다. 정당의 복귀와 더불어 시민사회와 국가의 관계는 대부분 예전처럼 후원-수혜 관계와 담합주의라는 특성을 회복하게 되었다. 이런 상황에서 재화와 써비스 취득은 여전히 국가와의 타협을 통해 이루어짐으로써 시민운동 단체의 독립성과 자율성을 약화시킨다(Adler Hellman 1995). 시민운동가들은 전문관료 중심적이고 신자유주의적이며 때로는 비정부기구의 특성을 지니게 된 국가와 대면하면서 참여, 대표성, 책임성을 보장받기 위해 계속 힘든 투쟁을 벌인다(Aguero and Stark 1998). 예외적인 경우 시민행동과 국가의 진보적 인사들은, 현재에는 단지 지역 차원에 국한되어 있지만, 감독과 정책결정과정에 참여하는 데 합의한다. 브라질의 뽀르뚜알레그리에서는 촌락 주민들에게 혜택이 돌아갈 수 있도록 보장하는 계획의 우선순위를 정할 때 공동체 조직이 함께 예산 편성에 참여하는 방안이 실행되기도 했다(Foweraker 2001). 에꽈도르의 과모떼(Guamote)에서는 원주민 출신 시장이 지역 발전의 목표와 방법을 규정하는 강습회를 이끌고 약 18개월에 걸쳐 4000명이 넘는 지역 주민과 단체들이 여기에 참여한 바 있다(Radcliffe et al. 2002).

신자유주의 경제정책이 라틴아메리카를 해외자본에 개방하고 세계시장의 변동에 더 노출되도록 유도하면서 이 지역에서 세계화는 지난 20여년간 끊임없이 진전되었다. 또한 세계화는 개별 국가와 국가-시민사회의 관계에 강력하게 영향을 미치는 국제법과 국제개발기구가 들어오면서 정치영역에도 영향을 미쳤다. 라틴아메리카인들은 대개 도시 거주자일 뿐 아니라 이제 점차 전지구적 차원의 소비 유형과 대중매체와 연계되고 있다. 시민사회운동은 주로 근대성과 세계화에 의해 구체화되었다. 세계화는 시민운동가들이 국민국가와의 연계에 의문을 제기하도록 유도하면서 더 광범위한 준거점을 제공했다. 그러나 세계화는 신자유주의 성장정책과 더욱 멀어진 국민국가와 기관으로부터 배제된 대다수 라틴아메리카인들에게 생계활동과 안전성을 보장하지 않는다. 다만 세계화과정이 네트워크를 통해 라틴아메리카의 시민사회 단체와 다양한 개인들을 비슷한 형편에 처한 다른 이들과 연결하고 그들에게 협력 활동을 통해 무엇을 성취할 수 있는지 전망을 제공한다면 긍정적인 영향력을 발휘할 수 있을 것이다. 그렇지만 그동안 전지구적 발전의 불균등한 지형도와 라틴아메리카적 정치문화의 지속성은 정치 참여를 제한하고 수많은 시민사회 구성원들의 생계활동을 약화시킬 가능성이 높다.

□더 읽을거리

• Alvarez, S., Dagnino, E. and Escober, E. (eds.) 1998 *Cultures of Politics, Politics of Cultures: Revisioning Latin American Social Movements.* Boulder, CO.: Westview Press.: 민주화, 신자유주의, 세계화 시대의 시민사회, 사회운동과 국가에 관한 논문 열다섯 편을 묶었다.

- Chalmers, D. A. et al. 1997 *The Politics of Inequality in Latin America: Rethinking Participation and Representation*. London: Oxford University Press.: 신자유주의적 권리체계와 그것이 시민사회에 미치는 영향을 상세히 논의한다.
- Foweraker, J. 1995 *Theorising Social Movements*. London: Pluto Press.: 라틴아메리카의 사회운동과 국가의 역할을 다룬 이론적 문헌에 관한 가장 좋은 소개서이다.

□웹사이트

- 에꽈도르원주민연맹(conaie.nativeweb.org/index.html).
- 에꽈도르의 과모떼 지방정부(www.snvworld.org/localGovernance/part%205/Ecuador_1.htm).
- 라틴아메리카 원주민운동(abyayala.nativeweb.org).
- 뽀르뚜알레그리의 예산 편성 참여 사례(www.worldbank.org/participation/sdn/snd71.pdf; www.futurenet.org/24democracy/lewit.htm).
- 멕시코 치아빠스의 사빠띠스따 운동(www.ezln.org, 에스빠냐어 사이트. 또는 www.utexas.edu/students/nave에서 왼쪽의 'About the EZLN' 클릭).
- 사빠띠스따 운동에 관한 인터넷 목록과 자료(eco.utexas.edu/faculty/Cleaver/chiapas95.html).

제11장

도시의 생계활동, 고용, 젠더

_씰비아 챈트

이 장에서는 1980년부터 최근까지 라틴아메리카 도시의 생계활동과 고용 추세에 대해 개관할 것이다. 먼저 '생계활동'이라는 개념을 소개한 뒤 지방 중심지와 도시의 저소득층 가구가 경제위기와 신자유주의적 구조조정의 결과 어떻게 생계활동 전략을 다양화하고 강화했는지에 대해 간략히 정리하고자 한다. 두번째 부분은 여전히 도시빈민들의 주요 수입원인 고용 문제를 더욱 명확하게 다룰 것이다(ECLAC 2002b). 여기서 도시에서 비공식부문의 성장과 더 일반적으로는 도시 노동시장의 비공식화에 각별히 주목할 것이다. 세번째 부분에서는 지난 20년간 도시에서, 달리 말해 노동시장이라는 '공적' 영역과 가정이라는 '사적' 영역 모두에서 여성 노동력의 증대가 주요 특징 가운데 하나로 떠올랐다는 점(González de la Rocha 2000)을 감안해 젠더의 측면에서 도시 고용을 검토하고 아울러 여성 노동력 증대가 가구의 발전과 젠더관계에 미치는 결과에 대해 고찰할 것이다.

가구의 생계활동

'생계활동'이라는 개념은 농촌의 빈곤에 관한 연구에서 비롯되었으나 점차 도시의 저소득층 연구에서도 사용되었다. 9장에서 대략 살펴본 바와 같이 그 개념은 '생활의 방편에 필요한 다양한 능력, 자산(가게, 자원, 요구사항, 접근)과 활동'을 아우른다(Chambers and Conway 1992, 7면). 한편 능력, 자산, 활동이 동원되고 추구되는 방식들은 '생계활동 전략'이라고 부를 수 있다(Chambers 1995). 생계활동에 대한 이론적이고 정책적인 접근은 영국의 국제개발부가 활용하는 '지속가능한 생계활동'이라는 개념(Carney 1998)으로부터 '자산의 취약성'(Moser 1998), '자본 자산'(Rakodi 1999; Rakodi and Lloyd-Jones 2002)에 이르기까지 다양한 반면, 이 모든 개념은 가구의 생계활동이 의존하는 다양한 자원을 체계적으로 분류하려는 목적을 공유한다. 빈민들의 소유와 그들이 그 소유를 어떻게 활용하는지에 대한 관심은 생존이 어떻게 결정되는지에 관한 훨씬 더 포괄적인 인식을 가능케 한다.

캐롤 래코디의 설명에 따르면(Carole Rakodi 1999) 생계활동에 대한 '자본 자산' 차원의 접근은 자산에 주목한다. 여기서 자산은 저장되고 축적되며 교환되거나 고갈될 수 있고 소득이나 다른 혜택의 지속적인 공급을 창출하도록 투입되는 다양한 유형의 자본(인적·사회적·천연·물질적·금융)을 구성한다(박스 11.1 참조). 일반적으로 말해 '가구는 충격과 압박에 대해 뛰어난 회복력과 낮은 민감성을 지닌 생계활동을 목표로 삼지만'(Rakodi 1999, 318면) 지역의 환경, 사회문화적 맥락, 가구 내의 권력관계 등에 근거해 사람들은 자산을 다르게 관리할 수 있다.

■박스 11.1 빈민들의 자본 자산(출처: Rakodi 1999)

• 인적 자본: 직업 기술, 지식, 그리고 노동과 건강의 보장 또는 그것에 대한 지배력.

• 사회적 자본: 협력을 용이하게 만들고 빈민 간에 비공식적 안전망을 제공해줄 수 있는 신뢰, 상호혜택, 교환의 관계(주의: 폭력과 불신 같은 형태의 '부정적인' 사회적 자본도 있을 수 있다).

• 천연 자본: 나무, 토지, 생물종 다양성(특히 농촌과 관련해) 같은 천연자원의 집적.

• 물질적 자본: 교통, 대피소, 상수도, 위생시설, 에너지, 통신과 같은 필수적인 사회 기반시설과 생산재.

• 금융 자본: 저축(현금, 가축, 귀금속)과 소득, 연금, 송금, 국가의 양도증서를 포함한 자금의 유입.

가구의 생계활동 전략과 신자유주의적 경제 재편

불리한 조건에 처한 집단들에는 항상 자원이 풍부해야 한다는 점을 인정하면 지난 20년 동안 경기후퇴와 신자유주의적 구조조정 때문에 다른 남부지역(빈국들)과 마찬가지로 라틴아메리카에서 빈민들의 독창성에 대한 요구는 크게 높아졌다. 빈민들에게 중대한 영향을 미친 몇 가지 특징으로는 다음과 같은 요인을 꼽을 수 있다.

- 임금 삭감과 일자리 취득 가능성의 축소를 통한 소득 삭감.
- 생활비 상승.
- 노동시장 내 경쟁의 고조.
- 직업 불안정성과 노동조건의 불확실성 증대.
- 사회적 부문의 지출 삭감(Arce 2002).

이런 변화가 라틴아메리카 도시에 거주하는 저소득층에 어떤 영향을 미쳤는지에 대한 평가는 지역 노동시장의 조건, 기존의 국내 빈곤 수준, 여러 국가들이 경제구조 재편을 위해 채택한 특별 조치 등 상황에 따른 요인의 변화 때문에 불가피하게 복잡해진다(Chant 1996). 그럼에도 다양한 사례연구를 통해 얻은 결과에 따르면 도시빈민들은 생활수준을 유지하고자 지속적인 노력을 기울여야 했다. 생계활동에 대한 자본 자산의 개념을 언급한 래코디의 논의(1999)를 통해 활용되고 확인된 주요 전략은 박스 11.2에 요약되어 있다.

■박스 11.2 경기침체와 구조조정 상황에서 가구의 생계활동을 유지하기 위해 채택된 주요 전략(출처: Rakodi 1999)

1. **천연·물질적·인적 자본의 활용을 강화하면서 자원을 늘리려는 전략**: 여기에는 새로운 사업을 시작하고 이주하며, 주거공간을 임대하고 생계수단의 생산을 늘리는 행위 등 경제활동의 다양화가 포함된다. 특히 공통 전략은 단 하나의 수입이나 '돈벌이'에 의존하기보다 더 많은 가구 구성원의 노동력을 투입하고 다양한 소득 유형을 채택하며(또는 채택하거나) '직업 밀도'를 증대하는 방안이었다. 노동력으로 배치되는 수많은 신참 노동자들은 그때까지 경제적 비활동 인구에 속해 있던 여성이었다.

2. **인적 자본의 수량을 바꾸는 전략**: 이는 주로 두가지 형태를 띤다. 첫째, 가구의 크기는 구성원의 유지나 통합을 통해 늘어날 수 있다. 주요 방식 중 하나는 부인과 어머니를 노동력으로 투입하기 위해 친척에게 집안일과 육아를 맡기는 것이다. 또는 가구들이 출생률을 낮추고 이주하거나 가구의 복지에 적절하게 기여하지 않는 구성원들을 떨어냄으로써 소비비용을 줄이는 방식을 선택할 수도 있다. 후자는 여성이 돈벌이에 실패하고 자녀들과 자신을 위험한 처지에 빠뜨린 남편을 떠나는 경우에 해당된다.

3. 집적된 사회적 자본에 의존하는 전략: 여기에는 필요한 물품을 빌리고 구호 물자를 얻으려 노력하며 간청하고 아마 가장 중요하게는 돈, 음식, 노동을 확보하고(또는 확보하거나) 교환하려는 의도에서 가구 단위를 넘어 친척, 친구들과 가정 외의 연계를 강화하는 활동이 포함된다.

4. 소비 하락을 완화하거나 제한하는 전략: 여기에는 '사치품' 구입이나 지출을 줄이고 어린 자녀를 정규 교육과정으로부터 중퇴시키거나 사회적 계약과 의무를 의도적으로 축소하고, 중고 의류를 구입하고, 식료품과 음료수 지출을 축소하는 일 등이 포함된다. 사람들은 다른 무엇보다 식료품 소비를 유지하고자 애쓰지만 연구 결과에 따르면 일부 국가의 경우 경기침체와 구조조정은 빈민들에게 하루 끼니 수를 줄이고 고기, 우유, 신선한 과일 주스 같은 고가 품목의 소비를 줄이도록 강제했다.

래코디는 가구의 전략을 네가지 범주로 나누지만 그 전략은 두가지 주된 필요, 즉 소비의 최소화('소비절약'이나 '소극적' 전략)와 소득의 극대화('소득창출'이나 '적극적' 전략)에 근거한다(Benería and Roldán 1987; González de la Rocha 1991). 여러 연구자들은 라틴아메리카의 빈민들이 대체로 그런 전략을 활용해 1980년 이후 최악의 경기침체와 구조조정의 한파로부터 자기 자신을 보호할 수 있었다는 데 동의한다. 예컨대 멕시코 과달라하라의 저소득층 밀집 지역에서는 1982~85년까지 가구 구성원의 확대와 더불어 다양한 수입 증대 덕분에 (남성) 가장의 임금이 30퍼센트 정도 하락했음에도 불구하고 1인당 실질소득은 단지 11퍼센트만 하락했다(González de la Rocha 1988). 라틴아메리카의 도시 전체에서 노동인구 대비 경제활동인구의 비율은 1990년대초 59.6퍼센트에서 1990년대말 61.2퍼센트로 10년 동안 지속적으로 증가했다(표 11.1 참조). 2004년 현재 라틴아메리카에서 노동자 열명 가운데 네명은 '부차적 노동자'(이는 소득이 어떤 가구의 주된 소득자〔대체로 가장〕의 수입보다 적은 이를 일컫는다)이며 가구 내에서 이른바 '직업 밀도'의 증가는 중요한 방어 기능을 제공했다(ECLAC 2002b, 97면).

표 11.1 라틴아메리카: 주요 노동시장 1990~99

	인구(천명)				연평균 변동률(퍼센트)			
	1990	1994	1997	1999	1990~94	1994~97	1997~99	1990~99
총인구	429,775	460,791	484,133	499,872	1.8	1.7	1.6	1.7
도시	305,352	335,804	358,904	374,553	2.4	2.2	2.2	2.3
농촌	124,524	124,987	125,229	125,319	0.1	0.1	0.0	0.1
노동인구	274,619	302,852	324,685	339,680	2.5	2.3	2.3	2.4
도시	202,454	228,358	248,478	262,354	3.1	2.9	2.8	2.9
농촌	72,165	74,494	76,208	77,327	0.8	0.8	0.7	0.8
15~64세	254,569	280,102	299,741	313,203	2.4	2.3	2.2	2.3
도시	187,968	211,517	229,732	242,187	3.0	2.8	2.7	2.9
농촌	66,601	68,586	70,009	71,016	0.7	0.7	0.7	0.7
65세 이상	20,050	22,749	24,944	26,478	3.2	3.1	3.0	3.1
도시	14,486	16,841	18,745	20,167	3.8	3.6	3.7	3.7
농촌	5,564	5,980	6,199	6,311	1.5	1.6	0.9	1.4
경제활동인구 (15세 이상)	167,485	186,446	201,417	211,833	2.7	2.6	2.6	2.6
도시	120,688	138,097	151,968	161,648	3.4	3.2	3.1	3.3
농촌	46,797	48,349	49,448	50,185	0.8	0.8	0.7	0.8
피고용인	159,841	175,632	187,824	194,714	2.4	2.3	1.6	2.2
도시	114,087	127,987	139,094	144,190	2.9	2.8	1.8	2.6
농촌	45,754	47,645	48,730	49,524	1.0	0.8	0.8	0.9

출처: ECLAC 2002b, 88면 표 3.1.

비록 가구 중 다수가 위기시에 극빈 상태를 피할 수 있었다고 하더라도 그것은 대부분 전에 없는 내핍과 자제를 통해서였을 뿐이다. 성인들은 예전보다 더 적은 소득이라도 올리기 위해 더 오랫동안 일했을 뿐 아니라 자녀들도 빈곤과 경제위기 속에서 소득 창출 활동에 가담할 필요성을 점점 더 느끼게 되었다(Mcllwaine et al. 2002, 125면). 그런 노력이 거시경제 상황의 악화에 직면해서도 지속될 수 있는지는 매우 의심스럽다. 21세기가 시작될 무렵 라틴아메리카에서 소득의 양극화는 심화되었고 대다수 빈민들은 극도로 고된 삶을 이어갔다. 빈민들은 일자리를 잃거나 생산성이 낮은 일자리에 고용될 위험이 다른 계층에 비해 훨씬 더 높을 뿐 아니라 대부분 초만원 상태에서 식수 부족을 호소하거나 자녀와(또는 자녀나) 노령자들을 돌봄으로써 인구통계학적으로 높은 부양률을 드러낸다(ECLAC 2002b, 16면). 메르세데스 곤살레스 데 라 로차(Mercedes González de la Rocha 2001)는 멕시코에서 20년에 걸쳐 지속된 빈곤이 결국 빈민층을 굴복시켰다고 주의를 환기시킨다(그림 11.1). 가구, 가족, 공동체 연대 조직의 동원이 과거에 필수적인 자원으로 기여했지만 사람들이 서로 얼마나 많은 호의와 친절을 베풀고 부탁할 수 있는지, 그리고 복지에 대한 심각한 구조적 장애물에 직면해 이런 상호교환이 얼마나 효과적일 수 있는지에 관해서는 분명히 한계가 존재한다. 특히 남성에 비해 여성에게 훨씬 가중되는 부담은 여성의 개인적 여력을 완전히 소진시켜 '꽉 쥘 수 있는 여지'가 더이상 남지 않는다는 우려를 낳는다(Moser 1992).

구조조정의 성차별적 영향

잉그리드 파머는 구조조정이 시장에서 젠더에 근거를 둔 두가지 부당한 배분을 강화함으로써 여성의 지위를 악화시켰다고 주장한다(Ingrid Palmer 1992). 그것은 a) 고용에 참여하는 남성과 여성의 불평등한

그림 11.1 멕시코 께레따로(Querétaro)의 저소득층 주거지. ⓒSylvia Chant

조건, b) 가정 내 무보수 노동 가운데 불균형하게 큰 몫을 책임진 현실에서 비롯된 '재생산 부담'에 여성이 종속되어 있는 상황이다. 도시빈민층 사이에서 구조조정이 이런 부당한 배분에 미치는 영향은 다음과 같이 세가지로 나눠볼 수 있다.

1. 여성들이 비공식부문에 불균형적으로 과도하게 집중된다는 사실을 감안할 때, 비공식부문의 과밀화는 여성 소득의 더 큰 하락을 초래한다.

2. 사회복지 지출의 축소는 가구 내 재생산 노동에 주로 충격을 주기 때문에 가내 노동과 육아에 주된 책임을 맡은 여성들에게 심각한 영향

을 미친다.

3. 보건과 교육에 대한 수익자 부담의 도입이나 상승 탓에 인적 자본 축적과 복지에 중요한 연쇄반응을 일으키는 학교교육과 의료의 혜택이라는 측면에서 여성들이 차별받을 가능성이 훨씬 더 크다.

구조조정과정에서 젠더의 차원이 함축하는 내용이 무엇인지는 이 장 뒷부분에서 좀더 자세히 다룰 것이다. 여기서는 더욱 힘들고 다양한 역할과 책임을 떠맡느라 수많은 여성들의 '기력이 소진했다'는 점을 언급하고자 한다(Elson 1991; Moser 1992). 나중에 확인하게 될 테지만 노동력 참여를 통해 여성은 권한과 자율성을 증진할 수 있다. 하지만 특히 여성이 공식적·비공식적 고용 모두에서 직업 서열의 낮은 단계에 집중되어 있다는 점을 고려할 때 여성 노동력 증대는 여러가지 면에서

그림 11.2 멕시코 뿌에르또바야르따(Puerto Vallarta)의 소규모 가내 상업. 흔히 부족한 재원 때문에 소규모 사업체를 운영할 수밖에 없다. 사진 속의 가게 주인은 저소득층 지역에 있는 자기 집 옆에서 비누, 성냥갑, 사탕, 담배 몇개비, 소량의 식용유 등을 팔면서 자녀들을 돌보고 있다. ⓒSylvia Chant

여성 착취를 더욱 악화시킬 뿐이었다(그림 11.2; González de la Rocha 1994; Chant with Craske 2003).

다음 부분에서는 라틴아메리카 도시의 고용 추세가 어떻게 변화하는지 좀더 전체적인 그림을 그려볼 것이다. 이는 고용이 '경제성장과 사회발전 간의 주요 연결고리'로 확인되었기 때문만이 아니라 노동의 활용이 도시빈민 가구 수입의 주요 원천을 제공한다는 점에서도 중요하다(ECLAC 2002b, 99면).

도시의 고용

지난 20년간 라틴아메리카의 고용 상황은 경제적 세계화과정을 거치면서 급격하게 변모했다(1, 3장 참조). 워드와 파일의 연구에 따르면 세가지 주요 동향을 특징으로 지적할 수 있다(Ward and Pyle 1995, 38면).

1. 국제통화기금과 세계은행의 융자 조건에 의해 수출지향적 경제성장 전략으로 변화.
2. 초국적기업들의 생산과 마케팅(영업) 활동의 세계화.
3. 채무위기와 경기후퇴.

부가적인 요소로는 교역조건과 기술의 변화, 경제와 노동 문제에 대한 국가 개입의 축소를 들 수 있다(Berry 1997, 3면; Sheahan 1997, 8면). 최근에는 기술집약적인 2차, 3차 활동의 현대화가 공식부문의 일자리 창출을 부진하게 만들 것이라는 우려와 아울러 정보통신 기술의 비약적인 향상이 두드러졌다(UNDP 2001). 거시경제적·정치적·제도적·기술적 동향의 다양성이 도시 노동시장의 변화를 분석하는 과정을 매우 복잡하게 만들어버리는 동안 라틴아메리카의 여러 국가는 몇가지 궤도를 공유하는 것처럼 보인다. 몇가지 공통 요소는 실업과 불완전고용의 증대, 임금 삭감과 노동조건의 악화, 노동력 공급의 증대(가계 수입 부족에 따른 압박 때문에 특히 여성 노동력 공급이 늘어났다), 그리고 비공식부문 노동자들의 양적(그리고 비율적) 증가 등이다.

실업과 불완전고용

라틴아메리카의 대다수 국가에서 고용 상황이 가장 악화된 시기는 역시 1980년대초 채무위기의 초기 국면이었다. 1980~85년까지 라틴아메리카의 불완전고용은 48퍼센트나 상승했다(Safa 1995b, 33면). 그리고 1970년대 중반 경제활동인구 대비 약 6퍼센트 수준에 머물렀던 실업률은 1984년 14퍼센트로 뛰어올랐다(Cubitt 1995, 164면). 이 시기 일부 국가의 실업률은 그보다 더 높았다. 예컨대 1975~81년에 16퍼센트 정도였던 칠레의 실업률은 1982~83년 경기침체기에는 28퍼센트에 이르렀다(Sheahan 1997, 15면).

최근 실업률이 예전보다 낮고 멕시코와 같은 국가에서는 1990년대초 이래 하락 추세를 보였다고 하더라도 지역 전체로 볼 때 노동력 공급의 증대는 노동력 수요의 증대를 초과했다. 1990~99년까지 라틴아메리카의 일자리 공급은 연평균 2.6퍼센트 증가한 반면 노동력 수요는 2.2퍼센트 정도에 지나지 않았다(표 11.1 참조).

지난 십수년간 라틴아메리카 노동시장에서 드러난 증가 추세의 약화는 몇가지 요인에서 비롯된다. 가장 중요한 이유 중 하나는 기존 공공부문의 일자리 감소는 물론이고 국가 고용 창출의 감소라고 할 수 있다. 이는 주로 '비대한 관료기구' 축소와 준(準)국영기업의 '민영화'를 강조한 국제통화기금과 세계은행의 압력으로 파생된 결과였다. 예컨대 니까라과에서는 싼디니스따 정부에서 전국야당연합(UNO) 정부로의 정권교체와 세계 유수의 금융기관에 대한 니까라과 경제의 개방에 뒤이어 실업률이 (1986년 4.5퍼센트에서 1994년 23.5퍼센트로) 가파르게 상승했다(Bulmer-Thomas 1996a, 326면). 비올레따 차모로가 권좌에 오르고 3년 내에 25만명에 이르는 공공부문 종사자들이 해고되었다(Green 1995, 56~57면). 볼리비아에서는 1985년 '신경제정책'이 실행된 뒤 국영광산회사(COMIBOL) 노동자들의 75퍼센트가 일자리를 잃었다(Jenkins 1997, 113면). 아르헨띠나에서는 1989년까지 정부가 운영하던 주요 기업 다섯 곳—아르헨띠나 항공, 전화회사 엔텔(ENTEL), 그리고 다른 세 곳의 공공써비스 회사(가스, 전기, 위생 시설)—이 민영화되었고, 10만명 정도의 전체 노동력은 5만 1000명뿐인 수준으로 대폭 감축되었다(Geldstein 1994). 라틴아메리카 전체로 볼 때 비농업부문에서 공공 고용이 차지하는 비율은 1990~95년까지 15.3퍼센트에서 13.2퍼센트로 줄어들었다(Thomas 1999, 279면).

전세계적 차원의 경쟁 심화가 기업에 비용 절감의 방편으로 폐업 또는 하청계약의 도입과 강화를 실행하게끔 강제했다는 사실 때문에 민간부문의 정규직도 감소했다. 1990년대 라틴아메리카에서 실업의 증가는 실제로 모두 일자리 감소에서 비롯되었다고 볼 수 있다(표 11.2 참조).

표 11.2 라틴아메리카 도시와 농촌의 실업 수준과 구성 1990~99

	인구(천명)		연평균 변동률(퍼센트)
	1990	1999	
실업자	7,643	18,118	10.1
도시	6,600	17,457	11.4
농촌	1,043	661	-4.9

해고 노동자	5,932	15,391	11.2
도시	5,225	15,204	12.6
농촌	708	186	-13.8
최초 구직자	1,711	2,728	5.3
도시	1,376	2,253	5.6
농촌	335	475	3.9

출처: ECLAC 2002b, 101면 표 3.6.

라틴아메리카의 실업자 수는 1990년대에 연평균 10.1퍼센트 증가했다. 그동안 최대상승률을 기록한 시기는 1997~99년이었다(표 11.2 참조). 실업률은 특히 빈민층에서 높았다. 라틴아메리카 전체 인구의 실업률이 10.6퍼센트인 데 비해 최하위 20퍼센트 도시 빈곤층의 실업률은 22.3퍼센트였다(ECLAC 2002b, 22면). 15세부터 24세까지 청소년과 청년층에서도 실업률은 증가했다. 예컨대 1994~99년까지 청년 실업률은 14퍼센트에서 20퍼센트로 상승했다(ILO 2000). 더욱이 여성 노동력의 참여가 전반적으로 늘어났지만(이하 참조), 1990년대 여성들의 도시 실업률은 7.7퍼센트에서 12.3퍼센트로 상승했다. 같은 기간 남성의 실업률도 6.7퍼센트에서 9.4퍼센트로 상승했다(ECLAC 2002b, 106면).

라틴아메리카에서 평균 실직 기간 역시 늘어나는 추세를 보였다. 1990년대 후반에 평균 실직 기간은 4.4개월에서 5.3개월로 늘었다(ECLAC 2002b, 23면). 또 몇가지 증거에 따르면 '실직 기간'을 보낸 뒤 일터로 복귀한 이들의 임금수준은 하락했다. 예컨대 얼마간 높은 실업률을 보이고 일시적으로 노동력 충원의 빈도가 늘어나고 있는 우루과이에서 일터로 복귀하게 된 이들은 보통 23~34퍼센트 정도의 임금 삭감에 직면해야 했다. 이런 현상의 주요 원인은 세가지이다. 첫째, 임금수준이 높은 일자리를 찾기가 어렵기 때문에 일부는 시간당 평균 급료가 낮은 비공식부문의 자영업에 의존할 수밖에 없다. 둘째, 재취업은 흔히 근무 시간 단축, 따라서 월 수입의 감소를 동반하게 된다. 셋째, 전업 일자리를 찾은 경우조차 사람들은 이전 직장에서 수령한 액수보다 낮은 급료를 받곤 한다. 그 자체로 일시적인(점점 길어지는) 실업 기간은 노동자와 피부양자들의 소득과 복지를 심각하게 위축시킬 수 있다. '라틴아메리카와 카리브해 지역 경제위원회'가 단언한 대로(2002b, 109면) 재취업자들의 소득 감소는 '노동자의 고용·해고에 관한 규정과 절차가 점점 더 느슨해지는 노동시장에서 부차적인 조정 메커니즘으로 기능할 수' 있다.

공식부문의 임금과 노동조건

공식부문의 일자리 감소 외에 노동조건, 특히 제조업부문 노동조건의 뚜렷한 변화는 지난 20년 동안 특징적인 현상으로 지적될 수 있다. 이는 일반적으로 단기적 하청계약 노동의 증가, 노동조합 활동의 제한, 고용과 해고 과정의 간편화 등과 관련된 정책의 도입을 포함한다. 이런 변화는 대부분 일터에서 '구조적 경직성' 개선과 노동 '유연성'의 증대를 장려하는 국제 금융기관의 압력을 반영한 것이었다(Tironi and Lagos 1991; Green 1996, 109~10면). 예컨대 볼리비아의 제조업에서 소규모 공장이나 작업장으로 생산이 집중되었고 일주일 동안 49시간 이상 일하는 노동자의 비율이 2배로 늘었다(Jenkins 1997, 119면). 멕시코의 레온시에서는 구두 제조업체가 사업의 유연화와 노동비용의 절감을 위해 가내 작업장과(또는 가내 작업장이나) 외부업체에 생산량을 주문하는 경우가 더욱 늘었다(Chant 1991, 그림 11.3 참조).

'구조적 경직성'의 점진적 개선은 노동법 개정을 부추겼다. 예컨대 볼리비아의 '신경제정책'은 노동자 보호 규정을 축소하고 임금지수의 폐지를 통해 임금 결정을 개별기업 내 교섭에 맡겨두도록 조치했다

그림 11.3 멕시코 레온시의 가내 신발 생산업체. © Sylvia Chant

(Jenkins 1997, 113면). 뻬루에서는 1991년 고용주들에게 '시험 채용' 계약을 통해 인력 고용 권한을 부여하는 법안이 도입되었다. 이에 따라 노동자들은 (연금, 유급휴가, 보험급여 등의—옮긴이) 부가 혜택이나 해고에 대한 보상의 권리를 사실상 부여받을 수 없게 되었다(Thomas 1996, 91면). 임시 계약에 따라 고용된 뻬루 노동자의 비율이 1990년대초부터 말까지 41퍼센트에서 50퍼센트 이상으로 늘었다는 점을 감안할 때 이는 지대한 영향을 미치는 변화였다(Thomas 1999, 276면). 마찬가지로 경제위기 이전에 대기업에서 그런 관행이 결코 없진 않았다는 점을 언급할 필요가 있다. 로버츠가 주장하듯(Roberts 1991, 118면), 멕시코에서 "'암시적인 규제완화'는 최근의 명백한 탈규제정책을 적어도 몇년 앞섰다". 암시적인 규제완화가 규제의 '부적절한 실행이나 조직적인 우회'와 관련된다면, 명백한 탈규제는 입법의 공식적 포기나 약화를 가리킨다(Standing

1989, 1077면).

또한 임금 억제는 공식부문의 구조조정에서 중요한 쟁점이었다. 이는 생활비 인상과 더불어 지난 20년간 여러 국가에서 평균 실질소득의 마이너스 성장을 의미했다. 예컨대 라틴아메리카에서 평균 임금은 1980~91년까지 17.5퍼센트 감소했고 평균 최저임금은 약 35퍼센트 감소했다(Moghadam 1995, 122면). 토머스는 1985~92년까지 꼴롬비아, 꼬스따리까, 칠레, 빠나마, 빠라과이를 제외한 모든 라틴아메리카 국가에서 도시의 실질 최저임금이 하락했다고 지적한다(Thomas 1996, 90~91면).

임금 억제는 흔히 공식부문의 위기와 규모 축소, 그리고 교섭력이 점차 약화되어가는 노동조합의 동의를 통해 이루어졌다(Epstein 2000; Gwynne and Kay 2000, 145~148면). 프런트에 따르면(Frundt 2002, 8면) 세계화의 두가지 주요 측면이 노동자들의 권리와 노동조합의 생존 능력을 완전히 바꿔놓는 데 영향을 미쳤다. 첫째, 유연성과 하청계약을 늘리려는 기업의 전략과 둘째, 공기업의 사유화이다. 쿠닝스 등에 따르면(Koonings et al. 1995, 123면) 이에 더해 '빈곤의 만연'은 '노동자들을 조직하고 방어하는 노동조합의 역량에 심각한 위협을 제기한다'(Méndez-Rivero 1995, 158면도 참조).

여러 라틴아메리카 국가에서 최근 들어 민주주의의 강화와 아울러 노동조합이 적극적으로 참여할 수 있는 길이 열렸지만, 그 과정은 동시에 노동조합을 국가로부터 탈각시키고 그리하여 일부 경우에는 중요한 지지기반을 빼앗아버리기도 했다. 이런 점에서 칠레는 예외적인 사례였다. 프리아스와 루이스-타글레는 17년 동안 지속된 군부통치의 종식과 1990년 아일윈 대통령 취임 이후 칠레 노동조합의 제도적 권리와 안정성이 증대되었다고 주장한다(Frías and Ruiz-Tagle 1995, 141면). 브라질에서도 노동조합과 강력한 정치세력의 튼튼한 연계는 몇가지 보호조치를 제공했다는 점에서 분명히 드러난다(Thomas 1996, 91면). 과떼말라와 엘살바도르에서 노동조합 가입자의 수는 평화협정 이후 늘어났을 테지만 전통적으로 전투적인 산별노조의 경우에는 그렇지 않았다. 대신 새로운 충원은 대부분 "전국노동자연맹에 가입하지 않은 '기업 노조'와 독립 노조"에서 두드러졌다(Frundt 2002, 10면). 노동조합 활동이 증대한 또다른 영역은 비공식부문이었는데(Koonings et al. 1995, 119면) 비공식부문은 공식부문에서 떨어져나온 이들과 노동시장에 새롭게 진입하는 이들을 흡수하고 이들의 집단적 이해관계를 보호하기 위해 노조 활동을 적극적으로 전개했다.

도시의 비공식부문

대규모 산업과 써비스업에서 발생한 노동의 '비공식화'와 더불어 라틴아메리카에서 '비공식부문'의 고용은 경제위기와 신자유주의 개혁 시기에 눈에 띄게 팽창했다. 이 '불분명'하지만 '대중적인 약칭(略稱)'을 규정하기 위해 다양한 기준이 적용되었는데, 그 용어가 처음 등장한 것은 1970년대까지 거슬러 올라간다(Gilbert 1998, 65면). 그 기준으로는 사업장 규모, 생산과정의 기술 수준, 사업의 합법성, 노동자의 사회보장과 보상 범위, 자영업 대 임금노동자 고용, 그리고 노사교섭 등을 들 수 있다(Scott 1994, 16~24면; Thomas 1995). 비공식부문의 사업장은 흔히 소규모로서 초보적인 기술을 사용하고 자영이거나 가족노동이라는 특징을 지니는 반면, 로버츠에 따르면 가장 널리 인정받는 '비공식부문'의 정의는 '유사한 다른 활동이 규제받는 상황에서 국가의 규제를 받지 않는 소득 창출 활동'이다(Roberts 1994, 6면). 나아가 로버츠는 '공식부문'에서 발생하는 수많은 노사교섭도 이런 규정에 꼭 들어맞고 비공식부문이 매우 다양한 직업과 소득층을 포괄한다는 점에 주목하면서

'비공식경제라는 개념에 지속적으로 관심을 갖는 것은 그 분석의 정확성 때문이 아니라 그것이 변화하는 경제적 규제의 토대를 분석하는 데 유용한 도구이기 때문'이라고 주장한다. 실제로 1989년 당시 멕시코에서 소규모 사업장의 노동자 가운데 75퍼센트가 사회보장 혜택을 받지 못했고, 공식부문 기업에 근무하는 노동자의 17퍼센트만 그런 혜택을 누리고 있었다(Roberts 1994, 16면). 로버츠가 언급한 소규모 사업장들은 법적으로는 연방과 지방 당국에 등록되어 있지만 그 고용주들은 법적 의무 가운데 단연 가장 비용이 많이 드는 사회보장 분담금을 납부하지 않을 가능성이 더 높다.

규제는 법적 의무를 뜻하고 법적 의무 그 자체는 다차원적 개념이다. 토머스는 '합법적이란 의미는 대개 여러 관공서들이 부과하는 수많은 규정에 따르는 것'이라고 지적한다(Thomas 1997, 6면). 톡맨은 더욱 구체적으로 비공식부문의 사업장들이 따르지 않을 수도 있는 세가지 유형의 합법성을 확인한다(Tokman 1991, 143면).

1. 사업체로서의 법적 승인. 여기에는 등록 절차와 아울러 보건과 안전 검사의 수용이 포함된다.
2. 세금 납부의 합법성.
3. 노동시간, 사회보장 분담금, 부가 혜택에 관한 공식 지침을 따르는 것을 포함해 노동 문제와 관련된 합법성.

라틴아메리카의 자영업자(최대 규모의 비공식 피고용인 집단) 가운데 단지 2~5퍼센트만 사회보장에 가입해 있을 뿐이다. 이는 주로 고비용, 관리의 어려움, 연금 가치의 감소와 직업적 전망의 불확실성 탓인 인센티브의 부족에서 비롯된 결과이다(Tokman 1991, 152~53면).

비공식부문의 성장과 역동성

구두닦이, 행상, 소규모 음식점, 폐품 수집과 재활용 등 광범위하고 이질적인 활동을 일컫는 비공식부문은 주로 저소득층을 고용하고 있다. 이 부문은 대부분 낮은 생산성과 낮은 이윤을 지닌 상업과 써비스업으로 이루어진다. 한편 비공식부문 직업의 약 25퍼센트는 제조업 분야에 속해 있다(Bromley 1997; Grabowski and Shields 1996, 170~71면). 정부와 지방 조직의 기준에 따라 비공식부문의 범주가 변한다는 점을 고려할 때 비공식 고용의 추세는 주의 깊게 다뤄져야 하지만, 1970~80년까지 라틴아메리카 노동력에서 비공식부문이 차지하는 비율은 16.9퍼센트에서 19.3퍼센트로 증가했다(Tokman 1989, 1067면). 경제위기 이전의 성장은 보통 농촌과 도시 사이의 이주와 그에 따른 도시의 노동잉여에서 비롯되었다(Portes and Schauffler 1993). 그렇지만 1980년 이후 비공식고용의 증가가 훨씬 더 뚜렷해졌을 때, 노동잉여는 인구통계상의 역동성보다는 경제와 노동시장의 변화에 따른 결과였다(Chant 2001).

예컨대 구소련과 동유럽 사회주의체제의 몰락 이후 꾸바에서 시작된 '특별한 시대' 동안 경제 자유화 조치는 일자리 감소와 완전고용정책의 중단을 초래했다(Molyneux 1996; 4장 참조). 1996년 1월에 자영업자로 등록된 이들은 16만명을 넘어섰고 소규모 경제활동도 뚜렷이 확산되었다. 비공식부문의 노동은 전통적으로 의혹의 대상이었지만 결국 정부에 의해 꾸바인들의 생존에 중요한 부분을 차지하는 것으로 인정받고 수용되고 있다. 니까라과에서도 전쟁으로 파괴된 농촌, 미약한 산업기반, 그리고 싼디니스따 집권기 동안 지속된 경제봉쇄 탓에 주민 대다수는 독자적으로 고용의 방편을 만들어내야만 했다. 1990년 비공식부문은 가내 노동자를 제외하고 마나과에서 거의 절반에 가까운 노동력을 포함했다(Roberts 1995, 124면). 이런 추세는 라틴아메리카 도시에서 비공식부문의 고용이 1980~90년까지 25.6퍼센트에서 30퍼센트로(Gilbert 1995b), 1999년까지는 48퍼센트까지(ECLAC 2002b, 95면) 눈에 띄게 증가하는 데 기여했다. 실제 1990년대에 도시의 새로운 일자리 가운데 70퍼센트가 비공식부문에서 생겨났다고 추정된다(ECLAC 2002b, 87면).

지난 20년 동안 라틴아메리카에서 비공식부문 고용이 전반적으로 급증한 주된 이유는 공공부문 고용의 감축, 관세장벽 축소에 따른 경쟁의 증대와 공식부문 기업의 폐업, 공식부문 노동력 수요의 감소, 그리고 인구성장 그 자체와 가구소득에 대한 압박의 결과로 노동력이 꾸준히 늘어난 점 등이다(Alba 1989, 18~21면; Pelling 2002, 235면). '자영업자의 비공식화는 실업과 실질임금 하락에 직면한 가구의 기본적인 생존전략'이라는 주장을 입증하듯이 등록세, 세금, 노동력 고용에 따른 간접비용을 지불할 능력이 줄어든 가족 단위 사업장들은 줄줄이 비공식부문으로 밀려났다(Roberts 1995, 124면; 또한 Escobar Latapí 1988). 토머스가 요약한 대로(Thomas 1996, 99면) 정부와 고용주들이 촉진한 '하향식' 비공식화는 아래로부터, 즉 공식부문에서 밀려난 노동자들과 노동시장의 신참들이 독자적인 수입원을 창출하려는 욕구로부터 발생한 비공식화와 나란히 진행되었다.

비공식부문의 활동과 노동조건

앞에서 언급한 사항에 비춰볼 때 최근 들어 비공식부문 내의 경쟁이 점점 더 치열해졌다는 점은 그리 놀랍지 않다. 마이래프탭이 주장하듯이(Miraftab 1994, 468면) '빈민들은 훨씬 더 열심히 일상활동을 생존 문제에 집중시켜야만 했다'. 이는 더 오랫동안 일해야 할 뿐 아니라 도시경제의 주변부에서 생활비를 벌기 위해 나름대로 혁신적일 필요가 있음을 의미했다(Escobar Latapí and González de la Rocha 1995). 그러나 라틴아메리카 도시의 거리와 가정에서 훨씬 더 창조적인 소득 창출의 전략을 발견할 수 있었지만 국제노동기구의 통계에 따르면 1980~89년까지 비공식부문의 소득이 42퍼센트 하락했다고 할 정도로 경쟁은 치열했다(Moghadam 1995, 122~23면).

비공식부문 고용 노동자들의 건강(과 추가적인 팽창)에 대한 제약은 전체 인구의 구매력 감소와 구직자 수의 증가를 통해 잘 드러난다(Roberts 1991, 135면). 후자는 1960,70년대 높은 출산율의 유산이기도 하거니와 한편으론 여성 노동력 참여의 꾸준한 증가 덕택이다. 실제 남성 노동의 비공식화도 증가했지만(Arias 2000; Elson 1999), 그에 비해 여성 노동이 비공식부문에 불균형적으로 집중되어 있다는 사실과 제한적인 재원 탓에 여성 노동이 생산성 낮은 분야에 국한될 수밖에 없다는 점을 감안할 때 비공식부문의 성장은 흔히 여성에게 훨씬 더 큰 타격을 주었다(Bromley 1997, 135면; León 2000; 표 11.3 참조). 예컨대 꼬스따리까 과나까스떼(Guanacaste)의 소도시에서 저소득층 여성들은 비공식부문 노동자 중 약 40퍼센트에 이르렀는데, 이들은 재원의 제한 탓에 소득을 올릴 수 있는 유일한 길이라곤 마을의 학교 밖이나 길거리에서 사탕, 빙과, 빵, 과자 등 간식거리를 소량으로 판매하는 일뿐이라고 푸념한다(Chant with Craske 2003, 219면; 그림 11.2 참조). 그러나 이웃들이 대부분 같은 일을 할 수밖에 없기 때문에 일부는 그런 노력을 대수롭지 않게 여기는 이른바 '실망노동자 효과'(discouraged worker effect, 경기침체로 실업자들이 구직활동을 포기해 비경제인구에 포함되면서 실업률이 하락하는 효과—옮긴이)를 낳을 뿐이다(Baden 1993, 13면). 수지타산을 맞추기 위해 꼬스따리까와 멕시코의 저소득층 여성들은 대개 다양한 경제활동에 참여하지 않을 수 없게 되었다. 여기에는 또르띠야를 만들어 판매하는 일처럼 가정이나 공동체에 기반을 둔 활동 또는 미용 같은 개인써비스업, 그리고 가사 도우미 부업을 결합하는 방식이 포함된다(그림 11.4 참조).

표 11.3 비공식부문의 남성과 여성 노동력 비율: 라틴아메리카 일부 국가

	비공식부문 내 비농업 노동력의 비율 1991/1997		비농업 노동력 내 비공식부문의 여성 노동력 비율 1991/1997
	여성	남성	
볼리비아	74	55	51
브라질	67	55	47
칠레	44	31	46
꼴롬비아	44	42	50
꼬스따리까	48	46	40
엘살바도르	69	47	58
온두라스	65	51	56
멕시코	55	44	44
빠나마	41	35	44
베네수엘라	47	47	38

출처: 국제연합 2000, 122면 표 5.13.

아울러 공식부문이 취약한 상태가 지속된다면 비공식부문 역시 번성할 가망성이 높지 않다는 점을 언급해야 할 것이다. 라틴아메리카에서 상세한 경험적 연구는 비공식부문이 다양한(흔히 착취적인) 방식으로 공식부문과 연계되어 있고 공식부문과 직접 연계된 소수의 사업체는 경제적인 역동성이 크게 떨어질 공산이 크며 시간이 흐를수록 비공식부문은 생존에 필요한 독립적인 기반을 점점 더 상실할 가능성이 크다는 점을 밝혀주었다(Roberts 1991, 132면; Thomas 1996, 56~59면). 또 공식부문은 그 나름의 활력을 비공식부문에 크게 의존하고 있다는 점을 명심해야 할 것이다(Gilbert 1998, 67~69면). 위기시에 공식부문의 부진은

그림 11.4 멕시코 뿌에르또바야르따의 가내 이발(미용)업. 안내판을 내걸어 이발, 염색(부분 염색), 파마 등 써비스를 광고하고 있다. ⓒSylvia Chant

비공식부문에 귀중한 자원의 계약과 공급을 중단시킨다. 그리하여 비공식부문의 활동은 위기와 구조조정기(와 아울러 1990년대초 일부 국가에서는 회복기)에 계속 팽창했지만 공식부문에서 줄어든 일자리를 모두 흡수할 수는 없었다. 이는 의심할 바 없이 실업이 공공연히 늘어났을 뿐 아니라 지난 20년 동안 대다수 지역에서 실업률이 높은 수준에 머물러 있었다는 사실을 설명한다.

젠더와 도시의 노동시장

앞서 보여주었듯이 20세기말 라틴아메리카에서 도시 노동시장의 특징적인 변화는 젠더 차원의 중대한 변동이었다. 여성 노동력의 참여가 꾸준히 늘어났을 뿐 아니라 전체 고용에서 차지하는 점유율도 증가했다. 이는 부분적으로 2차대전 직후 시작된 추세가 지속된다는 점을 보여준다. 여성의 경제활동이 비공식적이고 부분적인 특성을 지닌 까닭에 흔히 공식적인 수치에 포함되지 못했다는 점을 감안하더라도, 1950~80년까지 라틴아메리카에서 여성 노동력 규모는 3배 이상 늘었고 전체 노동력(농업 포함) 대비 여성 노동력 비율도 18퍼센트에서 26퍼센트로 증가했다(Safa 1995b, 32면). 1990~99년까지 여성 노동력의 참여율은 37.9퍼센트에서 42퍼센트로 늘었고, 라틴아메리카 역사상 최초로 여성 고용 증가율이 남성 고용의 증가율을 앞섰다(León 2000, 9면). 21세기로 전환되는 시점에 여성의 고용 분담률은 34.4퍼센트, 특히 도시지역에서는 35.8퍼센트에 이르러 전례 없이 높은 수준을 기록했다(표 11.4 참조).

장기적인 관점에서 볼 때 전후(戰後) 시기 여성 고용의 증가는 여러 가지 요인과 관련이 있다(박스 11.3 참조). 수출용 농산물 생산, 특히 일부 국가에서 농촌 고용의 여성화를 이끌었던 온대성 과일 생산의 증대(Barrientos et al. 1999; 12장 참조)에도 불구하고 전체 노동력 대비 여성 노동력 비율이 상대적으로 늘어난 주된 이유는 전통적으로 남성의 영역이었던 농업노동부문의 전반적인 수요 하락이다(표 11.4). 예컨대 싸파(1995b)는 도미니까공화국과 뿌에르또리꼬에서 여성 노동자에게 유리한 도시 중심의 노동집약적 제조업과 써비스업으로의 전환과 더불어 설탕 경제의 해체가 남성의 일자리 상실을 유발했다고 언급한다. 실제로 뿌에르또리꼬에서는 1950년대 이래 남성의 실업률이 더 높았다.

표 11.4 전체 노동력 대비 여성 노동력 비율(주요 직업별 · 부문별 지표)

	전체 노동력 대비 여성 노동력 비율(퍼센트)			여성 노동력 비율		부문별 여성 고용 1995~2001**		
	1980	1994	1999	의원, 고위 관리, 경영자 1991~2000*	전문기술직업 노동자 1991~2000	농업	공업	써비스업
아르헨띠나	28	30	33	-	-	-	10	89
볼리비아	33	37	38	36	40	2	16	82
브라질	28	34	35	-	62	19	10	71
칠레	26	31	33	26	52	5	14	82
꼴롬비아	25	35	38	38	49	0	20	80
꼬스따리까	21	29	31	33	46	4	17	79
꾸바	-	-	-	-	-	-	-	-
도미니까 공화국	25	29	30	31	49	3	20	77
에꽈도르	20	26	28	28	47	2	14	84
엘살바도르	27	33	36	33	47	6	25	69
과떼말라	22	25	28	-	-	14	18	68
온두라스	25	28	31	36	51	9	25	66
멕시코	27	32	33	24	41	7	22	71
니까라과	28	36	35	-	-	-	-	-
빠나마	30	33	35	33	46	2	10	88
빠라과이	26	28	30	23	54	3	10	87
뻬루	24	28	31	28	39	3	11	86
우루과이	31	40	42	36	54	1	14	85
베네수엘라	27	33	34	24	58	2	13	85

- 자료 없음.

* 입수할 수 있는 최신 자료는 1991~2000년 자료.

** 입수할 수 있는 최신 자료는 1995~2001년 자료.

출처: UNDP 1995, 표 A 2.7; UNDP 2002, 표 23, 25; 세계은행 1996, 표 4; 세계은행 2000, 표 3.

■ 박스 11.3 1950~2000년 라틴아메리카에서 여성 노동력 참여의 증가를 설명하는 요인

(출처: Chant with Craske 2003, 207면; 박스 8.1)

• 개인적 요인: 문자해득 능력과 교육수준의 향상, 혼인과 첫 출산 연령의 고령화, 출산율 저하, 농촌에서 도시로의 이주.

• 가구(家口)의 요인: 가구구조의 변화, 특히 여성 가장의 비율 증가, 가계 빈곤과 소득 다양화의 필요성 증대. 아울러 모성 이데올로기의 변화에 따라 가구 예산에 금전적으로 기여하는 행위가 어머니의 의무에서 더욱더 필수적인 요소로 간주되었다.

• 노동시장의 요인: 3차산업(써비스업) 분야의 성장과 그에 따라 전체 고용에서 농업이 차지하는 비율의 감소, 수출지향의 초국적 제조업체 직공과 같이 여성들이 많이 참여하는 틈새 직업시장의 팽창, 신자유주의적 구조조정에 따른 경쟁의 심화, 탈규제와 비공식화.

• 제도적·법적 요인: 반차별적 고용입법의 확대, 일부 국가에서 여성 가장을 위한 고용과 직업훈련 프로그램의 도입, 자녀가 있는 직장 여성을 위한 보육 혜택 증대.

특히 농촌에서 도시로의 이주, 교육수준의 향상, 출산율의 저하 때문에 여성 노동력의 비율은 경기후퇴 전에 이미 증가하고 있었다(Safa 1995b, 16면; Cerrutti 2000b, 888면). 노동시장 조건이 경직된 뒤에도 여성 노동력의 증가 현상이 지속되었다는 사실은 1980년 이후 경제적 구조조정이 매우 중요한 영향을 미쳤다는 점을 시사한다(박스 11.3 참조). 사실 험프리는 브라질의 쌍빠울루 지역에서 1980년대 '잃어버린 10년' 동안에도 여성 고용 비율이 33퍼센트에서 38퍼센트로 늘어났다는 점을 지적한다(Humphrey 1997, 171면). 노동시장의 수요·공급 측면과 관련된 여러가지 요인들이 이런 추세를 이해하는 데 도움을 준다.

여성의 고용과 경제구조 재편

노동시장의 수요 측면과 관련해 도시빈민 공동체를 다룬 수많은 연구서들은 가계소득을 늘려야 한다는 압박이 여성 노동의 참여를 사실상 강제하는 주된 자극제였다고 주장한다(Benería 1991; Chant 1994; 1996; González de la Rocha 1988, 2000면). 이는 대부분 남성 가장의 소득과 구매력 저하 때문이고 때로는 남성들이 일자리마저 상실했기 때문에 빚어진 현상이다(아르헨띠나에 관해서는 Cerrutti 2000b, 에꽈도르에 관해서는 Moser 1997, 우루과이의 사례는 Nash 1995 참조). 사실 1990~99년까지 여성 고용비율(노동 연령에 해당하는 여성의 비율로 측정되는)은 1.3퍼센트 증가한 반면, 남성 인구의 비율은 3.6퍼센트 하락했다(ECLAC 2002b, 97면). 노동인구 대비 경제활동인구의 비율로 볼 때 같은 기간 동안 도시 지역의 여성 비율은 39.5퍼센트에서 43.7퍼센트로 증가했으나 남성 비율은 (근소한 차이이긴 하지만) 81.4퍼센트에서 81퍼센트로 하락했다. 그러나 전체 고용에서 남성이 차지하는 비율이 하락했지만 이는 여성이 남성의 일자리를 가져갔기 때문이 아니라는 점을 강조해야 할 것이다. 노동력 중에서 여성들이 확대되고 있지만 특정 젠더 형태가 두드러진 부분, 즉 예전에 남성들이 맡지 않던 부분으로 이동했다는 점을 고려한다면 '남성과 여성 노동자들이 서로 경쟁관계에 있다고 말하기는 어렵다'(Ríos 1995, 143면; Pearson 1998). 스탠딩이 좀더 자세히 언급한 바에 따르면(Standing 1999, 600면) 여성과 남성의 고용(특히 고용 조건)에서 근사(近似) 현상이 두드러지는 것은 여성 고용의 개선보다는 꾸준히 진행되는 남성 노동의 비공식화 또는 비정규화와 더 큰 관련이 있는 것처럼 보인다. 그렇지만 그런 느낌이 사실과 일치하는지 아닌지는 별개의 문제이다(Chant with Craske 2003, 217면).

여성 노동력 증가는 대부분 기혼 여성 또는 자녀를 둔 여성들의 참여 덕분이었다(González de la Rocha 1988, 214~15면; Selby et al. 1990, 174면). 멕시코의 공식 통계를 바탕으로 한 연구에 따르면, 예컨대 20~49세 여성들의 노동력 참여는 1981~87년까지 31퍼센트에서 37퍼센트로 증가했다(González de la Rocha 1991, 117면에서 재인용). 1991년 멕시코에서는 기혼여성 가운데 4분의 1 이상이 노동인구로 집계되었다. 1970년 당시 그 수치는 10퍼센트에 불과했고(CEPAL 1994, 15면) 현재 가장 활발한 경제활동인구의 연령대는 35~39세로 43퍼센트이다. 1980년 꼬스따리까에서 20~39세의 연령층 가운데 여성 노동자는 남성 노동자의 3분의 1에 지나지 않았으나 1990년에 그 격차는 2분의 1로 줄어들었다(Dierckxsens 1992, 22면). 더욱 범위를 넓혀 라틴아메리카 전체를 대상으로 할 때 여성 노동력의 참여 비율이 가장 높은 연령층은 25~44세까지이다(León 2000, 31면). 이는 불과 20년 만에 여성 고용이 '일찌감치 절정에 도달하는' 형태에서 곡선의 최고점이 인생의 중년기에 해당하는 유형으로 변동했다는 것을 의미한다. 이 연령대는 흔히 관습적으로 평균 혼인(또는 합의에 의한 결합〔동거〕의 개시) 연령이라고 간주되는 시기부터 생식 주기의 종료까지를 포함한다(Chant with Craske 2003, 213~14면).

노동시장의 공급 측면에서 볼 때 여성 노동자들의 충원은 라틴아메리카 국가들이 수출 진흥 전략을 더욱 강조하면서 지난 20년 동안 지속되었다(Safa 1995b, 33면; Willis 2002, 144면). 이는 기업 간 경쟁을 부추겼고, 그리하여 기업들은 공장 노동력의 직접 충원을 통해서나(특히 멕시코, 브라질, 베네수엘라, 뿌에르또리꼬, 도미니까공화국에서 일반적인 방식이었다) 하청을 통한 성과급의 형태로 흔히 여성 노동력을 증대했다. 이는 여성들에게 소득 창출의 기회를 부여하는 한편 분명히 고용주에게 더 많은 이익을 가져다주었다. 낮은 '기대 임금'과 기혼 여성들의 '자발적인' 이직을 최대한 활용했을 뿐 아니라 생산비용의 절감, 사회보장 분담금의 회피, 노동력의 분리 등을 모색했기 때문이다(Benería and Roldan 1987; Miraftab 1994, 469면; Peña Saint Martin 1996). 게다가 이미 여성화 정도가 높은 부문과 직업(예컨대 노동집약적인 마낄라도라 업체, 가사 도우미 써비스, 숙련도가 낮은 여타 3차산업 분야)은 중공업과 건설업처럼 남성들이 몰려 있는 부문보다 경기침체의 타격을 덜 받았다는 주장이 제기된 바 있다(de Barbieri and de Oliveira 1989, 23면).

실제 여성 고용의 상승 추세는 라틴아메리카에만 국한된 현상이 아니라 전세계 어느 곳에서나 전반적인 고용조건이 뚜렷하게 나빠질 때 발생했다는 점에 주목할 필요가 있다. 모개덤이 언급하듯이(Moghadam 1995, 115~16면) '유연한 노동 관행과 수요 측면의 구조조정 방안이나 경제개혁안이 전세계적으로 확산되면서 노동수준의 하락, 고용의 불안정성, 실업 증대, 고용 형태의 불확실성과 비정규화 현상이 동시에 발생한다'. 더욱이 아세로가 주목한 대로(Acero 1997, 72면) 공식부문 노동의 비정규화와 비공식부문 활동의 증가는 남성보다 여성에게 더 크게 영향을 미쳤다. 실직 여성들은 경제활동인구가 아닌 '가정주부'로 분류될 공산이 높다는 사실에도 불구하고 여성의 실업이 흔히 남성의 실업 수준보다 계속 높았다는 점은 흥미롭다(Mehra and Gammage 1999, 51면; Monteón 1995, 51면; Radcliffe 1999, 201면).

경제활동인구 중 여성의 수와 비율이 끊임없이 증가했지만 여성 고용의 기회는 이에 걸맞게 확대되지 않았다. 예컨대 1990년대에 라틴아메리카에서 '경제활동인구'로 분류되는 여성의 수는 연간 3.6퍼센트 정도 증가했으나 여성 고용 상승률은 단지 연간 2.8퍼센트에 그쳤다. 이는 1990년대 라틴아메리카에서 여성 실업이 (5.1퍼센트에서 11.2퍼센트로) 전반적으로 증가하고 남성과 여성 실업의 수준 간에 격차가 벌어진 까닭을 해명하는 데 도움을 준다(ECLAC 2002b, 97면).

남성에 비해 여성의 취업은 여전히 더 협소한 직업군에 국한되거나 3차산업부문에 불균형적으로 집중되는 경향을 보이는 반면(표 11.4 참조), 싸파의 연구에 따르면, 뿌에르또리꼬, 꾸바, 도미니까공화국의 전문직, 사무직, 공공부문에서 여성 노동력의 참여가 늘어나면서 직업상 구분은 약간 줄어들었다(Safa 1995b, 39면; 아르헨띠나에 관해서는 Cerrutti 2000a, 멕시코의 사례는 Willis 2000 참조). 경제위기와 구조조정 시기에는 저소득부문에서 남성과 여성 노동 사이의 경계가 희미해지는 동시에 또 다른 흥미로운 상황이 전개되었다. 바로 가정이 생산의 장소로 빈번하게 활용되었다는 점이다(과떼말라에 관해서는 Bastos 1999, 멕시코의 사례는 Miraftab 1994; 1996, 꼴롬비아의 사례는 Pineda 2000 참조). 그러나 험프리는 브라질의 산업 고용에 관해 다루면서 '여성 노동력의 끊임없는 유입은 어쨌든 성별 분업을 약화시키지 않았고 성별 분리와 불평등은 여전히 엄청나다'고 주장한다(Humphrey 1997, 171면). 이는 부분적으로 노동시장의 분할이 더 광범위한 사회의 성별에 따른 분리를 반영하는 방식의 결과일 뿐 아니라 '공장에서 성별에 따른 직무와 노동의 구조가 구축된 뒤 그런 성차별적 구조가 분리된 노동시장을 통해 제도화하고 합법화되기' 때문이다. 더 나아가 브라질에서 실제 여성 고용은 여전히 가사 도우미와 같이 생산성이 낮은 업종에 치우쳐 있다(Pitanguy and Mello E. Souza 1997, 73면).

라틴아메리카에서 성별 임금격차는 대체로 연령층이 낮을수록 덜 분명하고 시간이 흐르면서 그 격차가 좁혀지는 추세를 볼 수 있긴 하지만(표 11.5 참조), 장기적으로 그런 궤도가 뚜렷이 자리잡게 될지는 확실하지 않다. 노동시장의 특정 영역에서 남성의 임금수준을 여성의 임금수준과 비슷하게 만드는 '하향평준화'의 몇가지 증거가 있다는 점을 인정할 수 있다(Elson 1999). 그럼에도 섬유와 전자 공업을 비롯한 일부 선도 분야에서 여성은 실제로 숙련도가 가장 낮은 작업에 단단히 고정되어 있고 자동공정의 수준이 향상되거나 수출용 제조업 분야에서 고용의 '남성화'가 더욱 활발하게 이루어질 때에는 예외 없이 밀려나곤 한다(Acero 1997; Pearson 2000; Ríos 1995). 이런 점에 비춰볼 때 남성보다 더 많은 여성들이 결국 비공식부문에서 노동력을 소진하게 될 가능성이 크고 이는 임금격차를 더 악화시킬 수도 있다. 꼴롬비아의 사례에 따르면, 소득격차는 공식부문보다 비공식부문에서 더 크고 공식부문에서 여성의 평균소득은 남성 소득의 86퍼센트인 반면, 비공식부문에선 74퍼센트에 지나지 않았다(Tokman 1989, 1071면). 라틴아메리카 전체를 대상으로 할 때, 비공식부문에서 남성과 여성의 소득격차는 평균 25퍼센트 정도인 반면, 공식부문의 격차는 10퍼센트이다(Funkhouser 1996, 1746면).

이런 증거에 의하면 비공식부문에서 불균형적인 여성 노동력의 집중과 저소득, 고용 연속성의 부족은 여성의 연금과 생활보조금 수혜권리(대부분이 수익 당사자 분담 방식이다)에 우려할 만한 영향을 미칠 수도 있다(Bertranou 2001). 아르헨띠나의 저소득층 밀집 지역에 관한 연구에 따르면, 남성은 절반 이상이 분담금을 납부해 연금 수혜 자격을 유지할 수 있었던 반면, 그럴 여력이 있는 여성은 단지 15퍼센트에 그쳤다(Lloyd-Sherlock 1997, 180면). 엘살바도르에서는 경제활동인구 중 여성의 75퍼센트가 사회보장 혜택을 받지 못하고 있다(Gutiérrez Castillo 1997, 151면). 연금 수혜와 관련해 여성이 더 불리한 까닭은 남성에 비해 소득 가운데 더 많은 부분을 기본적인 가계 지출에 사용하고 그리하여 분담금 납부에 필요한 몫을 거의 남겨놓지 않는 경향이 있기 때문이다(Chant & Craske 2003, 221~22면).

표 11.5 성별·연령대별 임금격차(라틴아메리카의 일부 국가)

국가	연도	연령대별 남성과 여성의 임금격차*				
		15~24	25~34	35~44	45~54	55세 이상
아르헨띠나**	1997	98	92	77	63	66
볼리비아	1997	65	74	85	64	39
브라질	1996	80	72	65	56	60
칠레	1996	93	82	67	62	67
꼴롬비아	1997	92	85	73	64	60
꼬스따리까	1997	102	87	79	87	55
도미니까공화국	1997	97	87	90	84	67
에콰도르	1997	94	90	77	75	62
엘살바도르	1997	100	85	85	91	73
온두라스	1997	86	78	74	70	72
멕시코	1996	90	73	66	72	84
니까라과	1997	74	76	62	43	57
빠나마	1997	81	87	73	73	50
빠라과이	1996	76	74	82	72	93
우루과이	1997	79	71	64	60	55
베네수엘라	1997	92	87	77	73	65

* 임금격차의 수치는 남성의 소득에 대한 여성 소득의 백분율로 표시함.

** 전국이 아니라 부에노스아이레스를 비롯한 수도권만을 대상으로 함.

출처: León 2000, 26면 표 4.

여성 노동, 젠더관계, 도시가구

여성이 여전히 매우 취약한 상황에 노출되어 있다는 점은 분명하지만 싸파는 '경제위기의 국면에 생활비 상승과 남성 임금 소득의 감소를 만회하고자 더 많은 여성들이 노동시장에 진입함에 따라 여성의 기여가 가계에 미치는 중요성과 그 가시성'이 더 분명하게 드러났다고 주장한다(Safa 1995b, 33면). 래드클리프의 견해를 라틴아메리카 전체에 적용하면(Radcliffe 1999, 197면) '대다수 정부가 추진한 신자유주의적 발전이라는 방향 전환은 노동-가구-경제의 연관이 조직되는 방식에 큰 영향을 미쳐 결국 젠더관계의 본질에도 중대한 변화를' 가져왔다고 평가할 수 있다.

일부 연구자들은 고용수준의 향상이 여성에게 위신과 능력의 중요한 원천을 제공했고 그 결과 가구 내부의 의사결정에 민주적 영향력을 발휘하게 만들었다고 주장한다. 예컨대 멕시코의 레온, 께레따로, 뿌에르또바야르따에 거주하는 저소득층 가구를 대상으로 한 연구에 따르면, 어떤 가구가 한명의 임금 소득자에게 의존하는 방식에서 둘 또는 다수의 소득 창출 전략으로 바꾼 곳에서, 특히 여성이 중요한 부분을 차지하는 곳에서, 재무와 관련해 더 많은 공동의 협상과 철저한 검토가 이루어지는 듯하다(Chant 1991). 뿌에르또리꼬, 꾸바, 도미니까공화국에서 싸파가 수행한 연구에서도 유사한 결과가 도출되었다. 이에 따르면 카리브해 지역에서는 남성이 가구의 생계를 책임진다는 문화적 규범이 굳건히 확립되어 있음에도 여성의 대대적인 노동력 편입은 여성의 의식과 가구 내 협상력에 긍정적인 영향을 미쳤다(Safa 1995a, 58면; 멕시코의 사례는 Cerrutti and Zenteno 1999 참조). 한편 여성이 남성의 수입에 전적으로 의존하는 사례가 줄어들고 여성 나름의 경제적 참여가 활발해지자 '남성이 가구의 생계를 책임진다는 신화'는 심각한 도전에 직면한 것처럼 보인다(Safa 1995b, 33면). 또 이런 추세는 최근 들어 여성 가장의 수가 증가하는 까닭을 설명하는 데 도움을 줄 수 있다(Chant 1997). 다양한 사례연구를 통해 우리는 여성 고용의 비율이 높은 곳에서 여성 가장의 수가 더 많아질 수 있다는 점을 확인할 수 있다(Fernández-Kelly 1983; Bradshaw 1995a; Safa 1995a). 그렇다고 이것이 과거 라틴아메리카 사회에 여성 가구주가 없었다는 것을 의미하진 않는다(Chant 1997 참조).

이렇듯 여성의 '자율성'이 두드러지게 향상된 징후들을 인정할 순

있지만 이에 대한 부정적인 함의도 존재할 수 있다는 점, 아울러 여성들이 일자리를 찾기 위해 배우자를 떠나는 것을 꺼림칙하게 여길 수 있을 뿐 아니라(Chant 1997) 대다수 여성들이 남성 중심 가구에 속하는 곳에서 젠더관계의 변화는 미미한 수준일 수 있다는 점을 강조하는 논의 또한 고려할 필요가 있다. 매클리네이건이 주시한 대로(McClenaghan 1997, 29면) 도미니까공화국에서는 여성들이 가구의 생계를 사실상 책임지는 경우에도 남성들은 여전히 '우두머리'(el jefe)로 인식되곤 한다. 한편 아내와 어머니로서 여성의 역할도 더 강조되지는 않는다고 하더라도 계속 중요시된다. 티아노의 요약에 따르면(Tiano 2001, 202면) '전통적인 젠더 규범과 실제 여성들의 행동 사이의 모순은 갈등을 낳는데, 이런 상황에 처한 여성들은 대부분 가정 내의 역할을 더 특별하게 여기고 임금노동을 단지 아내와 어머니로서의 역할을 좀더 잘 수행하도록 돕는 수단으로 인식함으로써 화해를 모색한다(García and de Oliveira 1997; González de la Rocha 2000; Chant 2002b 참조). 남성의 실업이나 비자발적 이주가 부부관계의 불안정성 상승과 밀접하게 연계된 상황에서 사실 가족 구성원들의 부양과 복지에 대해 여성에게 예전보다 훨씬 더 큰 책임이 부과되고 있다(Nash 1995, 162면). 멕시코의 과달라하라에서 수행한 연구를 통해 곤살레스 데 라 로차가 언급한 대로(González de la Rocha 1994, 141~42면)가 언급한 대로 여성 고용이 남녀 간 권력관계에 미치는 영향이 제한적일 수밖에 없는 까닭은 다음과 같은 부가적인 요인 때문이다.

- 여성의 소득은 보통 남성의 소득에 비해 훨씬 더 낮다.
- 여성이 반드시 자신의 소득을 통제할 수 있는 것은 아니다.
- 여성은 여전히 자녀 부양과 가사 책임에 더 많이 묶여 있다.

남성들이 육아와 관련된 일에 큰 관심을 기울이지 않아왔음을 고려할 때, 다양한 연구들이 제시하듯 지난 20년 동안 라틴아메리카에서 여성의 노동 부담이 늘어났다는 사실은 그리 놀라운 일이 아니다(Langer et al. 1991, 197면; Chant 1996, 298면; Pearson 1997, 677면; UNICEF 1997, 19면, Safa 1999, 16면). 자녀 양육에 대한 여성의 지속적인(그리고 흔히 가중되는) 부담은 이른바 '가정 내 협상에서 젠더의 전략적 활용'(Gates 2002)에 의해 어느정도 설명될 수 있을지도 모른다. 멕시코 북부 국경지대에 있는 쏘노라 주 아과쁘리에따(Agua Prieta)의 여성 노동자들에 관한 연구에서 게이츠는 여성들이 흔히 아버지나 남편에게 (예컨대 가사노동이나 소득을) '제의'함으로써 임금노동 시장 진출에 대해 교섭하곤 한다고 기술한다. 이를 통해 여성들은 젠더 정체성을 확고히 유지하고 그리하여 '심지어 젠더 규범과 맞서는 이해관계를 추구할 때조차' 젠더 규범의 유효성을 인정한다(Gates 2002, 522면). 이런 점에서 게이츠는 '가사노동의 부담 증대를 실질적인 변화를 이끌어내기 위해 계획적으로 성사시킨 일종의 교환으로 재해석'할 것을 조언한다(Gates 2002, 523면). 성차별적 가구 생계활동은 어머니에게 영향을 미칠 뿐 아니라 딸에게도 확대될 수 있다. 성인 여성의 노동시장 진출이라는 새로운 상황에 적응하기 위해 나이가 많은 여자아이들은 어린 동생들을 돌보고(또는 돌보거나) 중요한 가사노동을 수행해야 할 것이다. 따라서 이들은 학업을 등한시하거나 아예 학교를 떠나야 할지도 모른다(Moser 1989; 1992; Dierckxsens 1992; Rodríguez 1993). 이런 상황은 분명히 젊은 여성들의 사회경제적 전망을 손상시키고 향후 남녀 간 교육, 훈련, 고용 격차를 더 악화시킬 수 있다.

여성의 노동시장 진출이 활발해지면서 드러난 부수적인 단점은 남성들이 어머니나 아내와 경제적 책임을 분담하는 일에 항상 긍정적으로 반응하지 않았다는 사실이다. 이런 남성들의 태도는 빈곤의 심화에 따른 전반적인 불안정성과 극도의 피로, 그리고 불공평한 노동 부담과 더불어 흔히 가정 내 갈등 수준의 고조와 관련되어 있다(Benería 1991; Geldstein 1994, 57면; Gledhill 1995, 137면; Townsend et al. 1999, 29면). 쎌비 등이 주장하듯이,

> 남성의 위신은 실업 그 자체뿐 아니라 예전에 자신이 전담하던 생계비용을 여성에게 의존해야 하는 형편 때문에 크게 손상당했다. 그리하여 남편이 아내에게 마구 호통치고 분풀이하면서 가정폭력도 늘어났다. (…) 다툼과 야만적 행위로 찢긴 수많은 가정이야말로 경제위기의 진정한 희생자라고 언급할 수 있을 것이다(Selby et al. 1990, 176면).

고용 감소와 여성의 소득에 대한 의존은 확실히 남성 정체성의 핵심과 극도의 불협화음을 일으킬 수 있다(Kaztman 1992; Gutmann 1996; Escobar Latapí 1998; Chant 2000 2002a, b; Fuller 2000). 또한 이는 공동체의 폭력수준을 높이는 데 한몫을 할 뿐 아니라 여러 가정을 불안하게 만드는 결과를 초래할지도 모른다(Moser and Mcllwaine 2000, 2001a, 2001b 참조). 마찬가지로 여성에게 난폭하게 반응한 남성이라고 할지라도 흔히 여성의 격려에 힘입어 변화할 수 있고 실제 달라지기도 한다(Gutmann 1997).

결론

지난 20년 동안 라틴아메리카에서 고용과 생계활동의 추이를 살펴

보면, 여러 지역의 궤도는 결코 긍정적이지 않았다는 점이 분명하다. 더 부정적인 흐름 가운데 일부—빈곤의 심화, 직업의 불안정성 증대, 빈민층에서 자기 착취수준의 상승—가 시정될 수 있을지는 여전히 확실치 않다. 특히 정부가 노동시장에 개입하고 사회복지 혜택을 제공할 수 있는 역량과 범위가 줄어들고 있기 때문이다(Batley 1997; Arce 2002). 실제로 도시빈민층의 빈곤과 취약성이 현재 심각한 수준에 도달하게 된 한가지 이유는 국가의 써비스가 점진적으로 약화되고 보조금이 줄어들면서 저소득층 가구의 생계활동이 어쩔 수 없이 민간 영역에 더 의존할 수밖에 없었기 때문이다(Benería 1991, 171~76면). 그럼에도 빈민층이 (비록 많지는 않지만) 가지고 있는 모든 자원을 동원해 용케 자신을 방어할 수 있었지만 곤살레스 데 라 로차가 주장한 대로(de la Rocha 2001) 20년 넘게 지속된 빈곤은 그들의 자산을 고갈시켰고 전통적인 자원 동원의 가능성을 바랄 수조차 없게 만들어버렸다(Molyneux 2002 참조). 이런 상황은 특히 시간, 활력, 소득의 감소가 누적되어 가정 내의 부담이 도저히 지탱할 수 없는 수준에 이르고 육체적·심리적 건강 역시 심각하게 나빠진 여성들에게 해당한다. 그러므로 빈민들이 자기 자신과 자녀들의 생존가능성을 위협하는 지속적인 자기 착취에 관여하지 않도록 보장하기 위해 누군가가 개입해야 할 필요성이 분명히 존재한다.

빈민층이 자산과 복지를 더이상 침해당하지 않으면서 생계활동에 나서도록 보장하기 위해 라틴아메리카에서 늘어나는 노동력을 흡수할 만한 적절한 일자리가 창출되어야 한다는 점, 그리고 이를 통해 노동자들과 '피부양자'(어린 자녀이든 나이든 친척이든 간에)들에게 적정한 경제적 지원을 제공할 수 있다는 점을 보증하려는 노력이 필수적이다. 이런 점에서 국제노동기구가 최근에 착수한 '괜찮은 일자리의 부족을 해결'하려는 계획에 고용주들이 동의하도록 요청하는 대중적이고 국제적인 압력은 약간이나마 진전을 이루는 데 도움을 줄 수 있다. '괜찮은 일자리' 계획은 모든 이들이 자유, 공평, 안전, 인간의 존엄성을 보장받는 가운데 생산적인 일자리를 얻을 수 있게 하려는 목표를 지니고 있다. 이는 개인과 국가 모두를 위한 목표로서 젠더의 차이를 아우르는 네가지 전략적 목표에 맞춰 수립되었다(박스 11.4 참조). 세계경제 속에서 기업들이 치열한 경쟁 탓에 노동자들의 권리에 동의하거나 사회적 보호를 위한 비용을 부담하려 하지 않는다는 점을 인식하고 있으면서도 국제노동기구는 괜찮은 일자리에서 비롯되는 중대한 경제적 이익이 존재한다고 주장한다. 보수를 더 많이 받는 노동자들은 직무 만족도와 생산성이 더 높게 나타나고 또 양질의 일자리, 이윤 분배, 직장의 정책결정에 대한 참여가 보장될 때 적극적으로 대응하려는 경향이 뚜렷하다(ILO 2001).

■ **박스 11.4 국제노동기구의 '괜찮은 일자리' 의제의 전략적 목표**(출처: ILO 2001)

1. **고용**: 이는 건전하고 지속가능한 투자와 성장, 세계경제 속에서 다양한 혜택의 활용, 호의적인 공공정책, 그리고 기업가 정신을 발휘하게 만드는 환경을 통해 일자리를 창출하는 일과 관련이 있다.

2. **노동의 표준, 기본 원칙과 권리**: 1998년 발표된 노동의 기본 원칙과 권리에 관한 국제노동기구의 선언에 따라 이 목표는 강제 노동, 착취, 차별, 결사와 연대에 대한 거부(예컨대 노동조합 결성 금지)를 포함하지 않는 일자리의 창출을 요구한다.

3. **사회적 보호**: 이 원칙은 노동자들에게 안전하고 인격이 무시되지 않는 노동 조건을 제공하는 일과 아울러 노령, 장애, 질병, 건강관리에 대해 공식적인 보호를 보증하는 일과 관련되어 있다.

4. 사회적 대화: 이는 각기 다른 경제적 이해 당사자 간에 소통의 통로를 열고, 특히 비공식경제부문의 노동자들에게 더 많은 발언권과 대표성을 부여할 것을 주장한다.

라틴아메리카뿐 아니라 세계 여러 지역의 노동시장에서 지속적인 특징으로 확실히 자리잡게 된 비공식부문의 기준과 효율성을 향상하기 위해 몇가지 조치가 시도될 수 있다(Pearson 2000, 16면). 더욱이 그래야 할 시기가 무르익고 있다. 에르난도 데 쏘또는 비공식부문을 '성장의 엔진'이자 '기업가 정신이 발휘되는 부문'으로 옹호하는 주장을 널리 공표한 바 있다(de Soto 1989). 그의 주장은 정책입안자들의 사고와 마음을 사로잡고 좀더 미리 비공식부문에 대한 대책을 강구하도록 촉구함으로써 이 문제를 국가적·국제적 차원의 의제로 확립한 것처럼 보인다(Cubitt 1995, 175면; Szirmai 1997, 208면). 예컨대 적법한 공적 규제의 목적에 부합하지 않으면서 기업가의 자발성을 방해하는 규제와 정책을 철폐하는 일은 대중의 공감을 얻을 수 있다. 또다른 사례는 대기업과 같이 비공식부문을 차별해온 '특권'부문에 대한 지원을 축소하거나 중단하는 일이다(Chickering and Salahdine 1991, 6면; Grabowski and Shields 1996, 172면).

노동시장의 공급 측면에서, 다양화를 추구하고 신용거래 접근성을 높이며 관리와 영업 활동을 개선하고 건강과 안전을 더욱 향상하는 교육과 훈련 정책은 의심할 바 없이 비공식부문의 고용 조건을 증진할 터였다(Rodgers 1989). 그런 계획은 특히 행상이나 먹을거리 노점상처럼 대부분 여성들이 활동하는 영역과 관련성이 있다(Leach 1999; Tinker 1997). 이는 흔히 비공식부문의 활동을 성공적으로 수행하는 데 필수적인 사회적 네트워크와 사회적 자본을 활용하는 방편으로서 개별기업으로부터 노동자 집단에 이르기까지 정책 방향의 전환뿐 아니라(Portes and Itzigsohn 1997, 244~45면; Portes and Landolt 2000) 다른 지역의 필요와 기술에 부합하는 정책의 탈집중화와 함께 실행될 수도 있다(Portes and Schauffler 1993, 56면).

관례적으로 공식적·비공식적 고용에서 일자리 창출의 비율과 질을 높이려는 조치와는 별개로, 정보통신 기술같이 급성장하는 분야에서 직업교육 시설의 확대는 전국적 차원과 풀뿌리 차원에서 모두 소득과 고용의 전망을 개선할 수 있다. 노동력의 숙련도와 교육수준이 더 높을수록, 그리고 예상되는 생산성이 높을수록 지역 특유의 경제활동이 강화될 것이고, 그리하여 재화와 써비스에 필요한 중요한 시장을 제공할 수 있을 것이다(Szirmai 1997, 90~91면). 다른 한편으로, 세계화의 기세에 저항하는 데 라틴아메리카가 무기력한 면모를 드러낸다면, 이는 라틴아메리카에 더 많은 외국인 투자를 끌어들일 수 있을 것이다. 미터가 지적하듯이(Mitter 1997, 26~27면) 새로운 기술에 대한 요구에 강력히 반대하는 개발도상국의 젊은 세대는 아마 북부 선진국의 기업들이 향후 몇십년 동안 개발도상국으로 정보통신 분야 관련 생산을 확산하도록 동기를 부여할 공산이 크다(UNDP 2001 참조). 이런 흐름을 인식하면서 라틴아메리카의 일부 국가는 이미 기술과 전문직업적 훈련을 확대하고자 적극적인 조치를 취하기 시작했다(예컨대, 볼리비아의 사례는 MINDESP 2001 참조).

빈민층 가구의 생계활동은 노동시장, 교육과 훈련 분야에 대한 개입과 동시에 기초적인 의료, 주택과 주거지역 개선과 같이 인적 자본에 대한 (상대적으로 많지 않은) 투자에 의해 강화될 수 있다. 수많은 이들이 가내 경제활동과 근무시간에 구애받지 않는 노동에 의존하는 현실을 감안한다면 특히 후자, 즉 적절한 투자는 매우 중요하다. 기존의 여성 착취 관행을 개선하기 위해 동거중인 가구 구성원이든 비동거 가구 구성원이든 간에 남성들로 하여금 육아, 가사, 경제적 기여에 참여하도록 장려하는 공동의 노력이 모색되고 있을 뿐 아니라, 공적 보조금을 바탕으로 한 육아 프로그램의 도입이나 확대를 통해 가정과 보육에 대한 여성의 책임을 완화하려는 시도가 생겨날 수 있다(UNICEF 1997; Chant 2002b; Chant with Craske 2003). 라틴아메리카에서 각 정부가 해당 사회를 이루는 다양한 개인과 가구에 적절하게 주의를 기울이지 않고, 경쟁이 더욱 치열해지는 세계경제와 국제 금융기구에 의해 사회·경제정책의 선택 범위를 제한당하고 있다는 사실을 인정하지만, 라틴아메리카에서 더 긍정적이고 공정한 미래를 준비하려는 시도는 결국 실패할 공산이 크다. 생계활동 모델이 어떻게 빈민층이 '용케 헤어나는지'를 이해하는 데 유용한 분석틀을 제시하는 반면, 대중의 자원과 적응성에 대한 생계활동 모델의 긍정적인 개념화가 정치가와 정책입안자들에게 대중의 기본적인 사회적 요구에 대한 무시로 해석되지 않도록 주의를 기울여야만 한다. 불평등한 세계에서 민중이 지닌 '자산'의 비축량과 효능은 결코 무제한적이지 않다. 라틴아메리카의 도시빈민, 특히 여성들은 이 사실을 즉각적으로 인식해야 한다.

□감사의 말

• 이 장의 초고에 대해 유익한 논평을 해준 캐시 매클웨인(Cathy Mcllwaine)에게 감사를 전한다.

□더 읽을거리

• Chant, S. with Craske, N. 2003 *Gender in Latin America*. London/New

Brunswick, NJ: Latin America Bureau/Rutgers University Press.: 이 책은 이 장의 내용과 직접 관련이 있는 주제에 대해 집중적으로 논평할 뿐 아니라 지난 30년간 라틴아메리카의 젠더관계가 어떻게 변화했는지를 개관한다. 이 책의 3장은 젠더, 빈곤, 사회운동을, 7장은 젠더, 가족, 가구 문제를, 그리고 8장은 젠더와 고용 문제를 다룬다.

- Economic Commission for Latin America and the Caribbean (ECLAC) 2002 *Social Panorama of Latin America 2000~2001*. Comisión Económica para América Latina y el Caribe, Santiago de Chile.: 이 저작은 20세기의 마지막 10년 동안 라틴아메리카의 사회·경제적 추세, 특히 빈곤, 소득 불평등, 고용과 실업, 사회적 지출, 그리고 가정생활과 가족 구성의 변화에 관해 종합적이고도 이해하기 쉽게 개관한다. 또한 종합적인 분석 외에도 도표, 상자글, 각종 통계수치, 부록 등이 수록되어 있고, 그것은 홈페이지(www.cepal.org)에서 PDF 파일 형태로 내려받을 수 있다.
- Portes, A., Dore-Cabral, C. and Landolt, P. (eds.) 1997 *The Urban Caribbean: Transition to a New Global Economy*. Baltimore, MD.: The Johns Hopkins University Press.: 이 흥미로운 선집은 꼬스따리까, 아이띠, 과떼말라, 도미니까공화국을 포함해 중앙아메리카와 카리브해의 여러 국가에 관한 사례연구를 포함한다. 이 사례연구들은 도시의 비공식부문이 성장의 영역이자 기업가 정신이 발휘되는 영역인지 아니면 생존 영역에 불과할 뿐인지 등 기본적인 질문에 답변을 제시한다.
- Rakodi, C. with Lloyd-Jones, T. (eds.) 2002 *Urban Livelihoods: A People-Centered Approach to Reducing Poverty*. London: Earthscan.: 이 책은 생계활동에 관한 최근 논의 가운데 주요 쟁점을 다룬 일련의 학제 간 연구 성과를 수록하고 있다. 도시의 빈곤 문제를 분석하고 고용, 교육, 생활환경과 같은 발전의 시험대와 관련해 정책과 프로그램의 체계화를 설명

하는 데 생계활동에 주목하는 접근방식이 얼마나 유익한지를 검토한다.

- Roberts, B. 1995 *The Making of Citizens: Cities of Peasants Revisited*. London: Edward Arnold.: 이 책은 1978년 같은 출판사에서 간행된 로버츠의 고전적 텍스트 『농민들의 도시』(*Cities of Peasants*)의 실질적인 개정판이라고 할 수 있다. 주된 관심 대상은 라틴아메리카이지만 분석틀은 더 광범위한 전세계적 관점으로부터 영향을 받는다. 로버츠의 논의 가운데 특히 이 장과 관련이 있는 대목은 도시의 고용 문제를 고찰한 5장과 가구의 생계활동이 지닌 다양한 측면을 다룬 7장이다.
- Thomas, J. 1995 *Surviving in the City: The Urban Informal Sector in Latin America*. London: Pluto.: 이 책은 근래에 들어 라틴아메리카 도시에서 급증한 비공식부문 고용의 본질과 활동 현황에 대한 연구 가운데 가장 빈틈없는 설명을 제공하고 있다. 이 책은 비공식부문 활동에 대한 개념화의 역사와 비공식부문의 폭넓은 특성을 추적하면서 특히 20세기말 도시의 성장, 부채위기, 경제적 구조조정에 뒤이어 비공식부문의 고용이 어떻게 진화해왔는지 그 과정에 주목한다. 또한 라틴아메리카 도시의 비공식부문에 대한 장기적 전망과 다양한 정책적 개입이 미치는 영향과 결과에 대해 논의한다.

□웹사이트

- 영국 국제개발부(www.livelihoods.org): 영국 정부의 웹사이트로 빈곤의 감소를 지향하는 생계활동 접근법을 소개하고 있다.
- 국제연합 라틴아메리카와 카리브해 지역 경제위원회(www.cepal.org).
- 국제노동기구(www.ilo.org).

제12장

농촌의 생계활동과 농민의 미래

_끄리스또발 까이

이 장에서 강조하려는 핵심적인 주장은 1980년대 이래 거의 모든 라틴아메리카 국가가 추진한 신자유주의 정책이 라틴아메리카 농촌의 근대화가 지닌 배제적 성격을 심화하고 농민들의 생계를 더욱 위협하고 있다는 점이다. 이 장에서는 먼저 라틴아메리카 농업개혁의 유산에 대해 언급하고 세계화의 맥락에서 자본주의적 농장의 현대화를 지지하는 정부정책으로 농촌이 어떻게 변화할지를 검토한 뒤, 이런 변화가 신자유주의 시대의 농촌 생계활동에 미친 영향과 농민의 미래 전망에 대해 논의할 것이다. 더욱 이질적인 농업구조, 예전보다 훨씬 복잡하고 유동적인 사회적 관계, 비농업 또는 농외(農外) 활동의 중요성 증대, 그리고 새로운 사회적 행위자, 특히 여성과 원주민의 등장과 같이 다양한 특성을 지니게 된 새로운 농촌의 면모를 검토하고 마지막으로 농촌에서 신자유주의 정책의 시행에 도전하고 있는 새로운 농민운동의 특징을 강조할 것이다.

농업개혁: 가망 없는 약속

라틴아메리카는 세계에서 가장 양극화된 농업구조를 지닌 지역 가운데 하나이다. 1960년 당시 농업생산 단위의 약 5퍼센트에 불과한 라띠푼디오는 전체 토지의 80퍼센트를 차지했다. 반면 농업생산 단위의 80퍼센트를 이루는 미니푼디오(소농장)는 단지 5퍼센트의 토지만을 차지했다(Barraclough 1973, 16면). 중간 규모의 농장부문은 상대적으로 중요성이 떨어졌다. 라틴아메리카 농업의 저조한 실적을 설명할 때 구조주의자들은 높은 토지집중도를 강조하는 반면(Barraclough and Domike 1966), 신자유주의적 해석은 정부정책, 특히 농업을 차별한다고 알려진 가격과 무역정책을 강조하곤 했다(Valdés and Siamwalla 1988). 신자유주의적 해석은 상계(相計)관세(수출국의 보조금을 받은 품목을 수입할 때 부과하는 할증관세—옮긴이) 정책이 흔히 대규모 농산물 생산자의 손실을 보상해 주었다는 사실을 대체로 무시한다(Kay 2000a). 예컨대 지주들은 적극적인 정부 보조에 힘입어 충분한 융자를 받고 저렴한 농기계와 다른 투입 자원의 수입을 통해 이득을 보았다. 그리하여 정부정책은 농업 자체보다는 농민과 농업노동자들에게 불리하게 작용했다. 농업노동자들은 강제뿐 아니라 법적 장애물 탓에 대체로 조직화되지 못했다. 오랜 기간 동안 라틴아메리카 농촌의 노동조건은 착취와 억압으로 요약될 수 있다(Feder 1971; Duncan and Rutledge 1977).

라틴아메리카 국가들은 대부분 1960~70년까지 어떤 형태로든 농업개혁을 실시했지만 다양한 이유 탓에 대체로 기대를 충족시키는 데 실패했다(Kay 2001a). 구상과 실행 단계의 실책은 결국 문제해결에 기여했다. 흔히 농업개혁은 성의 없이 추진되었고 다른 경우에는 지주들의 맹렬한 정치적 반대가 개혁을 방해했다. 한국과 타이완의 경우처럼 역사적 경험은 포괄적인 농업개혁이야말로 성공적인 경제발전과정의 주요 구성요소라는 점을 분명히 보여준다(Kay 2002a). 더욱이 농민들이 계속 주변으로 밀려나고 농촌의 빈곤이 지속된다면 정치사회적 불안의 근본 원인은 그대로 남게 될 것이다(Kay 2001b).

농업개혁의 신자유주의적 해법

정부가 점차 신자유주의 정책을 채택하면서 개혁에 대한 저항, 개혁부문의 민영화, 농업개혁의 종료 등의 현상을 낳았다. 신자유주의 토지정책은 포퓰리스트 시대 농업개혁의 특징이던 토지의 수용에서 탈집산화와 사유화, 토지 등록과 소유권 승인, 토지세와 같은 사안으로 우선순위를 바꾸었다. 일부 국가에서는 원주민 공동체 토지의 사유화와 토지 매각을 용이하게 만드는 법안이 제출되기도 했다. 칠레는 1970년대 중반 이런 변환과정을 개시했고 뻬루는 1980년 이래, 니까라과는 1990년 이래, 멕시코와 엘살바도르는 1992년 이래 점차 그 유행을 따랐다. 수용된 토지 가운데 일부는 (칠레와 니까라과에서) 옛 소유주에게 반환되었지만 대부분 빠르셀라(parcelas, 작은 구획)로 알려진 농가에 분배되거나 빠르셀레로(parceleros)라고 부르는 개혁부문의 구성원에게 매각되었다(Jarvis 1992). 어떤 경우에는 적지 않은 이들이 한 구획의 토지마저 확보할 수 없었고 흔히 정치적 이유와 때로는 경제적 형편 탓에 이들은 농촌 프롤레타리아 계층에 합류했다. 그럼에도 이런 과정을 통해 특히 뻬루에서 농민들은 토지의 면적을 꽤 늘릴 수 있었다. 하지만 몇년 뒤 수많은 빠르셀레로들은 토지 대금을 제때에 납부하거나 농장 운영에 필요한 자금을 융통할 수 없었기 때문에 토지를 양도해야만 했다.

그리하여 농업개혁과 뒤이은 개혁부문의 신자유주의적 해법은 더욱 복잡하고 이질적인 농업구조를 낳았다. 그것은 라띠푼디아를 줄이고 변모시켰으며 소농부문과 상업적인 성격의 중대형 농장부문을 확대했다. 또한 구획화는 농민층의 분화를 촉진했다(Murray 2002b). 자본주의적 농장주들은 토지, 노동력, 금융시장 자유화, 새로운 수출진흥정책, 그리고 농민 지원책의 철회를 통해 큰 이득을 얻었다. 더 많은 토지와 자본과 기술 자원, 국내외 시장을 연결하는 더 우수한 연계망, 농업정책에 대한 더 큰 영향력 때문에 농장주들은 소농에 비해 새로운 시장기회를 훨씬 더 잘 활용할 수 있었다.

농업개혁의 지속적인 추구

빈곤, 배제, 그리고 토지가 아예 없거나 거의 없는 상태는 여전히 라틴아메리카에서 매우 흔한 현상이다. 라틴아메리카 전체로 볼 때 토지 문제는 여전히 해결되지 않았고 농업개혁의 필요성 또한 크다(Barraclough 1994). 브라질에서 최근까지 토지 없는 농민, 특히 '토지 없는 농촌노동자들의 운동'이 앞장서서 작은 땅뙈기라도 획득하고자 펼친 투쟁은 농업개혁의 지속적인 필요성을 웅변하는 실례라고 할 수 있다.

지난 20여년 동안 국가가 주도하는 농업개혁 프로그램에서 시장지향적인 토지정책으로의 변화가 있었다. 역설적으로 그런 토지정책은 대부분 국가와 국제기구의 주도로, 즉 위로부터 추진된 것으로 드러났다. 그리하여 향후 토지소유제에 대한 국가의 개입은 아마도 토지 수용이 아니라 누진세, 토지 개간을 위한 이주 장려, 토지시장, 등록제, 소유권 승인과 재산권의 안정화에 집중될 가능성이 높다. 다양한 연구 성과에 따르면 그런 토지정책은 결코 약속된 만병통치약이 아니었던 것으로 드러났다(Zoomers and Van der Haar 2000; Zoomers 2001). 그렇지만 몇가지 토지소유권 승인 프로그램은 여성들의 재산권을 강화했다(Deere and León 2001b).

거의 절반에 이르는 농촌 세대가 토지소유권을 갖고 있지 않다는 점을 감안할 때 분명히 규정된 재산권의 잠재적 이득은 적지 않지만(Vogelgesang 1996), 소농들이 생계를 유지하는 경제적·사회정치적 환경은 대체로 그들에게 불리하게 돌아가는 편이다. 결국 중소농민들은 토지에 대한 권리를 보호할 수 없는 정치체제뿐 아니라 시장 내의 취약한 지위 탓에 토지소유권 승인 프로젝트에서 패배하곤 한다(Carter and Mesbah 1993; Jansen and Roquas 1998; Carter and Salgado 2001). 세계은행이 후원하는 '시장 주도' 또는 '협상을 통한' 농업개혁안(Deininger 1999)은 '자발적 판매자'와 '자발적 구매자'라는 원칙에 의존했지만, 이제까지 아무런 의미 있는 영향력을 발휘하지 못했다(Borras 2003).

농업개혁의 주된 유산은, 비록 개혁부문의 변모 이후라도, 그것이 지주과두제의 몰락을 재촉하고 시장 발전과 농업의 전면적인 상업화를 가로막던 제도적 잔해를 제거했다는 점이다. 그리하여 자본주의적 농장주들은 가장 큰 승자가 되었다. (토지 없는 농촌노동자 포함한) 소수의 농민들이 얼마간 혜택을 얻었지만 대다수에게 농업개혁의 약속은 성취되지 않았다(Thiesenhusen 1995; Bretón 1997).

세계화, 신자유주의, 농업

농업개혁의 시대가 지나간 뒤 라틴아메리카의 농촌 경제와 사회를 풍미한 대세는 신자유주의적 세계화과정이었다. 지난 20여년간 수입대체 산업화과정으로 상징되는 국가주도의 내부지향적 발전전략은 주로 1차상품 수출에 의존하는 외부지향적 발전전략에 자리를 내주었다(3, 4장 참조). 신자유주의적 정책 입안자에 따르면 라틴아메리카의 농업부문은 시장 개방의 주요 수혜자 가운데 하나였다. 이는 농업부문에 대한 차별정책의 폐지뿐 아니라 이 부문에서 라틴아메리카가 지니는 비교우위 덕분이었다. 그리하여 농산물 수출은 특히 성장 가능성이 높았다(Krueger et al. 1990). 신자유주의적 정책 전환은 분명히 농업에 중대한 영향을 미쳤으나 항상 신자유주의자들이 기대한 방식대로는 아니었다.

신자유주의적 전환은 농촌의 생계활동에 큰 충격을 주었다(9장 참조). 그것은 라틴아메리카에서 농촌의 사회구조뿐 아니라 농업생산의 양식을 바꾸었다. 시장 자유화와 세계화가 가져온 새로운 기회를 잘 활용하고 거기에서 이득을 취할 수 있었던 부류는 자본주의적 농장주와 특히 초국적농업 또는 농업 관련 산업의 자본가들이었다. 농업의 강화와 수출 생산을 위한 경제적·조직적·기술적 요건은 대체로 농민경제의 범위를 넘어서는 것이었다(David et al. 2000; Rubio 2001). 그럼에도 영농산업 계약농업을 통해 일부 소규모 경작자들은 수출용 또는 국내 도시의 고소득층 소비자들을 겨냥한 농공산업 상품 생산에 참여할 수 있었다(Schejtman 1996). 신자유주의 담론은 시장개혁을 통해 공평한 경쟁의 무대를 실현하겠노라고 약속했지만 이제까지 상황은 신자유주의 문헌의 '추상적 시장'과는 대조적인 '현실의 시장'이 자본주의적 농장주에게 계속 유리하고 농민들에게는 불리하게 작용해왔다는 사실을 드러내주었다(Ruben and Bastiaensen 2000).

신자유주의적 통합으로 일부 농민들이 세계적인 농산물 식품 공장단지로 편입한 사례는 사회경제적 분화과정을 돋보이게 했다(Teubal 1995). 일부 농민들은 자본 축적을 통해 번성할 수 있었고 점차 '자본주의적 농가'(Lehmann 1982)나 '자본주의적 농민'(Llambí 1988)으로 변모하면서 세력을 넓혔다. 다른 이들은 '변장한 프롤레타리아'—공식적으로는 소소유자이지만 영농사업에 엮이거나 의존하면서 농촌의 평균임금과 비슷한 수준의 소득을 올리는 부류—가 되었다. 또다른 범주는 '반 프롤레타리아'로서 이들의 주된 소득은 가구 소유의 토지 경작이 아니라 노동력 판매에서 발생하는 임금이다. 더욱이 많은 농민들이 노동력 판매를 통한 임금소득에 전적으로 의존함으로써 '공공연히' 그리고 완전히 프롤레타리아로 전환되었다(Kay 2000b).

농업 경쟁력의 약화, 비전통적 농산물 수출과 이질성

라틴아메리카의 국내총생산 총계에서 농업이 차지하는 비중은 신자유주의적 전환 이전에 몇십년에 걸쳐 점차 줄어들었지만 1980~2000년까지는 약 8퍼센트 수준에서 비교적 안정세를 유지했다. 농업의 연평균 성장률은 1980년대에 2.0퍼센트, 1990년에 2.6퍼센트로서 1950~80년까지의 성장률 3.5퍼센트에 비해 좋지 않았다(ECLA/IICA 2002, 27면). 새로운 농업의 활성화라는 신자유주의자들의 약속은 최근까지 성취되지 않은 셈이다(Spoor 2002). 그렇지만 농산물 수출은 1980년대에 연평균 3.3퍼센트, 1990년대에 6.4퍼센트의 증가율을 기록했다(ECLA/IICA 2002, 115면). 콩과 신선한 과일 또는 가공 과일 같은 비전통적 농산물 수출이 매우 활발하게 이루어진 반면 커피, 사탕, 바나나, 면화 같은 전통적 수출품은 대부분 평균 수출증가율에도 미치지 못했다. 특히 농민들이 생산한 생계용 곡물은 (유럽연합과 미국의 농민 보조금 때문에 발생한 시장의 왜곡 등) 불공정한 국제경쟁, (저렴한 신용대출 같은) 정부 지원의 폐지, 그리고 도시 소비 행태의 변화 탓에 빈약한 실적을 올렸다. 그러나 비전통적 농산물 수출로의 전환과 급속한 팽창도 주로 국내시장을 겨냥한 전통적 농산물 생산의 부진한 성장이나 쇠락을 메울 수는 없었다.

농업은 꾸준히 라틴아메리카 외환소득에서 중요한 비중을 차지하고 있지만 그 기여도는 계속 하락세를 면치 못했다. 농산물 수출은 1970년대에 전체 수출의 약 51퍼센트를 차지했으나 1980년대에 35퍼센트로, 1990년대에 26퍼센트로 줄어들었다(Spoor 2001, 146면). 칠레와 같이 예외적인 경우에만 전체 수출 소득에서 농산물이 차지하는 비중이 늘었다. 국내시장을 겨냥한 농산물 생산과 비교할 때 농산물 수출의 증가 추세가 두드러졌음에도 불구하고 라틴아메리카는 국제시장에서 경쟁력을 상실하고 말았다. 1990년 라틴아메리카의 농산물 수출은 선진국들의 전체 농산물 수입 중 12퍼센트를 차지했으나 1990년대말에 이 비율은 6퍼센트까지 하락했다(ECLA/IICA 2002, 193면).

라틴아메리카 농업의 경쟁력 상실은 또한 해외 농산물 수입의 가파른 상승세를 통해 추정해볼 수 있다. 1980년대 이른바 '잃어버린 10년' 동안 농산물 수입은 경제침체 탓에 연평균 0.9퍼센트 하락한 반면 1990년대에는 연평균 8.6퍼센트 상승했다(ECLA/IICA 2002, 117면). 따라서 농산물 수출 대비 수입의 비율은 1980년 약 40퍼센트에서 2000년 60퍼센트 이상으로 늘어났고, 그 결과 라틴아메리카 외환소득에서 농업이 차지하는 비중은 줄어들었다(García Pascual 2003, 13면). 특히 외환위기 시절에 일부 국가는 식료품 수입에 대한 의존이 늘어나면서 식량안보를 위협받는 수준에까지 이르렀다.

신자유주의 정책은 자본주의적 농장주와 농민 간의 기술 격차를 더 벌림으로써(Ocampo 2001) 농촌의 이질성을 심화시켰다(David et al. 2001). 농민들이 기계화같이 자본집약적인 새로운 기술을 채택하기란 불가능하지는 않더라도 매우 어렵다. 그런 기술의 채택은 단지 재정적 부담의 범위를 넘어설 뿐 아니라 흔히 소규모 농업과 농민 경작지의 열등한 토질에 적합하지 않다. 더욱이 특히 정부의 신용대출 보조금과 기술 지원 프로그램이 줄어든 뒤 농민들이 화학비료, 살충제, 제초제의 비용을 감당하기란 매우 부담스러웠다. 아울러 화석연료에 바탕을 둔 기술이 환경에 미치는 유해한 영향은 점점 더 심각한 문제로 떠오르고 있다. 자본집약적인 (그리고 또한 흔히 해외 의존도가 높은) 이런 기술은 또한 특성상 (외환 같은) 가뜩이나 부족한 자본을 너무 많이 필요로 할 뿐 아니라 노동력을 대체하기 때문에 라틴아메리카 경제에는 적합하지 않아 보인다.

농촌 노동력과 생계활동의 변화

농업의 신자유주의적 변화는 농촌 노동력과 생계활동에 커다란 변화를 일으켰다. 전체 경제활동인구 가운데 농업에 종사하는 인력의 비율은 1980년부터 2000년까지 35퍼센트에서 21퍼센트로 떨어졌다(ECLA/IICA 2002, 49면). 라띠푼디오의 현대화와 자본주의적 농장으로의 변화는 새로운 형태의 노동 착취와 종속뿐 아니라 노동력의 격감을 초래했다. 그리하여 농촌 노동력의 유연성 증대(Lara Flores 1998; Garriacca 2001)와 농촌 생계활동의 다양성 증대(Bebbington 1999; Reardon et al. 2001)가 주된 흐름으로 자리잡았다. 도시 노동력의 유사한 변화와 비공식부문의 증가에 대해서는 앞서 분석한 바 있다.

농촌의 생계활동에 심각한 영향을 미친 농촌 노동과 고용의 다섯가지 주요 변화는 다음과 같이 요약될 수 있다.

- 임금노동의 소작노동 대체.
- 임시적·계절적 임금노동의 증가.

- 농촌 임금노동의 여성화 증대.
- 농촌 노동자들의 '도시화'.
- 농외 고용과 소득의 중요성 증대.

소작농의 쇠퇴와 임금노동자의 증가

소작노동은 대부분 라띠푼디오의 노동력 수요를 충족하기 위해 활용되었다. 라띠푼디오의 현대화와 더불어 소작노동은 임금노동에 비해 지주에게 점점 더 많은 비용을 치르게 했다. (분익, 노역 또는 다른 형태의) 소작농(분익分益은 총수확의 일정 비율을 지대로 내는 소작, 노역은 지주의 농지 경영에 노동력을 지대로 제공하는 소작형태—옮긴이)으로부터 받는 지대 수입이 지주가 임금노동자들을 고용해 토지를 경작함으로써 벌어들일 수 있는 수익보다 더 줄어든 것이었다. 정부의 신용대출 보조금을 활용할 수 있다는 점에서 매력적이었던 기계화는 임금노동을 통한 지주의 직접 경작을 소작에 비해 수익성이 더 좋은 사업으로 탈바꿈시켰다. 그리하여 소작농은 임금노동자가 되었고 많은 이들이 도시로 이주했다(Chase 1999). 또한 지주들은 토지개혁을 요구하는 국내의 압력을 낮추려는 정치적 이유 때문에라도 더 적은 수의 소작농을 고용했다.

임시적·계절적 임금노동의 증가

임금노동 가운데 임시, 흔히 계절적 임금노동의 비율이 두드러지게 증가했다. 여러 지역에서 정규직 임금노동이 심지어 절대수치로 보더라도 줄어든 반면, 거의 모든 곳에서 임시직 노동은 크게 증가했다. 브라질에서 정규직 임금노동은 농촌 임금노동자의 3분의 1 수준으로 떨어졌다. 나머지 3분의 2는 임시 고용에 지나지 않았다(Grzybowsky 1990, 21면). 칠레에서 임시직 노동으로의 전환은 인상적이었다. 1970년대초

그림 12.1 남성 노동자들과 마체떼(machete). 꼬스따리까의 리베리아에서 비정규 농업노동자들은 자기 작업 도구를 지참하기로 되어 있다. 마체떼는 사탕수숫대의 절단과 목초지 정리를 포함해 다양한 작업에 쓰인다. ⓒSylvia Chant

임금노동의 약 3분의 2가 정규직 고용이었고 3분의 1만 임시 고용이었으나 1980년대말에 이르러 이 비율은 역전되었다(Falabella 1991).

이런 임시 고용의 증가는 부분적으로는 계절 과일과 채소를 수출하는 영농산업의 팽창과 관련되어 있고 농산물을 수출하는 라틴아메리카 국가에서 특히 두드러진다. 이는 점차 농촌 임금노동을 '임시직화' 하고 불안정성을 초래했다. 임시직 노동자들은 일반적으로 성과급을 받고 사회보장보험의 혜택을 받지 못할 뿐 아니라 고용보장도 없다(그림 12.1 참조). 노동의 임시적 성격과 유연성의 강화를 지향하는 고용 관행의 변화는 노동자들의 권리와 교섭력을 축소시킴으로써 고용주들에게 노동 통제를 강화할 수 있도록 했다(Newman and Jarvis 2000). 그런 변화는 흔히 군부정권들이 도입했으나 계속한 것은 그를 계승한 신자유주의적 민선정부들이었고, 그러한 도입은 노동입법의 퇴보적 변화들로 용이해졌다. 그러므로 임시적 임금노동의 팽창은 고용조건의 악화를 반영한다.

농촌 노동의 비정규직화는 농민운동의 분열에 기여했다. 계절적 임금노동자들이 때로는 매우 전투적일 수 있지만, 다양한 구성과 거주지의 잦은 변경 탓에 조직화가 매우 어렵다. 그리하여 정규직 고용에서 비정규 계절노동으로의 전환은 대체로 농민 조직을 약화시켜 그들이 고용주와 직접, 또는 국가에 압력을 행사하는 간접적인 방식으로 노동조건 개선을 협상하는 것을 매우 어렵게 만들었다.

농촌 임금노동의 여성화

임시 또는 계절 노동의 증가와 더불어 여성의 노동력 참여가 눈에 띄게 늘었다. 과거 농촌 여성들은 지주의 농장에서 날품팔이로 일하거나 목장에서 소젖을 짜고 버터를 만들었으며 요리사와 가정부로 일하기도 했다. 또한 그들은 일손이 달리는 수확기에 커피, 면화, 담배 농장에서 계절적 일자리를 얻을 수 있었다. 농업의 상업화 추세가 가속되고 소농 경작의 위기가 고조되자 농촌 여성들의 노동시장 참여는 점점 더 늘어났다(Lara Flores 1995). 이런 변화는 가정 내 젠더관계의 재조정을 촉진했다(Barrientos et al. 1999, 124면).

과일, 채소, 화훼같이 새로운 수출 작목 분야의 급속한 팽창 역시 농촌 여성에게 새로운 고용 기회를 열어주었다(그림 12.2; Collins 2003). 영농산업은 더 쉽게 활용할 수 있고 기꺼이 계절노동을 원하며 저임금을 받아들일 뿐 아니라 조직화가 덜 이루어졌다는 점 때문에 주로 여성 노동력을 고용한다. 또한 고용주들에 따르면 주의 깊게 다루어야 하는 세밀한 작업에 여성이 더 적합하다. 그렇지만 보통 정규직 일자리는 남성의 전유물일 확률이 높다. 비록 임시적일 뿐 아니라 대체로 비숙련 저임금 일자리라도, 그것은 수많은 젊은 여성에게 자립적으로 소득을 올리고 가부장적인 농민 세대의 구속으로부터 (최소한 부분적이고 일시적일지라도) 벗어날 수 있는 기회를 제공한다. 그들의 고용조건이 불리하긴 하지만 그렇다고 해서 젠더관계가 변하지 않은 채로 유지되었다는 의미는 아니다. 더욱이 농촌 여성들이 공식적인 노동시장으로 더 많이 편입하게 되자 그들은 농민단체의 활동과 업무에서 점차 영향력을 확대했고 일부는 독자적인 조직을 설립하기도 했다(Stephen 1993).

멕시코 농촌에서 경제활동인구의 약 25퍼센트는 과일과 채소 생산부문에 고용되어 있고 그중 절반이 여성이다. 꼴롬비아에서는 수출용 화훼 재배에 고용된 노동력의 70퍼센트 이상, 그리고 커피 수확 노동자의 약 40퍼센트가 여성이다(ECLAC 1992, 103면). 칠레의 과일 재배 수출부문에 고용된 임시직 노동자의 약 70퍼센트가 여성이며 이들은 주로 과일 포장 공장에서 일한다. 1991년 당시 에꽈도르의 비전통적 농산물 생산부문에 종사하는 노동자 가운데 69퍼센트가 여성이었고(Thrupp 1996, 125면) 최근 화훼산업에 고용된 노동자의 약 50퍼센트가 여성이다(Korovkin 2003, 27면). 여성 노동력이 중요한 비중을 차지하는 비전통적 농산물 수출부문의 급속한 팽창은 가끔 높은 환경비용과 의료비용을

그림 12.2 칠레의 과일 포장공장에서 일하는 여성 계절 노동자. 칠레에서 과일 수출의 호황은 주로 수확기(사과 재배 지역에서 3월부터 5월까지)에 고용되는 거대한 임시직 노동시장을 창출해냈다. 성별 노동분업이 두드러지는데, 남성들은 주로 야외에서 과일을 수확하고 여성들은 포장 공장에서 일한다.
ⓒW. Murray

수반했다. 이 부문의 작업은 환경을 오염시키고 건강을 해칠 우려가 있는 화학비료, 살충제, 제초제의 집중적인 사용에 의존하기 때문이었다(Stewart 1996, 132면).

농촌 노동자들의 '도시화'

게다가 임시직 임금노동의 증대는 고용된 노동인력의 출신 지역과 밀접한 관련이 있다. 점점 더 많은 수의 농촌노동자들이 도시의 고용기회 부족과 도시와 농촌 지역 간 이동수단의 향상 덕택에 도시 지역으로부터 유입된다(그림 12.3 참조). 요즘 라틴아메리카 농업부문의 경제활동인구 가운데 4분의 1 이상은 도시 지역에 거주한다. 브라질에서는 농작(農作)에 고용된 임시직 노동자들의 절반가량이 도시 출신이다. 그들은 곧 식어버릴 점심 도시락을 들고 일터로 나가기 때문에 흔히 '보이아스 프리아스'(bóias frias, 완전히 식은 점심—옮긴이)라고 불리거나, 도시나 소읍의 변두리에 거주하면서 농촌과 도시의 일터를 왔다갔다하기 때문에 '볼란치스'(volantes, 이리저리 날아다니는 사람, 즉 떠돌이 노동자—옮긴이)라고 알려졌다. 여성 볼란치스의 약 4분의 3은 커피 농사에 고용되어 있고 농사일이 없을 경우 그들은 도시 지역에서 주로 가정부 일자리를 얻곤 한다(ECLAC 1992, 98면). 소읍이나 도시 출신 노동자들을 농사일에 고용하는 계약자들이 늘고 있다는 사실은 직접 고용주가 반드시 농장주나 관리자는 아니라는 점을 의미한다. 농촌 주민들은 농사일을 놓고 갈수록 도시 노동자들과 경쟁해야 하고 반대의 경우도 마찬가지이다. 그 결과 적어도 노동시장에서는 고용 유연성이 증대하고 농촌과 도시의 차이점이 줄어든다.

농촌의 농외 고용과 소득의 중요성 증대

농촌의 농외 고용 또는 비농업 고용은 농장이 아니거나 비농업부문, 즉 (농촌에 기반을 둔 공업과 영농산업 가공 공장과 같은) 제조업과 (농촌 관광과 상거래 같은) 써비스부문에서 농촌 세대의 구성원이 일자리를 구한 상태를 의미한다. 일자리는 자영업이거나 임금노동일 수 있다. 농촌의 농외 수입이나 농촌의 비농업 소득은 농작이 아닌 임금노동과 자영업같이 농외 고용이나 비농업 고용에서 비롯되는 소득을 뜻한다. 또한 농촌의 농외 수입이나 비농업 소득은 은퇴자에게 지급되는 연금뿐 아니라 도농 간 송금과 국제 송금을 포함한다(Ellis 2000, 11~12면). 농촌의 생계활동에서 농외 고용이 차지하는 비중이 두드러지게 증대한 것은 비교적 최근의 현상이다. 1970년 라틴아메리카에서는 농촌

그림 12.3 꼬스따리까의 리베리아 들판에서 하루 일과를 마친 뒤 트럭을 타고 집으로 돌아오는 사탕수수밭 노동자들. 대규모 기업농은 저소득층 거주지나 노동인력을 모집하는 현장 주변의 잘 알려진 지점에 트럭을 보낸다. 일반적으로 이른 아침(약 5시경)에 노동자들을 태우고 오후 3~4시경에 출발 장소에 돌아와 이들을 내려준다. 노동자들은 예컨대 절단한 사탕수숫대의 길이를 기준으로 대개 성과급을 받는다. ⓒ Sylvia Chant

인구의 17퍼센트가 농외 고용에서 수입을 올렸던 반면, 1981년에 이 비율은 24퍼센트로 증가했다(Klein 1992). 농업부문의 일자리는 이 시기에 정체되거나 줄어들었지만 비농업 고용은 크게 늘었다. 이는 농촌에서 2차, 3차 산업 활동이 적어도 고용의 측면에서는 1차산업에 비해 훨씬 더 역동적이었다는 점을 보여준다. 이런 2차, 3차 산업 활동은 대부분 식료품 가공, 포장, 농산물 유통, 마케팅과 같이 농업 관련 분야에서 비롯된다. 그리하여 활발한 농업은 농촌에서 농외부문의 역동성을 유발할 수 있다.

후속 연구들은 이런 농외 고용과 농외 수입으로의 전환이 최근 들어 더욱 가속되었다는 점을 확인시켜준다. 1980년대초 농촌의 비농업 소득은 농촌 총소득의 25~30퍼센트를 차지했지만 1990년대 중반까지 이 비율은 40퍼센트 이상으로 증가했다(Berdegué et al. 2000, 2면). 남성에 비해 농촌 여성의 비농업부문 고용 비율이 훨씬 더 높다. 대다수 국가에서 이 비율은 전체 남성의 고용 가운데 20퍼센트에서 55퍼센트까지, 여성 고용 가운데 65퍼센트에서 90퍼센트까지로 다양하다(Reardon et al. 2001, 400면).

농외 고용이 소득수준에 따라 농촌 세대에게 다양한 의미를 지닌다는 점을 강조할 필요가 있다. 빈농에게 농외 고용은 작은 땅뙈기라도 계속 일구고 생계 소득을 유지할 수 있도록 돕는 중요한 수단이다. 반면 부유한 농민 세대에게 농외 고용은 더 많은 자본을 축적할 수 있는 방법이다. 이런 자본은 더 많은 토지를 사들여 농장 사업을 확대하거나 기계와 비료에 투자하고 교육을 통해 노동과 관리의 기술을 향상시킴으로써 생산성을 증진하는 데 활용될 수 있다. 빈농은 부농에 비해 농외 수입에 더 많이 의존하지만 절대적인 액수로 볼 때 빈농 세대의 수입은 부농 세대에 비해 훨씬 적다(Berdegué et al. 2000, 3면).

농민의 미래: 영구적인 반 프롤레타리아?

세계화의 확산은 라틴아메리카의 농민들에게 심대한 영향을 미치고 있다. 이런 주요 변화는 특히 점점 광범위하게 확산되고 확고해지는 신자유주의 정책에 뒤이어 농민경제의 발전에 어떻게 영향을 미치고 있는가? 농민경제는 적절한 고용 창출과 소득 증대를 성취할 수 있는가? 농민들은 경쟁력 강화를 통해 지속적으로 농업에 종사할 수 있는가, 아니면 자본주의적 농장부문에 단순히 임금노동을 제공하는 존재가 될 것인가? 그렇지 않다면 그들은 토지를 매각하고 농작을 포기할 수밖에 없기 때문에 완전히 프롤레타리아가 되고 생계를 유지하기 위해 임금 고용과 임금 소득에 의존할 것인가?

농민들이 직면한 도전: 농촌 생계활동의 다양화

농민 세대의 농작부문은 라틴아메리카의 농촌 경제와 사회에서 여전히 핵심적인 부문이다. 실제 농민층의 소멸을 예언했던 논객들과 대조적으로 일부 연구자들은 농민층의 지속을 찬양했다(Edelman 2000; Barkin 2002). 농민경제는 사실 단선적인 몰락에 직면하지 않았고 신자유주의 세계화라는 도전에 맞서 주목할 만한 생존능력을 보여주었다. 농민들은 새로운 형태의 사회적 동원과 정치활동에 참여할 뿐 아니라(Otero 1999; Bernstein 2000) 생존을 위해 생계활동의 전략을 바꾸어야만 했다(Bebbington 2000). 그럼에도 그들의 미래는 불확실하다(Bryceson et al. 2000).

1980년대 라틴아메리카에서 소농 경작은 전체 농작 단위의 5분의 4를 구성하고 전체 농지의 5분의 1, 농경지의 3분의 1 이상, 수확지의 5분의 2 이상을 차지한다고 추정되었다(López Cordovez 1982, 26면). 농민경제는 전체 농업 노동력의 거의 3분의 2를 차지한 반면 나머지 3분의 1은 자본주의적 농장에 고용된 인력이었다. 더욱이 소농 경작은 국내시장용 생산의 5분의 2와 수출용 생산의 3분의 1을 공급했다. 대량소비용 식량 생산에 소농 경작이 기여한 바는 특히 중요하다. 1980년대초에 농민경제는 전체 콩 생산량의 77퍼센트, 감자의 61퍼센트, 옥수수의 51퍼센트를 공급했다고 추정되었다. 게다가 농민경제는 전체 축우의 24퍼센트, 돼지의 78퍼센트를 소유했다고 알려졌다(López Cordovez 1982, 28면).

농민층은 사라지지 않았지만 그렇다고 번성하지도 않았다. 농산물 생산자로서 그들이 지니는 중요성은 계속 하락하고 있다. 드 장브리에 따르면(de Janvry et al. 1989b) 라틴아메리카의 농민층은 이중의 압박과 곤경에 시달리고 있다. 첫째, 그들은 토지 부족의 압박에 시달리고 있다. 그동안 농민 수의 증대에 상응하는 추가적인 토지 획득에 실패함으로써 농민 소유지의 평균 면적은 줄어들었다. 농민부문의 이런 하락세는 주로 농민 세대의 약 3분의 2에 이르는 소농(minifundistas)과 밀접하게 관련되어 있다. 그들의 평균 농경지 면적은 1950년 2.1헥타르에서 1980년에는 1.9헥타르로 줄어들었다. 나머지 농민들은 부분적으로는 토지개혁에 따른 재분배정책을 통해 평균 17헥타르의 농경지를 보유했다(de Janvry et al. 1989a, 74면). 둘째, 고용 기회가 인구 증가를 따라잡지 못하고 농촌의 일자리를 놓고 도시 출신 노동자들과 힘들게 경쟁해야 하는 상황 속에서 농민들은 고용의 압박에 시달린다.

농민들은 농외 소득원, 예컨대 자본주의적 농장의 계절적 임금노동에 의존함으로써 생계에 대한 이중의 압박에 대응했다. 더욱이 농외 활동, 주로 임금노동에 종사하는 농촌의 경제활동인구 비율은 앞서 논의한 바 있는 농장 고용 인력보다 더욱 빠르게 증가하고 있다. 이 추세는 흔히 자영농 수입이 전체 소득의 절반에 불과한 반면 전체 농민 세대 소득의 증가분은 주로 임금 소득에서 비롯된다는 사실을 보여준다(de Janvry et al. 1989a, 141면).

이 과정은 농민들이 생존과 생활수준의 향상을 위해 그들의 자산과 생계활동을 점점 더 다양화하지 않으면 안 되었다는 점을 의미한다(Zoomers 1999; 9장 참조). 베빙턴과 엘리스가 서술한 대로(Bebbington 1999, 2029면; Ellis 2000, 8면) 이런 자산은 자연 자본(토지, 수자원, 수목 등), 물리적 자본 또는 생산된 자본(공구, 기계, 관개 수로 같은 토지 개량), 인적 자본(교육과 보건), 금융 자본(현금이나 화폐), 그리고 사회적 자본

(사회적 네트워크와 연계)을 포함한다. 그러나 소수의 부유한 농민들만 축적 전략으로 이런 농촌 생계의 다양화과정을 활용할 수 있었고 이를 통해 부를 증대할 수 있었다.

라틴아메리카의 대다수 농민들에게 생존전략으로서 생계활동의 다양화는 임금노동을 위한 일자리 찾기를 의미했다(Rubio et al. 2002; Korovkin 2003). 가계소득의 절반 이상이 농외 수입, 주로 상업적 농장의 계절적 임금 고용이나 기타 임금노동에서 비롯되기 때문에, 이는 반 프롤레타리아로 규정될 수 있는 소규모 농민들에게 해당하는 사례이다. 소농층은 가장 수적으로 우세하기 때문에 반 프롤레타리아화과정이야말로 라틴아메리카 농민층 사이에 전개되고 있는 주된 경향이라고 주장할 수 있다. 이 과정은 토지개혁을 통해 농민층의 토지 활용 기회가 늘어난 일부 라틴아메리카 국가에서는 덜 두드러진다. 부유한 농민층에게 농외 수입은 농장의 임금 고용 소득보다 훨씬 더 중요하다. 더욱이 빈곤한 농민들은 부족한 인적 자본 때문에 참여 조건이 덜 까다로운 일시적 농장 임금 고용에 주로 관여하게 된다(Reardon et al. 2001, 402면).

농민경제에 대한 이런 이중의 압박은 수많은 농민들로 하여금 어쩔 수 없이 이주하게 만들었고 그리하여 농촌 밖으로의 이주는 지속적으로 늘었다(Salman and Zoomers 2002; 5장 참조). 일부 농민들은 세대의 생존을 보증하기 위해 생계전략의 일환으로 일시적인 이주를 선택한다. 그러나 이주 기간은 단지 몇개월부터 몇년까지 상황에 따라 달라지고 심지어 사실상 영구 이주로 굳어지기도 한다. 또한 이주는 점차 초국적인 현상이 되었다. 가장 평판이 좋지 않은 사례는 멕시코의 농촌 인력이 미국으로 이주하는 경우이다. 그러나 예컨대 아르헨띠나로 이주해 농업노동자로 일하는 볼리비아 농민들의 사례에서 확인할 수 있듯이 라틴아메리카 내에서 이루어지는 초국적 이주 역시 지난 20년 동안 점점 흔한 현상이 되었다(Aparicio and Benencia 1999). 어떤 경우에 이런 이주는 송금을 통해 결국 소농 경작지에 대한 어느정도의 투자와 농업 소득을 증대하는 밑거름을 마련했다. 그렇지만 리어든(Reardon et al. 2001, 402면)이 주장하듯 농촌 세대에게 이주 소득이 미치는 영향력은 멕시코의 사례에서조차 추정했던 것보다 훨씬 덜하다.

요컨대 아메리카 농민층은 지속적인 반 프롤레타리아화과정과 구조적 빈곤이라는 덫에 걸린 듯 보인다. 농외 소득원, 일반적으로 계절적 임금노동의 활용을 통해 소농들은 결국 토지를 고수할 수 있었고 이는 동시에 그들의 완전한 프롤레타리아화를 가로막았다. 이 과정은 농촌의 자본가, 즉 자본주의적 농장주들에게 유리하게 작용했다. 이 과정을 통해 농업 생산의 경쟁자로서 소농을 제거할뿐더러 저렴한 임금노동자로 전환시키기 때문이다. 반 프롤레타리아화는 안전과 생존의 이유에서, 혹은 농촌 또는 도시에서 최소한의 생활수준을 제공해줄 다른 일자리를 찾을 수 없기 때문에 토지의 소유나 활용을 유지하려는 소농들에게 열려 있는 유일한 생계전략이다.

농촌 빈곤의 지속

라틴아메리카 농업의 현대화, 특히 자본집약적 농업에 대한 강조와 그것이 소농경제에 가하는 압박은 농촌의 빈곤이 여전히 지속적이고 매우 다루기 힘든 문제라는 점을 일깨워준다. 1980년대 구조조정 프로그램과 안정화정책은 빈곤, 특히 농촌보다는 도시의 빈곤에 더욱 악영향을 끼쳤다(5장 참조). 그러나 빈곤층의 비율은 도시에 비해 여전히 농촌 지역에서 더 높다. 정부의 사회복지 지출뿐 아니라 기초 식량, 다른 필수품과 공공써비스에 대한 보조금이 삭감됨에 따라 구조조정정책은 빈곤을 심화시켰다(Altimir 1994). 일부 국가들은 복지 지출의 대상과 목표를 더욱 면밀히 검토하고 빈곤 완화 프로그램을 도입함으로써 구조조정이 미칠 부정적 영향을 줄이고자 했다. 1990년대에 농촌의 빈곤이 개선되기 시작했지만 매우 느리게 진행되었을 뿐이다. 1990년 라틴아메리카에서 농촌 세대의 65.4퍼센트가 빈곤선 아래에 놓여 있었지만 1999년에 이 비율은 63.7퍼센트로 떨어졌다(ECLAC 2002c, 212면). 극빈층의 비율은 1990년에 40.4퍼센트, 1999년에는 38.4퍼센트였다. 농촌의 빈곤은 일부 국가에서만 두드러지게 감소했다. 예컨대 칠레에서는 1990년 39.5퍼센트에서 2000년 23.8퍼센트로, 그리고 같은 시기 극빈층의 비율은 15.2퍼센트에서 8.3퍼센트로 줄어들었다(ECLAC 2002c, 211면).

농촌 빈곤의 주된 원인은 구조적인 것이다. 이는 불공평한 토지분배, 반 프롤레타리아와 토지 없는 농민들의 비율 증가와 관련되어 있다. 요즘 농촌 빈곤의 지속에 영향을 미치는 요소는 소농들을 주변부로 내몰면서 배제적인 방식의 농촌 개발을 촉진하는 신자유주의 정책이다. 빈곤의 근본 원인과 씨름하려면 대대적인 토지 재분배, 농촌에 대한 투자와 고용 기회의 증진, 특히 소농들의 농업생산성 향상을 필요로 할 것이다. 또한 농촌의 빈곤을 줄이겠다는 약속은 농촌의 농외 활동을 진작하는 정책이지만 이는 농촌의 종합적인 발전정책을 훼손하면서 추진되어선 안 된다(López and Valdés 2000). 적절한 정책의 배합과 아울러 상호 연계를 발전시키면서 농작과 농외 활동이 함께 강화되어야 한다(Reardon et al. 2001). 농촌의 빈곤은 다방면에 걸친 그런 도전에 의해서만 상당히 경감될 수 있을 것이다. 라틴아메리카의 빈곤은 여전히 해결되지 않은 농업 문제와 직결되어 있다. 정부는 더이상 농촌 빈민 문제를 도외시하면 안 된다.

국가, 시장, 시민사회조직: 과연 농민에겐 어떤 미래가?

국가주도의 수입대체 산업화 발전전략(1950~70년대의)과 1980년대 이래 신자유주의적 시장주도정책 모두 농민 문제를 해결할 수 없었다. 농촌의 빈곤, 불평등과 배제적인 농촌정책은 여전히 지속되고 있다. 단명하고 만 토지개혁의 시대가 개막되었을 때에야 농민들이 소외된 상황에서 겨우 벗어나기 시작했지만 더 나은 미래를 위한 그들의 희망은 결국 토지개혁에 대한 반대와 신자유주의 프로젝트에 부딪혀 희미해졌다. 그렇지만 이런 과거의 격변은 제약뿐 아니라 새로운 기회를 만들어냈다. 농촌의 발전을 실행할 수 있는 새로운 정책을 새롭게 구상해야 한다는 목소리가 커지고 있다. 그런 목소리들은 농업 문제를 새롭게 다루고 해결하기 위해 정부의 조치와 시장의 역할과 시민사회 조직을 결합하는 새로운 방식을 모색하고 있다(de Janvry et al. 1995). 농민층과 농촌 프롤레타리아를 농촌 발전의 중심에 놓으려는 더욱 급진적인 목소리는 새로운 농촌의 면모를 창출하려고 시도한다(Giarracca 2001; Pérez and Farah 2001; Barkin 2002).

그렇다면 소농을 배려하는 농촌 발전의 전망은 무엇인가? 기업농의 성패 여부를 결정하는 데 지식과 정보 체계뿐 아니라 자본, 기술, 그리고 국내외 시장에 대한 접근이 토지 취득과 관련해 더욱 중요해지고 있다는 사실은 잘 알려져 있다. 최근 들어 일부 농민들이 농업개혁을 통해 용케 토지를 취득했음에도, 이 자체로는 미래의 생존이 결코 보장되지 않는다. 자본주의적 농장과 소농부문 간의 기술 격차가 확대되면서 농민들의 복지와 관련된 이들은 국제기구, 정부와 비정부기구에 더욱 '농민친화적'이고 적절하며 지속가능한 기술을 창출하도록 강력히 촉구했다. 하지만 소농 경작의 지속가능성은 더 광범위한 사회·정치적 논점과 더불어 특히 바람직한 거시경제적 상황에 달려 있는 반면, 소농을 배려하는 정책은 오로지 과학기술적인 해결책에 의존하지 않으면 안 될 위험에 처한다. 요컨대 농촌의 발전을 지향하는 실행가능한 소농의 길은 발전전략과 더불어 궁극적으로 농민층의 정치력에 의문을 제기한다.

1990년대에 관련 학자와 기관 들은 라틴아메리카의 신자유주의적 농업 근대화가 농민층에 끼친 악영향을 지적하는 데 점점 더 목청을 높였다. 이 과정에서 드러난 '집중적이고 배제적인' 특성과는 대조적으로 그들은 농민층을 근대화과정에 포함시키는 새로운 전략을 요구했다(Murmis 1994). 이는 농촌사회를 민주화하는 과정의 일환이었고 일부 연구자들은 이런 연계를 강조하고자 '민주적 근대화'에 관해 언급했다(Chiriboga 1992). 요즘 라틴아메리카에서는 '사회적 공평성에 근거해 생산양식을 바꾸고' 새로운 밀레니엄에 접어들어 갈수록 더 세계화하는 세계경제의 도전에 대처하기 위해 농산물 생산자들의 '생산 복귀'를 지원하려는 여러가지 제안들이 등장했다(ECLAC 1990). 이런 목적을 달성하기 위해 지주와 기업농에게 유리했던 과거의 편향을 뒤집어 농민층을 도우려는 정부의 특별정책이 제시되었다. 광범위한 성장을 달성하기 위해서는 시장의 실패와 농민층에 불리한 편향을 극복하려는 정부의 선제적이고 적극적인 대책이 필요하다.

재전환과 비전통적 농산물 수출

특히 최근의 사유화, 자유화, 세계화 시대에 소농의 발전과 아울러 그들이 '자본주의적 농업경영인'으로 전환될 수 있는가의 열쇠는 그들의 시장 경쟁력을 향상하는 데 있다. 이를 위해 일부 라틴아메리카 국가들은 소농 경작의 '재전환'정책을 구상하기 시작했다. 넓은 의미에서 재전환은 세계적 차원의 경쟁에 더 노출됨에 따라 이에 적응하고 더

그림 12.4 칠레의 뻬우모에 있는 소농의 온실 내부(1996). 칠레의 소농들은 갈수록 전문화하고 기술수준을 향상시켰다. 이곳에선 국내시장용 카네이션이 재배되지만 단지 가족노동만 활용될 뿐이다. 소농들은 지역 협동조합의 회원으로 가입해 기술과 마케팅 지원에서 혜택을 받고 있다. ⓒC. Kay

욱 역동적인 세계시장으로 진입하려는 농민들의 농업경영능력을 향상하고자 한다. 이는 생산성 향상과 효율의 증진뿐 아니라 전통적인 생산과 토지 활용 방식을 새롭고 더 수익성이 좋은 생산물로 전환함으로써 소농의 경쟁력을 높이려는 일련의 특별 프로그램을 통해 달성될 것이다(그림 12.4; Kay 2002b).

소농의 발전을 도모하는 데 관심을 지닌 정부와 비정부기구들은 수익성이 좋은 농산물 수출에 소농의 참여를 촉진하기 위해 몇가지 조치를 제안했다. 비전통적 농산물 수출의 호황 초기에 수익을 거둬들인 이들은 거의 예외 없이 자본주의적 농업경영인이었다. 그들은 신자유주의 무역과 거시경제정책의 개혁에서 비롯된 새로운 외부지향적 발전 전략에 상대적으로 신속하게 대응할 방책을 지니고 있었다. 비전통적 농산물 수출부문의 역동성이란 관점에서 볼 때 이런 생산물 위주로 소농의 생산양식을 전환하는 것은 비전통적 농산물 수출 증대에서 얻는 이득을 더욱 광범위하게 확산하고 소농의 생존을 보장할 것이라고 여겨졌다. 그렇지만 실제 결과는 다소 복합적이었다.

비전통적 농산물 수출의 호조가 소농과 농업노동자들에게 어떤 영향을 미쳤는지 분석하고자 카터 등은 세가지 요소에 주목한 바 있다(Carter et al. 1996, 37~38면).

1. 소규모 생산단위가 수출품 생산에 직접 관여하고 이를 통해 발생하는 더 높은 소득을 향유하는지(이른바 '소농 채택의 효과') 여부.

2. 수출품이 농촌 빈민들의 토지 활용을 체계적으로 향상하거나 악화하는 구조적 변화를 일으키는지('토지 취득 효과') 여부.

3. 농산물 수출이 토지 없는 노동자들과 비정규적 농업 세대의 노동력을 얼마간 흡수하는지('노동력 흡수 효과') 여부.

그들은 (콩과 밀 중심의) 빠라과이, (과일 위주의) 칠레, (채소 위주의) 과떼말라의 농산물 수출 성장 사례를 검토한다. 연구 결과에 따르면 단지 과떼말라의 사례에서만 토지 활용과 실질 고용 효과라는 두가지 측면에서 모두 긍정적인 성장세가 나타난 반면 빠라과이에서는 완전히 정반대의 상황이 발생해 배제적인 성장을 이루었을 뿐이다. 칠레의 실질 고용 효과는 긍정적이었으나 토지 활용 효과는 부정적이었다. 칠레에서는 수출 호황에 압도된 수많은 빠르셀레로들이 토지의 일부 또는 전부를 매각했기 때문에 과일 수출의 호조는 일부에만 한정된 현상이었다(Murray 1999). 반면 전통적인 농작물 생산에서 과일 재배로의 전환이 노동력 수요를 늘렸다는 점에 주목한다면 이 과정은 포괄적이었다고 볼 수도 있다(Schurman 2001).

비록 더 많은 수의 농민들이 새로운 수출 작물의 재배를 선택했다고 하더라도 그 자체로 생존을 보장할지는 전혀 확실하지 않다. 그리하여 여러 라틴아메리카 국가들이 매우 그럴듯하다고 신뢰한 비전통적 농산물 수출에 바탕을 둔 농촌의 발전정책은 만병통치약으로 간주될 수 없다. 특히 보완적인 조치를 통해 '공평한 경쟁의 장(場)'이 조성되지 않는다면 더욱이 그럴 것이다(Carter and Barham 1996). 칠레의 사례는 이런 점에서 시사적이다(6장 참조). 첫째, 금융적·기술적 위험과 다른 요인 때문에 소농들이 비전통적 농산물 수출을 선택하는 비율이 낮았다. 둘째, 비전통적 농산물 수출로 전환한 사람들조차 자본주의적 기업농과 비교해볼 때 실패할 확률이 훨씬 더 컸다. 마케팅, 신용, 기술, 그리고 다른 시장에서 불리한 처지 때문에 소농들이 경쟁의 압박을 견뎌내기란 쉽지 않기 때문이었다. 빚이 늘어난 결과 소농들은 흔히 더 큰 규모의 경작자나 초국적 청과물 기업에 토지를 매각하지 않으면 안 되었다(Murray 2002c). 비전통적 농산물 수출이 자리를 잡아가는 다른 라틴아메리카 국가에서도 이와 같은 토지 집중과정이 지속적으로 발생하고 있다.

식량수입대체, 다각화, 지속가능한 발전

소농에게 사실상 간과된 대안적이거나 부가적인 비전통적 농산물 수출의 가능성은 주요 식량 생산뿐 아니라 잠재적으로는 일부 수입상품과의 경쟁에서 비교우위를 높이는 것이다. 이는 드 장브리가 제안한 대로(de Janvry 1994) '식량수입대체(FIS) 프로그램'을 통해 달성될 수 있다. 좀더 급진적인 계획은 농촌 지역에서 지속가능한 발전의 열쇠로 여겨지는 '자율적 발전' 전략을 통해 농민경제의 재개발을 요청한다

(Barkin 2002). 자율적 발전 전략이 성공하려면 국가의 주요 지원정책이 필요하다. 예컨대 선진국에서 농민들에게 지급하는 보조금 때문에 나타나는 세계 식량시장의 왜곡을 상쇄할 수 있는, 특별한 대상을 겨냥한 보호주의 조치를 꼽을 수 있다(Valdés 2002).

주요 식량의 수입대체는 외환을 절약할 뿐 아니라 식량 안보, 고용, 그리고 소득분배의 공평성을 증진하는 이점을 지닌다. 식량수입대체의 책임을 맡은 이들이 소농일 경우는 특히 그렇다(Teubal and Rodríguez 2002). 또한 소농들의 식량 증산은 더욱 환경친화적이라는 강점이 있다. 그들은 자본주의적 기업농과 비전통적 농산물 수출에 비해 화학성분을 덜 사용한다. 비전통적 농산물 수출과 식량 생산은 대립적 관계 또는 양자택일의 문제로 판단하지 않고 양자의 상호보완성에 주목할 수 있다. 셰트만(Schejtman 1994)의 견해에 따르면 수익성 좋은 농산물의 생산과 수출에 참여할 수 있는 소농들이 전통적인 농작물의 생산성을 높이는 데 투자하기 위해 비전통적 농산물 수출에서 얻은 소득, 지식, 시장 경험을 활용할 수 있기 때문에 긍정적인 상관관계를 예상할 수 있다.

마찬가지로 농외 활동에서 파생되는 소득을 구하려는 농민 세대의 시도는 어떤 상황에서는 농작의 생산력을 높일 수 있다. 그렇지만 그런 부가적인 소득을 추구하려는 시도가 (농민 가구가 생존을 위해 분투한다는) 고충에서 생겨났다면 농작과 농외 활동 간의 긍정적인 상호작용이 이뤄질 가능성은 낮다. 그런 경우에 농민 세대는 반 프롤레타리아 상태에 머물거나 완전한 프롤레타리아, 즉 임금노동에 전적으로 의존하는 토지 없는 노동자들이 될지도 모른다.

비정부기구

국가와 시민사회 간에 새로운 관계가 펼쳐져야 한다. 국가는 권력, 주도권, 재원, 활동의 일부를 지방정부뿐 아니라 비정부기구, 생산자와 소비자 단체, 노동조합, 여성과 환경 단체, 그리고 정당 등 시민사회 조직으로 이양해야 한다. 다양한 시민사회 조직들은 정책의 입안과 실행 과정에서 그 역할을 강화해야 한다. 비정부기구들은 특히 풀뿌리 대중조직과 그 후원자들과 긴밀한 협력 관계를 맺을 수 있다고 알려져 있다. 경제적·사회적·정치적 사안에 개인과 시민단체 들이 그렇게 적극적으로 참여하게 된다면 민주적 과정을 강화할 수 있다. 참여의 틀을 더욱 굳건히 확립함으로써 사회 구성원 다수가 혜택을 보도록 시장을 규제하고 지배하는 기제를 마련하게 될 것이다.

라틴아메리카에서 중앙정부가 이미 지방 행정기관에 더 큰 권한과 많은 재원을 맡길 뿐 아니라 소농을 위한 기술 지원 같은 특정 활동을 비정부기구에 하도급을 주기 시작했다는 사실을 몇가지 사례를 통해 확인할 수 있다(9, 10장 참조). 그런 계획의 의미와 영향을 가늠하기에는 아직 너무 이르다. 그렇지만 비정부기구들이 정부재원에 지나치게 의존하게 되고 정부정책, 특히 신자유주의 범주의 정책을 수행하는 것처럼 보일 때 그들은 진퇴양난에 봉착한다. 그들은 풀뿌리 대중의 지지를 잃고 그리하여 활동의 정당성마저 훼손당할지도 모른다(Bretón 2002). 다만 비정부기구들이 소농, 여성, 원주민, 환경 문제에 더욱 민감하고 우호적으로 정부정책에 영향력을 발휘할 수 있다면 이런 밀접한 관계는 오히려 환영할 만하다. 흔히 재원이 부족한 현실은 비정부기구들의 활동 범위를 축소해 일부 수혜자들에게 국한되도록 제약한다(North and Cameron 2003). 정부의 영역이 대폭 축소된 국가에서 비정부기구들은 흔히 정부가 포기한 사회적 책임을 떠맡으면서 그에 따라 발생하는 고통을 일시적으로나마 경감하는 완화제로 기능했다. 그리하여 국가와 비정부기구 간의 밀접한 관계는 말하자면 축복인 동시에 저주일 수도 있다(Bebbington and Thiele 1993).

핵심적인 농업 문제: 자산과 권력

농업의 불균등한 근대화 탓에 소농과 자본주의적 기업농 사이의 경쟁력 격차는 점점 더 커지면서 소농들의 생존에 제약을 가하고 농촌의 빈곤을 지속적으로 심화한다. '제값을 받게 한다'는 신자유주의의 구호는 분명히 농촌의 발전을 위한 만병통치약이 아니다(Binswanger et al. 1995). 농촌 문제를 적절하게 다루려면 소농과 농업노동자들의 권리 신장과 더불어 자산의 재분배 같은 주요 단계를 거쳐야 한다. 브라질을 제외한다면 농업개혁은 더이상 국정 현안이 아니지만 토지 집중과 토지 없는 노동자들의 문제는 여전히 해결되지 않은 채 남아 있다. 토지 정책의 개혁은 광범위하고 지속가능한 개발전략으로서 결코 폐기되지 않았으며 더 나은 농촌의 미래를 보장하기 위해선 더욱 공정한 토지 자산의 분배가 필요하다.

그렇지만 자금 조달과 지식의 활용은 오늘날 세계화시대에 갈수록 더 중요한 자산으로 부각되고 있다. 이는 시장개혁을 통해 농민들이 다른 두가지 중요한 자산, 즉 인적자원 개발과 아울러 특별 신용대출과 기술 지원 프로그램에 접근할 수 있도록 도와주는 정부의 정책을 필요로 한다. 비정부기구들과 민간부문은 이런 프로젝트 가운데 몇가지를 수행할 수 있다. 정부는 특히 소농 공동체를 대상으로 하는 농촌의 다양한 변화, 교육과 사회 기반시설 마련을 우선 과제로 삼아야 한다.

그런 정책의 개혁은 소농과 농업노동자들이 생산자협회, 지역자치회, 협동조합, 노동조합과 같이 독자적인 조직을 발전시키지 않는 한 성공할 가능성이 거의 없다. 과거와 현재의 불이익을 계속 감내하기보다는 그들에게 유리한 방식으로 미래를 구체화할 수 있으려면 소농과 농업노동자들을 중심으로 대항세력을 창출해야만 할 것이다. 의심할 여지 없이 국가, 정당, 비정부기구 들이 필수적인 지원을 제공할 수 있지만 그런 조직의 발전은 소농과 노동자들의 독자적인 결단에 달려 있다. 이 제안들이 채택될지 아닐지는 미지수이지만, 신자유주의 정책에 맞서 새로운 원주민, 환경, 농민운동이 등장함에 따라 낙관론을 펼칠 수 있는 근거가 생긴다. 다음 부분에서는 이 점에 관해 언급할 것이다.

새로운 농민운동: 원주민과 환경의 차원

신자유주의 프로젝트는 라틴아메리카 각지에서 소농들의 분명한 도전에 직면하지 않을 수 없었다. 새로운 특성의 농민운동을 상징하는 가장 중요한 사건 가운데 하나는 1994년 멕시코의 남단이자 원주민 비율이 가장 높은 치아빠스에서 발생한 저항이었다(Burbach 1994). 사빠띠스따 해방군이 주도한 이 봉기는 여러가지 요인에 의해 증폭되었다(Harvey 1994). 몇가지 주요 원인으로는 멕시코 농업 근대화의 배제적인 효과, 1992년 정부의 토지개혁 입법 철회, 생계에 대한 폭넓은 통제권과 얼마간의 자치를 확보하려는 봉기 세력의 의욕 등을 들 수 있다(Collier 2000; Rus et al. 2001; Stavenhagen 2003). 멕시코가 북아메리카자유무역협정에 가입하고 신자유주의적 통합이 가속되면서 농민들이 더욱 주변부로 내몰릴 것이라는 우려 또한 사건에 큰 영향을 끼쳤다(de Janvry et al. 1997). 우호적인 특별 보호조치나 발전 대책이 강구되지 않는 한 멕시코의 농민들은 미국과 캐나다의 대규모 옥수수 또는 곡물 기업농과 경쟁할 수 없다(Barkin 1994; Collier 1999).

1980년대 신자유주의적 자유시장의 공세 이래 소농들은 멕시코뿐 아니라 볼리비아, 브라질, 꼴롬비아, 꼬스따리까, 에꽈도르, 엘살바도르, 빠라과이 등지에서 사회 변화를 요구하는 주요 세력으로 다시 등장했다. 농민들은 다시 봉기하고 있고, 이러한 새로운 라틴아메리카의 농민과 원주민 운동을 단지 반란의 마지막 안간힘으로 치부해버린다면 이는 중대한 실책이 될 것이다(Petras 1997; Veltmeyer et al. 1997). 이 새로운 운동은 그 주역들이 자기 자신의 역사를 긍정하고 역사의 한 장을 만들어낼 역량을 확인하는 새로운 계급적·종족적 정체성을 구체화하고 있다. 정치적 스펙트럼의 한편에서는 '역사의 종언'을 외치는 대담한 단언이(Fukuyama 1992), 그리고 정반대편에서도 농민층의 파멸(Hobsbawm 1994, 289면)에 대한 선언이 등장했지만 이런 주장들은 시기상조로 입증되고 있다(Edelman 1999).

브라질 농촌의 주역은 아무래도 '토지 없는 농촌 노동자들의 운동'이다. 50만 가구 이상의 농민들로 이뤄진 이 세력은 라틴아메리카 최대의 농민운동이다(Robles 2001, 147면). 이들은 1500회가 넘는 대토지점거를 주도하면서 토지수용을 요구했다(Meszaros 2000). 약 2만명의 활동가들이 지휘하는 가운데 35만 가구가 대토지 점거에 가담했다(Stedile 2002, 85면). 브라질에서는 토지소유의 불평등이 특히 첨예하기 때문에 토지점거가 그리 놀랄 만한 일이 아니다. 브라질에서는 전체 토지소유자 가운데 불과 4퍼센트가 농촌 경작지의 79퍼센트를 장악하고 있다(Veltmeyer et al. 1997, 181면). 또한 '토지 없는 농촌 노동자들의 운동'은 고속도로 봉쇄와 전국농업개혁협회(INCRA) 지부의 점거를 비롯한 직접 행동을 통해 토지수용에 대한 정부의 대응조치를 압박하곤 했다. 이들은 1984년 창립 이래 브라질 전역에서 주로 협동조합의 형태로 조직된 1300여 토지개혁 정착촌을 건설하는 데 중요한 역할을 했다(Navarro 2000, 37면). 추정하건대 이 협동농장에는 35만 가구가 정착했고 '토지 없는 농촌 노동자들의 운동'에 참여하지 않은 10만여 세대가 정부의 토지개혁 프로그램을 통해 추가로 토지를 얻게 되었다. '토지 없는 농촌 노동자들의 운동'이 없었다면 이 프로그램은 아마 존재하지 않았을 것이다(Wright 2003, 1면).

'토지 없는 농촌 노동자들의 운동'은 특히 정착촌의 민주화에 크게 기여했다. 이 투쟁과정에서 지주(fazendeiro)들과 그들이 고용한 무장대원들이 법률에 의하지 않고 제멋대로 제재를 가하면서 수많은 인명피해가 발생했지만 가해자들은 대개 처벌을 받지 않았다. 또한 경찰이나 헌병대와 충돌하면서 수많은 농민들이 사망하거나 부상당했다. 1984년부터 2000년까지 토지를 둘러싼 갈등과정에서 1600명이 넘게 살해당했지만 그중 '토지 없는 농촌 노동자들의 운동'에 소속된 이들은 약 250명에 불과했다(Cadji 2000, 30면; Branford and Rocha 2002, 251면). 그럼에도 토지 분쟁이 점차 해결됨에 따라 농촌에서 살인사건은 크게 줄어들었다(Margolis 2002, 26면). 2003년 취임한 루이스 이나시우 '룰라' 다 씨우바 대통령의 중도좌파 정부가 과연 어느 정도까지 토지개혁에 새로운 추진력을 불어넣을 수 있을지는 지켜볼 일이다.

지난 20여년간 농촌에서 사회운동의 성격을 바꾸고 새로운 활력을 불어넣은 원주민 정체성 운동이 다시 수면 위로 부상했다(10장 참조). 원주민운동의 새로운 활력은 국가와 사회의 관계를 재규정하고 원주민의 권리, 문화적 다양성, 탈집중화, 민주주의를 증진하고 있다(Assies et al. 2001; Bengoa 2000; Korovkin 2001; Sieder 2002; Wilson et al. 2003)

또한 종족 정체성과 환경 문제는 열대우림과 원주민들의 운명이 어느 때보다 더 서로 뒤얽히면서 갈수록 중요한 정치적 관심사가 되었다.

벌목, 광물 채굴, 원유 시추, 댐 건설, 그리고 목초지 조성과 가축 사육을 위한 산림 개간 등 천연자원을 과도하게 개발하려는 기업 활동 때문에 원주민 집단이 원래의 생활공간에서 쫓겨나고 생계를 위협받자 환경운동은 사회정의를 위한 투쟁이 되었다. 기업, 축산업자, 지역 주민 간에 벌어지는 갈등은 흔히 사상자를 낳았고 희생자들을 지키려는 인권단체의 활동을 촉진했다. 원주민·농민·환경·인권단체들의 연대 활동은 사회정의를 실현하려는 투쟁에서 주요 세력으로 자리잡았다(Kaimovitz 1996).

마야 원주민들이 많이 거주하는 멕시코 치아빠스의 경우 원주민 문제와 환경에 대한 관심사의 연계 또한 1994년 봉기에 폭넓은 후원과 힘을 제공했다. 1970년대 브라질에서 아마존 횡단 고속도로의 건설은 세금 환급, 보조금 지급, 저렴한 신용대출 같은 특혜를 통해 아마조니아에 대규모 투자를 유치하도록 유도함으로써 대대적인 삼림 벌채와 목초지의 팽창을 야기했다. 이는 주민들이 빈곤한 브라질 동북부로부터 열대우림 지역으로 대거 이주하는 계기가 되었고, 결국 환경 악화로 이어졌다. 목초지와 광산의 팽창은 원래 원주민 집단과 고무 수액 채취자들이 이용하던 토지를 잠식했다. 도어는 이를 가리켜 역사상 가장 광범위한 인클로저(enclosure) 운동이라고 불렀다(Dore 1995, 262면). 이 팽창은 생계를 보호하려는 원주민 집단의 활동뿐 아니라 고무 수액 채취자들의 저항을 불러일으키면서 아마존강 유역의 환경 문제에 전세계의 이목을 집중시켰다. 1988년 아마존 고무 수액 채취자들의 저항을 이끌던 '시꾸' 멘디스(Chico Mendes)의 암살은 국내외에서 강력한 항의를 촉발했다. 국제사회는 브라질 정부에 채굴 보류지 지정과 다른 '생산적 보존' 계획의 수립 등 고무 수액 채취자들의 요구사항 가운데 일부를 받아들이도록 촉구했다(Hall 1997). 이 프로젝트는 삼림 보존이라는 대의와 지역의 생계를 부양하기 위한 삼림의 지속가능한 활용을 조화시키고자 시도했다(Hall 1996).

에꽈도르에서 주목할 만한 사회운동은 1990년대에 에꽈도르원주민연맹에 의해 조직되었다. 1990년 당시 수만명에 이르는 원주민들은 일주일 동안 고속도로를 가로막고 주요 도시에서 평화행진을 벌이며 정부청사를 장악하기까지 했다(Zamosc 1994). 원주민의 저항은 구조조정 정책에서 비롯된 경기후퇴로 촉발되었다. 1994년의 두번째 대규모 대중 동원에서 원주민들의 항의는 신자유주의 정책의 도입, 특히 이른바 새로운 '농업발전법'을 겨냥했다. 이 법은 전통적인 원주민 공유지의 사유화를 촉진하고 궁극적으로 시장 기제를 통해 자본주의적 기업농으로의 토지 이전을 용이하게 만들면서 원주민 집단의 토지소유를 위협했다. 에꽈도르의 수천여 원주민 공동체와 소농, 노동조합, 대중 조직 들이 이 저항에 동참했고 외국의 환경·인권 단체들이 지원을 약속했다(Picari 1996). 2000년 1월 고지대 원주민들이 주축이 된 약 1000명의 시위대가 에꽈도르원주민연맹의 지휘 아래 정권교체와 정책 변화를 요구하면서 국회의사당을 점거했을 때 에꽈도르의 원주민운동은 무대의 중심에 서게 되었다(Collins 2000). 의사당 점거농성은 하루에 그쳤지만 이는 뒤이은 봉기와 더불어 저항운동의 주역 가운데 하나인 육군 대령 루시오 구띠에레스가 2002년 대통령에 선출될 수 있는 발판을 마련했다. 구띠에레스 정부가 비록 원주민들의 모든 요구사항을 충족해줄 수는 없었다고 할지라도 에꽈도르 역사상 가장 원주민 친화적인 정부였다는 점은 인정할 수밖에 없다.

1990년 볼리비아에서는 역사적인 원주민운동, 즉 '존엄과 영토를 위한 행진'이 펼쳐졌다. 저지대 원주민 공동체 출신 수백명은 '원주민 공유지에서 자행되는 삼림 남벌에 항의하고 해당 토지에 대한 법적 권리를 요구하고자 아마존 열대우림으로부터 눈 덮인 안데스를 거쳐 수도 라빠스에 이르기까지 길고 고된 여정에 나섰다'(Albó 1996, 15면). 그들은 자원에 대한 권리뿐 아니라 원주민의 권리라는 관점에서 요구사항을 제기함으로써 시민사회의 지지를 이끌어낼 수 있었다. 이 역사적인 행진과 뒤이은 대중동원은 볼리비아가 다종족국가임을 선언하는 1995년의 헌법개정으로 귀결되었다. 또한 일련의 새로운 법안이 제정되었다. 예컨대 1994년 '대중참여법'은 지역 자치회를 법적으로 인정하고 행정의 탈집중화 또는 지방분권을 촉진하고자 했다. 1996년 삼림법은 원주민 집단에 공유지에서 상업적 용도로 벌목할 수 있는 권리를 부여했고 1996년 농업개혁법은 원주민들의 영토권을 강화하고자 했다(Roper 2003).

라틴아메리카의 새로운 원주민운동은 예전에 농촌에서 등장한 사회운동들과 여러모로 다르다. 특히 다음과 같은 네가지 이유가 강조될 수 있다.

1. 종족 집단들의 존재감이 과거에 비해 훨씬 더 두드러진다. 종족의식의 수준도 더 높고, 자치정부와 영토주권에 대한 요구에서 드러나듯이 어떤 경우에는 전국적인 자치권을 주장하기도 한다(Ross 1997b, 35면). 중앙정부는 원주민들의 전국적인 자치권 요구에 따르지 않았지만 볼리비아, 에꽈도르, 꼴롬비아, 브라질 등지에서는 국가의 다종족적 성격을 인정하고 헌법을 개정해 다양한 원주민 집단의 언어, 문화, 사회, 영토적 권리를 승인하는 조항을 포함시켰다.

2. 농민층의 사회적 변화 덕분에 원주민운동은 좀더 도시적이고 국제적인 면모를 지니게 되었다. 이는 도시와 농촌 부문 간의 더욱 유동적인 관계, 농촌인구의 이동성 확대, 농촌 교육의 향상, 그리고 더욱 널

리 퍼지는 대중매체의 영향력 덕분이었다. 운동의 지도자들은 대중매체와 인터넷을 솜씨 좋게 활용하면서 운동의 목표를 강화하는 데 더욱 능숙해졌고, 그리하여 국내외에 더 널리 운동의 대의를 알릴 수 있었다. '위로부터의 세계화'에 맞서 그들은 자국 정부를 뛰어넘어 국제사회의 후원자들에게 호소함으로써 여러 국제기구뿐 아니라 자국 정부에 대한 국제적 압력을 유도하면서 '아래로부터의 세계화'를 구현할 수 있었다(Kearney and Varese 1995).

3. 농민운동은 정당과 정부로부터 더 많은 자율권을 획득했다. 이는 부분적으로 과거 투쟁을 통해 농민운동이 한층 더 성숙한 단계에 올라선 결과인 동시에 좌파정당의 위기에서 비롯된 정치적 공백 덕분이기도 했다. 사회주의의 위기는 사회주의 정당과 단체들을 약화시켰고 흔히 좌파정당마저 신자유주의적 의제 가운데 일부 요소를 채택하기에 이르렀다. 또한 급진적인 농업개혁을 시행한 국가에서 소농에 대한 지주들의 전통적인 우세가 점차 퇴조함에 따라 새로운 사회운동가뿐만 아니라 농민층을 위한 새로운 정치 공간이 열렸다.

4. 농민운동은 농촌에서 풀뿌리 대중 조직을 창설하고 강화하는 데 크게 이바지한 비정부기구와 다양한 연계를 발전시켰다. 국제적인 비정부기구 또한 새로운 운동의 대의, 특히 생태환경, 젠더, 사회정의와 인권 문제에 대한 폭넓은 관심과 지지를 이끌어내는 데 유용한 매개체가 되었다. 여전히 덜 주목받고 있지만 여성 또한 새로운 농민운동에서 예전보다 훨씬 더 돋보이는 존재가 되었다. 여성들은 원주민과 인권 운동의 일부 분야에서 특히 두각을 나타냈다.

하지만 농촌에서 새로운 성격의 사회운동이 등장했다고 해서 전통적인 관심사가 사라진 것은 아니었다. 더 나은 임금과 노동조건, 토지,

농산물 가격의 상승, 저렴한 신용대출과 기술 지원의 확대 같은 기존의 요구사항도 여전히 제기되고 있다. 그러나 새로운 조직 형태와 동원 방식이 등장했다. 또한 환경 문제 같은 새로운 쟁점이 떠올랐고 몇 가지 문제는 덜 중요해지거나 다른 의미를 지니게 되었다. 토지 문제는 새로운 생태적 관심사뿐 아니라 영토를 둘러싸고 자본주의적 기업농, 소농, 원주민 집단 사이에 발생한 갈등 때문에 새로운 함의를 지니게 되었다.

새로운 농민과 원주민운동은 신화 속의 과거나 유토피아를 얻기 위해 투쟁하지 않는다. 그렇지만 그들은 최근의 신자유주의적 세계화과정과 동시에 근대성을 거부한다. 세계화과정과 근대성은 배제적인 속성을 지녔고 신체적이든 사회적이든 문화적이든 간에 종종 그들의 생존을 위협하기 때문이다(Edelman 1999; Wise et al. 2003). 그런 근대성은 무분별하고 위선적이며 편협하다고 간주된다(Zamosc 1994). 그 대신 새로운 농민과 원주민운동은 생활에 대한 통제 강화, 안전보장의 강화, 그리고 생활수준의 향상을 담보하는 독자적인 해방 프로젝트에 기초한 다른 종류의 근대성을 위해 투쟁하고 있다(Petras and Veltmeyer 2001b). 그리하여 새로운 운동의 도전은 그 나름의 이해관계를 도모하고자 현재의 근대화과정을 활용하고 가능한 곳에서 독자적인 대안을 발전시키는 일이다. 소농들은 더 유리한 조건으로 전세계적 환경에 참여할 뿐 아니라 자기 자신의 환경을 능숙하게 관리하기 위해 능력을 향상시켜야만 한다(Bebbington 1996). 이를 위해 새로운 연대를 이루고 국가와의 관계를 재정비할 뿐 아니라 다른 사회집단들과의 오랜 협력관계를 강화할 필요가 있다. 특히 국가는 여전히 주로 자본가들의 이해관계에 유리하게 작용하고, 신자유주의 세계화시대에 영향력의 범위가 다소 축소된 듯 보이지만 그럼에도 주요 행위자이기 때문이다(Petras and Veltmeyer 2002). 라틴아메리카의 농업 문제는 아직 해결되지 않았다 (Brass 2003).

결론

라틴아메리카의 농촌경제와 사회는 신자유주의 개혁과 세계화의 결과로 최근 들어 크게 변모했다. 이제 라틴아메리카 농업은 새로운 세계 식량체제와 더 깊이 관련되어 있다. 초국적기업농은 농업에 대한 지배력을 한층 더 강화했다. 신자유주의 형태의 근대화는 농촌 주민 중 단지 일부에게만 혜택을 주었고 대다수 농민층을 배제했다. 수혜자들은 기업농, 자본주의적 농장주, 일부 자본주의적 농민 가구를 포함한 매우 이질적인 집단이다. 패배자들은 고용조건이 일시적이고 불안정하며 '유연해진' 반 프롤레타리아나 완전한 프롤레타리아, 즉 대다수 농업 노동자들이다.

한편 농촌과 도시 부문 간의 경계는 모호해졌다. 대대적인 농촌 탈출의 행렬은 일부 도시 지역(특히 빈민가, 판자촌)을 '농촌화'했고 농촌은 점차 도시화되었다. 도시와 농촌의 노동시장은 더욱 긴밀하게 연계되었다. 토지시장은 도시의 투자자와 해외자본이 더욱 용이하게 농경지를 획득하고 활용할 수 있도록 예전보다 더 개방되고 경쟁적인 환경으로 변모했다. 농산물 생산자들 간의 경쟁은 상품, 토지, 자본, 노동시장의 유동성 증대 탓에 치열해졌다.

현재 농촌경제는 과거에 비해 중요성이 떨어지긴 했지만 라틴아메리카 대다수 국가에서 여전히 무시할 수 없는 부문으로 남아 있다. 불평등한 토지소유, 농촌의 빈곤, 배제적인 근대화 같은 농업 문제를 소홀히 다루는 것은 경솔하기 짝이 없는 일이다. 농촌에서 빈곤은 광범하게 퍼져 있고 소농과 원주민 공동체에 대한 차별도 만연해 있다. 농림수산물 수출의 지속적인 증가는 천연자원을 고갈시켜 생태환경의 악화를 초래하기도 한다.

국가주도의 내부지향적 발전과정으로부터 신자유주의 시장지향적 또는 수출지향적 모델로의 전환이 농업노동력의 분화를 통해 전통적인 농민 조직의 세력을 약화시켰을지라도 농촌에서는 새로운 사회적 갈등이 분출되었다. 신자유주의 세계화정책에 맞서고 있는 농촌에서 새로운 농민과 원주민운동이 출현했다. 그리하여 정부로서도 농촌주민들의 영향력을 개의치 않고 계속 신자유주의 모델을 강요하는 것은 정치적으로 매우 부담스러운 일이 되었다. 결국 신자유주의를 성찰하고 이를 넘어서는 발전 전략으로의 근본적 전환이 필요하다. 이런 변화는 시민사회와 행동지향적이지만 민주적인 국가 간의 창조적인 상호작용을 통해 구체화되어야 한다. 그 속에서 새로운 농민과 원주민운동은 참여에 제한이 없고 포괄적이며 평등주의적인 발전과정에 시장의 강점이 활용되도록 보증하는 데 중대한 역할을 맡아야만 한다.

□더 읽을거리

• Bebbington, A. and Thiele, G. 1993 *Non-Governmental Organizations and the State in Latin America: Rethinking Roles in Sustainable Agricultural Development*. London and New York: Routledge.: 이 책은 라틴아메리카의 농촌부문에서 활동하는 비정부기구에 동조하면서도 비판적인 분석을 담고 있다.

• Brass, T. (ed.) 2003 *Latin American Peasants*. London: Frank Cass.: 이

책은 세계화와 신자유주의가 라틴아메리카에서 소농들이 펼치는 투쟁에 어떤 영향을 미쳤는지에 관해 서술한다.

• Deere, C. D. and León, M. (eds.) 2001 *Empowering Women: Land and Property Rights in Latin America*. Pittsburgh, PA.: University of Pittsburgh Press.: 이 책은 라틴아메리카 농촌의 젠더와 토지 문제를 포괄적으로 다룬 선구적인 연구서이다.

• de Janvry, A. 1981 *The Agrarian Question and Reformism in Latin America*. Baltimore, MD.: The Johns Hopkins University Press.: 이 책은 오래전에 출판되었지만 라틴아메리카의 농업 발전에 관해 여전히 권위 있는 고전이다.

• Giarracca, N. (ed.) 2001 *¿Una nueva ruralidad en América Latina?* Buenos Aires: Consejo Latinoamericano de Ciencias Sociales (CLACSO).: 라틴아메리카의 농촌 문제를 연구한 최고 수준의 전문가들이 신자유주의 시대 라틴아메리카 농촌의 변화를 검토하면서 이 변화를 '새로운 농촌의 특성'으로 규정할 수 있는지 논의하는 책이다.

□웹사이트

• 라틴아메리카 사회과학연구협의회(www.clacso.org/wwwclacso/espanol/html/publicaciones/catalogo.html): 앞서 언급한 바 있는 히아라까(Giarracca)의 연구서와 다른 유용한 출판물들을 내려받을 수 있다.

• 국제연합 식량농업기구(www.fao.org/regional/LAmerica): 국제연합 식량농업기구의 '라틴아메리카와 카리브해 지역 사무소'의 웹사이트. 농촌의 발전, 식량안보, 천연자원과 농산물 거래에 관해 수많은 문서를 보유하고 있으며 통계자료 역시 풍부하다. 식량농업기구의 지속가능한 발전 부서의 웹사이트(www.fao.org/sd)에서는 『토지개혁, 정착, 협동조합』(*Land*

Reform, Land Settlements and Cooperatives)이라는 잡지의 논문들을 내려받을 수 있다(www.fao.org/sd/Ltdirect/landrf.htm).

- 미주개발은행(www.iadb.org/sds): 미주개발은행의 '지속가능한 발전' 부서의 웹사이트로 농업, 농촌의 발전, 환경, 삼림관리, 수자원 등에 관한 정보를 보유한 '환경과 천연자원' 부서와 연결되어 있다.
- 미주농업협력기구(www.iica.int): 라틴아메리카의 농업에 관해 유익한 정보를 소개하고 있다.
- LANIC(http://info.lanic.utexas.edu/la/region/indigenous): 라틴아메리카 원주민에 관한 정보를 담고 있다. 특히 농촌의 발전 문제에 관해 종합적이고도 유용한 검색 기능을 지니고 있다.
- 세계은행(www.worldbank.org/landpolicy): 세계은행의 웹사이트로서 특히 토지정책 문제에 관해 여러가지 자료를 보유하고 있다.

제4부 라틴아메리카의 미래

제13장

신자유주의의 대안

_로버트 N. 그윈, 끄리스또발 까이

지난 20여년간 라틴아메리카 곳곳에 도입된 신자유주의 정책은 예전의 수입대체 산업화국면을 대신해 세계화국면이라고 지칭할 수 있는 새로운 발전의 시대를 열었다. 이 국면은 일반적으로는 세계체제 내, 특히 그중에서도 라틴아메리카의 다양한 사회세력 사이에 벌어진 강력한 투쟁의 결과이기 때문에 예정된 순서이거나 피할 수 없는 것은 아니다. 라틴아메리카에서 세계화란 사회주의 기획의 패배와 자본주의의 승리를 나타낸다. 라틴아메리카에서 자본주의체제는 1959년 꾸바혁명, 1970년대초 아옌데가 주창한 '사회주의를 향한 칠레의 길'(la via chilena al socialsmo), 그리고 1980년대 싼디니스따 혁명 등 다양한 방식으로 도전받아왔다. 사회주의적 변혁을 시도한 칠레와 니까라과의 사례는 실패로 끝났고 꾸바의 시도는 간신히 명맥만 유지하면서 신자유주의 기획에 맞서 진보적인 대안을 모색하려는 세력에게 더이상 영감을 주지 못한다. 특히 경제정책 입안자들에게 지배적인 이데올로기가 되었다는 점에서 신자유주의는 어느정도 성공을 거두었다고 말할 수 있지만, 다른 한편 그것은 이제까지 외부세력에 대한 취약성, 사회적 배제, 빈곤이라는 라틴아메리카 특유의 문제점들을 해결하지 못했을 뿐 아니라 심지어 악화시키기까지 했다. 이 장에서는 먼저 생계활동 전략의 견지에서 여러 개인과 집단 들이 어떻게 경쟁하는지를 포함해 라틴아메리카 정치경제의 현황에 대해 평가하고자 한다. 최종적으로는 21세기 정치경제적 대안의 가능성에 대해 논의할 것이다.

신자유주의 모델에 대한 평가

거시경제적 개혁

신자유주의 모델은 대체로 거시경제적 안정성을 제공할 수 있었기 때문에 일정한 영향력을 유지했다. 대다수 라틴아메리카 국가들은 이제 한 자릿수의 물가상승률을 기록하고 있다. 신자유주의 모델을 채택하지 않은 국가(예컨대 베네수엘라)들은 여전히 고인플레이션에 시달리고 있다. 게다가 라틴아메리카의 기술관료층은 대부분 기업활동에 유리한 혜택과 지원을 제공해왔다. 그 결과 민간부문, 즉 대기업뿐 아니라 중소기업의 중요성이 커졌다.

외부지향적 모델은 적어도 1999년과 2000년에 절정에 도달할 때까지 대다수 국가에서 해외직접투자를 증가시키는 데 공헌했다. 비록 제조업 수출보다는 주로 1차산품의 수출과 그 가공품을 기반으로 했지만 1990년대 내내 수출은 새로운 추진력을 얻었다(그림 13.1). 제조업 수출은 단지 멕시코와 브라질에서만 실질적으로 증가했다.

하지만 외부지향적 모델은 여전히 낮은 저축률 때문에 어려움을 겪

그림 13.1 칠레 농업에서 외국인 직접투자의 결과. (식량·농업 관련 기업인 마스떼르쁠란뜨를 통한) 이딸리아의 투자 덕분에 칠레 중부 계곡지대에 있는 꾸리꼬(Curico)와 딸까(Talca) 사이에 기계화 종묘장이 세워졌다. 기계로 씨앗 모판들을 준비하고(위), 습도가 높은 곳에 닷새 동안 보관한 뒤 재배조건이 엄격하게 관리되는 최신식 온실에서 (칠레의 토마토 재배 사례에서 보듯) 신중하게 시장출하를 준비한다(아래). ⓒ Robert N. Gwyne

고 있다. 이는 지난 10여년간 수차례 발생한 금융위기의 주된 요인이다. 공공부문의 관점에서 볼 때 과세 기준이 비교적 낮고 탈세의 비율은 높다. 민간부문에 관해서는, 민간 연금기금에 대한 전면개혁은 칠레에서 저축률의 현저한 상승과 연관되어 있었다(Barrientos 1996). 다른 국가들은 칠레의 선례를 따르지 않았고 칠레의 연기금은 1990년대 중반 이래 주가 하락으로 큰 손해를 입었다. 높은 이자율 자체가 라틴아메리카 전역에서 저축 습관을 변화시켰다고 보기는 어렵다. 실제로는, 금융자유화에 뒤이어 신용대출 기회의 확대가 소비와 고액 채무를 부채질한 것처럼 보인다(Sklair 1994). 그 결과 라틴아메리카 경제는 여전히 즉 외부로부터의 자금조달, 민간자본의 유입이나 외국인 투자에 크게 의존하고 있다.

또한 신자유주의 모델은 라틴아메리카 경제를 세계경제에 더욱 긴밀하게 통합시킴으로써 라틴아메리카 경제가 전세계적인 경기변동에 더 의존할 수밖에 없도록, 그리하여 더 취약하게 만들어버렸다. 1950년대 구조주의자들이 지적한 대로 라틴아메리카 경제는 여전히 1차산품의 세계시장 가격이 어떻게 변동하는지에 크게 좌우되고 있다. 20세기 말 이래 특히 경제규모가 작은 국가들에서 자원 수출량이 급증하면서 그들의 잠재적인 취약성 또한 도드라졌다.

더욱이, 일단 신자유주의 경제정책이 확고히 자리를 잡고 있으면 적절한 경제성장률을 기록하긴 하지만, 이는 불평등의 심화와 연관되었다. 시장지향적 경제학의 틀에서 수익은 성공한 기업가와 민간부문의 경영진에게 집중되었다. 성공리에 구조조정을 마무리할 수 있었던 수출기업, 금융회사, 그리고 국내 대기업 임원진은 개혁의 주요 수혜자들이었다.

변화하는 노동시장

신자유주의 모델은 안정성 덕분에 생산과 고용이 빠르게 성장할 것이라고 주장했다. 하지만 예상과 달리 고용창출은 기대에 미치지 못했다. 노동자들은 구조조정 시기에 자본 소유자들에 비해 훨씬 더 심각한 고통을 겪어야만 했다.

외부지향적 경제정책의 채택은 흔히 주요 산업부문의 실업 증가와 맞물려 있었다. 또한 국영기업의 민영화는 노동력의 감축을 수반했다. 수출지향부문의 성장이 적절한 고용 기회의 창출로 이어지는 데 훨씬 더 오랜 기간이 걸렸다. 이는 고용주의 관점에서 임금비용을 낮추고 고용과 해고의 유연성을 높이며 임금외 비용(예컨대 고용주의 보험료 분담금)을 줄이기 위해 노동시장의 구조를 근본적으로 재편해야 할 필요성을 제기했다. 고용주들은 단기계약을 체결하고 부품과 써비스 공급 가운데 더 많은 부분을 하청계약으로 전환함으로써 비용을 절감할 수 있었다(Thomas 1996). 이는 특히 11장에서 논의한 바와 같이 생산 활동에서 비공식적 합의의 중요성을 증대했다.

(칠레와 뻬루에서는) 정부 또한 노동자에 대한 보호 규정을 줄이고 노동비용을 낮추기 위해 노동조합의 권한을 약화시키고자 했다. 특히 농산물 수출과 부품조립부문에서 여성 노동력의 고용증대는 또다른 특징으로 지적될 수 있다(11, 12장 참조). 노동자들은 국가의 묵인이나 실제 고용주에 대한 적극적인 지원 탓에 교섭력이 약해지는 어려움을 겪었다. 이 과정은 흔히 노동시장의 유연성을 제고하고 국제시장에서 고용주들에게 유리한 경쟁적인 노동환경을 창출하기 위해 필요한 전제조건으로 인식되었다. 노동자들은 단기계약의 증가, 경쟁적인 노동시장으로의 전환, 사회보장의 약화 탓에 전반적으로 더 취약하고 불안정한 상태에 처하게 되었다. 노동자들이 숙련된 기술을 보유하고(하거

나) 시장성 높은 지식을 가지고 있지 않다면 저임금이나 훨씬 더 열악한 불완전 고용, 더 나아가 실업 상태에 시달릴 수밖에 없다.

개혁의 사회적 여파

노동시장의 변화는 신자유주의적 개혁이 소득분배나 빈곤 같은 사회적 영역에 미치는 부정적 효과와 관련된 다양한 논의를 촉발했다. 이 부정적 효과는 신자유주의적 개혁이 최소한 노동시장의 다섯가지 분야에 미친 영향에서 살펴볼 수 있다(Bulmer-Thomas 1996b).

1. **실업률**: 무역자유화, 재정개혁, 노동시장개혁은 경제위기와 구조조정과정에서 실업률을 상당히 증가시켰다. 국내시장에서 외국기업과 경쟁할 능력이 없는 회사들은 노동자들을 해고하고 정부는 공무원의 수를 대폭 줄였으며 단기계약 관행 역시 일시적 실업을 널리 확산시켰다.

2. **실질 최저임금**: 노동시장과 재정 개혁은 사회적 써비스에 대한 정부 지출을 삭감할 뿐 아니라 구조조정 시기에 고용을 극대화하기 위해 보통 실질 최저임금을 낮추는 효과를 일으켰다. 실질 최저임금은 경제위기 국면에 하락하지만 (1980년대말 이래 칠레에서처럼) 일단 경제성장이 지속되면 그에 따라 증가할 수 있다.

3. **실질임금**: 국내기업이 외국회사와 더 치열하게 경쟁하고 정부가 임금과 급료의 인상률을 물가인상률보다 더 낮게 책정하며 노동시장의 유연성을 제고함에 따라 무역자유화, 재정개혁, 노동시장개혁은 모두 실질임금의 하락을 강제하는 경향이 있었다. 실질임금도 경제적 구조조정의 첫번째 국면에는 대체로 하락하지만 일단 노동시장이 상당히 조여지고 나면 약간 증가하는 뚜렷한 연쇄가 존재한다.

4. **부의 효과**: 재정개혁의 효과, 무역과 국내 자본시장의 자유화, 그리고 해외자본의 유입 증가는 상위 20퍼센트의 고소득자, 즉 일반적으로 자본가계급, 그 가운데 특히 기업가의 부를 상당히 증대시켰다.

5. **도시의 비공식부문**: 이는 도시경제의 일부로서 소규모이고, 규제를 회피하며 다양한 활동을 포함한다(11장 참조). 구조조정국면에는 더 많은 사업체가 규제를 받지 않는 부문에 참여하려고 하기 때문에 비공식부문은 팽창하는 경향이 있다(그림 13.2). 그렇지만 뒤이어, 소규모 사업체가 규제가 철폐된 공식부문의 일부 제한적인 규정을 준수하는 것이 더욱 용이해짐에 따라 비공식부문은 줄어들 수 있다. 일부 학자들은 도시의 시장이 (예컨대 소규모 상업과 같이) 많은 이들에게 기회를 부여한다고 주장한다(de Soto 1989). 그렇지만 토머스와 로버츠가 지적하듯이(Thomas 1996; Roberts 1995) 이는 기본적으로 생존전략에 불과할 뿐이고, 그런 기회에 참여하는 사업체는 흔히 자본이 부족하고 따라서 소득이 미미할 것이다. 규모가 큰 기업들이 소규모 비공식 업체와 체결하는

그림 13.2 비공식부문의 활동. 뻬루 꾸스꼬의 거리에서 지역 주민들에게 꼬까 잎을 판매하는 모습. 꼬까 잎의 무게를 재고 포장하며 판매하는 일을 혼자 도맡아 한다. ⓒ Laura Maynard

하청계약이 점점 늘고 있다는 사실은 그런 낙수효과 기제의 작동을 보여주는 한가지 사례일 것이다.

그리하여 (실업의 증가와 임금 하락 등) 급격한 변화의 시기에 이어 흔히 점진적인 상승기가 뒤따르고 다시 경제 상황이 회복되는 일정한 연쇄과정을 보여준다는 점이 중요하지만, 신자유주의 개혁이 일으킨 사회적 여파는 대단하면서도 본질적이다. 점진적인 상승기는 또한 불평등을 감소시키는가? 현재로선 그렇게 판단하기는 어렵다. 신자유주의 개혁과 불평등 사이의 관계에 대해 역사상 최장 기간 동안 진행된 조사(Altimir 1994; Scott 1996)에 따르면 경제위기와 구조조정 시기에 소득분배는 대단히 악화되지만 그후에는 개선되는 경향이 있다. 그렇다고 하더라도 소유자본이 가져다주는 막대한 이득과 사업 수완에서 비롯되는 고소득 덕택에 경제개혁 시기 동안 시종일관 좋은 실적을 거둔 이들은 소득 상위 20퍼센트였다. 전체의 중간에 해당하는 그다음 40퍼센트는 상대적으로 정체되거나 하락하기도 했고, 하위 40퍼센트는 국민소득에서 차지하는 비율이 낮은데다 소득 자체가 하락하는 경향을 보였다. 요컨대 활용할 수 있는 제한된 증거를 감안하더라도 현재까지 신자유주의 개혁은 소득 불평등의 수준을 크게 개선하지 못했을 뿐 아니라 오히려 더욱 악화시켰다고 결론내릴 수 있다. 이런 경향은 소득분배에 긍정적인 영향을 미치는 주요 사회적 지출 프로그램을 시행하는 데 실패한 국가들의 사례에서 특히 그러하다(Stallings and Peres 2000, 129~52면). 권위주의에서 민주적 통치로 이행한 국가에서는 사회적 형평성을 증진하려는 의도에서 신자유주의 개혁 프로그램에 사회정책을 통합하는 경향, 또는 말하자면 '인간의 얼굴을 지닌 신자유주의'의 면모가 더 분명히 드러난다. 1990년 이후 칠레의 민주화 이행은 사회적 우선순위의 중대한 변화를 보여주었다. 예컨대 증세는 사회복지, 교육, 의료써비스 부문의 지출 증대를 염두에 둔 것이었다. 그렇지만 신자유주의 개혁을 실행한 다른 국가들에서는 사회정책에 대한 투여가 훨씬 약한 듯 보인다.

빈곤과 사회적 써비스의 변화

신자유주의 모델에 대한 가장 강력한 비판 가운데 하나는 빈곤 문제를 다루는 데 무능하다는 점이다(그림 13.3). 실제로 구조조정정책(충격요법)의 시행에 따라 빈곤층이 크게 늘어났다. 1980년대 외채위기 이후 사회적 부채, 즉 빈곤층과 불완전 고용에 시달리는 서민(대다수 국가에서 인구의 30~50퍼센트에 해당한다)에 대한 해당 사회적 부채 문제가 대두되었다. 외채상환과 아울러 사회적 부채도 청산되어야 한다는 견해가 등장했다. 그렇지만 여러 국가들이 외채상환을 해결하고자

그림 13.3 에꽈도르 낀체(Quinché)의 나이 든 걸인들. ⓒ Sylvia Chant

노력한 반면 사회적 부채는 여전히 미결 과제이다. 빈민층은 부실한 의료써비스와 높은 유아사망률에 시달린다. 1980년대 뻬루에서 창궐한 콜레라와 같이 각종 전염병이 발생할 때 가장 큰 고통을 겪는 이들은 위생시설이 열악한 환경에 거주하는 빈민층이다. 사회적 부채는 여전히 높은 수준이고 미주개발은행조차 라틴아메리카에서 사회 기반시설과 사회적 써비스를 재정비할 필요가 있다고 역설했다(IDB 1996).

일반적으로 국가는 장기적인 사회적 써비스 투자를 줄이고 시장주도형 사회적 지원 체계를 정비하고자 노력했다. 특히 민간부문이 노동자들의 보험금 분담액과 그 투자, 그리고 사회복지와 연금 혜택의 전달 등을 통제하는 연금개혁 사례가 주목할 만하다(Barrientos 1998). 이는 재정 부담을 줄이고 공공부문에서 민간부문으로 자원을 이동시키며, 그리하여 민간부문이 투자할 기회를 더 많이 제공한다. 또한 연금개혁은 의료와 교육 분야에 대한 민간부문의 투자를 장려했다. 그렇지만 이는 대개 고비용 사립학교와 의료시설을 감당할 여유가 있는 상류층과 부유한 중산층에만 해당하는 이중 사회복지 체계와 관련이 있다. 대다수 서민과 빈곤층은 기금이 충분하지 않고 질이 낮은 공공써비스 시설을 이용할 수밖에 없다. 국가의 사회복지 써비스가 줄어들면서 농촌과 도시 지역에 거주하는 빈곤층의 기술과 생계활동을 돕는 비정부기구의 역할이 커진다. 그렇지만 사회복지 혜택의 전반적인 불평등은 새로운 경제 모델이 지니는 특징 가운데 하나가 되었다.

신자유주의 모델에 모순이 존재하는가?

신자유주의 개혁의 실행은 모순적인 과정으로 비춰질 수 있다. 이는 어떤 국가에서는 경제성장을 달성하기도 하지만 동시에 소득 불평등 심화, 소외와 배제의 증대, 사회적 보호의 약화를 초래한다. 민주적 체제로 이행한 라틴아메리카에서 이런 현상이 발생하고 있다. 그렇지만 질스와 로카모라가 주장하듯이(Gills and Rocamora 1992) 라틴아메리카가 권위주의에서 민주주의체제로 이행하면서 여러 기관과 제도는 대중의 정치참여를 확대하는 데 실패했다. 이런 엘리뜨 민주주의체제에서 광범위한 대중 참여와 사회적 공평의 확대를 모색하려는 사회개혁 관련 의제들은 내버려졌다(Veltmeyer and O'Malley 2001). 그리하여 그린은 새로운 경제 모델의 채택이 "민주화의 심장을 도려냄으로써 정치적·사회적 참여가 만개할 수 있었을 것을 그저 '강도 낮은 민주주의'라는 상표로 탈바꿈시켰다"고 주장한다(Green 1995, 164면).

유권자 대다수가 경제성장의 혜택을 누리지 못하는 민주주의체제에서 어떻게 그런 새로운 경제 모델이 고안될 수 있는지 많은 이들이 의문을 제기한다. 과연 민주주의는 그런 조건에서 지속가능한가? 아니면 새로운 경제 모델의 지속 여부는 기술관료가 주축이 된 정부에 달려 있는가? 그 모델은 경제성장의 필요성과 전세계 소비시장의 통합에 의존하는가? 신자유주의는 여러 지역의 요구에 적절히 반응해왔는가?

일부 신자유주의 정책들은 중앙정부의 권한과 기능을 각 지역으로 이관함으로써 지역의 요구에 한 발 더 가까이 다가서고자 했다. 지방정부의 개혁(Nickson 1995)은 더욱 명확한 지방 차원의 목표를 설정하고 그 요구에 더 잘 부응하는 써비스를 제공하려고 했다. 이 개혁은 지방 차원에서 국가의 영역이 축소되는 것을 정당화하는 동시에 효율성을 제고하고자 했다. 비정부기구들은 예전에 이런 개혁과정에 협조했다. 그렇지만 비정부기구들은 민주화 이행기 동안 국가에 포획당하는 경향이 있었다. 이 과정에서 (적임자들이 민주적인 지방정부에 등용되는 것을 포함해) 몇가지 긍정적인 요소가 있었지만 한편으로는 무시할 수 없는 부정적인 요소도 있었다. 예컨대 예산과 담당 인력의 지나친 감축, 대안적 전망의 부족, (국제기구와 대조적으로) 공적 자금에 대한 의존 탓에 얼마간의 자율성 상실, 지역의 요구와 밀접하게 연계되지 않는 경향 등을 들 수 있다.

그렇지만 지방정부의 개혁을 시도한 국가(예컨대 칠레와 볼리비아)에서 탈중앙집권화의 현실은 집중의 배제, 달리 말해 정책 결정 같은 많은 권한이 아니라 일부 기능을 지방으로 이전하는 형태에 더 가깝다(Angell et al. 2001). 이런 식으로 집중의 배제는 규모가 작지만 재원을 늘리지 않고도 지역 차원에서 더 저렴하고 효율적인 사회적 써비스를 제공할 수 있는 국가를 유지하려는 사고방식과 더욱 밀접하게 관련되어 있다.

인플레이션 관리에 성공을 거둔 덕분에 초창기에는 신자유주의 모델에 대해 대체로 사회적 합의가 이루어졌지만, 그 모델은 점차 특히 사회적 영역에서 논란에 휩싸였다. 멕시코 남부와 에꽈도르의 농민운동, 무단점유자 정착촌에서 도시빈민을 대변하는 운동, 그리고 지방 차원에서 환경 문제를 쟁점으로 삼은 생태환경운동은 새로운 모델에 도전한 몇가지 사례이다.

신자유주의의 대안

민주화와 신자유주의

지난 20여년간 라틴아메리카에서 세계화는 신자유주의 정책의 채택과 긴밀히 연계되었다. 이 시기에 라틴아메리카의 대다수 국가들은 자국 경제를 세계경제에 더 밀접하게 통합하고자 했다. 신자유주의 모델은 특히 금융자본과 수출기업에서 새로운 이익집단을 창출하면서 라틴아메리카 정치·경제체제의 구조를 재편했다. 게다가 세계경제와 더 긴밀한 관계를 맺음으로써 라틴아메리카 국가들이 각기 적절한 조치를 취할 수 있는 여지는 줄어든다는 점이 분명해졌다. 세계경제에 대한 각국의 개방은 라틴아메리카의 자본과 노동 부문 모두에 일종의 혹독한 훈련이었다. 정책상의 실책이나 해외자본에 오류라고 인식된 정책들은 예컨대 금융자본의 신속한 회수를 통해 징계를 받곤 한다.

라틴아메리카 경제의 세계화국면은 (1980년대에는 여전히 중요했던) 권위주의체제에서 민주적 통치로의 전환과 시기적으로 일치했고, 그리하여 현재 거의 모든 라틴아메리카 국가들의 정부는 자유선거의 산물이라고 할 수 있다. 라틴아메리카 국가들은 각기 민주주의체제로 탈바꿈한 동시에 (사유화와 탈규제를 통해) 경제영역에 대한 국가의 직접적 영향력을 줄이고 재정개혁을 통해 공공부문의 규모를 축소했다. 대표성을 강화하고 참여를 보장하는 정치체제로의 전환은 신자유주의 개혁이 낳은 부정적인 충격을 어느정도 덮을 수 있었다(Haggard and Kaufman 1995). 그 결과 실업과 빈곤의 증대, 불평등한 소득분배의 심화, 비공식부문의 증가 등 각종 사회 문제들이 발생했다.

민주주의 정부의 기술관료 집단은 이런 현상을 두가지 방식으로 설명하거나 정당화하려 했다. 첫째, 부정적인 사회적 충격은 새로운 환경에 대한 단기적인 적응을 보여주며 곧 바뀔 것이라는 주장이다. 경제가 새로운 외부 현실에 적응하고 국가가 더욱 경쟁적인 경제구조를 조직함에 따라 실업과 빈곤은 늘어날 것이다. 하지만 이런 주장의 주된 문제점은 부정적인 영향이 결코 단기간에만 국한되지 않는다는 것이다. 11장에서 씰비아 챈트가 강조하듯이 수많은 도시빈민의 자원 접근성이 점차 축소되는 현상은 장기적인 추세가 되었다. 극단적인 불평등이 오랫동안 거의 모든 라틴아메리카 국가의 특징이었다는 점을 반드시 상기해야만 한다. 브라질과 과떼말라같이 외관상 매우 다른 국가에서 '전체 인구의 상위 10퍼센트가 국민소득의 거의 절반을 차지하는 반면 하위 50퍼센트는 국민소득의 10퍼센트 남짓만 유지'하는 공통점이 드러난다(IDB 1998, 1면).

두번째 정당화 논리는 '대안 부재론'이다. 라틴아메리카 각국의 정부는 신자유주의 정치경제가 세계경제에서 '경쟁자'로 간주되는 다른 지역, 특히 동유럽과 동아시아에서 정책의 원칙이 되었다는 점을 강조한다. 라틴아메리카 여러 국가의 재무장관들에 따르면, 세계시장에서 자국을 더욱 경쟁력 있게 만들기 위해 각국 경제를 '현대화'하는 작업이 지상과제가 되었고, 이를 통해 각국은 세계적 영향력을 지닌 집단을 더 잘 끌어들일 수 있을 것이다(Foxley 1996). 최근에는 특히 공무원들의 전문성과 정부의 정책입안능력을 제고하기 위해 라틴아메리카 각국을 현대화할 필요성(Bresser Pereira and Spink 1999)이 강조되었다.

이는 라틴아메리카에서 제도개혁의 필요성을 고민하도록 이끈다. 라틴아메리카 각국을 세계무대에서 더욱 경쟁력 있게 만들기 위해 신자유주의 개혁은 단지 각국 경제를 좀더 시장지향적인 방식으로 재편하는 수준에서 그칠 수는 없다. 칠레의 사례는 어떤 국가를 더 경쟁력 있고 국제적 위기의 영향을 덜 받도록 만들기 위해서는 실질적이고 중요한 제도개혁이 장기간에 걸쳐 이루어져야 한다는 점을 입증한다. 1964년까지 거슬러 올라갈 수 있는 칠레 제도개혁의 역사는 매우 다양한 정치 이데올로기와 관련되어 있다. 토지소유, 국가의 광물자원(특히 구리) 소유, 의료써비스와 개인연금, 금융기관과 조세 등 다방면에 걸친 개혁은 상이한 이데올로기에 토대를 둔 여러 정부의 통치기간 동안 추진되었다. 또한 칠레는 다른 어떤 라틴아메리카 국가보다 부패 수준이 훨씬 낮다고 알려졌다(*The Economist* 2003c). 마르띠네스와 디아스는

1980년대 중반 이래 칠레가 이룩한 지속적인 경제적 성공의 이면에는 광범위한 제도개혁과 시장지향적인 신자유주의 정책의 결합이 존재한다고 주장한다(Martínez and Díaz 1996).

그러므로 국가와 경제적 변화과정의 향후 관계는 핵심적인 쟁점이라고 할 수 있다. 경제영역에 대한 정부 개입이 제한되어야 한다는 이데올로기로의 전환은 신자유주의 개혁을 통해 예상되는 현대적이고 경쟁력 있는 경제를 이루어내지 못할 수도 있다. 만일 결과가 그렇다면, 정부가 사회적 부채 문제를 다루고 매우 불평등한 소득분배 유형을 개선하기 위한 필요조건이라 할 수 있는 지속가능한 경제성장은 이루어지지 않을 것이다.

또 경제통합, 신자유주의, 세계화 사이의 관계에 대한 문제가 있다. 2005년에 아메리카를 하나의 대규모 자유무역지대로 재조직하려는 계획이 수립되어 있다(이 계획은 현재 논의 자체가 중단된 상태이다. 이 책 92면 주 참조—옮긴이). 이는 21세기초 경제를 지배하고 있는 미국과 훨씬 규모가 작고 매우 다양한 라틴아메리카와 카리브해 지역의 여러 국가들을 통합하려는 작업이다. 지정학적 측면에서 (아메리카의 일부 지역과 관련된 다른 계획들과는 대조적으로) 아메리카 경제통합의 특징으로 지적될 수 있는 강력한 중심-주변 유형에 내재한 문제들을 해결하는 일이 필수적이다(3, 4장 참조).

라틴아메리카를 위한 이론의 필요성

사회주의의 위기와 사회 문제 해결에 대한 신자유주의의 실패를 고려할 때, 언급한 여러 문제들을 적절하게 다룰 수 있는 대안적 발전 모델을 만드는 일이 긴급하다. 대안적인 패러다임을 발전시키는 작업은 이 책의 범위를 벗어나지만, 다른 여러가지 공헌 또한 고려하면서 발전이론에 대한 라틴아메리카의 기여를 기반으로 하는 것은 유용한 출발점이 될 수 있다. 라틴아메리카의 이론적 기여로는 무엇보다 구조주의와 종속이론을 들 수 있다. 중심-주변 패러다임이라고도 부르는 라틴아메리카의 구조주의이론은 주로 1950,60년대에 라울 쁘레비시(Raúl Prebisch)의 지도력에 고무된 '국제연합 라틴아메리카경제위원회'의 연구에 힘입어 구체화되었다. 얼마 전에 이 위원회는 '국제 연합 라틴아메리카와 카리브해 지역 경제위원회'(ECLAC)로 개칭되었다. 에스빠냐어식 머리글자 약칭은 여전히 CEPAL(Comisión Económica para América Latina y el Caribe)이다.

한편, 주로 1960년대말과 1970년대에 활발한 연구를 펼친 라틴아메리카의 종속이론가들은 라틴아메리카 전역의 여러 기구와 단체로 더욱 널리 퍼졌다. 두 이론 모두 기존의 발전 패러다임에 대한 비판에서 비롯되었다. 종속이론가들이 보기에 기존의 패러다임은 라틴아메리카의 저발전과 발전 문제를 해결할 수 없었을 뿐 아니라 그 문제를 드러낼 수조차 없었다. 구조주의가 대체로 수입대체 산업화를 통한 내부지향적 발전정책에 우호적인 주장을 전개한 반면, 종속이론은 새로운 국제경제 질서를 제안했고, 이를 성취하기 위해 저발전의 출구로서 사회주의로의 이행을 강조했다.

구조주의는 실용주의적 성향을 지닌 이들에게 대안적인 발전전략을 모색할 수 있는 좀더 적절한 사고방식을 제공할지 모른다. 또한 더욱 급진적인 사고와 장기적인 (그리고 아마도 유토피아적인) 전망을 지닌 이들은 종속이론가들의 견해를 더 매력적인 주장으로 수용할 수도 있다. 구조주의와 종속이론의 구조주의적 요소는 국내외에서 자본주의를 개혁하려는 노력에 기여했다. 반면 종속에 대한 네오맑시즘적 해석은 저발전 문제를 해결할 수 있는 유일한 체제로 사회주의를 상정했기 때문에 자본주의 타도를 역설했다. 동유럽 사회주의체제의 붕괴와 중국의 계획경제에서 시장경제로의 이행을 고려할 때 종속이론이 주창한 사회주의적 대안은 저발전 지역에서 많은 지지를 받을 수 없는 반면, 자본주의체제 개혁에 관한 구조주의적 견해는 현행 신자유주의 모델의 대안을 모색하는 이들에게 더욱 실현가능한 선택으로 인식된다.

신구조주의와 까르도주

신자유주의 모델은 협소하고 경제학적인 해석으로부터 이른바 '워싱턴합의'로(Williamson 1990), 그리고 칠레와 브라질에서는 사회민주주의적인 성격을 좀더 가미한 해석으로(Ffrench-Davis 2002; Bresser Pereira 1996; Cunningham 1999) 점차 변모했다는 점을 강조할 필요가 있다. 실제로 라틴아메리카의 일부 지역에서는 신자유주의와 구조주의 사이의 수렴 현상이 발생한 것처럼 보인다. 1950,60년대에 구조주의이론에 대한 재평가가 있었고 1980년대말 이래 신구조주의적 해석이 대두했다. 신구조주의에 관해선 로살레스(Rosales 1988), 프렌치-데이비스(Ffrench-Davis 2002), 쑨껠과 수엘따(Sunkel and Zuelta 1990), 판실베르(Fajnzylber 1990a), ECLAC(1990 1992a 2002a), 러스틱(Lustig 1991), 라모스와 쑨껠(Ramos and Sunkel 1993) 등의 저작을 참고할 수 있다. 신자유주의와 신구조주의의 비교에 대해선 쑨껠(1994), 비따르(Bitar 1988), 그리고 무뇨스(Muñoz 2001)의 저작을 참고할 수 있다. 신구조주의에 대한 비판적 평가로는 판 데 보르(Van der Borgh 1995)와 해리스(Harris 2000)의 저작을 꼽을 수 있다. 신구조주의는 1990년 이래 칠레의 꼰세르따시온 정부나 브라질의 페르난두 엔리께 까르도주 대통령이 이끈 정부(1995~2002)의 정책에 어느정도 영향력을 발휘했다고 볼 수 있다.

페르난두 엔리께 까르도주가 종속이론의 핵심 인물 가운데 하나였다는 점을 감안할 때 집권기 동안 그의 이력을 평가하는 일은 유용하다. 종속이론가로서 까르도주는 종속이론보다는 '구체적인 종속 상태에 대한 분석'을 선호했다. 그는 거대 이론에 회의적일 뿐 아니라 종속적 지위에 처한 국가들의 차이에 대해 예민한 감각을 발휘했다. 또한 그는 '종속적 발전'이라는 용어를 고안해냈다. 그의 견해에 따르면 종속적 지위에 처한 국가들은 발전의 여지가 있었고, 특히 영어권에서 종속이론의 핵심 인물로 인식된 안드레 군더 프랑크(André Gunder Frank)가 주장한 바 있는 '저발전의 발전'과정을 운명으로 부여받은 존재는 아니었다. 프랑크가 학계에 계속 머물렀던 반면 까르도주는 학계에서 정계로 발걸음을 옮겼고 1995년부터 2002년까지 브라질 대통령을 역임했다.

프랑크가 자본주의와 세계화에 대한 맹렬한 비판자로 남아 있었던 반면 까르도주는 특히 일부 연구자들에게 신자유주의와 세계화를 수용하는 것처럼 인식되었다. 버절과 로사다가 분명하게 정리하듯이, "라틴아메리카는 국제경제체제로부터 벗어나기를 바라기는커녕 쫓겨나지 않으려고 필요한 모든 조치를 취하고 있다. 브라질의 까르도주는 한때 종속이론의 선두주자였지만 이제는 시장개혁의 옹호자로서 이런 전환을 예증한다"(Birdsall and Lozada 1996, 17면, 강조는 원저자). 캐맥이 비꼬듯이 "사회학자 까르도주는 여전히 대통령 까르도주의 가장 예리한 비판자로 남아 있고" 일단 권좌에 오른 뒤 까르도주는 "그의 원래 프로젝트에서 사회민주주의적 전망을 제거한 채 이를 신자유주의의 강화를 위한 비책으로 축소시켰다"(Cammack 1997, 242면). 실제 페트라스와 몰리(Petras and Morley 1990, 145~56면; 1992, 159면)에게 이런 변형은 맑스주의로부터 자유주의나 사회민주주의적 견해로 후퇴한 라틴아메리카의 좌파 지식인 대다수가 드러내는 징후이다. "까르도주는 텔레비전 카메라 앞에서 심지어 '내가 지금까지 쓴 모든 것을 잊어버리라'고 말하기까지 했다"(Branford 2003, 75면).

그럼에도 까르도주는 여러차례 자신이 신자유주의자가 아니라고 강조했다. 그가 보기에 세계화는 예전에 비해 더 적게, 하지만 더 효과적으로 개입하고 민간자본을 통해 더욱 효율적으로 운영될 가능성이 있는 국영기업들을 사유화하도록 국가가 개혁에 나설 것을 강력히 촉구한다. 까르도주에 따르면 이는 역설적으로 보이지만 전통적인 좌파의 이상과 충돌을 일으키지 않는다(Cardoso 2001, 246면). 그는 "정치가의 순간 포착과 동기유발은 사회과학자의 그것과 본질적으로 다르다. 정치가는 행동하기 위해 지식의 퇴적을 기다릴 수 없다. 그렇게 해야만 한다면 정치가는 수많은 사건 때문에 맥을 못 추게 될 것"이라고 주장하면서 자신에 대한 공세에 맞선다(Cardoso 2001, 257면). 그에 따르면 세계화는 회피할 수 없는 과정으로 새로운 기회를 제공하며 정부의 활동을 제한하기도 하지만 그 속에 묘책의 여지가 존재한다. 대다수 좌파 성향의 비판자들은 "1990년에 이르러 까르도주가 완전히 신자유주의로 전향했다"(Brandford 2003, 76면)는 브랜포드의 견해에 동의한다. 그러나 또 다른 브라질의 분석가에 따르면 "까르도주의 임기 동안 전개된 정책은 브라질의 독특한 상황과 운용방식의 산물로서 신자유주의 자체나 그 이데올로기와는 공통점이 거의 없는 토착적인 성격을 띠고 있었다는 점이 매우 분명해졌다"(Cunningham 1999, 82면).

그렇지만 까르도주는 자신의 견해가 바뀌었다는 점을 인정한다.

> 내가 종속이론에 관한 책을 썼을 때 그 토대를 이루는 가설은 전세계적 자본주의과정이 (라틴아메리카의) 발전을 위한 조건에 악영향을 끼쳤다는 것이었다. 그 과정은 발전을 막지 않았으나 불안정하고 부당하

게 만들었다. 많은 이들이 모험적이고 위험하다고 인식한 국제적 통합이라는 대안에 맞서 경제적 내부지향이 가능한 방어 형태가 될 수 있다고 생각했다. 이런 견해는 바뀌었다. 우리는 전세계경제에 참여하는 것이 긍정적일 수 있고 세계체제가 반드시 적대적이지는 않다는 점을 인정해야 한다. 그러나 우리는 조심스럽게 기회를 포착할 수 있도록 노력해야 한다. 성공적인 세계경제 통합은 한편에선 외교적 연계와 적절한 교역 협력, 다른 한편으로는 민주적으로 수립된 합의에 기초해 개발도상국들이 수행하는 개별적인 사전 준비에 달려 있다(Cardoso 2001, 248면).

그리하여 까르도주는 세계화가 국가 발전을 위해 작동하도록 만들 수 있다고 주장한다. 그가 임기 동안 그런 과업, 즉 힘들지만 도전할 만한 과업을 성공적으로 수행했는지는 의심스럽다. 캐맥, 페트라스, 몰리, 로차, 도스 싼또스 같은 비판자들이 볼 때 까르도주는 분명히 성공하지 못했다. 실제 여러 학자들은 과거 국가주도 경제의 실적이 까르도주식 시장주도정책의 실적보다 확실히 우수했다고 주장한다. 예전의 종속이론 분석을 폐기함으로써 까르도주는 자신의 발전 프로젝트를 심각하게 제약하고 손상시켰던 국내외의 정치현실을 과소평가했다. 역설적이긴 하지만 두차례에 걸친 그의 임기(1998년에 재선) 동안 브라질의 종속은 심화되었고 경제성장은 실망 그 자체였다. 브랜포드에 따르면,

까르도주가 8년의 임기를 끝마칠 무렵 해외자본이 브라질경제의 막대한 영역을 사실상 접수했고 브라질은 유례없이 엄청난 외채의 덫에 걸려 있었다. 실업과 범죄는 기록적인 수준에 도달했다(Branford 2003, 76면).

실제로 브라질은 예전보다 훨씬 더 국제 금융자본에 의존하게 되었다. 국가를 투기세력의 처분에 맡긴 셈이었고 외부 충격에 더욱 취약해졌기 때문에 독립적이고 자주적인 결정권은 손상되었다.

종속적 발전의 선도적인 이론가가 라틴아메리카 최대 경제대국의 대통령으로서 대대적인 탈국영화와 아울러 초국적기업과 국제 금융기관에 대한 최고 수준의 종속을 초래했다는 사실은 역설 그 자체이다. 이론가 까르도주는 전세계 무대에서 라틴아메리카를 대표하는 핵심 강국으로서 브라질의 자율성을 제고하려는 자신의 기대 목표에 결국 찬물을 끼얹은 그 계획의 모순을 예견했어야 했다. "그리하여 까르도주가 권좌에 오른 뒤 종속과 발전의 문제는 혼란에 빠지고 말았다" (Rocha 2002, 10면).

대안으로서의 신구조주의

까르도주 정부가 추진한 정책을 신구조주의적이라고 규정하는 것은, 일부 연구자들의 의도가 반영된 결과일지 몰라도, 지나친 감이 있다(Petras and Leiva 1994; Cammack 1997). 그뒤 2000년 리까르도 라고스(Ricardo Lagos)의 대통령 선출과 아울러 칠레에서 꼰세르따시온 정부의 신구조주의적 특질은 더욱 두드러졌다. 2002년 루이스 이나시우 '룰라' 다 씨우바가 브라질의 대통령으로 선출됨에 따라 빈곤 문제를 해소하고 토지개혁 계획안을 실행하려는 '룰라'의 성향에 비춰볼 때 신구조주의 정책으로의 변화가 발생할지도 모른다.

일부 논객들은 신구조주의를 그저 인간의 얼굴을 지닌 신자유주의, 신자유주의의 두번째 국면(Green 1995, 189면) 또는 신자유주의의 변형(Harris 2000; Petras and Veltmeyer 2001a)으로 치부했다. 한편 신구조주의는 '신자유주의적 포퓰리즘'으로 평가되기도 한다(Demmers et al. 2001). 레이바는 신구조주의를 신자유주의 모델의 논리적 연속으로 볼 수 있다고 주장했다(Leiva 1998, 35면).

> 신자유주의 정책으로 틀이 잡힌 새로운 축적체제를 일단 강화하고 정당화할 필요가 있다면 신구조주의를 적용할 수 있는 기회가 생겨난다. 그러므로 신자유주의와 신구조주의는 상반된 전략이 아니며 오히려 그 차이 때문에 구조조정과정의 지속과 강화를 보증하는 데 상호보완적인 역할을 맡는다.

신구조주의는 세계체제 내의 불균형을 인정함에도 불구하고 계속 그 체제의 일부일 필요가 있다는 점을 이해한다. 신구조주의가 몇가지 신자유주의적 요소를 포함한다는 점에서 볼 때 구조주의가 신자유주의로 변모했다고 볼 수 있지만, 동시에 구조주의의 핵심적 견해 가운데 일부를 유지했다는 점에서 신구조주의라는 표지를 붙일 수도 있다. 더욱이 1장에서 구조주의와 종속이론의 현재적 관련성을 논의할 때 이미 몇가지 사항을 언급했듯이, 서로 다른 점 또한 존재한다. 이 차이점들은 국가, 시민사회, 시장 간의 관계뿐 아니라 선진국과 개발도상국 간의 관계에 대한 각각의 견해와 주로 관련되어 있다. 신구조주의가 신자유주의와 충분히 구별되는 하나의 대안을 구성한다고 주장할 만큼 이 차이점들이 매우 뚜렷한지는 논란의 여지가 있다.

신자유주의적 견해에 따르면 세계경제의 자유화는 더 진전되어야 하고, 이를 통해 개발도상국도 큰 혜택을 누리게 될 것이다. 반면 종속이론가뿐 아니라 신구조주의자들은 세계경제를 중심 국가, 특히 초국적기업에 유리하게 위계적이고 비대칭적인 권력체계로 간주한다. 그리하여 그들은 자유화의 증진에 회의적이다. 그들이 보기에 자유화의 증진은 국가 간, 그리고 국가 내의 불평등을 증대할 뿐이다. 또한 막강한 영향력을 발휘하는 선진국의 초국적기업들은 전세계적 자유화의 혜택이 자신들에게 유리하도록 보증할 것이다.

국가, 시민사회, 시장 간의 관계에 대해 신구조주의자들은 사회적 변화과정에서 국가가 맡은 역할에 더 큰 중요성을 부여하고, 특히 오랫동안 배제당한 채 불리한 형편에 처해 있던 사회 집단들을 이 과정에 포함시키는 데 적극적이다. 반면 신자유주의자들은 시장을 가장 효과적인 변화의 원동력이라고 여기면서 이를 무대의 중심에 놓고 최소한의 국가를 요구할 뿐이다. 또 그들은 자유로운 시장의 작동에 대한 압박이나 제약이 적을수록 국가의 경제, 사회, 정치 체제에 더 유익한 결과를 가져올 것이라고 생각한다.

신구조주의는 신자유주의에 대한 구조주의자들의 굴복이 아니라 오히려 세계화라는 새로운 현실에 적응하고 타협하며 동아시아 신흥공업국들의 성공적인 발전 경험을 배우려는 시도로 해석되어야 한다. 이런 점에서 구조주의는 과거에 동결된 채 남아 있는 논리라기보다는 변화하는 역사적 상황에 적응하는 능력을 보여주고 있다. 몇가지 결점에도 불구하고 신구조주의는 현재 상황에서 볼 때 실현가능성 있고 신뢰할 만한, 신자유주의의 유일한 대안인 듯하다.

동아시아 신흥공업국들의 발전 경험에 대한 신구조주의자들의 해석 또한 신자유주의자들의 해석과 다르다. 신자유주의자들이 동아시아의 경험을 자유시장 경제학의 모범 사례라며 찬사를 아끼지 않는 반면, 신구조주의자들은 동아시아의 발전과정에서 국가가 떠맡은 중추적 역할을 강조한다. 신구조주의자들이 동아시아 신흥공업국들의 경험에서 얻은 주된 교훈은, 세계경제에 선별적으로 통합되고, 잘 설계되고 융통성 있는 산업정책을 통해 비교우위를 창출할 필요성을 인식했다는 것이다(Fajnzylber 1990c). 그런 산업과 수출 정책은 세계경제의 틈새시장을 지속적으로 개척하면서 더욱 기술집약적이고 기술적으로 우수하고 부가가치가 더 높은 생산품으로 상향조정하려 한다(그림 13.1). 지식기반 경제와 무엇보다 국가의 기술적 역량을 향상시키려는 정책들은 장기적으로 지속가능한 성장을 달성하는 데 결정적인 요소이다. 그리하여 국가 역량과 소득분배의 향상, 불평등한 토지소유 체계의 개혁뿐 아니라 교육의 중요성이 강조된다. 이런 정책들이 동아시아 신흥공업국들의 성공에서 핵심 요건이었기 때문이다(Kay 2002a 참조).

신구조주의는 구조주의와 비교해볼 때 시장세력, 즉 민간기업과 외국인직접투자에 더 큰 중요성을 부여하지만 국가가 강력한 감독기관을 통해 시장을 관리해야 한다고 주장한다. 신구조주의적 사고에 따르면 국가가 발전과정에서 맡는 역할은 수입대체 산업화 시대에 비해 덜 주도적이다. 이는 국가가 산업 또는 다른 부문의 기업에 대한 공공소유를 통해 직접적인 생산활동을 더이상 수행하지 않기 때문이다. 보호무역정책과 보조금이 제한적이고 산발적으로만 활용됨에 따라 경제를 지휘하는 국가의 역량은 축소된다. 과거와는 달리 가격과 국가재정의 안정성이 오늘날 성장의 조건으로 인식되면서 거시경제적 균형을 달성하고 유지해야 하는 책임은 매우 중요시된다. 신구조주의의 또다른 핵심요소는 국가의 특별한 조치를 요구하고 비정부기구들과 협력하면서 공정성과 빈곤 감소에 더 큰 관심을 갖는다는 점이다.

수입대체보다는 수출지향이 현재 라틴아메리카 경제가 취해야 할 전략적 방침이라는 생각이 확산되면서 세계시장에 대한 태도와 견해는 크게 바뀌었다. 그러나 세계시장에 대한 신구조주의자들의 태도 변화는 쑨껠이 주장하듯이 '내부로부터의 발전'이라는 틀 속에 머물러 있다(Sunkel 1993, 8~9면).

> 중요한 것은 수요와 시장이 아니다. 발전의 핵심은 품질, 유연성, 생산자원의 효율적인 결합과 활용, 신기술 채택과 개발, 혁신적 자세, 창조성, 조직 역량과 사회적 규율, 민간과 공공영역의 긴축, 저축에 대한 강조, 국제경쟁력 향상을 위한 기술개발과 같은 공급 측면, 요컨대 자립적인 발전을 이루고자 하는 내부로부터의 독자적인 노력에 달려 있다.

세계시장은 만병통치약이 아니다. 그러나 어떤 국가의 생산구조와 제도의 변화는 자립적인 발전을 성취하기 위해 필수적인 요소이다. 이런 변화는 국가적 우선순위에 따라 내부로부터 추진되어야 한다. 변화를 바라는 내부의 힘이 클수록 해당 국가가 세계화를 통해 제공된 기회를 활용하고 예상되는 세계화의 부정적 효과를 최소화하는 역량을 향상시킬 수 있는 가능성이 클 것이다.

신구조주의의 또다른 핵심 요소는 선별적인 자유화, 세계경제에 대한 선별적인 통합, 선별적인 수출지향 산업과 성장정책을 통해 세계시장의 특정 생산 영역에서 경쟁력의 우위를 달성하는 것이다. 신구조주의자들은 세계경제 내에서 라틴아메리카의 지위를 제고하는 동시에 라틴아메리카의 취약성과 종속성을 줄일 수 있을 것이라고 기대하는 '개방적 지역주의'의 열렬한 옹호자이다(ECLAC 1994; 1995 참조). 라틴아메리카자유무역협정(LAFTA)이나 안데스공동체(CAN)와 같이 라틴아메리카에서 이미 출현한 바 있는 지역통합 노력은 국내의 수입대체산업화 전략을 지역 차원으로 확대했다는 점에서 더욱 내부지향적이었다(3장 참조). 대신 '개방적 지역주의'를 통한 교역의 통합은 국제경쟁력을 제고하고 수출을 늘림으로써 외부지향성을 보완할 수 있다고 여겨진다(Sideri 1997).

최근 '라틴아메리카와 카리브해 지역 경제위원회'에서 출판되는 신구조주의자들의 저작은 주로 세계화 현상을 다루었다(ECLAC 2002a). 현행 신자유주의 국면에서 세계화는 신자유주의자들이 단언한 바와 같이 수렴을 낳기는커녕 다음과 같이 네가지 주요 불균형을 재생산하고 때로는 악화시킨다.

1. 중심이나 핵심 경제권과 주로 초국적기업의 통제 아래 기술혁신과 기술적 역량의 극단적인 집중을 초래하는 기술의 진보.

2. 재정 의존의 심화와 더불어 그와 관련된 변동성 탓에 주변부 또는 개발도상국들이 과거보다 외부의 충격에 훨씬 더 많이 노출되면서 발생하는 금융의 취약성.

3. 수요수준과 교역조건 변동의 결과, 부분적으로는 상품가격의 지속적인 하락 탓에 교역의 취약성 심화.

4. 생산요소들의 경제적 유동성. 즉 신자유주의 개혁은 자본의 이동을 크게 고무한 반면 노동력의 이동을 계속 제한한다. 이런 불균형은 자본에 유리하도록 소득분배를 왜곡하고 노동력의 과잉 탓에 특히 주변부나 개발도상국에서 노동부문을 불리한 처지에 놓이게 한다.

이런 불균형을 극복하고자 신구조주의자들은 다음과 같은 조치를 포함해 전세계에 걸친 포괄적인 의제를 제안한다(ECLAC 2002a).

• 중심에서 주변부국가들로 기술적 진보의 이전을 촉진할 것.

• 주변부국가들에서 내생적 성장을 강화하기 위해 제도적·사회적·인적 자본과 지식 자본의 발전을 활성화할 것.

• 국제적 수준의 의사결정과정에 대한 적절한 참여를 보증할 것.

• 특히 주변부국가에서 핵심국가로의 노동력 이동을 가로막는 장벽을 점진적으로 낮출 것.

• 재정과 금융의 변동성을 감소시킬 것.

• 중심 또는 핵심 경제권에서 농산물의 생산과 수출 관련 보조금을 줄일 것.

신구조주의자들은 그들의 자산을 거듭 강조하면서 확신할 뿐 아니라 시민권 문제에 새로운 관심을 집중했다(ECLAC 2001). 이런 연구를 통해 신구조주의자들은 세계화와 신자유주의가 공익을 도모하려는 집단행동뿐 아니라 사회적 결속과 연대를 약화시켰다고 아쉬워한다. 시장 내의 관계에 대한 신자유주의자들의 강조는 사회를 사실상 해체하고 개별화했다. 그리하여 신구조주의자들은 공공기관과 개인 사이의 상호책임을 수반하는 시민권 또는 시민의식을 발전시킴으로써 개인과 사회를 다시 연결할 것을 제안한다. 이런 목적을 달성하기 위해 국가는 시민들의 교육, 고용, 의료써비스, 사회보험 수준을 향상시켜야 한다. 사회적 결속의 제고는 생계활동과 국가의 미래에 영향을 미치는 공적 생활과 의사결정과정에 개인들이 참여하는 것을 의미한다. 따라서 정치로부터 대중이 점점 더 소외되는 경향은 뒤집혀야 한다. 또 성별과 인종에 따른 차별이 철폐되고 수혜자와 비수혜자 사이의 격차가 축소되어야 한다. 공평하고 지속가능한 발전을 성취하는 데 필요한 주요 변화를 보증하려면 충분한 사회적 결속과 정치적 정당성을 확보해야 한다. 이는 시민의식의 강화로만 가능한 것이다.

칠레: 신자유주의에서 신구조주의로?

칠레는 라틴아메리카뿐 아니라 아마 세계에서 가장 먼저, 그리고 가장 적극적으로 신자유주의 개혁을 추진한 국가일 것이다. 칠레는 라틴아메리카에서 지난 25년 동안 가장 뛰어난 경제 실적을 기록했다(UNDP 2002, 190~93면). 2000년에 칠레는 경제 실적뿐 아니라 기대수명과 교육 성과까지 포괄해 측정하는 인적개발지수에서 173개국 가운데 38위를 차지했다(UNDP 2002, 149면). 라틴아메리카에서는 아르헨띠나가 좀더 높은 순위(34위)를 차지했지만, 아르헨띠나의 순위는 2001~2년의 심각한 경제위기 이후 칠레의 순위에 한참 못 미치게 하락했다. 그렇다면 칠레의 상대적인 경제적 성공은 과연 신자유주의 개혁이 이뤄낸 것인가?

이는 실제로 논쟁거리이다. 독자들은 이 책 곳곳에서(예컨대 3장) 각자의 견해를 밝히는 데 도움이 될 만한 칠레의 사례에 관한 수많은 참고사항을 확인할 것이다. 1973년 9월 11일 칠레의 군부쿠데타로부터 1982~83년 경제위기에 이르기까지 초창기에 시행된 일련의 개혁들은 실상 매우 교조적이고 권위주의적인 신자유주의의 틀 속에서 주조되었다. 그뒤 정부는 얼마간 경제적 통제와 사회정책을 도입하면서 좀더 실용적인 성격의 신자유주의 정책으로 방향을 틀었다. 1990년 이래 민주화 이행과 더불어 꼰세르따시온 정부는 '공정한 성장' 또는 신구조주의 성격을 지닌 정책으로의 전환을 시도했다. 꼰세르따시온 정부는 삐노체뜨 독재 시절의 경제적 성공을 바탕으로 계속해서 훨씬 더 높은 경제성장률을 달성하는 동시에 주로 사회적 지출을 상당히 늘림으로써 빈곤을 절반 수준으로 줄였다(Stallings 2001, 46~53면). 2001년 라틴아메리카에서는 단지 우루과이만이 칠레보다 빈곤 수준이 낮았을 뿐이다(ECLAC 2002c, 39면). 그렇지만 꼰세르따시온 정부는 당시까지 공정한 성장을 이루겠다는 약속을 성취하는 데 실패했다. 칠레는 여전히 라틴아메리카에서 소득 불평등이 가장 격심한 국가 가운데 하나이다

(ECLAC 2002c, 227~28면). 그리하여 한층 더 공정한 성장을 이루는 일은 여전히 칠레의 최대 도전과제라고 할 수 있다.

국제연합개발계획(UNDP, 에스빠냐어 표기로는 PNUD) 칠레 사무소의 선구적인 연구를 통해 알려진 바와 같이 경제적 성공에도 불구하고 칠레인들의 불안감은 높은 편이다. 안전보장이란 대중의 주관적 경험뿐만 아니라 객관적 조건과 관련되어 있다. 표본조사 결과에 따르면 범죄, 고용, 사회적 써비스, 의료, 정보, 사회적 유대 등 안전보장의 여섯 가지 차원 모두에서 깊은 우려가 널리 퍼져 있었다. 또한 '타인에 대한 두려움, 사회적 배제, 인생의 무의미 또는 무가치성에 대한 염려가 드러났다'(Kirby 2003, 121면). 나중에 국제연합개발계획이 주관한 표본조사의 놀랄 만한 결과에 따르면, 면접 참여자 가운데 절반 이상이 경제적 불안감을 드러냈고, 75퍼센트가 현행 경제체제에 부정적인 견해를 피력했다. 주로 사회경제적 하위계층과 농촌주민들이 그런 견해를 밝혔다는 사실은 그리 놀랍지 않다(PNUD 2002, 257~58면). 문제는 인식 자체이다. 예컨대 칠레는 라틴아메리카에서 매우 낮은 범죄율과 특히 가장 낮은 살인사건 발생률을 기록하고 있지만 그럼에도 칠레인들은 범죄에 대한 두려움이 매우 큰 편이다(Dammert and Malone 2003, 85면). 이런 현실은 범죄에 대한 공포가 수많은 칠레인, 특히 급속한 근대화과정에서 뒤처진 이들이 느끼는 사회·경제적 불안감의 표현이라는 점을 보여준다.

1998년 국제연합개발계획의 칠레 보고서(PNUD 1998)는 꼰세르따시온 연합에 가담한 정당들의 일부 당원 사이에 논쟁을 불러일으켰다. '자아비판파'는 대중의 불안과 염려를 칠레의 급속한 근대화과정이 초래한, 불가피하지만 일시적인 결과나 부산물로 일축하려는 이른바 '자축파(自祝派, autocomplacientes)'의 인식에 날선 비판을 가했다. '자아

비판파'는 정부가 경제적 불평등, 취약성, 사회정의에 더 큰 관심을 기울여야 한다고 요구했다(8장 참조). 두 당파 모두 지속적으로 성장의 필요성을 강조했다(Van der Ree 2003). 과연 세계화시대에 공정한 성장을 이루는 것이 가능할까? 칠레의 사례는 특히 새로운 국내외 정치경제로 더욱 단호하게 전환하지 않고 공정과 성장이라는 두가지 목표를 달성한다는 것이 얼마나 어려운가를 보여주었다.

앞으로 다루어야 할 미결 과제

우리의 생각으로는 현재 라틴아메리카의 정책입안자들과 사회가 해결해야 할 네가지 주요 쟁점이 있다.

• 소득이나 토지, 금융, 기술, 교육, 사회적 써비스 같은 자원의 획득과 활용 등 여러가지 차원의 불평등. 또한 인종, 젠더, 계급 차별에서 발생하는 불평등. 이런 불평등을 처리하고 해결한다면 빈곤의 주된 원인이 제거될 것이다.

• 신자유주의적 변화와 세계화로 가중된 취약성과 불안정. 해당 지역이 국제교역과 국제자본의 변동성에 더욱 노출됨에 따라 경제와 개인의 삶은 세계시장 조건의 변화에 좌우될 가능성이 더 높아지고 있다. 초국적기업과 국제 금융기관들이 정책입안과 국내경제에 미치는 영향력은 크게 증대했다. 마찬가지로 (도시와 농촌의 노동자 같은) 사회집단, 가구, 개인 들은 국가가 사회적 보호를 위한 규제를 철폐하고 써비스들을 폐지함에 따라 과거에 비해 훨씬 더 불안한 상태에 놓이게 되었다.

• 불평등, 취약성, 불안정을 해결할 대안적 발전 계획의 부재. 깊숙이 뿌리박힌 문제들을 처리할 수 있는 대안적 프로젝트를 수립하기 위

해 가능한 한 폭넓게 사고하고 인식할 필요가 있다. 대안적 발전계획은 결코 위로부터 수립될 수 없으며, 아래로부터 비롯된 요구와 제안을 토대로 구축할 필요가 있기 때문에 이런 과정은 민주주의의 심화를 수반한다. 이는 또한 합의를 이룰 뿐 아니라 능숙한 국정운영과 국가의 역량을 필요로 하는 변화와 개혁을 실행할 수 있는 정치체제를 암시한다. 이런 문제들은 단기간에 해결될 수 없기 때문에 이를 처리할 순서와 실시 일정을 분명히 제시하는 장기적인 전망이 마련되어야 한다. 예컨대 룰라의 '기아 퇴치 캠페인'은 이런 방향으로 변화하는 데 중요한 진일보라 할 수 있다.

• 승자는 소수에 불과하고 대다수가 패자로 남게 되는 배제적인 세계화과정. 그 과정의 혜택을 향유하는 소수의 집단, 지역, 경제 영역을 포섭하는 동시에 수많은 집단, 지역, 생산부문을 배제함으로써 대다수의 상황을 악화시킨다는 점에서 신자유주의 세계화가 지닌 역설적인 성격이 드러난다. 이런 상태를 개선하려면 전세계적 자본주의체제에 대한 근본적 개혁이 필요하다. 라틴아메리카와 전세계적 체제 사이의 관계를 재조정하는 일은 세계보건기구, 국제통화기금, 세계은행과 같이 다양한 국제기구들의 개혁을 전제로 할 것이다. 또한 개발도상국들이 선진국에 필적하는 발언권과 영향력을 지닐 수 있는 더욱 평등한 세계체제를 수립하기 위해 새로운 기관과 제도의 창설이 필요할 것이다. 라틴아메리카의 여러 국가들이 공동 사업을 구상할 수 있다면 새로운 포괄적인 세계화의 수립이 크게 촉진될 것이다. 이는 일단 최소한의 기획일 가능성이 크고, 우선 대륙 단위보다는 좀더 하위 지역 간의 연계를 발전시킬 뿐 아니라 남아메리카공동시장, 안데스공동체, 중앙아메리카공동시장 등 기존의 지역연합을 발판으로 성취될 수 있다.

그리하여 신자유주의 모델이 이론적 수준에서, 아니 특히 사회운동에게 거센 도전을 받고 있다는 점은 그리 놀랍지 않다. 멕시코 남부의 치아빠스, 에콰도르, 볼리비아의 원주민운동, 브라질의 토지 없는 농촌 노동자들의 운동, 무단점유자 정착지에서 도시빈민을 대변하는 운동, 그리고 지역 차원에서 환경문제를 거론한 생태운동 등은 이런 사회정치적 논쟁의 구체적인 사례를 제공한다.

신자유주의 모델은 이론적 수준에서도 점점 더 거센 도전에 직면해 있다. 가장 영향력 있는 비판자 가운데 한 사람은 조지프 스티글리츠(Joseph Stiglitz 2002)이다. 특히 그는 2000년 사임할 때까지 세계은행의 수석 경제학자였고 노벨경제학상 수상자라는 사실을 언급해야 할 것이다. 라틴아메리카에서 신자유주의 패러다임은 점점 더 다양한 관점을 지닌 연구자들에게 비판받고 있지만, 유력한 이론적 도전은 신구조주의적 관점으로부터 꾸준히 제기되고 있다. 찰스 고어는 잠재적인 '남반구합의'의 출현을 간파한다(Charles Gore 2000). 그에 따르면 이는 신구조주의와 국제연합무역개발협의회(UNCTAD)의 독특한 분석, 특히 1994년 이래 '무역과 발전에 관한 연차보고서'에 나타난 동아시아의 발전 경험과 세계경제에 대한 분석 사이의 수렴 현상이다.

만일 '룰라' 정부가 변화와 개혁에 성공을 거둔다면 대안적 패러다임이 더 큰 영향력을 발휘할지도 모르지만 새로운 패러다임은 아직 주도권을 잡지 못했다. 그럼에도 더이상 의문의 여지가 없는 것은 이미 신자유주의 패러다임이 예전만큼의 영향력을 발휘하지 못한다는 점이다. 신자유주의 패러다임은 최근에 재정비되었고, 사회정책을 강조하는 방향으로 전환하면서 신자유주의적 처방이 서로 다른 국가 환경에 맞게 개조되어야 한다는 점을, 달리 말해 하나의 치수가 모든 사람에게 꼭 맞지 않는다는 상식을 점차 인식하게 되었다. 라틴아메리카의 미결

과제들은 현행 신자유주의 세계화에 대한 대안적 정치경제의 수립을 더욱 절박하게 촉구하고 있다. 과연 실행가능한 남반구합의가 도출되어 빈곤, 사회적 배제, 공정성과 같이 중요한 미결 과제를 처리할 수 있을지는 두고 봐야 할 일이다.

옮긴이의 말

라틴아메리카의 최근 변화와 새로운 출발

1

1960~70년대에 군부독재와 경제적 종속에 대한 저항의 거점으로 자리매김한 라틴아메리카는 1980년대초 큰 위기를 맞은 뒤 신자유주의적 세계화의 실험장이 되었다. 1982년 8월 멕시코의 외채 지불유예, 즉 사실상의 국가 파산으로 표면화된 이 위기는 단지 외채 상환이 어려운 현금부족 사태가 아니라 대공황 이래 지속된 국가주도 관리경제 체제의 비효율성을 대대적으로 개혁해야 하는 구조적 위기였다. 위기 극복을 위한 개혁은 라틴아메리카 여러 국가에서 정치·경제적 변화를 촉발했다. 이는 1980년대말과 1990년대초 공산주의 진영의 붕괴와 냉전의 해체가 세계사의 흐름에 미친 영향에 비견할 만했다. 그동안 대외종속의 탈피와 내부지향적 발전(desarrollo hacia adentro)을 이루려는 라틴아메리카의 수입대체 산업화 전략의 유효성은 경시되었고, 국제통

화기금의 긴급 지원을 받게 된 라틴아메리카의 주요 국가들은 정부의 규제를 축소하고 방만한 재정 지출을 줄이며 비효율적인 공기업들을 민간부문에 매각하고 외국자본에 대한 제한을 철폐하거나 자유무역협정을 통해 국내시장을 개방하지 않을 수 없었다.

멕시코를 비롯해 라틴아메리카의 여러 국가들에 전달된 구제금융 꾸러미 속에는 신자유주의적 세계화라는 처방전이 담겨 있었고, '특효약'으로 알려진 탈규제, 시장개방, 사유화(민영화) 정책은 해당 국가의 경제 규범과 관행을 이른바 '글로벌 스탠더드'에 맞게 뜯어고쳐야 하는 고통스러운 구조조정을 강제했다. 아울러 교육, 보건, 사회간접자본 투자 같은 공공 지출의 재조정 또는 재정정책의 규율 유지, 세제 개혁, 경쟁적인 환율정책 실시, 무역 자유화 등이 위기 극복책으로 제시되었고 이는 1989년 '워싱턴합의'를 통해 정리되었다.

신자유주의정책은 이미 1970년대 중반 칠레의 삐노체뜨 정권이 '시카고파'로 알려진 미국 유학파 경제학자들을 등용해 실행한 적이 있었다. '시카고파'의 스승이자 신자유주의 전략의 이론적 지주는 미국의 경제학자 밀턴 프리드먼(Milton Friedman)으로 그는 1970년대 중반 칠레에 체류하는 동안 삐노체뜨 정권의 경제정책에 조언하고 '작은 정부, 큰 시장'을 강조했다. 프리드먼에 따르면, 복지국가나 국가의 적극적 개입은 경제의 능동성을 침식하고 정부의 각종 규제는 사회 전반의 비효율성을 낳아 결과적으로 성장을 둔화시키는 경향이 있었다.

멕시코 정부는 1982년 경제위기 직후 국제통화기금의 권고에 따라 외국인 투자를 허용하고 1986년 '관세와 무역에 관한 일반협정'(GATT)에 가입하면서 관세장벽을 낮추었다. 또 고율의 보호관세를 통해 그간 특혜를 받던 광산업, 부두 하역, 철도와 항공업 분야에서 비효율적인 공기업의 사유화를 적극 추진하는 한편 상업은행을 국내와 외국의 민간부문에 개방하고 민간부문의 역할에 대한 부정적 인식을 줄이고자 했다. 하바드대학교에서 정치경제학 박사학위를 취득한 쌀리나스 데 고르따리(Carlos Salinas de Gortari) 멕시코 대통령은 1988년 12월초 취임 후 이른바 '사회자유주의'(liberalismo social)를 표방하면서 신자유주의적 전환에 박차를 가했다. 멕시코 정부는 1992년 8월 당시 세계 최대 무역협정인 북아메리카자유무역협정을 체결하고 1994년 경제협력개발기구(OECD)에 가입했다. 뻬론주의 정당인 정의당(PJ) 출신 까를로스 메넴(Carlos S. Menem, 1989~99) 아르헨띠나 대통령도 정부주도의 경제정책과 경제적 민족주의와 결별하고 새로운 교리의 실천 대열에 동참했다. 메넴은 '대중시장경제'(economía popular de mercado)를 표방해 국영기업을 매각하고 노조의 영향력을 견제하며 1994년 브라질, 우루과이, 빠라과이와 함께 남아메리카공동시장을 출범시켰다.

어떤 연구자는 시장 중심의 구조조정 심화과정을 가리켜 '조용한 혁명'이라고 지칭하기도 했는데, 1988년 니까라과의 집권당 싼디니스따조차 초(超)인플레이션으로 찢긴 경제를 안정화하고자 얼마간 신자유주의적 조치를 채택할 정도로 이 '조용한 혁명'은 시대적 대세가 되었다.[1] 그리고 신자유주의적 처방은 만성적인 공공부채의 누적과 고율의 인플레이션이라는 라틴아메리카의 중병에 효과가 있는 듯 보였다. 1980년대말 무려 1200퍼센트에 이르는 초인플레이션은 2001년에 평균 11퍼센트로 낮아졌다.

인플레이션 억제는 '조용한 혁명'이 거둔 성과로 인식되었지만, 그 무렵까지 대세로 자리잡은 신자유주의 세계화 정책은 점차 결함을 드

1) Duncan Green, *Silent Revolution: The Rise and Crisis of Market Economics in Latin America*(second edition), New York: Monthly Review Press 2003, 70면.

러냈다. 2001년말 다시 불거진 아르헨띠나의 경제위기는 1994년말 재발한 멕시코의 위기와 마찬가지로 두 정부의 세계화와 경제적 자유주의 정책의 산물이었다. 경제위기의 재발에 따라 신자유주의 노선에 대한 회의감이 대두되었다. 신자유주의 정책의 혜택을 톡톡히 누리는 것처럼 보였던 '모범국가' 칠레도 실상 1982년 불황에 직면했고, 특히 금융부문에 대한 감독 소홀로 몇차례 금융스캔들을 겪으며 파산의 가능성마저 예측되었다. 은행 민영화정책이 1983년까지 경기침체와 재정악화를 초래했고, 1985년 '2세대 개혁파'가 등장해 '시카고파'와 달리 융통성 있는 정책을 펼친 뒤에야 몇년간 낮은 인플레이션율과 수출 성장세를 회복할 수 있었다.

신자유주의적 개혁 프로그램을 충실히 이행했지만 중장기적인 견지에서 볼 때 라틴아메리카의 경제상황은 크게 나아지지 않았다. 1990년대초부터 1인당 국내총생산은 성장세를 멈추었다. 기업의 권리는 서유럽 수준으로 개선되었지만 노동자의 권리는 약화되었고 대중의 삶의 질과 사회안전망도 부실해졌다. 그사이 1990년대 미국이 주도하던 아메리카자유무역지대의 가능성은 현저히 줄어들었다. 더욱이 라틴아메리카는 국가 채무의 부담이 매우 높을 뿐 아니라 세계에서 빈부 격차가 가장 극심한 편이었는데 예컨대 볼리비아에서 최상위 부유층과 극빈층 간의 평균소득 격차는 무려 150:1에 이르렀다. 아울러 1994년 1월 1일 북아메리카자유무역협정 발효에 저항하는 멕시코 치아빠스 원주민들의 사빠띠스따 해방군(EZLN) 봉기가 발생했다. 또한 다른 반(反)세계화 대중운동 세력은 1994년 국제통화기금과 세계은행의 창설 50주년 기념식과 1999년 11월 씨애틀에서 열린 세계무역기구 장관 회의를 계기로 금융자유화 철회를 주장하면서 국경을 넘어 자유롭게 이동하는 선진국의 단기 투기성 자본에 대해 강력한 규제를 촉구했다. 국제금융기구의 긴급자금 지원과 외국인 투자에 의존해야 했던 라틴아메리카의 '조용한 혁명'은 농민 소요, 토지 점거, 부패하고 인기 없는 정부에 대한 거리 시위 등 다양한 저항에 직면했고 신자유주의정책은 멕시코뿐 아니라 에꽈도르와 볼리비아에서도 원주민들의 반세계화 저항운동을 촉발했다.

국가주도 관리경제 체제의 파산이 1982년부터 라틴아메리카에 '잃어버린 10년'을 선사했다면, 1997년부터 2002년까지 이 지역에는 또다시 '잃어버린 5년'이 도래했다(Green 2003, 73면). 1인당 국내총생산은 2퍼센트가량 하락했고 몇년간의 부분적 회복은 이 시기에 자취를 감췄다. 1990년대초부터 10여년 동안 라틴아메리카의 성장과 투자 곡선은 기복이 심한 놀이기구와 같았다. 그뿐 아니라 구조조정 심화에 따른 빈곤의 가속화는 심각한 문제로 부각되었다. 1980년부터 2000년까지 국내총생산이 52퍼센트 증가했음에도 빈곤은 절대적 수치와 비율에서 모두 증가했다. 하루 1달러 미만으로 생활하는 절대빈곤층은 1990년 당시 라틴아메리카에서 1억명(전체 인구의 23퍼센트)에 육박했다. 전통적으로 라틴아메리카에서 빈민들은 농촌지역에 집중되어 있었지만 신자유주의 시대에 빈곤은 도시로 확산되었다. 물론 수입대체 산업화 시대에도 불평등 문제를 경험했지만 그 정도는 신자유주의 시대에 훨씬 더 심각해졌다. 이 시기에 도시 빈민의 수는 2배나 늘었다. 또 '잃어버린 10년' 동안 다툼과 야만적 행위로 수많은 가정이 찢겨졌다. 신자유주의는 빈곤층에게 말하자면 '보이지 않는 주먹'이 되었다(Green 2003, 153면, 224면).

신자유주의적 전환은 라틴아메리카의 경제적 불평등과 빈곤을 해소하는 데 성과를 거두지 못했다. 신자유주의자들이 경제성장과 인플레이션 억제에 관심을 기울인 반면, 소득분배와 직업 안정성 유지에는 소홀했기 때문이다. 그리하여 신자유주의 세계화의 '모범생'으로서 멕시코와 아르헨띠나는 양극화에 따른 계층 간·지역 간의 뚜렷한 분화를 겪게 되었다. 1990년대 중반부터 브라질과 칠레 정부는 이런 신자유주의적 조치의 약점을 메우기 위해 국가 개입의 범위를 다시 넓히고자 했다. 세계 최대 수준의 외채와 1500퍼센트에 이르는 초인플레이션에 봉착해 꾸준히 개방적인 시장경제를 진두지휘한 인물은 왕년의 종속이론가 페르난두 엔리께 까르도주였다. 까르도주는 1993년 재무장관으로서 연방정부의 지출을 과감하게 줄이고 징세 실적을 늘렸으며 뻴라노 헤아우(plano real)를 단행해 인플레이션을 억제하려 했다. 1995년 대통령에 취임한 까르도주는 '규제 가능한 자유시장'(regulated free market)을 지향하면서 라틴아메리카 좌파의 합리적인 변신을 촉구하는 동시에 '작은 정부'를 능사로 아는 신자유주의 정책에도 적절한 수정을 가했다. 그는 발전의 추진체로서 국가의 역할을 적절히 인식하고 시장이 해결하지 못하는 빈곤 문제는 정부의 조절 행위를 통해 풀어가야 한다고 역설했다.

결국 2000년을 전후로 라틴아메리카에서는 대대적인 전환이 발생했다. 그것은 신자유주의 세계화의 모범생에서 세계화에 대한 저항 거점으로의 변모라고 요약할 수 있다. 여러 국가의 정치무대에서는 좌파의 귀환이 이루어졌다. 반대파에게 '좌파 포퓰리스트'의 대명사가 된 베네수엘라의 우고 차베스는 1998년 대통령에 선출된 뒤 현재까지 3선에 성공했다. 2003년 대통령에 선출되고 연임에 성공한 뒤 2010년말 기록적인 지지율 속에서 퇴임한 브라질 노동자당의 루이스 이나시우 '룰라' 다 씨우바, 2003년 국제통화기금의 정책을 비판하고 외채상환계획의 재조정을 요구한 아르헨띠나 정의당의 중도좌파 네스또르 끼르츠네르(Néstor Carlos Kirchner Ostoić), 2005년 12월 볼리비아 사회주의운동당 소속으로 최초의 원주민 출신 대통령이 된 에보 모랄레스(Juan Evo Morales Ayma), 2005년 3월 우루과이 역사상 최초의 중도좌파 대통령이 된 따바레 바스께스(Tabaré Ramón Vázquez Rosas), 2006년 3월 칠레 역사상 최초의 여성 대통령이 된 사회당의 베로니까 미첼레 바첼레뜨(Verónica Michelle Bachelet Jeria), 니까라과 혁명의 주역으로 권좌에서 물러난 지 17년 만인 2007년에 다시 대통령에 선출된 싼디니스따민족해방전선(FSLN)의 다니엘 오르떼가(José Daniel Ortega Saavedra), 가톨릭 주교 출신으로 61년에 걸친 꼴로라도(Colorado)당의 장기집권을 끝내고 2008년 8월 빠라과이 대통령에 취임한 페르난도 루고(Fernando Armindo Lugo Méndez), 그리고 2011년 6월 전임 대통령 알베르또 후지모리의 딸 게이꼬 후지모리를 대통령 선거에서 물리친 뻬루의 중도좌파 오얀따 우말라(Ollanta Moisés Humala Tasso) 등이 21세기초 라틴아메리카의 '좌파 바람'을 이어갔다. 이들은 신자유주의 노선을 대폭 수정하거나 폐기하고, 빈곤 퇴치를 위한 자원과 부의 공평분배, 의료 혜택의 확대, 주거 문제 해결과 같은 사회정책을 강화하며, 민주주의적 원칙과 사회정의를 우선시함으로써 라틴아메리카를 신자유주의 세계화에 대한 저항의 진원지로 탈바꿈시켰다.

베네수엘라의 우고 차베스는 현재 라틴아메리카의 좌파 지도자 가운데 단연 세인의 주목을 끄는 흥미로운 인물이다. 1998년 차베스의 집권은 군부를 배경으로 한 강력한 민족주의와 급진적 사회개혁의 표현인 동시에 기존 정치세력의 부패에 대한 대중의 환멸, 양극화에 대한 대중의 불만이 빚어낸 사건이었다. 차베스는 권좌에 오른 뒤 19세기초 남아메리카의 '해방자' 씨몬 볼리바르(Simón Bolivar)가 남긴 남아메리카 통합과 미국 견제의 선례를 통치의 기반으로 삼아 반세계화와 반미의 선봉장으로 부상했다. 또한 국내에서 정치·경제적 주권 확립, 대중의 정치 참여, 석유 수입의 공평한 분배, 부패 척결을 골자로 한 '볼리바르 혁명'을 주도했다.

차베스는 2002년 반대파의 쿠데타가 불발된 뒤 다양한 '미시온'(misión)을 전개하면서 대중에게 복지 혜택을 부여하고 정치·사회 활동에 대한 대중 참여의 폭을 넓혀왔다. 예컨대 2003년 4월 가장 먼저 실시된 미시온 바리오 아덴뜨로(Misión Barrio Adentro)는 빈민 구역에 꾸바 의료진을 파견하는 활동이었다. 베네수엘라의 노동자들은 이를 통해 처음으로 의료혜택을 받을 수 있었다. 또한 2004년 3월에 대중경제부가 주관하기 시작한 미시온 '전환'은 대중이 자발적으로 협동조합을 결성하도록 지원하고 그들이 생산관계를 실제로 바꿔 실업이나 사회·경제적 배제에 맞설 수 있도록 이끄는 프로그램이었다. 사회예산의 증대와 새로운 사회개발 프로그램의 도입으로 혜택을 입은 이들은 주로 도시와 농촌의 빈민층이었다. 차베스 정부는 이들을 단순히 수동적인 복지써비스의 수혜자가 아니라 참여민주주의의 주체로 육성하고자 했다.[2)]

차베스는 2005년 5월 1일 노동절 기념식에서 베네수엘라가 "21세기 사회주의로 나아가야 한다"고 선포하고 일부 기간산업과 은행의 국유화를 추진했다. 2007년 1월 10일 사회주의로의 이행을 공식화하면서 새로운 임기 6년을 시작한 차베스는 두 차례로 연임을 제한한 헌법 규정을 없애고 중앙은행의 자율성을 제한하며 국가의 수용권(收用權) 강화 등을 주요 내용으로 하는 개헌안을 마련했다. 더욱이 2007년 5월에는 1991년 민영화된 바 있는 베네수엘라정보통신회사(CANTV)와 외국계 석유회사의 국유화를 선언하고 노동자들의 최저임금 수준을 크

2) 조돈문 「베네수엘라 차베스 정권의 변혁성과 체제이행의 정치」, 『동향과 전망』 77호, 2009, 297면.

게 인상했다. 차베스는 2007년 12월의 국민투표에서 근소한 차이로 패배했지만 결국 2009년 2월에 연임제한 규정을 삭제하는 개헌안 국민투표에서 승리를 거두었다.[3)]

한편 2004년 차베스의 주도로 설립된 '아메리카 민중의 볼리바르 대안 동맹'(ALBA, Alternativa Bolivariana para los Pueblos de Nuestra América)은 2012년초 현재 베네수엘라, 꾸바, 볼리비아, 니까라과, 에꽈도르, 도미니까연방(Commonwealth of Dominica), 안띠과/바르부다, 쎄인트빈센트 그레나딘 등 8개국이 참여한 지역 연대로서 미국의 영향력을 견제하려는 대안적 연합체를 지향한다. 또 차베스는 2005년 7월 까라까스에 본부를 둔 24시간 뉴스 방송국 '남부의 새로운 TV 방송국'(La Nueva Televisora del Sur, 약칭 teleSUR)을 개국(베네수엘라의 지분 보유율 51퍼센트)함으로써 CNN에 맞서는 '남아메리카의 알 자지라'의 초석을 놓았다. 2007년 5월 차베스는 2002년 보수파의 쿠데타와 '3일 천하'를 승인한 바 있는 '라디오 까라까스 TV'(RCTV)의 방송권 갱신을 거부하는 한편 2009년 9월 초기자본 200억 달러 규모의 남아메리카은행(Banco del Sur) 창설을 주도했다. 이 은행은 국제통화기금의 대안으로서 해외 투기자본으로부터 약소국들을 보호하고 낙후된 라틴아메리카 금융시장의 안정에 기여하며 사회간접자본의 건설, 에너지개발, 산업발전 등에 자금을 지원할 목적으로 창설되었다.

차베스의 실험은 현재진행형이기 때문에 그가 좌파 색채의 포퓰리스트인지 새로운 대안적 실험의 선봉장인지 그 평가는 유보적일 수밖

3) 베네수엘라 유권자들은 2009년 2월 국민투표에서 54%의 지지로 대통령의 임기제한 철폐를 승인했다. 최근에 차베스는 2030년까지 집권할 계획이라고 밝힌 바 있지만 2011년 골반의 악성종양 제거수술을 세 차례나 받는 등 건강 문제로 어려움을 겪고 있다.

에 없다. 차베스가 추진해온 일은 국내 기득권 세력과 미국의 영향력을 약화하려는 것인 동시에 연임제한 규정을 비롯한 헌법적 제약을 넘어 자신의 권력을 강화하는 과정으로 이해될 수 있기 때문이다. 여느 장기 집권체제와 마찬가지로 개인화 통치방식과 권위주의적 요소가 제도적 민주주의의 약화와 시민사회의 자율성 침해를 야기할 수 있다는 점에 유의해야 한다. 아울러 여러 미시온과 같은 사회복지 개혁이 지속가능할까? 검증된 공공써비스 체계나 공무원들의 역량 강화 없이 원유 생산량 감축에서 비롯된 고수익, 즉 일종의 횡재에 의존해 베네수엘라를 현대적 복지국가로 탈바꿈시키려는 시도는 지속성 여부가 불투명할 수 있다. 또 차베스의 일관된 반미 수사와 사회주의 선언에도 불구하고 베네수엘라 석유산업에 대한 최대 해외 투자자는 미국이며 베네수엘라 석유의 최대 수입국 역시 미국이라는 사실,[4] 그리고 대다수 베네수엘라인(82.8퍼센트)들이 자본주의체제를 바람직한 사회경제체제로 선호하고 있다는 최근 여론조사 결과에 주목할 필요가 있을 것이다.[5]

차베스가 집권한 뒤에도 마약 거래 세력의 발호 탓에 수도 까라까스는 범죄가 만연한 '세계 제1의 살인도시'가 되었다. 공식통계만으로 연간 살인 건수가 10만명당 130명에 이르러 인구 320만명의 까라까스는 꼴롬비아의 보고따, 남아프리카공화국의 케이프타운, 미국의 뉴올리언스를 제치고 그런 오명을 부여받았다. 범죄의 증가와 치안 악화는 사회개혁 정책의 효과가 그리 크지 않다는 것을 반증하는 지표이기 때문에 차베스 정부에게 걸림돌이 될 뿐이다. 이런 구호와 실제 사이의 간

4) Michael Shifter, "In Search of Hugo Chávez," *Foreign Affairs*, Vol. 85, No. 3, 2006, 56~57면.

5) 조돈문 「베네수엘라 차베스 정권과 불안정성의 정치」, 『경제와 사회』 85호, 2010, 199면.

극에 주목한 어떤 연구자에 따르면, 차베스의 정치적 기획은 '21세기 사회주의'뿐 아니라 군인통치, 자본주의 시장경제, 민족주의, 그리고 포퓰리즘의 절충적 혼합처럼 보인다(Shifter 2006, 47면).

2

라틴아메리카의 연쇄적인 좌선회는 신자유주의적 세계화에 대한 반발의 표현임이 틀림없다. 이런 정치적 변화가 신자유주의에 대한 실행 가능한 대안이 될 수 있을까? 예컨대 영국의 역사가 페리 앤더슨은 사회주의보다는 '좀더 인간적인 형태의 자본주의'가 신자유주의에 대한 실제적 대안이라고 인식한다.[6] 그린 또한 시장에 대한 인간중심적 접근을 강조하면서 전면적 개혁보다는 사회·경제적 평등을 고양하고 제도적·정치적 독특성에 더욱 민감할 수 있는 부분적이고 점진적인 개혁이 더 효과적일 것이라고 예상한다(Green 2003, 227~28면). 영국의 지리학자 로버트 N. 그윈과 칠레 출신의 경제학자 끄리스또발 까이가 엮은 『변화하는 라틴아메리카: 세계화와 근대성』은 16세기 이래 지속된 역사적 현상으로 세계화와 라틴아메리카의 떼려야 뗄 수 없는 관계를 강조하면서 특히 마지막 장을 신자유주의적 세계화의 대안을 모색하는 데 할애한다. 그윈과 까이는 활용할 수 있는 제한된 증거를 감안하더라도 현재까지 신자유주의 개혁은 소득불평등 수준을 개선하기보다 오히려 악화시켰다고 결론 짓고 앞서 언급한 1990년대 브라질과 1990년 이후 칠레의 경우처럼 권위주의에서 민주적 통치로 이행한 국가에서

6) 페리 앤더슨 지음, 안효상·이승우 옮김 『현대 사상의 스펙트럼』, 도서출판 길 2012, 576면.

는 사회적 형평성을 증진하고자 신자유주의 개혁 프로그램에 사회정책을 통합하는 경향, 말하자면 '인간의 얼굴을 지닌 신자유주의'를 선보였다는 점을 지적한다.

그윈과 까이는 사유재산의 신성불가침, 자유시장과 형식적 민주주의에 기반을 두고 정부의 조정이나 개입, 분배정책과 공공소유에 대해 백안시하는 신자유주의 모델만으로는 계급 간·지역 간의 극심한 분화를 적절하게 해결할 수 없다는 점이 분명해졌다고 판단하고, 그 대안으로 신구조주의(neostructuralism)의 가능성에 유념한다. 그들에 따르면, 신구조주의자들은 자본주의 세계체제의 구조적 불균형을 극복하기 위해 중심부에서 주변부로의 기술 이전을 추진하고, 주변부 내에서 이른바 내생적 성장을 강화하기 위해 제도적·사회적·인적·지적 자본의 발전을 증진하며, 특히 주변부에서 중심부로의 노동력 이주를 막는 장벽을 낮추고, 중심부의 농산품 수출보조금을 삭감할 것을 전세계적 의제로 제안한다. 신구조주의는 신자유주의 일변도의 세계화에 제동을 거는 동시에 1950~70년대를 풍미한 구조주의나 종속이론과는 달리 세계화의 불가피성을 인정한다. 그윈과 까이는 신자유주의 정책에 부분적인 경제적 통제와 사회정책을 가미한 1990년 이래 칠레의 꼰세르따시온 정부, 특히 2000~6년 리까르도 라고스 정부의 노선을 신구조주의적 모델의 한가지 사례로 거론한다.

이런 초점은 이 책과 그동안 출판된 여러 세계화 관련 연구서(데이비드 헬드, 앤터니 맥그루 외 『전지구적 변환』, 에릭 허쉬버그, 프레드 로젠 외 『신자유주의 이후의 라틴아메리카』 등)들을 구분해주는 특징이다. 또한 1999년에 간행된 초판과 달리 이번 2004년 개정판에는 신자유주의 도입 이래 도시의 생계활동과 공간의 변화라는 주제가 추가됨으로써 좀더 밀도 있는 구성을 선보인다. 이 책의 제3부는 신자유주의 시대를 전후로 대중의 삶이 지니는 역동성이 어떻게 전개되었는지를 이해하려는 취지로 세계화의 현 국면에 존재하는 구조적 제약 속에서 어떻게 대중이 생계활동을 전개했는지 고찰한다. 지리학자인 앤서니 베빙턴, 쎄러 A. 래드클리프, 씰비아 챈트는 정치경제적 접근법이 간과하기 쉬운 광범위한 변화의 사회적 영향력을 검토하려는 의도에서 공간과 사회, 그리고 다양한 생계활동의 유형에 주목하고 노동 유연화를 추구하는 구조조정에 따라 수많은 이들이 어떻게 일자리 전환이나 실업이라는 고통스러운 과정에 적응했는지를 다각도에서 재검토한다. 구조적 수준과 풀뿌리 차원, 달리 말하면 거시적인 정치·경제적 접근과 미시적인 인류학 또는 민족지적인 차원에 고르게 주목함으로써 이 책은 1980년대초 이래 라틴아메리카 발전 패러다임의 변화에 대해 더욱 구체적인 사례를 제공해준다.

이제까지 한국사회의 주류적 시각은 한국시장을 세계자본주의체제에 전면 노출시키려는 신자유주의적 기획, 달리 말해 '자유시장 근본주의'(free market fundamentalism)에 고정되어왔다. 이는 농축산물 수출경제의 호황 국면을 맞아 원주민 노동력의 부족을 유럽 이주민의 대량 유입으로 해결할 뿐 아니라 '질서와 진보'를 내세워 국가 전체를 유럽화하려고 한 19세기말 칠레와 아르헨띠나 지배 엘리뜨층의 미래 전망과 크게 다름없어 보인다. 또한 영국의 역사학자 에릭 홉스봄이 자서전 『미완의 시대』에서 비판한 마거릿 새처의 "대대적인 우향우 공연"과도 겹쳐 보인다. 널리 알려진 대로 새처는 1980년대 영국에서 무한정 영리추구에 몰두한 민간기업과 애국주의라는 바람직하지 못한 쌍두마차가 질주하는 데 걸림돌이 될 만한 것들을 확실히 쓸어버린 바 있다.[7]

7) 에릭 홉스봄 지음, 이희재 옮김 『미완의 시대』, 민음사 2007, 448면.

홉스봄이 고발한 영국 사회의 탐욕과 호전성, 자유시장 자본주의의 세계화가 가져온 사회·경제적 불평등은 현재 한국사회에서 지배집단이 추앙하는 자유무역협정 교리(教理)나 이른바 '공기업 선진화 방안'으로 대변되는 민영화 만능주의, 그리고 최근 상승하고 있다는 빈곤화 비율과 닮은꼴이다.

자본주의 중심부의 권력자들은 대안의 부재(TINA, There is no alternative)를 설파하며 전세계를 신자유주의 모델에 따라 재편하고자 했다. 그러나 이 '조용한 혁명'은 대중에게 장밋빛 미래를 선사하기는커녕 소득불평등의 심화, 실업과 불완전고용의 만연, 치열한 경쟁과 불안한 미래 등 해소하기 힘든 난제들을 낳았다. 한때 견실한 경제의 대명사였던 일본 역시 거품경제의 붕괴로 1990년대 장기불황을 겪은 뒤 2001년 코이즈미(小泉) 정부가 우정(郵政)민영화로 대표되는 신자유주의 정책을 펼쳤지만, 2006년 자신을 중간층이라고 여기는 일본인의 비율은 54퍼센트(1987년에는 75퍼센트)로 줄어들었다. 홉스봄에 따르면, 세계은행조차 세계화라는 단어가 대다수 세계인에게 기회와 동참이 아니라 두려움과 불안을 의미했다고 인정했다.[8] 또한 '신자유주의 세계화의 전도사'이자 '부자들의 사교장'으로 기능해온 스위스 다보스의 세계경제포럼이 2012년 1월에 내건 주제만 해도 '거대한 전환, 새로운 모델의 형성'이었으니, 금융자본주의의 실패를 공식화하는 일종의 자성인 셈일까? 시장 만능 이데올로기, 부자 감세와 토건업 위주의 성장정책에 대한 제동장치가 제대로 작동하지 않았던 한국사회에서 최근 들어 재벌개혁, 동반성장, 경제민주화, 보편적 복지 등 전인미답의 의제들이 중요시되는 것은 놀랍기까지 하다. 이런 변화는 단지 대중을

8) 에릭 홉스봄 지음, 이원기 옮김 『폭력의 시대』, 민음사 2008, 115면.

현혹하는 정치적 술책이 아니라 다수가 잘사는 길에 대한 더 진지한 고민으로 이어져야 할 것이다.

분명한 것은 여전히 갈 길이 멀다는 점이다. 최근 한국에서 정치권을 중심으로 자유무역협정이 다시 한번 논란의 쟁점이 되었을 때, 여론은 자유무역 만능주의에서 벗어나지 못한 듯 보였다. 전임 정부 당시 한미자유무역협정을 주도한 인사들이 정치 공세를 펴기 위해 원래의 견해를 바꿨다는 비판도 제기되었는데, 2008년 이래 미국경제의 변화, 특히 월가로 대변되는 금융자본주의의 위기와 경제정책의 방향 전환, 월가 점령 시위대의 등장을 감안한다면, 적어도 독소조항으로 지목된 쟁점들에 대해서는 더 진지하고 철저한 재검토가 필요하지 않을까? 더욱이 한국사회에서 2006~9년에 절대빈곤(최저생계비 기준 이하의 가처분소득)을 한번 이상 경험한 가구의 비율이 26.7퍼센트에 이를 뿐 아니라 빈곤이 만성적 현상으로 자리잡고 있다는 통계와 보고서가 적지 않은 이 마당에 신자유주의 세계화를 유일한 구원의 통로인 양 되뇌는 교조주의적 옹호가 더이상 미래의 전망이 될 수는 없을 것이다. 이는 상상력의 빈곤이자 인간에 대한 무례라고 할 수 있다. 무엇보다 목적과 수단을 혼동하기 때문이다.

세계금융위기와 양극화의 현실을 넘어 한국사회가 또다른 방향을 모색할 때, 한국에 앞서 거대한 전환을 거치며 내수 침체의 지속, 실업률의 고공행진, 빈부격차의 심화 등 혹독한 사회·경제적 충격을 경험한 라틴아메리카의 사례는 더없이 귀중한 참고서가 될 것이다. 한국사회에서도 유사한 충격의 조짐이 엿보이는 가운데 『변화하는 라틴아메리카』가 기술하는 지난 한세대 동안의 구체적인 사례들은 뼈아픈 교훈과 의미있는 시사점을 제공할 것이다. 물론 한국사회뿐 아니라 전세계적으로 라틴아메리카가 여전히 부정적인 기호(記號)라는 점은 부인하기 어렵다. 예컨대 몇년 전에 주목을 끈 바 있는 『88만원 세대』의 끝부분에는 이런 구절이 적혀 있다. "경쟁이 극대화되어 있으면서 시스템의 효율성은 극도로 떨어진 사회를 흔히 중남미(라틴아메리카)형 경제라고 부른다. 지금 한국은 미국형 사회의 첫 발에 서 있는 것이 아니라 중남미형 경제로 깊은 발을 내디딘 상태이다."[9] 또한 일자리를 원하는 이들이 노동의 질에 관계없이 유목민처럼 이곳저곳 옮겨다니면서 어떤 일이나 무조건 하려는 경향을 일컬어 '노동의 브라질화' 또는 '(청년)노동시장의 브라질화'라고 부른다는데, 노동의 유연성 강화, 괜찮은 일자리의 감소와 부족, 임시직의 만연을 언급하면서 왜 하필 브라질을 입에 올렸을까? 하지만 라틴아메리카에 대한 이런 부정적 소비의 다른 편에서는 베네수엘라의 반세계화와 미국 견제 정책에 관심을 갖게 된 시민사회단체 인사들과 연구자들의 현지 방문이 잇따르면서 최근 베네수엘라에 편중된 좌파 정치담론이 활기를 띠기도 했다.

국제연합 라틴아메리카와 카리브해 지역 경제위원회(ECLAC, CEPAL)는 신자유주의의 결함을 극복하고 장기적으로 지속가능한 라틴아메리카의 발전 모델을 수립하기 위해 노력해왔다. 신자유주의의 지향과 달리 이들의 전략은 사회적 형평을 수반하는 성장(growth with equity), 즉 경제성장과 빈곤 감소라는 두 마리 토끼를 동시에 좇는 것이다. 신구조주의로 요약되는 이 모델은 거시경제적 균형, 수출경쟁력 증진, 생산의 효율성을 사회적 합의나 형평성과 조율하고자 한다.[10] 또한 신구조주의의 의제는 구조변화의 촉진과정에서 국가가 담당하는

9) 우석훈·박권일 『88만원 세대: 절망의 시대에 쓰는 희망의 경제학』, 레디앙 2007, 305면.

10) 제임스 페트라스 외 지음, 이미경 외 옮김 『발전주의 비판에서 신자유주의 비판으로: 세계체제론의 시각』, 공감 1998, 302~3면.

역할을 중시하지만 사적소유권에 변화를 가져오거나 시장의 작동을 과도하게 규제하려는 국가의 개입이나 경제계획을 지양하며, 상품의 국제경쟁력보다 사회 전체가 체계적인 경쟁력을 지닐 수 있도록 노력할 것을 요청한다(페트라스 외 1998, 307~8면). 신구조주의적 접근 역시 완벽하지 않으며 모순적 특성을 포함하고 있는 것이다. 팍팍한 현실을 속 시원히 해결할 만한 것인지 의문이 제기될 수밖에 없다. 하지만 그것이 우리에게 남아 있는 방책이자 판을 새로 짜기 위해 참고할 수 있는 방책이다. 성경에 등장하는 '떡 다섯 덩이와 물고기 두 마리' 이야기처럼 이는 우리가 상상해야 할 새로운 시작의 가능성인 셈이다.

그윈과 까이는 이 책의 마지막 장에서 "신자유주의 패러다임은 최근에 재정비되었고, 사회정책을 강조하는 방향으로 전환하면서 신자유주의적 처방이 서로 다른 국가 환경에 맞게 개조되어야 한다는 점을, 달리 말해 하나의 치수가 모든 사람에게 꼭 맞지 않는다는 상식을 점차 인식하게" 되었다고 정리한다. 왜 우리는 이런 상식을 이제야 실감하게 된 것일까? 지름길을 달려온 한국사회는 구제금융과 구조조정의 시대를 거치면서 더이상 역사에는 지름길이 없다는 교훈을 뼈저리게 느껴야 했다. 그러나 때늦은 후회와 반성은 새로운 출발의 근거가 될 수 있다. 우리는 '철의 여인' 티나(TINA, 이는 마거릿 새처의 별명이기도 하다)가 대안 부재를 설파하면서 강제하는 획일적 논리에서 벗어나야 한다. 강력한 지배세력의 현실적인 성공방식이 있다는 것을 부정할 수는 없다. 하지만 누구나 그런 식으로 살기는 불가능한 일일뿐더러 다른 길이 없으므로 '알아서 생존하라, 빵의 문제는 스스로 해결하라'고 정부가 대중에게 주문하는 것은 무책임한 태도라고 아니할 수 없다. 한국사회가 적나라하게 경험해왔듯이 구제금융과 구조조정 시대는 오랫동안 어렵게 다져온 공동체의 구조를 일거에 무너뜨렸다. 그러므로 이 시대적

위기의 정체가 무엇인지 적절히 파악해야 하고 새로운 미래를 상상하며 그 상상을 현실로 옮기기 위해 더 노력하고 지혜를 모아야 할 것이다. 패배주의와 유토피아주의라는 두가지 함정에 빠지지 않으면서 먼저 목적과 수단을 구별하는 데 실패한 '조용한 혁명'의 결함을 극복해야 할 때이다(Green 2003, 222면). 이것이 21세기 라틴아메리카의 좌선회 또는 신자유주의 탈각이 우리에게 주는 핵심적 교훈이 아닐까? 어느 시대이든 더 인간다운 삶, 존재 자체가 대접받는 삶에 대한 염원은 매우 소중하다. "나는 노란 화살표를 따라 길을 걸었고, 그 화살표가 가리킨 곳에서 나를 벗어던졌다."(서영은 『노란 화살표 방향으로 걸었다』, 문학동네 2010) 싼띠아고 데 꼼뽀스뗄라로 가는 순례의 길에서 한 노년의 작가를 안내했다는 그 노란 화살표는 지금 우리에게도 꼭 필요하다. 그것을 발견하려면 두려움과 불안을 벗어던지고 주위를 둘러보는 용기가 필요할 것이다.

『변화하는 라틴아메리카: 세계화와 근대성』은 2004년 개정판을 옮긴 것이다. 서양인들의 표현을 빌리면 메우기 힘든 '큰 신발' 같은 존재였다. 너무 오랜 시간이 걸린 번역 작업은 그저 옮긴이의 능력 부족과 게으름 탓이다. 오랫동안 인내심을 발휘한 편집진 여러분에게 송구스러울 뿐이다. 이 책이 시의적절하게 번역되었더라면 훨씬 더 좋았을 것이다. 그럼에도 이 책에는 여전히 경청하고 진지하게 고민해야 할 권고가 담겨 있기에 이제라도 번역을 마무리하게 되어 다행이다. 오역과 매끄럽지 못한 부분이 남아 있다면, 그것은 전적으로 옮긴이의 책임이다. 한편으로 2004년 개정판이 출판된 지 적잖은 시간이 흘렀기 때문에 그 때부터 적어도 2011년까지 변화 과정을 보충하기 위해, 다른 한편으로 그동안의 게으름을 만회할 요량으로 짧지 않은 '옮긴이의 말'을 붙였다. 꼼꼼하고 전문적인 교정과 편집을 위해 수고해주신 여러분에게 감사드린다. 마지막으로 번역과 교정 작업중에 격려를 아끼지 않고 삶에 기쁨을 준 아내 이경아에게 고마움과 애정을 전한다.

2012년 봄

박구병

참고문헌

Acero, L. (1997) "Conflicting Demands of New Technology and Household Work: Women's Work in Brazilian and Argentinian Textiles," in S. Mitter, and S. Rowbotham eds., *Women Encounter Technology: Changing Patterns of Employment in the Third World*, London: Routledge 70~92면.

ACS (Association of Caribbean States) (2003) *ACS statistical database: exports by destination 2001*, accessed 16 January, http://www. acs-ace.org/tsestat/Exports_by_Destination-2001.htm.

Adler Hellman, J. (1995) "The Riddle of New Social Movements: Who They Are and What They Do," in S. Halebsky and R. Harris eds., *Capital, Power, and Inequality in Latin America*, Boulder, CO: Westview Press 165~83면.

Aguero, F. and J. Stark eds. (1998) *Fault Lines of Democracy in Post-transition Latin America*, Coral Gables, FL: North-South Center Press.

Aguilar, A. G. (1999) "Mexico City Growth and Regional Dispersal: The

Expansion of Largest Cities and New Spatial Forms," *Habitat International 23*, 391~416면.

Ainsa, F. (1986) *Identidad Cultural de Lberoamérica en su Narrativa*, Mardrid: Gredos.

Akin Aina, T. (1990) "Understanding the Role of Community Organisations in Environmental and Urban Contexts," *Environment and Urbanization 2(1)*, 3~6면.

Alba, F. (1989) "The Mexican Demographic Situation," in F. Bean, J. Schmandt and S. Weintraub eds., *Mexican and Central American Population, and US Immigration Policy*, Austin, TX: University of Texas Press 5~32면.

Albó, X. (1996) "Bolivia: Making the Leap from Local Mobilization to National Politics," *NACLA Report on the Americas 29(5)*, 15~20면.

Aldaba, F., P. Antezana, M. Valderrama, and A. Fowler (2000) "NGO Strategies beyond Aid: Perspectives from Central and South America, and the Philippines," *Third World Quarterly 21(4)*, 669~83면.

Allende, I. (1983) *La Casa de los Espíritus*, Barcelona: Plaza y Janés Editores.

Almond, G. A., and G. Bingham Powell Jr. (1966, 1978) *Comparative Politics: System, Process, and Policy*, 2nd edn. Boston, MA: Little, Brown and Company.

Altimir, O. (1982) "The Extent of Poverty in Latin America," *World Bank Staff Working Paper 522*, Washington, DC: World Bank.

Altimir, O. (1994) "Income Disribution and Poverty through Crisis and Adjustment," *CEPAL Review 52*, 7~31면.

Alvarez, S. (1990) *Engendering Democracy: The Women's Movement in Brazil*, Princeton, NJ: Princeton University Press.

Alvarez, S., E. Dagnino, and A. Escobar eds. (1998) *Cultures of Politics, Politics of Cultures: Re-visioning Latin American Social Movements*, Boulder, CO: Westview Press.

Anderson, S. (2001) *Seven Years under NAFTA*, Institute for Policy Studies, online at: www.ips-dc.org.

Andrews, F. M. and G. W. Phillips (1970) "The Squatters of Lima: Who They Are, and What They Want," *The Journal of Developing Areas 4(2)*, 211~24면.

Angell, A., P. Lowden, and R. Thorp (2001) *Decentralizing Development: The Political Economy of Institutional Change in Colombiia and Chile*, Oxford: Oxford University Press.

Anglade, C. and C. Fortín eds. (1985) *The State and Capital Accumulation in Latin America* Volume 1, Pittsburgh, PA: University of Pittsburgh Press.

Annis, S. ed. (1992) *Natural Resources and Public Policy in Central America*, Washington, DC: Overseas Development Council.

Aparacio, S. and R. Benencia eds. (1999) *Empleo Rural en Tiempos de Flexibilidad*, Buenos Aires: Editorial La Colmena.

Apey, A. (1995) "Agricultural Restructuring and Co-ordinated Policies for Rural Development in Chile," unpublished PhD Thesis, University of Birmingham, UK.

Arce, A. and N. Long (2000) *Anthropology, Development, and Modernities*, London: Routledge.

Arce, L. and Z. Escamilla (1996) "Mujer, Trabajo y Stress," *Revista Costarricense de Psicología 25*, 21~28면.

Arce, M. (2002) "Social Sector Reform, Latin American Style," *Latin American Research Review 37(3)*, 189~200면.

Arenas de Mesa, A. and V. Montecinos (1999) "The Privatization of Social Security and Women's Welfare: Gender Effects of the Chilean Reform," *Latin American Research Review 34(3)*, 7~37면.

Arevalo Torres, P. (1997) "May Hope Be Realized: Huaycan Self-managing Urban Community in Lima," *Environment, and Urbanization 9(1)*, 58~79면.

Arguedas, A. (1975) "Pueblo Enfermo," in J. Siles Guevara ed., *Las Cien Obras Capitales de la Literatura Boliviana*, La Paz: Editorial Los Amigos del Libro.

Arias, O. (2000) *Are All Men Benefiting from the New Ecomomy? Male Economic Marginalization in Argentina, Brazil, and Costa Rica*, Washington, DC: World Bank, LCSPR (www.worldbank.org/external/lac).

Arizpe, L (1982) "Relay Migration and the Survival of the Peasant Household," in H. Safa ed., *Towards a Political Economy of Urbanization in Developing Countries*, Oxford: Oxford University Press 19~46면.

Arroyo, F. (2001) "Dinámica del PIB de las Entidades de México, 1980-1990," *Comercio Exterior 51(7)*, 583~99면.

Ascher, W. and R. Healy (1990) *Natural Resource Policymaking: A Framework for Developing Countries*, Durham, NC: Duke University Press.

Asociacíon de Exportadores Various Years *Estadísticas de Exportaciones Horto-frutícolas*, Santiago, Chile: AE.

Assies, W. (1997) "The Extraction of Non-Timber Forest Products as a Conversation Strategy in Amazonia," *European Review of Latin American and Caribbean Studies 62*, 33~53면.

Assies, W., G. van der Haar, and A. Hoekema eds. (2001) *The Challenge of Diversity: Indigenous Peoples and Reform of the State in Latin America*, Amsterdam: Thela Thesis.

Auty, R. (1993) *Sustaining Development in Mineral Economies: The Resource Curse Thesis*, London: Routledge.

Baden, S. (1993) *The Impact of Recession and Structural Adjustment on Women's Work in Developing Countries*, Brington: Institute of Development Studies, University of Sussex, Bridge Report No. 2.

Baer, W. (1969) *The Development of the Brazilian Steel Industry*, Nashiville, TN: Vanderbilt University Press.

Bähr, J., and R. Wehrhahn (1997) "Polarisation Reversal in São Paulo," in T. van Naerssen, M. Rutten, and A. Zoomers eds., *Diversity of Development*, Assen: Van Gorcum 166~79면.

Bailey, A., and J. Hane (1995) "Population in Motion: Salvadorean Refugees and Circulation Migration," *Bulletin of Latin American Research 14(2)*, 171~200면.

Bakacs, P. (1970) "Public Health Problems in Metropolitan Areas," in S. R. Miles ed., *Metropolitans Problems: International Perspectives*, London: Methuen.

Banco Central de Chile (2002a) *Chile: Social and Economic Indicators, 1960-2000*, Santiago: Banco Central de Chile.

Banco Central de Chile (2002b) *Indicadores de Comercio Exterior*, Santiago: Banco Central de Chile.

Banco de la República (2002) *Economic Indicators Third Quarter 2002*, Bogotá: Banco de la República.

Barham, B., M. Clark, E. Katz, and R. Schurman (1992) "Non-traditional Agricultural Exports in Latin America," *Latin American Research Review 27(2)*, 43~82면.

Barkin, D. (1994) "The Spectre of Rural Development," *NACLA Report on the Americas 28(1)*, 29~34면.

Barkin, D. (2002) "The Reconstruction of a Modern Mexican Peasantry," *The Journal of Peasant Studies 30(1)*, 73~90면.

Barraclough, S. (1973) *Agrarian Structure in Latin America*, Lexington, MA: D.C. Heath.

Barraclough, S. (1994) "The Legacy of Latin American Land Reform," *NACLA Report on the Americas 28(3)*, 16~21면.

Barraclough, S. and A. Domike (1996) "Agrarian Structure in Seven Latin American Countries," *Land Economics 42(4)*, 391~424면.

Barraclough, S. and K. Ghimire (1995) *Forests and Livelihoods: The Social Dynamics of Deforestation in Developing Countries*, Basingstoke and London: Macmillan.

Barrientos, A. (1996) "Pension Reform and Pension Coverage in Chile: Lessons for Other Countries," *Bulletin of Latin American Research 15(3)*, 309~22면.

Barrientos, A. (1998) *Pension Reform in Latin America*, Aldershot: Ashgate Publishing.

Barrientos, S. (1997) "The Hidden Ingredient-Female Labour in Chilean Fruit Exports," *Bulletin of Latin American Research 15(4)*, 71~82면.

Barrientos, S., A. Bee, A. Matear, and I. Vogel (1999) *Women and Agribusiness: Working Miracles in the Chilean Fruit Export Sector*, Basingstoke and London: Macmillan.

Barrow, C. (1992) *Family, Land, and Development in St. Lucia*, Cave Hill, Barbados: Institute of Social and Economic Research, University of the West Indies.

Barry, T. (1987) *Roots of Rebellion: Land and Hunger in Central America*, Boston, MA: South End Press.

Barton, J. R. (1997a) *A Political Geography of Latin America*, London: Routledge.

Barton, J. R. (1997b) "¿Revolucíon Azul? El Impacto Regional de la Acuicultura del Salmón en Chile," *Revista Eure 32(68)*, 57~76면.

Barton, J. R. and W. E. Murray eds. (2002) *Chile—A Decade in Transition*, Special Issue of *Bulletin of Latin American Research 21(3)*, 329~459-면.

Bartone, C. R. (1990) "Water Quality and Urbanization in Latin America," *Water International*, 15면.

Bastos, S. (1999) "Concepciones del Hogar y Ejercicio del Poder: El Caso de los Mayas de la Ciudad de Guatemala," in M. González de la Rocha ed., *Divergencias del Modelo Tradicional: Hogares de Jefatura Femenina en América Latina*, México, DF: Centro de Investigaciones y Estudios Superiores en Antropología Social 37~75면.

Batley, R. (1997) "Social Agency Versus Global Determination in Latin American Urban Development," *Third World Planning Review 19(4)*, 333~46면.

Baumol, W. and E. Wolff (1996) "Catching Up in the Postwar Period: Puerto Rico as the Fifth 'Tiger'?," *World Development 24(5)*, 869~85면.

Bebbington, A. (1994) "Knowledge, Practice, Organization: Theory and Relevance in Indigenous Agriculture," in D. Booth ed., *Rethinking Social Development: Theory, Research, and Practice*, Harlow: Longman, 202~25면.

Bebbington, A. (1996) "Debating 'Indigenous' Agricultural Development: Indian Organizations in the Central, andes of Ecuado," in H. Collinson ed., *Green Guerrillas: Environmental Conflicts and Initiatives in Latin America, and the Caribbean*, London: Latin American Bureau 51~60면.

Bebbington, A. (1997) "Reinventing NGOs and Rethinking Alternatives in the, andes," *Annals of The American Academy of Social, and Political Sciences 554*, 117~35면.

Bebbington, A. (1999) "Capitals and Capabilities: A Framework for Analysing Peasant Viability, Rural Livelihoods, and Poverty," *World Development 27(12)*, 2021~44면.

Bebbington, A. (2000) "Reencountering Development: Livelihood Transitions, and Place Transformations in the Andes," *Annals of the Associations of American Geographers 90(3)*, 495~520면.

Bebbington, A. and S. Batterbury eds. (2001) "Transnational Livelihoods, and Landscapes," *Ecumene 8(4)*, 369~492면.

Bebbington, A. and D. Bebbington (2001) "Development Alternatives: Practice, Dilemmas, and Theory," *Area 33(1)*, 7~17면.

Bebbington, A., L. Hinojosa, and R. Rojas (2002) *Contributions of the Dutch Cofinancing Program to Rural Development and Rural Livelihoods in the Highlands of Peru and Bolivia*, Boulder/Ede: Stuurgroep.

Bebbington, A. and G. Thiele (1993) *Non-governmental Organizations and the State in Latin America: Rethinking Roles in Sustainable Agricultural Development*, London: Routledge.

Becker, C. and A. Morrison (1997) "Public Policy and Rural-urban Migration," in J. Gugler ed., *Cities in the Developing World: Issues, Theory, and Policy*, Oxford: Oxford University Press 74~87면.

Bee, A. and I. Vogel (1997) "Temporeras and Household Relations: Seasonal

Employment in Chile's Agro-export Sector," *Bulletin of Latin American Research 16(1)*, 83~95면.

Béjar, R. (1988) *El Mexicano, Aspectos Culturales y Psicosociales*, Mexico City: UNAM.

Benería, L. and M. Roldán (1987) *The Crossroads of Class, and Gender: Industrial Homework, Subcontracting, and Household Dynamics in Mexico City*, Chicago, IL: University of Chicago Press.

Benería, L. (1991) "Structural Adjustment, the Labour Market and the Household: The Case of Mexico," in G. Standing, and V. Tokman eds., *Towards Social Adjustment: Labour Market Issues in Structural Adjustment*, Geneva: International Labour Organization 161~83면.

Bengoa, J. (2000) *La Emergencia Indígena en América Latina*, Santiago: Fondo de Cultura Económica.

Berdegué, J. A., T. Reardon, G. Escobar, and R. Echeverría (2000) "Policies to Promote Non-farm Rural Employment in Latin America," in *Natural Resources Perspectives*, London: Overseas Development Institute (ODI).

Bernstein, H. (2000) "The Peasantry in Global Capitalism: Who, Where, and Why?," in L. Panitch, and C. Leys eds., *Socialist Register 2001: Working Classes, Global Realities*, London: Merlin Press.

Berry, A. (1997) "The Income Distribution Threat in Latin America," *Latin America Research Review 32(2)*, 3~40면.

Berry, A. ed. (1998) *Poverty, Economic Reform and Income Distribution in Latin America*, Boulder, CO: Lynne Rienner.

Bertranou, F. (2001) "Pension Reform, and Gender Gaps in Latin America: What Are the Policy Options?," *World Development 29(5)*, 911~23면.

BID (Banco Interamericano de Desarrollo) (2002) "Modestos Ingresos con Impacto Global," *Bidamérica 1(3)*, 1면.

Bielschowsky, R. (1998) "Cincuenta años del Pensamiento de la CEPAL: Una Reseña," in CEPAL, *Cincuenta años de Pensamiento de la CEPAL*, Santiago: Fondo de Cultura Económica 9~61면.

Binswanger, H., G. Feder, and K. Deininger (1995) "Power, Distortions, and Reform in Agricultural Land Relations," in J. Behrman and T. N. Srinivasan eds., *Handbook of Development Economics*, Vol. 3, Amsterdam: North Holland 2661~2761면.

Birdsall, N. and C. E. Lozada (1996) "Recurring Themes in Latin America Thought: From Prebisch to the Market and Back," in R. Hausmann and H. Reisen eds., *Securing Stability and Growth in Latin America: Policy Issues and Prospects for Shock-prone Economics*, Paris: OECD 11~21면.

Bitar, S. (1988) "Neo-liberalism Versus Neo-Structuralism in Latin America," *CEPAL Review 34*, 45~62면.

Blauert, J. and S. Zadek eds. (1998) *Mediating Sustainability: Growing Policy from the Grassroots*, West Hartford, CT: Kumarian Press.

Blum, W. (1986) *The CIA: A Forgotten History*, London: Zed Books.

Booth, J. and T. Walker (1993) *Understanding Central America*, 2nd Edition, Boulder, CO: Westview Press.

Borras, S. M. (2003) "Questioning Market-led Agrarian Reform: Experience from Brazil, Colombia, and South Africa," *Journal of Agrarian Change 3(3)*, 367~94면.

Bradshaw, S. (1995a) "Women's Access to Employment and the Formation of Women-headed Households in Rural and Urban Honduras," *Bulletin of*

Latin American Research 14(2), 143~58면.

Bradshaw, S. (1995b) "Female-headed Households in Honduras: Perspectives on Rural-urban Differences," *Third World Planning Review 17(2)*, 117~31면.

Branford, S. (2003) "The Fernando Henrique Cardoso Legacy," in S. Branford, and B. Kucinski with H. Wainwright, *Politics Transformed: Lula and the Workers' Party in Brazil*, London: Latin American Bureau 74~102면.

Branford, S. and J. Rocha (2002) *Cutting the Wire: The Story of the Landless Movement in Brazil*, London: Latin American Bureau.

Brass, T. (2003) "Latin American Peasants: New paradigms for Old?," in T. Brass ed., *Latin American Peasants*, London: Frank Cass 1~40면.

Bresser Pereira, L. C. (1996) *Economic Crisis and State Reform in Brazil: Toward a New Interpretation of Latin America*, Boulder, CO: Lynne Rienner.

Bresser Pereira, L. C. and P. Spink eds. (1999) *Reforming the State: Managerial Public Administration in Latin America*, Boulder, CO: Lynne Rienner.

Bretón, V. (1997) *Capitalismo, Reforma Agraria y Organización Comunal en los, andes*, Lleida: Publicaciones Universitat de Lleida.

Bretón, V. (2002) "Cooperación al Desarrollo, Capital Social y Neo-indigenismo en los, andes Ecuatorianos," *European Review of Latin American and Caribbean Studies 73*, 43~63면.

Brockett, C. D. and R. E. Gottfried (2002) "State Policies and the Preservation of Forest Cover: Lessons from Contrasting Public Policy Regimes in Costa Rica," *Latin America Research Review 37(1)*, 3~40면.

Bromley, R. J. (1994) "Informality, de Soto Style: From Concept to Policy," in C. A. Rakowski ed., *Contrapunto: The Informal Sector Debate in Latin America*, Albany, NY: SUNY Press 131~52면.

Bromley, R. J. (1997) "Working in the Streets of Cali, Colombia: Survival Strategy, Necessity or Unavoidable Evil?," in J. Gugler ed., *Cities in the Developing World: Issues, Theory, and Policy*, Oxford: Oxford University Press 124~38면.

Bromley, R. J. and C. Gerry eds. (1979) *Casual Work and Poverty in Third World Cities*, New York: John Wiley.

Browder, J. (1989) *Fragile Lands of Latin America: Strategies for Sustainable Development*, Boulder, CO: Westview Press.

Brundtland, H. (1987) *Our Common Future*, Oxford: Oxford University Press.

Brunner, J. J. (1988) *El Espejo Trizado*, Santiago: FLACSO.

Brunner, J. J. (1994) *Cartografías de la Modernidad*, Santiago: Dolmen Ediciones.

Brunner, J. J. and T. Moulian (2002) *Brunner vs Moulian: Izquierda y Capitalismo en 14 Rounds*, Santiago: Editorial El Mostrador.

Bryceson. D., C. Kay, and J. Mooij eds. (2000) *Disappearing Peasantries? Rural Labour in Africa, Asia, and Latin America*, London: Intermediate Technology Development Group (ITDG) Publishing.

Brysk, A. (2000) *From Tribal Village to Global Village: Indians Rights and International Relations in Latin America*, Stanford, CA: Stanford University Press.

Bulmer-Thomas, V. (1994) *The Economic History of Latin America since Independence*, Cambridge: Cambridge University Press.

Bulmer-Thomas, V. (1996a) "Conclusions," in V. Bulmer-Thomas ed., *The New Economic Model in Latin America, and Its Impact on Income Distribution and Poverty*, Basingstoke and London: Macmillan 296~327면.

Bulmer-Thomas, V. ed. (1996b) *The New Economic Model in Latin America and Its Impact on Income Distribution and Poverty*, Basingstoke and London: Macmillan.

Bulmer-Thomas, V. (1998) "The Central American Common Market: From Closed to Open Regionalism," *World Development 26(2)*, 313~22면.

Bunker, S. (1985) *Understanding the Amazon: Extraction, Unequal Exchange, and the Failure of the Modern State*, Chicago, IL: University of Chicago Press.

Burbach, R. (1994) "Roots of the Postmodern Rebellion in Chiapas," *New Left Review 205*, 113~24면.

Burbach, R. (2002) " 'Throw Them All Out': Argentina's Grassroots Rebellion," *NACLA Report on the Americas 36(1)*, 38~40면.

Burgess, R. (1978) "Petty Commodity Housing or Dweller Control—Critique of Turner's Views on Housing Policy," *World Development 6(9-10)*, 1105~33면.

Bury, J. (2002) "The Political Ecology of Transnational Gold Mining Corporations and the Transformation of Livelihoods in Cajamarca, Peru," PhD Thesis, Graduate School of the University of Colorado, Boulder, Department of Geography.

Cadji, A.-L. (2000) "Brazil's Landless Find Their Voice," *NACLA Report on the Americas 33(5)*, 30~34면.

Cairncross, S., J. Hardoy, and D. Satterthwaite (1990) "The Urban Context," in J. Hardoy, S. Cairncross, and D. Satterthwaite eds., *The Poor Die Young: Housing, and Health in Third World Cities*, London: Earthscan.

Calderón, F., A. Piscitelli, and J. L. Reyna (1992) "Social Movements: Actors, Theories, Expectations," in A. Escobar and S. Alvarez eds., *The Making of Social Movements in Latin America*, Boulder, CO: Westview Press 19~36면.

Calderón, M., W. Assies, and T. Salman eds. (2003) *Ciudadanía, Cultura Política y Reforma del Estado en América Latina*, Zamora: El Colegio de Michoacán.

Cammack, P. (1985) "Democratisation: A Review of the Issues," *Bulletin of Latin American Research 42(2)*, 39~46면.

Cammack, P. (1997) "Cardoso's Political Project in Brazil: The Limits of Social Democracy," in L. Panitch ed., *Socialist Register 1997: Ruthless Criticism of All That Exists*, London: Merlin Press 223~43면.

Cardoso, F. H. (1973) "Associated-dependent Development: Theoretical and Practical Implications," in A. Stepan ed., *Authoritarian Brazil: Origins, Policies, and Future*, New Haven, CT: Yale University Press 142~70면.

Cardoso, F. H. (1975) "The City, and Politics," in J. Hardoy ed., *Urbanization in Latin America: Approaches and Issues*, Garden City, NJ: Anchor Press, Doubleday Books 157~90면.

Cardoso, F. H. (1979) "On the Characteristics of Authoritarian Regimes in Latin America," in D. Collier ed., *The New Authoritarianism in Latin America*, Princeton, NJ: Princeton University Press.

Cardoso, F. H. (2001) *Charting a New Course: The Politics of Globalization and Social Transformation*, edited and introduced by M. A. Font, Laham, MD: Rowman, and Littlefield Publishers.

Cardoso, F. H. and E. Faletto (1969) *Dependecia y Desarrollo en América Latina: Ensayo y Interpretación Sociológica*, Mexico City: Siglo Veintiuno Editores.

Cardoso, F. H. and E. Faletto (1979) *Dependency and Development in Latin America*, Berkeley, CA: University of California Press.

CARICOM (2003) *All about the CARICOM Single Market Economy*,

Georgetown, Guyana: CARICOM.

Carley M. and I. Chrisie (1993) *Managing Sustainable Development*, Minneapolis, MN: University of Minnesota Press.

Carney, D. (1998) "Implementing the Sustainable Rural Livelihoods Approach," in D. Carney ed., *Sustainable Rural Livelihoods: What Contribution Can We Make?*, London: Department for International Development (DFID) 3~23면.

Carter, M. R. and B. L. Barham (1996) "Level Playing Fields and *Laissez Faire*: Postliberal Development Strategy in Inegalitarian Agrarian Economies," *World Development 24(7)*, 1133~40면.

Carter, M. R., B. L. Barham, and D. Mesbah (1996) "Agricultural Export Booms and the Rural Poor in Chile, Guatemala, and Paraguay," *Latin American Research Review 31(1)*, 33~65면.

Carter, M. and D. Mesbah (1993) "Can Land Market Reform Mitigate the Exclusionary Aspects of Rapid Agro-export Growth?," *World Development 21(7)*, 1085~1100면.

Carter, M. R. and R. Salgado (2001) "Land Market Liberalization and the Agrarian Question in Latin America," in A. de Janvry, G. Gordillo, J. P. Platteau, and E. Sadoulet eds., *Access to Land, Rural Poverty, and Public Action*, Oxford: Oxford University Press 246~78면.

Casaburi, G. (1999) *Dynamic Agroindustrial Clusters: The Political Economy of Competitive Sectors in Argentina and Chile*, Basingstoke and London: Macmillan.

Casper, G. and M. M. Taylor (1996) *Negotiating Democracy: Transitions from Aythoritarian Rule*, Pittsburgh, PA: University of Pittsburgh Press.

Castañeda, J. G. (1994) *Utopia Unarmed: The Latin American Left after the Cold War*, New York: Vintage Books.

Castañeda, T. (1992) *Combating Poverty: Innovative Social Reforms in Chile during the 1980s*, San Francisco, CA: ICS Press.

Castells, M. (1983) *The City, and the Grassroots: A Cross-cultural Theory of Urban Social Movements*, Berkeley, CA: University of California Press.

Castells, M. (1997) *The Power of Identity*, Oxford: Blackwell.

Castells, M. and R. Laserna (1995) "The New Dependency: Technological Change, and Socioeconomic Restructuring in Latin America," in A. D. Kincaid and A. Portes eds., *Comparative National Development: Society and Economy in the New Global Order*, Chapel Hill, NC: University of North Carolina Press 57~83면.

Catalán, C. and M. Souza (1999) "Calidad, Identidad y Televisión", paper presented at the Latin American Meeting on Television and Quality, São Paulo, Brazil, 4-6 August.

Caturelli, A. (1961) *América Bifronte*, Buenos Aires: Editorial Troquel.

CBEA (Caribbean Banana Exporters Association) (2003) "The Dispute Settlement," accessed 17 January, http://www.cbea.org/home2.cfm

CED (1990) *Santiago: dos Ciudades*, Santiago: Centro de Estudios del Desarrollo.

CELADE (2001) "América Latina: Fecundidad 1950-2050," *Boletín Demográfico*, 68면.

Centeno, M. A. (1993) "The New Leviathan: The Dynamics and Limits of Technology," *Theory, and Society 22*, 307~35면.

Centeno, M. A. and P. Silva eds., (1998) *The Politics of Expertise in Latin*

America, Basingstoke and London: Macmillan.

CEPAL (Comisión Económica para América Latina y el Caribe) (1994) "El Sector Informal Urbano Desde la Perspectiva de Género: El Caso de México," paper presented in workshop *El Sector Informal Urbano Desde la Perspectiva de Género: El Caso de México*, México DF: Comisión Económica para América Latina y el Caribe, 28-29 November.

CEPAL (1995) *Anuario Estadístico de América Latina y el Caribe*, Santiago: CEPAL.

CEPAL (2001a) *Anuario Estadístico de América Latina y el Caribe*, Santiago: CEPAL.

CEPAL (2001b) *Panorama Social 2001*, Santiago: Comisión Económica para América Latina y el Caribe.

CEPAL (2002) *Panorama Social 2002*, Santiago: Comisión Económica para América Latina y el Caribe.

CEPAL (2003) *Balance Preliminar de las Economías de América Latina y el Caribe 2002*, No. 26, Santiago: CEPAL

Cerrutti, M. (2000a) "Intermittent Employment among Married Women: A Comparative Study of Buenos Aires and Mexico City," *Journal of Comparative Family Studies 31(1)*, 19~43면.

Cerrutti, M. (2000b) "Economic Reform, Structural Adjustment, and Female Labor Force Participation in Buenos Aires, Arsentina," *World Development 28(5)*, 879~91면.

Cerrutti, M. and R. Zenteno (1999) "Cambios en el Papel Económico de las Mujeres Entre las Parejas Mexicanas," *Estudios Demográficos y Urbanos 15(1)*, 65~95면.

Chalmers, D., C. Vilas, C. Hite, K. Piester Martin, and M. Segarra eds. (1997) *The Politics of Inequality in Latin America: Rethinking Participation and Representation*, Oxford: Oxford University Press.

Chambers, R. (1987) *Sustainable Livelihoods, Environment, and Development: Putting Poor Rural People First*, IDS Dicussion Paper 240, Brighton: Institute of Development Studies at the University of Sussex.

Chambers, R. (1995) "Poverty and Livelihoods: Whose Reality Counts?," *Environment and Urbanization 7(1)*, 173~204면.

Chambers, R. and G. Conway (1992) *Sustainable Rural Livelihoods: Practical Concepts for the 21st Century*, IDS discussion paper 296, Brighton: Institue of Development Studies at the University of Sussex.

Chant, S. (1991) *Women and Survival in Mexican Cities: Perspectives on Gender, Labour Markets, and Low-income Households*, Manchester: Manchester University Press.

Chant, S. (1992) "Migration at the Margins: Gender, Poverty, and Population Movements on the Costa Rican Periphery," in S. Chant ed., *Gender and Migration in Developing Countries*, London: Belhaven Press 49~72면.

Chant, S. (1994) "Women, Work, and Household Survival Stratigies in Mexico, 1982-1992," *Bulletin of Latin American Research 13(2)*, 203~33면.

Chant, S. (1996) "Women's Roles in Recession and Economic Restructuring in Mexico and the Philippines," *Geoforum 27(3)*, 297~327면.

Chant, S. (1997) *Women-headed Households: Diversity and Dynamics in the Developing World*, Basingstoke and London: Macmillan.

Chant, S. (2000) "Men in Crisis? Reflections on Masculinities, Work, and Family in Northwest Costa Rica," *European Journal of Development*

Research 12(2), 199~218면.

Chant, S. (2001) "The Informal Sector and Employment," in V. Desai and R. Potter eds., *The Companion to Development Studies*, London: Edward Arnold 206~15면.

Chant, S. (2002a) "Whose Crisis? Public and Popular Reactions to Family Change in Costa Rica," in C. Abel and C. Lewis eds., *Exclusion and Engagement: Social Policy in Latin America*, London: Institute of Latin America Studies, University of London 349~77면.

Chant, S. (2002b) "Researching Gender, Families, and Households in Latin America: From the 20th into the 21st Century," *Bulletin of Latin American Research 21(4)*, 545~75면.

Chant, S. and N. Craske (2003) *Gender in Latin America*, London and New Brunswick, New Jersey: Latin American Bureau, and Rutgers University Press.

Chase, J. (1999) "Exodus Revisted: The Politics and Experience of Rural Loss in Central Brazil," *Sociologia Ruralis 39(2)*, 165~270면.

Chauvin, L. (1998) "Smoking Economy," *Latin America Press* (Lima, Peru) Feb. 5. 4~5면.

Chevannes, B. and H. Ricketts (1997) "Return Migration and Small Business Development in Jamaica," in P. R. Pessar ed., *Caribbean Circuits: New Directions in the Study of Migration*, New York: Center for Migration Studies.

Chickering, A. L. and M. Salahdine (1991) "Introduction," in A. L. Chickering and M. Salahdine eds., *The Silent Revolution: The Informal Sector in Five Asian and Near Eastern Countries*, San Francisco, CA: International Center for Economic Growth 1~14면.

Chilcote, R. H. (1981) *Theories of Comparative Politics: The Search for a Paradigm*, Boulder, CO: Westview Press.

Chilcote, R. H. (1982) *Dependency and Marxism: Toward a Resolution of the Debate*, Boulder, CO: Westview Press.

Chiriboga, M. (1992) "Modernización Democrática e Incluyente," *Revista Latinoamericana de Sociología Rural 1*, 27~37면.

Clapp, R. A. (1995) "Creating Competitive Advantage: Forest Policy as Industrial Policy in Chile," *Economic Geography 71(3)*, 273~96면.

Clapp, R. A. (1998) "Waiting for the Forest Law: Resource-led Development and Environmental Politics in Chile," *Latin American Research Review 33(2)*, 3~36면.

Clark, M. A. (1997) "Transnational Alliances and Development Policy in Latin America: Nontraditional Export Promotion in Costa Rica," *Latin American Research Review 32(2)*, 71~97면.

Cleuren, H. (2001) *Paving the Road for Forest Destruction: Key Actors and Driving Forces of Tropical Deforestation in Brazil, Ecuador, and Cameroon*, Leiden: Leiden University Press.

Cockburn, A. and S. B. Hecht (1988) *The Fate of the Forest: Developers, Destroyers, and Defenders of the Amazon*, London: Verso.

CODHES (2002) "Más de 90,000 Desplazados en el Primer Trimester de 2002: El Destierro no se Detiene," *Boletín de la Consultoría para los Derechos Humanos y el Desplazamiento 41(9)*.

Colburn, F. (1998) "The INCAE-Harvard Project for Central America," *LASA Forum 28(4)*, 15~16면.

Collier, D. ed. (1979) *The New Authoritarianism in Latin America*, Princeton, NJ: Princeton University Press.

Collier, D. and S. Levitsky (1997) "Democracy with Adjectives: Conceptual Innovation in Comparative Research," *World Politics 49(3)*, 430~51면.

Collier, G. A. (1999) *Basta! Land and the Zapatista Rebellion in Chiapas*, Oakland, CA: Institute for Food, and Development Policy.

Collier, G. A. (2000) "Zapatismo Resurgent: Land and Autonomy in Chiapas," *NACLA Report on the Americas 33(5)*, 20~25면.

Collier Berins, R. (1999) *Paths toward Democracy: The Working Class and Elites in Western Europe, and South America*, Cambridge: Cambridge University Press.

Collins, J. N. (2000) "A Sense of Possibility: Ecuador's Indigenous Movement Takes Center Stage," *NACLA Report on the Americas 33(5)*, 40~46면.

Collins, J. N. (2003) "Transnational Labor Process and Gender Relations: Womens in Fruit and Vegetable Production in Chile," in M. C. Gutman, F. V. Matos Rodríguez, L. Stephen, and P. Zavella eds., *Perspectives on Las Américas: A Reader in Culture, History, and Representation*, Oxford: Blackwell, 160~73면.

Collins, J. and J. Lear (1995) *Chile's Free Market Miracle: A Second Look*, Oakland, CA: Institute for Food, and Development Policy.

Comisión Nacional del Medio Ambiente (1992) *Chile: Informe Nacional a la Conferencia de las Naciones Unidas Sobre Medio Ambiente y Desarrollo*, Santiago: CONAMA, Ministerio de Bienes Nacionales.

Commoner, B. (1990) *Making Peace with the Planet*, New York: Pantheon.

Congdon, T. (1998) *The Debt Threat*, Oxford: Blackwell.

Conroy, M., D. Murray, and P. Rosset (1996) *A Cautionary Tale: Failed U. S. Development Policy in Central America*, Boulder, CO: Lynne Rienner Publishers.

Conway, D. (1998) "Misguided Directions, Mismanaged Models, or Missed Paths?," in T. Klak ed., *Globalization and Neoliberalism: The Caribbean Context*, Lanham, MD: Rowman, and Littlefield 29~50면.

Cooke, B. and U. Kothari (2001) *Participation: The New Tyranny?*, London: Zed Press.

Corbridge, S. (1993) *Debt and Development*, Oxford: Blackwell.

Cordero-Guzman, H. (1993) "Lessons from Operation Bootstrap," *NACLA Report on the Americas 27(3)*, 7~10면.

Cornelius, W. (1975) *Politics and the Migrant Poor in Mexico*, Stanford, CA: University of Stanford Press.

Cornelius, W. (1991) "Los Migrantes de la Crisis: The Changing Profile of Mexican Migration to the United States," in M. González de la Rocha and A. Escobar eds., *Social Responses to Mexico's Economic Crisis of the 1980s*, San Diego, CA: Centre for US-Mexican Studies, University of California, San Diego 155~94면.

Cornia, G. (1987) "An Overview of the Alternative Approach," in G. Cornia, R. Jolly and F. Stewart eds., *Adjustment with a Human Face: Protecting the Vulnerable and Promoting Growth*, Oxford: Clarendon Press.

Cortes, G. (2000) *Partir Pour Rester. Survie et Mutation de Sociétés Paysannes, andines (Bolivie)*, Montpelier: IRD Editions.

CPT (Christian Peacemaker Teams) (1998) *Assembly Factories in Haiti: A Wage of Sacrifice*, report dated 23 February, available at www.prairienet.org/cpt/

haiti.html

Craske, N. (1993) "Women's Political Participation in *Colonias Populaes* in Guadalajara, Mexico," in S. A. Radcliffe and S. Westwood eds., *Viva: Women and Popular Protest in Latin America*, London: Routledge 112~35면.

Crozier, M., S. P. Huntington, and J. Watanuki (1975) *The Crisis of Democracy*, New York: New York University Press.

Cubitt, T. (1995) *Latin America Society*, 2nd Edition, Harlow: Longman.

Cuenya, B, D. Armus, M. Di Loreto, and S. Penalva (1990) "Land Invasions and Grassroots Organisation: The Qualmes Settlements in Greater Buenos Aires, Argentina," *Environment and Urbanization 2(1)*, 61~74면.

Cunha, J. M. Pinto da (2002) "Urbanización, Redistribución Especial de la Población y Transformaciones Socioeconómicas en América Latina," *CEPAL Serie Población y Desarrollo 30*, Santiago: CEPAL.

Cunningham, S. M. (1999) "Made in Brazil: Cardoso's Path from Dependency via Neoliberal Options and the Third Way in the 1990s," *European Review of Latin American and Caribbean Studies 67*, 75~86면.

Currie, L. L. (1971) "The Exchange Constraint of Development: A Partial Solution to the Problem," *Economic Journal 81(3-4)*, 886~903면.

Dahl, R. (1971) *Polyarchy: Participation and Opposition*, New Haven, CT: Yale University Press.

Daly, H. E. and K. N. Townsend eds. (1993) *Valuing the Earth: Economics, Ecology, Ethics*, Cambridge, MA: The MIT Press.

Dammert, L. and M. F. T. Malone (2003) "Fear of Crime or Fear of Life? Public Insecurities in Chile," *Bulletin of Latin American Research 22(1)*, 79~101면.

David, M. B. de A., M. Dirven, and F. Vogelgesang (2000) "The Impact of the New Economic Model on Latin America's Agriculture," *World Development 28(9)*, 1673~88면.

David, M. B. de A., C. Morales, and M. Rodríguez (2001) "Modernidad y Heterogeneidad: Estilo de Desarrollo Agrícola y Rural en América Latina y el Caribe," in M. B. de A. David ed., *Desarrollo Rural en América Latina y el Caribe*, Bogotá: Alfaomega, and Santiago: CEPAL 41~88면.

Dávila, J. (1996) "Bogotá, Colombia: Restructuring with Continued Growth," in N. Harris and I. Fabricius eds., *Cities and Strucutural Adjustment*, London: UCL Press 136~60면.

Davis, D. E. (1994) *Urban Leviathan: Mexico City in the Twentieth Century*, Philadelphia, PA: Temple University Press.

Davis, D. E. (1999) "The Power of Distance: Re-theorizing Social Movements in Latin America," *Theory and Society 28(4)*, 585~638면.

Dawson, E. (1992) "District Planning with Community Participation in Peru: The Work of the Institute of Local Democracy (IPADEL)," *Environment, and Urbanization 4(2)*, 90~100면.

de Barbieri, T. and O. de Oliveira (1989) "Reproducción de la Fuerza de Trabajo en América Latina: Algunas Hipótesis," in M. Schteingart ed., *Las Ciudades Latinoamericanas en la Crisis*, México, DF: Editorial Trillas 19~29면.

de Blij, H. and P. Muller (1998) "Puerto Rico's Clouded Future," in H. de Blij and P. Muller, *Geography: Realms, Regions, and Concepts*, updated, and Revised Eighth Edition, New York: John Wiley.

de Cordoba, J. (1993) "Two Banana Empires, Latin and Caribbean, Battle over Europe," *The Wall Street Journal*, 15 January, AI.

de Janvry, A. (1981) *The Agrarian Question and Reformism in Latin America*, Baltimore, MD: The Johns Hopkins University Press.

de Janvry, A. (1994) "Social and Economic Reforms: The Challenge of Equitable Growth in Latin American Agriculture," in E. Muchnik and A. Niño de Zepeda eds., *Apertura Económica, Modernización y Sostenibilidad de la Agricultura*, Santiago: ALACEA 79~88면.

de Janvry, A. and C. Garramón (1977) "The Dynamics of Rural Poverty in Latin America," *The Journal of Peasant Studies 4(3)*, 206~16면.

de Janvry, A. G. Gordillo, and E. Sadoulet (1997) *Mexico's Second Agrarian Reform: Household and Community Responses, 1990-1994*, San Diego, La Jolla (CA): Center for US-Mexican Studies, University of California.

de Janvry, A., R. Marsh, D. Runsten, E. Sadoulet, and C. Zabin (1989a) *Rural Development in Latin America: An Evaluation and a Proposal*, San José de Costa Rica: Instituto Interamericano de Cooperación para la Agricultura (IICA).

de Janvry, A., S. Radwan, E. Sadoulet, and E. Thorbecke eds., (1995) *State, Market and Civil Organizations: New Theories, New Practices and Their Implications For Rural Development*, Basingstoke and London: Macmillan.

de Janvry, A., E. Sadoulet, and L. Wilcox Young (1989b) "Land, and Labour in Latin American Agriculture from the 1950s to the 1980s," *The Journal of Peasant Studies 16(3)*, 396~424면.

de Mattos, C. A. (1996) "Advances de la Globalización y Nueva Dinámica Metropolitana: Santiago de Chile, 1975-1995," *Revista Latinoamericana de Estudios Urbano Regionales EURE 22(65)*, 39~64면.

de Mattos, C. A. (1999) "Santiago de Chile, Globalización y Expansión

Metropolitana: Lo Que Existía Sigue Existiendo," *Revista Latinoamericana de Estudios Urbano Regionales EURE 25(76)*, 29~56면.

de Oliveira, O. (1990) "Crisis, Situación Familiar y Trabajo Urbano," in DAWN and MUDAR eds., *Mujer y Crisis: Respuestas ante la Recesión*, Caracas: Editorial Nueva Sociedad 55~74면.

de Oliveira, O. (1991) "Migration of Women, Family Organization, and Labour Markets in Mexico," in E. Jelín ed., *Family, Household, and Gender Relations in Latin America*, London: Kegan Paul and Paris: UNESCO 101~18면.

de Soto, H. (1989) *The Other Path: The Invisible Revolution in the Third World*, New York: Harper, and Row.

de Souza, R. M. (1998) "Bridging Isolated Proximities: Transnationalism and the Caribbean Migrant," paper presented at the Association of American Geographers annual meeting, 5–29 March, Boston, MA.

Deardorff, A. and R. Stern (2000) *What the Public Should Know about Globalization and the World Trade Organization*, discussion paper No. 40, School of Public Policy, Ann Arbor, MI, University of Michigan.

Deere, C. D. and A. de Janvry (1979) "A Conceptual Framework For the Empirical Analysis of Peasants," *American Journal of Agricultural Economics 61*, 602~11면.

Deere, C. D. eds. (1990) *In the Shadows of the Sun: Caribbean Development Alternatives, and U. S. Policy*, Boulder, CO: Westview Press.

Deere, C. D. and M. León (2001a) "Institutional Reform of Agriculture under Neoliberalism: The Impact of the Women's and Indigenous Movements," *Latin American Research Review 36(2)*, 31~63면.

Deere, C. D. and M. León (2001b) *Empowering Women: Land and Property*

Rights in Latin America, Pittsburgh, PA: University of Pittsburgh Press.

Deere, C. D. and E. Melendez (1992) "When Export Growth Isn't Enough: US Trade Policy and Caribbean Basin Economic Recovery," *Caribbean Affairs 5*, 61~70면.

Degregori, C. I., C. Blondet, and N. Lynch (1986) *Conquistadores de un Nuevo Mundo: de Invasores a Ciudadanos en San Martín de Parras*, Lima: Instituto de Estudios Peruanos.

Deiniger, K. (1999) "Making Negotiated Land Reform Work: Initial Experience from Colombia, Brazil, and South Africa," *World Development 27(4)*, 651~72면.

Demas, W. (1997) *West Indian Development, and the Deepening and Widening of the Caribbean Community*, Kingston: Ian Randle.

Demmers, J., A. E. Fernández Jilberto, and B. Hogenboom eds. (2001) *Miraculous Metamorphoses: The Neoliberalization of Latin American Populism*, London and New York: Zed Books.

Demographia (2001) *Mexico City Metropolitan Area*, Wendell Cox Consultancy, www.demographia.com.

Detwyler, R. and M. Melvin (1972) *Urbanisation, and Environment: The Phisical Geography of the City*, Belmont, CA: Duxbury Press.

Devlin, R. (1989) *Debt and Crisis in Latin America: The Supply Side of the History*, Princeton University Press.

Diamond, L. (1999) *Developing Democracy: Toward Consolidation*, Baltimore, NJ: The Johns Hopkins University Press.

Diamond, L., J. Linz, and S. M. Lipset eds. (1989) *Democracy in Developing Countries: Latin America*, Boulder, CO: Lynne Rienner, and Adamantine

Press.

Diaz, V. J. (1992) "Landslides in the Squatter Settlements of Caracas: Towards a Better Understanding of Causative Factors," *Environment, and Urbanization 4(2)*, 80~89면.

Díaz Polanco, H. (1997) *Indigenous People in Latin America: The Quest for Self-determination*, Boulder, CO: Westview Press.

Dicken, P. (1998) *Global Shift: The Internationalization of Economic Activity*, Third Edition, New York: The Guilford Press.

Dicken, P., J. Peck, and A. Tickell (1997) "Unpacking the Global," in R. Lee and J. Wills eds., *Geographies of Economies*, London: Edward Arnold 158~66면.

Dierckxsens, W. (1992) "Impacto del Ajuste Estructural Sobre la Mujer Trabajadora en Costa Rica," in M. Acuña-Ortega ed., *Cuadernos de Política Económica*, Heredia: Universidad Nacional de Costa Rica 2~59면.

Dietz, J. L. ed. (1995) *Latin America's Economic Development: Confronting Crisis*, Bouder, CO: Lynne Rienner.

Diniz, C. C. (1994) "Polygonized Development in Brazil: Neither Decentralization nor Continued Polarization," *International Journal of Urban and Regional Research 18(2)*, 293~314면.

Dockerdorff, E., A. Rodríguez, and L. Winchester (2000) "Santiago de Chile: Metropolization, Globalization, and Inequity," *Environment and Urbanization 12(2)*, 171~83면.

Domínguez, J. I. ed. (1997) *Technopols: Freeing Politics and Markets in Latin America in the 1990s*, University Park, PA: Pennsylvania State University Press.

Donoso, J. (1981) *El Jardín de al Lado*, Barcelona: Seix Barral.

Dore, E. (1995) "Latin America and the Social Ecology of Capitalism," in S. Halebsky and R. L. Harris eds., *Capital, Power, and Inequality in Latin America*, Boulder, CO: Westview Press 253~78면.

Dore, E. and M. Molyneux eds., (2000) *Hidden Histories of Gender and the State in Latin America*, Durham, NC: Duke University Press.

Dornbusch, R. and S. Edwards eds. (1991) *The Macro-economics of Populism in Latin America*, Chicago, IL: University of Chicago Press.

Dos Santos, T. (1970) "The Structure of Dependency," *American Economic Review 60(2)*, 231~36면.

Dos Santos, T. (1998) "The Theoretical Foundations of the Cardoso Government: A New Stage in the Dependency-theory Debate," *Latin American Perspectives 25(1)*, 53~70면.

Dos Santos, T. (2002a) *La Teoría de la Dependencia: Balance y Perspectivas*, Barcelona and Mexico City: Plaza y Janés Editores.

Dos Santos, T. (2002b) "Los Fundamentos Teóricos del Gobierno de Fernando Henrique Cardoso: Nueva Etapa de la Polémica Sobre la Teoría de la Dependencia," in T. Dos Santos, *La Teoría de la Dependencia: Balance y Perspectivas*, 101~36, 145~48면.

Doughty, P. L. (1970) "Behind the Back of the City: 'Provincial' Life in Lima, Peru," in W. Mangin ed., *Peasants in Cities: Readings in the Anthropology of Urbanization*, Boston: Houghton Mifflin 30~46면.

Drakasis-Smith, D. (1987) *The Third World City*, London: Methuen.

Dupuy, A. (1997) *Haiti in the New World Order: The Limits of the Democratic Revolution*, Boulder, CO: Westview Press.

Durand, J. and D. S. Massey (1992) "Mexican Migration to the United States: A Critical View," *Latin American Research Review 27(2)*, 3~42면.

Durand, J., E. A. Parrado, and D. S. Massey (1996) "Migradollars and Development: A Reconsideration of the Mexican Case," *International Migration Review 30(2)*, 423~44면.

Ducci, M. E. (1997) "Chile: El Lado Obscuro de una Política de Vivienda Exitosa," *Revista Latinoamericana de Estudios Urbanos-regionales (EURE) 23*, 99~115면.

Duncan, K. and I. Rutledge eds. (1977) *Land and Labour in Latin America: Essays on the Development of Agrarian Capitalism in the Nineteenth and Twentieth Centuries*, Cambridge: Cambridge University Press.

Dussell, E. (2000) *Polarizing Mexico: The Impact of Liberalization Strategy*, Boulder, CO: Lynne Rienner.

Easton, D. (1965) *A Framework for Political Analysis*, Englewood Cliffs, NJ: Prentice Hall.

Eckstein, S. ed. (1989) *Power and Popular Protest: Latin American Social Movements*, Berkeley, CA: University of California Press.

ECLAC (1990) *Changing Production Patterns with Social Equity*, Santiago: Economic Commission for Latin America and the Caribbean (ECLAC).

ECLAC (1991) *Sustainable Development: Changing Production Patterns, Social Equity, and the Environment*, Santiago: United Nations ECLAC.

ECLAC (1992a) *Social Equity and Changing Production Patterns: An Integrated Approach*, Santiago: ECLAC.

ECLAC (1992b) *Major Changes and Crisis: The Impact on Women in Latin America and the Caribbean*, Santiago: ECLAC.

ECLAC (1994) *Open Regionalism in Latin America and the Caribbean*, Santiago: ECLAC.

ECLAC (1995) *Latin America and the Caribbean: Policies to Improve Linkages with the Global Economy*, Santiago: ECLAC.

ECLAC (1998) "Fifty Years of the Economic Survey," in ECLAC, *Economic Survey of Latin America and the Caribbean, 1997-8*, Santiago: ECLAC 343~68면.

ECLAC (2001) *Equity, Development, and Citizenship*, Santiago: ECLAC.

ECLAC (2002a) *Globalization and Development*, Santiago: Economic Commission for Latin America and the Caribbean (ECLAC).

ECLAC (2002b) *Social Panorama of Latin America 2000-2001*, Santiago: Economic Commission for Latin America and the Caribbean (www.cepal.org).

ECLAC (2002c) *Social Panorama of Latin America 2001-2002*, Santiago: Economic Commission for Latin America and the Caribbean (www.cepal.org).

ECLAC (2003a) *La Inversión Extranjera en América Latina y el Caribe*, Santiago: Economic Commission for Latin America, and the Caribbean.

ECLAC (2003b) *Latin America and the Caribbean in the World Economy, 2001-2002 edition*, Santiago: Economic Commission for Latin America and the Caribbean.

ECLAC / IICA (2002) *Survey of Agriculture in the Latin America and the Caribbean 1990-2000*, Santiago: Economic Commission for Latin America and the Caribbean (ECLAC) and Inter-American Institute for Cooperation on Agriculture (IICA).

Edelman, M. (1998a) "Organizing across Borders: The Rise of a Transnational Peasant Movement in Central America," in J. Blauert and S. Zadek eds., *Mediating Sustainability. Growing Policy from the Grassroots*, Bloomfield, CT: Kumarian Press 215~47면.

Edelman, M. (1998b) "Transnational Peasant Politics in Central American," *Latin American Research Review 33(3)*, 49~86면.

Edelman, M. (1999) *Peasants against Globalization: Rural Social Movements in Costa Rica*, Stanford, CA: Stanford University Press.

Edelman, M. (2000) "The Persistence of the Peasantry," *NACLA Report on the Americas 33(5)*, 14~19면.

Edwards, A. (1987) *La Fronda Aristocrática en Chile*, Santiago: Editorial Universitaria.

Edwards, M. (1982) "Cities of Tenants: Renting among the Urban Poor in Latin America," in A. Gilbert, J. Hardoy, and R. Ramírez eds., *Urbanization in Contemporary Latin America*, London: John Wiley 129~58면.

Edwards, S. (1995) *Crisis and Reform in Latin America: From Despair to Hope*, Oxford, and New York: Oxford University Press.

Ekins, P. (1992) *A New World Order: Grassroots Movements for Global Change*, London and New York: Routledge.

El País (2003) "La Incertidumbre de América Latina," *El País*, 3 August, 44면.

El Tiempo (2002) "Pobres Ponen en Alerta las Campañas," *El Tiempo*, 9 February.

Ellis, F. (2000) *Rural Livelihoods and Diversity in Developing Countries*, Oxford: Oxford University Press.

Elson, D. (1989) "The Impact of Structural Adjustment on Women: Concepts, and Issues," in B. Onimode ed., *The IMF, the World Bank and the African Debt*, Volume 2: *The Social and Political Impact*, London: Zed Books.

Elson, D. (1991) "Structural Adjustment: Its Effect on Women," in T. Wallace and C. March eds., *Changing Perceptions: Writings on Gender, and Development*, Oxford: Oxfam 39~53면.

Elson, D. (1999) "Labour Markets as Gendered Institutions: Equality, Efficiency, and Empowerment Issues," *World Development 27(3)*, 611~27면.

Emmanuel, A. (1972) *Unequal Exchange: A Study of the Imperialism of Trade*, London: New Left Books.

Epstein, E. (2000) "Changing Latin American Labour Relations amidst Economic and Political Liberalization," *Latin American Research Review 35(1)*, 208~18면.

Escobal, J. (2001) "The Determinants of Nonfarm Income Diversification in Rural Peru," *World Development 29(3)*, 497~508면.

Escobar, A. (1995) *Encountering Development: The Making and Unmaking of the Third World*, Princeton, NJ: Princeton University Press.

Escobar, A. (2001a) "Beyond the Search for a Paradigm?: Post-development, and Beyond," *Development 43(4)* (online journal: http://www.sidint.org/journal.htm).

Escobar, A. (2001b) "Culture Sits in Places: Reflections on Globalization and Subaltern Strategies of Localization," *Political Geography 20(2)*, 139~74면.

Escobar, A. and S. Alvarez eds. (1992) *The Making of Social Movements in Latin America: Identity, Strategy, and Democracy*, Boulder, CO: Westview Press.

Escobar Latapí, A. (1988) "The Rise, and Fall of an Urban Lanour Market: Economic Crisis and the Fate of Small Workshops in Guadalajara,

Mexico," *Bulletin of Latin American Research 7(2)*, 183~205면.

Escobar Latapí, A. (1998) "Los Hombres y sus Historias: Reestructuración y Masculinidad en México," *La Ventana (Unversidad de Guadalajara)*, 122~73면.

Escobar Latapí, A. (2000) "El Mercado de Trabajo de Guadalajara: Clase, Género y Edad, 1987-1996," in Instituto Tecnológico de Estudios Superiores de Occidente (ITESO), *Jalisco Diagnóstico y Prospectiva (Sociedad, Política y Economía)*, México, DF: ITESO.

Escobar Latapí, A. and M. González de la Rocha (1995) "Crisis, Restructuring, and Urban Poverty in Mexico," *Environment, and Urbanization 7(1)*, 57~76면.

Espinal, R. (1991) "Review of Diamond, Linz, and Lipset (1989)," *Journal of Latin American Studies 23(2)*, 431~33면.

Espinal, R. (1992) "Development, Neoliberalism, and Electoral Politics in Latin America," *Development, and Change 23(4)*, 427~48면.

Espinosa, M. F. (2001) "The Politics of the Indigenous Movements in Ecuador: From Ethnic Protest to a National Political Project," paper read at Amercian Association of Geographers, annual conference, New York.

Evans, P. B. (1979) *Dependent Development: The Alliance of Multinational, State, and Local Capital in Brazil*, Princeton, NJ: Princeton University Press.

Evans, P. B., D. Rueschemeyer, and T. Skocpol eds. (1985) *Bringing the State Back In*, New York: Cambridge University Press.

Evans, T., C. Castro, and J. Jones (1995) *Structural Adjustment and the Public Sector in Central America and the Caribbean*, Managua: CRIES (Coordinadora Regional de Investigaciones Económicas y Sociales).

Evers, T. (1985) "Identity: The Hidden Side of New Social Movements in Latin America," in D. Slater ed., *New Social Movements and the State in Latin America*, Amsterdam: CEDLA.

Ewig, C. (1999) "The Strength and Limits of the NGO Women's Movement Model: Shaping Nicaragua's Democratic Institutions," *Latin American Research Review 34(3)*, 75~102면.

Eyzaguirre, J. (1947) *Hispanoamérica del Dolor*, Madrid: Instituto de Estudios Políticos.

Ezcurra, E. and M. Mazari-Hiriart (1996) "Are Megacities Viable? A Cautionary Tale From Mexico City," *Environment 38(1)*, 6~16면.

Fajnzylber, F. (1990a) "Sobre la Impostergable Transformacíon Productiva de América Latina," *Pensamiento Iberoamericano 16*, 85~129면.

Fajnzylber, F. (1990b) *Industrialization in Latin America: From the 'Black Box' to the 'Empty Box': A Comparison of Contemporary Industrialization Patterns*, Santiago: Economic Commission for Latin America, and the Caribbean.

Fajnzylber, F. (1990c) "Industrialización en América Latina: de la 'Caja Negra al Casillero Vacío'," *Cuadernos de la CEPAL 60*, Santiago: CEPAL.

Falabella, G. (1991) "Organizarse para Sobrevivir en Santa María. Democracia Social en un Sindicato de Temporeros y Temporeras," paper presented at the 47th International Congress of Americanists, New Orleans, 7-11 July.

FAO (United Nations Food, and Agriculture Organisation) (1996) *Trade Yearbook*, Rome: FAO.

Faux, J. (2001) "The Global Alternative," *The American Prospect*, July 2, online at http://www.prospect.org/print/V12/12/faux-j.html.

Feder, E. (1971) *The Rape of the Peasantry: Latin America's Landholding System*,

Garden City, NY: Doubleday.

Felix, D. (1992) "Privatizing and Rolling Back the Latin American State," *CEPAL Review 46*, 31~46면.

Feres, J. C. (2001) "La Pobreza en Chile en al Año 2000," *CEPAL Serie Estadísticos y Prospectivos 14*.

Ferguson, B. (1996) "The Environmental Impacts an Public Costs of Unguided Informal Settlement: The Case of Montego Bay," *Environment and Urbanization 8(2)*, 171~93면.

Fernandes, E. and A. Varley eds. (1998) *Illegal Cities: Law and Urban Change in Developing Countries*, London: Zed Press.

Fernández, J. (1996) "The Impact of Drugs on the Colombian Economy," *The Colombian Economic Model: Institutions, Performance, and Prospects*, London: Institute of Latin American Studies Conference, April.

Fernández-Arias, E. and R. Hausmann (1999) "Is FDI a Safer Form of Financing?," in Inter American Development Bank, Research Department Working Paper 416, Washington, DC: IDB.

Fernández-Kelly, M. P. (1983) "Mexican Border Industrialization, Female Labor Force Participation, and Migration," in J. Nash and M. P. Fernández-Kelly eds., *Women, Men, and the International Division of Labor*, Albany, NY: State University of New York Press 205~23면.

Ffrench-Davis, R. (1983) "The Monetarist Experiment in Chile: A Critical Survey," *World Development 11(11)*, 905~26면.

Ffrench-Davis, R. (1988) "An Outline of a Neo-Structuralist Approach," *CEPAL Review 34*, 37~44면.

Ffrench-Davis, R. (2000) *Reforming the Reforms in Latin America:*

Macroeconomics, Trade, Finance, London: Palgrave Macmillan.

Ffrench-Davis, R. (2002) *Economic Reforms in Chile: From Dictatorship to Democracy*, Ann Arbour, MI: University of Michigan Press.

Figueroa, A. (1983) "Agricultural Development in Latin America," in O. Sunkel ed., *Development from within: Towards a Neostructualist Approach for Latin America*, Boulder, CO: Lynne Rienner.

Fisher. J. (1993) *Out of the Shadows: Women, Resistance, and Politics in South America*, London: Latin American Bureau.

Flores Galindo, A. (1994) *Buscando un Inca*, Lima: Editorial Horizonte.

Foweraker, J. (1995) *Theorizing Social Movements*, London: Pluto.

Foweraker, J. (2001) "Grassroots Movements and Political Activism in Latin America: A Critical Comparison of Chile and Brazil," *Journal of Latin American Studies 33(4)*, 839~65면.

Fox, R. (1975) *Urban Population Growth Trends in Latin America*, Washington, DC: Inter-American Development Bank (IDB).

Fox, R. and O. Starn eds. (1997) *Between Resistance and Revolution: Cultural Politics and Social Protest*, New Brunswick, NJ: Rutgers University Press.

Foxley, A. (1996) "Preface," in V. Bulmer-Thomas ed., *The New Economic Model in Latin America and Its Impact on Income Distribution and Poverty*, Basingstoke and London: Macmillan 1~6면.

Franco, J. (1980) *Historia de la Literatura Hispanoamericana*, Barcelona: Editorial Ariel.

Frank, A, G. (1966) "The Development of Underdevelopment," *Monthly Review18 (September)*, 17~31면.

Frank, A, G. (1967) *Capitalism and Underdevelopment in Latin America:*

Historical Studies of Chile and Brazil, New York: Monthly Review Press.

Frank, A, G. (1991) "Latin American Development Theories Revisited: A Participant Review Essay," *The European Journal of Development Review 3(2)*, 149~59면, a longer version was published in *The Scandinavian Journal of Development Review 10(3)*, 133~50면.

Freudenheim, M. (1992) "Tax Credits of $8.5 Billion Received by 22 Drug Makers," *The New York Times*, 15 May, C3.

Freyre, G. (1946) *The Master and the Slaves: A Study in the Development of Brazilian Civilization*, New York: Alfred Knopf.

Frias, P. and J. Ruiz-Tagle (1995) "Free Market Economics and Belated Democratization: The Case of Chile," in H. Thomas ed., *Globalization and Third World Trade Unions*, London: Zed Books 130~48면.

Frieden, J. (1991) *Debt, Development and Democracy: Modern Political Economy and Latin America*, Princeton, NJ: Princeton University Press.

Friedland, W. H. (1994) "The Global Fresh Fruit and Vegetables: An Industrial Organisation Analysis," in P. McMichael ed., *The Global Restructuring of Agro-food Systems*, Ithaca, NY: Cornell University Press.

Friedmann, E., K. Hochstetler, and A. M. Clark (2001) "Sovereign Limits and Regional Opportunities for Global Civil Society in Latin America," *Latin American Research Review 36(3)*, 7~35면.

Friedmann, J. and H. Rangan eds. (1993) *In Defense of Livelihood: Comparative Studies on Environmental Action*, West Hartford, CT: Kumarian Press.

Friedmann, J. and G. Wolff (1982) "World City Formation: An Agenda For Research and Action," *International Journal of Urban, and Regional Research 6(3)*, 309~43면.

Frundt H. J. (2002) "Central American Unions in the Era of Globalization," *Latin American Research Review 37(3)*, 7~53면.

Fuentes, C. (1990) *Valiente Mundo Nuevo: Épica, Utopía y mito en la Novela Hispanoamericana*, Madrid: Narrativa Mondadori.

Fuguet, A. and S. Gómez (1996) *McOndo*, Barcelona: Mondadori.

Fukuyama F. (1992) *The End of History and the Last Man*, London: Hamish Hamilton.

Fuller, N. (2000) "Work and Masculinity among Peruvian Urban Men," *European Journal of Development Research 12(2)*, 93~114면.

Funkhouser, E. (1996) "The Urban Informal Sector in Central America: Household Survey Evidence," *World Development 24(11)*, 1737~51면.

Furley, P. (1996) "Environmental Issues and the Impact of Development," in D. Preston ed., *Latin American Development—Geographical Perspectives*, 2nd edn., Harlow: Longman 70~115면.

Furtado, C. (1976) *Economic Development of Latin America*, 2nd edn., Cambridge: Cambridge University Press.

García, B. and O. de Oliveira (1997) "Motherhood and Extradomestic Work in Urban Mexico," *Bulletin of Latin American Research 16(3)*, 367~84면.

García, M. E. (2000) "To Be Quechua is To Belong: Citizenship, Identity, and Intercultural Bilingual Education in Cuzco, Peru," PhD dissertation, Brown University, Department of Anthropology.

García Canclini, N. (1989) *Culturas Híbridas: Estrategias para Entrar y Salir de la Modernidad*, Mexico City: Grijalbo.

García de la Huerta, M. (1999) *Reflexiones Americanas, Ensayos de Intra-historia*, Santiago: LOM Ediciones.

Gracía Pascual, F. (2003) "El Ajuste Estructural Neoliberal en el Sector Agrario Latinoamericano en la Era de la Globalizacíon, *European Review of Latin America, and Caribbean Studies 75*, 3~29면.

Garza, G. (1999) "Global Economy, Metropolitan Dynamics, and Urban Policies in Mexico," *Cities 16*, 149~70면.

Gates, L. C. (2002) "The Strategic Uses of Gender in Household Negotiations: Women Workers on Mexico's Northern Border," *Bulletin of Latin American Research 21(4)*, 507~26면.

Geldstein, R. (1994) "Working Class Mothers as Economic Providers and Heads of Families in Buenos Aires," *Reproductive Health Matters 4*, 55~64면.

Geldstein, R. (1997) *Mujeres Jefas de Hogar: Familia, Pobreza y Género*, Buenos Aires: UNICEF-Argentina.

Gereffi, G. (1996) "Mexico's 'Old', and 'New' Maquiladora Industries: Contrasting Approaches to North American Integration," in G. Otero ed., *Neo-liberalism Revisited: Economic Restructuring and Mexico's Political Future*, Boulder, CO: Westview Press 85~106면.

Gereffi, G. (1994) "Rethinking Development Theory: Insights from East Asia and Latin America," in A. D. Kincaid and A. Portes eds,. *Comparative National Development: Society and Economy in the New Global Order*, Chapel Hill, NC: University of North Carolina Press.

Gereffi, G. and Miguel Korzeniewicz eds. (1994) *Commodity Chains and Global Capitalism*, Westport, CT: Praeger.

Gereffi, G. and D. L. Wyman eds. (1990) *Manufacturing Miracles: Paths of Industrialization in Latin America and East Asia*, Princeton, NJ: Princeton University Press.

Germani, G. (1965) *Política y Sociedad en una Época de Transición*, Buenos Aires: Editorial Paidos.

Gerschenkron, A. (1962) *Economic Backwardness in Historical Perspective*, Cambridge, MA: Belknap Press of the University of Harvard University Press.

Gerth, H. H. and C. Wright Mills eds. (1958) *From Max Weber: Essays in Sociology*, New York: Oxford University Press.

Ghai, D. ed. (1994) "Development and the Environment: Sustaining People and Nature," *Development, and Change 25(1)*, Special Issue.

Ghai, D. and J. M. Vivian eds. (1992) *Grassroots Environmental Action: People's Participation in Grassroots Development*, London: Routledge.

Giarracca, N. ed. (2001) *¿Una Nueva Ruralidad para América Latina?* Buenos Aires: Consejo Latinoamericano de Ciencias Sociales (CLACSO).

Gibb, R. and W. Michalak eds. (1994) *Continental Trading Blocs: The Growth of Regionalism in the World Economy*, Chichester: John Wiley.

Gibbings, W. (2002) "The CARICOM Single Market and Economy: Utopia or Reality?," in M. Blacklock ed., *The Association of Caribbean States (ACS) Yearbook*, 5th edn., ACS and International Systems and Communications Limited: Port of Spain and London 122~25면.

Gibson, C., M. McKean, and E. Ostrom (2000) *People and Forests: Communities, Institutions, and Governance*, Cambridge: Cambridge University Press.

Giddens, A. (1990) *The Consequences of Modernity*, Stanford, CA: Stanford University Press.

Gilbert, A. G. (1974) *Latin American Development: A Geographical Perspective*, Harmondsworth and London: Penguin.

Gibert, A. G. (1975) "Urban and Regional Development Programs in Colombia since 1951," in W. Cornelius and F. Trueblood eds., *Latin American Urban Research 5*, London: Sage Publication 241~75면.

Gilbert, A. G. (1992) "Third World Cities: Housing, Infrastructure, and Servicing," *Urban Studies 29(3-4)*, 435~60면.

Gilbert, A. G. (1993) "Third World Cities: The Changing National Settlement System," *Urban Studies 30(4-5)*, 721~40면.

Gilbert, A. G. (1995a) "Debt, Poverty, and the Latin American City," *Geography 80(4)*, 323~33면.

Gilbert, A. G. (1995b) "Globalization, Employment, and Poverty: The Case of Bogotá, Colombia," *Seminar, Geography, and Planning Research Series*, London School of Economics, 30 November.

Gilbert, A. G. (1997a) "Employment and Poverty during Economic Restructuring: The Case of Bogotá, Colombia," *Urban Studies 34(7)*, 1047~70면.

Gilbert, A. G. (1997b) "Mining, Manufacturing, and Services," in B. W. Blouet and O. M. Blouet eds., *Latin America and the Caribbean: A Systematic, and Regional Survey*, New York: John Wiley.

Gilbert, A. G. (1998) *The Latin American City?*, 2nd edn., London: Latin American Bureau and New York: Monthly Review Press.

Gilbert, A. G. (2002) "The Economy: Growth, Diversification, and Globalization," in B. W. Blouet and O. M. Blouet eds., *Latin America and the Caribbean*, New York: John Wiley, 4th edn. 199~234면.

Gilbert, A. G. and J. Dávila (2002) "Bogotá: Progress in a Hostile Environment," in D. A. Dietz and D. J. Myers eds., *The Local Executive in*

Latin America's Capital Cities: Democratization and Change, Boulder, CO: Lynne Rienner.

Gilbert, A. G. and J. Gugler (1992) *Cities, Poverty, and Development: Urbanization in the Third World*, Oxford: Oxford University Press (second edition).

Gilbert, A. G. and K. Koser (2002) "The Dissemination to Potential Asylum Seekers of Information about UK Immigration and Asylum Policy, and Practice," *Interim Report to the Home Office*, mimeo.

Gilbert, A. G. and A. Varley (1991) *Landlord and Tenant: Housing and the Urban Poor in Mexico*, London: Routledge.

Gilbert, A. G. and P. Ward (1984) "Community Participation in Upgrading Settlements: The Community Response," *World Development 12(9)*, 913~22면.

Gills, B. and J. Rocamora (1992) "Low Intensity Democracy," *Third World Quarterly 13(3)*, 501~23면.

Gledhill, J. (1995) *Neoliberalism, Transnationalization, and Rural Poverty: A Case Study of Michoacán*, Boulder, CO: Westview Press.

Gligo, N. (1993) "Environment and Natural Resources in Latin American Development," in O. Sunkel ed., *Development from within: Towards a Neostructuralist Approach for Latin America*, Boulder, CO: Lynne Rienner 185~222면.

Goldin, I., and L. A. Winters (1995) *The Economics of Sustainable Development*, Cambridge: Cambridge University Press.

Goldworthy, D. (1988) "Thinking Politically about Development," *Development and Change 19(3)*, 505~30면.

Góngora, M. (1981) *Ensayo Histórico Sobre la Noción de Estado en Chile en los Siglos XIX y XX*, Santiago: Ediciones La Ciudad.

González de la Rocha, M. (1988) "Economic Crisis, Domestic Reorganization, and Women's Work in Guadalajara, Mexico," *Bulletin of Latin American Research 7(2)*, 207~23면.

González de la Rocha, M. (1991) "Family Well-being, Food Consumption, and Survival Strategies during Mexico's Economic Crisis," in M. González de la Rocha and A. Escobar eds., *Social Responses to Mexico's Economic Crisis of the 1980s*, San Diego, CA: Center for US Mexican Studies, Contemporary Perspectives Series No. 1. 115~27면.

González de la Rocha, M. (1994) *The Resources of Poverty: World and Survival in a Mexican City*, Oxford: Basil Blackwell.

González de la Rocha, M. (1997) "The Erosion of the Survival Model: Urban Responses to Persistent Poverty," paper prepared for the UNRISD/UNDP/CDS Workshop, *Gender, Poverty, and Well-being: Indications and Strategies*, Trivandrum, Kerala, 24-27 November.

González de la Rocha, M. (2000) *Private Adjustment: Household Responses to the Erosion of Work*, New York: Social Development and Poverty Elimination Division, United Nations Development Programme.

González de la Rocha, M. (2001) "From the Responces of Poverty to the Poverty of Resources: The Erosion of a Survival Model," *Latin American Perspectives 38(4)*, 72~100면.

González de la Rocha, M., A. Escobar, and M. Martínez Castellanos (1990) "Estrategias versus Conflictos: Reflexiones para el Estudio del Grupo Doméstico en Época de Crisis," in G. de la Peña, J. M. Durán, A. Escobar, and J. García de Alba eds., *Crisis, Conflicto y Sobrevivencia: Estudios Sobre la Sociedad Urbana en México*, Guadalajara: Universidad de Guadalajara/CIESAS 351~67면.

Gore, C. (2000) "The Rise and Fall of the Washington Consensus as a Paradigm for Developing Countries," *World Development 28(5)*, 789~804면.

Gourevitch, P. A. (1986) *Politics in Hard Times: Comparative Responses to International Crises*, Ithaca, NY: Cornell University Press.

Government of Jamaica (2002) *A Five-year Strategic Information Technology Plan for Jamaica*, Kinston: Government of Jamaica, accessed January 2003 at http://www.mct.gov.jm/GOJ%201T%20Plan%20%20Revised%20Version%20March%2020021.pdf

Grabowski, R. and M. Shields (1996) *Development Economics*, Oxford: Blackwell.

Grant, R. D. (1993) "Against the Grain: Agricultural Trade Policies of the US, the European Community and Japan at the GATT," *Political Geography 12(3)*, 247~62면.

Green, D. (1995) *Silent Revolution: The Rise if Market Economics in Latin America*, London: Cassell in Association with Latin American Bureau.

Green, D. (1996) "Latin America: Neoliberal Failure and the Search for Alternatives," *Third World Quarterly 17(1)*, 109~22면.

Green, D. (1999) "A Trip to the Market in Latin America: The Impact of Neoliberalism in Latin America," in J. Buxton and N. Phillips eds., *Developments in Latin American Political Economy: States, Markets, and Actors*, Manchester: Manchester University Press, 13~32면.

Griffith, I. (1997) *Drugs and Security in the Caribbean*, State College, PA:

Pennsylvania State University Press.

Griffith, I. ed. (2003) *Caribbean Security in the Age of Terror*, Kingston, Jamaica: Ian Randle (Forthcoming).

Griffith-Jones, S. (1998) *Global Capital Flows: Should They Be Regulated?*, Basingstoke and London: Macmillan.

Grilli, E., and H. Yang (1988) "Primary Commodity Prices, Manufactured Goods Prices, and the Terms of Trade of Developing Countries: What the Long-run Shows," *World Bank Economic Review 2*, 1~47면.

Grugel, J. (1995) *Politics and Development in the Caribbean Basin: Central America, and the Caribbean in the New World Order*, Bloomington, IN: Indiana University Press.

Grzybowski, C. (1990) "Rural Workers and Democratisation in Brazil," in J. Fox ed., *The Challenge of Rural Democratisation*, London: Frank Cass 15~43면.

Guoymer, H., L. P. Mahe, K. J. Munk, and T. L. Roe (1993) "Agriculture in the Uruguay Round," *Journal of Agricultural Economics 27(1)*, 230~46면.

Gutiérrez Castillo, M. (1997) "Aspectos de Género de la Economía de El Salvador," in D. Elson, M. A. Fauné, J. Gideon, M. Gutiérrez, A. López de Mazier, and E. Sacayón, *Crecer con la Mujer: Oportunidades para el Desarrollo Ecómomico Centroamericano*, San Jóse: Embajada Real de los Países Bajos 127~71면.

Gutmann, M. (1996) *The Meanings of Macho: Being a Man in Mexico City*, Berkeley, CA: University of California Press.

Gutmann, M. (1997) "The Ethnographic (g)Ambit: Women and the Negotiation of Masculinity in Mexico City," *American Ethnologist 24(4)*, 833~55면.

Gwynne, R. N. (1976) *Economic Development and Structural Change: The Chilean Case, 1970-73*, occasional publication No. 2, Birmingham: Department of Geography, University of Birmingham.

Gwynne, R. N. (1978) "Government Planning and the Location of the Motor Vehicle Industry in Chile," *Tijdschrift voor Economische en Sociale Geografie 69(3)*, 130~41면.

Gwynne, R. N. (1985) *Industrialization and Urbanisation in Latin America*, Baltimore, MD: The Johns Hopkins University Press.

Gwynne, R. N. (1990) *New Horizon? Third World Industrialization in an International Framework*, Harlow: Longman.

Gwynne, R. N. (1993a) "Non-traditional Export Growth and Economic Development: The Chilean Forestry Sector since 1974," *Bulletin of Latin American Research 12(2)*, 147~69면.

Gwynne, R. N. (1993b) "Outward Orientation and Marginal Environments: The Question of Sustainable Development in the Norte Chico, Chile," *Mountain Research and Development 13(3)*, 281~93면.

Gwynne, R. N. (1995) "Regional Integration in Latin America: The Revival of a Concept?," in R. Gibb and W. Michalak eds., *Continental Trading Blocs: The Growth of Regionalism in the World Economy*, Chichester: John Wiley.

Gwynne, R. N. (1996a) "Industrialization and Urbanization," in D. Preston ed., *Latin American Development: Geographical Perspectives*, 2nd edition, Harlow: Longman 216~45면.

Gwynne, R. N. (1996b) "Direct Foreign Investment and Non-Traditional Export Growth in Chile: The Case of the Forestry Sector," *Bulletin of Latin American Research 15(3)*, 341~57면.

Gwynne, R. N. (1999) "Globalization, Commodity Chains, and Fruit Exporting Regions in Chile," *Tijdschrift voor Economische en Sociale Geografie 90(2)*, 310~12면.

Gwynne, R. N. (2003) "Transnational Capitalism and Local Development," *Tijdschrift voor Economische en Sociale Geografie 94(3)*, 310~21면.

Gwynne, R. N. and C. Kay (2000) "Views From the Periphery: Futures of Neoliberalism in Latin America," *Third World Quarterly 21(1)*, 141~56면.

Gwynne, R. N., T. Klak, and D. J. B. Shaw (2003) *Alternative Capitalisms*, Arnold: London, and New York: Oxford University Press.

Gwynne, R. N. and C. Meneses (1994) *Climate Change and Sustainable Development in the Norte Chico, Chile: Land, Water, and the Commercialisation of Agriculture*, occasional papers 34, Birmingham: School of Geography, University of Birmingham.

Gwynne, R. N. and J. Ortiz (1997) "Export Growth and Development in Poor Rural Regions: A Meso Scale Analysis of the Upper Limarí," *Bulletin of Latin American Research 16(1)*, 25~41면.

Haas, Peter M., R. O. Keohane, and M. A. Levy (1993) *Institutions for the Earth: Sources of International Environmental Protection*, Cambridge, MA: Massachusetts Institute of Technology Press.

Haggard, S. (1990) *Pathways from the Periphery: The Politics of Growth in the Newly Industrializing Countries*, Ithaca, NY: Cornell University Press.

Haggard, S. and R. R. Kaufman eds. (1992) *The Politics of Economic Adjustment*, Princeton, NJ: Princeton University Press.

Haggard, S. and R. R. Kaufman (1995) *The Political Economy of Democratic Transitions*, Princeton, NJ: Princeton University Press.

Haggard, S. and S. B. Webb eds. (1994) *Voting for Reform: Democracy, Political Liberalization, and Economic Adjustment*, New York: Oxford University Press.

Hall. A. (1996) "Did Chico Mendes Die in Vain? Brazilian Rubber Tappers in the 1990s," in H. Collinson ed., *Green Guerrillas: Environmental Conflicts and Initiatives in Latin America and the Caribbean*, London: Latin American Bureau 93~102면.

Hall, A. (1997) "Peopling the Environment: A New Agenda for Research, Policy, and Action in Brazilian Amazonia," *European Review of Latin America and Caribbean Studies 62*, 9~31면.

Halpern, P. (2002) *Los Nuevos Chilenos y la Batalla por sus Preferencias*, Santiago: Planeta.

Hamilton, S. and E. Fischer (2003) "Understanding the Risks: Theoretical Perspectives and Local Perceptions of Nontraditional Agricultural Exports in Highland Guatemala," *Latin American Research Review 38(3)*, 82~110면.

Hampton, M. and J. Christensen (2002) "Offshore Pariahs? Small Island Economies, Tax Havens, and the Re-configuration of Global Finance," *World Development 30(9)*, 1657~73면.

Handelman, H. (1996) *The Challenge of Third World Development*, Englewood Cliffs, NJ: Prentice Hall.

Hardoy, J. (1975) "Two Thousand Years of Latin American Urbanization," in J. Hardoy ed., *Urbanization in Latin America: Approaches and Issues*, New York: Anchor Books 3~56면.

Hardoy, J., D. Mitlin, and D. Satterthwaite (1992) *Environmental Problems in Third World Cities*, London: Earthscan.

Hardoy, J. and D. Satterthwaite (1989) *Squatter Citizen: Life in the Urban Third World*, London: Earthscan.

Harris, R. L. (2000) "The Effects of Globalization and Neoliberalism in Latin America at the Beginning of the Millennium," *Journal of Developing Societies 16(1)*, 139~62면.

Harris, R. L. (2002) "Globalization and Globalism in Latin America: Contending Perspectives," *Latin American Perspectives 29(6)*, 5~23면.

Hartshorn, G. (1989) "Sustained Yield Management of Natural Forests: The Palcazú Production Forest," in J. Browder ed., *Fragile Lands of Latin America: Strategies for Sustainable Development*, Boulder, CO: Westview Press 130~38면.

Harvey, N. (1994) "Rebellion in Chiapas: Rural Reforms, Campesino Radicalism, and the Limits to Salinismo," in *The Transformation of Rural Mexico*, No. 5, La Jolla (CA): Center for US-Mexican Studies, University of California at San Diego 1~49면.

Harvey, N. (1998) *The Chiapas Rebellion: The Struggle for Land and Democracy*, Durham, NC and London: Duke University Press.

Heal, G. (2000) *Nature and the Marketplace*, Washington, DC: Island Press.

Hecht, S. B. (1985) "Environment, Development, and Politics: Capital Accumulation and the Livestock Sector in Eastern Amazonia," *World Development 13(6)*, 663~84면.

Held, D. (1996) *Models of Democracy*, 2nd edn., Stanford, CA: Stanford University Press.

Held, D., A. McGrew, D. Goldblatt, and J. Perraton (1999) *Global Transformations: Politics, Economics, and Culture*, Cambridge: Polity.

Herbert, B. (1996) "Banana Bully," *The New York Times*, 13 May, A15.

Hernández-Laos, E. (2000) "Crecimiento Económico, Distribución del Ingreso y Pobreza en México," *Comercio Exterior 50(10)*, 863~73면.

Hey, J. and T. Klak (1999) "From Protectionism toward Neoliberalism: Ecuador under Four Administrations (1981-1996)," *Studies in Comparative International Development 34(3)*, 66~97면.

Higley, J. and R. Gunther eds. (1992) *Elites and Democratic Consolidation in Latin America and Southern Europe*, Cambridge: Cambridge University Press.

Hirst, P. and G. Thompson (1992) "The Problem of 'Globalisation': International Economic Relations, National Economic Management, and the Formation of Trading Blocs," *Economy, and Society 21(4)*, 357~96면.

Hirst, P. and G. Thompson (1996) *Globalization in Question: The International Economy and the Possibilities of Governance*, Cambridge: Polity Press.

Hirst, P. and G. Thompson (1999) *Globalization in Question: The International Economy and the Possibilities of Governance*, second edn., Cambridge: Polity Press.

Hitiris, T. (1989) *European Community Economics*, Hemel Hempstead: Harvester Wheatsheaf.

Hobsbawm, E. (1994) *Age of Extremes: The Short Twentieth Century, 1914-1991*, London: Michael Joseph.

Hojman, D. E. (1992) *Chile: The Political Economy of Development and Democracy in the 1990s*, Basingstoke: Macmillan.

Hommes, R., A. Montenergo, and P. Roda eds. (1994) *Una Apertura Hacia el Futuro: Balance Económico 1990-1994*, Bogotá: Ministerio de Hacienda y

Crédito Público and Departamento Nacional de Planeación.

Hopenhayn, M. (1993) "Postmodernism and Neoliberalism in Latin America," in J. Beverly and J. Oviedo eds., *The Postmodernism Debate in Latin America*, a special issue of *Boundary 2, 20(3)*, Durham, NC: Duke University Press 93~109면.

Hounie, A., L. Pittaluga, G. Porcile, and F. Scatolin (1999) "ECLAC and the New Growth Theories," *CEPAL Research 68*, 7~34면.

Humphrey, J. (1997) "Gender Divisions in Brazilian Industry," in J. Gugler ed., *Cities in the Developing World: Issues, Theory, and Policy*, Oxford: Oxford University Press 171~83면.

Hunt, D. (1993) *Economic Theories of Development*, Hemel Hempstead: Harvester Wheatsheaf.

Huntington, S. P. (1968) *Political Order in Changing Societies*, New Haven, CT: Yale University Press.

Huntington, S. P. (1991) *The Third Wave of Democratization in the Late Twentieth Century*, Norman, OK: University of Oklahoma Press.

Hurrel, A. (1991) "The Politics of Amazonian Deforestation," *Journal of Latin American Studies 23, 1*, 197~215면.

Hurrell, A. and B. Kingsbury eds. (1992) *The International Politics of the Environment: Actors, Interests, and Institutions*, Oxford: Clarendon Press.

IDB (Inter-American Development Bank) (1991) *Our Own Agenda*, Washington, DC: IDB.

IDB (1996) *Economic and Social Progress in Latin America: 1996 Report: Making Social Services Work*, Washington, DC: IDB.

IDB (1997) *Latin America after a Decade of Reforms: Economic and Social*

Progress, 1997 Report, Baltimore, MD: The Johns Hopkins University Press.

IDB (1998) *Facing up to Inequality: Economic and Social Progress in Latin America, 1998-1999 Report*, Baltimore, MD: The Johns Hopkins University Press.

IDB (2003) *Inter-American Development Bank Annual Report*, Washington, DC: IDB.

IEA (International Energy Agency) (1996) *Energy Balances and Statistics of the Non-OECD Countries*, Paris: IEA.

Iglesias, E. V. (1992) *Reflections on Economic Development: Toward a New Latin American Consensus*, Baltimore, MD: The Johns Hopkins University Press.

ILO (1995) *World Employment 1995: An ILO Report*, Geneva: ILO.

ILO (2000) *2000 labour Overview*, Lima: International Labour Organization (www.ilolim.org.pe/english/260ameri/publ/2000.special.html)

ILO (2001) *Report of the Director General: Reducing the Decent Work Deficit—A Global Challenge*, Geneva: International Labour Organization (www.ilo.org).

Imaz del, J. L. (1984) *Sobre la Identidad Iberoamericana*, Buenos Aires: Editorial Sudamericana.

INEGI (Instituto Nacional de Estadística, Geografía e Informática) (2001) "El XV Censo Industrial. Resultados de la Industria Manufacturera," *Comunicado de Prensa*, 054, Mexico City: INEGI.

INEGI (2002) *Censo de Población y Vivienda 2000*, Aguascalientes, Mexico City: INEGI.

Jansen, K. and E. Roquas (1998) "Modernizing Insecurity: The Land Titling Project in Honduras," *Development and Change 29(1)*, 81~106면.

Jaquette, J. ed. (1994) *The Women's Movement in Latin America: Participation and Democracy*, 2nd edn., Boulder, CO: Westview Press.

Jarvis, L. S. (1992) "The Unravelling of the Agrarian Reform," in C. Kay and P. Silva eds., *Development and Social Change in the Chilean Countryside: From the Pre-land Reform Period to the Democratic Transition*, Amsterdam: CEDLA 189~213면.

Jeffrey, P. (1998) "Central America: A Growing Role in Drug Trade," *Latinamerica Press (Lima, Peru) 30(1)*, 2면.

Jelin E. ed. (1990) *Women and Social Change in Latin America*, London: UNRISD/Zed Books.

Jelin, E. (1995) "Emergent Citizenship or Exclusion? Social Movements and Non-governmental Organizations in the 1990s," in E. Jelin and E. Hershberg eds. (1996), *Constructing Democracy: Human Rights, Citizenship, and Society in Latin America*, Boulder, CO: Westview Press 79~101면.

Jenkins, R. O. (1977) *Dependent Industrialization in Latin America*, New York: Praeger.

Jenkins, R. O. (1991) "The Political Economy of Industrialisation: A Comparison of Latin American and East Asian Newly Industrialising Countries," *Development, and Change 22(2)*, 197~231면.

Jenkins, R. (1997) "Structural Adjustment and Bolivian Industry," *European Journal of Development Research 9(2)*, 107~28면.

Johnston, R. J., P. J. Taylor, and M. J. Watts eds. (1995) *Geographies of Global Change: Remapping the World in the Late Twentieth Century*, Oxford: Blackwell.

Jokisch, B. (1999) "Transnational Landscape: Ecuadorian Migration and

Landscape Transformation," paper presented at Annual Meetings of the Association of American Geographers in Honolulu, 23–27 March 1999.

Jokisch, B. (2002) "Migration and Agricultural Change: The Case of Smallholder Agriculture in Highland Ecuador," *Human Ecology 30(4)*, 523~50면.

Jokisch, B. and J. Pribilsky (2002) "The Panic to Leave: Economic Crisis and the 'New Emigration' from Ecuador," *International Migration 40(4)*, 74~99면.

Kahler, M. (1992) "External Influence, Conditionality, and the Politics of Adjustment," in S. Haggard, and R. R. Kaufman eds., *The Politics of Economic Adjustment*, Princeton, NJ: Princeton University Press 89~133면.

Kaimovitz, D. (1996) "Social Pressure for Environmental Reform in Latin America," in H. Collinson ed., *Green Guerrillas: Environmental Conflicts and Initiatives in Latin America, and the Caribbean*, London: Latin American Bureau 20~32면.

Kaplinsky, R. (1995) "A Reply to Willmore," *World Development 23(3)*, 537~49면.

Karl, T. L. (1997) *The Paradox of Plenty: Oil Booms and Petro-states*, Los Angeles, CA: University of California Press.

Kaufman, R. R. and B. Stallings eds. (1989) *Debt and Democracy in the 1980s: The Latin American Experience*, Boulder, CO: Westview Press.

Kay, C. (1989) *Latin American Theories of Development and Underdevelopment*, London and New York: Routledge.

Kay, C. (1993) "For a Renewal of Development Studies: Latin American Theories and Neoliberalism in the Era of Structural Adjustment," *Third World Quarterly 14(4)*, 691~702면.

Kay, C. (1995) "Rural Development and Agrarian Issues in Contemporary Latin America," in J. Weeks ed., *Structural Adjustment, and the Agricultural Sector in Latin America and the Caribbean*, Basingstoke and London: Macmillan 9~44면.

Kay, C. (1997) "Globalisation, Peasant Agriculture, and Reconversión," *Bulletin of Latin American Research 16(1)*, 11~24면.

Kay, C. (1999) "Rural Development: From Agrarian Reform to Neoliberalism and beyond," in R. Gwynne and C. Kay eds., *Latin America Transformed: Globalization and Modernity*, London: Edward Arnold 272~304면.

Kay, C. (2000a) "Los Paradigmas del Desarrollo Rural en América Latina," in F. García Pascual ed., *El Mundo Rural en la Era de la Globalización: Incertidumbres y Potencialidades*, Madrid: Ministerio de Agricultura, Pesca y Alimentación (Serie de Estudios No. 146), 337~429면.

Kay, C. (2000b) "Latin America's Agrarian Transformation: Peasantization, and Proletarianization," in D. Bryceson, C. Kay, and J. Mooij eds., *Disappearing Peasantries? Rural Labour in Africa, Asia, and Latin America*, London: ITDG Publishing 123~38면.

Kay, C. (2001a) "Agrarian Reform and Rural Development in Latin America: Lights and Shadows," in H. R. Morales and J. Putzel eds., *Power in the Village: Agrarian Reform, Rural Politics, Institutional Change, and Globalization*, Quezon City: Project Development Institute and the University of the Philippines Press 191~235면.

Kay, C. (2001b) "Reflections on Rural Violence in Latin America," *Third World Quarterly 22(5)*, 741~75면.

Kay, C. (2002a) "Why East Asia Overtook Latin America: Agrarian Reform,

Industrialization, and Development," *Third World Quarterly 23(6)*, 1073~1102면.

Kay, C. (2002b) "Chile's Neoliberal Agrarian Transformation," *Journal of Agrarian Change 2(4)*, 464~501면.

Kay, C. and R. N. Gwynne (2000) "Relevance of Structuralist and Dependency Theories in the Neoliberal Period: A Latin American Perspective," *Journal of Developing Societies 16(1)*, 49~69면.

Katzman, R. (1992) "¿Por Qué los Hombres Son Tan Irresponsables?," *Revista de la CEPAL 46*, 1~9면.

Kearney, M. (1995) "The Local and the Global: The Anthropology of Globalization, and Transnationalism," *Annual Review of Anthropology 24*, 547~65면.

Kearney, M. (1996) *Reconceptualizing the Peasantry: Anthropology in Global Perspective*, Boulder, CO: Westview Press.

Kearney, M. (2000) "Transnational Oaxacan Indigenous Identity: The Case of the Mixtecs and Zapotecs," *Identities 7*, 173~95면.

Kearney, M. and S. Varese (1995) "Latin America's Indigenous Peoples: Changing Identities and Forms of Resistance," in S. Halebsky and R. L. Harris eds., *Capital, Power, and Inequality in Latin America*, Boulder, CO: Westview Press 207~31면.

Keck, M. (1995) "Social Equity, and Environmental Politics in Brazil: Lessons from the Rubber Tappers of Acre," *Comparative Politics 27(4)*, 409~24면.

Keck, M. E. and K. Sikkink (1998) *Activists beyond Borders: Advocacy Networks in International Politics*, Ithaca, NY: University of Cornell Press.

Kelly, M. E. (2002) "The Border Environment and the Changing Bilateral

Relationship," *UCSD Enfoque*, Fall, 1~8면.

Kenney, M. and R. Florida (1994) "Japanese Maquiladoras: Production Organization and Global Commodity Chains," *World Development 22(1)*, 27~44면.

Killick, T. and M. Malik (1992) "Country Experience with IMF Programmes in the 1980s," *The World Economy 15(5)*, 599~632면.

Kirby, P. (2003) *Introduction to Latin America: Twenty-first Century Challenges*, London: Sage Publications.

Klak, T. (1996) "Distributional Impacts of the 'Free Zone' Component of Structural Adjustment: The Jamaican Experience," *Growth, and Change 27(3)*, 352~87면.

Klak, T. ed. (1998) *Globalization and Neoliberalism: The Caribbean Context*, Lanham, MD: Rowman and Littlefield.

Klak, T. (2002) "How Much Does the Caribbean Gain from Offshore Services?," in M. Blacklock ed., *The Association of Caribbean States (ACS) Yearbook* (5th edition), ACS & International Systems and Communications Limited: Port of Spain & London 88~103면.

Klein, E. (1992) "El Empleo Rural no Agrícola en América Latina," *Documento de Trabajo*, 364, Santiago: Programa Regional de Empleo para América Latina y el Caribe (PREALC).

Kling, M. (1970) "Hacia una Teoría del Poder y de la Inestabilidad Política en América Latina," in J. Petras and M. Zeitlin eds., *América Latina: ¿Reforma o Revolución?*, Buenos Aires: Tiempo Contemporáneo.

Koechlin, T. (1995) "The Globalization of Investment," *Contemporary Economic Policy 13* (January), 92~100면.

Koonings, K., D. Kruijt, and F. Wils (1995) "The Very Long March of History," in H. Thomas ed., *Globalization and Third World Trade Unions*, London: Zed Books 99~129면.

Kopinak, K. (1996) *Desert Capitalism: Maquiladoras in North America's Western Industrial Corridor*, Phoenix, AZ: University of Arizona Press.

Kopinak, K. (1997) *Desert Capitalism: What Are the Maquiladoras?* Montreal: Black Rose.

Korovkin, T. (2001) "Reinventing the Communal Tradition: Indigenous Peoples, Civil Society, and Democratization in, andean Ecuador," *Latin American Research Review 36(3)*, 37~67면.

Korovkin, T. (2003) "Cut-flower Exports, Female Labor, and Community Participation in Highland Ecuador," *Latin American Perspectives 30(4)*, 18~42면.

Krueger, A., M. Schiff, and A. Valdés eds. (1990) *The Political Economy of Agricultural Pricing Policy*, 2 volumes, Washington, DC: World Bank.

Kuznets, S. (1966) *Modern Economic Growth: Rate, Structure, and Spread*, New Haven, CT: Yale University Press.

Laclau, E. and C. Mouffe (1985) *Hegemony and Socialist Strategy: Towards a Radical Democracy*, London: Verso.

Lalive, C. (1975) *Religion, Dynamique Social et Dépéndence*, Paris: Mouton.

Langer, A., R. Lozano, and J. L. Bobadilla (1991) "Effects of Mexico's Economic Crisis on the Health of Women and Children," in M. González de la Rocha and A. Escobar eds., *Social Responses to Mexico's Economic Crisis of the 1980s*, San Diego: Center for US Mexican Studeis, Contemporary Perspectives Series No. 1. 195~219면.

Lara Flores, S. M. ed. (1995) *Jornaleras, Temporeras y Bóias-frias: El Rostro Femenino del Mercado de Trabajo Rural en América Latina*, Caracas: Nueva Sociedad.

Lara Flores, S. M. (1998) *Nuevas Experiencias Productivas y Nuevas Formas de Organización Flexible del Trabajo en la Agricultura Mexicana*, Mexico City: Juan Pablo Editor.

Larraín, J. (2000) *Identity and Modernity in Latin America*, Oxford: Polity Press.

Larranaga, O. and G. Sanhueza (1994) *Descomposición de la Pobreza en Chile*, Santiago: ILADES Working Paper 1~79면.

Latin America Press (1997) "Help from afar," 18 September, 7면.

Laurie, N., R. Andolina, and S. Radcliffe (2002) "The Excluded 'Indigenous'? The Implications of Multi-ethnic Policies for Water Reform in Bolivia," in R. Sieder ed., *Multicultualism in Latin America: Indigenous Rights, Diversity, and Democracy*, Basingstoke: Palgrave-Macmillan 252~76면.

Lavin, J. and L. Larraín (1989) *Chile, Sociedad Emergente*, Santiago: Editora Zig-Zag.

Le Heron, R. (1993) *Globalised Agricuture*, Oxford: Pergamon Press.

Leach, F. (1999) "Women in the Informal Sector: The Contribution of Education and Training," in Oxfam ed., *Development with Women*, Oxford: Oxfam 46~62면.

Lehmann, D. (1982) "After Lenin and Chayanov: New Paths of Agrarian Capitalism," *Journal of Development Economics 11(2)*, 133~61면.

Lehmann, D. (1990) *Democracy and Development in Latin America*, Cambridge: Polity Press.

Lehmann, D. (1996) *The Struggle for the Spirit*, Cambridge: Polity Press.

Leitmann, J., C. Bartone, and J. Bernstein (1992) "Environmental Management and Urban Development: Issues and Options for Third World Cities," *Environment and Urbanization 4(2)*, 131~40면.

Levia, F. I. (1998) "Disciplining Workers in 'Post-neoliberal' Chile: Neostructuralism, Labor Flexibility, and Social Fragmentation in the 1990s," paper presented at the inaugural conference of the Center for Latin American and Latino Studies, 20-21 November, Amherst, MA: University of Massachusetts-Amherst.

LeoGrande, W. and J. Thomas (2002) "Cuba's Quest for Economic Independence," *Journal of Latin American Studies 34(2)*, 325~63면.

León, F. (2000) *Mujer y Trabajo en las Reformas Estructurales Latinoamericanos durante las Décadas de 1980 y 1990*, Santiago de Chile: Comisión Económica para América Latina y el Caribe, Serie Mujer y Desarrollo, No. 28.

Leonard, H. J. (1987) *Natural Resources and Economic Development in Central America*, New Brunswick, NJ: Transaction Books.

Leonard, H. J. ed. (1989) *Environment and the Poor: Development Strategies for a Common Agenda*, New Brunswick, NJ: Transaction Books.

Lind, A. C. (1992) "Power, Gender, and Development: Popular Women's Organizations and the Politics of Need in Ecuador," in A. Escobar and S. Alvarez eds., *The Making of Social Movements in Latin America*, Boulder, CO: Westview Press 134~49면.

Lindblom, C. (1977) *Politics, and Markets*, New York: Basic Books.

Linz, J. (1978) *The Breakdown of Democratic Regimes: Crisis, Breakdown, and Reequilibration*, Baltimore, MD: The The Johns Hopkins University Press.

Linz, J. and A. Stepan (1996) *Problems of Democracies: Transition and Consolidation: Southern Europe, South America, and Post-Communist Europe*, Baltimore, MD: The The Johns Hopkins University Press.

Linz, J. and A. Valenzuela eds. (1994) *The Failure of Presidential Democracy*, Baltimore, MD: The The Johns Hopkins University Press.

Lipschutz, R. and K. Conca eds. (1993) *The State and Social Power in Global Environmental Politics*, New York: Columbia University Press.

Lira, O. (1985) *Hispanidad y Mestizaje*, Santiago: Editorial Covadonga.

Little, W. (1997) "Democratization in Latin America, 1980-95," in D. Potter *et al.* eds., *Democratization*, Cambridge: Polity Press 174~94면.

Little, W. and E. Posada-Carbó eds. (1996) *Political Corruption in Europe and Latin America*, Basingstoke, and London: Macmillan.

Llambí, L. (1988) "The Small Modern Farmers: Neither Peasants Nor Fully-fledged Capitalists?," *The Journal of Peasant Studies 15(3)*, 350~72면.

Lloyd-Sherlock, P. (1997) *Old Age and Urban Poverty In the Developing World: The Shanty Towns of Buenos Aires*, Basingstoke and London: Macmillan.

Logan, J. R. (2002) *The New Latinos: Who They Are, Where They Are*, New York: New York University at Albany: Lewis Mumford Center for Comparative Urban and Regional Research.

Lomnitz, L. (1977) *Networks and Marginality: Life in a Mexican Shantytown*, Orlando, FL: Academic Press.

Londoño, J. L. (1995) "25 Años de Cambios Distributivos en Colombia," *Coyuntura Económica 25*, 61~63면.

López, R. and A. Valdés (2000) "Fighting Rural Poverty in Latin America: New Evidence of the Effects of Education, Demographics, and Access to Land,"

Economic Development, and Cultural Change 49(1), 197~211면.

López Cordovez, L. (1982) "Trends and Recent Changes in the Latin American Food, and Agricultural Situation," *CEPAL Review 16*, 7~41면.

López de Mazier, A. (1997) "La Mujer, Principal Sostén del Modelo Económico de Honduras: Un Análisis de Género de la Economía Hondureña," in D. Elson, M. A. Fauné, J. Gideon, M. Gutiérrez, A. López de Mazier, and E. Sacayón, *Crecer con la Mujer: Oportunidades para el Desarrollo Ecónomico Centroamericano*, San José: Embajada Real de los Países Bajos 215~52면.

Loveman, B. (1994) *The Constitution of Tyranny: Regimes of Exception in Spanish America*, Pittsburgh, PA: University of Pittsburgh Press.

Luard, E. (1990) *The Globalization of Politics*, Basingstoke and London: Macmillan.

Lumbreras, L. G. (1991) "Misguided Development," *NACLA Report on the Americas 24(5)*, 18~22면.

Lustig, N. (1991) "From Structualism to Neostructualism: The Search For a Heterodox Paradigm," in P. Meller ed., *The Latin American Development Debate: Neostructualism, Neomonetarism, and Adjustment Processes*, Boulder, CO: Westview Press 27~42면.

MacDonald, L. (1997) *Supporting Civil Society: The Political Role of Non-governmental Organizations in Central America*, New York: St. Martin's Press.

Maddison, A. (2001) *The World Economy: A Millennial Perspective*, Paris: Organization for Economic Cooperation, and Development.

Mahon, J. E. (1996) *Mobile Capital and Latin American Development*, University Park, PA: Pennsylvania State University Press.

Mainwaring, S., G. O'Donnell, and J. S. Valenzuela eds. (1992) *Issues in Democratic Consolidation: The New South American Democracies in Comparative Perspective*, Notre Dame, South Bend, IN: University of Norte Dame Press.

Mainwaring, S. and T. R. Scully eds. (1995) *Building Democratic Institutions: Party System in Latin America*, Stanford, CA: Stanford University Press.

Malloy, J. and M. Seligson eds. (1987) *Authoritarians and Democrats: Regime Transition in Latin America*, Pittsburgh, PA: University of Pittsburgh Press.

Mandel, E. (1978) *Late Capitalism*, London: Verso.

Mandle, J. R. (1996) *Persistent Underdevelopment: Change and Economic Modernization in the West Indies*, Amsterdam: Gordon, and Breach Science Publishers.

Mangin, W. ed. (1970) *Peasants in Cities: Readings in the Anthropology of Urbanization*, Boston, MA: Houghton Mifflin.

Margolis, M. (2002) "A Plot of Their Own," *Newsweek*, 21 January, 22~27면.

Marín, C. (1999) "Modernity and Mass Communication: The Latin American Case," unpublished PhD thesis, University of Birmingham.

Mármol, J. (1945) *Amalia*, Buenos Aires: Tor.

Marshall, J. (1998) "The Political Viability of Free Market Experimentation in Cuba: Evidence from *Los Mercados Agropecuarios*," *World Development 26(2)*, 277~88면.

Martin. D. (1990) *Tongues of Fire, the Explosion of Protestanism in Latin America*, Oxford: Blackwell.

Martínez, J. and A. Díaz (1996) *Chile: The Great Transformation*, Washington, DC: Brookings Institution.

Martínez Blanco, M. T. (1987) *Identidad Cutural de Hispanoamérica*, Madrid: Editorial de la Universidad Complutense.

Martínez Estrada, E. (1946) *Radiografía de la Pampa*, Buenos Aires: Editorial Losada.

Martínez Estrada, E. (1968) *Meditaciones Sarmientinas*, Santiago: Editorial Universitaria.

Massey, D. (1991) "A Global Sense of Place," *Marxism Today (June 1991)*, 24~29면.

Mayz Vallenilla, E. (1995) *El Problema de América*, Caracas: Universidad Católica de Venezuela.

McBain, H. (1990) "Government Financing of Economic Growth and Development in Jamaica: Problems, and Prospects," *Social and Economic Studies 39*, 179~212면.

McClenaghan, S. (1997) "Women, Work, and Empowerment: Romanticizing the Reality," in E. Dore ed., *Gender Politics in Latin America: Debates in Theory and Practice*, New York: Monthly Review Press 19~35면.

Mcllwaine, C., S. Chant, and S. Lloyd-Evans (2002) "Making a Living: Employment, Livelihoods, and the Informal Sector," in C. Mcllwaine and K. Wills eds., *Challenges and Change in Middle America: Perspectives on Development in Mexico, Central America and the Caribbean*, Harlow: Longman 110~35면.

McMichael, P. (1993) "The Restructuring of the World Food System," *Political Geography 12(3)*, 200~14면.

McMichael, P. (1996) "Globalization: Myths and Realities," *Rural Sociology 61(1)*, 25~55면.

Mehra, R. and S. Gammage (1999) "Trends, Countertrends, and Gaps in Women's Employment," *Women Development 27(3)*, 533~50면.

Melhuus, M. and K. A. Stolen eds. (1996) *Machos, Mistresses, and Madonnas: Contesting the Power of Gender Imagery in Latin America*, London: Verso.

Meller, P. (1991) "Adjustment and Social Costs in Chile during the 1980s," *World Development 19(11)*, 1545~61면.

Melucci, A. (1989) *Nomads of the Present: Social Movements and Individual Needs in Contemporary Society*, Philadelphia, PA: Temple University Press.

Melucci, A. (1995) "The New Social Movements Revisited," in L. Maheu ed., *Social Movements and Social Classes*, London: Sage Publications.

Méndez-Rivero, D. (1995) "Decline of an Oil Economy: Venezuela and the Legacy of Incorporation," in H. Thomas ed., *Globalization and Third World Trade Unions*, London: Zed 149~65면.

Merrick, T. W. (1986) "Population Pressures in Latin America," *Population Bulletin 41(3)*.

Meszaros, G. (2000) "No Ordinary Revolution: Brazil's Landless Worker's Movements," *Race & Class 42(2)*, 1~18면.

Methol Ferré, A. (1981) "El Resurgimiento Católico Latinoamericano," in Consejo Episcopal Latinoamericano ed., *Religión y Cultura*, Bogotá: CELAM.

Michalak, W. (1994) "The Political Economy of Trading Blocs," in R. Gibb and W. Michalak eds., *Continental Trading Blocs: The Growth of Regionalism in the World Economy*, Chichester: John Wiley 37~74면.

Migdal, J. S., A. Kohli, and V. Shue eds. (1994) *State Power and Social Forces: Domination and Transformation in the Third World*, Cambridge: Cambridge

University Press.

Miller, M. (1991) *Debt and the Environment: Converging Crises*, New York: United Nations Publications.

Millet R. L. and M. Gold-Biss eds. (1996) *Beyond Praetorianism: The Latin American Military in Transition*, Miami, FL: North-South Center.

MINDESP (2001) *Plan Nacional de Equidad de Género, 2001-2003*, La Paz: Ministerio de Desarrollo Sostenible y Planificación (MINDESP).

Minority Rights Group (1995) *No Longer Invisible: Afro-Latin Americans Today*, London: Minority Rights Publications.

Miraftab, F. (1994) "(Re)Prodution at Home: Reconceptualizing Home and Family," *Journal of Family Issues 15(3)*, 467~89면.

Miraftab, F. (1996) "Space, Gender, and Work: Home-based Workers in Mexico," in E. Boris and E. Prügl eds., *Homeworkers in Global Perspective: Invisible No More*, New York: Routledge 63~80면.

Mitlin, D. (1992) "Sustainable Cities," *Environment and Urbanization 4(2)*, 3~8면.

Mitlin, D. (1996) "City Inequality," *Environment and Urbanization 8(2)*, 3~7면.

Mitter, S. (1997) "Information Technology and Working Women's Demands," in S. Mitter and S. Rowbotham eds., *Women Encounter Technology: Changing Patterns of Employment in the Third World*, London: Routledge 19~43면.

Moghadam, V. (1995) "Gender Aspects of Employment and Unemployment in Global Perspective," in M. Simai with V. Moghadam and A. Koddo eds., *Global Employment: An International Investigation into the Future of Work*, London: Zed Books, in association with Unites Nations University, World

Institute for Development Economics Research 111~39면.

Moghadam, V. (1999) "Gender and Globalization: Female Labour and Women's Mobilization," *Journal of World-Systems Research 5(2)*, 298~314면.

Molyneux, M. (1985) "Mobilization without Emancipation? Women's Interests, the State, and Revolution in Nicaragua," *Feminist Studies 11(2)*, 227~54면.

Molyneux, M. (1996) *State, Gender, and Institutional Change in Cuba's 'Special Period': The Federación de Mujeres Cubanas*, research papers No. 43, London: Institute of Latin American Studies, University of London.

Molyneux, M. (2002) "Gender and the Silences of Social Capital: Lessons from Latin America," *Development, and Change 33(2)*, 167~88면.

Molyneux, M. and N. Craske eds. (2001) *Gender and the Politics of Rights, and Democracy in Latin America*, London: Palgrave.

Montbiot, G. (1993) "Brazil: Landownership and the Fight to Amazonia," in M. Colchester and L. Lohmann eds., *The Struggle for Land and the Fate of the Forests*, London: Zed Books 139~63면.

Monteón, M. (1995) "Gender and Economic Crises in Latin America: Reflections on the Great Depression and the Debt Crisis," in R. L. Blumberg, C. Rakowski, E. Tinker, and M. Moteón eds., *Engendering Wealth and Well-being: Empowerment for Global Change*, Boulder, CO: Westview Press 39~62면.

Montero, M. (1987) *Ideología, Alienación e Identidad Nacional*, Caracas: Universidad Central de Venezuela.

Moore, B., Jr. (1966) *The Social Origins of Democracy and Development: Lord and Peasant in the Making of the Modern World*, Boston: MA Beacon.

Morandé, P. (1984) *Cultura y Modernización en América Latina*, Santiago: Universidad Católica de Chile.

Morley, S. A. (1995) *Poverty and Inequality in Latin America: The Impact of Adjustment and Recovery*, Washington, DC: The World Bank.

Morris, A. (1981) *Latin America: Economic Development and Regional Differentiation*, London: Hutchinson.

Morse, R. M. (1958) *From Community to Metropolis: A Biography of São Paulo*, New Haven, CT: Yale University Press.

Morse, R. M. (1971) "Trends and Issues in Latin American Urban Research," *Latin American Research Review 6(1)*, 3~52면.

Morse, R. (1982) *El Espejo de Próspero: Un Estudio de la Dialéctica del Nuevo Mundo*, Mexico City: Siglo XXI.

Moser, C. (1989) "The Impact of Structural Adjustment at the Micro-level: Low-income Women and Their Households in Guayaquil, Ecuador," in UNICEF ed., *Invisible Adjustment*, Vol. 2, New York: UNICEF Americas and Caribbean Office 137~62면.

Moser, C. (1992) "Adjustment from Below: Low-income Women, Time, and the Triple Role in Guayaquil, Ecuador," in H. Afshar and C. Dennis eds., *Women and Adjustment Policies in the Third World*, Basingstoke, and London: Macmillan 87~116면.

Moser, C. (1997) *Household Responses to Poverty and Vulnerability. Vol. 1: Confronting Crisis in Cisne Dos, Guayaquil, Ecuador*, Urban Management and Poverty Reduction Series No. 21, Washington, DC: World Bank.

Moser, C. (1998) "The Asset Vulnerability Framework: Reassessing Urban Poverty Reduction Strategies," *World Development 26(1)*, 1~19면.

Moser, C. and J. Holland (1997) *Urban Poverty and Violence in Jamaica*, Washington, DC: World Bank.

Moser, C. and C. Mcllwaine (2000) *Urban Poor Perceptions of Violence and Exclusion in Colombia*, Washington, DC: World Bank.

Moser, C. and C. Mcllwaine (2001a) *Violence in a Post-conflict Context: Urban Poor Perceptions in Guatemala*, Washington, DC: World Bank.

Moser, C. and C. Mcllwaine (2001b) "Gender and Social Capital in Contexts of Political Violence: Community Perceptions from Colombia and Guatemala," in C. Moser and F. C. Clark, *Victims, Perpetrators or Actor? Gender, Armed Conflict, and Political Violence*, London: Zed Books 178~200면.

Moulian, T. (1997) *Chile Actual, Anatomía de un Mito*, Santiago: LOM Ediciones.

Mullings, B. (1995) "Telecommunications Restructuring and the Development of Export Information Processing Services in Jamaica," in H. Dunn ed., *Globalization, Communications, and Caribbean Identity*, Kingston: Ian Randle 174~91면.

Mullings, B. (1998) "Jamaica's Information Processing Services: Neoliberal Niche or Structural Limitations?," in T. Klak ed., *Globalization and Neoliberalism*, Lanham, MD: Rowman, and Littlefield 135~54면.

Munck, R. (1999) "Dependency, and Imperialism in the New Times: A Latin American Perspective," *European Journal of Development Research 11(1)*, 56~74면.

Muñoz, O. (2001) *Estrategias de Desarrollo en Economías Emergentes: Lecciones de la Experiencia Latinoamericana*, Santiago: FLACSO.

Murena, H. A. (1954) *El Pecado Original de América*, Buenos Aires.

Murmis, M. (1994) "Incluidos y Excluidos en la Reestructuración del Agro Latinoamericano," *Debate Agrario 18*, 101~33면.

Murray, D. and P. Hoppin (1990) *Pesticides and Nontraditional Agriculture: A Coming Crisis for US Development Policy in Latin America*, Austin, TX: Institute of Latin American Studies.

Murray, W. E. (1997a) "Neoliberalism, Restructuring and Nontraditional Fruit Exports in Chile: Implications of Outward Orientation for Small-scale Growers," PhD thesis, University of Birmingham, UK.

Murray, W. E. (1997b) "Competitive Global Fruit Export Markets: Marketing Intermediaries and Impacts on Small-scale Growers in Chile," *Bulletin of Latin American Research 16(1)*, 43~55면.

Murray, W. E. (1998) "The Globalization of Fruit, Neoliberalism, and the Question of Sustainability—Lessons from Chile," *European Journal of Development Research 10(1)*, 201~27면.

Murray, W. E. (1999) "Local Responses to Global restructuring in the Chilean Fruit Complex," *European Review of Latin America and Caribbean Studies 66*, 19~38면.

Murray, W. E. (2002a) "Agriculture in Latin America: The Need for a New Paradigm?," in P. Heenan ed., *South America: Handbooks of Regional Economic Development*, London: Fitzroy Dearborn 190~202면.

Murray, W. E. (2002b) "From Dependency to Reform and Back Again: The Chilean Peasantry during the Twentieth Century," *The Journal of Peasant Studies 29(3/4)*, 190~227면.

Murray, W. E. (2002c) "The Neoliberal Inheritance: Agrarian Policy and Rural

Differentiation in Democratic Chile," *Bulletin of Latin American Research 21(3)*, 425~41면.

Myres, N. (1992) *The Primary Source: Tropical Forests and Our Future*, New York: Norton.

NACLA (North American Congress on Latin America) (2002) "Drug Economies of the Americas," special issue of NACLA Report on the Americas Vol. 36, No. 2.

Nash, J. (1995) "Latin American Women in the World Capitalist Crisis," in C. Bose and E. Acosta-Belén eds., *Women in the Latin American Development Process*, Philadelphia, PA: Temple University Press 151~66면.

Naughton-Treves, L. (2002) "Wild Animals in the Garden: Conserving Wildlife in Amazonian Ecosystems," *Annals of the Association of American Geographers 92(3)*, 488~506면.

Navarro, Z. (2000) "Breaking New Grounds: Brazil's MST," *NACLA Report on the Americas 33(5)*, 36~39면.

Nelson, J. M. *et al.* eds. (1990) *Fragile Coalitions: The Politics of Economic Adjustment*, New Brunswick: Transaction Books.

Nelson, J. M. ed. (1990) *Economic Crisis and Political Choice: The Politics of Adjustment in the Third World*, Princeton, NJ: Princeton University Press.

Neto, F. (1990) "Development Planning and Mineral Mega-projects: Some Global Considerations," in D. Goodman and A. Hall eds., *The Future of Amazonia: Destruction or Sustainable Development?* New York: St. Martin's Press.

Nettl, J. P. (1968) "The State as a Conceptual Variable," *World Politics 20(4)*, 559~92면.

Newman, C. and L. Jarvis (2000) "Worker and Firm Determinants of Piece Rate Variation in an Agricultural Labor Market," *Economic Development, and Cultural Change 49(1)*, 137~69면.

Nicholls, S. (1998) "Measuring Trade Creation and Trade Diversion in the Central American Common Market: A Hicksian Alternative," *World Development 26(2)*, 323~35면.

Nickson, A. (1995) *Local Government in Latin America*, Boulder, CO: Lynne Rienner.

Nielson, D. L. and M. A. Stern (1997) "Multilateral Lending Institutions, and the Environment: A discussion of the Political Dynamic Between Lenders, Donors, and Recipients," in G. J. MacDonald, D. L. Nielson, and M. A. Stern eds., *The Politics of Latin American Environmental Policy in International Perspective*, Boulder, CO: Westview Press.

North, L. L. and J. D. Cameron eds. (2003) *Rural Progress, Rural Decay: Neoliberal Adjustment Policies and Local Initiatives*, Bloomfield, CT: Kumarian Press.

Núñez, J. and J. C. Ramírez (2003) "Determinants de la Pobreza en Colombia," in *CEPAL Estudios y Perspectivas*, Bogotá: CEPAL.

O'Brien, P. and P. Cammack (1985) *Generals in Retreat: The Crisis of Military Rule in Latin America*, Manchester: Manchester University Press.

O'Brien, R. (1992) *Global Financial Integration: The End of Geography*, New York: Council on Foreign Relations.

Ocampo, J. A. (1993) "Terms of Trade and Center-periphery Relations," in O. Sunkel ed., *Development from within: Toward a Neostructualist Approach for Latin America*, Boulder, CO: Lynne Rienner Publishers 333~57면.

Ocampo, J. A. (2001) "Agriculturea y Desarrollo Rural en América Latina," in M. B. de A. David ed., *Desarrollo Rural en América Latina y el Caribe*, Bogotá: Alfaomega, and Santiago: CEPAL 1~40면.

Ocampo, J. A. and R. Franco eds. (2000) *The Equity Gap: A Second Assessment*, Santiago: Economic Commission for Latin America and the Caribbean (ECLAC).

ODEPA (Oficina de Estudios y Políticas Agrarias) (1996) *Mercados Fruticolas*, Santiago: ODEPA, Chile.

ODEPA (2001) *Compendio Estadístico Silvoagropecuario 1990-2000*, Santiago: ODEPA, Chile.

O'Donnell, G. (1973) *Modernization and Bureaucratic-authoritarianism: Studies in South American Politics*, Berkeley, CA: Institute of International Studies, University of California, Berkeley.

O'Donnell, G. (1979) "Tensions in the Bureaucratic-authoritarian State and the Question of Democracy," in D. Collier ed., *The New Authoritarianism in Latin America*, Princeton, NJ: Princeton University Press.

O'Donnell, G. (1992) *Delegative Democracy*, South Bend, IN: University of Notre Dame.

O'Donnell, G. and P. C. Schmitter (1986) *Transition from Authoritarian Rule: Tentative Conclusions about Uncertain Democracies*, Baltimore, MD: The The Johns Hopkins University Press.

O'Donnell, G., P. Schmitter, and L. Whitehead eds. (1986) *Transition from Authoritarian Rule: Latin America*, Baltimore, MD: The The Johns Hopkins University Press.

Ohmae, K. (1995) *Triad Power*, New York: Free Press.

Olwig, K. (1993) *Global Culture, Island Identity: Continuity and Change in the Afro-Caribbean Community of Nevis*, Philadelphia, PA: Harwood.

Organski, A. F. K. (1965) *The Stages of Political Development*, New York: Alfred A. Knopf.

Ortega, E. (1992) "Evolution of the Rural Dimension in Latin America, and the Caribbean," *CEPAL Review 47*, 115~36면.

Ortiz, R. (1988) *A Moderna Tradição brasileira e Indústria Cultural*, São Paulo: Editora Brasiliense.

Otero, G. (1999) *Farewll to the Peasantry? Political Class Formation in Rural Mexico*, Boulder, CO: Westview Press.

Oxhorn, P. (2001) "From Human Rights to Citizenship Rights? Recent Trends in the Study of Latin American Social Movements," *Latin American Research Review 36(3)*, 162~82면.

Oxhorn, P. and G. Ducatenzeiler eds. (1998) "What Kind of Democracy? What Kind of Market?," *Latin America in the Age of Neoliberalism*, University Park, PA: Pennsylvania State University Press.

Ozório de Almeida, A. L. and J. S. Campari (1995) *Sustainable Settlement in the Brazilian Amazon*, New York: Oxford University Press.

Pacheco, M. (1992) "Recycling in Bogotá: Developing a Culture for Urban Sustainability," *Environment, and Urbanization 4(2)*, 74~79면.

Painter, M. and W. H. Durham (1995) *The Social Causes of Environmental Destruction in Latin America*, Ann Arbor, MI: University of Michigan Press.

Palma, G. (1978) "Dependency: A Formal Theory of Underdevelopment or a Methodology for the Analysis of Concrete Situations of

Underdevelopment?," *World Development 6(7/8)*, 881~924면.
Palmer, I. (1992) "Gender, Equity, and Efficiency in Adjustment Programmes," in H. Afshar and C. Dennis eds., *Women and Adjustment Policies in the Third World*, Basingstoke and London: Macmillan 69~83면.
Pantojas-García, E. (1990) *Development Strategies as Ideology: Puerto Rico's Export-led Industrialization Experience*, Boulder, CO: Lynne Rienner.
Paré, L., D. Bray, J. Burstein, and S. M. Vázquez eds. (1997) *Semillas para el Cambio: Medio Ambiente, Mercados, y Organización Campesina*, Mexico: UNAM.
Parker, C. (1993) *Otra Lógica en América Latina: Religión Popular y Modernización Capitalista*, Santiago: Fondo de Cultura Económica.
Parsons, T. (1951) *The Social System*, Glencoe, IL: Fee Press.
Patterson, O. (1994) "Ecumenical America: Global Culture and the American Cosmos," *World Policy Journal 11(2)*, 103~17면.
Pattullo, P. (1996) *Last Resorts: The Cost of Tourism in the Caribbean*, New York: Monthly Review Press.
Paz, O. (1959) *El Laberinto de la Soledad*, Mexico City: Fondo de Cultura Económica.
Paz, O. (1979) *El Ogro Filantrópico*, Mexico City: Joaquín Hortiz.
Paz, O. (1990) *El Ogro Filantrópico*, Barcelona: Seix Barral.
Pearce, D. W. and R. K. Turner (1990) *Economics of Natural Resources and the Environment*, Baltimore, MD: The Johns Hopkins University Press.
Pearson, R. (1997) "Renegotiating the Reproductive Bargain: Gender Analysis of Economic Transition in Cuba in the 1990s," *Development and Change 28(4)*, 671~705면.

Pearson, R. (1998) "Nimble Fingers Revisited: Reflections on Women and Third World Industrialization in the Late Twentieth Century," in C. Jackson and R. Pearson eds., *Feminist Visions of Development: Gender Analysis and Policy*, London: Routledge 171~88면.

Pearson, R. (2000) "Moving the Goalposts: Gender and Globalization in the Twenty-first Century," in C. Sweetman ed., *Gender in the 21st Century*, Oxford: Oxfam 10~19면.

Peattie, L. (1974) "The Concept of Marginality as Applied to a Squatter Settlements," in W. Cornelius *et al.*, *Latin America Urban Research 4*, 101~12면.

Peattie, L. (1990) "Participation: A Case of How Invaders Organize, Negotiate, and Interact with Government in Lima, Peru," *Environment, and Urbanization 2(1)*, 19~30면.

Peeler, J. (1998) *Building Democracy in Latin America*, Boulder, CO: Lynne Rienner.

Peet, R. and M. Watts (1993) "Development Theory and Environment in Age of Market Triumphalism," *Economic Geography 69(3)*, 227~53면.

Pelling, M. (2002) "Dependency, Diversity, and Change: Towards Sustainable Urbanization," in C. McIlwaine, and K. Willis eds., *Challenges and Change in Middle America: Perspectives on Development in Mexico, Central America and the Caribbean*, Harlow: Longman 218~42면.

Peña Saint Martin, F. (1996) *Discriminación Laboral Femenina en la Industria del Vestido de Mérida, Yucatán*, México DF: Instituto Nacional de Antropología e Historia.

Pérez, E. and M. A. Farah eds. (2001) *La Nueva Ruralidad en América Latina*,

Bogotá: Pontificia Universidad Javeriana, Facultad de Estudios Ambientales y Rurales, 2 volumes.

Perez-Aleman, P. (2000) "Learning, Adjustment, and Economic Development: Transforming Firms, The State, and Associations in Chile," *World Development 28(1)*, 41~55면.

Perlman, J. (1976) *The Myth of Marginality*, Berkeley, CA: University of California Press.

Perló-Cohen, M. (1987) "Exploring the Spatial Effects of the Internationalization of the Mexican Economy," in J. Henderson and M. Castells eds., *Global Restructuring and Territorial Development*, London: Sage 136~67면.

Petras, J. (1997) "The Peasantry Strikes Back. Latin America: The Resurgence of the Left," *New Left Review 223*, 17~47면.

Petras, J. (1999) "Globalization: A Critical Analysis," *Journal of Contemporary Asia 29(1)*, 3~37면.

Petras, J. and F. I. Levia (1994) *Democracy and Poverty in Chile: The Limits of Electoral Politics*, Boulder, CO: Westview Press.

Petras, J. and M. Morley (1990) *US Hegemony under Siege: Class, Politics, and Development in Latin America*, London: Verso.

Petras, J. and M. Morley (1992) *Latin America in the Time of Cholera: Electoral Politics, Market Economics, and Permanent Crisis*, New York: Routledge.

Petras, J. and H. Veltmeyer (2001a) *Globalization Unmasked: Imperialism in the 21st Century*, London and New York: Zed Books.

Petras, J. and H. Veltmeyer (2001b) "Are Latin American Peasant Movements Still a Force for Change? Some New Paradigms Revisited," *The Journal of*

Peasant Studies 28(2), 83~118면.

Petras, J. and H. Veltmeyer (2002) "The Peasantry and the State in Latin America: A Troubled Past and Uncertain Future," *The Journal of Peasant Studies 29(3-4)*, 41~82면.

Pfeffermann, G. P. and C. C. Griffin (1989) *Nutrition and Health Programs in Latin America: Targeting Social Expenditures*, Washington, DC: World Bank.

Picari, N. (1996) "Ecuador: Taking on the Neoliberal Agenda," *NACLA Report on the Americas 29(5)*, 23~32면.

Pietrobelli, C. (1998) *Industry, Competitiveness, and Technological Capabilities in Chile*, Basingstoke, and London: Macmillan.

Pile, S. and M. Keith eds. (1997) *Geographies of Resistance*, London: Routledge.

Pineda, J. (2000) "Partners in Women-headed Households: Emerging Masculinities," *European Journal of Development Research 12(2)*, 72~92면.

Pitanguy, J. and C. de Mello e Souza (1997) "Codes of Honour: Reproductive Life Histories of Domestic Workers in Rio de Janeiro," in W. Harcourt ed., *Power, Reproduction and Gender: The Intergenerational Transfer of knowledge*, London: Zed Books 72~97면.

PNUD (1998) *Desarrollo Humano en Chile 1998: Las Paradojas de la Modernización*, Santiago: Programa de la Naciones Unidas para el Desarrollo (PNUD).

PNUD (2002) *Desarrollo Humano en Chile 2002: Nosotros los Chilenos*, Santiago: Programa de la Naciones Unidas para el Desarrollo (PNUD).

Poggi, G. (1990) *The State: Its Nature, Development, and Prospects*, Stanford, CA: Stanford University Press.

Polanyi, K. (1957) *The Great Transformation*, Boston, MA: Beacon Press.

Porter, G., J. Brown, and S. Chasek (2000) *Global Environmental Politics*, Boulder, CO: Westview Press.

Portes, A. (1972) "Rationality in the Slum: An Essay in Interpretive Sociology," *Comparative Studies in Society, and History 14*, 3, 268~86면.

Portes, A. (1989) "Latin American Urbanization during the Years of the Crisis," *Latin American Research Review 25(3)*, 7~44면.

Portes, A., C. Dore-Cabral, and P. Landolt eds. (1997) *The Urban Caribbean: Transition to a New Global Economy*, Baltimore, MD: The Johns Hopkins University Press.

Portes, A. and L. E. Guarniza (1991) "Tropical Capitalists," in S. Díaz-Briquets, and S. Weintraub eds., *Migration, Remittances, and Small Business Development: Mexico and Caribbean Basin Countries*, Boulder, CO: Westview Press 101~31면.

Portes, A. and J. Itzigsohn (1997) "Coping with Change: The Politics and Economics of Urban Poverty," in R. Tardanico and R. Menjívar eds., *Global Restructuring, Employment, and Social Inequality in Urban Latin America*, Coral Gables, FL: North-South Center, University of Miami 227~48면.

Portes, A. and P. Landolt (2000) "Social Capital: Promise and Pitfalls of Its Role in Development," *Journal of Latin America Studies 32*, 529~47면.

Portes, A. and R. Schauffler (1993) "Competing Perspectives on the Latin American Informal Sector," *Population and Development Review 19(3)*, 33~60면.

Potter, R. D. Baker, D. Conway, and T. Klak (2003) *The Contemporary*

Caribbean, Harlow: Addison-Wesley Longman and Prentice Hall.

Potter, R. and S. Lloyd-Evans (1998) *The City in the Developing World*, Harlow: Longman.

Poulantzas, N. (1973) *Political Power and Social Classes*, London: New Left Books.

Prebisch, R. (1949) "El Desarrollo Económico de América Latina y Algunos de sus Principales Problemas," *El Trimestre Económico 16(3)*.

Prebisch, R. (1950) *The Economic Development of Latin America and Its Principal Problems*, New York: United Nations.

Preston, D. (2002) "Identity and Migration: Tarijeños and the Argentina Experience," in D. Preston ed., *Globalization and Mobility of Capital, and Labour in Latin America*, papers presented at the Third Congress of European Latinamericanists, (CEISAL) Amsterdam, July 2002, E-Book (http://www.geog.leeds.ac.uk/groups/andes/capital.pdf).

Preston, P. W. (1996) *Development and Theory: An Introduction*, Oxford: Blackwell.

Przeworski, A. and M. Wallerstein (1978) *The Development of the Modern State: A Sociological Introduction*, Stanford, CA: Stanford University Press.

Przeworski, A. and M. Wallerstein (1988) "Structural Dependence of the State on Capital," *American Political Science Review 82 (March)*, 11~29면.

Quijano, A. (1988) *Modernidad, Identidad y Utopía en América Latina*, Lima: Ediciones Sociendad Política.

Quijano, A. (1991) "Recovering Utopia," *NACLA Report on the Americas 24(5)*, 34~38면.

Qureshi, Z. (1996) "Globalization: New Opportunities, Tough Challenges,"

Finance, and Development, March, 30~33면.

Radcliffe, S. A. (1992) "Mountains, Maidens, and Migration: Gender and Mobility in Peru," in S. Chant ed., *Gender and Migration in Developing Countries*, London: Belhaven Press 30~48면.

Radcliffe, S. A. (1993) "Women's Place/El Lugar de Mujeres: Latin America, and the Politics of Gender Identity," in M. Keith and S. Pile eds., *Place, and the Politics of Identity*, London: Routledge.

Radcliffe, S. A. (1999) "Latina Labour: Restructuring of Work and Renegotiations of Gender Relations in Contemporary Latin America," *Environment, and Planning A 31*, 196~208면.

Radcliffe, S. A. (2001) "Development, the State, and Transnational Political Connections: State and Subject Formation in Latin America," *Global Networks 1(1)*, 19~36면.

Radcliffe, S. A., N. Laurie, and R., andolina (2002) "Re-territorialised Space and Ethnic Political Participation: Indigenous Municipalities in Ecuador," *Space and Polity 6(3)*, 289~306면.

Radcliffe, S. A. and S. Westwood (1996) *Remaking the Nation: Place, Identity, and Politics in Latin America*, London: Routledge.

Rakodi, C. (1999) "A Capital Assets Framework for Analysing Household Livelihood Strategies: Implications for Policy," *Development Policy Review 17*, 315~42면.

Rakodi, C. with T. Lloyd-Jones eds. (2002) *Urban Livelihoods: A People-centred Approach to Reducing Poverty*, London: Earthscan.

Ramírez-Ocampo, J. (1998) "The Colombian Apertura: An Assessment," in E. Posada-Carbó ed., *Colombia: The Politics of Reforming the State,*

Basingstoke and London: Macmillan 187~205면.

Ramos, J. and O. Sunkel (1993) "Toward a Neostructuralist Synthesis," in O. Sunkel ed., *Development from within: Toward a Neostructuralist Approach for Latin America*, Boulder, CO: Lynne Rienner 5~19면.

Reardon, T., J. Berdegué, and G. Escobar (2001) "Rural Nonfarm Employment, and Incomess in Latin America: Overview and Policy Implications," *World Development 29(3)*, 395~409면.

Redclift, M. (1987) *Sustainable Development: Exploring the Contradictions*, London: Methuen.

Redclift, M. (1992) "Sustainable Development, Popular Participation, Empowerment, and Local Resource Management," in D. Ghai and J. Vivian eds., *Grassroots Environmental Action: People's Participation in Sustainable Development*, New York: Routledge 23~49면.

Reich, R. (1991) *The Work of Nations: Preparing Ourselves for 21st Century Capitalism*, New York: Vintage.

Ribeiro, G. L. (1998) "Cybercultural Politics: Political Activism at a Distance in a Transnational World," in S. Alvarez, E. Dagnino, and A. Escobar eds., *Cultures of Politics, Politics of Cultures*, Boulder, CO: Westview Press 325~52면.

Richardson, B. (1992) *The Caribbean in the Wider World, 1492-1992: A Regional Geography*, New York: Cambridge University Press.

Rieff, D. (1993) "Multiculturalism's Silent Partner," *Harper's Magazine August*, 62~70면.

Ríos, P. (1995) "Gender, Industrialization, and Development in Puerto Rico," in C. Bose and E. Acosta-Belén eds., *Women in the Latin American*

Development Process, Philadelphia, PA: Temple University Press 125~48면.

Roberts, B. R. (1973) *Organising Strangers: Poor Families in Guatemala City*, Austin, TX: University of Texas Press.

Roberts, B. R. (1991) "The Changing Nature of Informal Employment: The Case of Mexico," in G. Standing and V. Tokman eds., *Towards Social Adjustment: Labour Market Issues in Structural Adjustment*, Geneva: International Labour Organization 115~40면.

Roberts, B. R. (1994) "Informal Economy and Family Strategies," *International Journal of Urban and Regional Research 18*, 1, 6~23면.

Roberts, B. R. (1995) *The Making of Citizens: Cities of Peasants Revisited*, London: Edward Arnold.

Roberts, K. (1997) "Beyond Romanticism: Social Movements and the Study of Political Change in Latin America," *Latin American Research Review 32(3)*, 137~51면.

Robles, W. (2001) "The Landless Rural Workers Movements (MST) in Brazil," *The Journal of Peasant Studies 28(2)*, 146~61면.

Rocha, G. M. (2002) "Neo-dependency in Brazil," *New Left Review*, Second Series, 16, 5~33면.

Rodgers, G. (1989) "Introduction" Trends in Urban Poverty and Labour Market Access," in G. Rodgers ed., *Urban Poverty and the Labour Market*, Geneva: International Labour Office, 1~33면.

Rodó, J. E. (1993) "Ariel," in L. Zea ed., *Fuentes de la Cultura Latinoamericana*, Vol. 1, Mexico City: Fondo de Cultura Económica.

Rodríguez, L. (1993) "Respuestas de las Mujeres Pobres Frente a la Crisis en el Ecuador," in Z. Palán, C. Moser, and L. Rodríguez eds., *La Mujer Frente a las Políticas de Ajuste*, Quito: Centro Ecuatoriano para la Promoción y Acción de la Mujer, 45~83면.

Rodríguez, A. and A. M. Icaza (1993) "Procesos de Expulsión de Habitantes de Bajos Ingresos del Centro de Santiago, 1981-1990," *SUR Documentos de Trabajo 136*.

Rojas, J. E (2001) "Desplazados: Lógicas de Guerra–Incertidumbres de Paz," in J. E. Rojas, L. Lima, and H. Martínez eds., *Desplazamiento Forzado Interno en Colombia: Conflicto, Paz y Desarrollo*, ACNUR, and CODHES, 29~46면.

Rojas, M. and C. Sojo (1995) *El Malestar con la Política*, San José: FLACSO.

Rokowski, C. ed. (1994) *Contrapunto: The Informal Sector Debate in Latin America*, Albany, NY: State University of New York Press.

Roper, J. M. (2003) "Bolivian Legal Reforms and Local Indigenous Organization: Opportunities and Obstacles in a Lowland Community," *Latin American Perspectives 30(1)*, 139~61면.

Rosales, O. (1988) "An Assessment of the Structuralist Paradigm for Latin American Development and the Prospects for Its Development," *CEPAL Review 34*, 19~36면.

Rosen, F. (1997) "Back on the Agenda: Ten Years after the Debt Crisis," *NACLA Report on the Americas 31(3)*, 21~24면.

Rosenau, J. (1997) *Along the Domestic-foreign Frontier*, Cambridge: Cambridge University Press.

Rosenberg, R. L. (1994) "Trade and the Environment: Economic Development Versus Sustainable Development," *Journal of Interamerican Studies and World Affairs 36*, 3면.

Ross, J. (1997a) *No Sweat: Fashion, Free Trade, and the Rights of Garment*

Workers, London, and New York: Verso.

Ross, J. (1997b) "Zapata's Children Defending the Land and Human Rights in the Countryside," *NACLA Report on the Americas 30(4)*, 30~35면.

Ross, J. (2002) "Maquila Meltdown: Plants Flee Mexican Wages," *Now Toronto*, 28 November, online at http://www.nowtoronto.com/issues/2002-11-28/news_story4.php

Ross, M. (1996) "Conditionality and Logging Reform in the Tropics," in R. O. Keohane and M. A. Levy eds., *Institutions for Environmental Aid*, Cambridge, MA: MIT Press 167~98면.

Rostow, W. W. (1960) *The Stages of Economic Growth: A Non-Communist Manifesto*, Cambridge: Cambridge University Press.

Rowe, W. and V. Schelling (1991) *Memory and Modernity: Popular Culture in Latin America*, London: Verso.

Rowland, A. and P. Gordon (1996) "Mexico City: No longer a Leviathan?," in A. G. Gilbert, *The Mega-city in Latin America*, New York: United Nations University Press 173~202면.

Ruben, R. and P. Bastiaensen eds. (2000) *Rural Development in Central America: Markets, Livelihoods, and Local Governance*, Basingstoke and London: Macmillan.

Rubio, B. (2001) *Explotados y Excluidos: Los Campesinos Latinoamericanos en la Fase Agroexportadora Neoliberal*, Mexico City: Plaza y Valdés Editores.

Rubio, B., C. Martínez, M. Jiménez, and E. Valdivia eds. (2002) *Reestructuración Productiva, Comercialización y Reorganización de la Fuerza de Trabajo Agrícola en América Latina*, Mexico City: Plaza y Valdés Editores.

Rueda-Junquera, F. (1998) "Regional Integration and Agricultural Trade in

Central America," *World Development 26(2)*, 345~62면.

Rueschemeyer, D., E. Huber Stephens, and J. D. Stephens (1992) *Capitalist Development and Democracy*, Chicago, IL: University of Chicago Press.

Rus, J., C. Hernández, and S. L. Mattiace eds. (2001) "The Indigenous People of Chiapas, and the State in the Time of Zapatismo: Remaking Culture, Renegotiating Power," *Latin American Perspectives 28(2)*, 1~170면.

Sabatini, F. D. (2000) "Reforma de los Mercados de Suelo en Santiago, Chile: Efectos Sobre los Precios de la Tierra y la Segregación Residencial," *Revista EURE 77*, 49~80면.

Safa, H. (1995a) *The Myth of the Male Breadwinner: Women and Industrialization in the Caribbean*, Boulder, CO: Westview Press.

Safa, H. (1995b) "Economic Restructuring and Gender Subordination," *Latin American Perspectives 22(2)*, 32~50면.

Safa, H. (1999) *Women Coping With Crisis: Social Consequences of Export-led Industrialization in the Dominican Repubic*, Coral Gables, FL: North-South Center, University of Miami.

Salas, J. M. (1998) "Algunos Apuntes Sobre la Violencia Doméstica Desde la Perspectiva de los Hombres," in E. Rodríquez ed. *Violencia Doméstica en Costa Rica: Mas Allá de los Mitos*, San José: FLACSO Sede Costa Rica, Cuadernos de Ciencias Sociales 105, 55~68면.

Salman, T. and A. Zoomers eds. (2002) *The, andean Exodus: Transnational Migration From Bolivia, Ecuador, and Peru*, Amsterdam: CEDLA.

Saporta Sternbach, N. (1992) "Feminisms in Latin America: From Bogotá to San Bernado," *Signs 17(2)*, 393~434면.

Sarmiento, D. F. (1945) *Facundo*, Buenos Aires: Editorial TOR.

Sarmiento, D. F. (1993) "Conflicto y Armonía de las Razas en América," in L. Zea ed., *Fuentes de la Cultura Latinoamericana*, Vol 1, Mexico City: Fondo de Cultura Económica 403~11면.

Sarmiento-Anzola, L. (1999) *Exclusión, Confícto y Desarrollo Societal*, Bogota: Ediciones Desde Abajo.

Sarmiento-Palacio, E. (2002) "¿En Dónde Están las Causas del Empobrecimiento?," *El Espectador*, 17 February.

Sassen, S. (1991) *The Global City: New York, London, Tokyo*, Princeton, NJ: Princeton University Press.

Sassen, S. (2000) *Cities in a World Economy*, 2nd edn., Thousand Oaks, CA: Pine Forge Press.

Satterthwaite, D. (1989) "Guide to the Literature: Environmental Problems of Third World Citiies," *Environment and Urbanization 1(1)*, 76~83면.

Satterthwaite, D., D. Ross, C. Stephens, and R. Hart (1996) *The Environment for Children*, London: Earthscan.

Sawyer, S. (1997) "The 1992 Indian Mobilization in Lowland Ecuador," *Latin American Perspectives 24(3)*, 65~82면.

Scarpaci, J. L., R. Pio-Infante, and A. Gaete (1988) "Planning Residential Segregation: The Case of Santiago, Chile," *Urban Geography 9*, 19~36면.

Schejtman, A. (1994) "Agroindustry and Changing Production Patterns in Small-scale Agriculture," *CEPAL Review 53*, 147~57면.

Schejtman, A. (1996) *Agroindustry and Small-scale Agriculture: Conceptual Guidelines for a Policy to Encourage Linkages between Them*, Santiago: ECLAC and FAO, Regional Office for Latin America, and the Caribbean, Santiago.

Schild, V. (1998) "New Subjects of Rights? Women's Movements and the Construction of Citizenship in the 'New Democracies'," in S. Alvarez, E. Dagnino, and A. Escobar eds., *Cultures of Politics, Politics of Culture*, Boulder, CO: Westview Press 93~117면.

Schirmer, J. (1993) "The Seeking of Truth and the Gendering of Consciousness: The Comadres of El Salvador and the CONAVIGUA Widows of Guatemala," in S. A. Radcliffe and S. Westwood eds., *Viva! Women, and Popular Protest in Latin America*, London: Routledge 30~64면.

Schmink, M. and C. H. Wood (1992) *Contested Frontiers in Amazonia*, New York: Columbia University Press.

Schneider, B. R. (1998) "The Material Bases of Technocracy: Investor Confidence, and Neoliberalism in Latin America," in M. A. Centeno and P. Silva eds., *The Politics of Expertise in Latin America*, Basingstoke and London: Macmillan 77~95면.

Schoepfle, G. and J. Pérez-López (1992) "Export-oriented Assembly Operations in the Caribbean," in Irma Tirado de Alonso ed., *Trade Issues in the Caribbean*, Philadelphia, PA: Gordon, and Breach.

Schteingart, M. (1989) "The Environmental Problems Associated with Urban Development in Mexico City," *Environment and Urbanization 1(1)*, 40~50면.

Schumacher, E. F. (1973) *Small is Beautiful: A Study of Economics as if People Mattered*, London: Blond, and Briggs.

Schurman, R. A. (2001) "Uncertain Gains: Labor in Chile's New Export Sectors," *Latin American Research Review 36(2)*, 3~29면.

Schuurman, F. (1993) "Modernity, Post-modernity, and the New Social

Movements," in F. Schuurman ed., *Beyond the Impasse: New Directions in Development Theory*, London: Zed Press 187~206면.

Schwartzman, S. (1991) "Deforestation and Popular Resistance in Acre: From Local Social Movement to Global Network," *The Centennial Review 35(2)*, 397~422면.

Scobie, J. (1964) *Argentina: A City and a Nation*, Oxford: Oxford University Press.

Scobie, J. (1974) *Buenos Aires: Plaza to Suburb 1870-1910*, Oxford: Oxford University Press

Scoones, I. (1998) *Sustainable Rural Livelihoods: A Framework for Analysis*, working paper 72, Brighton: Institute of Development Studies, University of Sussex.

Scott, A. (1990) *Ideology and the New Social Movements*, London: Unwin Hyman.

Scott, A. M. (1994) *Divisions and Solidarities: Gender, Class, and Employment in Latin America*, London: Routledge.

Scott, C. D. (1985) "Transnational Corporations, Comparative Advantage, and Food Security in Latin America," in C. Abel and C. Lewis eds., *Latin America, Economic Imperialism, and the State*, London: Athlone Press 482~99면.

Scott, C. D. (1996) "The Distributive Impact of the New Economic Model in Chile," in V. Bulmer-Thomas ed., *The New Economic Model in Latin America and Its Impact on Income Distribution and Poverty*, Basingstoke and London: Macmillan 147~84면.

Scott, J. (1986) *Weapons of the Weak*, New Haven, CT: Yale University Press.

Segre, R, M. Coyula, and J. Scarpaci (2002) *Havana: Two Faces of the Antillean Metropollis*, Chapel Hill, NC: University of North Carolina Press.

Selby, H., A. Murphy, and S. Lorenzen (1990) *The Mexican Urban Household: Organizing for Self-defence*, Austin, TX: University of Texas Press.

Selverston-Scher, M (2001) *Ethnopolitics in Ecuador: Indigenous Rights and the Strengthening of Democracy*, Coral Gables, FL: North-South Center, University of Miami.

Seppänen, M. (1999) *Global scale, Local Place? The Making of the Historic Centre if Lima into a World Heritage Site*, Number 10, Interkont Books, Helsinki: Institute of Development Studies, University of Helsinki.

Sepúlveda, J. (1996) "Gospel, and Culture in Latin American Protestantism. Towards a New Theological Appreciation of Syncretism," unpublished PhD thesis, Department of Theology, University of Birmingham.

Shaiken, H. (1994) "Advanced Manufacturing and Mexico: A New International Division of Labour," *Latin American Research Review 29(2)*, 39~72면.

Sheahan, J. (1987) *Patterns of Development in Latin America: Poverty, Repression, and Economic Strategy*, Princeton, NJ: Princeton University Press.

Sheahan, J. (1997) "Effects of Liberalization Programs on Poverty and Inequality: Chile, Mexico, and Peru," *Latin American Research Review 32(3)*, 7~37면.

Sheffner, J. (1995) "Moving the Wrong Direction in Social Movement Theory," *Theory, and Society 24(4)*, 595~612면.

Sideri, S. (1997) "Globalization, and Regional Integration," in C. Kay ed., *Globalization, Competitiveness, and Human Society*, London: Frank Cass

38~82면.

Sieder, R. ed. (2002) *Multiculturalism in Latin America: Indigenous Rights, Diversity, and Democracy*, Basingstoke and New York: Palgrave Macmillan.

Silva, E. (1994) "Thinking Politically about Sustainable Development in the Forests of Latin America," *Development and Change 25(4)*, 697~721면.

Silva, E. (1996-97) "Democracy, Market Economics, and Environmental Policy in Chile," *Journal of Interamerican Studies, and World Affairs 38(4)*, 1~33면.

Silva, E. (1999) "Forests, Livelihood, and Grassroots Politics: Chile and Costa Rica Compared," *European Review of Latin America and Caribbean Studies 66 (June)*, 39~73면.

Silva, E. (2003) "Selling Sustainable Development and the Shortchanging of Social Ecology in Costa Rican Forest Policy," *Latin American Politics, and Society 45(3)*.

Silva, P. (1995) "Modernization, Consumerism and Politics in Chile," in D. E. Hojman ed., *Neo-Liberalism with a Human Face? The Politics and Economics of the Chilean Model*, The University of Liverpool Monograph Series No. 20, Institute of Latin American Studies, Liverpool 118~32면.

Silva, P. (1998) "Neoliberalism, Democratization, and the Rise of Technocrats," in M. Vellinga ed., *The Changing Role of the State in Latin America*, Boulder, CO: Westview Press 75~92면.

Silva, P. (1999) "Collective Memories, Fears, and Consensus: The Political Psychology of the Chilean Democratic Transition," in K. Koonings and D. Kruij eds., *Societies of Fear: The Legacy of Civil War, Violence, and Terror in Latin America*, London: Zed Books 171~96면.

Silva, P. (2002) "Searching for Civilian Supremacy: The Concertación

Governments, and the Military in Chile," *Bulletin of Latin American Research 21(3)*, 375~95면.

Simmons, A. and J. P. Guengant (1992) "Caribbean Exodus and the World System," in M. Kritz, L. Lim and H. Zlotnik eds., *International Migration Systems: A Global Guide*, Oxford: Clarendon Press.

Skeldon, R. (1990) *Population Mobility in Developing Countries*, London: Belhaven Press.

Skidmore, T. (1995) "Dependency by Any Other Name?," *Brown Journal of World Affairs 2(2)*, 227~29면.

Sklair, L. (1989) *Assembling for Development: The Maquila Industry in Mexico and the United States*, Boston: Unwin Hyman.

Sklair, L. (1992) "The Maquilas in Mexico: A Global Perspective," *Bulletin of Latin American Research 11(1)*, 91~108면.

Sklair, L. ed. (1994) *Capitalism and Development*, London: Routledge.

Skocpol, T. (1979) *States and Social Revolutions: A Comparative Analysis of France, Russia, and China*, Cambridge: Cambridge University Press.

Slater, D. (1990) "Development Theory at the Crossroads," *European Review of Latin America and Caribbean Studies 48*, 116~26면.

Slater, D. (1998) "Rethinking the Spatialities of Social Movements: Questions of (B)orders, Culture, and Politics in Global Times," in S. Alvarez, E. Dagnino and A. Escobar eds., *Cultures of Politics, Politics of Culture: Revisioning Latin American Social Movements*, Boulder, CO: Westview Press 380~404면.

Smith, G. (1989) *Livelihood, and Resistance: Peasants and the Politics of Land in Perú*, Berkeley, CA: University of California Press.

Smith, W. C., C. H. Acuña, and E. Gamarra eds. (1994) *Latin American Political Economy in the Age of Neoliberal Reform: Theoretical and Comparative Perspective for the 1990s*, New Brunswick, NJ: Transaction Press.

Soros, G. (2002) *George Soros on Globalization*, Oxford: Public Affairs.

South, R. B. (1990) "Transnational 'Maquiladora' Location," *Annals of the American Association of American Geographers 80*, 549~70면.

Spoor, M. (2001) "Incidencia de dos Décadas de Ajuste en el Desrrollo Agrícola de América Latina y el Caribe," in M. B. de A. David ed., *Desarrollo Rural en América Latina y el Caribe*, Bogotá, DC: Alfaomega, and Santiago: CEPAL 135~64면.

Spoor, M. (2002) "Policy Regimes and Performance of the Agricultural Sector in Latin America and the Caribbean during the Last Three Decades," *Journal of Agrarian Change 2(3)*, 381~400면.

Stallings, B. (1992) "International Influence on Economic Policy: Debt, Stabilization, and Structural Reform," in S. Haggard and R. R. Kaufman eds., *The Politics of Economic Adjustment*, Princeton, NJ: Princeton University Press 41~88면.

Stallings, B. (2001) "Las Reformas Estructurales y el Desempeño Socioeconómico," in R. Ffrench-Davis and B. Stallings eds., *Reformas, Crecimiento y Políticas Sociales en Chile desde 1973*, Santiago: LOM Ediciones 23~60면.

Stallings, B. and W. Peres (2000) *Growth, Employment, and Equity: The Impact of the Economic Reforms in Latin America and the Caribbean*, Washington, DC: Brookings Institution Press.

Standing, G. (1989) "Global Feminization through Flexible Labour," *World*

Development 17(7), 1077~95면.

Standing, G. (1991) "Structural Adjustment and Labour Market Policies: Toward Social Adjustment?," in G. Standing and V. Tokman eds., *Towards Social Adjustment: Labour Market Issues in Structural Adjustment*, Geneva: International Labour Organization 5~51면.

Standing, G. (1999) "Global Feminization through Flexible Labour: A Theme Revisited," *World Development 27(3)*, 583~602면.

Starn, O. (1992) "'I Dreamed of Foxes and Hawks': Reflections on Peasant Protest, New Social Movements, and the *Rondas Campesinas* of Northern Peru," in A. Escobar and S. Alvarez eds., *The Making of Social Movements in Latin America*, Boulder, CO: Westview Press 89~111면.

Stavenhagen, R. ed. (1970) *Agrarian Problems and Peasant Movements in Latin America*, Garden City, NY: Anchor-Doubleday.

Stavenhagen, R. (2003) "Mexico's Unfinished Symphony: The Zapatista Movements," in J. S. Tulchin and A. D. Selee eds., *Mexico's Politics and Society in Transition*, Boulder, CO: Lynne Rienner Publishers 109~26면.

Stedile, J. P. (2002) "Landless Battalion: The *Sem Terra* Movement of Brazil," *New Left Review 15*, 77~105면.

Steiner, R. (1998) "Colombia's Income from the Drug Trade," *World Development 26(6)*, 1013~32면.

Stephen, L. (1993) "Challenging Gender Inequality: Grassroots Organizing among Women Rural Workers in Brazil and Chile," *Critique of Anthropology 13(1)*, 33~55면.

Stern, S. (1993) "Feudalism, Capitalism, and the World-system in the Perspective of Latin America and the Caribbean," in F. Cooper, A.

Isaacman, F. Mallon, W. Roseberry, and S. Stern eds., *Confronting Historical Paradigms: Peasants, Labour, and the Capitalist World System in Africa, and Latin America*, Madison, WI: University of Wisconsin Press.

Stewart, F. (1995) *Adjustment and Poverty: Options and Choices*, London: Routledge.

Stewart, S. (1996) "The Price of a Perfect Flower: Environmental Destruction and Health Hazards in the Colombian Flower Industry," in H. Collinson ed., *Green Guerrillas: Environmental Conflicts and Initiatives in Latin America, and the Caribbean*, London: Latin American Bureau 132~39면.

Stiglitz, J. (2002) *Globalization and Its Discontents*, London: Allen Lane & Penguin.

Strange, S. (1996) *The Retreat of the State: The Diffusion of Power in the World Economy*, Cambridge: Cambridge University Press.

Stren, R. E., R. White, and J. Whitney (1992) *Sustainable Cities: Urbanization and the Environment in International Perspective*, Boulder, CO: Westview Press.

Sullivan, K. (2002) "Former President's 'Hidden Treasure' Appals Nicaragua: Successor Pursues Corruption Charges," *Washington Post*, 12 September, A10.

Sunkel, O. (1973) "Transnational Capitalism and National Disintegration in Latin America," *Social and Economic Studies 22(1)*, 132~76면.

Sunkel, O. ed. (1993) *Development from within: Towards a Neostructualist Approach for Latin America*, Boulder, and London: Lynne Rienner.

Sunkel, O. (1994) "Un Enfoque Neoestructuralista de la Reforma Económica, la Crisis Social y la Viabilidad Democrática en América Latina," paper presented at the XVIII International Congress of the Latin American Studies Association (LASA), Atlanta, 10-12 March.

Sunkel, O., and G. Zuelta (1990) "Neo-structualism versus Neo-liberalism in the 1990s," *CEPAL Review 42*, 35~41면.

Szirmai, A. (1997) *Economic and Social Development*, Hemel Hempstead: Prentice Hall.

Tamayo-Flores, R. (2001) "Mexico in the Context of the North American Integration: Major Regional Trends and Performance of Backward Regions," *Journal of Latin American Studies 33(2)*, 337~407면

Tardanico, R., and R. Menjívar-Larín eds. (1997) *Global Restructuring, Employment, and Social Inequality in Urban Latin America*, Boulder, CO: Lynne Rienner.

Taylor, D. (1997) *Disappearing Acts: Spectacles of Gender and Nationalism in Argentina's 'Dirty War'*, Durham, NC: Duke University Press.

Tedesco, L. and A. C. Dinerstein eds. (2003) "The Crisis in Argentina: Contrasting Perspectives," *Bulletin of Latin American Research 22(1)*, 165~230면.

Teubal, M. (1992) *Food Security and Regimes of Accumulation: With Reference to the Case of Argentina*, ISS Rural Development Research Seminars, 29 April 1992, The Hague: Institute of Social Studies.

Teubal, M. (1995) *Globalización y Expansión Agroindustrial: ¿Superación de la Pobreza en América Latina?*, Buenos Aires: Ediciones Corregidor.

Teubal, M. and J. Rodríguez (2002) *Agro y Alimentación en la Globalización: Una Perspectiva Crítica*, Buenos Aires: Editorial La Colmena.

The Economist (1998a) "Bananas Expelled from Eden," article reprinted in the

St. Lucia Mirror, 20 February.

The Economist (1998b) "The Summit of the Americas," *The Economist*, 11 April, 49~50면.

The Economist (2001a) "Drugs, War, and Democracy: A Survey of Colombia," *The Economist*, 21 April.

The Economist (2001b) "The US-Mexican Border: Between Here, and There," *The Economist*, 7 July, 27~29면.

The Economist (2003a) "Our Kinda Ciudad," *The Economist*, 11 January, 39면.

The Economist (2003b) "Latin America: Wanted—A New Regional Agenda for Economic Growth," *The Economist*, 26 April, 49~52면.

The Economist (2003c) "Corruption," *The Economist*, 1 February, 90면.

Therborn, G. (1995) *European Modernity and Beyond*, London: Sage.

Thiesenhusen, W. C. (1995) *Broken Promise: Agrarian Reform and the Latin American Campesino*, Boulder, CO: Westview Press.

Thomas, C. Y. (1988) *The Poor and Powerless: Economic Policy and Change in the Caribbean*, London: Latin American Bureau.

Thomas, J. J. (1995) *Surviving in the City: The Urban Informal Sector in Latin America*, London: Pluto Press.

Thomas, J. J. (1996) "The New Economic Model and Labour Markets in Latin America," in V. Bulmer-Thomas ed., *The New Economic Model in Latin America and Its Impact on Income Disribution and Poverty*, Basingstoke and London: Macmillan 79~102면.

Thomas, J. J. (1997) "The Urban Informal Sector and Social Policy: Some Latin American Contributions to the Debate," paper presented at Workshop for the Social Policy Study Group, Institute of Latin American Studies,

University of London, 28 November.

Thomas, J. J. (1999) "El Mercado Laboral y el Empleo," in J. Crabtree and J. J. Thomas eds., *El Perú de Fujimori*, Lima: Universidad del Pacífico 255~96면.

Thompson, J. (1990) *Ideology and Modern Culture*, Cambridge: Polity Press.

Thompson, J. (1995) *The Media and Modernity*, Cambridge: Polity Press.

Thorp, R. (1998) *Progress, Poverty, and Exclusion: An Economic History of Latin America in the 20th Century*, Baltimore, MD: The Johns Hopkins University Press.

Thoumi, F. E. (1995) *Political Economy and Illegal Drugs in Colombia*, Boulder, CO: Lynne Rienner.

Thrupp, L. A. (1995) *Bittersweet Harvests for Global Supermarkets: Challenges in Latin America's Agricultural Export Boom*, Washington, DC: World Resources Institute.

Thrupp, L. A. (1996) "New Harvests, Old Problems: The Challenge Facing Latin America's Agro-export Boom," in H. Collinson ed., *Green Guerrillas: Environmental Conflicts and Initiatives in Latin America and the Caribbean*, London: Latin American Bureau 12~31면.

Tiano, S. (2001) "From Victims to Agents: A New Generation of Literature on Women in Latin America," *Latin American Research Review 36(3)*, 183~203면.

Tilly, C. ed. (1975) *The Formation of National States in Western Europe*, Princeton, NJ: Princeton University Press.

Tinker, I (1997) *Street Foods: Urban Food and Employment in Developing Countries*, Oxford: Oxford University Press.

Tirado, A. (1998) "Violence and the State in Colombia," in E. Posada-Carbó ed., *Colombia: The Politics of Reforming the State*, Basingstoke: Macmillan 111~24면.

Tironi, E. (2002) *El Cambio Está Aquí*, La Tercera-Mondatori, Santiago.

Tironi, E. and R. Lagos (1991) "The Social Actors and Structural Adjustment," *CEPAL Review 44*, 35~50면.

Tokman, V. (1989) "Policies for a Heterogeneous Informal Sector in Latin America," *World Development 17(7)*, 1067~76면.

Tokman, V. (1991) "The Informal Sector in Latin America: From Underground to Legality," in G. Standing and V. Tokman eds., *Towards Social Adjustment: Labour Market Issues in Structural Adjustment*, Geneva: International Labour Organization 141~57면.

Tokman, V. (1992) *Beyond Regulation: The Informal Sector in Latin America*, Boulder, CO: Lynne Rienner.

Tokman, V. and E. Klein (1996) *Regulation and the Informal Economy: Microenterprises in Chile, Ecuador, and Jamaica*, Boulder, CO: Lynne Rienner.

Touraine, A. (1981) *The Voice and the Eye: An Analysis of Social Movements*, Cambridge: Cambridge University Press.

Townroe, P. M. and D. Keen (1984) "Polarization Reversal in the State of São Paulo, Brazil," *Regional Studies 18(1)*, 45~54면.

Townsend, J., E. Zapata, J. Rowlands, P. Alberti, and M. Mercado (1999) *Women, and Power: Fighting Patriarchies and Poverty*, London: Zed Books.

Treakle, K. 91998) "Ecuador: Structural Adjustment and Indigenous and Environmentalist Resistance," in J. A. Fox and D. Brown eds., *The Struggle for Accountability: The World Bank, NGOs and Grassroots Movements*,

Cambridge, MA: MIT Press 219~64면.

UNCHS (1996) *An Urbanizing World: Global Report on Human Settlements 1996*, United Nations Centre for Human Settlements (UNCHS), Oxford: Oxford University Press.

UNDIESA (Unites Nations Division of Economic and Social Affairs) (1989) *Social Situation 1989*, New York: United Nations.

UNECLAC/UNCHS (2000) *From Rapid Urbanization to the Consolidation of Human Settlements in Latin America, and the Caribbean: A Territorial Perspective*, Santiago: United Nations Economic Commission for Latin America, and the Caribbean, and Nairobi: United Nations Centre for Human Settlements.

United Nations (1989) *Demographic Yearbook 1987*, New York: UN.

United Nations (1995) *The World's Women 1995: Trends, and Statistics*, New York: UN.

United Nations (1997) *Demographic Yearbook 1995*, New York: UN.

United Nations (2000) *The World's Women 2000: Trends, and Statistics*, New York: UN.

United Nations Children's Fund (UNICEF) (1997) *Role of Men in the Lives of Children: A Study of How Improving Knowledge about Men in Families Helps Strengthen Programming for Children, and Women*, New York: UNICEF.

United Nations Development Programme (UNDP) (1995) *Human Development Report 1995*, New York: Oxford University Press.

UNDP (1997) *Human Development Report 1997*, New York: Oxford University Press.

United Nations Development Programme (UNDP) (2001) *Human*

Development Report 2001: Making New Technologies Work for Human Development, New York: Oxford University Press.

United Nations Development Programme (UNDP) (2002) *Human Development Report 2002: Deepening Democracy in a Fragmented World*, New York: Oxford University Press.

UN Population Division (2001) *The State of World Population 2001*, New York: United Nations Population Division.

Uribe-Echevarria, F. (1996) "Reestructuracion Económica y Desigualdades Interregionales: El Caso de Chile," *EURE, Revista Latinoamericana de Estudios Urbano Regionales 22(65)*, 11~38면.

Utting, P. (1993) *Trees, People, and Power*, London: Earthscan.

Valcárcel, L. E. (1925) *Del Ayllu al Imperio*, Lima: Editorial Garcilaso.

Valdés, A. (2002) "WTO Negotiations and Agricultural Trade Liberalization in Latin America," in P. G. Rich ed., *Latin America: Its Future in the Global Economy*, Basingstoke and New York: Palgrave 184~200면.

Valdés, A. and A. Siamwalla (1988) "Foreign Trade Regimes, Exchange Rate Policy, and the Structure of Incentives," in J. W. Mellor and R. Ahmed eds., *Agricultural Price Policy for Developing Countries*, Baltimore, MD: The Johns Hopkins University Press 103~23면.

Valdés, J. G. (1995) *Pinochet's Economists: The Chicago School in Chile*, New York: Cambridge University Press.

Van Cott, D. L. ed. (1994) *Indigenous Peoples and Democracy in Latin America*, New York: InterAmerican Dialogue/St. Martin's Press.

Van der Borgh, C. (1995) "A Comparison of Four Development Models in Latin America," *The European Journal of Development Research 7(2)*,

276~96면.

Van der Ree, G. (2003) "Growth with Equity: Modernity and the Chilean Left, 1998-2000," paper presented at the Annual Conference of the Society for Latin American Studies (SLASL), 11-13 April, University of Manchester.

Van Scott, D. L. (1995) *Indigenous Peoples, and Democracy in Latin America*, New York: St. Martin's Press.

Vargas, V. (1991) "The Women's Movement in Peru: Streams, Spaces, and Knots," *European Review of Latin American, and Caribbean Studies (50)*, 7~50면.

Vargas Llosa, M. (1974) *la Novela*, Buenos Aires: Editorial América Nueva.

Vasconcelos, J. (1927) *La Raza Cósmica*, Barcelona: S. A.

Vasconcelos, J. (1993) "El Pensamiento Iberoamericano," In L. Zea. ed., *Fuentes de la Cultura Latinoamericana*, vol. 1. Mexico City: Fondo de Cultura Económica.

Véliz, C. (1994) *The New World of the Gothic Fox: Culture and Economy in English and Spanish America*, Berkeley, CA: University of California Press.

Vellinga, M. ed. (1993) *Social Democracy in Latin America: Prospects for Change*, Boulder, CO: Westview Press.

Vellinga, M. (2000) "Economic Internationalisation and Regional Response: The Case of North Eastern Mexico," *Tijdschift voor Economische en Sociale Geografie 91(3)*, 293~307면.

Veltmeyer, H. and A. O'malley (2001) *Transcending Neoliberalism: Community-based Development in Latin America*, Bloomfield, CT: Kumarian Press.

Veltmeyer, H., J. Petras, and S. Vieux (1997) *Neoliberalism and Class Conflict in Latin America*, Basingstoke and London: Macmillan.

Vergara, P. (1994) "Market Economy, Social Welfare, and Democratic Consolidation in Chile," in W. Smith, C. Acuña and E. Gamarra eds., *Democracy, Markets, and Structural Reform in Latin America: Argentina, Bolivia, Brazil, and Chile, and Mexico*, Coral Gables, FL: North-South Center, University of Miami 237~61면.

Vogelgesang, F. (1996) "Poverty Rights and the Rural land Market in Latin America," *CEPAL Review 58*, 95~113면.

Wade, R. (1990) *Governing the Market: Economic Theory and the Role of Government in East Asian Industrialization*, Princeton, NJ: Princeton University Press.

Wagner, P. (1994) *A Sociology of Modernity, Liberty and Discipline*, London: Routledge.

Wagner, P. (2001a) "Modernity, History of the Concept," in N. Smelser and P. Baltes eds., *International Encyclopedia of the Social and Behavioral Sciences*, Oxford: Pergamon.

Wagner, P. (2001b) "Modernity, Capitalism, and Critique," *Thesis Eleven 66*, 1~31면.

Walker, T. ed. (1997) *Nicaragua without Illusions: Regime Transiton and Structural Adjustment in the 1990s*, Wilmington, DE: Scholarly Resources.

Wallerstein, I. (2000) "Globalization or the Age of Transition? A Long-term View of the Trajectory of the World-system," *International Sociology 15(2)*, 249~65면.

Ward, K. and J. Pyle (1995) "Gender, Industrialization, Transnational Corporations and Development: An Overview of Trends and Patterns," in C. Bose and E. Acosta-Belén eds., *Women in the Latin American*

Development Process, Philadelphia, PA: Temple University Press 37~64면.

Watson, H. A. (1996) "Globalization, New Reorganization, Restructuring, and NAFTA," *Caribbean Studies 29(1)*, 5~48면.

Watts, M. (1996) "Mapping Identities: Place, Space, and Community in an African City," in P. Yeager ed., *The Geography of Identity*, Ann Arbor, MI: University of Michigan Press 59~97면.

WCED (World Commission on Environment, and Development) (1987) *Our Common Future*, Oxford: Oxford University Press.

Weeks, J. (1995) "Macroeconomic Adjustment and Latin American Agriculture since 1980," in J. Weeks ed., *Structural Adjustment and the Agricultural Sector in Latin America and the Caribbean*, London: Macmillan Press 61~91면.

Welch, B. (1994) "Banana Dependency: Albatross or Liferaft for the Windwards," *Social and Economic Studies 43(1)*, 123~49면.

West, R. and J. Augelli (1989) *Middle Americas: Its Lands and People*, Englewood Cliffs, NJ: Prentice Hall.

Whatmore, S. (1995) "From Farming to Agribusiness: The Global Agro-food System," in R. J. Johnson, P. J. Taylor, and M. Watts eds., *Geographies of Global Change*, Oxford: Blackwell 36~49면.

White, R. R. (1993) *North, South, and the Environmental Crisis*, Toronto: University of Toronto Press.

Wiarda, H. J. (1990) *The Democratic Revolution in Latin America: History, Politics, and U.S. Policy*, New York: Holmes, and Meier.

Wilentz, A. (1989) *In the Rainy Season: Haiti since Duvalier*, New York: Touchstone.

Wiley, J. (1996) "The European Union's Single Market and Latin America's Banana Exporting Countries," *Conference of Latin Americanist Geographers (CLAG) Yearbook 1996*, Volume 22, Muncie, IN: CLAG.

Wiley, J. (1998) "Dominica's Economic Diversification: Microstates in a Neoliberal Era?," in T. Klak ed., *Globalization and Neoliberalism*, Lanham, MD: Rowman, and Littlefield 155~78면.

Wilkie, J. W., C. A. Contreras, and C. Komisaruk eds., (1994) *Statistical Abstract of Latin America 31*, Los Angeles, CA: UCLA Latin American Center Publications.

Williamson, J. ed. (1990) *Latin American Adjustment: How Much Has Happened?*, Washington, DC: Institute for International Economics.

Williamson, J. (1993) "Democracy and the 'Washington Consensus'," *World Development 21(8)*, 1329~36면.

Williamson, J. and P. Kuczynski eds. (2003) *After the Washington Consensus: Restarting Growth and Reform in Latin America*, Washington, DC: Institute for International Economics.

Willis, K. (2000) "'No es Fácil Pero es Posible': The Maintenance of Middle Class Women-headed Household in Mexico," *European Review of Latin America and Caribbean Studies 69*, 29~45면.

Willis, K. (2002) "Open for Business: Strategies for Economic Diversification," in C. Mcllwaine and K. Wills eds., *Challenges and Change in Middle America: Perspectives on Development in Mexico, Central America, and the Caribbean*, Harlow: Longman 135~68면.

Willmore, L. (1994) *Export Processing in the Caribbean: Lessons from Four Case Studies*, United Nations Economic Commission for Latin America and the

Caribbean, Report Number LC/CAR/G.407.

Wilson, P. C., T. Perreault, and J. M. Roper eds. (2003) "Indigenous Transformational Movements in Contemporary Latin America," *Latin American Perspectives 30(1)*, 1~207면.

Wise, T. A., H. Salazar, and L. Carlsen (2003) *Confronting Globalization: Economic Integration and Popular Resistance in Mexico*, Bloomfield, CT: Kumarian Press 34~114면.

Wolford, W. (1998) "Case Study: Grassroots-initiated Land Reform in Brazil: The Rural Landless Workers' Movement," in A. de Janvry, G. Gordillo, J. P. Platteau, and E. Sadoulet eds. *Access to Land, Rural Poverty, and Public Action*, Oxford: Oxford University Press 304~14면.

World Bank (1980) *World Development Report, 1980*, New York: Oxford University Press.

World Bank (1986) *World Development Report, 1986*, New York: Oxford University Press.

World Bank (1987) *World Development Report, 1987*, Oxford: Oxford University Press.

World Bank (1988) *World Development Report, 1988*, New York: Oxford University Press.

World Bank (1991) *World Development Report, 1991*, Oxford: Oxford University Press.

World Bank (1992) *World Development Report, 1992: Development, and the Environment*, New York and Oxford: Oxford University Press.

World Bank (1993) *The East Asian Miracle: Public Policy and Economic Growth*, Oxford and New York: Oxford University Press.

World Bank (1994) *Poverty in Colombia*, Washington, DC: World Bank.

World Bank (1995a) *Global Economic Prospects and the Developing Countries*, Washington, DC: World Bank.

World Bank (1995b) *World Development Report, 1995: Workers in an Integrated World*, New York: Oxford University Press.

World Bank (1996) *World Development Report, 1996: From Plan to Market*, New York: Oxford University Press.

World Bank (1997) *World Development Report, 1997*, New York and Oxford: Oxford University Press.

World Bank (1999) *World Development Indicators, 1999*, Washington, DC: World Bank.

World Bank (2000) *World Development Report, 1999/2000*, New York: Oxford University Press.

World Bank (2001a) *Global Development Finance, 2001*, Washington, DC: World Bank.

World Bank (2001b) *World Development Indicators, 2001*, Washington, DC: World Bank.

World Bank (2001c) *World Development Report, 2000/2001: Attacking Poverty*, New York: Oxford University Press.

World Bank (2002a) *World Development Report, 2002*, New York: Oxford University Press.

World Bank (2002b) *Globalization, Growth, and Poverty: Building an Inclusive World Economy*, New York: Oxford University Press.

World Bank (2003a) "About Heavily-indebted Poor Countries," accessed January 2003, http://www.worldbank.org/hipc/about/about.html

World Bank (2003b) *World Development Report, 2003: Sustainable Development in a Dynamic World: Transforming Institutions, Growth, and Quality of Life*, New York: Oxford University Press.

World Health Organisation (1992) *Our Planet, Our Health: Report of the WHO Commission on Health and Environment*, Geneva: WHO.

World Resources Institute (1994) *World Resources 1995: A Guide to the Global Environment*, New York: Oxford University Press.

Wright, A. (2003) "The Land Is Only the First Step: Mobilization and Alliances in the Brazilian Movement of Landless Rural Workers," paper presented at the XXIV International Congress of the Latin American Studies Association (LASA), Dallas, Texas, 27-29 March.

Wright, M. (2001) "A Manifesto against Femicide," *Antipode 33(3)*, 550~66면.

Xirau, R. (1992) "Crisis del Realismo," in C. Fernández ed., *América Latina en su Literatura*, Mexico City: Siglo XXI 185~203면.

Young, O. R. (1994) *International Governance: Protecting the Environment in a Stateless Society*, Ithaca, NY: Cornell University Press.

Yúdice, G. (1998) "The Globalization of Culture and the New Civil Society," in S. Alvarez, E. Dagnino, and A. Escobar eds., *Cultures of Politics, Politics of Culture*, Boulder, CO: Westview Press 353~79면.

Zamosc, L. (1994) "Agrarian Protest and the Indian Movement in the Ecuadorean Highlands," *Latin American Research Review 29(3)*, 37~68면.

Zimbalist, A. and K. Brundenius (1989) *The Cuban Economy*, Baltimore, MD: The Johns Hopkins University Press.

Zimmerer, K. and K. Young eds. (1998) *Nature's Geography: New Lessons for Conservation in Developing Countries*, Madison, WI: University of

Wisconsin Press.

Zoomers, A. (1998) *Estrategias Campesinas en el Surandino de Bolivia: Intervenciones y Desarrollo Rural en el Norte de Chuquisaca, and Potosí*, La Paz: CEDLA/CID/PLURAL.

Zoomers, A. (1999) *Linking Livelihood Strategies to Development: Experiences from the Bolivian Andes*, Amsterdam: Royal Tropical Institute (KIT) and Centre for Latin American Research and Documentation (CEDLA).

Zoomers, A. ed. (2001) *Land and Sustainable Livelihood in Latin America*, Amsterdam: Royal Tropical Institute and Frankfurt: Vervuert Verlag.

Zoomers, A. and G. van der Haar eds. (2000) *Current Land Policy in Latin America: Regulating Land Tenure under Neoliberalism*, Amsterdam: Royal Tropical Institute and Frankfurt: Vervuert Verlag.

찾아보기

ㄷ

ㄹ

ㅁ

ㅈ

ㅊ·ㅋ·ㅌ

저자 소개

• 엮은이

로버트 N. 그윈(Robert N. Gwynne)

버밍엄 대학교 지리학·지구환경과학 대학 '라틴아메리카의 발전' 프로그램의 부교수를 역임하고 현재 명예 수석 연구원으로 활동하고 있다. 칠레의 가톨릭 대학교 방문교수로 근무한 바 있다. 그는 신자유주의와 세계화가 개발도상국의 산업화와 라틴아메리카의 지역 개발 및 농촌의 발전에 미치는 영향을 연구하는 데 관심을 쏟고 있다. 저서로는 『라틴아메리카의 산업화와 도시화』(*Industrialization and Urbanization in Latin America*), 『새로운 지평? 국제적 준거에서 본 제3세계의 산업화』(*New Horizons? Third World Industrialization in an International Framework*)가 있으며 토머스 클락, 드니스 쇼와 함께 공저 『대안적 자본주의: 신흥 지역의 지리학』(*Alternative Capitalisms: Geographies of Emerging Regions*)을 출판했다. 또 지리학과 라틴아메리카 지역학 학술지에 수많은 논문을 기고했으며 여러 저서를 공동 편집하기도 했다.

끄리스또발 까이(Christóbal Kay)

네덜란드 헤이그에 있는 사회연구소(ISS)에서 '발전 연구와 농촌 개발' 프로그램의 부교수와 교수를 역임하고 현재 명예교수로 있다. 칠레 대학교와 글래스고 대학교 강의를 맡았고 뻬루의 가톨릭 대학교에서 방문교수를 역임한 바 있다. 학술지 『유럽의 라틴아메리카와 카리브해 연구 평론』(*European Review of Latin American and Caribbean Studies*)과 『유럽개발연구저널』(*The European Journal of Development Research*)의 편집인이다. 저서로 『라틴아메리카의 발전과 저발전론』(*Latin American Theories of Development and Underdevelopment*), 공저로 『꾸바 농촌의 노동과 개발』(*Labour and Development in Rural Cuba*), 『칠레의 농촌 개발과 사회 변화』(*Development and Social Change in the Chilean Countryside*), 그리고 편저로 『세계화, 경쟁력, 인간 안보』 (*Globalisation, Competitiveness and Human Security*) 등이 있다.

• 지은이

앤서니 베빙턴(Anthony Bebbington)

맨체스터 대학교의 '개발정책과 관리' 연구소의 교수. 불더(Boulder) 소재 콜로라도 주립대학교의 지리학과 부교수를 역임했고 캠브리지 대학교, 세계은행, 그리고 '해외개발연구소'에서 활동. 최근에 스탠포드 대학교의 행동과학 고등연구소와 칠레에 있는 '국제연합 식량농업기구'의 연구비를 지원받았다. 라틴아메리카의 비정부기구, 농촌의 사회운동, 빈곤과 농촌 생계, 농촌 개발, 더 일반적으로는 발전을 위한 개입과 정치경제 간의 연계 등을 연구하고 있다.

씰비아 챈트(Sylvia Chant)

런던 정경대학교의 발전지리학 교수이다. 젠더와 개발 문제의 전문가이며 저서로는 『여성 가장 가구: 개발도상국의 다양성과 역동성』(*Women Households: Diversity and Dynamics in the Developing World*), 『세 세대, 두 젠더, 하나의 세계: 변화하는 세기 속의 여성과 남성』(*Three Generations, Two Genders, One World*, 캐시 맥일웨인Cathy McIlwaine과 공저), 『남성을 젠더와 개발이라는 대세에 적응하게 만들기: 토론, 성찰, 경험』(*Mainstreaming Men into Gender and Development: Debates, Reflections and Experiences*, 매슈 거트만Matthew Gutmann과 공저), 『라틴아메리카의 젠더』

(*Gender in Latin America*, 니키 크래스키Nikki Craske와 공저) 등이 있다. 챈트는 주로 라틴아메리카(코스타리카와 멕시코)에 관해 연구했지만 필리핀에서 연구를 수행하기도 했다. 최근에는 런던 정경대학교의 동료인 개레스 존스(Gareth A. Jones) 박사와 함께 사하라 사막 이남 아프리카의 청년, 젠더, 생계에 대한 연구에 착수했다.

앨런 길버트(Alan Gilbert)

런던의 유니버시티 칼리지의 지리학과 교수. 13권의 저서 또는 편서, 백여 편의 공저와 논문을 집필했다. 최근 저서로는 『라틴아메리카의 도시』(*Latin American City*, 2003)가 있다. 전문 분야는 라틴아메리카와 남아프리카의 주택, 도시화, 도시 관리이다. 국제개발은행(IDB), 세계은행, 그리고 국제연합인간거주정착센터(UNHabitat)의 상담역과 연구원으로 활동했고 최근에는 국제연합인간거주정착센터에 임대 주택에 관한 연구보고서를 제출한 바 있다.

토머스 클락(Thomas Klak)

마이애미 대학교의 지리학과 교수이자 오하이오 주립대학교 지리학과 외래 교수. 개발과 도시 스프롤(불규칙한 확산) 현상의 이론, 담론, 실제, 그리고 생태학적 결과를 연구하고 있다. 『세계화와 신자유주의: 카리브해 지역의 맥락』(*Globalization and Neoliberalism: The Caribben Context*, 1998)의 편자이며 공저로는 『대안적 자본주의: 신흥 지역의 지리학』과 『카리브해 지역의 현재』(*The Contemporary Caribbean*, 2004)가 있다.

호르헤 라라인(Jorge Larraín)

칠레 싼띠아고에 있는 알베르또 우르따도 대학교 사회과학과 학과장이자 버밍엄 대학교 사회학과 명예교수. 현재 라틴아메리카, 특히 칠레의 문화, 근대성, 정체성에 관해 집중적으로 연구하고 있다. 저서로는 『이데올로기의 개념: 개발 이론들』(*The Concept of Ideology: Theories of Development*), 『이데올로기와 문화 정체성』(*Ideology and Cultural Identity*), 『라틴아메리카의 정체성과 근대성』(*Identity and Modernity in Latin America*) 등이 있다.

워릭 E. 머리(Warwick E. Murray)

뉴질랜드 빅토리아 대학교 인간지리학과 선임강사. 신자유주의가 소농들에게 미치는 영향을 연구하고자 칠레에서 1년간 현지조사를 마치고 1997년 영국 버밍엄 대학교에서 박사학위를 받았다. 피지의 남태평양 대학교와 영국의 브루넬 대학교에서 강의했으며 세계화, 정치경제, 농촌 개발에 관한 기존 연구를 환태평양 지역으로까지 확대시키고 있다. 다수의 논문이 『경제지리학』(*Economic Geography*), 『유럽개발연구저널』(*European Journal of Development Research*), 『농민연구저널』(*Journal of Rural Studies*) 등에 게재되었고 2002년 조너선 바턴(Jonathan Barton)과 함께 '칠레: 이행기 10년'(Chile: A Decade in Transition)이라는 제목 아래 『라틴아메리카 연구 회보』(*Bulletin of Latin American Research*)의 특집호를 편집하기도 했다. 학술지 『아시아·태평양의 관점』(*Asia Pacific Viewpoint*)의 편집주간이다.

쌔러 A. 래드클리프(Sarah A. Radcliffe)

케임브리지 대학교의 지리학과에서 라틴아메리카 지역학, 사회·문화 지리학을 강의하고 있다. 현재 자생적인 발전과 초국가주의, 국가와 시민권 이론, 젠더와 개발 문제에 관해 연구하고 있다. 저서로는 『라틴아메리카의 대중의 저항과 여성 만세!』(*Viva! Women and popular protest in Latin America*, Routledge 1993)와 『국가의 재편: 라틴아메리카의 공간, 정체성, 정치』(*Remaking the nation: place, identity and politics in Latin America*, Routledge 1999)가 있다.

에두아르두 씨우바(Eduardo Silva)

미국 쎄인트루이스 소재 미주리 주립대학교의 정치학 교수이자 '국제학연구소'의 특별 연구원. 저서로는 『칠레의 국가와 자본』(*The State and Capital in Chile*), 공동 편저로는 『라틴아메리카의 조직 사업체, 경제적 변화와 민주주의』(*Organized Business, Economic Change, and Democracy in Latin America*), 『라틴아메리카의 선거와 민주화, 1980-85』(*Elections and Democratization in Latin America, 1980-85*)이 있다. 여러 권의 공저와 공적 행사의 발표문 외에 『세계 정치』(*World Politics*), 『비교 정치』(*Comparative Politics*), 『라틴아메리카 연구 회보』(*Bulletin of Latin American Research*), 『라틴아메리카 연구 저널』(*Journal of Latin American Studies*) 등의 학술지에 다수의 논문을 기고했다.

빠뜨리시우 씨우바(Patricio Silva)

네덜란드 라이덴 대학교의 라틴아메리카 연구 학과와 사회문화연구소의 라틴아메리카 근대사 교수. 최근 라틴아메리카 일부 국가에서 출현한 정치의 기술관료화와 민-군 관계 연구에 주목하고 있다. 『남아메리카의 군인과 국가』(*The Soldier and the State in South America*), 『라틴아메리카에서 전문지식의 정치학』(*The Politics of Expertise in Latin America*), 『개발의 설계자: 제3세계의 지식인과 기술관료』(*Designers of Development: Intellectuals and Technocrats in the Third World*) 등의 공동 편집자이다.

변화하는 라틴아메리카

초판 1쇄 발행/2012년 5월 15일

엮은이/로버트 N. 그윈·끄리스또발 까이
옮긴이/박구병
펴낸이/강일우
책임편집/황혜숙
펴낸곳/(주)창비
등록/1986년 8월 5일 제85호
주소/413-120 경기도 파주시 회동길 184
전화/031-955-3333
팩시밀리/영업 031-955-3399 편집 031-955-3400
홈페이지/www.changbi.com
전자우편/human@changbi.com
인쇄/한교원색

ISBN 978-89-364-8261-9 93950

* 책값은 뒤표지에 표시되어 있습니다.